U0909387

向江苏警官学院七十五周年校庆献礼

江苏人民公安史

（1938—1952）

黄 进 主编

中国人民公安大学出版社
·北 京·

图书在版编目（CIP）数据

江苏人民公安史：1938—1952/黄进主编．--北京：中国人民公安大学出版社，2024.6
ISBN 978-7-5653-4543-2

Ⅰ.①江…　Ⅱ.①黄…　Ⅲ.①公安工作-历史-江苏-1938-1952　Ⅳ.①D631-092

中国国家版本馆 CIP 数据核字（2024）第 055196 号

江苏人民公安史（1938—1952）
黄　进　主编

责任编辑：霍金渊
责任印制：周振东

出版发行：中国人民公安大学出版社
地　　址：北京市西城区木樨地南里
邮政编码：100038
经　　销：新华书店
印　　刷：北京市泰锐印刷有限责任公司

版　　次：2024 年 6 月第 1 版
印　　次：2024 年 6 月第 1 次
印　　张：21.5
开　　本：787 毫米×1092 毫米　1/16
字　　数：490 千字

书　　号：ISBN 978-7-5653-4543-2
定　　价：98.00 元

网　　址：www.cppsup.com.cn　www.porclub.com.cn
电子邮箱：zbs@cppsup.com　zbs@cppsu.edu.cn

营销中心电话：010-83903991
读者服务部电话（门市）：010-83903257
警官读者俱乐部电话（网购、邮购）：010-83901775
综合分社电话：010-83901670

前言

抗日战争全面爆发以后，在中国共产党领导下，新四军和八路军先后在华中大地上开辟了抗日根据地，建立了抗日民主政权。全国19块抗日根据地分布在华中地区的有8块，其中7块抗日根据地都与江苏省地域有关。苏南、苏中、苏北3块抗日根据地全部在江苏省境内。淮南、淮北两块抗日根据地，各有约一半地域在江苏省。皖江抗日根据地包括了江苏省的江浦县及六合县的一部分，而浙东抗日根据地的淞沪专区，也是由江苏省的松江、金山、奉贤、南汇、川沙、青浦、宝山和嘉定8个县组成的。

江苏理所当然地成为连接华北抗日根据地和华南抗日根据地的枢纽，是中国共产党领导华中敌后抗战的重心所在。中共中央华中局和新四军军部长期驻扎于此，指挥新四军作战并领导各抗日根据地建设。在中国共产党领导下，根据地军民在日伪顽夹击、封锁和掠夺的极为困难的条件下，克服一切艰难困苦，取得了江苏抗战的胜利。江苏人民公安为保卫各抗日根据地、抗日民主政权，沉重打击了日本侵略者，保障了江苏抗战的胜利。

江苏人民公安由于军事斗争和锄奸反特、社会治安工作的需要，由党政军机关的内设保卫机构，逐渐发展为社会的治安行政机关、刑事执法机关，成为产生于抗日战争时期红色性质鲜明、服务于人民民主专政的重要机关。由于华中局没有成立社会部，并且在行政上也没有统一的政权机构，故华中地区地方上的保卫工作一直由新四军的锄奸部和各地党委社会部负责。人民公安保卫机关在斗争错综复杂、形势异常严峻的情况下，在中国共产党的领导下，紧密依靠群众，积极开展锄奸反特斗争，严厉镇压武装暴乱，成功地保卫了抗日民主政权和根据地广大人民群众的安全。

解放战争时期，江苏各地公安保卫机构留守人员坚守在敌后，坚持武装斗争，加强锄奸反特工作，狠狠地打击了国民党军队、“还乡团”和反动会道门的嚣张气焰。渡江战役胜利后，人民公安机关配合中国人民解放军接管苏南地区城市，开展剿匪肃特、禁烟禁毒、镇压反革命等一系列的重大斗争，为巩固新生的人民政权、稳定江苏社会治安作出了历史性贡献。

《江苏人民公安史（1938—1952）》一书坚持唯物主义史观，本着用史料说话的原则，运用史料实证研究法和比较研究法，引证档案资料并汲取已有成果，以新民主主义革命时期和江苏省成立之前江苏境内苏南、苏北、苏中、淮南、淮北5块主要抗日根据地形成及发展历程为主线，具体梳理江苏人民公安创建和发展历程及工作开展情况，回顾各根据地和解放区不同时期人民公安的群众路线、法制建设、职能定位及教育培训等工作，分析各根据地人民公安工作的异同点，总结各根据地人民公安创建的经验，大致包括如下几方面：

第一，突出了中国共产党领导创建江苏人民公安这一历史事实、历史特点。从新四军挺进江南，开辟苏南第一块抗日根据地，到开展抗日游击战，建设抗日民主政权；从茅山抗日根据地的创建，到苏南、苏中、苏北、淮南、淮北等抗日根据地的开辟、发展，全景式展现了共产党领导创建了江苏人民公安的历程。这支植根于华中人民的队伍，承载着新四军、八路军的优良传统，在与日本法西斯的殊死战斗中不断成长壮大，培育了不怕困难、不畏艰险、勇于斗争、敢于胜利的革命精神。这是江苏人民公安的红色血脉、红色基因、红色历史。

第二，总结了江苏人民公安创建及发展的特点。挖掘梳理了大量史料，对于创建阶段的游击军事斗争、根据地政权建设、锄奸肃特斗争、社会保安工作、保障交通护送、税务盐务征收、江海警务建设等，首次以人民公安发展史的视角进行研究，揭示了江苏人民公安在抗战时期因各根据地情况及特点所形成的组织多样、警种齐全的特点。同时，江苏人民公安坚持灵活简洁的组织形式、党政双管的领导体制、部队支持的力量协同、抗日为先的斗争原则，正是江苏人民公安成长壮大的主要因素，也是江苏人民公安早期组织的特点。

第三，江苏人民公安发展史可划分为三大阶段，这恰好与中国革命史、江苏革命史的划分一致。江苏抗战时期，各抗日根据地先后开辟，这与红色公安工作的创建及发展完全一致。解放战争时期，江苏人民公安随着各根据地和解放区的扩大而不断发展。江苏解放至建省前，江苏分为南京市、苏南、苏北。江苏人民公安始终坚持中国共产党的领导，通过接收改造、部队转业、干部培训等方式得到飞跃发展，也为江苏建省发挥了重要作用，同时为建省后自身的发展打下良好基础。

江苏人民公安史是江苏革命斗争史的重要组成部分，该书一方面填补该研究领域的空白，更好地向全省公安民警展示江苏人民公安走过的光辉历程，开展党史教育；另一方面组建了江苏人民公安史写作团队，培养了公安史研究人才，开展警察史学研究，总结江苏人民公安发展的历史经验，为当下公安铁军建设及现代警务体制改革提供借鉴与启迪。江苏警官学院江苏人民公安史写作团队在江苏省公安厅和学院领导的亲切关怀下，在各市公安局的大力支持下，获得了许多珍贵的公安史资料。在学习和研究这些史料过程中，我们深深地被革命前辈在那些艰苦异常、错综复杂斗争中表现出来的前赴后继、不屈不挠的革命精神和斗争风貌所折服，更为他们在险恶环境中的工作失误而感慨万千，受到深刻的教育和启迪。学习和研究公安史就是要汲取革命先烈的智慧，感受公安前辈艰苦奋斗、不怕牺牲的伟大精神，传承他们的红色基因，发扬先辈的优良传统和作风，始终保持忠于党、忠于祖国、忠于人民、忠于法律的政治本色，不畏艰难，不怕牺牲，在以习近平同志为核心的党中央坚强领导下，积极践行“对党忠诚、服务人民、执法公正、纪律严明”总要求，做党和人民的忠诚卫士。

全书分为九章。前言、结语由黄进执笔；第一章苏南抗日根据地的公安保卫工作，由孟小民执笔；第二章苏中抗日根据地的公安保卫工作，由朱德林执笔；第三章苏北抗日根据地的公安保卫工作，由黄进、殷毅、朱潇风执笔；第四章淮南抗日根据地的公安保卫工作，由朱啸风执笔；第五章淮北抗日根据地的公安保卫工作，由朱啸风、郭必强执笔；第六章苏皖解放区的公安保卫工作，由朱德林、朱啸风执笔；第七章苏北人民行政公署的公安工作，由朱德林执笔；第八章苏南人民行政公署的公安工作，由刘莉执笔；第九章南京市人民政府的公安工作，由刘奕、何稼男执笔。本书由主编黄进统审；张衡、鄢定友、郭必强、吴东升、刘莉、尹瑾、田一平分别参与本书的审稿工作，刘莉、何稼男为本书整理和提供史料，并编写了历史人物和大事记部分。

历史是过去的现实，现实是未来的历史，期待本书的出版对今天的江苏法治公安建设和公安人才培养发挥作用。本书编写工作虽历时三载，数易其稿，但由于编写者水平所限，书中疏漏之处在所难免，祈盼读者批评指正。

黄　进

2023 年 12 月

目　录

第一章　苏南抗日根据地的公安保卫工作

苏南抗日根据地是新四军和苏南人民在中国共产党领导下，在华中敌后最早开辟的一块根据地，它既是插向敌人心脏的一把尖刀，又是新四军向北发展的基地，还是联系浙东、皖南、苏中、淮南各根据地的纽带。在实现中共中央关于新四军“向南巩固、向东作战、向北发展”这一战略任务的过程中，苏南抗日根据地的创建具有特别重要的意义。

苏南抗日根据地的公安保卫工作，具有开拓、初创的性质。伴随苏南抗日斗争形势的发展，敌、顽、我力量的消长和苏南新四军军事斗争策略的变化，以灵活简洁的组织形式、党政双管的领导机制、部队支持的力量协同、抗日为先的斗争原则、贯穿始终的群众路线促进了抗日根据地的建设，保障了抗日民主政权的发展，维护了抗日根据地社会的稳定，为苏南抗日根据地的建设与发展作出了重要贡献。

第一节　苏南抗日根据地的开辟与发展

1937 年 7 月 7 日，日本侵略军悍然发动卢沟桥事变，发动全面侵华战争，全国军民奋起抵抗，中日战争全面爆发，全民族抗战由此开端。7 月 8 日，中共中央发布《中国共产党为日军进攻卢沟桥通电》，号召全国同胞筑起民族统一战线的坚固长城，抵抗日本帝国主义的侵略。8 月 13 日，日军大举进攻上海，驻守上海的中国军队奋起抗战，淞沪会战开始。日军占领上海后，向江浙地区推进，苏南城乡相继落入敌手。

一、新四军进军江南

1937 年 9 月，国共两党达成合作抗日的协议。10 月，共产党将湘、赣、闽、粤、浙、鄂、豫、皖八省边界的红军游击队，改编为国民革命军陆军新编第四军（简称新四军），叶挺任军长，项英任副军长。

早在新四军成立之初，中国共产党就开始对发展华中敌后游击战争进行研究和部署。1938 年 2 月，新四军刚刚完成部队基本改编，中共中央即对新四军发展华中敌后游击战争作了具体指示。

毛泽东指示项英、陈毅，同意新四军向苏浙皖边区发展游击战争，并指出“最有利于发展的地区是苏南茅山地区”，要求在那里建立抗日根据地，然后继续向东、向北发展。1938 年 4 月 28 日，粟裕率新四军先遣支队从岩寺出发，进入苏南地区作战略侦察。5 月 4 日，毛泽东致电项英指出：“在侦察部队出去若干天之后，主力就可准备跟行。在广德、苏州、镇江、南京、芜湖五区之间广大地区，创造根据地，发动民众的抗日斗争，组织民众武装，发展新的游击队，是完全有希望的。在茅山根据地大体建立起来之后，还应准备分兵一部进入苏州、镇江、吴淞三角地区去，再分一部分渡江进入江北地区。”① 毛泽东指示新四军：“力争到苏浙皖边发展游击战。但在目前最有利的发展地区还是在江苏境内的茅山山脉，即以溧阳、溧水地区为中心，向南京、镇江、丹阳、金坛、宜兴、长兴、广德线上之敌作战，必能建立根据地。”②

1938 年 5 月 19 日，粟裕率领新四军先遣支队进入江宁县境后，即派出三个便衣工作组进行战场侦察，为新四军主力挺进茅山做准备。6 月，先遣支队先在下蜀破坏京沪铁路使日本军列出轨，后在韦岗袭击日军，取得新四军首战江南的胜利。先遣支队出发不久，陈毅即率新四军第一支队于同年 5 月中旬由岩寺东进，6 月 3 日抵达高淳、宣城边境的狸头桥，当夜渡过固城湖，进至高淳境内，6 月 8 日与先遣支队在溧水新桥会师。③ 至此拉开了建立苏南抗日根据地的序幕。

整个苏南敌后根据地的建立客观上分为若干相对独立的区块，而总的则依照京（宁）沪铁路，分为东西④两大部分。

（一）西路地区

新四军第一支队分兵两路，第一团渡石臼湖到达江宁小丹阳，活动于江宁、溧水、当涂地区；第二团越过溧（水）武（进）公路直指茅山，展开于溧武公路以北、京（宁）杭国道以东的镇江、句容、金坛、丹阳等县。15 日，支队司令部设于宝堰镇南前隍村。“主力布置于茅山山脉及溧水、天王寺以南的山地建立根据地”。⑤

第二支队 6 月中旬从皖南东进。第二支队司令部和第三团在支队参谋长罗忠毅的率领下，从湾沚附近越过宣芜铁路敌封锁线，进驻宣城县马家桥一带，“一部向当涂之东小丹阳两侧山地为根据地，对南京至当涂铁路进行破坏并争取群众”“一部到芜湖、当涂以东至小丹阳之间的河网地活动”。⑥ 6 月下旬，先遣支队撤销建制，粟裕回到第二支队主持工

① 中国人民解放军历史资料丛书编审委员会：《新四军文献（第 1 辑）》，解放军出版社 1988 年版，第 111 页。

② 中共南京市溧水区党史工作办公室：《溧水抗日斗争史（修订本）》，2014 年版，第 4 页，中国人民解放军历史资料丛书编审委员会：《新四军文献（第 1 辑）》，解放军出版社 1988 年版，第 212 页。

③ 原文见中央档案馆馆藏文献 1938 年 6 月 15 日项英关于新四军第一、二、三支队部署与任务致毛泽东的电文。引自中国人民解放军历史资料丛书编审委员会：《新四军文献（第 1 辑）》，解放军出版社 1988 年版，第 219-220 页。

④ 京（宁）沪铁路两侧以锡（无锡）澄（江阴）公路和原苏（州）嘉（兴）铁路以东，北濒长江，南临太湖，东到上海直到海边的广大地区，统称苏南东路地区。锡澄公路和原苏嘉铁路以西的京沪铁路两侧，北濒长江，西至宁芜，南达宣（城）长（兴）公路以南直至太湖南岸、天目山北麓的广大地区，统称苏南西路地区。其中，西起镇江，东至锡澄公路，南依京（宁）沪铁路和大运河，北濒长江，包括今镇江、丹徒、丹阳、常州、武进、无锡、江阴、句容等市县的一部分和扬中县全部，还包括苏北邗江、江都两县的沿江地区，称为丹北地区。

⑤ 中共江苏省委党史工作委员会《苏南抗日斗争史稿》编写组：《苏南抗日斗争史稿》，江苏人民出版社 1987 年版，第 59 页。

⑥ 中共江苏省委党史工作委员会《苏南抗日斗争史稿》编写组：《苏南抗日斗争史稿》，江苏人民出版社 1987 年版，第 59 页。

作。8 月下旬，第二支队各部队展开于宁芜铁路以东、京杭国道以西地区。

在丹北地区，管文蔚[①]领导的丹阳抗日自卫总团积极开展抗日剿匪、保境安民的活动。1938 年 9 月，管文蔚部整编为新四军挺进纵队，丹北地区抗日游击战争更加如火如荼。

新四军第一、第二支队相继进入苏南西路地区后，遵照军部指示，立即宣传、发动群众，广泛开展敌后游击战争。在国民党第三战区划定的狭小防区内积极开展对敌作战，灵活机动地打击敌人。这些战斗取得的胜利，有力地配合了国民党正面战场的作战，稳定了苏南沦陷区的局势，振奋了苏南人民抗日斗志，为开辟根据地打下了初步基础。

（二）东路地区

1938 年年初，中共江苏省委外县工作委员会先后派出多批人员到苏南敌后，主要是东路地区，宣传中国共产党的抗日救国路线、方针和抗日民族统一战线的政策，发展党的组织，发动组织和领导人民群众开展抗日游击战争，并先后在东路地区建立了中共浦东工委、常熟县委、无锡县委、青浦县委、嘉定工委和京沪线工委（后改称江南特委，也称苏常特委）。

长期坚持在上海的中共中央情报系统也通过其外围组织派人到东路地区，创建抗日武装和争取杂色武装，开展敌后抗日斗争，逐步创建了一批抗日游击基地或抗日游击基点。在中共江苏省委的领导下，1938 年顾复生部建立起青东抗日游击区。任天石在家乡常熟组建抗日自卫武装，逐步开拓了常熟东乡抗日游击区。[②]

江阴县和武进县毗邻地区，自 1937 年冬，分别组织起了 3 支民众抗日武装，在中共澄锡虞工委的积极争取和帮助下，于 1938 年 11 月在何克希、梅光迪的带领下，前往茅山新四军第一支队进行整训，并改编为江南抗日义勇军第三路（简称江抗三路），整编后返回武进地区开展抗日游击战争。[③] 1939 年 5 月 1 日，叶飞率新四军第六团从茅山地区东进，在武进南部戴溪桥与江抗三路会合，成立江南抗日义勇军总指挥部（简称江抗），第六团对外称江抗二路，以锡东梅村为基地，分兵向苏州、常熟进发，沿路拔除敌伪据点，攻打黄土塘、浒墅关据点日军。经过反“扫荡”、反摩擦战斗，青浦、嘉定地区的抗日斗争形势日益发展。江抗东进在军事和政治上的一系列胜利，为建立东路抗日根据地创造了有利条件。

1939 年 9 月，江抗主力由澄锡虞地区先后西撤至澄西、扬中整训。10 月，在扬中与管文蔚领导的江南抗日义勇军挺进纵队合编为新四军挺进纵队，渡江北上抗日，担负中共

---

① 管文蔚（1904—1993），江苏丹阳人，毕业于江苏省立第三师范学校，1926 年 9 月 21 日加入中国共产党。曾任中共丹阳、武进县委书记，无锡中心县委书记，新四军挺进纵队司令员兼政委，苏北行政委员会主任，苏中行署主任，苏中军区、华东野战军纵队、华东指挥所、苏北军区司令员。中华人民共和国成立后，历任苏南军区司令员，中共苏南区委书记，苏南行署主任，江苏省委副书记，江苏省副省长、江苏省第四届政协副主席。是中共十二大代表、第一至第三届全国人大代表、第一届全国政协委员、第六届全国政协常委。

② 中共江苏省委党史工作委员会《苏南抗日斗争史稿》编写组：《苏南抗日斗争史稿》，江苏人民出版社 1987 年版，第 35-36 页。

③ 茅山新四军纪念馆：《新四军与苏南抗日根据地（上册）》，江苏人民出版社 2005 年版，第 166 页。

中央向北发展的战略任务。

（三）新四军江南指挥部

1939年11月7日，奉中共中央军委的命令，新四军第一、第二支队及其领导机关在溧阳县水西村成立新四军江南指挥部，陈毅任指挥，粟裕任副指挥，罗忠毅任参谋长，刘炎任政治部主任，钟期光任政治部副主任，统一指挥苏南以及苏北沿江的新四军部队。

新四军江南指挥部在自身建设中，首先健全了内部体制，进行了严密的组织分工。司令部设参谋处、军需处、副官处、军医处、军法处，以及直属队协理处，各处有处长，各科有科长、参谋等。政治部下设组织科、宣传科、青年科、民运科、敌工科、总务科以及战地服务团等组织，各科有科长、参谋、干事、助理等，战地服务团下设民运工作队、戏剧队。组织的健全，分工的具体，人员的齐全，使司令部、政治部各方面的工作有人分管。这就适应了当时的战斗环境，保证了各项工作任务的顺利完成。

经过一年多的艰苦奋战，新四军在苏南敌后实行了战略展开，中国共产党的各级组织自下而上逐步建立起来。党和军队与苏南人民一起，不仅巩固了原有的抗日阵地，还发展了新区。至1939年年底，以茅山为中心的苏南敌后抗日根据地基本建成。①

（四）苏南地区党的组织

随着苏南抗日根据地的开辟，苏南各地党组织的重建工作也逐步展开。1938年9月，一支队活动地区成立了中共苏南特委。1939年7月，二支队活动地区成立了中共苏皖特委（1939年12月改立苏皖区党委）。1939年10月，成立中共苏北特委。1939年12月，中共中央东南局决定成立中共苏皖区委，统一领导三个特委。在东路地区，1938年10月，中共江苏省委领导成立了中共江南特委（东路特委）。②

1939年12月，苏皖区党委成立以后，地方党政组织的工作基本由苏皖区党委领导，江南指挥部也给予了指导和协助。苏皖区召开第一次党代会时，陈毅到会作了政治报告。1940年3月，苏皖区党委与江南指挥部还召开了江南地方党和军队党的联席会议，根据中央"发展革命的基本势力，争取中间势力，孤立和打击顽固势力"的基本方针，就当时苏南的具体情况和工作基础，确定了任务。

在军队党的会议中，决定把原有地区重新划分为一、二、三游击区和独立游击区，每个游击区设立一个中心县委。一游击区在丹北，设丹北中心县委。二游击区在茅山，设丹南中心县委。三游击区在江（宁）句（容）横山，设江当溧句中心县委。独立游击区在石臼湖西南部，设当芜宣中心县委，另设立太滆工委、长工委，积极向东发展开展工作。

1941年5月，中共中央华中局决定成立中共江南区委员会，统一领导苏南东西两大片区和浙西、皖南部分地区的工作。江南区党委成立后，根据中共华中局的指示和苏南敌后斗争的实际情况，推动和促进苏南敌后抗日民主政权建设。1942年4月，中共华中局第一次扩大会议后，江南区党委在溧水召开扩大会议，中共江南区委改称中共苏皖区委，江渭

① 中共江苏省委党史工作委员会《苏南抗日斗争史稿》编写组：《苏南抗日斗争史稿》，江苏人民出版社1987年版，第59页。

② 中共江苏省委党史工作委员会《苏南抗日斗争史稿》编写组：《苏南抗日斗争史稿》，江苏人民出版社1987年版，第5页。

清任十六旅政委兼苏皖区党委书记。

二、抗日民主政权建设

毛泽东在1938年5月发表的《抗日游击战争的战略问题》有一章专论抗日根据地。他说："游击战争的根据地是什么呢？它是游击战争赖以执行自己的战略任务、达到保存和发展自己、消灭和驱逐敌人之目的的战略基地。""一切游击战争的根据地只有在建立了抗日武装部队、战胜了敌人、发动了民众之三个基本的条件逐渐地具备之后，才能真正地建立起来。"在论述发动民众时，毛泽东强调"尤其重要的是从这种斗争中去发动民众建立或巩固当地的抗日政权"①。

苏南抗日根据地是由若干游击基点、游击区逐步发展起来的，构成抗日根据地核心的是党组织、政权、武装部队和群众运动。其中，抗日政权的建立是构成抗日根据地的主要标志。

（一）人民抗日自卫组织的成立

新四军和中共江苏省委领导的武装力量，在西路、东路创建了若干游击基点，形成游击区。这些地区通过民主选举建立了统一战线性质的人民抗日自卫会、抗战动员委员会、行政委员会、办事处等县、区级群众抗日组织。这些抗日组织一经建立，就代行了地方政权的相当一部分职能。谭震林指出："自卫会是人民的组织，是抗日的组织。它是一个群众团体，政府不能负起领导人民抗日的时候，它是代表了政府执行一切任务，以达到人民的要求。"②

1938年7月开始，苏南西路各地区陆续建立起了抗敌自卫会、抗战动员委员会和办事处等组织。苏南东路各地区，也建立起了抗日联合会、办事处等组织。

（二）县级代理政权的过渡

1940年3月8日，苏皖区党委和新四军江南指挥部党委为了适应敌后民主建政的新形势和任务，进一步明确共产党领导下的抗日民族统一战线政权的施政宗旨、方针、原则、任务和方式方法，制定了《中共苏皖区委员会为坚持江南敌后抗战之政治纲领》。③ 5月，中共东路特委制定颁布了《关于坚持东路抗战十大工作纲领》④。由此，苏南敌后抗日民主政权建设进入了普遍建立县级代理政权的过渡时期。将原有各地的抗敌自卫委员会、抗战动委会由半政权机构的职能改为控制政权的领导机构，与之相适应的镇句金丹四县抗敌自卫委员会和苏皖边境地区各抗战动委会的主要领导由之前的国民党、开明绅士改为我党干部直接担任。

在西路地区，县级代理抗日民主政权有镇丹武扬四抗会、澄武锡三抗会宜兴东乡办事

---

① 中央文献研究室：《毛泽东选集（第二卷）》，人民出版社1991年版，第418页、第424页。

② 陆公侠：《苏南东路抗日根据地定位考》，载中共苏州市委党史工作办公室：《苏南东路抗日根据地研究文集》，古吴轩出版社2005年版，第225页。

③ 茅山新四军纪念馆：《新四军与苏南抗日根据地（下册）》，江苏人民出版社2005年版，第880页。

④ 中共苏州市委党史资料征集研究委员会办公室：《抗战中的东路》，1985年版，第41页。

处、江都民众抗日自卫委员会等。在东路地区，县级代理抗日民主政权有：常熟县人民抗日自卫会、昆山县行政委员会、江抗澄锡虞总办事处、太仓县各界临时联合委员会等。

（三）县级抗日民主政府普遍建立

1941年1月上旬，震惊中外的“皖南事变”发生后，根据中共华东局和新四军军部的指示，苏南抗日根据地执行深入巩固和积极发展的方针，大力加强根据地的政权建设，坚持敌后长期抗战。1941年5月，中共中央华中局决定成立中共江南区委员会，统一领导苏南东西两大片区和浙西、皖南部分地区的工作。整个苏南敌后地区设立了6个行政督察专员公署，共辖23个县政府，1个三县行政委员会、2个特区和2个行政办事处，计28个县级抗日民主政权机关。①

1941年11月29日“塘马战斗”② 后，新四军第十六旅旅部和苏南党政领导机关移驻溧水。③ 新四军六师师长谭震林两次来到溧水地区，为根据地的建设做了大量工作。经过皖南事变前后艰苦险恶的斗争考验，到1941年年底基本恢复了皖南事变前的阵地，普遍建立了县以上各级抗日民主政府，有力地推进了根据地民主建政工作的开展。

为了适应苏南敌后新的抗日斗争形势发展，加强党对抗日民主政权工作的领导，总结民主建政经验，全面推行抗日民主政权建设，深入巩固与发展苏南抗日根据地，1943年3月18日，中共苏皖区委在溧水县白马召开了苏南各县县长联席会议。会议讨论并通过了《苏南敌后抗日民主政权建设》报告，通过了苏皖区党委提交的《苏南施政纲领（草案）》和《苏南区行政公署暂行组织法（草案）》。经中共华中局批准，撤销原苏南行政督察专员公署，成立苏南区行政公署，江渭清、邓仲铭分任正、副主任，直接领导苏南各县抗日民主政府的工作。④ 茅山地区自上而下建立起比较健全的政权体系，共建立了11个县政府，1个县级办事处，64个区政府，控制人口122万。

根据中共华中局的建议，新成立的苏南区行政公署不另设机构，采取与苏皖区党委机构合一的办法，即一套班子、两块招牌，由苏皖区党委正、副书记兼任苏南区行政公署正、副主任，公署秘书长和各机构领导人亦由区党委各部委和十六旅有关部门负责人兼任。⑤

---

① 中共江苏省委党史工作委员会《苏南抗日斗争史稿》编写组：《苏南抗日斗争史稿》，江苏人民出版社1987年版，第103-105页。

② 1941年11月28日凌晨，侵华日寇集中3000余人的精锐部队，并纠集800多名伪军，从句容、金坛等地据点，分三路袭击我驻守在溧阳县西北部塘马一带的新四军第十六旅旅部及苏南党政机关。为掩护地方党政机关撤退，第四十八团二营和旅部特务连500多名新四军战士，在塘马东南王家庄与数千日寇苦战终日，毙伤日伪500余人，终因众寡悬殊，包括旅长罗忠毅和政委廖海涛在内，270余名新四军干部战士壮烈殉国。

③ 中共江苏省委党史工作委员会《苏南抗日斗争史稿》编写组：《苏南抗日斗争史稿》，江苏人民出版社1987年版，第125页。

④ 欧阳惠林：《经历与往事——欧阳惠林回忆录》，中共党史出版社2011年版，第260-261页。

⑤ 江苏省革命斗争史编纂委员会：《新四军和苏南抗日根据地斗争记事》，1982年版，第95页。

第二节　苏南抗日根据地公安保卫机构的建立与发展

在开辟苏南抗日根据地初期，锄奸保卫工作主要由新四军第一、第二支队的锄奸部门以及地方部队担负。随着根据地代行部分政权职能的抗日群众团体和组织的建立，以及之后的县级抗日民主政权的建立，锄奸保卫工作的职能逐步由军队向地方政权转移。

一、根据地创建初期的保卫工作

（一）部队武装剿匪安民

根据地建设初期，中共领导的一些自卫团在对敌武装斗争、保境安民方面起到了重大作用。其中，任天石[①]领导的“常熟人民抗日自卫队”（简称“民抗”）和管文蔚领导的丹阳抗日自卫团是影响比较大的两支队伍。

1938年年初，任天石同志在塘桥乡下组织了一支80多人的武装队伍，称为“民抗”，任天石任副队长，后任队长。至同年7月，这支队伍已发展到200多人，改称“常熟人民抗日自卫大队”，任天石任大队长。任天石自建立起抗日武装后，立即寻找党，并和中共江苏省委取得联系，江苏省委即派中共党员赵伯华、杨浩庐等来常熟加入“民抗”部队，杨浩庐任政治处主任，赵伯华任参谋长。从此，这支部队在党的直接领导下，活跃在常熟的东北、东南及阳澄湖四周各地，给日寇以沉重的打击。与此同时，“民抗”武装还对危害人民的土匪、流氓、盐枭武装横扫剿除，将常熟大片国土建成了抗日根据地。

1939年9月，“民抗”部队上升为主力“江抗”，不久“江抗”西移，任天石仍留原地坚持斗争，重建“民抗”部队，称“新民抗”，任天石任“新民抗”司令，薛惠民任参谋长。这支部队又不断发展壮大，陆续上升为主力。1940年5月，谭震林来常熟，全面负责苏南东路地区（包括苏常太、澄锡虞等地）的领导工作，将主力部队“江抗”改组为“江南抗日救国军东路指挥部”，在地方上成立了“人民抗日自卫委员会”，任天石被选任自卫委员会主席。

在丹北地区，管文蔚领导的丹阳抗日自卫总团积极开展抗日自卫、保境安民活动。[②]丹北地区地处长江、沪宁铁路、镇澄公路、运河等交通干线的夹缝之中，是日军统治的心

---

① 任天石，1913年出生于常熟梅李塘桥的一个中医家庭。就读于上海中国医学院，毕业后返乡行医。抗日战争全面爆发后，任天石弃医从戎，在家乡塘桥组织了一支抗日保家乡的游击队。1938年8月初，由中共常熟县委直接领导的抗日武装——常熟人民抗日自卫队成立，任天石先后任“民抗”副大队长、大队长。1939年5月，“民抗”总部成立，任天石被任命为司令，同年秋加入中国共产党。1940年6月，任天石兼苏州县县长，同年9月，任天石任中共常熟县委书记。皖南事变以后，任天石担任苏南第一行政区督察专员兼常熟县县长。1941年7月，任天石担任中共四地委江南工委书记，并兼通海工委书记、通海行署副主任等职。1945年8月，任天石返回常熟，组建苏常太警卫团。1946年9月，中共华中第十地委成立，任天石担任委员兼社会部长。1947年1月，十地委机关秘密进入上海，不久，地委机关遭破坏，任天石于1月30日夜被捕。1948年冬，任天石在南京被国民党反动派秘密杀害，年仅35岁。

② 中共镇江市委党史资料征集研究委员会办公室：《镇江革命史资料（第九辑）》，1988年版，第8页、第137页。

脏地带。国民党特务和称霸地方的实力派对这块根据地虎视眈眈，妄图蚕食和侵吞。1938年3月，抗日自卫总团派遣特务队到倪山以北孟河皋城地区剿灭了郑俊豪、何济清等多股汉奸、土匪势力，为民除了大害。4月，抗日自卫总团在访仙桥歼灭刘笃部匪兵，当场将刘笃击毙，接着又灭了白龙寺山区吴金彪、小游子和前艾庙束志和等土匪武装。[①] 社会环境整治后，地方基本安宁，广大群众交口赞扬。

1938年6—7月，丹镇地区的武装力量和挺进到江南的新四军第一支队取得联系。这个地区在党的领导下，在新四军第一支队的有力支持下，迅速发展成为沟通大江南北的抗日游击根据地之一。

（二）地方治安

随着苏南抗日根据地民主政权或代政权的普遍建立，各地运用行政权，团结各阶层进步力量，继续做好地方公安保卫工作。

1. 茅山地区

1938年7月7日，陈毅和樊玉琳邀请镇江、句容、金坛、丹阳四县各界人士代表开会，筹建镇句金丹四县抗敌自卫委员会（简称四县抗敌总会）。四县抗敌总会成立后，所辖镇江、句容、金坛、丹阳各县在新四军战地服务团的指导和帮助下迅速成立了县、区、乡的抗敌自卫委员会。四县抗敌总会在公安保卫方面，代行地方政权部分职能，如负责维护辖区社会治安、维持辖区社会秩序等。新四军第一支队还向社会发出布告："……由该会负责组织民众及锄奸等工作。"[②]

2. 丹北地区

1938年2月，丹阳抗日自卫总团在丹北地区成立。其在辖区内明令废除封建的保甲制度，由各级抗日自卫团代行县、区、乡、保各级政府职权。此时，原国民党丹阳、武进、镇江三个县政府早就不复存在，丹阳抗日自卫总团召开地方人士会议，协商成立丹阳县政府、推举丹阳县县长。抗日自卫总团以县政府名义颁布命令：废除原国民党的区、乡、保基层政权组织，代之以各级抗日自卫团主持政务；禁止成立维持会一类的汉奸组织，若有人胆敢组织此类团体，一律以汉奸罪论处。[③]

抗日自卫团还作出决议，发布公告，广泛宣传，明令禁赌禁毒，同时严格规定自卫团干部、战士必须带头不参赌、不吸毒。抗日自卫总团还派出战地服务团、民运工作队深入镇村广泛宣传动员，辖区内禁赌禁毒工作取得了一定成效，社会风气为之一新，人民群众拍手称快。[④] 而各乡抗日自卫团，一方面密切注视日军动态；另一方面防匪防盗，禁赌禁毒，狠抓社会治安工作。[⑤]

1939年4月9日，新四军挺进纵队扬中办事处成立。在挺进纵队党委统一领导下，扬中办事处和中共扬中地区工作委员会广泛发动群众抗日，组织实施减租减息，动员青年参

---

① 中共丹阳市委党史办公室：《丹阳人民革命斗争史（1919—1949）》，1995年版，第57-58页。
② 茅山新四军纪念馆：《新四军与苏南抗日根据地》，江苏人民出版社2005年版，第740页。
③ 中共江苏省委党史工作办公室等：《新四军挺进纵队史》，中共党史出版社2017年版，第47页。
④ 中共江苏省委党史工作办公室等：《新四军挺进纵队史》，中共党史出版社2017年版，第51页。
⑤ 中共丹阳市委党史办公室：《丹阳人民革命斗争史（1919—1949）》，1995年版，第57页。

军，组织青壮年集训，帮助人民克服生产、生活困难，有效地激发了广大群众抗战积极性。扬中办事处在加强社会治安管理、防匪防盗、锄奸反特、传递情报、护送干部过江和站岗放哨等公安保卫工作中发挥了重要作用。

3. 太滆地区

在宜兴地区，1939 年，中共太滆工委委员李复在庄村禁大烟，把当地抽大烟的几十个人集中在红庙一两个月，不准他们抽大烟。同年，庄村一带有几个惯偷、烟鬼常在民间敲诈勒索，民愤很大，一次就镇压了五六个，影响很大。

1940 年 10 月，宜兴县政府东乡办事处发布“禁字第一号”布告，严厉禁止吸售贩运烟毒。布告全文如下：

宜兴县政府东乡办事处布告①
（禁字第一号）

查烟土毒品，为害至烈，政府早经悬为厉禁。东乡自沦陷后，禁烟重政无形停顿致各地烟窟林立，鹄面鸠形之人，到处皆是，烟毒弥漫，势将于胡底，本处以代表县政府行使职权自应重申严禁，以肃毒氛，除派员严密查抄各售吸及贩运烟土毒品，机关暨筹设戒烟毒医院，并制表分令各乡镇长查报烟民，俾限期勒戒外合行出示布告。如仍敢故违，不论贩卖或吸食烟毒者一经查获，定予严惩决不宽恕切切。

此布

中华民国二十九年十月十二日

4. 东路地区

在苏常地区，一些县、乡为了加强行政管理和社会治安，普遍建立人民抗日自卫会以代行政权的职能。公安保卫工作是人民抗日自卫会的一项重要工作。

1940 年 8 月，常熟县人民抗日自卫会成立。这个半政权半群众性质的组织在地方党组织的领导和“江抗”“民抗”的支持下，发动、组织广大群众开展各项工作，有的修桥铺路，募捐举办公益事业；有的调解民事纠纷，禁烟禁赌，保障社会安全；有的开展爱国征粮活动，组织群众协助、运输军需物资，普遍受到人民群众的支持和拥护。

常熟、苏州两县的人民抗日自卫会刚成立，就设置了民政科和公益科。民政科的工作包括履行民政、公安、司法职能，科内设政治建设股和民刑股。常熟县人民抗日自卫会颁布的条例规章有公安条例、民刑条例、婚姻条例、禁烟（鸦片）禁赌条例、保障劳动条例、粮食运销及缉私奖惩条例、优待抗日军人家属条例等。苏州县人民抗日自卫会颁布的条例规章有工作人员奖惩条例、保障人民暂行简约、禁毒暂行条例、禁烟（鸦片）办法、

① 宜兴市公安局：《宜兴公安志》，1993 年版，第 294 页。

禁赌暂行条例、各区施诊给药办法、管理中西医暂行规则等。[①]

二、苏皖区党委社会部与苏南行政公署公安局的建立

1942 年 4 月，中共江南区委改称中共苏皖区委，区党委内部机构逐步健全，1942 年下半年开始设立社会部，[②] 原新四军六师锄奸部部长张雍耿任苏皖区党委社会部副部长。张雍耿初到苏南任十六旅政治部锄奸科科长，调任社会部后，锄奸科科长由郑德民担任。4 月，原一师锄奸部干事苏国华调区党委社会部任干事。[③] 在这之前，苏南行政督察专员行署公安局只有局长、干事、警卫员、挑夫四人。1943 年 3 月，原十六旅政治部警卫员王奇从茅山保安司令部调入区党委社会部。[④] 由于缺乏干部，区党委社会部具体工作由十六旅政治部锄奸科负责。因此，十六旅锄奸科的工作实际上是在区党委社会部的领导下进行的。锄奸科除科长外有干事数名，另有警卫班（也称执法班）。警卫班除执行警卫任务外，还担任抓捕、看押、处决人犯等执法任务。

苏南区行政公署成立后，1943 年 5 月 1 日，《苏南区行政公署暂行组织法》正式对外公布实施。其第二章第七条规定："行政公署下设秘书、民政、财经、文教四处，及一法院、一公安局。"第八条规定："秘书长、各处处长及法院院长，公安局局长，由行政委员会推定之，行政委员会委员得兼任各处院、局长。"[⑤] 苏南区行政公署公安局（以下简称行署公安局）随之成立。行署公安局是我党在长江以南成立的第一个公署级公安保卫机构，也是我党在长江以南正式成立的级别最高、所辖地域最广、辖区人口最多的公安保卫机构。为了适应苏南敌后游击战争的环境，贯彻精兵简政，实行党政合一，行署公安局成立后没有另配干部，区党委社会部和行署公安局两个机构、一套班子，张雍耿既负责区党委社会部，又兼任行署公安局局长。行署公安局对内为社会部，对外称公安局，驻溧水境内新桥里佳山、白马经巷等地。[⑥]

行署公安局（区党委社会部）作为苏南地区最高的公安保卫机构，担负领导全区各级公安保卫机构的职责。由于当时苏南地区敌、伪、顽、我力量悬殊，敌情瞬息万变，战斗频繁，加上通信联络不便，各项工作不能正常有序开展。特别是在反"清乡"斗争期间，区党委提出"干部要求要精简，组织要求要精干"，为此，公安工作实行以块为主，在地方党委一元化领导下开展各项工作。

依照《苏南区行政公署暂行组织法》的规定，苏南区行政公署的管辖范围"包括旧吴县、武进、无锡、江阴、常熟、太仓、昆山、丹阳、镇江、金坛、句容、江宁县之全部

---

① 中共常熟市委党史工作委员会：《常熟人民革命斗争史》，中共党史资料出版社 1990 年版，第 110-111 页。

② 镇江市公安局史志办公室：《汪大铭同志谈茅山地区锄奸斗争》，1985 年版。

③ 镇江市公安局档案：《苏皖区党委社会部、苏南区行政公署公安局有关人事概略》，1985 年版。

④ 镇江市公安局档案：《王奇给镇江市公安局公安史资料征集、研究、编写办公室的信》，1985 年 2 月 5 日。

⑤ 中共江苏省委党史工作委员会、江苏省档案馆：《苏南抗日根据地》，中共党史资料出版社 1987 年版，第 273 页。

⑥ 溧水县公安局公安史资料征集小组：《张雍耿回忆》摘抄件。

和溧阳、溧水、宜兴、高淳、芜湖、宣城、当涂县之一部”。其时，实际管辖范围主要在苏南西路地区各县以及安徽省的芜湖、宣城、当涂等县，计直辖句容、茅山、丹阳、镇句、镇丹、金坛、武南、宜兴、江宁、溧水、溧阳共11个县政府以及江当溧三县行政委员会和锡南、苏西两个行政办事处。

《苏南区行政公署暂行组织法》规定：“行政公署公安局局长在行政公署正、副主任指导下，掌理事项有：一是关于防奸、防谍、防匪事项；二是关于维持社会秩序事项；三是关于保障民权事项；四是关于刑事检查事项，以及其他有关公安事项。”行署公安局直接领导茅山专署公安科以及溧水、溧阳、高淳、横山、江宁、句容、茅东等县抗日民主政府公安局，并与十六旅锄奸保卫科保持协同和密切联系，不直接领导溧水中心区以外如丹北、太滆、东路地区的公安保卫工作。

1943年12月，广郎地区解放后，茅山、溧水、高淳地区抽出干部南下，华中局又由苏中、丹北地区抽调干部南下广郎地区，支援新区工作，行署公安局（区党委社会部）人员大大增加。行署公安局（区党委社会部）设内勤干事、外勤干事、政治侦察科、警卫班、保安队。

1944年12月27日，粟裕率新四军一师渡过长江，与十六旅会师。根据中央军委命令，决定成立苏浙军区。（苏南）区党委决定，行署公安局（区党委社会部）除留一个警卫班和部分保安队队员负责行署（区党委）机关警卫外，张雍耿率行署公安局人员、政治侦察班及保安队部分人员随苏浙军区南下。

新四军主力向浙西敌后进军后，行署公安局（区党委社会部）在侦察敌情、做群众工作的过程中，吸收了一批地方青年，成立了一支保安队，初始只有30人，后来逐步发展壮大，到1945年年初十六旅南下天目山时，已约300人。这支队伍直属行署公安局（区党委社会部）领导，是苏南地区最早的人民武装警察部队。

浙西军分区成立后，为巩固新区，张雍耿被任命为浙西军分区政治部主任。保安大队除一个排约50人返回行署公安局外，其余人员被改编为特务二营并入一纵队四十八团，政治侦察班的同志大多下到连队担任连、排干部。

1945年3月，区党委决定，将在党校学习的苏国华调回，主持行署公安局（区党委社会部）的日常工作，要求重大问题请示行署副主任宋日昌解决。7月，苏浙军区主力撤回苏南地区分兵休整。8月初，苏浙区党委成立，行政公署和原区党委各部人员未变。①这一时期行署公安局（区党委社会部）的任务变为单纯保卫党政首脑机关。

1945年10月5日，根据中共中央命令，执行《双十协定》，苏浙军区部队和地方干部撤离苏南，渡江北上。行署公安局（区党委社会部）完成了其历史使命。

三、苏南抗日根据地中心区地县公安保卫机构

在苏皖区党委和苏南区行政公署就近指导下，以溧水为中心，其周围（包括溧水）的溧阳、句容、江宁、横山、高淳的县级抗日民主政府先后建立了专职的公安保卫机构——

① 镇江市公安局档案：《抗日战争时期苏南敌后抗日根据地公安保卫工作大事记》，载长兴县公安局史志办公室：《长兴县抗日战争时期的公安保卫工作（初稿）》。

县级抗日民主政府公安局，并于1943年在茅山地委专署建立社会部与公安局。其他地区除镇丹、茅东两县短期建立过县级公安机关外，中心区以外的苏常太、澄锡虞、青昆彭嘉以及丹北和茅山大部分地区均未建立专职的公安保卫机构。

（一）地级公安保卫单位

1941年10月，苏皖区党委决定将苏皖特委与路西北特委合并，仍称路西北特委；将苏南第五、第六两行政专员公署合并为苏南行政督察专员公署，第五、第六两保安司令部合并为苏南保安司令部。

1942年5月，苏皖区党委扩大会议后，苏皖区党委调整地区组织，撤销路西北特委，将原路西北特委管辖的句容、丹南、镇金、句北、金坛五个县委和镇丹工委另成立茅山地委。苏南行政督察专员公署和苏南保安司令部对外仍保留名称，对内则称“茅山专员公署”和“茅山保安司令部”。1943年3月18日，苏南区行政公署成立，10月，汪大铭接任茅山地委书记。

1944年2月，苏皖区党委扩大会议后，苏皖区党委将全区划分为四个地委，行政上设立四个行政分区。茅山地区为第一行政分区。1945年2月26日，苏皖区党委决定，将苏南一、三地委合并为苏南一地委。由于行政区划随着形势的变化而不断变动，茅山地委辖区也随之扩大或缩小，其中主要是溧水、高淳、溧阳1941年10月划归茅山，1942年5月划出，至1945年2月又划归茅山。

抗日战争期间，茅山地区敌伪据点林立，敌情瞬息万变，战斗频繁。为了对付日伪的“清乡”“扫荡”和国民党的夹攻，地委和专署机关经常转移游动，机关机构和人员都力求精干，以适应复杂的敌情和战斗环境。其公安保卫机构也根据形势与人员配置情况及时作出调整。

1. 茅山专署公安局（科）

1943年，日伪正在对苏南地区实施“清乡”封锁，对苏南各地连续进行疯狂“大扫荡”。茅山地委、专署开展反“清乡”斗争，及时转变工作方针和斗争方式，彻底精简机构人员，避敌锋芒，提出“反封锁、反特工、反投降妥协”的斗争口号，带领群众进行反封锁的艰苦斗争。

1943年年初，王必成率一师二旅从苏中渡江南下，与十六旅合并。2月，四十七团团部及一营与茅山保安司令部合并。① 塘马战斗以后，为加强茅山地区的力量，恢复整个茅山地区的工作和发展茅山地区的斗争，打开新的局面，原一师二旅锄奸科科长邱子华和干事周仪被分配到茅山地区。2月中旬，邱子华来到茅山，就任茅山专署公安局局长。② 专署公安局没有其他专职干部，仅有局长和一名警卫员，另有一个短枪班，人员10多人。

1943年6月，茅山保安司令部（十六旅四十七团）锄奸股股长邢浩（邢中魁）任茅山专员公署公安科科长。公安科有科长一名、科员一名、通讯员一名，下设短枪班。公安科是专员公署的一个机构，受专署领导，经常随专署机关行动。其时，茅山保安司令部、

① 中共江苏省委党史工作委员会《苏南抗日斗争史稿》编写组：《苏南抗日斗争史稿》，江苏人民出版社1987年版，第143页。

② 镇江市公安局史志办公室：《汪大铭同志谈茅山地区锄奸斗争》，1985年版。

专员公署主要在丹阳、金坛、茅东、句容、溧水一带活动，情况紧张时也到镇丹一带活动。“当时是战争环境，处于分割状态，天天行军转移，公安机关上下没有形成系统，上下之间、相互之间都没有联系，各属于政府的一个部门，在党委的密切领导下，各自在一个独立的地区坚持斗争开展工作。这一点和苏北是不同的。北撤后，我见到苏北的公安机关上下联系很紧密，党委有社会部。而我们苏南，只在党支部里有个锄保委员。”① 1943年11月，邢浩调任高淳县行政办事处任军事（公安局）科（局）长，茅山专署公安科科长无人接替。

2. 茅山地委社会部

1943年9月1日，茅山地委在句容召开锄奸保卫工作会议，决定成立社会部，由地委书记汪大铭兼任社会部部长。② 因为当时干部少，地委社会部下面并没有配备专门工作人员，所以地委社会部没有单独开展工作。③

3. 茅山地委锄奸保卫委员会

1943年5—6月，茅山地区建立锄奸保卫委员会，书记由地委书记吴仲超兼任，成员有王直、熊兆仁、邢浩等四五个人。锄奸保卫委员会曾开会专门研究如何巩固部队的问题，④ 同时注重建立锄保网。锄奸保卫委员会在地方基层党支部中设保卫委员，专人分工锄保工作；将基干民兵组织分成若干小组，有的为锄奸工作，有的负责通信，有的负责战斗。党内党外联系起来组成锄保网，由支部锄保委员领导民兵锄奸小组。锄奸小组的任务一是了解敌情社情；二是警告、监视坏分子，做坏分子的转化工作。汪大铭回忆：“在内部的保卫工作方面，把内部保卫当作一项重要的工作来做。对于每一个人参加组织、参加工作，公安保卫部门都在工作岗位上进行了了解。所以在茅山地区，在整个苏南，没有出现威胁我们很大的内奸、特务。打进来、钻进来的间谍分子有的因为环境很艰苦、很紧张而动摇、逃跑，这是另外一种情况。但是敌人打进来从内部搞破坏，没有发生这种情况。这并不是说敌人不会做这种事情，不想做这种事情，而是因为我们做了许多工作。”⑤ 此时，人民公安的工作以内部保卫和锄奸肃特为主。

（二）县级公安保卫机构

1. 溧水县抗日民主政府公安局

塘马战斗后，中共苏皖区委机关与新四军十六旅旅部移驻溧水，引起敌、顽反动势力的极大注意。他们经常派遣特务、奸细潜入溧水中心区刺探军情、搜集情报，抗日根据地将锄奸肃特斗争提到了重要位置。溧水县抗日民主政府和县委为了发展地方武装、加强军事斗争，设立了军事科。公安保卫工作开始由县抗日民主政府军事科负责。⑥ 军事科成立

---

① 镇江市公安局史志办公室：《关于抗日战争时期茅山地区公安保卫机构的情况》，1985年版。

② 镇江市公安局史志办公室：《中国共产党苏南区组织史》，1987年版。

③ 镇江市公安局史志办公室：《汪大铭同志谈茅山地区锄奸斗争》，1985年版。

④ 镇江市公安局史志办公室：《关于抗日战争时期茅山地区公安保卫机构的情况》，1985年版。

⑤ 镇江市公安局史志办公室：《汪大铭同志谈茅山地区锄奸斗争》，1985年版。

⑥ 李代胜：《岁月如烟——往事回忆摘录》，2002年版，第25页；原溧水县公安局公安史资料征集小组：《李代胜回忆》《汤志诚回忆》，1985年版。

后，县政府成立了短枪班（又称警卫班，后发展为警卫连），战士有八九人。短枪班的任务除警卫工作外，还要配合公安机关执行锄奸保卫等任务。

1943 年 5 月，中共苏皖区委发出《关于苏南锄奸保卫工作机构与职权的决定》，要求各专署、县成立机构，开展奸肃特斗争。苏南反顽战役后，十六旅主力一度撤离溧水新桥、韩胡地区，敌、顽势力活动猖獗，捕捉杀害原地隐蔽的新四军和地方干部。10 月上旬，十六旅收复溧水新桥地区后，溧水县抗日民主政府成立了县公安局，由县军事科配合，专门负责溧水地区的锄奸肃特、维护社会治安等公安保卫工作。

1944 年 3 月，上级派陈国俊到溧水县公安局任局员，负责公安工作，兼任溧水县警卫连政治指导员。县公安局业务归苏南区行政公署公安局领导，政治上坚持“条块结合，以块为主”的原则，在当地同级党委的一元化领导下，开展公安保卫工作，遇有重大事项与县政府军事科共同研究。

1944 年 7 月，溧水、高淳两县合并为溧高县，成立溧高县公安局，邢浩任局长，俞征任局员，局设内勤、外勤并配警卫、挑夫。陈国俊调横山县公安局负责公安工作（称局员），后兼横山县警卫连指导员。公安局下设执法班（短枪班），8 月增设长枪班，并同短枪班合并组成了执法排。10 月，溧高县政府警卫连增编为县警卫营。

2. 高淳县抗日民主政府公安局

1943 年 10 月前后，日军继续南侵，分皖南、苏南、浙西三路进犯苏浙皖国民党统治区，高淳全境沦陷。苏南新四军第十六旅一部尾敌南进，开展游击战争，10 月中旬，解放了高淳的安兴、漆桥和宣郎高边区的大片村镇；同年 11 月，在安兴地区重建中共高淳县委，并组建了高淳县行政办事处；在宣郎高边区成立中共宣当县委和宣当行政办事处。

高淳县行政办事处设军事科，负责公安保卫工作，邢浩任科长。军事科下设交通站，安兴地区支山围附近的黄马村、时家渡都曾建立地下交通站，其任务是发展联络员、侦察敌情、传递情报等。溧高县成立时，交通站仍与公安局保持密切联系。溧高警卫团成立后，交通站划归县大队直接领导。①

1944 年 1 月，高淳县行政办事处撤销，成立高淳县民主政府，归苏南第三行政分区领导，方克强任县长。县政府设公安局，邢浩任局长。② 公安局设专职干事一名。公安局设有执法班（短枪班），人员有十余人。

1944 年 6 月底，苏南区行政公署下令撤销溧水、高淳两县政府，合并成立溧高县抗日民主政府，由苏南第三行政分区专员朱春苑兼任县长。县政府设公安局，邢浩任局长；此后又增设了民政科和司法科。公安局成立以后，公安保卫力量发展到一个执法排，其中有一个短枪班、一个长枪班，共二十余人。1945 年 7 月，中共溧高县委和县抗日民主政府领导人员调整，杨源时、邢浩分任溧高县正、副县长，邢浩兼任县公安局局长。

1945 年 8 月 28 日，苏浙军区第一纵队第三支队解放高淳县城。中共高淳县委、高淳县政府相继成立，与东部地区的溧高县委、县政府并存。9 月，中共宣当县委、宣当行政办事处与高淳县委、县政府合并，沿袭高淳县委、县政府之称。高淳县抗日民主政府公安

① 南京市公安局档案：《抗日战争、解放战争时期高淳县公安局概况》。

② 中共高淳县委党史资料征集委员会：《高淳人民革命史》，1995 年版，第 55 页。

局同时成立，邢浩任副县长兼公安局局长（兼任临城区长），俞征任公安局干事。各区设公安特派员（未能配齐）。党支部设锄奸委员。1945 年北撤时，高淳县留下一个短枪班，坚持游击战争，属茅山工委领导。[①]

3. 横山县抗日民主政府公安局

“横山事件”[②] 后，中共江当溧句中心县委在苏皖区党委的领导下，努力恢复、推动该地区的抗日斗争。1942 年 5 月，新四军四十六团抓住日军抽兵南下之机进入并收复横山地区。8 月，在中共苏皖区委书记兼十六旅政委江渭清的主持下，在当涂、溧水边界地区成立江当溧三县行政委员会，代行政权职能[③]，同月，重新建立中共江当溧县委。行政委员会下设民政、财政、文教、军事四科。军事科长为赵家淦（兼任独立中队长）。

新四军四十六团进入横山地区后，横山抗战形势相对稳定。1943 年年初，中共江当溧县委改称横山县委[④]，公安工作由郑达负责[⑤]。在地方党政干部的努力下，横山局面于 1943 年夏基本得到恢复。1943 年冬，三县行政委员会正式改为横山抗日民主政府。[⑥] 横山县政府成立后，相应成立横山县公安局，黄吉民任局长，并配备警卫员一人。公安局设短枪班（警卫班，后升为警卫连）。1944 年 8 月，黄吉民调苏皖区党校学习，溧水县抗日民主政府公安局局员陈国俊调横山县公安局，负责公安保卫工作，直至 1945 年 10 月初北撤。

4. 江宁县抗日民主政府公安局

1941 年皖南事变后，8 月 1 日，江宁县抗日民主政府成立，四县抗敌总会自行撤销。10 月，县抗日民主政府始建军事科，负责公安工作，科长先由江句县委委员范坚兼任。县警卫连和游击大队由赵家淦领导。

---

① 南京市公安局档案：《抗日战争、解放战争时期高淳县公安局概况》，《高淳县对敌斗争大事记（1937. 7—1949. 4）》。

② “横山事件”的导火索是我军逮捕和枪决恶霸地主张满。张满是溧水太平乡大刀会头子，是大刀会堂主、伪乡长张方燮的堂孙，是反动势力首领姜书平的徒弟，还是国民党苏南一区专员汪国栋的干儿子。他广收徒弟数百人，在地方上横行霸道并破坏抗日。为推动抗日，1940 年 6 月 10 日，江当溧地方武装逮捕了张满，在押送茅山根据地途中张满企图逃跑，遂将其处决。于是，张满亲属等密谋报复，精心策划了袭击横山根据地计划：从南北两面夹攻我驻横山武装。8 月 2 日，大刀会头子熊三星、胡玉堂在横山马武村成立大刀会总司令部，纠集当涂、江宁、溧水三县边境的 140 多个刀会堂，策动刀会会众及被蒙蔽的村民 1 万余人，疯狂进攻新四军横山根据地。地主头目周仕安勾结铜山、小丹阳日军 80 余人、伪军 100 余人，配合熊三星、胡玉堂刀会对我根据地实施围攻袭击。新四军二支队三团二连与地方武装新二连、新三连，在新四军二支队三团一部的支援下，浴血奋战，冲出重围。随后又被刀会和日伪军包围，激战两昼夜，终于成功突围，但付出了伤亡近半的代价。“横山事件”后，由于敌强我弱，新四军武装力量被迫撤离横山地区，横山根据地的抗日斗争暂时处于低潮。

③ 中共江宁县委党史办公室：《江宁人民革命斗争史》，1994 年版，第 110 页。

④ 中共马鞍山市委党史办公室、中共当涂县委党史办公室：《江东风雷——马鞍山、当涂地区民主革命时期党史资料》，安徽人民出版社 1991 年版，第 6 页。

⑤ 江宁县公安局公安史资料征集小组：《黄吉民同志谈抗日战争时期横山县（江当溧）公安局情况》，1984 年版。

⑥ 中共当涂县委党史办公室、当涂县新四军历史研究会：《横山抗日根据地革命斗争简史》，第 37 页。

军事科建立后，通过县、区、乡各级政权发动群众进行防匪反霸、锄奸反特工作。1942年1月，调四十六团军事干部许治接任军事科长，4月又调四十七团二营四连指导员朱之生接任。许治和朱之生均曾兼任江宁县警卫连连长。其时，江宁县抗日民主政府虽然没有设立明确的公安保卫机构，但由军事科负责的公安保卫工作从未松懈。公安保卫工作皆由县委、县政府、新四军、地方武装力量等直接组织进行。公安保卫工作的主要任务是打击日伪顽、肃匪肃特、锄奸反霸、减租减息、除暴安民等。① 1944年12月，朱之生奉命调回主力部队，王干臣接任军事科科长，至1945年10月随新四军北撤。

1942年1月，江宁县敌工站建立，由中共江宁县委委员、敌工部部长林德润负责，站长由王晓培担任。敌工站主要任务是负责集中情报，与各区保持联系，加强分析敌情，做瓦解敌伪军工作。3月31日，江宁县政府领导人员和县警卫连宿营龙都镇邹家村，被秣陵日伪军包围突袭，激战中县长强博等干部、战士13人壮烈牺牲。“邹家村事件”使县警卫连损失重大，为加强抗日斗争力量，4月重新组建县警卫连。②

1942年4-5月，原镇句县县委委员范坚由茅山地区调到苏皖区党委锄保训练班学习，训练班结束后，区党委分配他到江宁县龙都，8月担任江宁县抗日民主政府公安局长。

1943年4月，国民党三十二集团军副总司令陶广指挥的十三个团的兵力进攻溧水、溧阳抗日根据地，企图全歼新四军江南部队，新四军被迫自卫，突围转移。四十八团和十六旅部、区党委机关撤到江宁敌后。在敌顽夹击下，苏南抗战形势紧张。为了坚持苏南敌后的斗争，中共苏皖区委厉行精兵简政，同时派部队锄奸干部去地方协助公安保卫工作。十六旅政治部锄奸科干事王敏仁被派到江县公安局工作。③ 7月，原新四军十六旅四十六团保卫股锄奸干部郑达调江宁县任公安局长。8月3日，苏皖区党委副书记邓仲铭率四十六团在横山地区指导工作，宿营江宁冯潭庄，因遇敌情在转移中丁高桥渡口渡秦淮河时，船沉不幸牺牲。④ 其时，县公安局经常活动在秦淮区一带，负责检查对溧水反顽战斗中转移到江宁来的干部、伤员以及一些干部家属孩子的保卫工作。⑤ 1944年8月，郑达调苏皖区党委党校学习，由县委书记陆纲兼任县公安局长（直至抗日战争胜利后北撤）。1945年5月苏南一分区司令部锄奸科干部邓勇调任江宁县公安局任副局长，负责公安保卫工作。8月，县公安局配合县委、县政府在江宁郭庄、淳化、索墅、解溪等几个乡镇开展接收工作，县公安局成立郭庄庙派出所、湖熟派出所、秣陵派出所。⑥ 9月，邓勇调回部队。邓勇调走后，县委、县政府决定由县警工团参谋处负责人毛一新临时负责公安工作至北撤。⑦

5. 句容县抗日民主政府公安局

皖南事变后，茅山抗日根据地虽然处境险恶，却摆脱了国民党顽固派的限制，根据地

① 南京市公安局江宁分局：《江宁区公安志》，江苏人民出版社2011年版，第93页。
② 南京市公安局江宁分局：《江宁区公安志》，江苏人民出版社2011年版，第93页。
③ 江宁县公安局公安史资料征集小组：《江宁县抗日民主政府公安大事记（初稿）》，1985年版。
④ 中共江宁县委党史办公室：《江宁人民革命斗争史》，1995年版。
⑤ 江宁县公安局公安史资料征集小组：《江宁县抗日民主政府公安大事记（初稿）》，1985年版。
⑥ 江宁县公安局公安史资料征集小组：《江宁县抗日民主政府公安大事记（初稿）》，1985年版
⑦ 镇江市公安局史志办公室：《抗日战争期间茅山地区公安机构和锄奸保卫工作概况》，1988年版。江宁县公安局公安史资料征集小组：《江宁县抗日民主政府公安大事记（初稿）》，1985年版。

普遍建立了县以上抗日民主政权。1941 年 5 月 15 日，苏南第五行政督察专员公署和保安司令部在句容东乡正式成立，四县抗敌总会完成政权过渡任务宣告结束。第五行政区下辖句容、镇江、江宁三个县和丹南行政办事处。6 月，句容县抗日民主政府成立。抗日民主政府成立之初，机构很不健全，6 月设立财经科，7 月设立文教科，10 月设立军事科，一些没有设科的其他工作往往由县长、秘书兼顾处理。①

1942 年春，十六旅锄奸科干事是徐翔彬，他随江渭清、张雍耿同志从苏北渡江南下，不久调出，曾在句容县任“锄奸科长”。1945 年春，原江宁抗日民主政府公安局局长郑达，在苏皖区党委党校学习毕业后，被分配到句容县任公安局局长，直至一九四五年十月北撤。其时，县公安局专职干部实际上只有他一人，后从敌工部将吴立富同志调县公安局任通信员。公安保卫工作需要时，县公安局需临时从县政府短枪班（警卫班）抽调人协助。② 1945 年 5 月，句容县委敌工部改组为城郊工作委员会，下设两个组。城郊工作委员会由县委书记王健婴负责，公安局长郑达是委员之一。这一时期，县公安局和城郊工作委员会一道配合工作。城郊工作委员会成立了一个武工队，队员约 15 名左右，既搞公安工作又进行敌伪军工作，以及开辟边区和征收田赋、税收。工作上共同研究，公安以郑达为主。活动的区域在袁巷、蔡巷、浮山、天王寺镇周围。1945 年 8 月 13 日，句容天王寺解放，郑达即以公安工作为主。③ 1948 年 7 月 4 日在解放开封的豫东战役中，因敌机轰炸而光荣牺牲。时年 26 岁。④

6. 溧阳县抗日民主政府公安局

皖南事变后新四军军部重建，江南新四军西返溧阳、溧水地区，溧阳抗日根据地逐步正式建立各级抗日民主政权。1941 年 6 月，溧阳（金溧）县抗日民主政府成立，下设军事、公安、财经、民政、文教、税务、货管、敌工、建设等科⑤，上属苏南第六行政专员公署领导，辖溧阳北部和金坛西南部。溧阳抗日民主政府成立后，区乡政权逐步建立。溧阳县抗日民主政府组建了溧阳警卫队，各区成立区大队，各乡组织游击小组和乡中队。

1941 年 10 月，十六旅旅部、苏皖区党委、苏南行政专员公署和苏南保安司令部移驻溧阳塘马一带，溧阳县委、县政府机关也随之在该地开展活动。11 月 28 日，侵华日军 3000 余人袭击塘马，发生塘马战斗，十六旅旅长罗忠毅、政委廖海涛壮烈牺牲，苏南地区的抗日斗争形势更加尖锐复杂。为了更好地组织、领导苏南地区的抗日运动，1942 年 1 月，新四军军部任命谭震林兼任十六旅旅长，在溧水经巷附近召开了十六旅司政干部与地方干部会议，了解塘马战斗情况，总结经验，整顿组织、教育干部，进一步发动和依靠群众，积蓄力量，准备大发展。

---

① 句容县史志办公室：《句容革命斗争史》，上海社会科学院 1995 年版，第 104 页。

② 镇江市公安局史志办公室：《抗日战争期间茅山地区公安机构和锄奸保卫工作概况》，1988 年版。

③ 镇江市公安局档案：《关于郑达的有关情况》，摘林庆荣 1985 年 7 月 8 日给江宁县公安局史志办信。

④ 镇江市公安局史志办公室：《抗日战争期间茅山地区公安机构和锄奸保卫工作概况》，1988 年版。

⑤ 中共金坛市委党史工作委员会：《金坛革命斗争史》，江苏人民出版社 1999 年版，第 101 页。

为加强地方政府的领导，十六旅四十六团锄奸股长赖峰，被派往溧阳县民主政府任公安局局长[①]。1942年6月，公安局成立短枪队。短枪队下设短枪班和警卫班，成员先后有二十余人。短枪班通常保持六至七人。

1943年5月14日，中区苏皖区党委发出《关于苏南锄奸保卫工作机构与职权的决定》。决定指出："为了适应目前斗争形势的发展，更有利坚持苏南原地斗争；为了贯彻精简政策，真正做到所谓人少工精""溧阳县公安局与警卫团锄奸股合并办公"，分工各有侧重，同时要求警卫团与溧阳县委组织部锄保委员会，开展锄奸保卫工作。[②]

在溧阳地区的对敌斗争中，溧阳县抗日民主政府公安局短枪班成绩突出。短枪班在县公安局赖峰局长指挥下，不断打击敌人，取得了很大成绩。据不完全统计，在1942年6月至抗日胜利的3年多时间内，短枪班主动出击，打击敌伪顽共20多次，击毙日伪特工人员、汉奸和其他为日寇效劳的民族败类20余人，击毙危害人民、破坏抗日的匪首2人、国民党特务2人。[③]

1945年8月22日，溧阳县城第二次解放。县公安局随县委、县政府入城，对外公开办公。公安局增设了锄奸保卫课，其时公安保卫的工作重点是：安定民心，维护地方秩序，清查国民党特务，处置散兵游勇，搜集散枪散弹，巩固政权。同年10月，公安局长赖峰随苏浙军区一纵队三支队北撤，抗日时期的溧阳县公安局工作中止。[④]

7. 镇丹县抗日民主政府公安局

抗日战争时期，镇江抗日游击根据地是以茅山为中心的苏南敌后抗日根据地的一个重要组成部分，为新四军挺进江南敌后最早开辟的游击根据地之一。

皖南事变前后，针对日、伪、顽夹击这一复杂严峻的斗争形势，苏南地区各级中共党政领导机构及时进行调整，并随着武装斗争的节节胜利，不断扩展抗日游击根据地，大力加强地方党组织和抗日民主政权的建设与发展工作。镇江县在京（宁）沪铁路以南的境域属茅山地区。到1943年1月，在茅山地区的镇江县境及相关邻县建立的县级中共地方党政组织机构有：茅东县委、县政府，镇丹县委、县政府，镇句县委、县政府。[⑤]

1942年10月，茅山保安司令部在新四军第四十六团一部的配合下，攻克了上党敌据点，该地区抗日局面逐渐好转。中共茅山地委决定利用镇江、丹阳边区对敌斗争的优势，在镇丹工委的基础上，再度建立中共镇丹县委员会，县委设组织、宣传、社会部和敌工委，下辖镇三、宝北、丹阳一等区委。在成立镇丹县委的同时建立了镇丹县政府，县政府设公安局、敌工站、民政科、财经科、军事科和秘书科，下辖宝北、（上）党东等区公所，

---

① 溧阳县公安局公安史资料征集、编写组：《抗日时期溧阳县公安斗争史资料（初稿）》，1986年版。

② 原溧水县党史办档案：《欧阳惠林同志收存的文本》，1983年版。

③ 中共溧阳市委党史资料征集研究领导小组：《溧阳革命斗争史》，江苏人民出版社，1995年版，第60页。

④ 宜兴市公安局档案：《抗日时期溧阳县公安斗争史资料（初稿）》，溧阳县公安局公安史资料征集、编写组，1986年。

⑤ 中共丹徒县委党史办公室：《丹徒县革命斗争史》，江苏人民出版社1996年版，第116页。

包建华、杨知方先后任县长。[①] 县政府驻地在上会、上党一带，先后隶属中共苏南茅山地委、苏南区行政公署，先后下辖 6 个区级政府。

1942 年 10 月，邵建甫由部队调镇丹县，任中共镇丹县委社会部副部长兼镇丹县抗日民主政府公安局局长。[②] 1943 年 3—4 月，日伪“清乡”前，经县委批准，邵建甫化名王志超，由丹一区区长介绍通过丹阳西门小学校长的关系，隐蔽在西门小学，以校工的身份，开展党的秘密工作。1943 年 9 月，由于镇丹县县长包建华叛变，县委决定邵建甫撤出丹阳城，转移到丹阳西门外，以镇丹工委书记兼区长的身份，化名胡强坚持和领导镇丹地区的抗日武装斗争。1944 年 1 月 25 日（春节），他带领区大队攻打前村敌伪据点战斗中，为掩护战友而把敌人机枪火力吸引到自己身边，壮烈牺牲，年仅 27 岁。[③] 1943 年 12 月，镇丹县抗日民主政府撤销。

8. 茅东县抗日民主政府公安局

茅东县大致处于镇（江）句（容）和金（坛）句（容）县界以东，丹（阳）金（坛）公路以西，溧（水）武（进）公路以北，丹（阳）句（容）公路以南，大部分为金坛地域，小部分属镇江、丹阳两县，含今丹徒县的荣炳、宝堰以及上会一部，该地区是新四军挺进苏南后最先开辟的抗日游击根据地。

1941 年至 1942 年，随着这一地区斗争形势的曲折发展，中共地方组织不断进行调整。1941 年 1 月，中共（溧武）路西北特委决定，从镇丹金县委辖区内划出部分地区，建立中共镇丹句县委员会。9 月，镇丹金县委和镇丹句县委同时撤销，在其辖区内分建中共镇金县委员会、中共丹阳县委员会和中共句容县委员会。1942 年 5 月，中共苏皖区党委贯彻中共华中局第一次扩大会议精神，对苏南地区党组织做了调整。新成立的中共茅山地委决定撤销镇金县委，在茅山以东成立中共茅东县委员会，设组织部、青年部、社会部、妇女部、敌工部。

政权机构随着中共县级地方党组织的变动亦做相应调整。1941 年 5 月，镇江县抗日民主政府正式建立，县政府设军事科、民政科、财经科和文教科。1942 年 5 月，中共苏皖区委决定，撤销丹阳县建制，划出其南部地区与镇金县合并建茅东县。镇江县政府改称茅东县政府，所辖区公所几经调整，先后共建 17 个区公所。县政府设秘书科和军事科、民政科、财经科，后一度设置公安局。[④] 1943 年初，一师二旅从苏中渡江南与十六旅合并。为了加强茅山地区的力量，打开茅山地区斗争的新局面，原一师二旅锄奸科长邱子华和干事亦随军来到苏南，后被分配到茅山地区。二月中旬，原二旅锄保干事被分配到茅东县担任茅东县委社会部部长兼县政府公安局局长。县公安局与军事科一同在建昌地区一带活动。[⑤]

① 中共丹徒县委党史办公室：《丹徒县革命斗争史》，江苏人民出版社 1996 年版，第 118 页。

② 镇江市公安局档案：《关于抗日战争时期茅山地区公安保卫机构的情况》，邢浩，镇江市公安局史志办公室，1985 年。

③ 江苏省丹徒县公安局：《丹徒县人民公安志》，1991 年版，第 74 页

④ 中共丹徒县委党史办公室：《丹徒县革命斗争史》，江苏人民出版社 1996 年版，第 116-118 页。

⑤ 镇江市公安局档案：镇江市公安局史志办公室：《抗日战争期间茅山地区公安机构和锄奸保卫工作概况》，1988 年版。

茅东县政府直至1945年10月北撤，先后隶属苏南区行政公署、苏南第一行政专员公署。①

第三节　苏南抗日根据地公安保卫工作

从1938年5月新四军先遣支队挺进苏南，开展抗日游击战争开始，到1945年10月新四军苏浙军区部队和苏南抗日根据地地方党政干部北撤，江苏公安在党的领导下，从无到有、从小到大，在艰苦卓绝的斗争中成长，在敌、伪、顽力量的夹击之下发展。苏南抗日根据地的公安保卫工作，在复杂、险恶的抗战环境中，贯穿了根据地的开辟、发展、坚持和再发展，经历了全面抗战直至取得胜利的全过程，为抗日战争的胜利作出了贡献。

一、苏南地区复杂险恶的抗战形势

抗战期间，整个苏南地区的抗战形势复杂而险恶，主要表现在以下几个方面。

（一）日伪据点纵横密布

沦陷后的苏南成为日伪统治的心脏地区。南京是日本华中派遣军和中国派遣军总部驻地，也是其扶持的伪政府所在地。日军在京沪铁路、京杭（南京—杭州）国道以及锡沪（无锡—上海）、溧武（溧水—武进）公路建立据点、屯驻重兵，同时在各地扶植汉奸、豢养伪军，以此巩固这一战略后方。自1937年12月苏南全境沦陷，到1945年8月抗战胜利，日伪除在苏南各县城驻有各股日伪武装外，在每个县域内建立据点多达数十处。早期主要在一些重要的镇、村、军事卡点等处造碉堡、建岗楼、构筑工事、建立据点、派驻军队、设立伪警察所。1943年后，日军为控制主要交通干线，扩大伪化区，又在苏南南部的一些乡、镇、村增设据点，驻扎日伪军。

苏南也是汪伪政权的主要活动范围。自1940年春，汪伪政权成立后便在苏南地区普遍设立汪伪国民党各级党部和地方相应的日伪政权机构。为对沦陷区民众实施政治欺骗，从形式上看，汪伪政府完全继承了原国民政府的法统，分级进行管理②。同时，自上而下在苏南各地建立各级伪警察机构，以及各级汪伪特务机构和基层组织，其汪伪特工组织遍及整个沦陷区。③

（二）国民党势力盘根错节

抗日战争以前，南京是国民党政府的首都，镇江是国民党江苏省省会，国民党在这里有多年的经营和统治基础，县以下设区、乡（镇）、保、甲四级，政权组织十分健全，在政治、社会基础等方面有一定的优势，因此，苏南地区一直是国民党政权的“模范区”。

苏南沦陷后，国民党地方党政人员撤离苏南地区，各级政权解体，但不久又从皖南、浙西等地逐步返回苏南部分地区，通过组建流亡政府和游击武装，在一些地区进行活动。国民党顽固派会不断搜罗散兵游勇和地痞流氓扩充势力，在澄锡虞地区成立“忠救军”第

---

① 茅山新四军纪念馆：《新四军与苏南抗日根据地（上册）》，江苏人民出版社2005年版，第150页。

② 余子道、曹振威等：《汪伪政权全史（上卷）》，上海人民出版社2006年版，第533页。

③ 余子道、曹振威等：《汪伪政权全史（上卷）》，上海人民出版社2006年版，第690页。

五、第六、第十支队，在淞沪地区成立“忠救军”第三、第四、第八、第九支队，仅东路地区就有“忠救军”2万余人。[①] 另外，苏南地区的政治、军事地位相当特殊，其既是国民党特务基层组织的高密地区，西南角又成为国民党第三战区的防区。因此，此区域的党政军各类特务组织相当活跃。国民党反共顽固派利用这些优势欺骗群众，笼络伪军，敌视共产党和新四军，杀害抗日军民和共产党人，不断挑起同人民抗日武装力量的摩擦与斗争，处心积虑地破坏敌后抗战。

（三）民间组织性质复杂

面对凶横残暴的日本强盗，苏南人民纷纷揭竿而起，奋起抗暴自卫，救国保家，自发零星地开展抵抗斗争。各地农村普遍建立“夜防队”“联防队”“自卫队”“联庄会”，以及各种刀会、枪会等组织，护村保家，防匪抗日。

淞沪会战后，国民党军队溃退，大量枪支弹药流落民间。一些组织打着自卫团、民团、游击队的名义，实则其成分极为复杂。其领导人大多为原国民党溃散的军官、地方恶霸、帮会头目。这些组织性质复杂，有的看家护院、参与抗日，有的占山为王、趁火打劫，有的投靠日顽、甘当鹰犬。这些组织有些成为苏南众多伪军的重要组成部分，也是国民党顽固派在苏南推行消极抗战、积极反共政策的重要社会基础。[②]

（四）帮会、刀会发展迅猛

苏南城乡社会普遍存在许多封建帮会组织，如青帮、红帮、大刀会、小刀会、先天道、理门、同善社等，这类团体的活动在抗战前渐趋衰退。日寇侵入苏南后，国民党军队西撤，社会秩序混乱不堪，帮会、刀会组织互为联络，趁机兴起，开堂收徒，发展迅速。一些人以为身入洪门，就能遮风挡雨；一些人为保身家性命，投身帮会。就茅山地区几个县而言，“当时成年壮丁百分之八十参加帮会，拜老头子”[③]。

除了帮会，其他封建组织形式主要为刀会。苏南南部的溧水及周边句容、江宁、当涂、高淳、溧阳地区的刀会组织十分发达。大量的刀会组织，以村为单位，防匪而自卫。苏南沦陷后，这些刀会组织打着“保境安民”的旗号，利用封建迷信招兵买马，发展自己的力量。有的地方甚至规定年满18岁以上的男性青壮年都要参加。

抗战初期，一些帮会、刀会组织面对日军的暴行，奋起反抗，开展自卫斗争，但之后大多被日伪和国民党地方政权收买、利用，与我方人员为敌。如1940年8月2日的“横山事件”就给这一地区的抗日活动造成很大的困难。[④]

（五）土匪、恶霸横行乡里

日本侵略者占领苏南后，整个苏南地区处于极度混乱的无政府状态，社会动荡，沉渣

---

① 《苏南东路人民抗日斗争史稿》编写组：《苏南东路人民抗日斗争史稿》，原载中共江苏省党史资料征集研究委员会、江苏省档案局：《江苏党史资料》1986年版，第5页。

② 中共江苏省委党史工作委员会《苏南抗日斗争史稿》编写组：《苏南抗日斗争史稿》，江苏人民出版社1987年版，第19页。

③ 镇江地区茅山革命历史纪念馆筹备小组办公室：《新四军在茅山——抗日斗争史料选》，江苏人民出版社1982年版，第263页。

④ 中共南京市溧水区党史工作办公室：《溧水抗日斗争史（修订本）》，2014年版，第30页。

泛起，区域性的土匪活动猖獗，地方恶霸横行乡里，欺压百姓。在苏南广大农村地区，特别是茅山地区和苏皖边区的乡村，经常发生抢劫、勒索、绑架等事件，民众人心惶惶，生命财产随时受到威胁。

在东路地区，梅里、庙郎一带的许多村镇一度被土匪占据。匪伪相互勾结，抢劫耕牛、绑票勒索、强征捐税。在丹北地区，有郑俊豪、何济清、刘笃等多股汉奸土匪势力。在茅山地区的句容、金坛、溧阳、溧水，有刘鸿奎、三摆尾子余新德、欧阳正林、葛金田等多股土匪。其中，反动势力较强，比较突出的有刘鸿奎、三摆尾子等。盘踞溧阳青龙山的土匪头子吴通，集结匪徒数十人，打家劫舍、绑票勒索、强奸民女、欺压百姓，无恶不作，群众深受其害。① 在横山地区，土匪武装朱永祥部强征硬索、滋扰百姓、洗劫财物、焚烧房屋。② 这些土匪武装团伙大多打着“自卫团”等旗号，干着打家劫舍的勾当，勒索人民财物。有的还与日伪勾结，捕杀新四军和抗日党政人员。③

二、苏南抗日根据地的公安保卫工作

苏南敌后抗日根据地的公安保卫工作，是共产党领导下苏南抗日斗争的一项极其重要的工作。它主要执行开展抗日斗争，防奸、防谍、防匪，维护根据地社会秩序和社会安宁，保卫根据地党的组织和政权机关及党政领导的安全，参与根据地抗日民主政府其他行政工作等任务，是开辟、坚持、巩固和发展苏南抗日根据地的一项必不可少的工作。

抗战时期，中共苏南党的组织和新四军的主要任务是开辟和发展敌后抗日根据地，坚持苏南敌后抗日战争。因此，苏南敌后抗日根据地的公安保卫工作坚持“抗日当先”，围绕根据地的巩固、发展和敌后游击战争来展开。在日伪不断“清乡”“清剿”和国民党顽固派夹击的环境中，在敌、顽、共三方力量的不断变化中，公安保卫工作在党的一元化领导下，与军事斗争、党的建设以及政权建设紧密相连。

1940年下半年，中共中央社会部制定的《公安局组织纲要》在党内下达。该纲要规定：“公安局是抗日民主政权维持治安的机关。各级公安局不是超越政权的独立系统，而是各级政权机构中的一个组成部分。”④ 抗战期间，曾任中共丹北中心县委书记的陈云阁在1983年4月《抗日战争及解放战争中的公安保卫工作》中提到：“抗日战争期间，镇江到无锡是游击根据地，铁路以北地区抗日政权建立很不健全。各个县都建立过政权，下面区、乡也建立过政权，县以上有专员公署，……由于敌人不断‘扫荡’，以及一段时间的‘清乡’，县政府的编制人数很少，从开始成立政府起，就没有设公安局这个部门，只有民政、文教、军事、财经等设科。各科的人数也很少，专署还有一个司法科。1945年10月北撤，这里没有政权机关了，因而更没有公安局这个机构。但是，公安工作还是有的……总之，那时没有设立公安机构，但是党内有敌工委员会（敌工部）、敌工科、敌工站；部队有

① 溧阳县公安局公安史资料征集、编写组：《抗日战争时期溧阳县公安斗争史资料》，宜兴市公安局档案，1986年版。

② 中共南京市溧水区党史工作办公室：《溧水抗日斗争史（修订本）》，2014年版，第3页。

③ 镇江市公安局史志办公室：《抗日战争期间茅山地区公安机构和锄奸保卫工作概况》，1988年版。

④ 《中国人民公安史稿》编写组：《中国人民公安史稿》，警官教育出版社1997年版，第84-85页。

保卫科、保卫股；地方上有秘密党和公开半公开的群众团体、民兵，还有武工队；等等，这些组织担负革命任务，其中一部分实际上是属于公安保卫工作的性质和内容。”①

这一时期，“公安局的主要任务是：在保卫抗日政权，保障一切公民的民主权利，与保障各抗日党派的合法自由的原则下，坚决镇压敌探汉奸，与少数的阴谋破坏分子，以达到维持社会安宁，巩固抗日根据地之目的”。公安局是保卫政权的组织，“必须保持共产党的绝对领导”。“公安局负有该地一切锄奸工作之完全责任。”② 正如抗战时期曾任茅山专署公安科科长、溧高县公安局局长、高淳县抗日民主政府副县长兼公安局局长的邢浩，在《抗日战争时期宜兴地区公安保卫工作基本情况》中写道：“我认为公安保卫工作像党的其他工作一样，在各个历史时期的特定条件下，有它不同的斗争特点，不同的斗争形式，不同的斗争方针和政策。据我所知，抗日战争时期……公安保卫工作，是由各级党委分工专人直接抓的……当时的公安保卫工作与整个对敌斗争是紧密结合在一起的。”③

（一）加强根据地公安保卫的队伍建设

苏南行署公安局（区党委社会部）重视对公安保卫干部政治业务的培训。在复杂险恶的抗日斗争形势下，开办正规的公安学校是不现实的。鉴于公安保卫工作本身的政策性、特殊性，没有一定的政治、业务素质是难以胜任的。尽管当时环境复杂，条件恶劣、但行署公安局（区党委社会部）仍采取短期集中培训和空隙讲课方式，培养专业保卫干部，不断提高他们的政治素养和斗争水平。

行署公安局（区党委社会部）在溧水、溧阳、茅山等地，举办若干次公安锄奸干部训练班，为苏南抗日根据地各县培养公安保卫干部。训练班每次二三十人，时间一两个月，学员有的是来自部队的连排干部、支部书记，有的是来自地方抗日民主政府、办事处的干部，总计训练百十人。学员毕业后大多分配到县抗日民主政府担任公安局局长或公安保卫负责人。训练内容主要有：党在公安保卫、锄奸斗争方面的方针、政策，国际国内斗争形势，公安保卫工作的意义、任务和经验教训，以及侦察、审讯业务知识等。区党委书记江渭清、行署公安局局长张雍耿、十六旅锄奸科科长郑德民参与讲课。

除举办短期训练班外，行署公安局（区党委社会部）还抓紧在职业务培训。利用战斗空隙，采取讲课的方式，对政治侦察班的全体侦察员系统讲授《政治侦探须知》等业务知识。④

（二）锄奸肃特，开展反伪化、反投降斗争

苏南敌后抗日根据地的锄奸反特斗争，主要打击日、伪、顽特务人员和汉奸、叛徒的破坏活动。为了保卫根据地的人民，保护抗日民主政权，打击敌人嚣张气焰，公安保卫部门集中主要力量，或指挥公安保卫力量或联合地方武装，同特务、汉奸、叛徒作殊死斗争，抓捕日、伪顽、特务，清除混入根据地敌、顽的奸细，镇压那些死心塌地的汉奸和叛徒。苏南敌后抗日斗争迅猛发展壮大，经过奋战逐步把分散的各个游击基地建成连成一片

---

① 陈云阁：《抗日战争及解放战争中的公安保卫工作》，丹徒市公安局档案，1983 年版。

② 《中国人民公安史稿》编写组：《中国人民公安史稿》，警官教育出版社 1997 年版，第 84-85 页。

③ 邢浩：《抗日战争时期宜兴地区公安保卫工作基本情况》，宜兴市公安局档案，1984 年版。

④ 镇江市公安局档案：《张岱日记原件》，镇江市公安局档案中心。

的苏南抗日根据地。在根据地内各种形式的人民自卫武装普遍建立，担负着锄奸、侦察、保卫家乡、配合主力作战的任务。

1940年7月，新四军江南指挥部及主力渡江北上，苏皖区党委及留苏南的二支队坚持敌后抗日斗争，组织民众严惩汉奸、土匪，安定抗日后方。苏南工作取得了新的进展。11月，丹北县委根据上级指示，开展反汉奸、反特务的锄奸斗争，主要镇压三类人：一是死心塌地为日军效劳的汉奸；二是坚决反共反人民、为国民党卖力、又投靠日军的“双料货”；三是为敌人效忠，反共反人民的封建把头。[①]

1941年皖南事变后，日寇加强对苏南抗日根据地的特务活动，除利用汉奸、特务以外，还直接派遣日本特务潜入中共控制区搜集情报。根据地党政军民提高警惕，积极开展锄奸反特斗争。8月，丹金武地区进行锄奸工作，在8—10月三个月中，共逮捕了五六十个汪伪乡保长，枪决了其中极其反动的十多人，给敌人以沉重打击，稳定了社会秩序。[②] 8月，（京沪）路北特委根据谭震林总结东路反“清乡”的经验教训，在澄西西石桥召开反“清乡”斗争动员大会，提出开展宣传、锄奸、破坏公路交通、组织游击小组打击敌人的“四大”运动。会后，各县普遍成立锄奸小组，丹北地区“四大”运动风起云涌，在7—8月两个月中锄奸100余人。[③]

针对皖南事变后日伪“清乡”接踵而至，日、伪、顽夹击这一复杂险恶的斗争形势，苏南各级领导机构及时进行调整，领导苏南军民在极端艰苦的条件下坚持抗日斗争，开展锄奸活动，经过半年多的顽强战斗终于渡过难关，坚守了抗日阵地。至1941年年底，除横山地区外，第二、第三游击区已经全部恢复了皖南事变前的阵地。在太滆、长滆地区还有新的发展[④]。苏南全区有：县政府12个，即江宁、句容、镇丹、溧水、溧阳、金坛、武进、宜兴、澄西、扬中、山南、山北；区署60个；乡公所427个；保3375个，平均每乡8个保，人口225万。[⑤] 1942年2月，苏皖区党委书记邓仲铭在华中局会议上作《关于苏南工作情况》的汇报，指出“锄奸政策是政权的基本政策之一，是惩办汉奸巩固政权的唯一政策”[⑥]。

1943年6月底前后，敌人大规模的军事“清乡”告一段落，转入政治“清乡”（或称政治建设）阶段。这一时期，“清乡”区内的日军逐渐减少，转而强化汪伪政权军、警、特的伪化统治，企图实现“以华制华”的侵略阴谋。敌人一方面大搞所谓“确立治安，改善民生”的欺骗宣传；另一方面从上到下普遍建立政治、军事、党务、特工等机构，以

---

① 镇江市公安局档案：《抗日斗争时期丹北地区山南县革命斗争大事记资料汇编》（第一次修改稿）。

② 镇江市公安局档案：《常州、武地区抗日战争、第三次国内革命战争时期革命斗争大事记资料》“金武游击区”（第二次修改稿）。

③ 丹徒区公安局档案：陈光、韦永义、程中、张志强、陈云阁回忆材料。

④ 镇江市委党史办：《苏南敌后抗日斗争简史（征求意见稿）》，1985年版，第81页。

⑤ 镇江市公安局公安史办公室：《抗日战争时期苏南敌后抗日根据地公安保卫工作大事记（第一分册）》，1988年版。

⑥ 镇江地区茅山革命历史纪念馆筹备小组办公室：《新四军在茅山——抗日斗争史料选》，江苏人民出版社1982年版，第87页。

编查保甲、切结联保、委派任命和集训乡保甲长等办法，伪化农村基层政权；同时加紧特务、警察活动，进行治安工作，对一切与新四军稍有关联的人员，或逮捕、刑讯逼供，或利诱收买、强迫自首，规定保以上工作人员一律自首，每个乡必须有自首人员二三十人，妄图以疯狂的白色恐怖破坏中共地方组织和抗日民主政权，遏阻人民群众和各界人士与新四军和抗日民主政府的联系，削弱共产党的抗日群众基础。

针对敌人的阴谋手段，镇江县及其周边地区的中共地方组织和抗日民主政权，在中共丹北中心县委和茅山地委的直接领导下，"用合法斗争、秘密斗争的政策对付敌人的政治建设政策，用锄奸政策对付敌人的剔抉与特务政策"，针锋相对地开展了反伪化、反投降的政治斗争。①

在敌人大规模的军事"清剿"和疯狂的白色恐怖统治下，一些意志薄弱者动摇、变节，甘为日伪鹰犬。1943 年 5 月始，镇丹县县长包建华、副县长江辅华，原镇句县办事处主任巫孔玺等相继叛变投敌，致使镇丹、镇句地区的反"清乡"斗争更趋尖锐复杂。包建华投敌后被委任"镇江清乡督察公署特别行动总队"总队长。别动队和伪军分驻镇宝、镇丹公路沿线重要村、镇，企图切断镇丹与茅山地区的联系。他们串通日军杀害抗日民主政府干部，大搞特务活动，破坏了中共镇丹县委敌工委在镇江城内的秘密联络点，逮捕了隐蔽在镇江城内的中共干部，枪杀多名抗日秘密工作人员。他们配合日军偷袭，造成茅山保安司令部保卫科科长李明、丹一区副区长夏炎等 18 人阵亡。叛变投敌者的猖狂严重威胁了我方反"清乡"斗争。为了打击叛徒的嚣张气焰，镇丹县委在新四军第四十七团三连及地方武装的配合下，攻打日军据点，大量杀伤别动队和据点里的日伪军。包建华龟缩镇江城内再也不敢横行无忌。

1943 年 5 月 14 日，中共苏皖区党委发出《关于苏南锄奸保卫工作机构与职权的决定》，新四军第十六旅旅部和苏皖区党委成立锄奸委员会，领导整个苏南的锄奸保卫斗争。1944 年，苏南军民对伪基层政权发动了强大的政治攻势，开展锄奸运动。茅山地区茅东县共锄奸 368 人，基本肃清了敌伪在根据地及部分游击区的情报网。苏南其他各县的锄奸运动也有很大收获，不断有伪政权人员坦白、自首、反省。特别是句容日寇宪兵队队长木福和溧水宪兵队队长岗木被击毙后，大大震慑了敌人，动摇了敌伪敌工分子，对反伪化斗争起了很大作用。②

抗战时期曾任茅山地委社会部部长的汪大铭回忆说："关于敌人的特务方面，当时同我们面对面斗争的主要是镇江'94 号'特工站，它在宝埝、延陵、西旸等地都设立了特工站。它还利用我们的叛徒，有一个叫吴孝林，是我们一个比较老的党员，叛变后当了西旸特工站站长，后来我们派去的锄奸小组把他打死了，还在西旸街上贴了布告。对特工站我们是以打为主，虽然它不像日军'扫荡'那样杀人放火，但它发展特务，利用叛徒两面派，企图瓦解我们，对我们危害很大。在句容方面，因为不在'清乡'区，我们的基础比较好，敌人的特务深入不进去。只有在敌人据点附近，有些敌人的特工收集我们的情报。日本宪兵队主要是对付我们的被俘人员，而利用'94 号'来收集我们的情报。敌人也是

① 中共丹徒县委党史办公室：《丹徒县革命斗争史》，江苏人民出版社 1996 年版，第 154 页。

② 镇江市公安局档案：原文摘自《前进报》第 23 期。

矛盾的，他不一定信任‘94 号’，但又不得不利用它。对于我们来说因为关系到我们的生死存亡，所以不能不认真对付它。”①

（三）剿匪除霸工作

抗战时期，苏南抗日根据地特别是句容、溧阳、溧水边区，区域性的土匪活动十分频繁，经常发生抢劫、勒索等事件，民众人心惶惶，地方恶霸则欺压百姓，横行乡里。1939 年 5 月，新四军六团以江南抗日义勇军名义，根据“向南巩固，向东作战，向北发展”的方针来到苏南东路地区，与地方抗日部队会合，与敌伪作战，攻打土匪，在苏常地区形成了一整块的敌后抗日游击区。不久，“江抗”西撤渡江北上，苏常地区抗日武装力量减弱。日伪军队经常乘虚下乡“扫荡”。原来慑于“江抗”威名蛰伏下来的土匪、流氓部队也蠢蠢欲动，打家劫舍，骚扰百姓。②

为了保护根据地群众的利益，根据地公安保卫部门和地方武装打击土匪、惩处恶霸，为民除害。1939 年 10 月，新四军第一支队司令员陈毅到溧水新桥大李巷（白马乡）新四军四团驻地视察工作。工作期间，大李巷（白马乡）召开群众大会，公审抢劫军用物资的土匪徐大山、陈老么。陈毅司令参加大会并作了讲话。③ 次年 2 月，中共苏皖区委和新四军江南指挥部召开军队党和地方党的联席会议，会议通过了《为坚持江南敌后抗战之政治纲领》。该纲领第一条第三款、第八款明确提出要“严惩汉奸，严惩通敌亲汪的投降派”，要“肃清破坏抗战之土匪，安定抗日后方”。④

1. 丹北地区

1941 年 1 月 17 日，镇江县五区区长赵文豹率领区常备队和抗日自卫队，先后镇压了强盗土匪头子朱大双和王福贵。农历正月初一，处决罪大恶极的盗匪 28 人，同时教育释放了一批人，控制了盗匪之患。⑤ 7 月，扬中县开沙土匪、伪十九师连长葛海章反动本性不改，在开沙逮捕杀害抗日干部，经县委研究并报西路工委批准，予以逮捕镇压。⑥ 1941 年冬，扬中县流氓施绍咸勾结伪军，为非作歹，经常到三区抢劫，民愤极大。一天晚上，施绍咸又带六个匪徒来抢劫百姓财物，三区区委决定发动群众捕捉。民兵、群众手执长矛、砍刀、钉耙、锄头层层包围，活捉了六名土匪，予以镇压。⑦

1942 年 1 月 17 日，扬中恶霸倪恒明为伪军分队长，常到中心沙一带骚扰。县长施光前和军事科科长印世庸等计议，决定在农历正月初一，利用春节化装舞狮子的机会除奸。狮子舞到倪恒明家门前，倪恒明正站在大门口看热闹，印世庸将其一枪击毙，为中心沙人

① 镇江市公安局史志办公室：《汪大铭同志谈茅山地区锄奸斗争》，1985 年版。

② 中共苏州市委党史工作办公室：《苏南东路抗日根据地研究文集》，古吴轩出版社 2005 年版。

③ 中共南京市溧水区党史工作办公室：《溧水抗日斗争史（修订本）》，中共溧水县委党史资料征集委员会，2014 年版，第 30 页。

④ 镇江地区茅山革命历史纪念馆筹备小组办公室：《新四军在茅山——抗日斗争史料选》，江苏人民出版社 1982 年版，第 52 页。

⑤ 丹徒市公安局档案：赵文豹回忆材料。

⑥ 丹徒市公安局档案：石裕文的回忆文章及冯南生、王言的谈话记录。

⑦ 丹徒市公安局档案：王言回忆材料。

民除了一大害。[①] 1942 年 1 月 15 日，山北县县长赵文豹和郑竹波智歼混入抗日自卫团的土匪头子杜林于圌山，严肃了抗日武装的纪律，震慑了其他土匪，保护了群众利益，保障了南北交通畅通和社会安定。[②]

2. 茅山地区

1942 年间，溧水境内土匪活动频繁，到处发生抢劫、绑架等事件，弄得人心惶惶。10 月，为了保护群众利益，溧水县抗日民主短枪班配合新桥区军民，抓获土匪李世元、谢祖康，公审后予以镇压，打击了土匪的猖狂活动。[③]

刘鸿奎原是镇三区和丹一区交界处青坟墩的匪首，抗日战争爆发后，他借“抗日”之名建立土匪武装。在当地，这股土匪敲诈勒索、抢牛、“炕山芋”、强奸民女，无恶不作。1940 年前后，这股土匪武装扩大到 300 多人，继续搞“独立王国”，敲诈勒索，残害人民。新四军一再对刘鸿奎进行教育，多次给予改正自新的机会，但他仍暗通国民党“忠救军”，并在日伪“清乡”前企图投敌。为了消灭这股为害甚烈的土匪武装，茅山保安司令部派员打入其内部，摸清敌情，掌握活动规律。经茅山地委研究批准，于 12 月 6 日一举解除其武装，活捉了刘鸿奎。12 月 13 日，十六旅旅长钟国楚在曹甲村主持召开宣判大会，当场将刘鸿奎处决。[④] 丹一区与镇三区之间还有一股十多人的土匪武装，他们白天各自在家，深夜集中出动抢劫。12 月某日晚，中共路北特委社会部部长彭炎带领武装到下南岗村，将这股土匪歼灭。[⑤]

抗战期间，句容土匪首领余新泰、余新德（俗称二、三摆尾子）结伙打家劫舍，勒索群众，抢劫农民耕牛，无恶不作。后来，余新德被国民党委任为句容县自卫总团第六分团长。1943 年春，经派侦察员摸清其活动规律，在三摆尾子率匪众出动行至溧武公路天王寺附近时，新十六旅四十六团一部将其全部包围，抓住三摆尾子后交旅部锄奸科执法班关押看守。经教育，三摆尾子保证不再作恶后释放。[⑥] 三摆尾子被释放后不久，继续抢劫勒索百姓，抓捕残害新四军伤病员，对茅山抗日根据地的干扰和破坏更大。11 月 22 日晚，茅山地委组织武装夜袭三摆尾子老巢。时任茅山地委书记兼社会部部长的汪大铭在日记中记载道：“11 月 22 日，今晚，我强攻丁角巷之伪三摆尾子所部，敌顽强固守一祠堂，攻击到晓四时，始将其全部歼灭，只有数人漏网。”

1944 年下半年，溧高县政府在安兴区召开反霸斗争大会，公安局局长邢浩对横行乡里、罪恶累累的土匪张彦楠进行公判，处以死刑。[⑦] 1945 年春，溧高县公安局枪决土匪胡德海。胡德海既当土匪又当伪军，拦路抢劫，强奸妇女，还与溧水之敌勾结，无恶不作，民愤极大，县公安局执法排将其逮捕，枪决于白马大李巷山边。[⑧]

---

① 丹徒市公安局档案：施光前回忆文章。

② 丹徒市公安局档案：赵文豹回忆材料。

③ 中共溧水县委党史资料征集委员会档案：摘抄曹明梁档案、汤志成回忆材料。

④ 镇江市公安局档案：摘抄钟国楚、彭炎、李坚、孔风英回忆材料。

⑤ 镇江市公安局档案：摘抄孔风英回忆材料。

⑥ 镇江市公安局档案：摘抄张雍耿、王明新回忆材料。

⑦ 南京市公安局档案：《高淳县对敌斗争大事记（1937—1949）》，手抄本，1985 年。

⑧ 中共溧水县委党史资料征集委员会档案：摘抄曹文明回忆材料。

抗战时期曾任中共茅山地委社会部部长的汪大铭回忆说：“这个地区土匪很多。我们对他们采取了不同的对策，有的被我们争取过来，为我们所用，总之被我们分化了一部分。有的被我们消灭了，例如三摆尾子就是被我们消灭了……这个地区还有一个大土匪刘鸿奎，他先投降了我们，也打过日军，后来又‘反水’，被我们消灭了。包四是青帮头子，许多土匪也参加过青帮，投到包四名下，他们是松散的组织……有个叛徒包士元就是打着包四的旗号，策动大刀会反对我们……土匪被我们镇压的有三摆尾子、刘鸿奎，还杀了几个小土匪。”①

（四）对敌伪工作

在抗日根据地，特别是在日寇占领区和游击区，各级公安保卫机关一方面警告汉奸特务少作恶，对罪大恶极的汉奸特务进行坚决镇压；另一方面通过家属、亲友等关系，对敌伪基层政权和伪军警人员，进行分化争取工作。苏南根据地各地开展“争取两面派”活动，争取伪基层政权中的村（保）长、甲长和敌伪军中的人物真心向我、假意为敌，在敌占区建立“两面”政权，控制伪军基层连队。

“打拉”政策将日伪系统中的某些本来倾向于敌的一面派，转变为既为敌人服务又为中共抗日军民利用的两面派，并将其中的部分人员转变为倾向抗日、敷衍敌人的一面派，做到“身在曹营心在汉”，与中共抗日民主政府建立联系。争取两面派工作的主要对象是伪乡保长、伪军中低层干部，目的是控制基层政权和基层伪军。这对粉碎敌人的“政治清乡”“军事清剿”和“治安剔抉”起到了很大作用，严重动摇了日伪在苏南抗日根据地“清乡”区的统治基础。

1. 溧阳：统战动摇者

溧阳南渡地区大地主邱行钰，既是国民党金兰乡乡长，又兼乡中队长。他广收门徒，在地方有一定势力，也颇有名气。1943 年 9 月，日寇全面占领溧阳后，邱行钰的思想动摇不定，犹豫不决。为了迅速争取这支力量，至少使其不与我方为敌，县抗日民主政府公安局局长赖峰对邱行钰展开了一系列统战工作。赖峰将邱行钰请到钱家圩驻地，亲自对其进行抗日宣传，与其坦诚交谈，终于使邱行钰转变立场。9 月中旬邱行钰率乡中队起义，10 月成立联防大队，发展成七八十人的武装队伍。1945 年 1 月，其队伍上升为溧阳县警卫三连，邱行钰先后担任濑江区、竹南区副区长，为抗日做了大量的工作。

1944 年 8 月，县公安局为了争取南渡伪乡助理董献章，指派短枪班夜进南渡镇，把董献章带到我方驻地，随队行军十多天。经过多次宣传教育，董献章表示愿意为我方服务，后来为抗日民主政府在南渡征税等方面起到了一定作用。南渡江子埂的伪保长、大地主葛昌寿对我方民主政府阳奉阴违。8 月某天夜里，县公安局局长赖峰带着短枪班，突然出现在葛昌寿家门口，借宿他家，并对其警告。葛昌寿心里畏惧，从此再也不敢对抗抗日民主政府。10 月，溧阳县抗日民主政府在别桥一带从事民运工作的陈文（女），在去下新河工作途中，被日军捕去。县公安局利用与之有关系的伪区长，将陈文保释出来，免遭加害。

1945 年 6 月，竹箦桥棠荫伪保长吕定儒之子因保存反动证件等问题，被县公安局抓获，本应惩处，但此人在当地有一定的社会基础。县公安局为争取、团结一切抗日力量，

① 镇江市公安局史志办公室：《汪大铭同志谈茅山地区锄奸斗争》，镇江市公安局档案，1985 年。

请地方士绅吕谷声、滕夕荣出面将他保释，社会反响很好。[1]

2. 宜兴：策反伪武装

1941 年，中共宜兴县委派王梅芳打入国民党县常备队，5 月，王梅芳率部“投诚”返回，被编为独立二团新八连。1942 年 7 月 6 日，臧村自卫团排长傅志来经我方教育后，击毙伪连长储锁良，率伪军一个连 60 余人，携带机枪 2 挺、掷弹筒 2 个、步枪 30 余支、弹药数箱向我方投诚。

1942 年 7 月，为开辟浙西地区和扩大武装，中共太滆地委派顾玉良、张晖率两个排 60 余人，通过浙西地下党施展的关系，冒充苏州伪军，以投靠国民党军队为名，打入浙西忠救军潘洪小部，编为第二中队，张晖任中队长，顾玉良任大队副官。后因我方地下党员贺千秋被捕，部队同年 11 月撤回宜兴，此时兵员已发展到 100 余人。

1943 年春，红塔伪军据点王排长经中共宋渎区区长陆焕琪做工作，愿意反正，为我方效劳。在第二次攻打该据点时，王排长向我方提供据点兵力、装备等情况，成为内应。同年，忠救军金阿山的弟弟，经中共宋渎区区长陆焕琪教育后，带枪向我方区大队投诚。官林伪军吴金元部的排长傅只经策反后，率全排 20 余人，携带 1 挺机枪向抗日民主政府投诚。1943 年年底，和桥自卫团团长张阿明，经县委书记徐敏、委员张之宜教育，率部向抗日民主政府投诚。

1945 年 9 月，中共大塍区委书记孙芝轩利用关系，将宜兴东区自卫团团长蔡一鸣的小妾范保珍叫到曹万春家中，对其进行爱国教育，劝她动员蔡一鸣弃暗投明。蔡一鸣经范保珍规劝，率部 20 余人，携带长、短枪十余支，到区委指定的地点王婆桥投诚。[2]

抗日战争时期曾在大塍区工作的邢浩回忆道：“我们在对敌斗争中注意宣传政策，掌握政策。对被俘的敌人强调‘坦白从宽，抗拒从严’的政策，这样我们利用两面派的乡保长，也可以取得一些情报，打击最坏的敌人，也可以促使敌伪军的反正。宜兴城内伪军自卫团团长蔡一鸣经过分化工作，弃暗投明，率自卫团 20 余人、枪 17 支来我区投诚，对敌伪的震动是很大的。”[3]

3. 武进：打入敌要害

1942 年至 1943 年，为配合开展反“清乡”斗争，常州武进地区中共地下党注重城区工作，派进不少地下党员，他们有的打入了武进县防务委员会，有的打入了武进特工站的分支机构西门站。这些机构都是敌人的特务机关，尤其是伪防务委员会是敌伪军、警、政、特的一个混合组织，是专搞“清乡”的领导机关，除专门汇集中共党组织地下活动和抗日民主政府的情报外，还指挥整个“清乡”活动。地下党打入敌人这些要害部门后，积极开展活动，基本上控制了这些机构。打入武进特工站西门站的许云龙还当上了特工站的副组长。戚拯在伪防委会内，也争取和发展了一些秘密关系，这些秘密关系有的担任敌人

---

① 溧阳县公安局公安史资料征集、编写组：《抗日战争时期溧阳县公安斗争史资料（初稿）》，宜兴市公安局档案，1986 年版。

② 宜兴市公安局：《宜兴公安志（1949—1989）》，第 287-288 页。

③ 邢浩：《抗日战争时期宜兴地区公安保卫工作基本情况》，宜兴市公安局档案，1984 年版。

情报的汇编工作，有的担任情报缮写工作，使我党及时掌握了敌人“清乡”的许多重要情报。①

4. 丹北：普建敌工站

1942年2月，（京沪）路北特委加强敌伪军工作委员会的组织领导。该委员会主任王龙、副主任俞迺章，下设秘书科、组织科、宣传科、情报科。其具体分工是组织科要到敌人心脏去发展和建立我们党的组织，情报科负责搜集敌伪的动态，宣传科负责对敌伪进行政治攻势。另有情报员，专搞情报、锄奸工作。同时，敌伪军工作委员会公开外围组织“新生社”成立，韦永义任总社长。各县成立分社，县长任分社长，开展帮会工作、采取收徒弟的办法广布耳目，搜集情报。各县成立敌伪工作站，设有山北县敌工站、山南县敌工站、武进县敌工站、扬中县敌工站、江镇扬办事处敌工站。有条件的区成立敌工组（情报组）。②

5. 丹阳：争取与打入

1942年，驻丹徒县伪警护军第四旅十二团一营营长陈震，经过（京沪）路北特委敌伪军工作委员会副主任强毅做争取工作以后，1月下旬率所属一个连100余人（其中有伪四旅旅部20余人），带枪114支，从后朱巷拉到黑木桥附近，公开宣布起义。该部队后被改编为保安司令部警卫营，陈震任命为营长。③

1942年9月1日，中共苏皖区党委敌伪军工作委员会根据苏南第三次敌工会议精神，发出关于敌区政治活动指示，其中一条“要善于利用日伪、敌顽、伪顽之间的一切矛盾，灵活运用打拉政策，开展宣传攻势，做好伪军中的组织工作，做好城市工作帮会工作”，指出“溧水、江宁应作为战胜伪军工作的中心”④。11月5日，苏皖区党委发出《关于更广泛地开展敌伪军工作与确立党的统一领导的决定》，要求各地委、县委建立统一的敌伪军工作委员会，党委书记兼主任。

1942年，时任茅山地委副书记的汪大铭在日记中写道：“11月13日下午到保安司令部开地委会议，讨论以下问题：敌伪军工作问题。决定地委成立敌伪军工作委员会，在句容、镇江、丹阳方向各设一敌伪军工作站。在现有材料的基础上，对敌军、伪军、伪组织及敌占城镇据点情况进行系统的调查研究。对现有伪军、伪组织、两面派的工作关系，重新做一次审查鉴定，根据对象情况，制定对策，建立可靠的内线情报网。抽调与培养一些干部加强各敌工站的工作。”⑤ 时任横山县抗日民主政府公安局局长黄吉民说：“敌伪人员

---

① 武进县公安局史志编写组：《武进第一、二次国内革命战争时期、抗日战争时期、第三次国内革命战争时期党的安全保卫工作概况》，宜兴市公安局档案，1983年版。

② 镇江市公安局公安史办公室：《抗日战争时期苏南敌后抗日根据地公安保卫工作大事记（第一分册）》，1988年版。

③ 中共镇江市委党史资料征集研究委员会办公室：《丹北地区抗日战争时期革命斗争大事记（征求意见稿）》。

④ 溧水县委党史资料征集委员会：《中国共产党溧水县历史大事记（1927—1990）》，1994年版，第29页。

⑤ 中共镇江市委党史资料征集研究委员会、中共句容县委党史资料征集研究委员会：《汪大铭日记（1939—1945）》，句容印刷厂1987年版，第179页。

一般都是摇摆不定的，一切都是为了自己的利益，脚踏‘两只船’，当我们力量强的时候，他就倾向我们，当敌人力量强的时候他又倒向敌人，所以，一旦发生问题就坚决打击。”①

1943 年 2 月，中共丹阳县委根据“坚持斗争，积蓄力量，等待时机，争取胜利”这一方针精神，吸取东路反“清乡”的经验教训，积极做好反“清乡”准备。在抓紧进行精兵简政、转移隐蔽干部、组织精干人员坚持原地斗争的同时，争取教育伪乡保长为抗日斗争服务，促使他们采取各种办法对付敌人，对于真心向敌的伪乡保长则予以打击。

敌伪军工作主要是争取两面派的伪军，控制比较薄弱的自卫团。对汪伪的乡保基层组织，采取“一二一”的政策。“一二一”政策也叫打拉政策，打打拉拉，拉中有打，打中有拉，有打有拉，即通过争取、利用、打击、限制等一系列政策手段，把原来是敌人的一面派，根本不同抗日民主政府来往，逐渐转变为两面都应付，最后完全应付敌人，真心诚意替中共抗日民主政府工作。

（五）建立交通情报网络，确保长江战略通道安全

在苏南抗日根据地以及敌占区和游击区，中共地方党委、政府，依靠抗日武装和公安保卫力量，通过各种渠道，采取“拉出来，打进去”的方法，在伪军、伪政权中发展内线关系，密切掌握敌人动向。同时，建立秘密交通、情报站点，接送往来根据地以及敌占区和游击区的人员、物资，及时传送各类情报信息；在长江沿岸和京沪铁路两侧开辟战略通道，确保中共党政人员、新四军部队北上南下战略移动的畅通安全。

1. 长江交通走廊

为了加强长江、铁路沿线工作，确保南北交通畅通与安全，中共路北特委根据华中局指示精神和谭震林的意见，1941 年 10 月建立了中共长江工委，管辖东起武进、西至南京的长江沿岸；1942 年 2 月建立了中共江镇县委，管辖新老洲及长江北岸的江都仙女庙、嘶马、大桥一线以南地区；同年 3 月建立中共铁道工作委员会，管辖京沪铁路无锡至龙潭段两侧。这些组织建立后，恢复和建立地下党组织，加强统战工作，使一些伪军转变立场，进一步巩固和拓展了长江走廊，在新四军执行向南巩固、向东作战、向北发展的战略任务中，充分地发挥了战略通道的作用。

（1）长江工委

中共长江工作委员会（简称长江工委）成立后，属中共（京沪）路北特委领导。长江工委的具体任务是：在东起丹阳西至龙潭的长江沿线，摸清情况，站稳脚跟，积极而又谨慎地建立党的地下组织；开展敌伪军工作，争取社会上层分子；搜集军事、政治情报；建立小型游击武装，确保大江北通道的安全。

1941 年 11 月初，中共长江工委书记彭炎化名林逸樵，通过和尚洲自卫团团长陈安义的关系，发展了焦山方丈静岩为秘密党员，把焦山建成长江工委的一个秘密联络点，进而通过静岩与镇江上层人物、南京汪伪政府头面人物交往，为中共组织、地方政府和新四军搜集了大量重要的情报。②

---

① 江宁县公安局公安史资料征集小组：《黄吉民同志谈抗日战争时期横山县（江当溧）公安局情况》，1984 年版。

② 镇江市公安局档案：摘抄彭炎回忆《中共长江工作委员会始末》。

（2）江镇县委

1942 年 2 月，中共路北特委在新老洲及长江北岸的江都仙女庙、嘶马、大桥一线以南地区范围内建立了中共江镇县委，由康迪、王文生、陈英等组成，康迪为书记。

新老洲北与江都仅隔一条狭窄的夹江，严冬枯水期则洲陆相连，南与山北县的王家山嘴等渡口依江相对，行政上分属日伪江都和镇江两县管辖。洲上除本地伪自卫团少量武装和黑木桥一个连的伪军外无日军驻扎，而新四军挺进纵队则很早就在此活动。这里土地比较集中，两极分化严重，贫苦的基本群众多、觉悟高，对开展革命活动十分有利。

江镇县委成立后，康迪等首先以新老洲为立足点，深入贫苦的农民、滩民、船民、渔民群众中，通过宣传教育和结拜"兄弟"等形式，与群众交知心朋友，进行抗日宣传和阶级教育，继而在群众中物色对象，积极而谨慎地发展党员；又通过调查摸底与原中共江都县委在此发展的党员取得联系。江镇县委经过秘密建党和发动组织群众，在这个地区站稳了脚跟，然后运用打拉政策，争取伪方人员的转化，从而基本上掌握和控制了高桥、黑木桥、头桥、沙头、和尚洲、施家桥等重要港口、码头、伪军据点及自卫团武装。

随着建党和发动群众工作，特别是敌伪军工作和两面派工作的深入与发展，新老洲的斗争形势也不断发展，逐步由"同情区"变为游击区，建设成为继扬中之后长江走廊的又一座江心桥。1943 年年初，根据上级决定，中共长江工委将和尚洲的工作交给了江镇县委领导。①

（3）铁道工委

1942 年 3 月，（京沪）路北特委遵照华中局和谭震林关于要着重加强长江南北、铁路南北交通的工作，确保这条交通线在任何情况下都能畅通无阻的指示，建立中共铁道工作委员会。其主要任务是确保铁路南北、运河两岸的交通，确保与上海当地党组织的联系畅通和往来根据地与上海之间人员、物资的安全。铁道工委领导辛胡、河西、练湖三个区和上党、荆村桥至陵口段、戚墅埝至洛社段三个工作组，以及一个交通站；工作范围是管辖无锡至龙潭，重点是丹阳至镇江铁路两侧各五公里地区。②

铁道工委成立后，首先开展敌伪军工作，争取了辛丰镇伪自卫团总团长赵秉伯，打通以辛丰镇为中心，东到黄墟，西到西山背、后北敌据点的通道；继而争取了黄墟伪军连长罗云高，后又争取了西山背和后北的两个伪军连长。

铁道工委同时积极开展帮会工作，根据敌占区的特点，利用帮会形式充实革命新内容，借以广泛发动和组织群众。经批准，由董必成开门收徒弟，至 1942 年年底，共收徒弟约 3000 人。铁道工委除通过适当形式向他们宣传抗日救国道理、灌输革命思想外，对其中表现好、具备入党条件的，逐个秘密吸收入党。

铁道工委在工作中灵活运用打拉结合政策，教育、争取、团结了大多数伪乡保长为抗日工作，对汉奸、特工则坚决镇压。自 1942 年春至 1945 年春，先后镇压了丹阳特工站特

---

① 中共镇江市委党史资料征集研究委员会办公室：《镇江革命史料选（第 9 辑）》，1988 年版，第 45 页。

② 中共镇江市委党史资料征集研究委员会办公室：《苏南敌后抗日斗争简史（征求意见稿）》，1985 年版，第 97 页

务俞柏春，常驻黄墟的伪八团某营副官马初光，伪黄墟乡长、日伪顽双料特务殷兆洪，隐藏在辛丰小学的日伪顽双料特务王开贵、丁洪发，以及国民党地下区长蒋冠英等。

铁道工委还特别重视发展党的工作，先后发展了百余名党员。尤其在丹阳火车站发展了丹阳火车站副站长张世益等入党，在道班工人和车站小店中发展了五名党员，在辛丰火车站也发展了党员，从而基本控制了这两个车站。

铁道工委从建立到 1945 年春结束的三年时间里，确保了一批批南下北上的党政干部和新四军大部队北上南下安全过境，完成了光荣的历史使命。[①]

2. 区域交通、情报网

在苏南敌后，敌强我弱，敌人占领着城镇和交通要道，抗日力量仅在乡村活动，各个游击区都被敌伪据点分割。为使上下级之间、地方和部队之间、地方和地方之间及时互通情报，为保障中共地方党政组织和新四军部队之间行动密切配合，为保证人员往来、军需物资输送的安全，中共地方党组织和抗日民主政府在险恶的环境中，审慎布点，适时布线，编织交通情报网，在搜集和传送情报、信件以及护送干部、军需物资等方面做了大量工作。

皖南事变后，苏南抗日根据地敌、顽、我三角斗争更加尖锐、复杂、激烈。1942 年，苏南抗日根据地加快抗日民主政权建设，江宁县、镇丹县、溧阳县抗日民主政府设立了公安局。各地抗日民主政府在中共党组织领导下，加强敌伪军工作，深入锄奸反特，全面加强区域内交通、情报点、线的建设，坚持和巩固苏南敌后抗日根据地。

1942 年 1 月 12 日，中共中央书记处发出《关于建立各根据地秘密交通的指示》，规定“为着保证将中央与各根据地的文件及干部能迅速而安全地互相传送”“所有各个根据地之间，必须同时建立通过敌人封锁线的秘密交通路”“应注意保证秘密交通线的巩固和安全，所有交通人员通过秘密交通线时在注意社会掩护与秘密技术之下，达到与当地人一样、能经常来往”[②]。

自 1940 年开始，中共太滆中心县委在宜兴地区闸口设交通总站，区设分站，下设若干联络点，人员由县区物色可靠的党员、群众担任，建有通往宜南山区和通往锡南两条交通线。1940 年上半年，建立县交通站，站长邵中。1942 年下半年到 1944 年上半年，由县委秘书马平兼管交通站工作。交通总站任务主要是送情报，其次是传递信件、护送干部等。送情报的方法有：情况紧张时放在中药包里、火柴匣里、缝纫包里等，重要情报有时也派短枪队送。

1940 年下半年，塘河西建立一条灵台—小张墅—小横山交通线。灵台方面的站长叫王善之，牺牲后由何娣坚持。这条交通线直至抗日战争胜利才撤销。

通向锡南的交通线为闸口—扶风—渎区—马山—锡南。1940 年 7 月，开辟马山工作，在周铁镇胡玉堂家设秘密联络点，在褚店桥周家村姚笠宾家中建立交通站。1941 年 3 月，

---

① 中共镇江市委党史资料征集研究委员会办公室：《苏南敌后抗日斗争简史（征求意见稿）》，1985 年版，第 97 页。

② 成安玉：《华北解放区交通邮政史料汇编 · 晋察冀边区卷》，人民邮电出版社 1991 年版，第 120 页。

扶风交通站设在扶风桥西街许洪泉豆腐店，负责地委—扶风—溇区的联络，任务是送报纸、信件、情报，以及转送弹药等，5 月因交通站暴露而撤销。4 月，开辟太湖溇边区工作，建立由郏渎至锡南、苏西的交通线。1942 年至 1944 年，渎边交通站设在郏渎，交通站有两条船，负责苏西、锡南的联络。1943 年春，马山政府成立并建立水上交通站。1943 年下半年，开辟宜南山区后，氿北各地分两条线，与设在白岘的地委联系。

宜兴其他一些地区交通联络设置有：大塍区前阳圩袁友清家设交通站；万芳区蒋再根既是民主政府任命的乡长，又是交通站站长，他的家就是联络站；氿南犹漠圩设秘密交通站。1945 年 8 月 22 日，中共苏南二地委决定撤销各交通站。①

抗日战争时期曾在太滆地区从事交通情报工作的邢浩，回忆宜兴地区公安保卫工作时写道："建立交通联络站，赋予交通联络站侦察敌情的任务。交通联络员都是当地可靠的党员，他们广泛联系群众，人事熟悉，知道情况快，这是情报的重要来源和重要渠道。我们在氿南狄莫圩设有秘密交通，俞提根同志长期负责这项工作，经常及时传递敌伪动态，护送不少领导骨干，保证安全开展各项工作。"②

抗日民主政府交通站作用越大，敌人越是仇视，越是千方百计妄图破坏交通网。因此，抗日民主政府的交通员必须由政治可靠、立场坚定、不怕牺牲的同志担任，一旦被敌人抓去，能经受住敌人的严刑拷打和物质利诱，不出卖同志，不出卖组织。宜兴扶风区褚店桥周家村交通员姚笠宾、唐渎区北新交通员刘兆明被敌人抓去后，视死如归，被敌人残酷杀害。③

1940 年冬，蒋介石在全国掀起第二次反共高潮。原来准备从茅山地区转移到苏北的一批新四军军部干部和物资，因形势恶化改从太滆地区过境。中共太滆中心县委根据区党委的指示，确定以闸口交通总站为联络中心，中心县委机关由孙石具体负责接待，机关和地方全力投入这项工作。中共中央东南局机关干部和党训班学员二三百人，在一个连的护送下，撤离皖南，经太滆地区向苏北转移。30 余担军需物资分散掩藏在扶风、闸口一带群众家中，伺机转运苏北。1940 年年底到 1941 年 1—2 月，即皖南事变前后，从军部陆续撤出大批干部。军部后勤部部长宋裕和率领的第二梯队六七百人分批经过宜兴。经宜兴北去的领导人有温仰春、胡立教、殷扬、陆璀等，以及皖南事变突围出来的傅秋涛。中共太滆中心县委书记陈立平、组织部部长孙章录都亲自接待，确定行动路线。为保证北去人员的安全，给他们化装，准备假"良民证"，段段有人送，站站有人接，确保了任务的顺利完成。④

（六）平息刀会暴乱

抗战期间，顽伪势力常常利用新四军主力部队北上或南进之机，与刀会组织勾结，裹胁不明真相的群众，策动刀会武装暴乱，妄图借刀会势力杀害抗日基层干部，摧垮抗日民主政权，破坏抗日根据地，给新四军和根据地党政军民造成极大的危害。公安保卫部门联

① 宜兴市公安局：《宜兴公安志》，1993 年版，第 288 页。

② 邢浩：《抗日战争时期宜兴地区公安保卫工作基本情况》，宜兴市公安局档案，1984 年版。

③ 宜兴市公安局：《宜兴公安志》，1993 年版，第 288 页。

④ 宜兴市公安局：《宜兴公安志》，1993 年版，第 288 页。

合地方武装，在新四军部队的支持下，迅速行动，平息刀会暴乱。

随着苏南抗日根据地的建立与巩固，特别是抗日民主政权除暴安良、减租减息，影响和触动了地方刀会的势力和利益，他们勾结国民党顽固派与日伪，加紧对各地刀会的控制，利用刀会组织欺骗蒙蔽群众，或配合敌伪“扫荡”，或阴谋策划暴乱，一些大刀会组织成为日、伪、顽和地方反动势力利用的工具，企图借其搞垮抗日民主政权。

1939 年 3 月 15 日，新四军一支队参谋长兼“江抗”三路副司令胡发坚，在武南洛阳镇东南谈家头村对刀会人员讲话时，被该会反动头目候仁荣手下打冷枪行刺，不幸牺牲。“江抗”三路将候仁荣就地正法，将刀会武器全部收缴。①

1940 年 7 月，粟裕率新四军江南主力部队渡江北上，开辟苏北抗日根据地。江南新四军的力量更加薄弱。溧水太平乡上方寺大刀会堂主张满依仗有徒弟数百人，更有国民党苏南区专员兼溧水县县长汪国栋的支持，横行霸道，欺压人民，破坏抗日，处处与共产党作对。1940 年 6 月 10 日，新四军二支队四团逮捕了张满，将其押送茅山根据地。张满在途中企图逃跑时被击毙。8 月 1 日，汪国栋联合国民党江宁县县长杨鼎侯，伪当涂县县长、刀会头目张四郎，江当溧三县刀会首领胡玉堂、熊三星、张方夔等在山南马武村成立“指挥部”。在其胁迫下，江当溧地区 140 多个堂口 2 万余人倾巢而出，分五路向新四军和中共横山县委机关进攻。与此同时，谢村、小丹阳、博望、洪蓝埠的日伪军密切配合切断横山军民退路，与大刀会遥相呼应。8 月 3 日，小丹阳、博望等据点的日伪军 80 余人也配备迫击炮从三面参加围攻。新四军与敌人顽强拼搏，周旋激战两昼夜，最终突出重围，但也损失惨重，前来支援的新三团主力部队伤亡近半，抗日军政干部 30 多人惨遭杀害。新四军和中共横山县委被迫撤离横山后，横山地区形势极端恶化，中共地方党组织大部分被破坏，党员、积极分子有的被杀害，有的被迫转入地下，少数不坚定分子脱离了革命。②

抗战期间，溧水、高淳、当涂四乡刀会盛行。大刀会打着“保境安民”的旗号利用封建迷信招兵买马，发展力量。1944 年 5 月，溧水、蒲塘地区一带的大刀会在国民党策动下，与抗日民主政府为敌，多次袭击韩胡区大队。溧水县抗日民主政府公安局与县警卫连对首要分子进行了镇压，平息了刀会叛乱。10 月 21 日至 27 日，国民党溧水县县长李醒华伙同伪孔镇区区长张宝钧等收买、利用大刀会势力，组织策划制造了溧高地区韩固、韩胡两区大刀会武装暴乱事件。大刀会暴徒杀害、抓捕抗日民主政府的地方干部和农会骨干，烧毁中共党组织和地方干部的住宅。暴乱历时 7 天，被裹胁群众达万人，波及溧高县的渔歌、孔镇、灵峰、和风、信义、骆山、集义、古柏、南漪、龙井、肇倩、双塔、华风 13 乡。大刀会暴乱期间，区、乡抗日干部与积极分子惨遭杀害的有 32 人（溧水 17 人、高淳 15 人），被毒打关押者近 30 人。

中共溧高县委召开紧急会议，并作出决定：对大刀会暴乱坚决镇压，平息暴乱，命令

① 中共江苏省委党史资料征集委员会、中共苏州市委党史资料征集小组：《苏南东路地区抗日斗争大事记 1937.7—1945.8（初稿）》，1983 年版，第 14 页。

② 中共当涂县委党史办公室、当涂县新四军历史研究会：《横山抗日根据地革命斗争史》，第 22-27 页；中共马鞍山市委党史办公室、中共当涂县委党史办公室：《江东风雷——马鞍山、当涂地区民主革命时期党史资料》，安徽人民出版社 1991 年版，第 77-81 页。

县警卫营与公安局全体同志协同作战；大力开展政治攻势，以政治攻势为主，军事进攻为辅。大刀会暴乱很快被平息，匪首孙汉民、孔承泉、赵玉琨纷纷逃往湖阳、长芦等地。在平息暴乱过程中，溧高县公安局的公安人员俞征、曹文明、张士俊、钱玉田、王金山、芮家顺等在局长的率领下，配合新四军四十七团一部作战，镇压暴乱分子，保卫革命政权，使国民党顽固派破坏抗日、削弱抗日民主力量的阴谋彻底破产。接着，在全县范围内开展锄奸肃特斗争，逮捕处决了甘传鑫、司徒藩等一批反革命分子，进一步巩固了溧高抗日根据地。①

我方也十分重视对刀会的争取工作。1943 年 9 月 21 日，江渭清、王必成给钟国楚、京芜中心县委并四十六团主要同志的信中有关于大刀会问题的指示："我们实际上的方针应该积极进行争取教育和改造他们，使其成为一种抗战的群众力量。为此，一方面可以阻止敌人的伪化政策，另一方面阻止国民党势力的渗入。正因为刀会是一种社会的、群众的实力，所以敌伪顽也都在积极争取，利用他们来反对我们，这就需要我们对刀会问题慎重处理。"②

（七）加强社会管理，维护根据地社会秩序

加强根据地社会管理，是公安保卫工作的重要一环。苏南抗日根据地各级公安保卫干部，一方面围绕抗日民主政府各时期的中心工作，投入减租减息、田赋税收、民主选举、征兵购粮、支援前线等工作中，确保任务安全顺利地完成；另一方面在抗日民主政府的领导下，在各辖区查处闹事械斗、调处民间纠纷、开展禁毒禁赌，通过加强社会面的治安管理，维护根据地的社会秩序，保卫人民群众生产、生活的安全。

1940 年 3 月 8 日，苏皖区党委和新四军江南指挥部党委在溧阳水西村召开了县团以上干部参加的联席会议，袁国平代表中共中央东南局出席会议，并在会上传达中共中央《关于目前时局与党的任务的决定》。联席会议检查了过去的工作，着重学习讨论了党中央、中央军委文件，根据苏南西路地区的具体情况和工作基础，确定了今后的工作方针和任务。为了适应敌后抗日民主政权建设的新形势、新任务，进一步明确中国共产党领导下的抗日民族统一战线政权的施政宗旨、方针、原则、任务和方式方法，联席会议通过了《中共苏皖区委员会为坚持江南敌后抗战之政治纲领》（以下简称《纲领》）。③

《纲领》由三大部分组成，其中，涉及公安保卫方面的内容主要有两方面。在实行民族主义方面，明确宣布"严惩汉奸，严惩通敌亲汪的投降派"；"肃清破坏抗战之土匪，安定抗日后方"。在实行民权主义方面，强调要"……保护与援助抗日的民众"；"保护人民抗日言论、出版、集会、言论的完全自由""……实现民选政府与地方自治"；"严惩贪官污吏、土豪劣绅……""实行男女在政治上一律平等，保护与扶植妇女解放运动"；"保护一切抗日人民生命财产的安全与居住行动之自由"。在实行民生主义方面，明令"严禁资敌，禁止寇币、伪钞，禁止毒品输入……""改善民生，实行减租减息减税，增加工人

① 溧水县公安局公安史资料征集小组：《抗日战争时期溧水县公安保卫工作概况》，1985 年版。

② 中共溧水县委党史资料征集委员会档案：《欧阳惠林保存的文本》。

③ 中共江苏省委党史工作委员会《苏南抗日斗争史稿》编写组：《苏南抗日斗争史稿》，江苏人民出版社 1987 年版，第 61 页。

工资……”“没收敌人和汉奸的财产，充作抗战经费”“调剂粮食，抑平物价，严禁奸商垄断操纵渔利”“整顿赋税……拒绝贪污浪费……”①

1943 年 5 月 1 日，苏南区行政公署公布了《苏南行公署暂行组织法》。第十八条规定，公安局负责关于防奸、防谍、防匪事项；关于维护社会秩序事项；关于保障民权事项；关于刑事检查事项；其他有关公安事项。②”

1. 禁毒禁赌

苏南抗日根据地在初期抗日民主政权未建立的情况下，各地抗敌自卫会、抗战动委会代行政府职能，在辖区采取有力措施加强民兵、自卫队巡防工作，防匪防盗、禁毒禁赌，最大限度地维护治安，确保社会秩序正常。各抗日民主政府成立后，明令禁赌，整肃社会风气。江南农村集镇小茶馆常有赌博活动，县、区、乡抗日民主政府经常组织力量巡逻查禁，大多数地方都收到较好效果。

抗日民主政府对禁毒工作尤为重视，各地通过发布告、开大会，大力宣传禁止吸食、贩卖海洛因、鸦片等毒品。1942 年 1 月，镇江县抗日民主政府规定：“严禁鸦片，如有发现，即行没收。”③ 新老洲江（都）镇（江）办事处在禁毒运动中专设了数处戒毒所，为自愿戒毒人员提供服务和必要的帮助。东路苏常等地区的县、区抗日民主政府，还从防止吸毒者犯罪，维护社会安定的实际出发，对于一部分吸毒成瘾且又劝诫无果者，规定必须如实申报领证，依法接受治安管理，直至戒绝毒瘾。

1944 年 9 月，镇江办事处明令禁止吸毒，普遍开展禁毒运动。并设立戒毒所数处，收容烟民，强迫戒烟，深得群众特别是烟民家属的欢迎和拥护。第一批戒毒已经结束。受戒烟民计 84 人，经查验：已完全戒除的有 32 人，仍想偷吸的有 33 人；另有并非烟民而是做小偷的 29 人。④

是年 11 月 20 日，山北县新华区民主政府召集全区乡镇长举行区务会议。为了积蓄力量准备反攻及巩固解放区的治安，防止坏人活动，决定禁毒及取缔各乡羊肉店（注：赌博场，后同）。其具体办法是：（1）禁赌方面，区署规定凡一切赌具均在被禁之列，由各保长将地方上所有麻雀牌收集送至乡公所加封盖章后，发回原主，不准启封。如不将牌交公加封，查出后概行焚毁；如仍旧进行赌博，则处罚头家罚金 1 万元以上，罚款充作各乡教育经费。（2）禁烟方面，各乡先将所有大烟鬼调查登记，全数召到乡公所来戒绝。凡有吸烟嫌疑者（如过去吸，现在不吸等），也要到乡公所，经过二三日之测验。烟民戒烟时伙食费，家境富者由自己负担，困难者由乡公所供给。以五天至两星期为限，烟瘾不论大小，均须戒绝。（3）取缔羊肉店，各乡所开之羊肉店，在 11 月一律停息。街镇上的羊肉店，则绝对不准赌钱。自从这些工作推行后，各阶层人士均表赞同。而一般烟民赌鬼的家属，甚感激万分。羊肉店实际上既是赌博场，又常有坏人混迹其间，危害乡里，故而人民

---

① 中共江苏省委党史工作委员会：《苏南抗日根据地》，中共党史资料出版社 1987 年版，第 116-117 页。

② 中共江苏省委党史工作委员会、江苏省档案馆：《苏南抗日根据地》，中共党史资料出版社 1987 年版，第 276 页。

③ 镇江市公安局档案：摘抄《茅东大事记》。

④ 镇江市公安局档案：摘抄民国卅三年八月廿三日及九月三日《前进报》第二期及第四期。

拥护取缔。①

2. 妇女权益

苏南敌后抗日民主政府从保护人权的立场出发，坚持破除重男轻女的封建陈腐意识，大力支持妇女正当要求，保护妇女权益，坚持实行男女在政治上、经济上一律平等的原则，提倡婚姻自主，反对包办婚姻，严厉禁止纳妾、抢亲，坚决废除童养媳制度，支持青年妇女摆脱封建落后婚姻制度的束缚，争取自由幸福的婚姻。

1940 年 8 月，常熟县徐市和望贤乡等地发生多起虐待甚至杀害童养媳事件。当地区、乡、保人民抗日自卫会及时组织妇抗会、农抗会认真调查处理。东路特委机关报《大众报》还专门发表了题为《取缔童养媳制度》的社论，受到广大人民群众特别是妇女群体的坚决支持和热烈赞誉。同时，各地代理抗日民主政府对流传于民间的一些敬神信鬼的迷信活动，也尽量做好教育劝阻工作，以逐步地扭转社会风气。②

1943 年，白马破落地主陈令才带儿子抢亲，并与人吵闹打架，违背妇女意愿，限制人身自由，破坏地方治安秩序。溧水县抗日民主政府研究决定，由公安局拘留陈令才，后经教育释放。③

3. 为民争利

1941 年，芦苇可以割下编织芦帘、芦扉等，经济价值高，但这些芦滩被大小地主霸占，他们分包给当地霸头看管，农民去割都要支付一定的租金，剥削非常厉害，因此贫苦农民与滩主霸头矛盾很大，中共宜兴县唐渎区委官庄、王母一带就发动群众进行芦滩斗争，唐渎区委发动数千群众割芦苇，为群众争得很大利益。④

1942 年 8 月，宜兴地区“水伙帮”活动猖獗，经常在滆湖沿岸抢劫群众财物，民愤很大。唐渎区大队接到渔民报告后，为民除害，在湖里抓获 4 名水伙帮人员，处决在南新北面新桥河东的坟地上。⑤

1944 年 4 月，渔霸霸占滆湖限制捉鱼，渔民无鱼捉，没饭吃，生活困难，唐渎区发动官庄、寺西、北新、楝树四乡渔民开会，动员他们到滆湖捕鱼，并贴出布告，由抗日民主政府进行保卫。渔民很高兴，主动为抗日民主政府搜集情报，看到鬼子来了，就在船杆上挂白旗，敌人走了就挂蓝布，并以卖鱼为名搜集敌人情报送给民主政府。⑥

4. 保护税收

在坚持和发展苏南敌后抗战中，保证抗日部队和根据地党、政、军、群工作人员的给养以及其他各项抗战经费，是抗日民主政府的重大任务之一。抗战初期，抗战经费主要由国民党政府和第三战区供给。随着国民党不断制造摩擦，尤其是掀起全国性的第一、第二次反共高潮以后，便对新四军扣发、少发直至停发军费和军械装备，因此我方不得不自筹

---

① 镇江市公安局档案：摘抄民国卅三年《前进报》第十八期，第 4 版。

② 中共常熟市委党史工作委员会编：《常熟人民革命斗争史》，中共党史资料出版社 1990 年版，第 135 页。

③ 溧水县公安局公安史资料征集小组：《抗日战争时期溧水县公安保卫工作概况》，1985 年版。

④ 宜兴市公安局：《宜兴公安志》，1993 年版，第 293 页。

⑤ 宜兴市公安局：《宜兴公安志》，1993 年版，第 293 页。

⑥ 宜兴市公安局：《宜兴公安志》，1993 年版，第 285 页。

经费。随着民主建政工作的开展，就由抗日民主政府专责筹措。各级抗日民主政府专门成立财经机构或配备专职财经工作人员，负责征收田赋、公粮和各种工商税收，而地方抗日武装的公安保卫人员为其提供保护。

太滆地区有山有水，是当时相对富庶之地，是新四军军需经费的主要供给地。太滆地区的财税工作，始于1940年太滆地区开辟之初，以筹集经费为全部内容，除了靠民运工作同志催收茧税，主要靠抗日民主政府和地方武装去筹集。随着党组织和武装力量的逐步加强，政府设立财经科，关卡设立税所，加强田赋税费的征收工作。征收的方法一部分直接征收，一部分由乡保长承包。由于负担合理，又是抗日救国之必需，抗日民主政府下达的征收任务，一般均能如期完成。

1944年3月，溧阳抗日民主政府公安局协助刚成立的濑江区中心税务所开辟税源，扩大范围。县公安局派短枪班钱泽清、陈国光、江枫等人，深入日寇占领的南渡镇，通过对帮会头子董玉田的宣传教育，董玉田接受了公安人员的意见，向溧阳抗日民主政府纳税。①

在征收的季节，为了保证税收工作的顺利进行，新四军主力部队、地方抗日武装和地县区抗日民主政府，与日伪的横征暴敛，甚至是公开的武装抢粮活动，进行了坚决的斗争。抗日民主政府组织税务缉私队，与各种走私活动开展了坚决的斗争。在反走私和征税活动中，有些干部英勇地献出了生命。太滆地区的财税工作，不仅保证了太滆地区党、政、军的给养，而且有较多上交。太滆地区所交的金条，曾逐级解交到延安，为支持苏南敌后抗战和夺取全国抗战胜利作出了贡献。

---

① 溧阳县公安局公安史资料征集、编写组：《抗日战争时期溧阳县公安斗争史资料（初稿）》，宜兴市公安局档案，1986年版。

第二章　苏中抗日根据地的公安保卫工作

苏中抗日根据地以其位于江苏省中部地区而得名，正式定名于 1941 年 3 月。它东濒黄海，西迄京杭大运河，南临长江（一度延伸至京沪铁路），北接盐城、淮阴，面积为 23000 平方公里，大部分位于扬州、泰州、南通北部，少部分位于盐城、淮安南部，共设四个行政分区和一个特区、十四个县，约有人口 800 万。由于苏中盛产粮、棉、油、盐等重要物资，并与南京、上海隔江相望，扼制着长江下游北侧的航道，战略地位十分重要。因此，开辟苏中抗日根据地，充满着复杂且激烈的敌、顽、我三方斗争，先后由中共中原局、华中局指挥，新四军第一师主导根据地保卫工作，也在反“扫荡”、反“清乡”、反伪化中体现了苏中军民的高度智慧与创造精神，在江苏人民公安发展史上最为精彩、最有特色。

苏中地区公安工作在抗战时期，随着根据地的创建、巩固、扩大而逐步建立和发展起来。苏中公安保卫机构经历了从无到有、从兼责到专责、由弱变强的历史过程，大致经历了新四军军法（锄奸）机构兼管，抗日民主政权成立保安机构，保安机构转变为公安机关三个阶段。苏中各级保卫机构诞生之初，虽然人数不多或极少，但一般与行政部门平行，多由上级保卫机构垂直领导，后属同级党委领导、常与社会部合署或合作办公（社会部部长或副部长兼任公安局局长），直至 1943 年春改为公安局才正式归属各级政权机构领导，成为政府的组成部分，同时受上级公安机关领导。这种双重领导的体制无论是在战时还是平时都长期稳定，说明其经过实践检验有一定的合理性和必要性，是一种历史的选择。

苏中公安保卫机构承担的任务多种多样，从保护领导、警卫机关、审讯办案、看守人犯、侦察情报到登记户口、监管坏人、戒毒禁赌、管理公共场所甚至策反敌特、剿灭土匪、护送物资、配合税收，各个地区、各个时段都有不同的重点工作，但其服从、服务于军事斗争和根据地创建、巩固、扩大的中心职责一直没有改变，并且已经演化为公安保卫人员的自觉行动，铸就了公安队伍视军人为战友、与军队亲如兄弟、特别讲大局、特别讲政治的红色基因。

苏中公安保卫机构经历了血雨腥风、枪林弹雨的磨炼和考验，摸索出了一条前人没有走过的路，形成了从领导关系到机构设置、人员培训、工作职责、保障措施等一系列宝贵经验，特别是从林林总总的工作中凝练为保卫党、保卫人民、保卫根据地建设的总目标和根据地治安管理的总任务，与现在公安机关所提出的保护政治安全、社会安定、人民安宁的总目标同出一宗、前后相继，体现了人民公安发展的特点，其中的政治觉悟、政治意识和政治智慧具有重要的意义。

第一节　苏中抗日根据地的开辟和发展

苏中抗日根据地的形成和发展是一个历史过程，它经历了多个阶段。抗战爆发后，新四军挺进纵队和部分地方抗日武装挺近苏中，并在此进行了军事准备、组织准备、政治准备等工作。1940 年，黄桥保卫战的胜利为立足江北、创建苏中根据地奠定了基础。此后，新四军其他部队积极开展对日伪的军事斗争，不断取得反“清乡”和反“扫荡”的胜利，为苏中抗日根据地不断发展和巩固奠定基础。1941 年，苏中区党政军领导机构正式成立，苏中根据地从此牢固确立并大致定型。

全面抗战一开始，国民党江苏省政府代主席韩德勤率领官员从镇江撤到淮阴，后又从淮阴躲避到兴化。1939 年 1 月，国民党五届五中全会通过《限制异党活动办法》等一系列文件①，以后连续制造反共摩擦事件。同时，日军将进攻重点转向华北的八路军，对国民党采取诱降政策。韩德勤则乘机以鲁苏战区副总司令的身份着手恢复在苏中、苏北的统治。他在东台设立副总司令部，倚仗嫡系八十九军的一一七师、三十三师和独立第六旅，收编各地自发组织的游击武装组成十个保安旅，并控制着一些地方武装。其中，最大的一支是驻防泰州的鲁苏皖边区游击总指挥部李明扬、李长江（简称二李）所辖七个纵队（相当于旅），其次是驻防姜堰的苏鲁战区游击指挥部陈泰运的 4 个团。从此，韩德勤在苏中、苏北各地积极限制与排挤群众自发组织的抗日救亡活动，尤其打击与消灭受共产党指挥或影响的抗日武装。

一、创建苏中根据地的准备工作

（一）军事准备工作

1938 年 9 月，新四军一支队领导下的江南人民抗日义勇军挺进纵队二支队渡江到达江都境内的嘶马、大桥一带。1939 年 1 月，挺进纵队三、四支队渡江北上与二支队会合，将嘶马、大桥与扬中连成一片。3 月，挺进纵队和第二团一部在配合攻占扬中县后过江接管了江都县嘶马、大桥、三江营等长江北岸地区，进而向吴家桥一带发展，初建了苏北“桥头堡”。4 月 9 日，挺进纵队三支队一部奉命从江南大港镇聂家滩渡江经新老洲到达江都，赶走国民党江都县保安队，占领了仙女庙以东、通扬运河以南至长江边的三墩桥、网子桥、桑家庄、王家庄、花家荡、焦家荡等地。5 月，陈毅指示四支队第一营驻守江都新老洲，设立高桥区，并建立长江水上游击大队。11 月，新四军江南指挥部派叶飞率主力部队新六团北上扬中，与挺进纵队合编整训为四个团，1940 年 1 月 11 日扬中县城沦陷后全部移师江都新老洲地区；同年 3 月，新四军苏皖纵队两个营也西进仪扬地区。至此，新四军已有 4000 余人到达苏中西南部，形成了随时可向北发展的有利态势。

---

① 1940 年 4 月，第十八集团军政治部印发《摩擦从何而来》小册子，内容是我方情报人员获取的 6 份国民党党内文件：《共党问题处置办法》《沦陷区防范共党活动办法》《第八路军在华北陕北之自由行动应如何处置》《异党问题处置办法》《陕甘两省防止异党活动联络办法》《运用保甲组织防止异党活动办法》。

（二）组织准备工作

1939 年 1 月，新四军挺进纵队到达江都吴桥后，三支队政治处主任惠浴宇即负责重建中国共产党的地方组织。2 月，抗战期间苏中第一个县级组织中共江都县工作委员会在网子桥建立①，属三支队政治处领导，随后泰兴、泰县也建立工委。5 月，挺进纵队第三、第四支队全面接管江都县大桥镇为中心的“三桥两荡”地区后，陈毅指示立即成立中共苏北工作委员会，指定惠浴宇为书记。7 月，中共苏北工作委员会改称苏北临时特委，改由新四军挺进纵队政治部领导，下辖江都、泰兴、泰县三个工作委员会。9 月，江都、泰县、泰兴工委撤销，成立县委，并建立了大桥、吴桥、谢桥和新老洲四个工委，中共高邮县（湖东）工委同时成立。10 月，苏北特委在中共东南局指导下正式成立，领导江都、泰兴、泰县三个县委工作，并于 12 月决定成立仪征县委（起初也称天六仪扬中心县委）。与此同时，中共江苏省委也向苏中派出 20 多名干部，组建江北特委，配合工委、特委共同发展和培训党员、发动和宣传群众、组建游击队、改编和控制地方武装、开展统战联络工作，为建立抗日根据地做了必要的组织准备。

（三）政治准备工作

新四军进入苏中后，苏中存在四种军事力量，其中日军最强，韩德勤居第二位，李明扬等地方实力派居第三位，新四军则是名副其实的老四。要在苏中站稳脚跟并发展壮大，除与日伪作殊死斗争外，还须和韩德勤等国民党顽固派斗智斗勇。

陈毅从实际情况出发，明确提出了“击敌、联李、孤韩”的统战工作方针，在挺进纵队到达吴桥之初即派人送信给二李，达到了借踞江都河南地区立足抗日的目的，随后又于 1939 年 8 月、12 月和 1940 年 4 月三进泰州拜访二李，消减误会，增进谅解，并赠送二李子弹、帮助运送武器，李明扬一再表态“不做韩德勤的殉葬品”。除此之外，陈毅还十分重视团结、争取地方名绅支持我方抗日，每到一处都登门拜访，召集各界人士座谈，宣传共产党的抗日主张和统战政策，获得了广泛赞誉和支持。二进泰州时，陈毅还与当时在江苏政治军事界颇有影响、在中上层士绅中很有威望的前省长韩国钧（紫石）建立了良好关系，赢得了地方势力的普遍认可与理解，使得韩德勤在政治上愈加孤立。

1940 年 11 月 28 日，中共中央、中央军委批转了陈毅《关于苏北统战工作的经过与主要经验》的报告，给部队团以上干部“作具体教育材料”②。

二、创建以黄桥为中心的根据地

1938 年 9 月 29 日至 11 月 6 日，中共中央在延安举行扩大的六届六中全会，确定了“巩固华北、发展华中”的方针，并决定撤销长江局，设立中原局（次年 1 月 28 日正式成立，刘少奇任书记），领导中原地区敌后抗战。

1939 年 4 月 21 日，中共中央发出《关于发展华中武装力量的指示》，并决定从华北

---

① 中共扬州市委党史办公室：《中国共产党扬州史》第一卷，中共党史出版社 2001 年版，第 88 页。

② 中共扬州市委党史办公室：《中国共产党扬州史》第一卷，中共党史出版社 2001 年版，第 96 页。

抽调一部分部队和干部南下，支援华中。5月，中共山东分局决定成立苏皖区党委，活动范围在陇海路以南、津浦路以东、长江以北、大海以西，先后成立四个地委。12月，《中央关于新四军在华中及江南工作的指示》要求“陈毅方面抽有力部队过江，发展扬州以东”。

1940年1月，中共中央书记处发出《对新四军发展方针的指示》，明确要求“江南陈毅同志处应努力向苏北发展”。同月，中原局决定撤销苏皖省委，成立中共皖东津浦路东省委和路西省委，并成立兴（化）东（台）泰（县）边区工委，简称下河区委。2月10日，中共中央和中央军委向八路军、新四军发出《关于战略方针的指示》，决定“刘少奇直接指挥皖东斗争，将皖东全部、江苏一部化为巩固的根据地，建立政权”。

1940年2月14日，中共苏北特委在江都县网子桥召开各界代表会议，成立准政权性质的江都民众抗日自卫委员会。1940年3月中旬至4月，中原局、新四军江北指挥部遵照中共中央指示，在皖东和接壤的运河西侧江苏各县建立抗日民主政府，其中在津浦路东建立的有盱眙、仪征、六合、高邮、宝应（先成立办事处，7月并入高邮县）等县。4月，仪征县抗日民主政府在月塘郭庄村成立。5月，六合县抗日民主政府成立。

共产党在苏中开辟建立抗日根据地，引起韩德勤的恐慌。在其一再挑唆和压迫拉拢之下，1940年6月28日，李明扬、李长江部向抗日武装“讨还借地”，被挺进纵队在苏皖支队等支援下反击打败。陈毅等人因势利导、“和”“打”并用，取得了军事和政治上的双重胜利。7月7日，江都县抗日民主政府在塘头成立。次日，粟裕率领新四军第二、第六团到达塘头，很快与原有部队合组整编为苏北指挥部及其下属的三个纵队九个团，约9000余人，苏中形势从此开始发生质的变化，共产党与国民党顽固派的斗争由争取中间势力进入正面交锋阶段。

经过实际考察和周密准备，1940年7月25日，苏北指挥部让出江都，挥师东进，在与保安第四旅及税警总团发生激战后，于29日占领黄桥，当天成立准政权性质的黄桥军民联合办事处。8月20日，新四军苏北指挥部、军分会下达《对于创造黄桥大根据地的指示》，要求积极充实部队，严格军政训练，努力民众运动，建立抗日民主政权工作的基础，随时准备应付日伪军的“扫荡”和国民党顽固派军队的挑衅、摩擦。8月下旬，黄桥军民联合办事处撤销，成立共产党在苏中首个“小省制”政权①——通如靖泰临时行政委员会，下设若干工作部门，同时成立泰县、泰兴、如皋、靖江等县抗日民主政府。根据中原局指示，9月中旬，中共苏北区委员会成立，陈毅、陈丕显分任正、副书记，同时撤销苏北特委和江北特委，成立了泰兴、如皋两个中心县委，分别领导江都、泰兴、泰县、靖江和如皋、南通、启东、海门、崇明九个县的工作。

韩德勤不容新四军和共产党的不断壮大，1940年10月上旬，组织优势兵力对黄桥开展大规模进攻。新四军在八路军南下部队策应下，不畏牺牲，英勇抗击，取得了黄桥保卫战的胜利，粉碎了韩德勤消灭或驱逐新四军出苏中的图谋，为立足江北、创建苏中根据地

---

① 上海市新四军暨华中抗日根据地历史研究会所：《大江南北》2017年第4期，第37页；中共南通市党史办公室：《苏中第四行政区大事记》，1988年版，第24页；扬州市公安局公安史办公室：《抗日战争时期苏中区公安史资料》，1989年版，第5页。

奠定了基础。

1940 年 11 月 15 日，苏北临时参政会在海安镇召开，来自江都、高邮、泰兴、泰县、扬中、丹阳、靖江、如皋、南通、海门、崇明、东台、盐城、兴化 14 个县的近 400 名代表参会。会议选举韩国钧为名誉议长，黄逸峰和朱克靖、朱履先分任正、副议长，管文蔚为苏北临时行政委员会主任。会议通过了减租减息、不承认反共顽固派省政府的议案和团结抗战、改善人民生活、建设新苏北的决议。

三、苏中根据地的发展和巩固

为了最大限度地团结一切可以团结的力量共同抗日、减少中间势力的疑惧，1940 年 10 月 12 日，新四军苏北指挥部在新四军与二李、陈泰运部队防区之间划出缓冲地带、在泰县曲塘建立“联抗”司令部，同时在如皋马塘建立办事处，直至 1944 年 10 月。

黄桥决战后，驻防在原属江苏省第四行政区南通、如皋、海门、启东四县的国民党地方武装保安一旅及游击第六纵队，因为钳制着新四军东进的主要通道，成为建设抗日根据地的主要障碍，而地方政权慑于新四军的声威，纷纷表示愿意接受领导。1940 年 10 月下旬，新四军派出代表召开四县党政负责人会议，成立了江苏省第四区抗日游击指挥部，统一地方武装。同月底，新四军第三纵队东进至通如海启地区，灵活运用斗争策略，按“三三制”原则建立或改组了四个县级抗日民主政府。

1941 年年初，皖南事变后，李长江于 2 月 13 日公开投敌，新四军随即发动讨伐战役，并重新进入江都地区活动。5 月，新四军第一师一旅三团一营两个连西进江都。6 月，惠浴宇奉命带一加强连重返江都，并于 7 月成立江高中心县委和江高行署，下辖江都县委、县政府和高邮、宝应部分区级政权。前述三团两支部队会合后改编为江高独立团，逐步开辟了暂不征粮、收税的“同情区”，配合后来进入的新四军其他部队积极开展对日伪的军事斗争，不断取得反“清乡”和反“扫荡”的胜利。至 1942 年 3 月，江高宝抗日根据地和游击区均已稳定大于日伪占领区面积，敌我态势发生了根本变化。其他如仪扬、江镇抗日根据地也在中共皖东津浦路东省委（区委）和京沪路北特委的领导与新四军部队的支持下，得到了巩固和发展。

四、建立苏中区党政军领导机构

在日伪分割、封锁根据地的情况下，1941 年 3 月，中共中原局和新四军召开了高级干部会议，根据华中实际情况和中央指示精神，决定实行小省制，将长江以北的江苏部分地区划为苏中、苏北（含淮海、盐阜）两块根据地，正式划定苏中范围为黄海以西、长江以北、运河以东、宝应东台一线以南的 23000 平方公里；并确定苏中从西向东，依次设置四个行政区，第一行政区辖江都、高邮、宝应三县，第二行政区辖东台、泰东、兴化三县，第三行政区辖靖江、泰县、泰兴、如西四县，第四行政区辖南通、如皋、海门、启东四县，另设兴东泰特区（“联抗”活动区域，后归三分区）。

1941 年 4 月 20 日，苏中区党（原苏北区党委）、政（苏北临时行政委员会撤销，成立苏中行政委员会）、军（以新四军第一师兼苏中军区）领导机构正式成立，并于不久后迁到东台三仓地区，战斗七次方才落脚。四个分区党委及相应的专员公署随后也陆续成

立。虽然其后随着军事斗争的需要，特别是反“扫荡”、反“清乡”中的进退，各行政区的分界及下属县域发生多次变动，但苏中根据地从此牢固确立并大致定型。

1944 年 10 月 3 日，苏中行政公署第一次行政会议决定：台北、东台二县合并于东台，划归四分区领导；兴东、兴化两县合并为兴化县，划归一分区领导；撤销第二专署，属地并入第一、第四专署；在苏南的丹北中心县委基础上成立第五地委，澄锡虞和苏常太两中心县委合并成立第六地委。

第二节　苏中抗日根据地公安保卫机构的建立与发展

苏中抗日根据地公安保卫机构是从新四军特别是挺进纵队、苏北指挥部和第一师及其下属部队的保卫工作机构中产生和分离出来的，并且一直紧密联系、相互支持，有时甚至和党的社会部、军队锄奸保卫组织“三位一体”，是随着抗日根据地的创立和发展而逐步建立和健全起来的。因为长期没有大范围统一的政权组织法规，公安保卫机构体系不一、名称多变、隶属有异，但在与日、伪、顽尖锐复杂斗争中，其始终自觉服从共产党和根据地政府的领导，全面服务军事战略，密切配合武装斗争，认真贯彻群众路线，积极发挥专门作用，在巩固、保卫和发展根据地建设中获得很大成绩，锻炼了队伍，积累了经验。

一、人民政权保卫机构的探索

（一）各级党的组织部门兼管

1939 年 2 月 28 日，中共中央在《关于成立社会部的决定》中要求各中央局、省委、区党委在人力、物力上应下最大决心建立此种工作……选择政治最坚定、能力最适宜的干部建立社会部。而党内社会部同时兼为政府的公安保卫部门，各级社会部领导一般兼任政府公安保卫部门的首长。

1940 年 4 月 23 日，中共苏北特委发出《关于保卫工作给各级党的指示》，指出，日、伪、顽正加紧奸细活动，派特工、侦探混入我内部从事各种破坏和瓦解活动，以实现其反共诱降的阴谋……保卫工作的任务和方针，不但是积极地保卫我们的党和党的武装，而且更需积极地打击投降妥协的顽固分子、反共分子和汪伪奸细，在政治上坚决进攻特工，有理、有利、有力地深入其内心，预察其动向，暴露其组织，揭穿其阴谋，并教育全党和组织群众，使反奸细斗争成为群众的斗争，以巩固团结进步的力量，阻止投降、分裂、倒退，克服逆转……因目前各级干部缺乏，保卫工作暂由各级党的组织部门负责，从县委组织部到支部组织委员，负责计划指导、搜集情报。① 文件还附发了情报大纲，规定了报告时限和传递方法。可见，人民政权初创时期由于机构不健全，保卫工作由纪律、作风过硬并负有审查干部职责的组织部门兼任。

（二）准军事或县级军事科以及社会课的设置

1939 年 5 月，中共苏北工作委员会在江都吴家桥刚刚成立时，建有长江水上游击大

---

① 扬州市公安局公安史办公室：《抗日战争时期苏中区公安史资料》，1989 年版，第 7 页。

队，负责附近区域的军事保卫及治安管理，属于准军事组织承担形式。1940 年 11 月，东台县政府建立公安局之前即由军事科兼管保卫工作，属于县级军事部门兼管形式。与此同时，启东县政府成立时设置社会课，专职公安保卫工作①，属于县级社会部门专职形式。

（三）军法室的设立

1940 年 4 月，在中共苏北特委强力推动和新四军苏皖支队的保障下，仪征县抗日民主政府在月塘曹家集成立，并沿用新四军模式，在县政府设立军法室，负责根据地的社会治安管理等相关工作。军法室本是军队中抓部队纪律、处理官兵侵害群众利益案件的机构，后来又担负铲除隐藏在部队里的奸细以及对部队有危害的地方奸细的任务，具有检察权、逮捕权和初审权，战争状态下又被授予侦察、审讯及治安管理等职能，并下设一个警卫队（又称执法队）、一个看守所。同年 5 月，六合县抗日民主政府成立军法室，直属新四军江北指挥部军法处领导，由部队保卫部门兼管。7 月 7 日，江都民众抗日自卫委员会撤销，江都县抗日民主政府在塘头成立，也下设军法室负责类似工作。这在一定程度上说明，初期人民政权及其保卫机构依托部队建立和存在，并模仿部队机构开展工作。

二、保安科（分处）、处的成立

1940 年 2 月，启东县政府成立保安科。7 月下旬，新四军江南指挥部北渡长江进入苏中地区后改称苏北指挥部，29 日成立黄桥军民联合办事处，一纵政治部副主任陈同生兼办事处主任，原挺进纵队调查统计科科长周山任保安科长②。8 月下旬，黄桥军民联合办事处撤销，通如靖泰临时行政委员会在黄桥成立，下设保安科，这是小省制人民政府公安保卫部门的前身。10 月初，黄桥决战胜利后，通如靖泰临时行政委员会保安科扩大为保安处③，新四军苏北指挥部军法处处长周林兼任保安处处长。其后，泰兴、泰县、靖江、兴化、甘泉、高邮、宝应、江都相继成立抗日民主政府下的保安科。11 月 16 日，通如靖泰临时行政委员会撤销，在海安镇成立苏北临时行政委员会，继建保安处，处长是周林。

1941 年 3 月 19 日，苏北区党委改称苏中区党委，撤销苏北临时行政委员会，在海安成立苏中行政委员会（1942 年 5 月 1 日改组为苏中区行政公署），下设保安处（与党委社会部两块牌子、一套班子），处长周林（一师锄奸部长兼任），副处长曹耀祺，内设秘书室（含机要股、总务股）、侦察情报科、调查研究科、干部教育科、司法科（审讯科）、保安大队、政治保卫队（执法队）等；下属各专员公署设保安分处，一般内设侦察、审讯、秘书三科和警卫队、看守所；各县政府设保安科、区设保安股④。

---

① 南通市公安局：《苏中第四行政区公安大事记》，1985 年版，第 4 页。

② 海父（徐进）：《悼亲密的战友——周山同志》，《苏北日报》1951 年 6 月 22 日第 3 版，附简历中称周山一度任保安科科长，后人多从此说；浙江省舟山市史志办公室等：《周山纪念文集》，中央党史出版社 2017 年版，第 245 页，同一时期任命的民运科科长黄云祥在 1982 年 1 月 9 日的回忆文章中称周山任保卫科科长。

③ 1942 年 8 月苏中区保安处给中央社会部的《苏中一年报告》，转自扬州市公安局：《苏中三分区公安保卫大事记（1940. 7—1945. 10）》，1985 年版，第 2 页。

④ 江苏省公安厅公安史资料征集委员会：《江苏公安史资料汇编（1938. 4—1952. 12）》，1994 年版，第 4 页。

《苏中区保安处组织条例（草案）》明确了保安机关的定位和职责，并赋予其很高的权限。如规定，保安处是抗日民主政权维持社会秩序的机关，是行政公署的组成部分之一，其任务是保卫抗日根据地，保卫抗日民主政权，保障各阶层抗日人民民主权利，保障各抗日党派的合法自由，镇压及破获混入抗日根据地的敌探汉奸及其他阴谋破坏抗日政权、破坏民主权利与扰乱社会秩序的一切反动分子；法院检察制度尚未建立前，保安处、县分处或保安科兼负刑事案件的检察责任；保安处、县分处或保安科有权直接拘捕罪犯，区特派员拘捕罪犯时，必须根据上级保安机关的命令执行；保安机关对船舶车辆及公共场所可以施行管理及检查；在必要时，保安机关经行政公署批准，可以享有宣布戒严法规定的一切权力；在当地驻军宣布戒严时期，保安机关具有与军队同样执行戒严法的权力。通常情况下，保安机关仅有执行权而无判决权，但在紧急必要时，行政公署可授予保安机关判决权，以镇压汉奸、敌探、土匪及扰乱治安分子。①

当时的县级保安科（分处）在党内隶属各县委领导，行政上则与县政府平行，业务归上级保安处领导，编制人员很少，大多数工作需要区、乡治安员和民兵承担或执行。1942年9月18日，苏中二地委在《关于目前锄保工作几个具体问题的决定》中规定，11月前完成补充健全保安机构的计划是：县保安科设置秘书、侦察、治安、保卫、审讯等股和政治保卫队，区设公安股1~2人，可兼任民兵区队副职，主要任务是锄保；乡建治保小组，设脱产治安员1人；各县有条件时应举办乡治安员训练班。

1943年4月，苏中四地委作出决定："每乡党支部社会干事兼任乡治安员、民兵大队副，专任锄奸工作，锄奸小组与民兵结合，锄奸小组组员一律参加民兵，锄奸小组为民兵之一部分，锄奸为民兵经常任务之一。"② 8月，苏中三地委发出《关于乡公安组织机构与工作关系的重新决定》，"地方乡村支部组织有五个干部以上者，应有一个社会干事，由他担任行政上乡治安员之职，并兼任民兵队长或副队长，以使三位一体，便于发挥他高度的配合作用"③。

苏中各县保安科建立后，在县以下的区设立了特派员以及锄奸小组，以加强基层保卫工作。1941年夏有特派员100名。④

1941年10月起，苏中各地政权保卫机构普遍在执法班的基础上设立政治保卫队，后称执法队，俗称短枪队，起初主要任务是看管罪犯。1944年起，政治保卫队抽调部分队员组建武装工作队及以后的公安局警卫队，负责保卫县委、县政府及领导同志的安全，袭击小股敌人，侦察敌情，锄奸惩奸，为保卫所属根据地并支援兄弟根据地反"扫荡"斗争建立了卓越功勋。

---

① 扬州市公安局公安史办公室：《抗日战争时期苏中区公安史资料》，1989年版，第15页，其称摘自《苏中区制规汇编》，原件存江苏省档案馆。

② 南通市公安局、中共南通市党史工作委员会：《江海奔腾第八辑·南通公安史料选辑》，1989年版，第12页。

③ 扬州市公安局：《苏中三分区公安保卫大事记（1940.7—1945.10）》，1985年版，第8页。

④ 扬州市公安局公安史办公室：《抗日战争时期苏中区公安史资料》，1989年版，第15页。

三、从保安处改为公安局

1941 年下半年，中共中央社会部颁布《公安局组织纲要》，要求在各级公安局内设立社会（侦察、情报、社会调查）、司法（预审、看守、起诉）、教育（管理干部，对群众开展锄奸教育）、秘书等部门，并建立公安武装力量——警卫大（中、区）队。

1942 年 11 月，中共华中局、新四军锄奸部在盐阜召开华中地区第一次锄奸保卫工作会议，制定公布了《边区公安局组织条例》五章二十六条，规定“公安局为抗日民主政权维持社会秩序之机关，为各级政府组成部分之一……在政府直接领导下，秉承政府与上级公安局的方针进行工作”。各级公安局的任务为保卫抗日民主政权，保障各抗日党派团体以及一切公民合法自由，并依此原则坚决镇压敌探、汉奸及一切阴谋破坏分子，领导群众广泛开展锄奸运动，以达到维持社会安定、巩固抗日根据地的目的。公安机关的职责是：侦察敌特、间谍、土匪等破坏活动，搜集敌伪情报，办理汉奸、敌探、特务、土匪等悔过自新工作，开展人民锄奸运动，审查干部和一切工作人员以提防内奸、特务的破坏，受理司法机关委托的侦察案情、逮捕罪犯工作，维持地方治安秩序等。

1943 年春，苏中行政公署颁布《苏中各级公安局组织条例》，规定苏中保安处、各专署保安分处及各县抗日民主政府保安科统一改为公安局，具体分为三个层级。第一层级为行政公署公安局，内设第一（社会）科、第二（司法）科、第三（教育）科、警卫大队（营级）、秘书处，由局长一人、科长三人、秘书主任一人、警卫大队长组成局务会议。第二层级为专署公安局（公安督察专员办事处），设机要秘书、社会干事、司法干事、教育干事、警卫中队（连级）、便衣队、看守所、管理员。第三层级为县公安局，分两种情况：头等县局设书记、社会股、司法股、教育股、警卫中队（连级）、便衣队、看守所、管理员，次等县局设文书、社会干事、司法干事、教育干事、警卫中队（连级）、便衣队、看守所。

根据《苏中各级公安局组织条例》的规定，各级公安局有六项职权：第一，公安局负有该地一切治安工作的责任，所有地方治安工作均统一于各级公安机关领导，禁止任何机关团体未经县府与公安局批准而逮捕罪犯与罚款；第二，公安局有侦察敌探、汉奸及一切违法分子的责任；第三，县以上公安局有逮捕敌探、汉奸及一切违法分子的权力；第四，县以上公安局有派人组织邮电检查所，以及在边区要塞之处设立检查站之责，其工作根据检查条例进行；第五，县以上公安局对政治犯有司法机关控诉之权，但一般案件的正审与判决须交司法机关处理，遇有特别机密重要案件由上级机关指定专人组织特别法庭判处之；第六，各级公安局对船舶车辆、邮电、旅馆及一切公共场所须依管理检查条例检查。①

苏中区党委、政府将原来垂直领导的保安机构改为由各级政府领导的公安局，区一级取消特派员，改称公安区员或治安员；乡一级取消情报员，建立锄奸委员会或治安委员会，不仅增进了广大群众的了解，改善了保安机构与各级政府的关系，而且强化了公安机关的政权职能，促进了锄奸干部作风的良性转变。②

① 扬州市公安局公安史办公室：《抗日战争时期苏中区公安史资料》，1989 年版，第 54-57 页。

② 扬州市公安局公安史办公室：《抗日战争时期苏中区公安史资料》，1989 年版，第 53 页。

由于当时政治、军事及经济的需要，华中根据地实行精兵简政，各地方和军队的保安机构合署办公。各师、各边区在区党委统一领导下组织锄奸委员会，主任由区党委书记兼任，师锄奸部部长和边区公安局局长为委员，对外仍称部长、局长，旅及地委一级同样操作。苏中各专署公安局编制仅 2 人，军队锄奸部门成为公安局的一个科，团特派员并入县公安局任副局长兼保卫队队长，而县级公安局则设有短枪队、长枪班。同时，各级公安机关负责人兼交通站（情报站）工作。实践数月（半年左右，个别地区为一年）后，各地普遍发现这种合署办公模式弊多利少。不久，地方公安机关和军队锄奸部门即恢复旧制，公安局名称以后再未改变。抗战时期，专署公安局一般内设秘书科、情报（侦察）科、审讯科及警卫队、看守所，苏中四专署公安局还设有治安（社会）科①。县公安局起初内部不分科室，后来逐渐普设侦察、审讯课（股），有的增设了治安（社会）等课（股），如宝应县、靖江县。

也有个别地方公安局名称用得较早。1940 年 11 月，东台县政府即设公安局（对内称保安科），但编制紧张，局内无股室设置，局机关只有四五人、武装人员有 20 人左右，区未设专门公安机构或公安人员。1941 年 1 月，东台县公安局改称保安科。1942 年 11 月，保安科改称公安局。②

1944 年 4 月，津浦路东八县联防保安总处处长林道生委托副处长兼侦察科科长洪沛霖来到六合竹镇组建公安派出所，设址竹新街，先在竹镇杨禄真家，后迁至竹镇东后街达卞良家。竹镇派出所行政上隶属竹镇市抗日民主政府，业务上归安徽来六办事处公安局领导，同时是新四军第五支队下属机构。首任派出所所长由竹镇抗日民主政府警卫排排长黄经农兼任，副所长孙标。派出所配有两个班的新四军战士，接受新四军领导，同时协助地方政府维持社会治安，称为“派出所”，意为新四军派出机构。派出所的主要任务是锄奸、惩匪、防特，捍卫革命根据地。派出所在工作中，不仅通过各抗敌协会发动群众积极参与侦察破案工作，还主动出击、派出精干人员打入敌人内部搜集情报；收集土匪、恶霸作恶罪证，集中力量抓捕。这些举措及时有力地清除了危害根据地的“毒瘤”，震慑了敌人，保卫了新生的人民政权。1946 年 6 月，国民党发动全面内战，竹镇派出所工作人员随部队北撤，派出所建制被撤销。两年后，竹镇解放，竹镇派出所重建，“新四军第一所”的荣誉与传统一直传承至今。竹镇派出所成为中国公安派出所起源地，中华人民共和国成立后建立的公安基层组织都沿用了“派出所”这个称呼，派出所成为公安派出机构的专用名词。

第三节　苏中抗日根据地公安保卫工作

苏中抗日根据地的公安保卫工作是在新四军保卫机关主导和支持下、在上级业务机关和当地党政机构的直接领导下逐渐展开的，并且经常与军队情报、侦察、锄奸等工作配合、协调动作，甚至一度实行合署办公、一体运作，但总体来说还是有所区别、各有侧

① 南通市公安局、中共南通市党史工作委员会：《江海奔腾第八辑 · 南通公安史料选辑》，1989 年版，第 9-10 页。

② 东台县公安局：《东台公安史》，1989 年版，第 1 页。

重。虽然各时期公安保卫的中心工作各有不同，但锄奸、反特、防谍以及根据地治安秩序管理一直是抗战时期公安保卫工作的重要内容，主要目的是创建、巩固、扩大和发展根据地。

一、培训各级保卫人员

1940 年 12 月底，苏北临时行政委员会在东台举办保安人员训练班，时间为三个月，学习侦察、跟踪等业务。

1941 年 4 月 20 日，苏中行政区召开第一次保卫工作会议，各县保安科科长参加，会议决定把组织工作和培养干部作为中心工作。[①] 5 月，苏中保安处在东台栟茶举办第一期锄保人员训练班，由秘书林修德负责，28 名学员参加了约三个月的培训。

1942 年 1 月至 8 月，苏中保安处举办了五期保卫干部训练班（对外称政治保卫队），第一期 28 人，第二期 60 人，第三期 28 人，第四期 40 人，第五期 36 人，训练时间均为三个月；训练内容上，政治课占 40%，保卫课占 40%，文化课占 20%，并且从第四期训练班的第三个月开始分军事、政治、保卫三个组分别进行。训练结束后，学员被分配到各专署保安分处和各县保安科工作，其中一部分学员作为政治保卫队骨干。

与此同时，各专署保安分处和各县保安科也因地制宜开办了多个短期训练班，培养保卫干部。1941 年年初，刚刚更名的仪征县保安分处陆续举办了三期锄奸保卫训练班；11 月底，仪征县保安分处举办三期锄保训练班，共 40 多名区乡干部和治安骨干训练近三个月，学习中央社会部相关文件，重点进行反国特、日特的训练，学员回去后多担任民兵中队长、乡指导员等。1942 年 3 月，苏中第二专署保安分处开办第一期训练班，受训学员 15 人，为期两个星期；5 月，二专署保安分处又在台北县办了两期区级保卫干部训练班，训练内容包括形势认识、保卫工作的任务性质、锄奸政策教育，还进行整风学习，为期一个月左右；台北县也举办乡治安员和锄奸队队员学习班，为期一周左右。1943 年 10 月初，靖江县公安局在长安区湾腰沟举办治安员训练班，受训者 100 余人，为期 20 余天；同年秋，苏中三专署公安局举办锄奸干部训练班，五六十名区公安助理集中学习锄奸保卫工作基本知识；11 月 10 日，二专署开办区级锄保干部训练班，要求参训学员至少是小学文化程度、半年以上党龄。1944 年 7 月，甘泉县举办公安专业训练班；10 月，冶山县公安局举办有几十个乡支部保卫委员参加的训练班，为期 20 多天，内容为锄奸政策、保卫常识、分析敌情、保密及保卫纪律。1945 年 1 月，靖江县公安局在长安区湾腰沟举办乡治安员训练班，为期 20 天。

除集中时间、集中地点的专门训练外，1942 年 6 月，苏中保安处责成各专署保安分处和县保安科迅速建立学习制度，要求以政策教育为中心，每天组织学习两小时，对实际工作定期检查总结，以乡为单位进行小组教育，开办轮流训练班，编订教材。乡区级主要教育内容有什么是特工、什么是叛徒、什么是间谍，以及审讯常识等。

1945 年 4 月 17 日，苏中公安局在宝应乡下油坊头开办保训班，至 7 月 11 日结束。8 月 20 日，苏中行政公署发出《对目前公安工作的指示》，要求在新解放地区迅速建立革命

---

① 扬州市公安局公安史办公室：《抗日战争时期苏中区公安史资料》，1989 年版，第 18 页。

秩序。同时，苏中解放城镇经过逐个审查教育，留用一批原有交通警改穿民警制服维持交通秩序，留用少量经过选择的户籍警，还培养了若干名女民警，并从部队中抽调一批老战士组织专业训练后作为民警骨干。①

1945 年 8 月，苏中根据地抗日武装进入靖江城后，即以警士学校形式，招收一批有文化的革命青年学生进行训练，开展了一次相对规范化培训公安人员的有益尝试和探索。②为加强城防工作和社会治安管理，中共靖江县委、县政府及公安局鉴于城镇公安力量极为薄弱的情况，决定成立警士学校，以短训形式迅速造就和培养一批公安民警。学员来源一是抽调农村基层骨干及积极分子，如民兵连排长、指导员、乡妇抗会长、村干等，二是有觉悟的爱国青年学生。当时招收了 150 余名男女学员，以短枪队建制，编成连、排、班的组织机构，短枪队改为警卫大队，下设三个排。女学员两个班组成一个排。学员完全军事化生活，每天早上出操，白天上课，晚上点名。学习内容包括政治课、军事课、业务课等，其中政治课有革命人生观、我军优良传统、形势任务、组织纪律等内容，军事课有队列训练、投弹、刺杀、射击及武器保养等内容，业务课由公安局有关部门派同志讲解专业知识以及警卫工作任务、守则等。训练时间一个多月，结束后新学员一部分分配到各分局工作，如八圩、四墩子，日夜检查过往行人，防止敌特、奸细混入；也有一部分学员留在警卫大队工作。1946 年，共产党军队北撤后不少原警校学员仍留在原地以小规模的形式坚持战斗。

二、开展防谍、反特、锄奸工作

1941 年，苏中保安处向中央社会部递交《关于奸细活动与反奸细斗争的报告》，总结了日伪奸细活动的八种方式：一是派遣奸细，利用我扩军之机，混入我主力部队或地方武装进行情报工作，组织拖枪逃跑，散布悲观失望情绪等；二是派遣奸细或者吸收根据地内的流氓，如与伪军头子有关系的流氓、伪军家属作为他们的爪牙或坐探；三是开办汉奸训练班，训练大批奸细派遣到根据地内，每个大的村庄均设立特工机关并有特工潜伏，到日伪“扫荡”或“清乡”时检举我民运同志，打击我群众团体及群众积极干部；四是利用各种办法吸收我税务机关人员作为他们奸细活动的大本营，日伪一方面鼓动我税务人员携款逃跑，另一方面引诱税务人员贪污以阴谋破坏我经济来源；五是在敌伪退出的据点布置秘密情报机关；六是吸收我淘汰的落后分子、腐化分子，将其预伏在根据地内活动；七是派遣女奸细混入我党、政、军机关，利用女色勾引我干部，进行组织叛变、偷窃文件等活动；八是伪造我官方文件，假造我名义肆意破坏，或蒙混进根据地内进行各种奸细活动。③1944 年 4 月，如西县公安局总结出敌探活动的九种方式。

针对敌、伪、顽对我的不同态度，苏中区党委制定了不同的政策：日伪是主要敌人，

---

① 扬州市公安局公安史办公室：《抗日战争时期苏中区公安史资料》，1989 年版，第 131 页。

② 靖江市公安局：《靖江公安志》，江苏人民出版社 1995 年版，第 18 页、第 381 页；钟志云、刘耀、周清和、蒋文秀回忆《警士学校》，载中共靖江市党史办公室、靖江市公安局：《靖江公安局短枪队（内部资料）》，1990 年版，第 96-98 页。

③ 扬州市公安局公安史办公室：《抗日战争时期苏中区公安史资料》，1989 年版，第 21-23 页。

对于日特及汪伪“清乡”人员坚决镇压之；打击最坏顽化伪军，扩大敌伪矛盾，使敌不能团结与巩固伪军，采取一打一拉的政策，捉到伪军尽量不杀，以放回为原则，对坚决反共者予以消灭，其余则应尽量争取抗日；对国民党特务及顽固分子，总的原则是实行宽大，只是对内奸和领导暴动者比较严格，还制定了具体的政策。据此，苏中各级保卫组织采取各种措施，防谍、反特、锄奸。

（一）制定专门法规，动员群众防奸

1941 年年初，苏北临时行政委员会颁布《苏北地区防奸防匪暂行条例》，分总纲、乡镇保甲长守则、民众动员守则、盘查哨站、清查户口、自新办法、奖惩办法、附则八章四十二条。据此，苏中各地民兵先后在交通要道口建立盘查岗哨，“使敌探奸细遭受精神上的责罚，到处碰着障碍”，锄保工作由专门工作转为群众运动。

1942 年某月，靖江一个由小贩、商店老板、剪花样者组成的监察哨盘查一对带枪男女，发现二人正是偷了区公所枪支逃跑的区队排长。交区扣押后，他们供认，女的是靖江日本宪兵队特务，混入我民运部工作，以谈恋爱名义拉拢区队排长。该女还供出靖江日本宪兵队布置在我地方和军内的情报组织情况，使我保安机关迅速打掉了这个特务组织。

1942 年某日，泰东县栟茶哨卡发现一名古怪的百姓，十分可疑，就对其拘押盘查，后确认为山东日军派来的间谍，随即移交新四军一师师部审讯，从而掌握了日军计划。

1943 年 8 月 25 日，苏中二地委发出关于反“扫荡”中紧急工作的指示，要求广泛开展群众锄奸运动，立即实行反“扫荡”中紧急锄奸政策，把锄奸杀人权交给区级政府。[①]

（二）建立情报机关，主动发挥作用

1941 年夏，苏中保安处整顿原有情报点、网，建立了情报总站，下设若干分站，再下设据点情报员，至年底，布置在敌占区内的重要情报人员达 20 多名，工作富有一定成效，“在党政军三方面都建立了威信，所以当时各方面都注重这一机构，都和保安机关联系，要求供给情报”[②]。为了克服忽视政治经济情报、各站互不往来等缺点，1942 年 7 月底，情报总站改组为情报总局（下设分局、总站、分站等），直属苏中保安处领导，同时确定“情报总局对各专署保安分处、各县保安科的情报站实行统一领导”。从此在工作上，保安机关侧重对内，情报总局侧重对外，双方高度配合，破获了许多敌特案件。

1943 年 2 月，苏中四专署公安局派员赴敌占区开展秘密工作，有的以各种社会职业为掩护，有的打入敌伪机构，从各方面获取敌伪重要情报，在敌人内部制造矛盾。同年秋，江都县公安局干部陈刚峰奉命打入地方帮会，与顾国荣等结拜“仙女十弟兄”，并帮助顾国荣通过关系打入扬州宪兵队情报组织，使我方及时掌握了特务动态，直至镇江解放后顾国荣还向我方提供情报。

1945 年 8 月 6 日，江都县公安局内线在扬州策反了一名叫大成的日本宪兵（朝鲜人），辗转送至新四军一师锄奸部，后又被派回扬州，会同我方内线成功策反数名日本

---

① 扬州市公安局：《苏中第二行政区公安工作大事记》，1985 年版，第 19 页。

② 扬州市公安局公安史办公室：《抗日战争时期苏中区公安史资料》，公安部后库档案馆，1989 年版，第 26 页。

宪兵。①

（三）成立锄奸组织，肃清敌探、汉奸

1942年6月13日至20日，苏中第二次全区保卫工作会议在东台召开，决定以县为单位普遍组织锄奸团，由保安机关领导，县设团部，区设队部，乡设小队，保设小组，开展广泛的锄奸运动，以群众面目协助自卫队维持治安，同时明确权限和纪律，要求正确执行“不冤枉一个好人，不放松一个坏人”“宁错放，勿错杀”的锄奸政策。

1942年春，苏中四专署保安分处调查发现，启东斧头党负责人倪克东组织武装以我方锄奸团名义任意锄奸，进行瓦解我军活动、破坏伪军向我军反正等活动，造成群众恐慌，即将斧头党摧毁。8月18日，泰县短枪锄奸队在民众配合下，将吸毒通敌、杀害我方农抗会主任、向群众摊派伪粮的汉奸头子鲍牧群逮捕，随即在沙梓乡召开公审大会，根据群众的强烈要求，当场枪毙。

（四）加强侦察力量，侦破敌特案件

1941年6月，苏中四专署保安部门在马塘一带破获国民党江苏省党部调查统计室通区办事处由汤同书主持的潜伏特务组织案，缴获电台4架及该组织所辖通讯社名册，打击了国民党特务在抗日根据地的破坏活动。10月，靖城汉奸杨某召集地主士绅、教员、失意政客及军人等在广陵镇组成国民复兴会，内分总务、军事、税收、政务、操防五组，主要任务是瓦解我方地方武装、破坏我方经济收入、潜入我方机关长期潜伏，被我方侦破后供出我方乡长张鸿生也是该组织负责人之一。两人被捕后，保安干部运用党的宽大政策，教育其自新悔过，并由他们召集如皋、靖江、泰县各界人士座谈，声明解散非法组织，决心为人民做事，收到较好效果。

1943年6月，江都县公安局派出锄奸队员，化装成扬州日本宪兵便衣，秘密进入邵伯镇，至伪第七区区长金某的住宅，将这个铁杆汉奸诱出枪决。同年秋，江都公安局短枪队在扬州开往高邮的轮船上，抓到伪装成盐商的日本宪兵特务西尾正造，将其交苏中公安局，后来其提高了觉悟，参加了反战同盟。②

1944年6月，敌伪为配合在苏北对我方“清乡”，派遣大批特务分子潜入根据地，利用迷信组织进行破坏活动，被苏中三专署公安局破获。这些特务分子有如皋汪伪国民党员，如皋社会福利局西南负责人单学儒，“中教道义会”全国总会西方负责人、“第十八佛堂主任”周修新，“第二十六佛堂主任”田修恩等。

1944年6月，宝应县公安局成立劳役大队，开垦公田930亩，将被曹甸区三河、崔东群众检举出来的48名敌探处以五天以上一年以下劳役。由于不断进行教育和改造，服役者表现积极。③

（五）清除叛徒内奸，纯洁革命队伍

1942年6月，兴化县警卫团副政委兼政治处主任花威及其警卫员各带盒枪一支叛逃投

① 扬州市公安局：《抗日战争时期苏中一分区公安工作大事记（草稿）》，第29页。

② 扬州市公安局：《抗日战争时期苏中一分区公安工作大事记（草稿）》，第15页。

③ 扬州市公安局：《抗日战争时期苏中一分区公安工作大事记（草稿）》，第20页。

敌。花威原系东台城区区委书记，其叛变必将给东台、台北、兴化三县造成严重危害。苏中二专署保安分处短枪队化装进入东台侦察，并与我方潜伏伪军连部的内线接上关系，于中秋节使花威喝醉后以带往别处打牌名义活捉，最后化装成日军将花威带至我方东台政府，军法审判后枪决。其已在敌特务连当兵的警卫员则被我方通过关系遣送原籍。

1944年4月4日傍晚，已经与驻临泽镇的伪区区长郑洪拉上关系、成了内奸的高邮县四区北极乡党支部书记叶华以开会为名，将向上级反映其对人民敲诈勒索的乡长、党员周长发骗至季家庄外圩暗杀，移尸于荒郊野外的棺材内，制造了“周长发失踪案”。8月，季家庄由四区北极乡划入七区河北乡后，区公安股经过侦察，终于在10月破获了此案，公审镇压了内奸叶华和刽子手朱大牛（乡中队长），分别处罚了中介联络的李琳和有关人员。①

三、保卫党政机关

保安机关的一项重要任务就是保障党政机关及要害部位的安全。苏中保安处建立之初，对此高度重视，除强调保安人员全力投入、一身多能外，还建有保卫武装，称保安队，后改保安大队，编制一个营，两个连，100余人，主要任务是负责区党委和行署机关的安全，需要时承担一定的武装斗争任务。保安大队后来移交给军队管理。各专署保安分处、县保安科也建立了相应的武装保卫队伍，人数均相当于一个连的编制。

1940年11月17日，刘少奇、黄克诚、曾山等领导来到海安，与陈毅、粟裕等商谈华中根据地建设问题，一连十多天，会见各界人士、召开各种会议。为了保证首脑安全，泰县保安科及其保安队主动配合苏北指挥部副官处，发动群众加强防范，组织治安骨干侦察敌情，及时打击敌、伪、顽破坏活动，圆满完成了保卫任务。

1941年“八一三”日伪大“扫荡”后，苏中领导机关随新四军一师师部撤往农村，保安处处长周林带领不足一个警卫连的兵力，以青纱帐、芦苇荡为天然屏障，穿公路、驾渔船与敌人周旋，在日伪大小据点间隙中不停穿插，周密安排明岗、暗哨及流动巡查，有效保障了区党委和行署机关的行进安全和驻地安全。

1942年11月中旬，爱国文化名人邹韬奋在靖江和南通地区考察，在此期间，所在地区的保安机关联络沿线民兵组织，对保卫工作做了精心部署和周密安排，粉碎了敌伪奸细和国民党特务机关暗算、企图和制造事端的阴谋。

四、维护根据地治安

（一）镇压反动地主

从1941年春起，苏中根据地各县抗日民主政府均发布“二五”减租法令，抽调大量党政军干部分头深入农村，发动群众开展减租减息运动，各级保安机关积极参与，并负责治安保卫工作。

当时，东台县潘丿镇镇长、大地主丁紫亭为了对抗减租，采取先涨后减、以攻为守的策略向佃户涨租，否则退佃，遭到佃户陈信之（外乡人）的抵制，打破了丁紫亭的计划。

---

① 中共高邮县委党史办公室：《高邮抗日斗争》，中共高邮县委党史办，1988年版，第47页。

丁紫亭怀恨在心，派爪牙丁德甫、周明维半夜将陈信之等二人枪杀，企图杀一儆百。保安科经过艰难侦察终于破案，并克服重重阻力、广泛宣传教育，7月在潘丿镇召开宣判大会，枪决了丁紫亭及直接凶手共3人，有力保障和推动了减租减息政策的顺利实施，在苏中区产生了极大影响。这一经历后被新四军一师文工团改编为话剧上演。①

1943年7月，江都各地普遍开展减租减息，丁伙区新戈乡两面派乡长童永寅不仅对抗日政府政策阳奉阴违，还充当伪十乡办事处主任，被我方逮捕后就地枪决。②

1944年12月10日夜，甘泉县县长许言希在公道区柏树乡张宰村（今言希村）遭日特袭击牺牲，经县公安局局长洪沛霖深入调查，证明是朱陈庄对面龚庄地主勾结敌人所为，但龚姓地主已逃往扬州，未能抓获。

（二）严厉打击匪特

1941年8月，靖江抗日民主政府保安科捕获土匪陆思明、刘景芳、丛德胜、崔屡泰，并判处其死刑。

1943年3月，如皋县掀起“捉野鸡（土匪）”的群众运动，掘马区桃坞乡民兵一举歼灭股匪王英，沙村乡民兵在马塘附近抓获土匪8名。

1944年12月，土匪汪秋林混入靖江县抗日民主政府，已任柏木区黄庄乡乡长，他纠合同伙去靖城北门抢劫一家皮行，将店老板侯某绑架、杀害。经侦察破案后，汪秋林被处决。

1945年12月2日深夜，启东县吴仓港新四军一师师部采办科遭武装特务抢劫，我方伤亡1人，被劫小炮1门、手枪2支、轻机枪1挺、子弹千余发及抗币、粮证等。案发后，启东县公安局立即组织和合镇派出所开展侦察，通过情报关系提供的线索，从突破案犯陈英入手，将暗藏的武装特务一网打尽，抓获案犯16人，并在此基础上扩大线索，侦破了郭安样为首的渡效港税所抢劫案，施中之、陆建斌为首的13人武装特务案，薛明其为首的9人三青团案，卞邦兴和卫建功为首的5人特务案。

（三）保卫金融安全

1942年10月24日，苏中行署发行江淮银行钞票（俗称抗币）。此后，查禁伪币就成为公安机关的重要任务之一。

1943年2月，东南分处公安局破获一批伪造抗币，经侦察，受敌伪派遣潜入根据地使用假票的丁阿大、丁天祥被捕，在谕兴集召开群众大会后枪决。

1945年5月，苏中五分区前进报社印刷厂在新洲太平圩印刷华中货币流通券，面额有1角、5角、1元、5元，遂通报各区加强防范。宝应县公安局曹坚很快就在射阳区高夏乡发现伪造“抗币”。经侦察，这批伪造“抗币”系夏金堂、夏永章在上海伪造好，用水瓶胆带回宝应发行。三专署据此布告排斥伪币，查禁票面在200元以上的伪币。12月，东台县公安局侦破时堰区财粮分局局长张俊伪造抗币案，将其逮捕依法处决。

（四）打击刑事犯罪

1943年春，泰县公安局破获张甸地区暗杀团体案件。该地区几个青年自1942年冬季

① 扬州市公安局公安史办公室：《抗日战争时期苏中区公安史资料》，1989年版，第38-41页。

② 扬州市公安局：《抗日战争时期苏中一分区公安工作大事记（草稿）》，第14页。

以来进行流氓暗杀活动，先后杀死数人。谁有仇人，找到他们给些钱，他们就帮人把仇人杀掉。破案后逮捕6人，枪毙1人，其他人员教育释放。

1943年年底，东南办事处公安局破获东庙区一起伪造溺水死亡的奸情杀人案件，并召开二三千人公审大会，枪决凶手。

1944年10月，甘泉沙家集赵家客栈发生图财害命案。公安局局长洪沛霖走几百里路详细调查，最后在盱眙抓获以贩鸡为业的凶手，释放客栈两名怀疑对象。

1943年冬，高邮六区和安乡乡长李霞远在奉命拆除郭卢庵后贪污砖木变卖款，乡农抗会会长柏应龙追问此事，并向区委汇报。区委责令李霞远退还贪污款，因此，李霞远怀恨在心，次年春节后伙同乡民兵中队长王刚将柏应龙骗至大运河上枪杀。区公安股侦破后枪决了李霞远，王刚逃跑。①

据1943年12月30日公布的苏中一专署公安局当年处理地方案件统计数，其中江都县死刑43人（布告枪决33人、秘处1人）、释放66人（保释41人、开释18人、驱逐出境7人）、送上级处理1人、在押14人。

（五）开展禁烟禁毒工作

1941年8月，靖江抗日民主政府保安科捕获并枪毙了大毒贩刘德凤。1942年4月，为了加强社会治安，稳定社会秩序，苏中行政委员会颁布《苏中禁烟禁毒治罪暂行条例》，在苏中根据地内开展了一场群众性的禁毒斗争。

1942年7月7日，苏中三专署通令各县从8月1日至次年2月一律禁绝毒品，违者处罚，对制造和贩卖毒品者按照《修正禁毒治罪条例》判处死刑，对公务员吸毒者严加处分。通令发布后，各县登记烟民，民政部门办起戒毒所。

1942年8月18日，泰县短枪锄奸队在群众配合下，将杀害我方农抗会主任、向农户摊派伪粮的吸毒汉奸头子鲍牧群逮捕，随即在沙梓乡召开公审大会，根据群众强烈要求枪决了鲍牧群。同年秋，泰县曲南区公所在夏殷庄、于庄分别召开群众大会，对违反法令、屡教不改的4名贩毒犯和3名吸毒分子执行枪决。同时，海曲办事处也公审枪毙吸毒的土匪头目等人。此举震动很大，吸毒人员纷纷前往抗日民主政府自首登记，共1313人，期限内自动戒绝者达1201人。

为了巩固戒毒成果，大伦区公所公布了三条措施：一是开群众会宣传吸毒危害，劝导吸毒者限期戒烟；二是对劝导无效者，由区公所发出传票，短期拘留，强制戒毒；三是对少数不思悔改并造成恶果者给予没收、罚款，对危害较大者执行枪决。该区先后枪毙毒贩10余人，基本禁绝了吸毒现象。

苏中第二、第四分区等地也开展了禁毒工作。黄桥解放后，大毒贩朱松山被我方枪毙；1942年年底，启东一区镇压了陆文龙、汤选才等毒贩，群众拍手称赞。1943年1月，泰县抗日民主政府设戒毒所，开展肃毒、禁毒运动；上半年，靖江县孤山区在大善乡鞠家殿成立戒烟所，侯河区在迎祥乡准提庵开办吸毒戒烟所，时有戒毒者130多人。1944年8月，新老洲一带的中共江镇办事处明令禁毒，设戒毒所，收容烟民百余人。1945年1月，靖江抗日政府在季家市青龙庵设戒烟所，进城后还成立城区禁毒委员会，设置戒烟所。

---

① 中共高邮县委党史办公室：《高邮抗日斗争》，中共高邮县委党史办，1988年版，第47页。

（六）开展禁赌禁娼工作

1940年10月，以共产党为主组建的江苏省第四区抗日游击指挥部军警督察处（新四军三纵队军法处，张文碧任处长，李石农任督察长）颁布了取缔妓院的布告，并组织职工治安纠察队，维护社会治安。同月底，启东一区开展捉大赌、刹赌风活动，在汇龙镇抓获了以刘克涛为首的赌博团伙20余人，并做了严肃处理。1945年冬，宝应解放后，公安机关除查禁赌博外，还对城区娼妓活动进行调查，明令取缔娼妓，关闭妓院，查处嫖娼、宿娼。高邮公安保卫部门发动群众，开展"四防"（防奸、防特、防火、防盗）、"三禁"(禁赌、禁毒、禁娼)，从而使根据地社会安定、民风好转。

五、城镇和水上治安管理

1945年8月下旬，苏中各城镇陆续解放后，社会治安任务十分繁重，各县公安局积极调配干部，分别建立城区公安分局和若干派出所，掌管一般户口及流动情况，维护交通秩序，并组织群众性自卫武装，守卫交通要道，保护轮船码头，夜间放哨巡逻，盘查行人，侦察嫌疑分子。

城镇公安机关根据本地公共场所众多、水上交通发达的特点，着重抓了十余项工作：收容散兵游勇，处理伤兵闹事；登记船舶人员，建立工作情报人员；注意检查货物，严禁棉粮出境；探索管理制度，控制水上交通；布置水陆联动，保障船队通行；打击坏人坏事；维护正当权益；添置消防器材，注意防火防盗；登记公共场所，严管特种行业；审查敌伪人员，肃清残余势力；开展邮件检查，侦察控制敌情；建立户政制度，检查临时户口。

第四节　反"清乡"斗争中的公安保卫工作

1941年5月，在侵华日军授意下，汪伪政权成立"清乡"委员会，7月1日开始推行"清乡"运动。该运动在军事方面由日军负责、伪军配合，在政治方面则由汪氏政权负责。"清乡"运动以"军政并进，剿抚兼施""三分军事，七分政治"为方针，综合运用军事清剿、政治欺骗、编查保甲、特工破坏等手段，首先从苏南地区开始，其次在太湖东南、上海郊区及苏淮特别区进行，再次在镇江、苏北及浙江部分地区展开，最后以失败告终。

为了保住抗日根据地，党领导广大军民进行了坚苦卓绝而又针锋相对的斗争。就苏中地区而言，四分区即南通地区的反"清乡"斗争持续最长、战果最大、影响最广，并且得到了苏中一、二、三分区直接而有力的支持。其中，公安机关及其领导的武装工作队（短枪队）克服困难、发动群众、机动灵活地打击敌人，为反"清乡"斗争取得彻底胜利作出重要贡献。

一、反"清乡"斗争中的公安保卫对策

"清乡"的第一步是"军事清乡"（所谓安民）：日伪军在沿江沿海地区修筑碉堡炮楼、封锁沟、封锁墙、竹木篱笆，拉设铁丝网、电网，分割和封锁抗日根据地，然后打着"打匪安民""确立治安"的旗号，对抗日根据地实施围歼和严密搜索，并用"改善民生"

“清除贪官污吏、土豪劣绅”的谎言与我方争夺群众。日伪对苏中四分区的“军事清乡”从1943年4月1日开始。

“清乡”的第二步是“政治清乡”（所谓训民）：汪伪政权在“清乡”地区广泛宣传“中日亲善”“和平建国”，在对群众进行宣传的同时，实行编组保甲、连坐联保，组建警察保安武装，推行自首和策动告密的方法，以强化法西斯统治。日伪对苏中四分区的“政治清乡”从1943年6月1日开始。

“清乡”的第三步是“经济清乡”：汪伪政权在“清乡”地区实施严格的物资统制政策和物资封锁禁运政策，对抗日根据地实行经济封锁。“经济清乡”与“政治清乡”同时进行。

“清乡”的第四步是“思想清乡”：汪伪政权在“清乡”地区建立机构控制学校，出版报刊，组织“青少年团”，开展反共教育。“思想清乡”是为“政治清乡”，所以同时进行。

“清乡”的第五步是“延期清乡”：因为原定六个月完成的“清乡”并未实现，日伪宣布延期三个月。

“清乡”的第六步是“高度清乡”：1944年1月，日伪眼见“延期清乡”也未达到目的，又提出“高度清乡”，他们撕下亲善、怀柔的假面孔，采取更加残酷的“三光”政策，企图在镇压摧残的基础上建立伪政权，扩展伪化。

“清乡”的第七步是“高度强化清乡”：从1944年3月开始，日伪主要采取武装特务手段推行政治设施，对我方进行的政治、思想的进攻以怀柔为主、镇压为辅，威胁利诱、争取上层，企图瓦解根据地群众的抗日斗志。

在日军针对东台、如皋等地的大规模报复性“扫荡”之后，苏中根据地主要城镇相继沦陷。针对日伪军对苏中四分区进行的重点“清乡”，苏中区党委确定工作重心由城镇转入农村，强调坚决用游击战粉碎日伪的“扫荡”，做到游而必击、扰而必乱。新四军主力跳到“清乡”区以外或边缘地区，寻找战机狠狠打击敌人；地方武装则隐蔽在群众之中，袭扰日伪人员。由于主力部队要跳到外线作战，新四军第一师师长兼苏中军区司令员粟裕提出用华北武工队的办法反“清乡”，并具体指示由苏中保安处负责从直属部队中抽调基层干部组建武工队，支援苏中四分区的反“清乡”斗争。苏中保安处处长周林立即行动，紧急从苏中一、二、三分区抽调一批军政素质好的基层干部，加上苏中保安处的力量共150人左右，组成由倪南山任大队长、梁易安任政委的短枪大队。

1943年5月初，周林率领短枪大队来到苏中四分区，将之交给四分区保安处处长陈伟达直接领导。经研究，短枪大队拆成四个队，由黄辉、赵一德领导东南行动大队，杨勇伟领导南通政治保卫队，刘忠、蒋德龙领导如皋短枪队，分别到南通、如皋、启东、海门四县，发动民兵，依靠群众，配合各县警卫团、游击队开展以据点游击战为中心的反“清乡”斗争，并针对敌人的不同步骤和手段采取有效的应对措施，最终取得胜利。苏中保安机关及其领导的武装工作队犹如刺向小股敌人的利刃，在各根据地大显身手，成为新四军主力部队反击作战的强力前导和重要补充。

二、反“清乡”斗争中的公安保卫工作

苏中三、四分区军民在苏中区党委统一领导下，在兄弟分区特别是公安武装大力支持

下，把反“清乡”作为全党全民一项中心任务，在一切为了反“清乡”胜利的号召下，针锋相对地从各方面做好反“清乡”斗争的准备。全区各级保卫部门根据公安工作特点及其肩负的重任，迅速做好了反“清乡”的准备工作。①

（一）调整公安机构，明确斗争任务

1943年，根据华中局锄奸会议决定，四专署保安分处改为公安局。公安局下设秘书科、情报（侦察）科、治安（社会）科、审讯科。各县（行署）保安科也改建为公安局，同时在党委政府统一部署下，抽调一批善于联系群众、机智勇敢、斗争坚决的同志充实专署、县公安局以及区的治安组织。

为统一领导反“清乡”斗争中的公安工作，地委明确规定专署、县公安局局长分别担任地委、县委的社会部部长，区治安股股长（开始称区治安员）担任区委社会科科长。

为配合武装斗争，分区又从各县警卫团选调了政治坚定、富有作战经验的干部和一批青年骨干充实专署、县局政治保卫队，使得东南专署、各县公安局政治保卫队由建立时的80多人扩充到134人，加上6月后从一、二、三分区的公安部门抽调支援的短枪队员，力量更加壮大。

（二）掌握斗争武器，正确执行政策

为了粉碎日伪“清乡”阴谋，打击汉奸、敌探的破坏活动，维护社会秩序，保卫抗日根据地，1943年4月1日，苏中军区第四军分区司令部颁布了《抗日戒严令》，宣布全区进入战时状态。

同时，四专署及专署公安局研究和颁布了《反“清乡”期内紧急治罪条例》（以下简称《治罪条例》），规定凡犯有“为敌伪特务机关探取我军事、组织情报者”“阴谋组织暴动，破坏我抗日根据地治安者”“参加敌伪‘清乡’组织，阴谋危害祖国及人民之罪行者”“乘敌伪‘清乡’时散布谣言，扰乱人心者”“内奸阴谋叛变者”“凡查有实据，均以汉奸论罪，处以极刑”。《治罪条例》还明确规定：“在情况绝对严重时，区级以上政府及民众团体均有执行《条例》之权。”《治罪条例》颁布后，在各阶层人民中广泛宣传。

1944年4月9日，苏中三专署与三分区司令部会衔发布紧急戒严条例，中旬开始由区乡干部组成巡查队，由县区工作队人员组成检查团清查户口，重点是对赌场、小客栈、菜饭馆及来往人员多而复杂的庄户沿村逐户检验公民证，检查人数、口音、客人来历等，取得了一定成效。

4月中旬某天是泰兴县张甸镇猪市。我区队人员配合周围两个乡镇的基干队，在上午行人繁忙时突然封锁道路，分组检查户口和行人，历时三小时，结果查出敌探犯罪嫌疑人吴照玉、已判死刑的高华茂、暗杀团成员朱广德、伪军高飞、伪办事处赵主任及徐广生、毒品犯8名、小偷1名等22人。②

日伪特工是配合“清乡”的主要力量，从事侦察、暗杀、逮捕、策动“自首”、收买内奸、建立特工情报网等破坏活动，日伪鼓吹“以特工治天下”，视特工为“清乡”的急

① 江苏省公安厅公安史资料征集委员会：《江苏公安史资料汇编（1938.4—1952.12）》，1994年版，第233-245页。

② 扬州市公安局公安史办公室：《抗日战争时期苏中区公安史资料》，1989年版，第98页。

先锋。在乡村中，反动地主、地痞、流氓等与日伪勾结，或充当内奸、坐探，或接受任命充任伪职、进行破坏活动，对抗日军民威胁很大。各级公安机关认真组织学习和贯彻中共中央华中局制定的《侦察条例》《反侦察条例》《管理检查条例》《对国民党特务的处理办法》等法规，明确在反“清乡”斗争中以日伪特工作为打击的重点对象，并据此形成一系列政策、策略，有力规范和指导了对敌斗争。

（三）发动依靠群众，建立锄奸组织

根据四地委《关于动员反“清剿”、反“清乡”的报告提纲》“普遍深入地进行紧急动员，组织一切反‘清乡’的力量，全面加强反‘清乡’准备工作”的指示，四分区各级公安机关及其领导的武装工作队配合反“清乡”动员，利用各种群众会议进行锄奸动员，还派员利用路头小店、群众婚丧喜事、集会等场合宣传锄奸的意义。经过宣传教育，人民群众提高了坚持斗争和锄奸反特紧迫性、必要性的认识，提出了自己的战斗口号：“乡下人上街吃早茶，清乡队下乡吃钉耙”“没家鬼（指汉奸、特务）不死家人，除了家鬼，家家太平。”群众发动起来后，“清乡”区内400多个乡的锄奸组织迅速建立。公安机关紧接着在各地进行普遍培训，对如何识别奸细、捕捉敌特和如何按政策处理给予指导。东南行署海中区等地还组织锄奸小组和民兵进行防奸、防匪与捕捉汉奸演习。

为了便于统一领导民兵武装斗争和群众锄奸工作，1943年4月，四地委作出决定，“每乡党支部社会干事兼任乡治安员、民兵大队副，专任锄奸工作锄奸小组与民兵结合，锄奸小组组员一律参加民兵，锄奸小组为民兵之一部分，锄奸为民兵经常任务之一”，保证了基层锄奸组织的发展，为群众性锄奸运动的形成奠定了组织基础。

（四）团结进步力量，清除反动势力

为了使日伪的“清乡”在抗日根据地内无所依靠，保证反“清乡”斗争的顺利进行，1943年3月，四分区各地对敌伪情报网、土匪等伪化基础开展了突击行动和争取瓦解工作。如皋县掘马区桃坞乡民兵开展了围剿股匪王英的行动，一举歼敌；沙村乡民兵在马塘附近抓获土匪8名。在此影响和推动下，各地先后掀起肃清土匪、削弱封建势力和伪化基础的群众运动。

东南行署公安局组织海东区3000多名民兵突击搜剿了该区“卅六股党”土匪，惩处了为首分子，分化瓦解和争取了下层人员。启西区镇压了怙恶不悛的“斧头党”头子黄维，摧毁了股匪营垒。东南行署公安局粉碎了国民党三青团秘密组织武装企图策应日伪“清乡”的阴谋。南通县公安局在日伪“清乡”前夕根据内线提供的情报，在通西短枪队的配合下，破获了通西汪伪特务组织和石港宪兵特务组织，6个特务组长全部落网，使日伪“清乡”失去了情报来源。

各级公安局认真执行党在抗日战争中的“发展进步势力，争取中间势力，反对顽固势力”的策略总方针，对本地区各种杂牌部队和青洪帮组织，分别进行了团结争取和分化瓦解工作。东南行署公安局对长江沿岸活动的青帮头子杨念初反复晓以大义，对他进行民族气节和爱国守法教育，做好了这股帮会势力的转化工作；对海中区的流氓头子陆渭山，从分化瓦解其组织入手使其孤立，最后陆渭山向我方立下保证：洗手不干土匪，拥护抗日，不当汉奸，尽力采购供应抗日武装所需的枪支弹药，提供情报。军分区司令员陶勇还专门

派员到启东团结争取陆洲舫部队，使这支武装竖起了抗日的旗号。这些势力的被争取，为反“清乡”斗争扫清了障碍，不少杂牌部队和青洪帮组织成为抗日斗争的一支力量。

（五）建立情报网点，加强内线侦察

为了应付日伪“清乡”可能出现的恶劣环境，知己知彼，掌握日伪动向，加强对日伪特务、坐探奸细的斗争，四专署和各县公安局建立了情报网点，加强了内线侦察工作。南通县和东南行署分别成立情报站，屡获敌伪“清乡”计划的情报，使我分区军民取得了主动，及时采取措施粉碎敌人的阴谋。

各地公安局还根据“隐蔽精干，长期埋伏，积蓄力量，以待时机”的秘密工作方针，把一些政治面目尚未公开并有社会职业掩护或有各种关系的党员和抗日积极分子打入敌伪组织或潜入敌伪据点，开展搜集日伪情报和加强对敌伪人员的争取、分化瓦解工作，并在敌伪内部制造矛盾，使其互相残杀。南通县公安局通过内线，从伪军张圣伯部拉出伪军官兵 10 余人；四专署公安局派往南通城打入汪伪特工总部江苏省实验区南通分区的内线，利用敌人之间的矛盾，除掉了 3 名汉奸；东南行署公安局派员打入日伪特工领导机关，从而控制了东南地区大部分特工组织。

各县同时在敌占城镇周围、交通沿线以及根据地的乡村建立了秘密情报网，从而在敌人的据点到根据地之间形成一条联络线，既能及时掌握敌人的军事动态，又能及时发现日伪派进根据地活动的坐探内奸。

情报网点的建立和内线侦察工作，在反“清乡”斗争中发挥了重要作用，有力地配合了锄奸反特工作。

三、坚持原地斗争　反击日伪清乡

在反“清乡”斗争中，我公安机关特别是短枪队、政治保卫队、警卫队等附属武装，经过夜间战斗、河网行军联络、搜集敌情、突然袭击等训练，密切配合地方武装，发明多种灵活战法，突击搜剿土匪，伏击小股敌伪特别是“清乡”特工，历经上百次战斗，取得了辉煌战果，其中以四专署短枪队最为著名①。仅在 1943 年 4—5 月，我方各类地方武装发起主要战斗 50 多次，击毙日伪军 385 名，俘虏 370 多名，平毁碉堡 43 座，打破了日伪军的军事“清剿”。

1943 年 5—6 月，日伪转入政治“清乡”阶段，强制清查户口，编组保甲。“清乡”区的党组织带领群众既斗勇又斗智，身份公开的党员和干部及时转移，区队、基干民兵则不断打击编组保甲的日伪人员和内奸。日伪在连连受挫的形势下，又于 10 月以后相继对苏中第四分区进行“延期清乡”和“高度清乡”，由日军直接出马，组成小股机动部队，轮番搜索，大肆烧杀抢掠，大批共产党员、干部及群众积极分子被捕、被杀。面对日伪的血腥屠杀，苏中抗日军民顽强坚持原地斗争，实施反击。10 月 31 日，粟裕亲自部署指挥了强攻丰利镇的战斗，共歼日伪军近千人。

据统计，1943 年 4—12 月，苏中第四分区军民在反“清乡”战斗中共作战 2100 余次，毙伤、镇压日伪军和“清乡”人员 2400 多人。

---

① 扬州市公安局公安史办公室：《抗日战争时期苏中区公安史资料》，1989 年版，第 70-71 页。

（一）短枪队出奇制胜，锄奸组连续出击

为了狠狠打击日伪“清乡”的嚣张气焰，四专署公安局和各县公安局政治保卫队根据党委指示，运用“你打你的，我打我的”军事战术，避实击虚，深入挺进到日伪占领的地区和交通线上，相机锄奸杀敌。

通海边沿游击区一度敌情严重，“清乡”特务活动猖獗。四专署公安局即派侦察情报科科长刘志远带领20多名政治保卫队队员，先后三次去通海区，在区委领导下，与人民群众密切配合，在敌人的交通线上拦截汽车，捕捉敌特，先后镇压20多名特务和汉奸，威慑了敌人，并使当地敌伪交通线一度中断。

正当日伪军在南通县通中地区疯狂“清乡”之际，四专署公安局根据情报，派员和南通县公安局政治保卫队一起潜入戒备森严的天生港敌伪据点，将催运封锁器材的敌伪如皋县岔河大检问所主任凌月东击毙；接着潜入四甲坝敌伪据点，把作恶多端的伪南通特别区公署第九区区长朱崇汉和保甲指导员梁振强抓获、锄杀。

1943年5月，东南行署公安局短枪队进入启西区三丫支镇敌伪据点，镇压了上任仅半天的伪七乡“清乡”办事处主任孙祖贤。不久，短枪队在海东区队的配合下，里应外合，深入曹家镇敌伪据点，惩处了死心塌地为日伪效劳的“四乡联合办事处主任”徐宝明。1944年春，东南行署公安局根据地委的指示和人民群众的强烈要求，派短枪队四次化装进入久隆镇敌伪据点，最终在内线的接应下，将经常窜入根据地杀人放火、敲诈勒索的敌伪久隆镇特工队队长施英处死。

1943年7月下旬，如皋县公安局短枪队潜入掘港镇，与日军遭遇发生战斗，毙伤日军各1名，缴获三八式步枪5支，受到分区司令员陶勇的表扬。8月5日至13日，四专署公安局发起以短枪队深入据点锄奸为主的“据点行动周”，海启同时开展对14个据点的袭击，捣毁宋季港伪大检问所和启东县伪区所，击毙伪特署科科长，伏击途经通海公路的敌人联络官，令日伪谈虎色变。9月27日，如皋县公安局短枪队深入掘港、马塘地区，烧毁日伪强制编成的9000多张门户牌，有力地配合了反保甲斗争。

1944年4月18日，靖江县公安局短枪队10多人化装成便衣特务，随县独立团一个排到江南袭击郑陆桥据点，10多分钟消灭伪军1人，缴枪30多支，俘虏30多人；20日中午，靖江短枪队和县独立团一个排伏击伪十四师特务营营长朱鼎坤率领的40余人，将其捉回公审枪决。

1944年10月1日，东南行署公安局行动队响应缴“九六”式机枪竞赛的号召，潜入崇海镇日军据点，缴获“九六”式机枪1挺，击毙日军4名。战斗中，队员朱湘清英勇牺牲。11月，东南行署公安局短枪队在吕四区队配合下，潜入吕四镇伪区公所，击毙伪区长张荣奎及伪警4名，俘伪“清乡”队长、伪警排长、巡官等4名，缴获长短枪16支。

据不完全统计，从反“清乡”斗争开始到年底的8个月时间，四专署公安局短枪队武装行动128次，拔掉敌据点10余个，破坏竹篱笆封锁线数十公里，还撕掉门户牌7万多张，毁户口册5万多张，杀死、杀伤伪保甲人员35名。

四专署各县公安局短枪队还与主力部队和地方武装紧密配合，打击敌伪军和特工。1943年4月，东南行署公安局短枪队在东南警卫团一部的配合下袭击三阳镇敌据点，俘伪侦缉队员数人；1944年6月，东南行署公安局短枪队又与海东区队配合，突袭利民镇敌伪

据点，将伪军和警察打得措手不及，俘敌49人，缴枪20余支，拔除了据点。

各地锄奸小组和人民群众同时投入锄奸运动中。他们纷纷响应上级提出的“每月每乡捕杀一个敌人”的行动口号，拿起钉耙锄头、铁叉做武器袭击日伪，锄奸运动很快地由最初个别的秘密锄奸逐渐发展为公开的群众锄奸，使敌特、汉奸陷入了抗日军民布下的天罗地网之中。据1943年年底的不完全统计，四分区自反“清乡”斗争开始以来，共铲除特务汉奸1465人，沉重打击了敌人。

在群众锄奸斗争中，四分区涌现了一批大义灭亲和儿童智捕特工的动人事迹。启东希土乡的黄佐才大义灭亲，举报其舅舅、汉奸周文达。如皋县丰利区直镇乡4名儿童团员，智捕敌伪“清乡”特工组组长马友发，得到领导机关的表扬和奖励。

短枪队的据点锄奸行动和群众性的锄奸斗争，极大地震慑了敌人，造成敌伪“清乡”人员极度地恐慌不安。海门县茅镇敌伪特工站站长一连三个月未敢出门；南通县10多个伪区、乡长龟缩在南通城里不敢下乡，惊呼“出了城到处有新四军”“短枪队是神兵天将”。

（二）加强侦察破案，及时惩处特工

在反“清乡”斗争中，敌伪在我军民狠狠打击下改变了破坏手法，转而推行所谓“军事特务化，特务军事化”，向抗日根据地加紧派遣特务、内奸、坐探，并利用国民党特务对我党政军要害部门进行破坏。各地公安局针对敌伪的行动变化采取有效措施，强化情报工作，从而及早发现敌情，有力打击特务的破坏活动。

1944年春，如皋县栟丰区破获一起利用封建迷信组织“惜字佛教会”作掩护的特务组织案。日伪特工周长富披着传播佛教的外衣，发展特务组织，进行特务活动。公安部门在群众的协助下，迅速查明了这一伙特务和犯罪事实，首犯周长富经公审枪决。南通县金沙区张沙乡地主充当骑岸镇驻敌的坐探，经常以贩卖纸箔作掩护为敌伪提供情报，被我公安机关捕获。

对一些重大案件，公安机关领导亲自布置侦察，及时掌握情况，采取果断措施予以破获。国民党CC分子张愚公在日军侵占南通后，受国民党专员派遣，潜入南通县刘桥镇招兵买马、扩大实力，进行特务活动，妄图搞垮我抗日民主政权。四专署公安局领导十分重视这起案件，局长亲自布置，下达任务，派人侦察，最后将其捕获处决，保卫了抗日民主政权的安全。

（三）肃清内部奸细，纯洁抗日组织

遵照上级党委关于锄奸工作必须“迅速组织肃清一切内奸，巩固各种革命组织，尤其以武装部队首脑机关及各级党委为主”的指示，各地公安局采取果断行动，严密防范，防止敌特破坏。

1943年夏，根据内线提供的情报，公安部门发现南通县余东区委委员、区队长朱立阴谋叛变，妄图勾结伪军消灭区队、搞垮区委的重要情况，经多方调查证实，四专署公安局当机立断，派员赶到余东，同区委和区政府研究后将其逮捕，并将其党羽一网打尽。四专署公安局情报员丁海山企图投敌叛变，被查实后予以惩处。

公安机关对从抗日民主政权中叛逃出去投靠日伪、充当汉奸特务的分子，采取紧急措施，将其追捕归案，实行坚决镇压的政策，以保卫和巩固抗日民主政权。1943 年夏秋之间，如皋县汤园乡民兵大队长鲍世良叛变，投靠伪军，并经常带领敌伪冒充我游击队下乡袭扰，捕捉我干部民兵，威胁很大；汤园区通讯员杨一堂叛变投敌后，充任了伪五乡“清乡”主任兼杨曹乡乡长。为保证我区政权不致遭到破坏，锄奸组织带领民兵将他们处决。

（四）反封锁反保甲，摧毁伪化基础

日伪为了割断“清乡”区内外的交通联系、围剿抗日武装力量，在进行“军事清乡”的同时，从 1943 年 4 月下旬开始，沿“清乡”区边沿大规模地构筑竹篱笆封锁线，长达 300 里。日伪还在封锁线上构筑了许多碉堡、瞭望哨、150 多个检问所，一再吹嘘“篱笆打成功，‘清乡’便成功”“篱笆打好了，新四军跑不了”。

四分区各级公安人员与广大军民积极响应地委“不让敌人打篱笆”的号召，多次袭击运输封锁器材的日伪军，烧毁封锁器材。1943 年 7 月 1 日，三、四分区 4 万多名群众和民兵对敌伪封锁线进行了总破击战，使敌伪苦心经营了三个多月的封锁篱笆一夜之间遭到毁灭性打击，基本粉碎了敌人的封锁阴谋。各级公安保卫人员在这次总破击战中全体出动，采取措施严密控制和监视敌情动态，保证了总破击战的顺利进行。

日伪为了切断抗日党政军人员与人民群众的联系，采用了在华北“强化治安”和苏南“清乡”的所谓“经验”，训练了一批保甲指导员，修订了保甲法规，大量印刷了户口、壮丁等登记簿册，企图通过编查保甲，实行一户“犯法”、十户同罪的连坐联保办法，强迫户与户相互监视、相互告发。为了反击日伪的阴谋，四分区军民展开了针锋相对的斗争，提出了“保甲册是阎王簿”“册上有了名，将来跑不成”“保甲编成功，壮丁抽了空”等口号，揭露日伪的罪恶目的，发动人民群众团结起来和日伪展开斗争，并提出“谁编保甲，人人可杀”，警告为日伪卖力编查保甲的人员。

各地还组织“神枪手”“狙击组”开展游击战，打击日伪编查人员，开展撕毁门户牌、户口册的行动。据不完全统计，四分区在反保甲斗争中，撕掉了门户牌 7 万多张，毁户口册 5 万多张，杀死、杀伤伪保甲人员 35 名。1943 年 8 月 5 日，东南行署公安局短枪队潜入久隆镇敌据点，惩处了伪保甲指导员范国法；接着潜入麒麟镇敌据点，突袭伪保甲训练班，击毙伪保甲指导员陈仲国。

由于各地群众性反保甲斗争的兴起，不断地杀伤伪保甲人员和摧毁伪保甲组织，迫使日伪编查保甲不得不一再延期。在以后的“延期清乡”“高度清乡”阶段，日伪虽然提出了“整理保甲”，但他们的企图一直未能实现。

（五）开展自首运动，瓦解日伪势力

1943 年 7 月 23 日，四专署颁布了《敌汪清乡人员自新暂行条例》（以下简称《自新条例》），指出敌汪“各级行政机关、党务办事处、政工团、特务机关、封锁机关、清乡警察、保甲、教育、财经等部门之首脑及下层服务人员”如悔过自新、办理自新手续者，我各级抗日政府、部队及人民团体依法保障其生命、家属及财产安全；如自新人员携带武器弹药和重要机密文件，则予以奖励；如坚决附敌、怙恶不悛及未能自新者，则仍以《治罪条例》处置。《自新条例》是在打压日伪“清乡”的嚣张气焰、造成敌伪动摇恐慌、群众性的锄奸运动蓬勃兴起的情况下颁布的，在执行中采取了镇压政策与宽大政策兼施并

用、双管齐下的办法，以进一步动摇瓦解敌伪，达到在心理上、行动上威慑敌伪“清乡”人员、敌探、特工的目的。

《自新条例》颁布后，各地公安局按照地委“在加强武装游击活动的同时，开展政治攻势”的指示，迅速组织队伍，短枪队与宣传队密切结合，印发宣传材料，向敌伪人员发动政治攻势。1943 年 8 月 5 日至 15 日，四分区各地广泛开展了政治攻势行动周，短枪队队员和宣传队队员深入日伪据点脚下散发传单、张贴《自新条例》，给敌伪军政人员上“政治课”，并利用多种关系向敌伪人员写警告书和劝告信、送宣传品进行教育。同时，各地还抓住有利时机，选择典型，召开坦白自首大会，运用党的政策促进敌伪人员分化。四专署公安局召开反特务大会，由被捕的特务卢佐君公开坦白自首，发表宣言，表示悔过自新。

经过大张旗鼓的政治攻势，敌伪军政人员更加动摇，在我宽大政策的感召下，纷纷向我自首。海门县灵甸镇伪六乡办事处主任和三区伪保甲指导员自首后受到抗日民主政府的宽大处理，有的伪乡保长还集体向我抗日民主政权自首。据 1943 年年底不完全统计，四分区全区敌伪人员向我自首者达 2355 人，致使不少地方的敌伪基层组织陷入瘫痪状态。

（六）配合地方部队，镇压各种暴动

1941 年 8 月，中共苏中区党委给各地委、县委发出关于反“扫荡”斗争的指示信，令对通敌有据者公开打击，要求政府于敌人“扫荡”时，允许人民对汉奸和暴动分子有就地镇压和格杀勿论之权①。

“八一三”秋季大“扫荡”开始后，日伪军出动频繁，海安反动大刀会乘机在我根据地内组织暴动，杀我干部，夺我武器，当地保安机关在劝说无效之后迅速配合地方部队进行镇压，很快平息。9 月 22 日（农历八月初二）恰逢日食，国民党特务经过精心策划，收买大刀会会首，于我苏中机关驻地——东台、泰东，用所谓要改朝换代等迷信口号，欺骗、蒙蔽群众进行暴动，公开提出“首先杀光新四军，其次杀光日本人，再杀光一切不入会者，统一天下”，参加者 3 万余人。他们手持铁叉、钉耙、扁担，连续两日包围三仓镇，并殴打、捆绑、火烧我宣传人员，抢夺、毁坏我枪支弹药，打死、打伤新四军小分队 25 人。苏中保安处刘实夫带 1 名游击队员到大刀会暴动地区侦察时被暴徒伏击抓获，在特务的唆使下遭受砍头酷刑，幸经群众及时抢救脱险。我保安机关在党政军统一领导下，配合部队予以镇压，连续三天击伤数百歹徒，逮捕了大部分会首和多名国民党特务，并用七天时间做宣传教育疏导工作，分情况对被捕人员进行了正确处理。

1943 年 4 月，四专署颁布了针对性极强的《反“清乡”期内紧急治罪条例》，专署公安局在各界群众中广泛宣传，规定凡犯有“阴谋组织暴动，破坏我抗日根据地治安者”等均以汉奸论罪、处以极刑，“在情况绝对严重时，区级以上政府及民众团体均有执行《条例》之权”。②

---

① 中国人民解放军扬州军分区：《扬州军事志》，2011 年版，第 514 页。

② 南通市公安局：《苏中第四行政区公安大事记》，1985 年版，第 33 页。

1944年12月10日，东台城敌特与潜伏在滨海区金港乡一带的特务分子相勾结，利用我参军工作中某些缺点，纠集地痞流氓、盐贩子公然暴动，烧屋打人，呼喊反动口号，裹胁群众300多人到合城做苦工、当炮灰。整个事件持续三天，参加者达千余人，涉及5个乡。事后，县公安局局长石林率政治保卫队赶赴出事地点，历时10天查明真相，逮捕特务分子陈朋年等9人，挫败了其再次暴动的阴谋。

（七）改造利用帮会，扩大抗日力量

苏中农村地区帮会势力根深蒂固，且参加人数众多，难以做到意志统一，所以具有见风使舵的两面性，并有很大的破坏作用。为此，苏中区党委非常重视帮会工作，要求“适当争取，以割去敌人在‘清乡’时依赖之爪牙工具，孤立敌人，使之在敌伪‘清乡’‘扫荡’时积极参加反‘清乡’工作，掩护我‘清乡’区内干部及活动”。

1943年1月21日，苏中区党委在《关于反清乡斗争中掌握青红帮的指示信》中要求：“以分区为单位，由我决定有一定威望的熟悉青红帮的同志作为领袖，成为统一领导的中心，以统治各流氓首领，使原有各领袖须对之绝对服从，在党内设立指导这一工作的专门同志；利用其他组织形式，强调集中制，服从命令听指挥，领导方法亦以利用其忠义仁厚之宗旨，发挥忠于国家、厚于民族，只信义于政府和新四军；以领袖名义，视各会领袖之活动能力及实际情况，给以名义与活动范围及经济利益，并分配一定之任务；可在帮规上规定奖惩条例，布置监视县级暂不进行这项工作，县的保安科与该县之帮会首领可以发生横的关系。”

1943年3月，二专署公安局秘书沈毅充当“通”字辈，在七灶河梁北乡摆香堂，徒弟遍及东台、台北、泰东等地方，利用他们疏通伪军，到敌占区买药品、电器材料和其他急需物品，保护营救我们的同志。苏中保安处处长周林的爱人生病，就是青红帮安顿在边区并加以保护的；三专署公安局局长陆政将伪翻译官的妻子、水巡大队长发展为帮会徒弟门生，在侦察敌情方面起了很大作用，有力配合了反“清乡”和反“扫荡”斗争。①

（八）重视队伍建设，提高战斗能力

为培训公安保卫工作的骨干力量，以适应残酷斗争、艰苦环境的需要，各地公安局按照党委部署，在激烈的反“清乡”斗争情况下，先后抽调一批同志参加了上一级公安部门的训练班和地委举办的整风队学习。同时，各县还组织举办了锄奸保卫干部训练班，培养区、乡、镇锄保干部，帮助他们坚定信念，在残酷的斗争中不断增强革命意志，提高业务工作能力。

1943年春，在四专署公安局统一领导下，各县分别举办了锄保训练班。据不完全统计，南通县六、七两个区训练71人，海启两期训练了91人，如皋县有500多民兵接受锄奸教育；南通县举办区治安员训练班，集中五天时间学习（上课、讨论、组织演练）反“清乡”斗争胜利条件和汉奸的危害、如何领导群众锄奸、政策应用（哪些人应杀、应警告、应监视、应团结）、技术问题（如何识别奸细、各种人员的捕杀方法）、如何领导与训练锄奸小组。

---

① 扬州市公安局公安史办公室：《抗日战争时期苏中区公安史资料》，1989年版，第72-75页。

1943年夏，苏中第三专署公安局为了对付敌人“清乡”而举办短枪队训练班，把各县短枪队集中起来进行政治、军事、文化知识训练，历时三个多月。

1944年5月，东南行署公安局组织短枪队队员在启西区集中整训，以端正思想，增强团结，提高独立作战能力。广大公安人员在反“清乡”斗争中不仅在政治上得到锻炼，在业务上也得到了提高，创建了许多英雄业绩。

1945年，苏中四分区召开的第一届群英会上，被评为一等战斗英雄的东南行署公安局政治保卫队队员黄士奇，成为广大公安人员学习的楷模。

第三章　苏北抗日根据地的公安保卫工作

苏北抗日根据地位于江苏的北半部，包括淮海、盐阜两个地区。该抗日根据地南以斗龙港、大纵湖及淮安县西南一线为界，与苏中抗日根据地相依靠；北至东陇海铁路，与山东抗日根据地相联系；西临运河，与淮南、淮北抗日根据地相呼应；东濒黄海。其总面积为4.2万平方公里，当年人口为610万，其中在抗日民主政府管辖下的人口有450万。

苏北抗日根据地地扼华中、华北联系的枢纽，在一段时期内，为中共中央中原局（后为华中局）和新四军军部所在地，成为华中敌后抗日战场的政治领导和军事指挥中心。刘少奇、陈毅及黄克诚等在这里直接领导着抗日斗争，指导着各条战线的实际工作，使苏北抗日根据地虽多经艰险，但仍为较稳定、巩固的抗日根据地。

盐城战略地位由此彰显和突出。然而，地处华中中心的盐城长期为国民党统治区，抗战初期日军过境曾一度占领盐城，后因兵力不足撤离。此后，国民党中统、军统又卷土重来，建立了名目繁多的特务外围组织，用欺骗的手法与共产党争夺群众。盐阜区抗日民主政权建立以后，原属国民党中统的特务组织，一部分以合法身份和职业作为掩护，潜伏于根据地内从事秘密破坏活动，还有一部分则充当汪伪特务。他们通过各种社会关系与根据地内的反动地主、土匪、会道门相勾结，策划煽动组织了多起反革命武装暴动，妄图推翻抗日民主政权。在对付中共领导的抗日民主政权方面，中统与汪伪特务往往形成联手，或搜集情报，或组织策反，或偷袭暗杀，或造谣破坏，成为新生政权的极大威胁。保卫以盐城为中心的盐阜抗日根据地，任务艰巨，责任重大。

“盐城固，则华中兴”已成刘少奇、陈毅、赖传珠、曾山等领导人的共识。于是，便派生出一个全新的工作，即对根据地的安全保卫。根据地创建伊始，可谓百端待举，时任华中局书记、新四军政委的刘少奇虽然日理万机，但依然亲自设计和擘画盐阜安保工作。

苏北人民公安保卫机关在刘少奇、陈毅同志的直接关怀和指导下，在新四军锄奸部直接指挥下，面对敌顽我三角斗争错综复杂、形势异常严峻的情况，紧密依靠群众，积极开展锄奸、反特斗争，严厉镇压武装暴乱，胜利地保卫了抗日民主政权和根据地广大的人民群众。通过开展对敌伪军的工作，配合部队分化、瓦解、削弱直至最后消灭敌人，完成了这个革命历史阶段的使命。

第一节 苏北抗日根据地的开辟与发展

1941 年 3 月，中共中央中原局及新四军军部为适应当时斗争需要，实行小省制，将苏北地区划为苏中、苏北两块抗日根据地。位于苏北地区的淮海抗日根据地，东临黄海，西濒运河，南起两淮，北至东陇海铁路与山东接壤，是华中抗日根据地重要组成部分之一。在战略上，是连接华中、华北的基地和桥梁，在政治、军事、经济上都有着重要的意义。盐阜抗日根据地地处江苏沿海中部，东临黄海，西接淮扬，北至连云港，南与通泰接壤，临海凭风，地域面积超过整个苏北抗日根据地的一半，战略地位非常重要。

一、苏北抗日根据地的建立

（一）淮海抗日根据地的建立

1937 年秋末，国民党江苏省政府从镇江移至淮阴。在省主席兼苏皖战区司令韩德勤统治下的苏北，以“复兴社”为中心，和汉奸、特务、封建反动势力相勾结，破坏抗日救亡运动，迫害抗日进步人士，围剿抗日武装分子。

1938 年 5 月 19 日，日寇占领徐州后，12 月 22 日攻陷宿迁城；1939 年 2 月继续入侵，27 日连陷沭阳、泗阳、淮阴、涟水等县城，3 月 3 日侵占了灌云县城。此间，日寇还占领了陇海铁路、淮沭、沭海公路干线和运河、盐河线的城镇，控制了交通线；同时，竭力拼凑汉奸维持会建立伪政权，收罗土匪、地痞、流氓组织伪军，强化特务机构，妄图依靠特务统治、控制伪军和伪政权。

1938 年 12 月，根据中共中央的决定，中共苏鲁豫皖边区省委改为山东分局。中共山东分局根据党中央关于“巩固鲁南，向苏皖发展”的战略方针，决定成立八路军山东纵队陇海南进游击支队，以钟辉为支队司令员兼政委，梁海波为副司令员，向苏皖敌后挺进；同时组建苏皖特委，由钟辉兼任军政委员会书记，活动于津浦沿线的邳县、睢宁、铜山地区。

接着，山东分局派出两批干部到苏北、皖东北地区开展工作，并任命李浩然为苏皖边区特委组织部长、代理书记；指示特委尽可能向南发展，开辟苏皖边区抗日根据地。中共山东分局根据中共中央“巩固华北、发展华中”的指示，在淮海区重建党的组织，积极发动群众，组织抗日武装。国民党顽固派则坚持消极抗日、积极反共，一再围剿中国共产党领导下的抗日根据地，破坏抗日救亡运动。

1939 年 5 月，山东分局决定成立苏皖区党委，任金明为书记。苏皖区党委成立后，建立社会部，邵幼和任部长，这是淮海区公安保卫工作最早的机构。淮海区党组织重建之后，人民的抗日武装不断发展壮大。1939 年 4 月，八路军陇海南进游击支队第八大队和先遣第二支队建立。4—5 月，海属地区正式成立了陇海南进游击支队第三团，淮阴、涟水一带建立淮河大队等抗日武装力量，这是形成公安军事力量最初的地方武装。1940 年春，中国共产党领导下的淮海区抗日武装得到迅猛发展。他们有力地打击了伪顽反动势力，鼓舞了民众的抗日信心，为后来开辟淮海区抗日根据地、建立抗日民主政权和公安保卫机关打下了基础。

1940 年 2 月，苏皖区党委划归中原局领导。① 为了打退国民党顽固派的进攻，力争时局好转，加强华中民主抗日武装力量，中共中央军委调集八路军部分主力和八路军苏鲁豫支队南下华中。1940 年 3 月 16 日，中共中央在发给十八集团军总部的电报中指示："八路军到华中后，坚决争取控制苏北。"②

1940 年 6 月，八路军南下各部先后到达华中地区，二纵队政委黄克诚率领的教导营和新二旅也到达豫皖苏，奉命与彭雪枫部队合编为八路军第四纵队，归属中原局领导。中原局命黄克诚率领部队进入皖东北，准备向苏北进军。8 月 16 日，中原局决定将苏皖地区我军各部队统一指挥，组成八路军第五纵队。21 日，中共中央批准组成五纵队及支队主要干部的任命。

1940 年 8—9 月，八路军第五纵队在中共中央中原局领导下，经过艰苦战斗，协助地方党组织开创了淮海抗日根据地，先后建立了泗阳、淮阴、涟水、沭阳、灌东、东海等县的抗日民主政权，各县召开了各界代表会选举县长；成立了淮海大队、沭河大队、滨海大队、淮阴保安大队、泗阳独立团等地方武装。9 月中旬，苏皖区党委书记金明率领机关进入淮海区，直接领导各县工作。

（二）盐阜抗日根据地的建立

中共苏皖区委成立后，1939 年 7 月，区党委派万众一到淮盐建立了第三地委，万众一任书记。地委下辖淮阴、淮安、涟水、泗阳、盐城、阜宁六个县。稍后，第三地委派杨汉章等南下阜宁、盐城开展工作，发展了一批青年入党，并成立了三个党支部。10 月，第三地委又分别派刘大谟、刘岳到盐阜地区开展建党工作，并先后成立了由刘大谟、刘岳任书记的中共盐城县工委和中共阜宁县工委。1940 年 5 月，中共盐城、阜宁两县工委改为县委，盐城县委书记为方秉文，阜宁县委书记为刘岳。涟水、涟东两工委合并，成立中共涟水县委，书记是王雨洛。

1940 年 10 月 10 日，由黄克诚率领的八路军第五纵队南下占领盐城，新四军陈毅部北上进抵东台，两军的先头部队在盐城、东台之间的白驹镇胜利会师。

白驹镇会师使中国共产党领导下的苏北敌后抗日根据地连成一片，八路军和新四军连成一片，开辟了华中最大的一块抗日根据地。与此同时，原中共苏皖区第二、第三地委成员随军进驻阜宁，并在阜宁东沟举行会议，决定成立中共盐阜地委，领导盐城、阜宁、淮安、涟水四个县委。杨纯任中共盐阜地委书记。同时设立八路军盐阜区地方办事处。10 月中下旬，涟东、淮安、盐城、阜宁等县政府相继成立。

1940 年 10 月下旬，刘少奇率中原局机关和新四军江北指挥部军政干部学校学员 1000 余人从皖东地区出发，月底到达苏北阜宁县东沟镇与八路军第五纵队会师。11 月 4 日，刘少奇、黄克诚由东沟出发，经湖垛、盐城、东台等地南下，7 日在海安与陈毅、粟裕会晤。根据中共中央的指示精神，他们讨论研究了如何建立与巩固华中抗日根据地的系列问题，一致认为，要广泛地发动群众，团结各界进步民主人士，建立"三三制"的抗日民主政权；要从有利于结成广泛的抗日民族统一战线的大局出发，实行减租减息、合理负担的

---

① 黄建中、吴萍、尚新华回忆。

② 中共江苏省委党史征委会：《八路军一部分主力南下创建苏北抗日根据地经过概述》，第 5 页。

政策；要帮助地方尽快建立和扩大地方武装，迅速清剿土匪和其他反动武装，稳定社会秩序；要积极做好发展党的组织、争取知识分子以及联络友军的工作。随后，华中总指挥部迁到盐城，盐阜地区成为华中抗战指挥机关所在地。

中共盐阜地委成立以后，盐阜地区各地党的基层组织也很快建立健全，并着手发展党员工作，使党的组织迅速壮大起来。

二、皖南事变后苏北抗日根据地的发展

皖南事变发生后，为遏制反共逆流、重振军威、坚持抗战，毛泽东以中共中央军委名义发布命令，宣布在盐城重建新四军军部，任命陈毅为代理军长，刘少奇为政治委员，继续领导新四军敌后抗日斗争。新四军统一整编为七个师，黄克诚领导的第三师主要任务是保卫和建设淮海、盐阜两块抗日根据地。

1941 年 1 月 25 日，新四军新军部成立大会在盐城体育场隆重举行，陈毅宣誓就职代军长。随后，中共盐阜区党委、盐阜军区、中共淮海区党委、淮海军区和淮海、盐阜区行政公署等相继成立。1941 年 5 月，中共中央中原局决定将苏皖区党委改为淮海区党委金明改任淮海区党委书记，管辖泗阳、宿迁、淮阴、涟水、灌云东海阳七县。

1941 年 7 月 20 日，日军以南浦独立旅团为主力，加上伪军李长江、杨仲华部合计 17000 余人，出动装甲汽艇 100 余艘，在飞机掩护下，突袭盐城，妄图消灭新四军首脑机关。盐阜军民经过 30 多天的努力，作战 135 次，毙伤日伪军 1931 名，活捉日军 15 名、伪军 1074 名。

1941 年 8 月，国民党苏皖战区司令韩德勤乘日军对盐阜区“大扫荡”之机，指使常备第七旅旅长王光夏①，抗战支队司令吴卫久等西进，控制淮阴、泗阳等盐河、运河沿岸城镇。王光夏率部 2000 多人，以泗阳运河线上的陈道口为中心，背靠敌伪据点，修筑坚固工事。吴卫久等部在淮阴新渡口、大兴庄、沿盐河岸活动，互相呼应，企图切断抗日根据地淮海与皖东北之间的联系，接应反共军汤恩伯部东进，威胁苏北抗日根据地。为了及时粉碎国民党顽固派的阴谋，陈毅亲自部署和组织指挥了程道口战役，经两天激战，攻克顽军全部据点，战斗中顽军被毙伤近 200 人、被俘 1300 余人，使淮南、淮北、淮海、盐阜四块抗日根据地连成一片。这是一次战略性的胜利。

1942 年年底，中共淮海、盐阜两区党委和军区合并，成立中共苏北区委、苏北军区和苏北行政公署，黄克诚任苏北区党委书记、苏北军区司令员兼政治委员，金明任区党委副书记。根据地军民在苏北区委领导下，加强抗日民主政权建设、经济建设和文化建设，大力发展地方保安机构和武装，多次粉碎日伪军大规模的“扫荡”和“蚕食”，巩固和发展了抗日根据地。

1943 年 2 月，日伪军继“扫荡”淮海区后，又调集了第十五、第十七、第三十五师团及独立第十二混成旅团各一部，加上伪军，合计约 2 万人，分多路对盐阜抗日根据地进行“大扫荡”。新四军三师八旅的三个团和盐阜独立团在地方武装配合下，经过两个月的

---

① 王光夏，泗阳县人，国民党江苏省保安第七旅旅长、保安第十三纵队司令，1943 年 3 月 17 日在山子头战斗中被我军击毙。

战斗，共毙敌1000余人、俘敌700余人，攻克陈集、八滩、东坎等大小据点10余处。这一胜利进一步鼓舞了盐阜军民的斗争情绪，使根据地基本上恢复到敌军“扫荡”前的势态。此次日军“扫荡”，还包围了国民党韩德勤驻地东坎、曹甸、凤谷村等，韩德勤曾向新四军三师提出要转移入该军防区，并在达成协议后于3月1日进入淮海区魏圩、五集一带，沿途均由根据地政府供给粮食、草料等。韩德勤后来背信弃义，他亲笔写给陈毅代军长的感谢信墨迹未干，就下令强占淮北区金锁镇、山子头一带，捕杀抗日干部和革命群众，破坏抗日民主政权，并暗中勾结津浦路西国民党反共军王仲廉部，企图夹击淮北新四军，实现其卷土重来的“美梦”。在此种情况下，1943年3月18日，新四军向韩顽占据的山子头等据点发动进攻，一举全歼韩德勤八十九军、保安第十纵队、独立第六旅等部3000余人，活捉韩德勤。韩被俘后，我军仍以礼相待，归还其警卫部队和电台，护送其出境。从此，苏北抗日根据地基本上结束了多年来的公开的三角武装斗争的复杂局面，进入了集中力量打击日伪势力、进行反“扫荡”、反“蚕食”斗争、巩固和扩大苏北抗日根据地的新时期。

1944年，华中新四军向日伪军发动攻势作战。苏北军民发起高沟、杨口战役和沿海攻势作战，攻克敌据点40余处，使淮海、盐阜连成一片。

1945年8月，苏北抗日军民举行大反攻，9月攻克淮阴、淮安。10月，华中局、新四军军部决定发起盐城战役，11月攻克盐城。至此，苏北敌占区全部解放。

第二节　苏北抗日根据地公安保卫机构的建立与发展

在华中局的领导下，苏北抗日根据地盐阜和淮海两大地区的各级公安保卫机关纷纷建立。刘少奇等领导同志对苏北公安保卫工作十分重视，多次亲自开办培训班并给予指示，对培养公安保卫干部，促进根据地保卫工作的正规化起到了重要作用。公安保卫机关建立的同时，各项具体的政策和条例也在不断完善，进一步健全了锄奸保卫机关的组织建设。

一、党对华中地区锄奸保卫工作的领导

（一）中共中央关于锄奸工作的相关要求

1938年8月20日，中共中央军委下发《关于在军队中成立锄奸局的指示》，要求“在总部、各师、各旅及军区成立锄奸局，团设特派员，其工作在各级军政首长领导之下进行，组织上锄奸局保有独立的系统，政治部之锄奸部归并至锄奸局；锄奸局设局长一人，分外部工作部、内部工作部，部长各一人，干事若干人”。

10月23日，总政治部再次作出《关于军队中锄奸工作及组织条例的决定》，对军队锄奸工作性质、任务及主要工作内容，各级锄奸委员会的组成和各级锄奸部门的组织编制，各级党委、政治机关、锄奸委员会和锄奸部门的领导体制与工作制度，侦察、逮捕、处决罪犯的审批权限以及锄奸干部的调动、任免等作了具体规定。

11月4日，军委总政治部主任王稼祥、副主任谭政就锄奸部门的名称和体制问题发布命令，规定：各级锄奸局一律改为锄奸部，归各级政治部领导，成为政治机关的一个部门。

从锄奸任务来说，1938 年 1 月 10 日，中共中央军委副主席周恩来发表的《抗战军队的政治工作》指出："日本特务机关散布全国，汉奸到处横行。抗日军队为着巩固自己作战的战场与后方，为着提高军队与人民的政治警觉性，政治机关必须注意动员人民，配合人民进行锄奸运动。对日寇、汉奸的仁慈，即是对民族的犯罪。培养军民的力量，用坚决的手段，扑灭间谍、奸细的活动，是政治机关保障抗战的主要工作之一。"

1939 年 2 月 17 日，中央军委主席毛泽东、军委副主席兼总政治部主任王稼祥在《关于开展防奸清查工作的密令》中再次指出：日寇正在派遣奸细混入我党我军，国民党也在加强其特务工作与对共产党的内线工作。为此，要求各部队、学校、机关对全体人员进行一次清查，特别是对日寇奸细嫌疑分子，国民党复兴社、CC 分子，"托派"嫌疑分子，叛徒、自首分子，必须彻底清查，按情节轻重分别处理。最重者交锄奸部及敌军工作部处理；次重者送出边区；较轻者改变工作，放在危害较小的适当位置，特别机密要害部门，一概不能有任何程度的嫌疑分子在此工作。

6 月 22 日，中央军委、总政治部关于目前时局及八路军、新四军之任务发出指示，要求：八路军、新四军要加强锄奸工作，使其成为全军全党的工作，把注意力集中于反对敌探及反共分子的阴谋破坏上面。

6 月 26 日，中央军委、总政治部发出《关于加强锄奸工作的训令》，要求：各级政治机关、各级锄奸委员会从认识上、组织上乃至技术上改变到适合新的情况，力求部队成分的纯洁与组织的严密，不允许一个政治面目不清的分子混入部队；强化锄奸教育，使锄奸工作成为全体军人的责任；关于嫌疑分子的处理，应持特别慎重态度，避免简单化、扩大化；特别注意对领导机关和机要部门人员的清查；各级锄奸委员会要加强锄奸部门组织与工作的领导。

8 月 25 日，中共中央政治局作出《关于巩固党的决定》，指出：党内的锄奸教育与党的警惕性必须大大提高，使保卫党的任务与反奸细的斗争成为全党的工作。各级党部必须指定专门人员负责保卫工作，并在可能的条件下成立专门部门训练保卫工作的干部。在审查党员特别是审查干部的经常工作中去发现和洗刷混入党内的敌探、奸细、"托派"嫌疑分子、叛徒和堕落分子。

10 月 10 日，中共中央作出《关于反奸细斗争的决议》，指出：日寇、汉奸、托匪正加紧奸细活动，来瓦解我们的政权和军队，破坏党的组织。国民党亦发布所谓防制异党的办法，成立反共的特务委员会，派遣特务到各地进行反共的特务工作。为此，要求各地党组织要将反奸细斗争看作政治上、组织上的重要任务，党的书记、军队首长亲自负责，加强对保卫部门的领导，经常给予工作指示，要有系统地考察干部和党员，清洗敌探、奸细、托匪、叛徒及一切暗藏的反革命分子，并防止这些分子混入组织。同时，要加强反奸细斗争的教育，使反奸细斗争成为全党全军和全体革命人民的任务。

按照上述指示和要求，新四军成立之后，各级组织在加快建立完善组织机构的同时，扎实开展各项锄奸保卫工作。

1938 年 4 月，新四军部队在安徽歙县岩寺镇集中整编，编制序列主要参照国民党，在军、支队司令部设军法处，主管军法工作和锄奸保卫工作（包括地方锄奸保卫工作）。在各级政训处设调查统计科，负责政治统计和指导部队政治保卫工作。军部秘书长李一氓兼任军法处处长，汤光恢任组织部副部长兼调查统计科科长。军法处设有四个科，一科为部队工作科，科长杨家保（后为雷根），科员马凤祥，负责部队内部纯洁工作。其日常工作：一是建立基层单位网员工作。二是负责首长警卫工作，管理教育警卫员做好保卫首长的一切安全工作。当时新四军团以上首长都配有警卫员 1～2 人。三是做好机密部门的保密安全工作，如司令部的作战科、机要科、第三科电台、军法处和政治部秘书处、组织部等有关秘密事项，防止奸细、间谍破坏窃密，渗入各单位。四是做好典狱工作，管理执法队，做好对犯人的感化教育工作。五是做好邮政信件等内勤工作。二科为地方工作科，科长由汤光恢兼任。科员洪沛霖，负责侦察地方案件。其日常工作主要与地方秘密党组织联系，调查汉奸活动情况和国民党顽固派反共情报等。三科为审讯科，科长夏育群（后为汤庸），负责政治案件和军事犯罪案件预审工作。必要时负责主持审判大会，进行审判工作，三科对外又是审判科。四科为教育科，科长高原，负责部队法纪教育和开办训练班等工作。训练班讲课内容主要是，中央对锄奸政策指示及军法工作业务、经验、教训，案例的研讨及汉奸特务活动、一般组织等研究。

各支队和军部教导总队调查统计科科长分别为：一支队周林，二支队兰荣玉，三支队项永章，四支队李森启，五支队郑从政，教导总队梁国斌。

1939 年 5 月和 11 月，新四军江北和江南指挥部成立，在司令部下设军法处，政治部下设调查统计科。江北指挥部军法处由梁国斌担任处长，下设部队工作科、地方工作科和执行科，负责审判工作以及军队和地方的锄奸工作。江南指挥部军法处由周林担任处长，下设侦察科、审讯科和执行科，负责军队和地方案件的侦察、审讯和执行工作。所属各支队在司令部设军法处，政治部设调查统计科，各团政治处设调查统计股。

1940 年春，新四军军部和江北、江南指挥部及各支队司令部军法处与各级政治机关的调查统计科合并，军部和江北、江南指挥部司令部设军法处，汤光恢担任处长，扬帆担任副处长，各支队司令部设军法科，团、营设特派员。

1940 年各根据地初创时期，根据地虽已开辟，但政府机构尚未建立，锄奸保卫工作主要由新四军负责。新四军各部队军法处均成立地方工作科，负责地方锄奸工作，并且陆续向各地派出部分人员从事锄保工作。其主要任务是对地方敌情秘密调查，搜集情报，协助军队维持治安，协同军队进行剿匪和镇压反革命暴；同时，培训保卫工作干部，为建立地方保卫机构做组织准备。例如，新四军苏北指挥部军法处处长周林兼任苏北临时行政委员会保安处处长，津浦路东抗日联防办事处保安总处处长由新四军江北指挥部军法处处长梁国斌担任。扬帆、黄国山、黄赤波先后从新四军派到盐阜区担任保安处处长，指挥各根据地锄奸保卫工作。

皖南事变以后，新四军军部在江苏盐城正式成立，统一整编华中部队为七个师和一个独立旅。军政治部下设锄奸部，汤光恢为部长，梁国斌为副部长。各师、旅、团政治部内也分别设置锄奸部、科、股、特派员等锄奸保卫工作机构。1941 年 5 月 20 日，中共中央东南局、中原局合并组成华中局，刘少奇为书记，饶漱石为副书记，陈毅为军事部部长，曾山为组织部部长，彭康为宣传部部长。华中局下设苏中、淮海、盐阜、皖东北、（皖东津浦）路东、（皖东津浦）路西、豫皖苏、鄂豫边、江南九个区党委。由于华中局没有成立社会部，在行政上也没有统一的政权机构，因此，华中地区地方上的锄奸保卫工作一直

是由新四军锄奸部和各地党委社会部共同领导的，这也是江苏公安工作形成与发展的特点。

（二）华中局新四军锄奸部对锄奸工作的领导

抗日战争时期，新四军根据党中央对锄奸工作的指示和要求，对华中地区锄奸工作多次作出指导性意见，阐明锄奸保卫组织的性质与任务。1941 年，新四军锄奸部部长汤光恢在《关于锄奸政策的几个原则问题》中指出："第一，党中央指出锄奸工作必须根据党的抗日民族统一战线的战略方针，认清日寇是主要敌人；第二，党中央指出党的锄奸工作必须根据党的民主政治的方针，真正提高革命警惕性，使反奸细斗争成为群众性的运动；第三，党中央指出锄奸工作必须根据党的六中全会锄奸方针，采用灵活的策略去反对敌人；第四，党中央指出锄奸工作必须根据党中央巩固组织的方针，以反对敌人的内奸政策为中心，应将肃清内奸成为全党的战斗任务，以巩固组织为重要尺度。"

1942 年 5 月 15 日，汤光恢在《关于锄奸政策的几个具体问题》中进一步阐述了锄奸保卫工作的政策："我们的锄奸政策是以达到巩固党、巩固军队和巩固根据地为目的。另一方面，是以安定社会秩序为目的，因此我们这个武器锐利的锋芒，真正要做到打击真正的敌人，打中敌人的要害，使真正的革命人民的民主权利得到保障，不受敌方的阴谋危害。"

1942 年 8 月 20 日，新四军锄奸部转发 1939 年题为《总政治部对锄奸工作总结及今后方针的指示》《总政治部对目前锄奸政策的指示》及《总政治部对锄奸工作指示》的一号至三号文件，要求"加强锄奸队伍建设，提高反奸细斗争经验，把锄奸工作的重点放到反侦探斗争的第一线上来""锄奸部门同志提高警惕，集中力量对付主要敌人日寇及阶级敌人的侦探，特别要警惕混入我党政军领导机关内部的奸细"。文件强调，军政首长必须加强对锄奸工作的领导，才能保证工作顺利进行。

根据文件，对于不同类型的敌特分子执行差异化的政策。比如对日寇奸细，经查明确实者，应处以极刑；但对被收买或受骗充当奸细的小人物，应加以感化，普遍号召其自首，不应处决。严格区分国民党特务、奸细与日特。对国民党派来的奸细应本着下列原则处理：有重大破坏行为者（如组织暴动、哗变、暗杀、偷窃秘密文件等），以破坏抗战论罪，处以极刑，但不宣布其正式身份；仅收买情报，尚无重大直接破坏行为者，经捕获后，监禁一段时间礼送出境，不应处极刑。对普通特务人员若无重大情节，可不拘捕，只当面揭穿后，礼送出境。这不仅可以最大限度地防止敌特的破坏活动，同时可以维持与国民党保持统战的关系。

在审讯方面，文件要求严格依法办理。对犯人一律严禁肉刑，逮捕、审讯、押解犯人时严禁打骂侮辱犯人。对违反规定人员，应给予严格处分。既不放过一个奸细，又不诬陷一个革命同志，严格遵守无人证、物证、事证不拘人、不杀人的原则，处决犯人应送交军事法庭、地方法庭、公安局等军内或地方等司法机关审讯判决，并出布告。禁止秘密处置，充分彰显了程序正义与实体正义的统一，这在战争年代是十分难能可贵的。如果案情重大或是疑问较多的案件，各级机关应将案件呈报上级党政机关审理，以示郑重。文件体现了我党长久以来优待俘虏的优良传统。对于抓获的顽军俘虏，不论官兵、特务人员，一律禁止杀害。争取较好的士兵补充我军队，对一般人员则采取分化、瓦解的处理方法。

抗日战争时期，华中抗日根据地锄奸工作根据我党统一战线的政策，密切配合党的各项中心工作，配合反“扫荡”和反“伪化”的武装斗争，保卫抗日民主政权，保障各抗日党派社团及一切公民的合法权利，坚决镇压敌探汉奸及一切阴谋破坏分子，深入发动群众，开展广泛的锄奸运动，达到维护社会治安秩序，巩固抗日根据地的目的。

1942 年 1 月 20 日，中共中央华中局第一次扩大会议在阜宁城西北的单家港举行，历时一个半月。华中局书记刘少奇主持会议，并作了《目前形势和我党我军在华中三年工作的基本总结及今后任务》的报告，要求党的锄奸保卫工作：“要建立健全各根据地保安处与锄奸部门的工作和组织，加紧对敌探奸细及破坏根据地民主政权的特务进行秘密斗争。”“在根据地内，要保障一切人民的政治活动自由，不允许秘密组织存在，要肃清敌探、汉奸、破坏分子和土匪，驱逐国民党特务，但不能株连好人。”

1942 年 7 月，中共中央华中局和新四军召集各师锄奸部部长、各地保安处处长会议，研究锄奸工作的方针、政策和任务落实情况，以及工作中遇到的各种问题。会议责成锄奸部根据讨论情况，负责定出条例，写成文章，以便在 10 月召开的华中锄奸保卫工作会议上通过。新四军代军长陈毅在会上说：“我们的工作应服从华中局扩大会议提出的巩固根据地、坚持抗战、积蓄力量这三个总任务。因此要以巩固自己为中心来开展我们的锄奸工作。”“当前，要注意克服麻木不仁的现象，要充分认识锄奸工作的重要性，把这项工作变成群众性的运动。要克服脱离群众、扩大化、简单化、主观主义、不安心工作等毛病。”“关于党内社会部及地方保安处的工作，应由盐阜保安处贡献主要经验，军锄奸部要帮他们把材料整理好。”

1942 年 10 月，华中地区第一次锄奸保卫工作会议在盐阜区召开，历时 40 余天。会议由华中局直接领导，新四军锄奸部正部长汤光恢、副部长梁国斌具体主持，到会的有淮北、淮南、苏中、盐阜、淮海等区党委的保卫工作干部和新四军第一、第二、第三、第四、第六、第七师的锄奸部部长。各地区、各部队汇报工作后，华中局代理书记饶漱石，七师政委曾希圣，新四军锄奸部正部长汤光恢、副部长梁国斌等人代表华中局、新四军向大会作了形势与任务的报告，总结了华中锄奸保卫工作，部署了今后的锄奸保卫任务。

会议指出：“四年来，部队和地方除了坚决地镇压淮南、淮北、津浦路东、路西等地反共地主、苏中刀会及盐阜土匪暴动外，还逮捕了一批敌对分子。根据淮南、淮北、盐阜、淮海和苏中地区从 1940 年到 1942 年上半年的不完全统计，共捕获日特、敌探 143 名，汉奸、伪军及通敌伪者 770 名，国民党特务 174 名，土匪 551 名，不明背景的特工、奸细分子 780 名，其他造谣破坏、组织暴动等敌对分子 4553 名，使锄奸机构成为巩固部队和地方民主政权的得力助手。”

陈毅在会议上说：“锄奸工作是最具体的，我们根据这次华中扩大会议，关于巩固根据地、坚持抗战、积蓄力量这三项总的政治任务提出我们的锄奸工作任务，它是有一定的范围的，我们决不能离开总的政治任务来谈一般的锄奸工作。”“我对做好工作任务的认识还是以巩固自己为中心（巩固我们部队和根据地），如在反摩擦、反“扫荡”中间做到使我们后方不发生暴动，不把我们搞垮，那就很够了。但是即使达到这个任务也须费很大力量。不是空谈而是严重的斗争任务，此任务需要全党来进行，而首先我们保卫局同志要有这样的认识。把这方面责任负起来。这是个最中心的问题。当然要巩固自己不是关起门来

巩固的，而是要到敌伪顽区建立特工站，搞高级干探、情报员等还是必要的，这些部署还要服从我们总的巩固根据地的政治任务。我们不能把它提到比巩固我们的任务更重要，不能用全部精力去搞它。”

会议还就加强党的一元化领导，改变锄奸保卫系统的垂直领导关系，解决锄奸保卫工作中的神秘化、孤立化问题，开展群众锄奸运动，克服办案中逼供信，端正政策观念，以及加强情报工作和隐蔽斗争等问题开展广泛讨论。

会议最后一致通过了以饶漱石所作的《华中锄奸保卫工作的基本总结及今后任务》报告为会议的基本决议，要求：一是要把反敌探奸细当作全党全军政治上组织上的严重任务，纠正把锄奸工作完全推到锄奸保卫部门；二是根据党的一贯的统一战线政策，来进行锄奸保卫工作；三是依靠群众把反奸细斗争变成全根据地广大群众运动；四是加强侦察工作；五是健全各根据地锄奸部门与公安机关的组织和工作；六是加紧锄奸干部的政策教育，提高干部反奸细斗争知识水平与在锄奸工作阵线上开展整顿三风运动。同时，会议还通过了《边区公安局组织条例》《地区锄奸工作及组织条例》《公安局侦察条例与反侦察条例》等条例、办法。

这是抗日战争时期华中锄奸保卫工作非常重要的一次会议。会议决定了华中各抗日根据地保卫机构名称、隶属关系、主要工作任务等，整顿了纪律作风；并决定为适应政权民主化与领导一元化的要求，把过去各根据地带有军队性质、垂直领导的保安处改为公安局；明确规定公安局是抗日民主政权维持社会秩序的机关，隶属各级抗日民主政府领导，定期向政府汇报工作。这些措施促进了华中抗日政权的公安组织机构正规化建设、公安机关职能的转变、工作作风的改进和公安工作法制化建设。对做好锄奸保卫工作，战胜敌寇的“扫荡”，发展华中抗日根据地，发挥了重要作用。

（三）刘少奇对华中根据地锄奸工作的指导

1938 年 9 月，党中央在扩大的六届六中全会上，为了适应抗日战争形势发展的需要，撤销以王明为首的长江局，成立了中原局，并决定由刘少奇领导。1939 年 10 月，刘少奇肩负着开辟广大华中敌后抗日根据地的历史重任，从河南竹沟出发，经过豫皖苏、皖东北、淮南等根据地，1940 年 10 月下旬抵达盐阜地区。从此，华中敌后抗日斗争揭开崭新的一页。

1940 年 10 月，八路军黄克诚部与北上的新四军在狮子口胜利会师，盐阜、淮海等抗日根据地开始建立，当时斗争相当残酷、尖锐、复杂。对盐阜地区，敌伪顽除采用“扫荡”“伪化”“蚕食”“清乡”等公开的武装、政治进攻方式外，还不断派遣奸细、特务向我根据地渗透，妄图破坏、颠覆抗日民主政权，瓦解抗日队伍。因此，刘少奇对锄奸保卫工作极为重视。

刘少奇不仅从思想理论上强调锄奸保卫工作的重要性，而且还亲手组创了盐阜公安保卫组织。根据地开辟时，刘少奇确定由新四军华中总指挥部军法处分管地方公安工作，并派军队同志去盐城、阜宁两县建立锄奸保卫机构。

刘少奇经常听取盐阜行署保安处的工作汇报，并及时作出重要指示。1941 年年初，军法处在盐城抓获了国民党李明扬部的一个挂名上校支队长左宇平，刘少奇指示时任军法处副处长的扬帆对其做好统战工作。后来，左宇平按照扬帆的意见，在阜宁陈集开了“华丰商店”，借以联络各阶层人士，收拢控制地方上的散兵游勇，同时作为我方根据地的联络站，做了一些有益的工作。①

1941 年 4 月，在盐城城西的一个旧仓库里，举办了第一期盐阜区保卫干部训练班。开班那天，刘少奇专程前来讲话。他强调了安全保卫工作的重要性和特殊性以及严格的纪律规定，要求大家做到不怕死、不叛党、不说假话、当好党和人民的光荣保卫者、掌握好党交给的这把“宝剑”。刘少奇说的这把“宝剑”就是秘密战线的武器，也可以理解为他们拥有党交给的“尚方宝剑”。很多学员是第一次见到刘少奇和听他的报告，兴奋异常。他们全神贯注地凝听、记录，并为刘少奇的思想深度、理论修养以及侃侃而谈的报告风格所深深折服。②

结业典礼上，刘少奇再次亲临讲话。学员们感受到这就是一种厚爱，充分体现了作为华中局、新四军领导人的刘少奇对安全保卫工作的高度重视。这次，刘少奇重点讲了锄奸保卫工作。他说：“现在世界上有两种战争，一种是拿枪炮对打斗力的战争；另一种是秘密的斗智战争。决定胜负是公开的战争，在准备胜利与取得胜利以后的巩固胜利，是由斗智的秘密战争来决定的。锄奸工作是一项特殊的任务，如果没有锄奸工作，要巩固苏北抗日根据地，要巩固抗日队伍都是不可能的。锄奸工作部门，是抗日政府的合法斗争机关，任务是巩固抗日统一战线秩序，安定根据地内的社会治安，维护一切抗日阶层、党派和个人合法权益。我们党的锄奸政策，是肃清暗藏的反革命，坚持抗日统一战线，树立抗日民主政权的权威，维护根据地内的秩序，保障人民的生命安全，做到不放走一个奸细，也不冤枉一个好人。”他语重心长地指出，“盐城半年来尚未巩固，以后是否能够巩固，就看我们锄奸工作进行得如何……”③

首期训练班结束后，军内同志仍回军队工作，其余受训学员大部分到盐阜区各县安全保卫岗位。他们秘密进行敌特社情调查，协助地方政府维持治安秩序，配合军队剿匪，镇压反革命暴乱，从事锄奸保卫工作，成为根据地的红色利剑，成为稳定社会秩序的重要力量。

1941 年 9 月，盐阜行署保安处正式建立。刘少奇指定军法处副处长扬帆兼任处长。不久，盐城、盐东建阳、阜宁、阜东、淮安、涟东等县也陆续建立保安科（分处）。自此，公安组织从隐蔽状态发展成公开工作，从军队兼管变为地方政府工作不可缺少的一个部分。10 月，扬帆调华中局工作。为了加强盐阜根据地锄奸保卫工作领导力量，刘少奇又从四师调来黄国山、黄赤波两位红军干部接任领导职务，分别担任处长、副处长。随着斗争形势发展，刘少奇指示黄国山、黄赤波：“盐区党政军工作方面已有布置，现在专讲剿匪……，剿匪工作做不好，开辟工作就难以进行。土匪是我们开辟地区的绊脚石，非搬掉不可……”

根据刘少奇的要求，盐阜区成立了清匪司令部，新四军参谋长赖传珠任司令，黄国山

---

① 盐城市公安局：《盐城公安史长卷》，第 7 页。

② 刘小青：《红色利剑——抗战时期盐阜公安创建纪实》，载《盐阜警风》2018 年第 1 期。

③ 盐城市公安局公安史志办公室：《刘少奇同志对盐城保卫人员训练班的讲话》，载《建国前盐阜区公安史料选编 · 第一分册》，第 18 页。

任副司令，黄赤波任参谋长。根据盐阜地区匪群中大部分成员是被敌人利用的穷苦农民这一特点，司令部确定了军事围剿、政治攻势并重的方针。执行军事任务的是三师七旅、八旅和保安处下属的十个连的兵力。同时，保安处还组织起一支便衣队，与各县、区、乡基层政权结合，展开瓦解匪群的政治攻势。由于讲究斗争策略，严格执行政策，10余天内瓦解数十股匪群，计5000余名。除对民愤极大、罪大恶极的匪首和顽抗到底的匪首实行镇压外，大部分受胁迫或受骗为匪的人员得到从宽释放。这次剿匪为巩固和发展根据地扫清了障碍。

刘少奇强调在锄奸保卫工作中要有法制观念。在阜宁县单家港召开的华中局第一次扩大会议上，刘少奇指出："要保障一切人民政治活动的自由，不能允许任何有碍抗日、破坏抗日民族统一战线的秘密组织存在，对于暗藏在根据地内的敌探汉奸及破坏分子、土匪应加以肃清、驱逐，但不能因此株连任何好人。保安处对于案件的破获，应交法院处理，执行一定的司法手续，并须向人民公布。各根据地之锄奸机关应切实加强，方能建立与保障人民抗日秩序。"这一思想不仅正确地指导了当时的锄奸司法工作，而且在健全社会主义民主和法制的今天，仍然有着重要的现实意义。

二、苏北各地公安机关的建立

（一）盐阜地区公安机关的建立

抗日战争时期盐阜区成立了人民公安机构，负责锄奸保卫工作。依照斗争形势的发展和变化，大致可以分为四个阶段，每一阶段都有其具体的工作任务。

1. 保卫机构初创时期（1940年10月—1941年9月）

盐阜地区最早期的人民公安工作，是随着盐阜抗日根据地的建立而逐渐展开的，经历了从松散到集中、从隐蔽斗争到公开执法的过渡期。当时并没有一个专门的职能机构统管，具体工作主要由新四军的军法处和地方民主政府的司法科承担，军地工作互不交叉，各司其职，即地方司法科负责处理民事、刑事案件，军部军法处负责锄奸工作。

皖南事变发生后，新四军在盐城重建军部。根据华中局和军部的决定，扬帆担任军部军法处副处长兼盐阜区地方保安处处长、盐阜区党委社会部部长。当时的军法处处长是汤光恢，他因耳疾在上海治病。所以事实上是由扬帆代理处长。此后，安全保卫、锄奸肃特就成了扬帆的工作重点，也成为盐阜根据地尤其是盐城安全保卫工作的肇始。同年1月至7月，为了巩固抗日根据地，军部军法处先后派周柏林、马宾、张冀知、丁兆甲、冯北达、程平等同志到盐城、阜宁、阜宁东北行署、淮安等地，秘密进行敌社情调查，协助地方政府维持治安秩序，配合军队剿匪，镇压反革命暴乱，从事锄奸保卫工作。这一时期锄奸保卫工作的特点是以隐蔽斗争为主，被派出的同志脱下军装，以其他工作为掩护从事锄奸工作，军法处对其实行垂直领导。同时，培训从事保卫工作的干部，为建立地方保卫机构做组织准备。

2. 保卫机构发展时期（1941年9月—1942年8月）

1941年9月1日，随着盐阜区行政公署的成立，盐阜区行政公署保安处（以下简称行署保安处）也同时正式建立，扬帆担任处长，黄国山、黄赤波担任副处长。自此，盐阜地区由我党领导的第一个具有公安职能的政府机构诞生了。各县保安科（处）也于同年9月至 11 月先后建立。从此，保安机关成了抗日民主政权的一个重要职能部门，承担起全区的锄奸保卫工作。

行署保安处成立后，在处内设内勤、教育、侦察三个科和一个执法队。侦察科科长为陈啸奋，教育科科长为高原，内勤科副科长为赵宗信，执法队队长为毛普安。各县保安科（处）因人员编制不足，未设置工作部门，只有外勤、内勤等工作任务的分工。

1942 年春，行署保安处和各县保安科（处）陆续增设了侦察、审讯、邮检、秘书等业务部门，行署保安处有 80 多人。据 1942 年 8 月第三次盐阜区保安工作会议统计，当时盐阜区各县共设社会科 30 个、交通站 12 个，配备特派员 22 名、特派干事 7 名，发展基本网员 181 名、干部网员 39 名、战略情报员 11 名，并建立乡保卫委员会 170 个、锄奸小组 117 个。

3. 保卫机构调整时期（1942 年 8 月—1944 年 3 月）

1942 年 8 月，侵华日军向盐阜区发动第二次“大扫荡”，行署保安处根据行署决定，对机关人员进行了两次大幅度精简，一度机关只留 3 名干部。被精简的人员全部充实到各县保安科（处）和基层保卫组织中去，从而加强了基层公安保卫工作力量。

1943 年 6 月，在第二次反“扫荡”斗争中，区、乡治安保卫组织得到进一步的发展和加强，各乡都建立起治安委员会。反“扫荡”斗争胜利后，区、县保安科（处）人员逐步增多，1943 年，行署保安处增设总务科、执行科、内勤科和一个保安大队，各县保安科（处）的机制也日趋完善，见表 1。

表 1　各县保安科（处）建立时间及负责人

县别	建立时间	主要负责人
建阳县保安科	1941 年 9 月 18 日	马宾
阜东县保安处	1941 年 10 月初	冯北达
阜宁县保安处	1941 年 11 月	丁兆甲
盐东县保安科	1941 年 10 月 25 日	罗永法
盐城县保安科①	1941 年 10 月初	傅宗华
淮安县保安科	1941 年 10 月 29 日	杨　堤
涟东县保安科②	1941 年 10 月 29 日	李长发
涟灌阜边区办事处③保安工作组	1941 年 10 月 13 日	杨　圭
射阳县保安科	1942 年 12 月	陶　渝

① 盐城市盐都区公安局：《组织机构沿革（1941—2005）》，2006 年版，第 1 页。

② 江苏省涟水县公安局：《涟水县公安史资料汇编》，1987 年版，第 2 页。

③ 1942 年 10 月，涟灌阜边区改称为滨海县，该办事处保安工作组同时改称为保安科，科长苏平。

这段时期，锄奸保卫工作由秘密状态转为公开斗争，其任务主要是配合根据地军民反“扫荡”反“伪化”的武装斗争，镇压汉奸敌特，开展群众锄奸运动。具体有以下几项任务：

（1）开展情报工作，调查敌社情

（2）大规模清剿土匪

（3）锄奸反特

（4）建立基层锄保组织，开展群众性锄奸运动

4. 保卫机构更名及正规化（1944 年 4 月—1945 年 12 月）

1944 年 3 月，盐阜地委作出《地委准备改组公安局的决定》，5 月，盐阜行署保安处改为盐阜行署公安局。各县保安科（处）也于同年 12 月底前陆续改为公安局。改组后的行署公安局，内部机构设置发生了变化：一是撤销总务科；二是执行科改为审讯科；三是内勤科改为内勤组；四是保安大队改为警卫营。各县业务工作分工也发生了相应的变化。

1944 年开始，华中抗日军民开始了局部反攻，拔除一些日伪据点，不断缩小伪化区，扩大解放区。这时，公安保卫工作的具体任务是：

（1）审查新兵，纯洁地方武装

（2）反国特，挽救失足者

（3）瓦解敌伪军，争取伪军反正

（4）加强治安和侦破案件工作，肃清残匪

1945 年 8 月，抗日战争转入全面反攻阶段。日本宣布投降后，根据上级指示，根据地军民对拒不投降的日伪军展开全面攻势，先后发起了两淮战役和盐城战役，解放了盐阜区全境。这一阶段锄奸保卫工作重心是配合军事行动，接管解放后的城镇。具体任务是：

（1）成立战时管理委员会和城市工作队，负责城市接管工作

（2）搜捕汉奸敌特，办理伪方人员登记自新手续

（3）建立城镇公安机构，维持新解放城镇的治安秩序

此时，盐阜区公安工作的重点第一次由农村转移到城镇方面。1945 年 9 月，盐阜区行政公署公安局改为盐阜分区专员公署公安局。内部机构设置没有变化。各县公安局的名称和机构设置也均无改变。1945 年 12 月，盐阜分区专员公署公安局改为苏皖第五行政区专员公署公安局。内部机构增设治安、保卫两个科，各县公安机构没有变化。

（二）淮海抗日根据地公安机关的建立

淮海区公安保卫机构的建立分为三个阶段。第一阶段为部队负责锄奸工作阶段。最早可以追溯到根据地建立以前的 1939 年 7 月。那时，党组织和革命武装力量还很薄弱，处于敌伪顽的包围之中，没有建立专门的公安保卫机关。这个时期剿匪与锄奸是在党的领导下，由八路军南进支队在武装斗争中开展的。这个时期由部队开展的这些锄奸保卫工作，不仅有力地打击和震慑了敌伪顽的反动势力，保证了党组织和抗日武装力量的生存与发展，而且扩大了党的政治影响，为淮海抗日根据地的创建和巩固起了重要的作用，也为后来开展公安保卫工作、对敌斗争积累了经验。

第二阶段为建立保安处成立锄奸委员会时期。1940 年 9 月，苏皖区党委进入淮海区，社会部部长邵幼和从皖东北带一批保卫干部，随区党委一起到淮海，组建保安处，邵幼和

任处长。

1941 年 5 月，淮海区行政专署成立，保安处属于专署的一个处，在区党委直接领导下工作。为加强对锄奸工作的领导，区党委、县委都成立了锄奸委员会，各级公安机关在锄奸工作中，凡属重大问题，须提交锄奸委员会讨论批准后方可执行。同年秋，保安处根据工作发展的需要，经区党委批准，成立侦察科、审讯科、教育科，任命高新华、黄建中、吴萍为各科的科长。警卫连扩编成警卫营，营长为孙万锦，教导员为翟广明。

1942 年秋，中共华中局指示，为粉碎敌人“扫荡”，减少领导机关工作人员，保安处撤销科室，加强基层工作。侦察科科长高新华、审讯科科长黄建中被派到宿迁、泗沭县担任保安科科长。1943 年 1 月，华中局和新四军军部为加强淮海区公安工作，派曹耀琪来淮海担任副处长，丁伟负责侦察工作。

第三阶段为改称公安局，各级公安机构完善时期。1942 年 11 月，华中局锄奸会议决定，各地保安处一律改为公安局。1943 年夏，淮海区保安处改为公安局，设局长、副局长各 1 人，下设侦察科、审讯科、教育科、警卫营、看守所。各县保安科改为公安局，均设侦察、审讯、教育三个股及警卫连、看守所和便衣队；沭阳县在钱家集、塘沟、马厂、周集 4 个重要集镇成立派出所；泗沭县在南六塘河口和十字桥两处设立检查站。区设治安区员，大区 2 人，小区 1 人。乡建立治安委员会。没有设派出所的集镇设治安员。淮海区初步健全了各级公安保卫组织。

为保证公安机关有坚强的战斗力，淮海行署规定，各级政府应经常选派得力干部到公安局工作；为健全组织，保持专门人才和积蓄锄奸工作经验，公安干部不准轻易调做其他工作；干部的任免、区治安员经县公安局局长同意，县政府任命；县公安局局长经行署公安局局长同意，由行署任命。以下是部分地区公安保卫部门的建立情况。

1. 沭阳县公安局

1940 年 8—9 月，金明率苏皖区党委随八路军主力东渡运河，挺进淮海地区，住在沭阳县钱集东边陈圩一带。以区党委社会部部长邵幼和和从皖东北来的锄奸保卫干部为骨干，建立淮海区保卫处，邵幼和任处长。

1941 年 1 月，苏皖区党委在县、区委书记联席会议上作出“注意锄奸工作建立锄奸工作系统”的指示。沭阳县委根据区党委这一精神，决定设立保安科并经过严格的政治审查，任命孙景如同志为科长，黄林、赵克东为科员，主要协助县委侦察敌人情况，清除内奸。5 月，苏皖边区党委决定撤销沭阳县府建制，由淮海区党委代管，当时又叫合署办公，保安科科长孙景如调涟水工作。

1942 年 4 月 25 日，沭阳县抗日民主政府重建，孙景如又从涟水调回任保安科科长。当时区有治安股长，乡有治安员，村有治安网员。保安科内设三个股，一个警卫连。

1943 年夏，沭阳县保安科改为沭阳县公安局，孙科如任局长，下设侦察、审讯、教育三个股和警卫连、看守所、便衣队；区设治安员，还在钱家集、塘沟、马厂、周集四个重要集镇成立派出所。

1945 年 8 月 17 日，沭阳县公安局进驻沭城，即在城区设东关、西关、南关三个派出所，成立沭城公安分局，各区、乡相应配齐公安保卫组织。县局在原有的审讯股、治安股、看守所、警卫排等建制的基础上，增设了邮检、内勤两个股，还成立了治安队，负责

夜间巡逻，维护城市治安。①

2. 路南东海县公安局

1940年9月，八路军五纵队由皖东北强渡运河，进入淮海区反顽剿匪，并迅速帮助地方各县建立抗日民主政权。淮海区党委在沭阳县钱家集召开士绅座谈会和各界代表会议，决定成立淮海专员公署，同时建立淮海区保安处，陇海铁路以南的东海县建立公安科。

1943年9月，隶属中共华中局淮海区的东海县公安局建立，苏振东为负责人。1944年春，章化农任东海县公安局局长。同年，潼阳县公安局并入路南东海县公安局，章化农离任，赵惠（又名王茂前）任局长；1945年10月，陈永涛任局长。

3. 灌云县公安局

1941年5月，灌云县抗日民主政府设立保安科。1943年1月，保安科改称公安局，设内勤股、侦察股、审讯股、社会股、政治保卫队、警卫连及一个公安分局、7个治安区员。1944年11月，灌云县公安局设秘书股、侦察股、审讯股、政治保卫队、警卫连，五个区设治安股。

4. 淮阴市公安局

1942年7月，淮阴县保安科建立，苏红任科长。1943年5月，运河特区划归淮海区。9月，宿北办事处改为宿北县，高新华任公安局局长。1944年8月，运河特区撤销，公安局相应撤销。

1945年9月中旬，中共清江市成立，丁伟任公安局局长，下设秘书室、侦察股、治安股、审讯股和警卫连、警察中队；王营镇成立公安分局。清江市内按镇设长东、长西、孔庙、城中四个派出所，建立水渡口检查站。②

5. 宿迁县公安局

1941年，宿迁县成立保安科，下属武装人员10余人，负责看守犯人和警卫工作，未设其他机构。1943年，保安科改为公安局，设侦察审讯股和保卫队，县直机关警卫连100余人隶属公安局领导（这种关系一直沿至1949年）。同年，宿迁县各区成立武工队，一直到1948年斗争形势好转后撤销。1943年至1946年，宿迁县各区设治安股股长1人，乡建立治保委员会，村成立治保小组。

1944年至1946年，宿迁县公安局编制扩大，下设治安股、审讯侦察股、内勤股。保卫队增至20多人。③

6. 涟水县公安局

1941年11月，涟水县建立了保安科，第一任科长孙景如，初创时只有2~3人，后逐步设立侦察、治安、审讯三个股和武工队、警卫连百人左右；各区设公安区员，乡有情报员，村有治安员。

1943年下半年，涟水县保安科改为涟水县公安局，丁伟任公安局局长，设侦察、治安、审讯、教育、内勤五个股，一个警卫连。内勤股股长为陈济昌，侦察股股长为浦罗，

---

① 沭阳县公安局:《沭阳县公安史长篇》，1987年版，第20页。

② 淮安市公安局:《淮阴公安志》，江苏古籍出版社1993年版，第4页。

③ 宿迁县公安局:《宿迁县公安史资料（第一辑）》，1986年版，第1页。

审讯股股长为江东，警卫连一任连长为王胜民、二任连长为向洪文，指导员为姜海兵。

随着形势的发展和对敌斗争的需要，区、乡建制不断变化。涟水县抗日民主政府成立后只划为五个区。当时高沟镇、杨口等地属沭阳九区，1942年划归涟水县，涟水的新渡一带划归淮阴。同时，区、乡也做调整，由原来的五个区划分为十五个区，每区设治安股股长1~2人；乡建立治安委员会，村建立治安小组。

1944年春，高沟建立派出所，所长朱一民。后因地方土顽暴动和国民党军队的进攻，高沟派出所撤销，民警收归公安局成立民警队。①

（三）苏北行政公署公安局的建立

1945年7月1日，盐阜、淮海两行政区合并为苏北行政区，统一苏北行政领导。由李一氓、曹荻秋、计雨亭等组成苏北行政区临时行政委员会，李一氓为主任，曹荻秋、计雨亭为副主任。盐阜区行政公署改为苏北盐阜分区专员公署，专员万金培，下辖盐城、盐东、建阳、射阳、阜宁、阜东、滨海、淮安、涟东九县。淮海区行政公署改为苏北淮海分区专员公署，专员吴觉，下辖灌云、沭阳、泗沭、宿迁、东海、宿北、淮阴、涟水八县。同时，两地公安局合并，以盐阜区公安局为主成为苏北行政公署公安局。黄赤波任局长，邵幼和任副局长。黄、邵两人同时分别兼任盐阜、淮海专员公署公安局局长。

1945年11月苏皖边区政府公安总局成立后，苏北行政公署公安局撤销。

（四）抗战时期的公安法治建设

抗日战争进入艰苦时期后，为进一步发动群众、争取一切可以团结的力量、巩固抗日根据地，各抗日根据地在共产党的领导下，加强了抗日民主政权建设，建立经过群众选举产生的抗日民主政府，公布了施政纲领。同时，根据施政纲领的基本精神，加强法治建设。这些条例主要是根据中共中央（包括中央军委）的有关政策，参照华北各根据地尤其是陕甘宁边区政府的有关条例、单行法规，结合本地情况制定的。② 随着大批行政法规的制定，进一步健全了锄奸保卫机关的规章、条例。

1. 规定公安机关性质、任务及职责的条例

1942年11月，中共中央华中局在《民主政权锄奸工作的决定》中决定将保安处改名为公安局，同时明确了公安局的组织关系和工作任务，指出“各级公安局为抗日民主政权维持社会秩序的机关，为各级政府的组成部分之一”。

该文件主要内容以《边区公安局组织条例》（以下简称《条例》）形式下发，详细地规定了各级公安局及其所属各部门的性质、任务和职责。

《条例》指出公安局是“抗日民主政权维持治安的机关。各级公安局不得超越政权的独立系统，是各级政权机构中的一个组成部分。在政府的直接领导之下，秉承政府及上级公安局的方针进行工作”。这里很明确地指出了公安局是抗日政府维持社会秩序的机关，必须接受同级政府和上级公安机关的双重领导。《条例》明确了公安局的主要任务是，保卫抗日民主政权，保障一切公民及各地抗日党派社团的民主权利，在人权自由的原则下，

① 涟水县公安局：《江苏省涟水县公安史资料汇编》，1987年版，第2页。
② 中国新四军和华中抗日根据地研究会：《华中抗日根据地史》，当代中国出版社2005年版。

坚决镇压少数的敌探、汉奸与阴谋破坏分子，以达到维持社会安定、巩固抗日根据地之目的。[①] 从中日战争的特点来看，日军制定了“以华制华”反动政策，利用中国人中的媚外分子、软弱分子、投降分子为日寇服务，取得在中国利益的最大化。面对汉奸的罪恶行径，我党明确提出锄奸反特是抗战的政治任务，锄奸反特成为粉碎日军“以华制华”侵略的迫切要求。

《条例》对专署公安局局长及专署公安局、县区公安分局机构设置和工作职责做了详细规定。机构设置变化带来组织职能变化，除了开展锄奸教育、总管锄奸保卫公安工作，负责侦察缉捕处理敌探、汉奸及反革命匪盗等“刀把子”内容外，还增加了维护市镇安全、邮电检查、社会治安等工作。

从《条例》中可以看到抗战时期人民公安从重点履行锄奸防奸职能，发展到兼具一般警务事项，组织功效逐步实现人民民主专政工具“对人民是民主的，对反革命要独裁”的要求。

2. 制定锄奸保卫工作条例和法规

1942 年 11 月，中共华中局制定了一系列锄奸保卫工作条例和办法[②]，进一步加强公安工作。

（1）侦察条例，共 19 条

《条例》规定了须布置侦察的四类情形：凡有造谣、破坏、暗害、阴谋暴动、组织叛变、偷窃机密文件等，汉奸、敌探、奸细及一切破坏分子嫌疑者；凡上级根据敌人情报文件或反革命交代，确有反革命嫌疑者；凡组织侦察发现或从邮电、检查水陆交通、检查发现有反革命嫌疑者；凡投诚、自首人员提供材料，经周密研究详细考察后，确有反革命嫌疑者。

《条例》规定了侦察的审批权限：政府机关公务人员或地方群众团体负责人员有反动嫌疑，须立案侦查的，要超一级批准，即根据地内的区、乡一级干部有反革命嫌疑须立案侦查的，由县公安局决定，县以上由专署或行署决定；凡根据地内公民或一般工作人员有反革命嫌疑的，区治安员负责侦察，但应报告县公安局。对于取消侦察的，协调有关部门做好工作，妥善撤收。

《条例》还规定了侦察人员应遵守的原则，即侦察人员必须忠实职守，不得无故推托，坚决完成任务、保守秘密；不得把特殊工作的事情当作谈论材料；奉公守法，不得贪污舞弊；未经上级组织许可，不得私自前往任何机关刺探消息、参加任何反动组织。

（2）反侦察条例，共 9 条

《条例》规定了使用反侦察的范围和反侦察使用的批准权。反侦察使用范围：派员深入敌人内部，侦察敌人秘密组织人物及其对我方的阴谋计划；了解其派来我方的侦谍人员，调查其情报来源；为开展攻势供给敌人情报以分化敌伪内部团结，混乱其反动营垒和工作部署；对我方内部已确定是敌探奸细及一切破坏分子须扩大战果、除恶务尽。反侦察使用的批准权：凡根据地内一般公民和区以下公务人员有奸细活动须使用反侦察的，前者

① 华中锄奸会议文件《边区公安局组织条例》，1942 年 11 月。

② 淮阴市公安局：《抗日战争时期淮海区公安史长编》，1986 年版，第 17 页。

经县公安局、后者由县公安局报经同级锄奸委员会批准；县以上公务人员或群众团体负责人有奸细和破坏活动须使用反侦察的，经专署一级公安机关和同级锄奸委员会讨论决定；专署一级干部，经行署公安局和同级锄奸委员会讨论决定。区级公安委员除受上级委托外，无侦察权，撤销反侦察批准权限相同。

《条例》还严格规定了审批权限，绝对禁止其他任何机关团体人员使用反侦察权，凡违反规定滥用职权者，须受到法律上严厉制裁。负责反侦察工作人员的选择，各级公安局必须慎重，并经超一级公安机关或锄奸委员会批准。

（3）管理检查条例，共五章22条

《条例》规定检查范围：凡根据地内一切足以供奸细活动的场所及交通工具、码头车站、交通要道、公共场所、茶楼、酒店、旅馆、澡堂等得随时检查；各种社会团体居民、商户和各种宗教团体如有嫌疑时得进行检查；对管区内发现敌探、奸细及反革命破坏分子阴谋活动或行踪可疑时得随时检查，或施行临时戒严检查。

《条例》规定了检查人员职权。检查人员有权盘问、检查可疑人和可疑物品；对反抗检查或持武器反抗时，应予禁止，检查人员有权立即解除其武装，不问其有无嫌疑，均得法办；对携带违禁物品如武器等可疑物件，无证明文件的，有权立即扣留。检查人员如有必要时，请求该地军政当局协助。为防止汉奸冒充军人，在任何场合内无臂章、命令、公文证件的军人，公安局有权检查。

《条例》规定了检查人员手续。公安局派出检查人员在执行职务时，必须持有县以上公安机关的检查证，检查时必须有当地行政人员陪同，一般情况下要有当事人或当事人的直接关系人在场。检查人员对各党派、社团、宗教团体、居民、商户的检查，须持有该管区公安局局长的命令。

《条例》规定了检查人员必须遵守的纪律。检查人员执行职务不得滥用职权，对被检查者态度和善，不得借故刁难、擅自没收财物、营私舞弊、收纳被检查人的任何财物，违者严惩。

（4）国民党特务处置办法，共7条

办法指出：一般国民党员不应作为特务，应与日伪特务加以区别，不应作为敌探汉奸处理；对于在边区内施行反革命暴动、暗杀、爆炸、放毒、瓦解抗日军队、组织叛变，查有实据，或虽无上述行为而假借国民党名义、实为日寇充当特务，就其犯罪性质，依法处理，事后通知国民党党部或其主管机关。对国民党特务人员，如无破坏行为不应逮捕，但须秘密施行侦察，监视其主要人员；确有破坏行为，可依法礼送出境；其在社会上有名望，应在不妨碍作战的原则下，慎重处理。凡参加到我政府机关或民意机关的国民党特务人员，只进行情报工作，不能逮捕，可秘密监视其行动。对在民意机关的国民党特务，有破坏活动的，可在清洗后，再按其活动情况处理。混入政府机关以阴谋手段破坏抗战的，依据犯罪轻重弹劾，由司法机关按一般公务人员犯罪处理。对有名望的统战对象，由上一级抗日民主政府批准，慎重处理。混入共产党内部做奸细者，按党内办法处理。

（5）对共产党员的逮捕与处决权，共5条

逮捕批准权：逮捕一般共产党员，由地委批准；逮捕支部书记、区级党员，经区党委批准；逮捕县级党员，经中共中央分局批准后，由各级政权的公安局执行。处决共产党

员，经中央局、分局或区党委批准后，由边区政府或行政公署主任令司法或公安机关执行。区党委以下的党的机关无处决共产党员之权。军队无权逮捕地方党员，必要时按上述批准手续，由政府公安局执行，违者依法惩办。在紧急严重情况下，对混入党内的敌探、汉奸或正在进行敌探、汉奸行为有确实凭据、来不及报告的，事后必须按批准手续上报追认批准处理；如审查证据不实，确实乱杀者，则主持人必须负责。

上述《条例》的制定，对侦察权的内容和范围做了明确的规定，严格限定了审批权限，为保护边区人权、有效打击反革命犯罪活动提供了法律保障，同时也体现了在战时状态下侦察业务与治安管理融为一体的特点。

3. 有关公安保卫工作法规

随着华中各根据地的建立和发展，社会治安问题也相应增多。一方面，日伪军与国民党顽固派千方百计地策动根据地内的土匪、流氓和反动地主发动武装暴动，企图里应外合搞垮新四军、摧毁抗日根据地；另一方面，根据地内刑事、民事案件也有所增加。淮海行署为了维护抗日秩序制定了各方面的工作法规，先后刊印《单行法规》和《战时法规》小册子，其中与公安保卫工作有关的法规，列举如下：

（1）惩治盗匪暂行条例，共 10 条

条例规定有以下行为之一的，以盗匪罪论处：对掳人勒索者；意图诈财而留恐吓信、致人受害者；意图扰害公安而制造、暗藏或携带爆炸物品者；聚众掠夺机关之武器、弹药、钱粮及其他军需品者；蛊惑人心、扰害公安而起哄骚动者；溃兵游勇、结伙抢劫或扰害公安者；聚众持械、保护走私并开枪拒捕者；聚众抢劫而持枪械者；持械劫囚者；囚人聚众以强暴胁迫脱逃的首魁及教唆者；行劫而故意杀人或伤人致死或笃疾或伤害两人以上者；于盗所强奸妇女者；放火烧毁他人所有财物者；皆处以死刑。

从上述规定可以看出，当时的盗匪罪，并非单指以盗窃财物为目的的犯罪行为，而是包括各种严重危害社会治安的行为，并且处罚比较严厉，一般处以死刑。对于上述行为未遂者，凡掳人未得、来加害而释回被掳人者，或因意外障碍而未遂者，犯罪情形确有可原者，得减 7 年以上徒刑；对犯罪该判处死刑而自新者，免除其刑；犯罪未被发觉而自首者，得减轻其刑。

（2）惩治汉奸条例，共 19 条

惩治汉奸条例列举了汉奸罪的具体规定：凡通谋敌国，图谋反抗本国，图谋扰乱治安，招募军队或其他军用人工役夫，供给、贩卖或为购买运输军用品或制造军械、弹药的原料，供给金钱资产，泄露、传递侦察或盗窃有关政治、军事、经济的消息文书、图画或物品，充任向导或其他有关军事职役，阻碍公务执行职务，扰乱金融，破坏交通通信或军事上的工事或封锁，于饮水食品中投放毒物，煽惑军人公务员或人民逃叛通敌者，均为汉奸。为前面人犯所煽惑，而从其诱惑者，亦以汉奸论处。

条例还规定了量刑标准：凡犯有上述罪行之一的主犯，处死刑、无期徒刑或 10 年以上有期徒刑，褫夺公权终身。对于窝藏不报、预备和阴谋犯故意陷害诬告他人，均应给予惩处。供犯罪所用或供犯罪预备用之物，不论属于犯人与否均没收之。对未获汉奸罪犯，应没收其财产全部或一部。

（3）惩治贪污条例，共5条

惩治贪污条例规定适用范围为本区所属行政机关、武装部队、公营企业、群众团体及社会公益团体之人员。

条例中贪污罪规定有10款：凡克扣或截留应行发给或交纳财物，买卖公用物品从中舞弊，盗窃或侵吞国家财物，强占、强征或强募财物，意在图利贩运违禁或漏税物品，擅移公款作为私人盈利，违法收募捐税，伪造或虚报收入账目，勒索敲诈、招摇撞骗、收受贿赂，为私利浪费公用财物者，以贪污论罪。

量刑标准：贪污千元以上财物，视情判死刑或10年以上徒刑；不足500元，处5年以下徒刑；未遂罪减轻处罚；发觉前自首者，缴出所得贪污财物，免刑。

厉行廉洁政治是抗日根据地民主政权的重要特征，各抗日根据地几乎毫无例外地把"厉行廉洁政治，严惩贪污腐化"作为自己施政纲领的重要内容之一。

（4）《人权保障条例》，共9条

该条例的主要内容：第一，民主平等权利。规定一切抗日人民，不分种族、性别、阶级、党派、职业与宗教信仰，在政治上、法律上一律平等。

第二，各项自由权。包括人身自由权；居住、迁徙之自由；言论、著作、出版、集会、结社与通信自由；信仰宗教与政治活动自由；参加抗日武装自由。

第三，私有财产权。各根据地的人权条例无一例外地规定，保障一切抗日人民及法人的私有财产权。

该条例还规定：本区人民非依法不得逮捕。区、乡政府为保安处逮捕人犯时，应在24小时内送主管司法机关处理；因远道不及解送时，至迟不得超过48小时。

《人权保障条例》保障了人民的各项民主权利，使人民真正成了政权的主人，调动了人民参加抗战的积极性，对国统区产生了重要影响。

（5）徒刑案犯执行暂行办法，共四章19条

暂行办法规定：为适应战时环境，便于管理已判案犯，案犯在刑期内一律不行使公民权；如执行期间有犯罪应即送交司法机关处理，与前科合并执行。判处两年以下案犯，交村执行。村公所接受委托后，将案犯登记编号管理。遇有后方特定勤务、差遣事、拨用服公役，还可轮流服役。案犯服刑期不准迁徙远行，刑满由村公所具报备查。凡判两年以上徒刑的案犯送战时监狱执行。在监案犯每两月允其请假一次。若刑期内案犯确有悔改表现，由典狱长报告上级提前释放。

（6）违警条例，共21条

违警条例在公安安全方面规定：未经政府允许，制造或贩卖烟火、携带武器、散布谣言者；在戒严期间，不遵禁令，燃放爆竹、烟火、枪械者；竞航舟船致损坏堤防者；于人家附近纵赌者；疏纵疯人或一切危险性之犬类奔突道路或入人住宅者；未经政府允许，擅自改变路沟形态、破坏交通电杆者；当水火及一切灾变之际，经政府令其防护救助，抗不执行者；纵放牛、驴、猪、羊及一切牲畜践踏他人田禾树木，未致重大损害者；私公有或他人禾苗，妨碍生产未致大损害者；违背法令经营工商业、唱演淫词小戏者；饭馆旅馆及其他公共场所有类似赌博行为、出卖堕胎药品者；医生、产婆无故不应召请，或药铺深夜逢人危急拒绝卖药者；对于有上述违警行为之一者，处以15日以下拘留或抗币15元以下罚金。

条例还规定：旅馆对于来路不明的商旅投宿，未报告该管之行政机关者；损坏政府布告、传单、标语者；于集会或演讲场所聚众喧哗不听制止者：有上述违警行为之一处10日以下拘留或抗币10元以下罚金。

条例在食品安全方面规定：酗酒滋事、形迹不检者，于道路街巷口角纷争、不听禁止者，抛弃病死婴儿及牲畜不掩埋者，以符咒邪术医疗疾病者，在通街或要所随便便溺者，出卖不净之食物、有碍卫生者，污秽供人饮之净水者，加暴行或污秽人之身体未致伤害者，极端滋扰铺户及其他营业处所者，强买强卖物品粮食者，有上述违警行为之一，处以5日以下拘留或抗币5元以下罚金。

上述规章制度的制定形成了这一时期公安工作的特点，是公安工作形成时期的正规化、制度化，极大地促进了抗日根据地的全面建设，保障了党在抗战时期的任务和总路线的实现，发挥了对人民民主和对敌专政的作用。

第三节　苏北抗日根据地锄奸保卫工作

苏北抗日根据地开辟初期，锄奸保卫工作主要由新四军军法处承担。在党的正确领导下，新四军保卫组织机构不断完善。与此同时，锄奸肃特、消除匪患、打击反动会道门等保卫工作也扎实开展。皖南事变后，苏北锄奸保卫工作则由新四军政治部下设的锄奸部和各地党委保卫部门共同开展。锄奸保卫工作的开展，粉碎了敌对势力对根据地的破坏行动，保障了苏北抗日根据地的全面建设。

一、锄奸肃特

（一）内部整顿与审查

1940年12月，淮海抗日根据地建立初期，区党委提出：“整理和审查党的工作，清洗阶级异己分子和流氓、地痞、敌探、奸细，把巩固党、了解党员干部作为一项经常性工作。”开展防奸反特是当时形势的需要。新建立的抗日根据地需要大力发展党的组织，建立区、乡自卫队，因此依靠地方部队、八路军南进支队三团和淮河大队，利用各方面的社会关系，发展抗日武装。

在这个革命大发展时期，一些特务、土匪、地痞、流氓等不纯分子趁机混进革命队伍，进行破坏活动。1941年2月下旬，淮阴县三区区队长费银成率队员20人叛变投敌，接着他又带领土匪袭击我区政府，区长高海明、文化教员高增喜牺牲。同月，宿迁县二区叛徒程安鼎勾结伪二区区长曹善同部，袭击我二区署，县委宣传部部长董云蔚、区长鲍子和及警卫员不幸遇难。1941年秋，日伪军里应外合，袭击沭阳县塘沟区政府，区长陈礼仪牺牲。①

淮海区党委鉴于上述情况不断发生，决定整顿队伍，对县、区乡干部、部队和乡武装人员逐个进行登记，首先审查来历不明分子。这次审查从负责干部做起，自上而下逐级审查，同时对广大干部战士进行防奸反特教育。

---

① 黄建中回忆，《宿迁革命斗等大事记》。

通过审查，在整顿队伍中发现：泗沭县税警团高维盛、高厚彩、刘玉美三人原系王光夏部下，在陈道口战斗中逃窜，后混入我泗沭县税警队，常假借公事之名，与伪军吴安顺联系，在税警队内威胁利诱落后动摇的警士。经审查，这三人企图组织暴动，杀死税检总局局长，抢劫税检局财物，夺取税警队枪支，投向伪军，遂于1942年1月23日被处决。灌云县稽秀山、张子南二人，在伪军指使下，1941年9月混入我地方部队，刺探我方军政机关情报，报告给伪军，还企图瓦解部队，在伪军袭击时为内应，1942年5月初被查获处决。①

1941年，在党内以支部为单位，选择优秀党员为锄奸保卫网员。网员间互不发生关系，只服从保安机关的直线个别领导，对上级负责，侦察和破获一切危害党、破坏党的奸细分子、反革命分子。为加强对网员的教育，保安处还要求各县编印《党内工作网员须知》，规定党内工作网的性质、网员条件、基本任务及其应遵守的纪律，以及违反纪律应受哪些处分；同时规定了网员权限、工作方向与工作对象；在侦察奸细和反革命分子中，如何开展侦察以及网员的修养学习等，并要求机关、部队的连队和农村乡支部都发展网员。②

保安处经过群众性的防奸反特工作，建立了党内保卫网，提高了群众的警惕性，加强了对新吸收人员的审查制度，内部更加巩固。

为了保证队伍的纯洁，巩固根据地民主政权，盐阜区各级保安机构开展了内部锄奸肃特斗争。

1942年9月，盐城县保安科处决叛徒王效树。王原是我盐城县六区区长，1941年9月前曾任该县司法科科长，在敌人"扫荡"中被捕叛变，受敌派遣回到根据地，自称是从敌人那里逃出的，后经多方审查，证实王效树已叛变投敌，充当了敌人的奸细，经上级批准，保安科科长傅宗华带人将其逮捕处决。

1942年秋，保卫部门破获敌特设在根据地内的一个地下情报站。阜宁当时是敌我双方都活动的游击区。我方盐阜专署在城里设立了一个情报站，站里成员都是本地人。因该站曾三次向我方三师提供假情报，经三师保卫部和盐阜专署保安处侦察属实，将16名成员全部逮捕。经审讯，这16名成员均供认已被盐城日本宪兵队收买，成为敌人打入我方根据地的情报人员。他们曾大量收集我方军政情报，为敌"扫荡"服务，使我方遭受了一定的损失。

1942年10月，盐阜保安处及时破获了阜宁县五区盛玉增、王玉书等企图暴动案。盛玉增原是阜宁县周门、板湖、苏家咀地区小刀会头子，后混入五区当了农救会会长和区大队队长。王玉书是受韩德勤派遣打入我方内部的一名特务。他混入根据地县政府当上参议员和总务科长。当时五区是华中局、三师师部、新四军军部等首脑机关的驻地，盛与王二人秘密策划，企图策动区大队叛变暴动，我盐阜保安处及时侦破此案，保证了领导机关和首长的安全。

---

① 《开展反奸细斗争泗沭税警队破获阴谋暴动组织，主犯高维盛已就逮》，载《淮海报》1942年2月4日。

② 1941年，东海县社会部《党内工作网网员须知》。

1943年4月，射阳县粉碎了杨炎游击大队的叛变阴谋。杨炎大队原是土匪帮群，后被收编改称游击大队，有近百人，活动于射阳三区一带。收编后，我方曾派两名党员，在其部队工作。1943年3月，杨炎与三区的大地主陈养贞勾结，策划叛变，杀害了我方派去的两名党员干部并谎称他们叛变。为稳住杨炎，县委发信表扬了他们。一个月后，以正常形式通知杨炎游击大队到县政府所在地沟墩研究工作，由县长陈克天、县委秘书顾崇石、保安科科长陶渝、县总队政治处主任谢山龙率县总队和执法队武装，缴了杨炎一伙的械，改编了这支部队，镇压了组织叛变的为首分子杨炎等4人。

（二）社会锄奸肃特

社会锄奸肃特的主要对象是敌探、奸细和汉奸。

敌探是指日军或日特机关派出的日本谍报人员。他们大多是“中国通”，会讲流利的中国话，对地方风土人情有所了解，具有较高的侦察技术，往往经过伪装，通过各种渠道混入我方根据地，窃取重要的政治、军事情报。这种敌探人数虽少，但危害较大，不易对付，是首要的打击对象。

奸细是指汪伪派出的谍报人员，在盐阜区大体上有两种：一是直接受汪伪谍报机关领导，受过特别训练的谍报人员，这是奸细的中坚力量；二是因受打击而逃亡在外的反动地主、会道门头目、匪首、惯匪，他们投靠汪伪成为奸细，是奸细中的死硬派。以上两种奸细往往采取到我方根据地“突击侦察、得手就溜”的手法活动，我们称为“行探”。

汉奸一般指公开投敌、为虎作伥、积极推行伪化与我方为敌的伪职人员。

另有一批国民党顽固派韩德勤的特工人员，在我方根据地内或组织暴动、暗杀、叛变、投毒、放火等现行破坏活动，或收集我方军事、政治、经济情报，进行欺骗宣传，制造混乱，扰乱根据地的治安秩序，对这些有现行破坏活动者，抓获后一般都以汉奸罪论处。

1941年7月，日军对盐阜区进行第一次“大扫荡”。盐城县组织了一个锄奸团，人员有三四十人，都是从各部门抽集的，盐城县保安科特派员宋超、傅宗华也被抽到这个锄奸团。该团的任务主要是镇压和打击公开投敌的汉奸以及趁敌人“扫荡”之际进行破坏活动的反动分子，组织鼓励群众同敌人斗争，对于坚持原地斗争起到了一定的积极作用。

1943年11月，盐城县保安科科长傅宗华率领执法队员潜入大冈镇敌人据点，就地处决作恶多端的伪维持会会长孙德（孙江成），并逮捕了伪乡长卞永年、伪副官项吉山，押回根据地召开群众大会公审枪决，有力地打击了汉奸的嚣张气焰。

1943年12月14日，阜东县七区社会科科长，治安员陆迅行（女）率领联防队员在獐沟一带伏击东坎据点撤退之敌。在当地群众协助下，缴获枪支弹药、货物20余小车，木船10只，俘伪军大队长、中队长以下100余人。我方无一人伤亡。

1944年春，阜宁县伪警察中队中队长徐福根与獐沟区四叉河口反动大地主蒯树诗相勾结，企图策动獐沟区民兵中队中队长曹志许带队叛变，曹及时向组织作了汇报。县保安处派侦察队队长张彪等经过3个多月的秘密侦察，在徐、蒯即将煽起暴动之时，及时粉碎了敌人的阴谋，活捉了蒯树诗。

1944年春，驻守阜宁城、头灶等据点的伪军大队长孟凡部30余人组成“黑摸队”，由伪警察中队长、三灶大土匪徐福根和梁大群带领，经常对根据地夜袭，先后捕杀了乡干部20余人。区队长孙体兰率区队和联防队200余人，在掌握可靠情报后于后三灶地区设伏，一举歼灭“黑摸队”，徐福根被捕获后处决。

1944年8月，保安部门破获国民党刚成立不久的“反共特务团”。该团经济股负责人裴国端在《盐阜报》发表坦白文章，介绍了自己参加这个组织的经过以及该组织内部机构、活动计划和活动事实。“反共特务团”的任务是准备在敌人进攻时扰乱我后方，组织内应，策划叛变，搜集枪支，组织武装，暗杀新四军、抗日军政首长及工作人员。

1944年9月，建阳县保安科特派员江常、王斌在县敌工部配合下，带领执法队和二区区中队两个班潜入敌湖垛据点，抓获大汉奸骆采之和伪乡长、保长等14人，全部枪决，有力地震慑了当地的敌伪。

（三）抗日联保

1942年秋，日寇对淮海区进行“大扫荡”。为粉碎敌人“扫荡”，淮海区党政军民采取游击战的方式打击敌人，除进一步发动群众反特反奸外，还依靠群众团结一切可以团结的力量，开展抗日联保，进行群众性的坦白检举运动，把一切做过坏事或政治上有问题的人揭露出来，置于广大群众视线之下，使敌伪的社会基础失去作用。①

抗日联保模式起源于盐阜区涟东县。1942年年底至1943年春，日伪军对盐阜抗日根据地实行第二次“大扫荡”前，涟东县保安科为了发动群众、加强基层的锄奸保卫工作，在部分区乡借用了国民党统治时期“联保连坐”形式，即每个甲结成一个小组，写出保证书，由各户家长签名或捺指印，实行抗日宣誓，保证日伪军来了不做坏事，每个联保小组成员互相监督执行保证书上的内容。此即抗日联保的雏形。这种方法在斗争实践中不断充实和完善，内容日益丰富。1943年夏，盐阜行署保安处总结和推广了涟东县抗日联保的经验，盐阜区各地相继开展抗日联保活动，把它发展成一种开展群众性锄奸运动的有效的组织形式。这一经验后来被华中局介绍到整个华中地区。

1943年7月13日，阜宁县县长刘丹、副县长刘代和保安处处长陈庭槐联名发出《为开展抗日联保运动的通知》，其中指出：“今天我们所需的‘抗日联保’与过去的‘联保连坐’和日本帝国主义所实行的‘连环保’是有本质上的区别的，他们所进行的是为了压制人民与对付共产党的工具，是为剥削人民、压迫人民的统治阶级所服务的工具，其本质上是反动的东西。而我们今天所实行的‘抗日联保’是为了激发民众锄奸热情并发展为群众性的锄奸运动，是为了对付极少数的汉奸敌探与破坏分子的组织，它是安定社会秩序，保卫抗日根据地、保卫人民利益的一种抗日组织，是绝大多数抗日人民所需要的，是将得到广大人民热烈拥护与支持而积极参加的。另外，我们今天所建立的‘抗日联保’所包含的积极意义，不仅是积极地对付汉奸敌探，检举坏人，而且是争取与教育坏人回头，帮助可变分子革面洗心，改邪归正。”

“抗日联保”不仅在形式上与反动统治阶级的“联保连坐”不同，在本质上也是完全不同的。“抗日联保”是抗日各阶层用以反对敌探、汉奸、反革命的工具，是保卫国家民族及抗日人民利益的。与反动统治阶级用以镇压革命活动、剥夺人民民主自由的“联保连坐”完全不同，“抗日联保”的成效不是建立于法律的连坐之上，而是依靠根据地抗日人

① 《中共华中局锄奸工作总结意见》，1945年。

民的高度政治觉悟和广大抗日人民与敌伪、土匪、反革命的矛盾之上，因而“抗日联保”是革命的，进步的。①

开展“抗日联保”的具体做法有：

1. 培训骨干，统一思想

开展“抗日联保”，乡级干部是骨干力量，培训乡级干部由县、区负责。通过培训使乡一级干部认识到，“抗日联保”是为了发动群众自觉为保卫自己利益斗争的群众性锄奸运动。涟水县委为了开展这一工作，举办了三期训练班，培训一批乡以上干部为开展“抗日联保”工作的骨干力量。②

2. 发动群众，搞好联保

各县选择一乡或数乡进行“抗日联保”的试点工作，通过试点查出一批坏人。淮阴县张集区堆东乡举办“抗日联保”实验，全乡 3245 人查出通敌顽者 57 人、土匪 51 人、娼妓赌徒 32 人。泗沭县穿城区启明乡查处 12 人，穿城镇查出敌伪坐探张永才，桥口乡查出匪首张学早。各县用这些生动的事例，教育干部群众充分认识“抗日联保”工作的重要性和必要性，把“抗日联保”工作深入开展起来。

3. 交流经验

1944 年，各地总结了“抗日联保”工作的做法经验，并采取各种形式互相进行交流。

（1）公开登报

1944 年 3 月 1 日的《淮海报》上，刊载介绍了泗沭县穿城区的四点经验：

其一，突破一点（一乡一村）取得经验，再根据上级精神推动全区工作。

其二，充分准备，深入动员，使每个干部群众提高觉悟，订立《联保公约》，组织保家委员会，建立联保小组。在开展坦白检举之前要搜集材料，具体了解坏人情况，然后加以分析、运用政策，防止恐怖现象发生。首先向坏人说明抗日民主政府的宽大政策，促使他们向群众坦白承认错误，争取宽大处理，在争取大多数的同时，孤立打击个别顽固不化者。

其三，利用各种会议，深入教育群众，使“抗日联保”成为群众性的治安工作，使每个群众认为这一工作与本身利害相关，提高觉悟，坚决检举坏人，不包庇坏人，把坏人暴露出来。

其四，正确执行政策，反对简单粗鲁的工作作风，防止发生逃亡现象。

（2）发通报

潼阳县在“抗日联保”工作中取得的经验是用发通报形式介绍、交流的。

潼阳县“抗日联保”工作提出八不保，即当汉奸、通汉奸的不保，做土匪、通土匪的不保，反共反人民、破坏抗日政府的不保，造谣言的不保，有恶嗜的不保，贪污的不保，参加迷信团体不自新的不保，做过坏事不自新的不保。为了防止坏人因恐惧而逃亡投敌，在宣传时一方面动员群众检举、不保坏人；另一方面向坏人指出只有自新才有出路，“抗日联保”是坏人改过的机会。

---

① 盐阜行署保安处：《涟东抗日联保的初步经验教训》，1943 年版。

② 《泗沭县穿城区抗日联保点滴》，载《淮海报》1944 年 3 月 1 日第 1 版。

沭阳县公安局根据这一精神，在“抗日联保”工作中处理了两个坏人。八区范湾乡的范公田曾干土匪多年，抢劫民财，并与日伪军勾结，暗地组织伪化，为敌人送情报。开展“抗日联保”时，他主动向乡治安委员会交代罪行，得到宽大处理。伪乡长徐善民弟弟徐善志多次指使其子到伪乡公所当助理员，为伪军“扫荡”带路，致使我乡政府干部杨丙来被敌人杀害。在坦白大会上徐善志主动交代了所犯罪行，并表示痛改前非，不再做坏事，县公安局宣布当场释放。另一个坏分子张友三虽经教育指明出路，但仍不交代自己的罪行，拘留审查。[①] 这样做使大部分坏人主动交代错误，起到了分化敌人的作用，孤立和打击最顽固的敌人。

“抗日联保”工作的开展，对巩固抗日根据地起了重大作用。在政治上最广泛地向各阶层人民阐明了我党的宽大政策，查出一批坏人，争取了失足者，化消极因素为积极因素；教育了广大群众，提高了群众的阶级觉悟、政治警惕性和对锄奸工作的认识。党的干部也得到了锻炼，在实际工作中，学会了锄奸斗争；在思想方法和工作作风上打破了神秘主义，创造许多锄奸的新办法；打击了敌伪反动势力和他们的社会基础。

（四）组织群众防奸保家（成立群众锄奸组织）

1944 年起，我军发动了对日寇的局部反攻。同时，苏中、淮海地区的新四军互相配合，展开了积极攻势，粉碎了敌人的分割，使苏北和苏中抗日根据地连成一片。盘踞在我边境地区的日伪反动派为了挽救他们的败局，积极组织伪军，对我边境地区不断进行突击骚扰，使干部群众恐惧不安。

1944 年 12 月 17 日夜，数十名伪军将泗沭县七区庙庄包围，全村被劫一空，抓走壮丁 8 名，打死群众 1 名。1945 年 2 月 7 日夜，伪军大队长万玉柱带领 30 多人偷袭我泗沭县七区区署，我民政股股长张法超等 3 名同志惨遭杀害，财粮股股长周守运等 4 人被绑架，并抢走步枪 11 支。

为了严惩伪军的罪恶行径，淮海地委决定：加强边境地区工作，坚决回击伪军的“突击扰乱”。地委指出：“我们要武装起来，保卫减租减息、增加工资及已得到的政治权利，我们一定胜利，绝不能因为匪伪秘密活动、抢劫而失掉信心。”各地召开中上层人士及农民大会，讨论出以下“防奸保家”办法。

其一，组织民兵作为防奸保家的主要力量，动员基本群众积极参加民兵，严防伪军下乡公开抢劫。建立更防，村庄之间互相联系：晚上，每村要有十多个民兵集合查更，以防突击，遇有情况以便接应；白天建立有作用而切实负责的岗哨，检查行人，防止坏人进入根据地内；枪支不足的，因地制宜地将土枪、土炮集中起来，更好地起到防奸保家的作用。

其二，制定肃清根据地敌伪奸细办法，采取宽大政策，对坏人讲明前途使其改邪归正，争取在外的匪伪回家自新。凡群众外出，要出具路条，以证明身份，但要限期交回，以防止丢失。对坏人及其家属不发路条，并动员全体群众监督和检举坏人的活动。

其三，发动群众自筹资金购买弹药和解决民兵活动经费等问题。

随着冬防工作的开展，全区地方武装配合民兵对根据地边境的匪伪进行清剿，有力地

① 《沭阳进行抗日联保》，载《淮海报》1943 年 2 月 21 日第 1 版。

打击了匪伪的反动气焰，在斗争中不仅壮大了民兵队伍，也保卫了根据地。仅泗沭县七区民兵就由287人发展到429人。泗沭县七区还集资购买子弹1000余发，建立中心更防18处、普通更防130处、路岗49处，使敌人破坏扰乱的阴谋越来越难以得逞。

二、消除匪患

（一）淮海区的剿匪工作

日军入侵江苏后，国民党顽固派以韩德勤为主席的江苏省政府消极抗日，积极反共，不断迫害抗日进步人士，在日寇面前，节节败退，不予抵抗，县、区、乡政权处于瘫痪状态。

沭阳七区、八区和东灌沭等地土匪为患，周法乾、刘庆余、刘大水等匪首各据一方，少则十人，多则上百人，经常洗劫一村一乡，烧杀、淫掳、强占田地，民不聊生，到处是一片凄凉景象①，直接影响到对敌斗争和群众正常的生产与生活。1940年冬，淮海区党委驻张圩，一群土匪大白天到张圩街上绑架中医张大善人，附近农村每天都有土匪抢劫、绑架。一天晚间，一股土匪又到张圩附近抢劫，区党委派张克辛率部队去围歼，张被敌方子弹打穿小腹。肃清土匪成为建立根据地以后一项极为重要的任务。

为消除匪患，保护人民生命财产安全，更有力地开展抗日斗争，1940年9月，淮海区保安处、保安科决定对土匪进行坚决镇压，组织便衣队、执法队和联防大队，深入土匪活动猖獗的地区，打击、揭露、处决一批土匪。1940年10月，八路军五纵队司令员黄克诚命令三支队支队长张爱萍、政委韦国清率两个团部队进驻淮海区，配合地方部队合力清剿武装土匪，镇压了大部分匪首。这次合力清剿虽给土匪以沉重的打击，但未能彻底根除。

1940年11月25日，淮海区各届代表大会在沭阳县召开，宣布了专署的三大政策，一是保障人民，二是合理负担，三是肃清土匪。专署还于12月19日颁布了《土匪自新办法》②，以期进一步争取土匪参加抗日斗争。

《土匪自新办法》规定：凡在抗日民主政权区域内潜伏之土匪，统限于12月31日前到政府办理自新手续，逾期而不自新之匪，严惩不贷；土匪所有长短枪均须缴给政府，抢劫之赃物也应交给受害民众，若有隐匿，一经查出以自新不诚论处；凡土匪之亲属及邻居，应切实劝导，令其自新或秘密检举，否则以通匪论；土匪自新后应切实悔过，并应受保人管束，若再有不法行为从严惩处。目前如再有怙恶不悛之徒罔顾法纪，再行抢劫，绝以严惩不贷。

在肃清土匪的斗争中，民主政府非常注意党的政策和策略，采取打击分化和争取教育相结合的原则，对罪大恶极、死不悔改的匪首和为虎作伥的惯匪严厉打击，坚决镇压；而对于被匪胁迫、上当受骗或盲目为匪现已改恶从善、洗手不干的一般成员，则既往不咎，实行宽大政策，欢迎他们重新做人，为抗日出力。《土匪自新办法》发布后，贫苦百姓积极拥护，剿匪时主动为新四军送情报和做向导，积极参战。民主政府对假自新、真反共的土匪头目，则给予坚决镇压。

---

① 《加强冬防自卫肃清残匪》，载《淮海报》1941年11月16日第1版。

② 《误入歧途者，从速归来，专署颁布土匪自新办法》，载《淮海报》1941年12月19日第1版。

四区华西乡惯匪蒋家明多次抢劫，扰乱社会秩序，1941年夏，被区署捕获送沭宿海保安处惩办。蒋乘守卫不备，跳墙逃跑，旋被捕获，蒋表示决心悔改，政府准其自新，将其编入警卫连，第四天蒋又拐枪逃走，12月27日被第三次抓获。1942年1月13日，政府召开公审大会，保安科科长赵惠宣布其罪状，司法科科长刘锡九宣布判其死刑，就地枪决。

惯匪赵可航是沭阳县刘圩乡人，区党委布告发布后，政府准其自新，并委以乡自卫队中队长之职。但赵匪恶习难改，仍拦路敲诈盐贩及过路农民，暗中与伪区长和匪首刘成航密谋策划，企图里应外合，搞垮我区乡政权，伪化十区；陈宝祥为九区西北乡人，曾在新安镇附近为匪抢劫，绑架农民，参加高沟暴动，强缴民枪。以上二匪均罪大恶极，百姓皆称可杀。政府于1942年4月上旬将他们逮捕，公开枪决，境内土匪受到很大震惊，纷纷自首。群众热烈拥护政府为民除害，对共产党加深了了解和信任。

到1941年年底，根据地内的土匪经过几次围剿，基本肃清，但边沿地区仍时有土匪骚扰，区党委决定继续清剿。淮海区党委为了更有效地维护抗日秩序，制定了《惩治盗匪暂行条例》① 在淮海区参议会上通过，由行政公署公布施行。该条例规定：对罪行严重的处以死刑，凡自新的可免除死刑，对未被发觉而自首的得减刑，体现宽严结合的政策精神。

（二）盐阜区的剿匪工作

盐阜区土匪分为荡匪、陆匪。荡匪较集中在马家荡一带。马家荡位于盐城、建阳（现建湖）、兴化、宝应、阜宁等县交界处。这里湖荡交织，地形复杂，文化落后，历来为荡匪出没之地。陆匪即在陆地上打家劫舍，一般有较固定的秘密窝巢，作案地点的选择一般遵循“兔子不吃窝边草”的原则，作案手段以入室抢劫和绑架为主。

盐阜区土匪按其结伙人数可分为股匪、散匪。股匪是以一个或数个头领为首的，有一定的组织体系，人数从十多人到数百人、数千人不等，拥有武器装备，危害较大。散匪一般为单独作案，或三五人结伙作案，其最大的特征是没有组织结构；即使数匪纠合，共同作案，分赃后仍又各奔东西。盐阜区建政前，陆匪遍布各个地区，较大的股匪有淮安刘养文兄弟、建阳的孙三、阜宁的顾豹岑、射阳的杨炎等十多支。

盐阜区土匪依其政治倾向可分为三种：一是具有朴素的杀富济贫思想。这些人大多出身贫苦，落草为寇系生活所迫，是新四军争取的对象。例如，淮安的刘养文兄弟被新四军收编后积极抗日，刘养文后来成了新四军的副团长，后在东北战场英勇牺牲。二是贪图享乐，不愿服从任何人管辖，既抢劫官府、地主也残害百姓，这一部分土匪是新四军瓦解的对象。三是与地主、官府、军阀勾结的反动土匪，即所谓官匪一家、兵匪一家，这部分土匪对抗日民主政权危害极大，是新四军的打击对象，如阜宁的顾豹岑等。

盐阜区土匪依其性质可分为职业土匪（惯匪）和亦民亦匪两种。前者以匪为生，后者一部分时间务农，一部分时间为匪。职业土匪比较凶残，而亦民亦匪者主要是为了增加生活来源，相比之下不如职业土匪歹毒狡诈。

抗日根据地建立初期，一方面，根据地内大股土匪虽已被我方清剿，但股匪、散匪活

① 《淮海区单行法规》，1944年版。

动仍较猖獗；另一方面，反动势力争相利用土匪，对我方抗日民主政权实行破坏和捣乱，由于反动派的金钱收买，使一些本无明显政治倾向的股匪也坚持与我方为敌。因此，根治匪患是巩固政权、站稳脚跟的当务之急。

1941 年 2 月 20 日晚，阜宁县五区队队员朱尚品与匪首曹金弟、李尚亭等勾结，袭击区公署，打死区队长郑长茂、队员王正西以及区长唐立贤的 9 岁侄儿，抢走区队的全部枪支。6 月，阜宁县东北行署决定在六区五汛、苇荡一带修筑海堤，防止海水倒灌成灾，派路健科长出席该区参议会，以取得各界支持。路健不幸被枪杀于区政府内。7 月，阜宁县八滩区区长陈振东、区员吕惠民、区队指导员严礼、顾德标等带领民工修筑海堤，被匪首顾敦扬勾结李学正、王亚东、李恒晋、张永成等匪徒绑架，除吕惠民被营救幸免于难外，其余同志均遭杀害。

同月，原盐城地下党县委书记、盐城县十二区区委书记、民运大队长方秉文带领模范班唐六和、朱纪良捕获两个敌探，在毗卢庵连夜审讯，土匪头子孙三带领 50 余名匪徒冒充我方模范班，冲进庵内，企图劫走敌探，方秉文在与匪徒战斗中腹部中弹，壮烈牺牲。

土匪的猖獗活动严重威胁着我方抗日民主政权的安全，因此与土匪的斗争成为建政初期巩固抗日根据地的一项重要任务。1942 年初春，根据刘少奇的指示，盐阜区保安处处长黄国山、副处长黄赤波在新四军配合下，成立了清匪司令部，由新四军参谋长赖传珠任司令、黄国山为副司令，黄赤波为参谋长。新四军七旅、八旅全部兵力与保安处的四个连及各县保安中队（执法队）对土匪实行大规模武装清剿。首先消灭了东坎、盐城、阜宁等县的大股土匪和刀会，然后对小股土匪、散匪分区清剿。在各级党政组织和群众团体配合下，经过半个月清剿，共抓获土匪、刀会头目等数千人，镇压了一批罪大恶极的匪首、惯匪、刀会头目，打开了盐阜区保安工作的新局面。华中局对此给予了很高的评价，这是一次大规模的公安军事行动，有力地打击了土匪的嚣张气焰。

盐阜区建政以后，根据党的统一战线政策，对地方上的土匪等武装力量，做了大量的教育和争取工作，取得了一定的成绩。

1941 年秋，淮安县建政初期四面受敌，西有刘养文兄弟为首的地方土匪势力 700 余人，南有土匪杨锦文，东南是国民党顽固派韩德勤的部队，北有涟水的日伪军。为了改变这种局面，争取团结一切抗日力量，淮安县保安科派三区特派员翟光明去做争取刘养文的工作。翟光明原系新四军军法处执法队班长，有一定的斗争经验和军事素质。他运用党的统一战线政策，对刘氏兄弟进行了政治上、军事上的斗争和教育争取工作，终于使刘氏兄弟认清形势，接受新四军改编。受编的这支队伍在后来的反“扫荡”战斗中起了积极作用。1945 年 10 月，新四军主力北上时，刘养文已是新四军淮安游击大队大队长。

1941 年冬，盐东县成立。不久，该县境内武装海匪头目袁国祥等人来到县政府拜访。县长魏心一、秘书唐小石热情接待了他们，并表明我们的态度是坚持团结，坚持盐东人民的抗日，一切武装团体只要服从政府法令，维护抗日民主政权，愿意抗日即可和抗日军民并肩战斗，共同抗击日本帝国主义。根据袁国祥的要求，盐东县政府正式委任袁国祥为盐东渔业保安大队大队长。袁所领导的大队有 100 多人，武器良好，靠渔业商会税收解决其供给问题。该大队在保护渔业和海上商业运输、巩固盐东后方起到了积极作用。1943 年 5 月，该大队曾在吕四港北的东西沙之间一举消灭了伪渔业大队王铁军部 80 余人，1944 年配合独立团袭击了南洋岸敌方据点。该大队还保障方海上运输线的畅通，率领武装船队多次护送我方军需物资。

三、打击反动会道门

反动会道门是旧中国反动统治集团和帝国主义所掌握、利用的反动封建迷信组织。抗战时期，反动会道门又勾结和投靠日寇。反动会道门道首多是一些地主恶霸、流氓头子、汉奸和特务，而道徒大都是被欺骗蒙蔽的群众。反动会道门利用我国劳动人民特别是农民文化层次低、封建迷信思想浓厚，以开坛摆供、念经拜佛、制造和传播荒诞迷信的谣言及邪说、进行慈善活动等方式，欺骗威胁利诱群众，发展道徒，扩充组织，进行活动，成为一股反动的势力。因此，会道门有一定的群众性、反动性和复杂性。

苏北根据地反动会道门主要有小刀会、大刀会、花篮会、九宫道、先天道、圣贤道、玄功会等，分布在淮海和盐阜各个根据地和敌占区边沿地。1940 年起，日本特务机关积极利用和发展会道门组织，以开坛做人的命运与天时的预言，灌输甘当“顺民”亡国奴的思想，以做“善事”的面目出现。很多农民受骗加入了会道门，如在宿北县宋山区坛祠会几乎遍及各乡村。会道门中对根据地威胁最大的是小刀会。

1940 年春，淮安县工委对帮会组织实行了改造和利用的策略，他们一方面争取小刀会中上层首领赞助抗日，另一方面建立由中共组织掌握的小刀会，提出“抗匪、抗顽、抗日保家乡”的行动口号。中共党员吉乐山、陈少兴、胡剑蜂、朱慕手受淮海特委委派，加强对小刀会组织的教育和抗日引导工作。

按县工委指示，谢荡党支部派 5 名党员为骨干，成立谢荡小刀会，结集会员 70 多人，拥有步枪 10 多支。该会在三里湾一仗中，俘获匪首高端余。淮海地委书记杨纯、组织部部长杨汉章专门组织开展了刀会工作，参观了谢荡会堂，对他们的工作给予了赞扬。此外，我方还掌握了水晶、崔周、大桥、小丁和小庄等小刀会组织，这些组织以后成了重要的抗日力量，不少会员还直接参加了抗日武装。据不完全统计，先后有七八十人参加了淮河抗日大队。

尽管抗日政府对小刀会开展了很多渗透、争取工作，但总体上，小刀会对根据地的威胁是主要的。顽军王光夏盘踞在泗阳众兴镇到六塘河西史集、八集一带。他派人秘密串联地主刘仰书、刘传孟、张家桂等人，利用迷信思想，组织小刀会。1940 年冬，他们在沭阳县一带组织暴动，筑据点，威胁根据地政府征粮人员，杀害抗日军政干部。至 1941 年 1 月 29 日，新四军才将此次暴动镇压下去。①

1941 年 1 月，皖南事变后，沭宿海一带日伪顽匪会疯狂地向根据地进攻。潼阳县高流区的陈老压、颜集区鲍圩、桑苴等地的地主、恶霸、土匪组织暴动，向抗日根据地反扑。米阳县八区小店乡一带，以地主薛展六、巴六、万玉柱、汪兆铭、韩凤彩、韩锡九等为首，威胁恐吓数千群众参加小刀会，煽动群众抗缴公粮，扣留新四军两名战士和枪支，图谋消灭区中队，并武装袭击县大队一个连，杀害米阳县独立团参谋长汤良智等 9 人。这一系列反革命活动严重地危害抗日根据地的巩固。区党委决定，由分区部队配合新四军三师

---

① 《泗阳县史料选（第二辑）》，第 86 页。

八旅687团，星夜开赴沭阳小店一带，兵分三路包围小刀会据守的韩凤彩圩子。经一夜激战，击毙敌人13名。除少数反动首领韩凤彩等从暗道逃跑外，其余都做了俘虏。直到1月下旬，小刀会叛乱才被平息。[①]

1942年，在根据地大规模剿匪的同时，阜东县一些小刀会组织复活。他们头戴黄帽，身穿道袍，腰系绳子，手携钢刀，若有一方海螺鸣起，八方螺号响应，会员随即云集。每逢战斗前夕，由点传师用朱砂画出符咒，道徒用酒或水调和喝下，自认为这样可以“刀枪不入”。他们在反动地主和国民党特务的策动利用下，对根据地安全造成严重威胁。为了维持根据地正常的社会秩序，全区对小刀会采取了围剿行动，由地方武装部队密切配合各级保安组织，收缴小刀会的武器、符咒、服装，并扣留部分会首对其进行教育，同时宣布取消全部小刀会组织。[②]

1943年秋，日寇对抗日根据地实行“蚕食”政策遭到失败后，他们在进行军事“扫荡”时，也向根据地派遣特务，加紧利用会道门组织，进行各种破坏活动。反动的先天道在苏北设立总会，在宿邳沭三县设办事处，委国民党党员马介三为主任，胡开桐为沭阳分会副会长，为日本特务机关传送情报，扩展伪军，并取得日寇徐州陆年特务头子庄下亮的表彰。宿北、潼阳的先天道、九宫道还为日寇筹铜铁制造杀害中国人民的武器。

鉴于多数道首是反动阶层的首恶分子，是一切抗日群众的共同敌人，而会员、道徒大多是受骗群众，新四军的政策是：严格区分、打击首恶，争取教育广大群众，同反动会道门进行针锋相对的斗争，彻底揭露会道门的反动本质，粉碎日伪的阴谋，保护人民，巩固抗日根据地；对暴动的会道门，在暴动时期应坚决镇压，暴动平息后，应打击惩治其首恶分子，教育争取大多数受骗群众；对秘密的会道门，应瓦解其组织，争取中间分子，教育受骗群众，没收汉奸的财产、粮食，分给群众；对无政治背景的一般迷信团体，在发动群众的基础上，逐渐从组织上把他们同各种进步的革命团体融合起来，使之认清反动会道门的欺骗和迷信本质，从思想上与会道门脱离，提高阶级觉悟，投身到抗日民主斗争中去。根据这一政策，在宿北、潼阳、东海等县发动群众，开展对反动会道门的斗争，取得了很大成绩。

在反动会道门活动比较严重的县，由县政府出布告，说明政策，号召自首，晓以民族大义，只要不当汉奸仍然是抗日公民。各级教育部门及一切群众集会都揭露汉奸迷信团体的罪行，教育广大群众。同时，在反对汉奸迷信团体的斗争中，把反对汉奸、奸细的斗争开展成为群众运动。

苏北地区同反动会道门的斗争，正确贯彻执行了争取多数、惩治首恶分子的政策，有效地打击了敌伪势力，为巩固抗日根据地作出了贡献。

四、红黑点登记办法

1943年，世界反法西斯战争取得重大转折，东西战场都逐渐向法西斯势力展开反攻。在苏北，新四军也取得重要进展。由于新四军连续取得攻克宋圩、马厂等90余处伪军据

---

① 《沭阳县革命斗争大事记》，第30页。

② 盐城市公安局：《盐阜公安史长篇》，1994年版，第51页。

点的胜利，迫使日伪军由进攻转入防御。伪军们对前途悲观失望，都想寻找出路。区党委及时抓住这一有利时机，加紧进行争取瓦解日伪军工作。据统计，1942 年 11 月至 1943 年 11 月，伪军投诚反正 1200 余人，携带枪支 349 支。接着区党委又于 1943 年年底发动冬季攻势，散发宣传品 1 万多份。伪军在政治攻势下，向新四军投诚反正 3351 人，携枪 1225 支。[①]

1944 年秋，为进一步争取瓦解伪军，淮海专署颁布《红黑簿登记办法》，即伪军为抗日做好事的记红点、做坏事的记黑点，以此作为奖惩依据，黑点超过一定数量的可以处极刑。各县政府按此办法处理案犯，并在各地开展红黑点簿登记工作，收到很大效果。

潼阳县在庙头、聚贤等边区乡进行伪属登记工作。1944 年 6—7 月，新河区公安局分别召开这两乡的群众大会，公布红黑点簿登记办法，发动检举伪军罪恶。根据检举及调查，宣布干伪事者的“善恶录”（红黑簿），促使不少伪军家属争取干伪事的子弟回来自新。一些干伪事的军政人员也想为自己留后路，设法打听自己在红黑点簿里有多少红黑点。有一伪乡长向边区政府请求说：“给我悔过机会，我再也不敲诈老百姓、不伤一个抗日人士了。”

日伪区群众听到这一消息后反映说：“八路军真关心我们，黑鬼子欺负老百姓的事他们也过问。”有的人说：“伪军被八路军的紧箍咒管住了。”因此，日伪区人民也纷纷向民主政府和新四军秘密检举做坏事的敌伪人员情况。东海县青伊区条河乡许洪庄许士耿为匪多年，1944 年 7 月，经常带领伪匪张汉中部与房山伪匪到许洪庄等地抢劫，打死老百姓 2 人。根据登记办法，他的罪行已超过 30 个黑点。估计他中秋节一定回家，新四军将黑点牌子挂到他家门上。许回家看到牌子后仍不思悔改，反而嚣张地说：“再点我 50 个黑点也无用。”第二天早晨，群众将许匪捉住，交政府审判后枪决，群众拍手称快。[②]

1944 年 8 月，各县都按《红黑点簿登记办法》处理汉奸。淮阴县新渡区尹庵乡匪首尹嘉璜，1933 年为匪，1940 年投敌，任伪涟水县五乡推行主任及河西办事处大队长，杀害干部群众数十人，抢劫绑架千余户，烧毁房屋数百间，抢耕牛百余头，使数十里内人烟绝迹，群众恨之入骨。尹已点满黑点，7 月被捕获，8 月 16 日在新渡乡开千余人公审大会枪决[③]，轰动了整个淮阴县境。

对悔改的坏人给予自新，对冥顽不化分子坚决镇压，宽严分明，善恶昭彰，对伪军和不法分子起到了震慑作用。在日寇日暮途穷和抗日民主政府政治攻势和宽大政策感召下，伪军及逃亡地主纷纷归来。据东海县安峰区 1945 年 2 月 26 日统计，28 天有 82 人归来。淮阴县伪保安队第十二中队队长王立辅于 2 月 26 日夜率本部 140 余人，携长短枪百余支、掷弹筒 2 枚、信号枪 1 支、手榴弹 2 箱、子弹千余发向新四军投诚，受到淮阴县抗日民主政府的欢迎。[④] 对反正的士兵，要求回家的，发给路费。灌云县盐河线伪军训练官徐前不堪日伪暴政，于 2 月（农历年底）策动伪军 2 人，杀死伪中队长及徒弟 3 人，携带驳壳

---

① 《淮海报》1943 年 11 月 16 日。
② 《淮海报》1944 年 10 月 15 日。
③ 《淮海报》1944 年 8 月 27 日。
④ 《淮海报》1945 年 3 月 7 日。

枪、捷克步枪、土造枪各2支，和家属一起前往抗日民主政府投诚，受到政府奖励。2月26日，宿迁县永庆镇镇长黄文之和特务叶恒书，携带步枪5支、白布20余匹投诚，受到当地政府热情款待。灌云县伪军团长唐作汉，7月14日携带机关枪1挺率部反正；18日，东海县伪军中队队长魏家传袭击伪军团部，缴获机关枪1挺、手炮1门，率队归来，东海县抗日民主政府委任唐作汉为蔷薇区大队长，魏家传为湖东区大队长。

五、经济保卫工作

（一）盐务管理

新四军、八路军相继进入苏北敌后，于1940年10月在白驹、刘庄间胜利会师，开辟了苏北抗日根据地。由于数万军队集结，地方粮草供给一时非常紧张。为解决这一困难，新四军党政军负责同志黄克诚、刘彬、曹荻秋等研究决定，根据苏北实际情况，派出一批指战员配合地方干部，到滨海县八滩镇朱圩子安营，建立苏北盐务管理局（以下简称苏北盐管局），组织动员各界人士，在黄海之滨，利用海滩、海水等有利资源，晒盐制盐，开辟财政收入的新途径。

苏北沿海有的港湾地带条件很好，海水卤度达20度以上，经过翻塘转池，可以使卤度再浓缩提高。此处日照充足，制成的大籽盐品质优良，很受欢迎。当时，苏北盐管局由苏焕清、林梦飞等负责，并在各地分设了生产、销售、税收机构，将盐的产、销、税统一管理起来，其收入的盐货款和税金，首先供给前线军需，以保证抗日战争的胜利进行。据当时统计，盐是苏北根据地党政军财政供给的重要来源之一。

在沿海建滩取盐，动员社会各阶层人士参加这项生产和工作是首要任务。沿海地区地广人稀、情况复杂，而且经济贫穷、文化落后，动员工作十分困难。特别是沿海岸线有许多草荡，大的好几十里，土匪海盗出入其间，经常打劫骚扰民众。在盐东县洋马港和黄沙闸之间，新四军一次就镇压了7个潜伏的匪徒，对打击土匪、稳定人心起了十分重要的作用。

新四军东进到通如海启一带，并在东台、大丰等地建立盐区政权。一开始，根据地政府发布开发盐业的公告，使各城镇工商户和实业家都知道民主政府的主张，调动各方面的积极因素，共同开发盐业生产。想要建滩的商人先提出申请，然后经办事处全面调查其成员、资金、劳力、技术、设备等情况，符合建立组织（如合作社、场、互助组等）的条件、标准即核发建滩执照，并划定地点让其生产。很多有资本的人纷纷到苏北盐管局下属的新滩办事处（在八滩镇向东十多里的海堤旁）申请建滩，很快位于潮河以南、废黄河以北的几百里大籽盐盐场建立起来。

调整税率时，滨海县东坎镇税务局有个贪污分子和不法资本家内外勾结，接受贿赂，泄露了提高盐税的机密。税务局局长章左请示专署政法机关处决了此人。盐阜区政府进行通报，到处张贴布告，要求民主政府的工作人员要廉洁奉公，全心全意为人民服务，任何人不得利用职权谋取私利，更不得泄露党和政府的机密，如有发现，从严惩处。此案的处理，在苏北根据地广为流传，受到党、政、军、民和各界人士的热情赞扬，使群众看到共产党、新四军、人民政府的政策和纪律，从而大大提高了党在苏北人民心目中的威望。

1945年8月15日，日本侵略者宣布无条件投降后，苏北盐管局全体工作人员包括警卫部队，积极配合主力部队日夜兼程迅速抢占了陈家港。抗战期间，日军每天用海轮从这个盐港将抢夺的盐大量运往日本，作为其化学工业、医药工业的原料。此处盐坨林立，有的盐坨因堆放时间长，坚硬如石。解放陈家港后，根据地政府立即组织当地群众和码头搬运工人抢运，用开山筑路的工具将坨地的盐运至码头上船。陈家港大小船只全部动员起来运盐，主要是向内地运输和销售。当时两淮盐务管理总局已经成立，陈易担任局长。该总局也随着部队进驻陈家港，负责领导淮南、淮北盐特区的各项工作，特别是盐场的产、销、税工作。

新四军进驻盐区的部队和盐务工作人员积极进行了三项工作。一是派出一部分指战员和工作人员在陈家港、堆沟、燕尾港等城镇负责治安保卫，维持和稳定社会秩序，接管敌伪盐业公司的财产。二是派一部分指战员和工作人员去做群众工作，安排盐工和居民群众生活，他们深入盐区盐工和居民群众家中访贫问苦，积极组织和恢复生产。这里的盐工因遭受日本侵略者的统治和压迫，吃不饱，穿不暖，贫病交加，有的人已卧床站立不起。我方工作人员立即发放救济粮，派医务人员为他们治病。三是迅速抢运坨盐。抢运兵分两路：一路从海上运输，由苏北海防总队护运，从陈家港经燕尾港出海，经射阳港到达新洋港，将盐运至盐东县黄尖镇，再转销各地。另一路从内河运输，从潮河经响水口、涟水，运至淮阴、洪泽等地，然后分散销售。

（二）护商工作

苏北根据地由于水利、土壤等不利因素，农作物产量不高，工业生产主要是土机织布、手工卷烟等，军需民用的物资保障困难很大。为此，根据地大力发展对外贸易，用来弥补一部分根据地短缺的物资。当时贸易商品主要有淮盐、大豆、花生、生猪等，其中又以淮盐为大宗。当时，凡愿以淮盐到敌占区进行贸易的，只要当地资本家、小业主、个体户具保，加盖经营企业单位公章或私人印章及志愿书，办理正式审批签证手续，边防检查站就可放行。由于连年战争和灾荒，加之运输困难，人民群众吃盐比吃粮还困难，而盐又是人们日常生活的必需品，因而盐商看到有利可图，很想和根据地政府做生意，而根据地的工商管理和贸易政策也允许他们取得合法的利润。这样通过进出口商品交易，商人们运来根据地急需的枪支弹药、西药、文具纸张等，解决了根据地在军需民用物资供应上的很多困难。

苏北根据地利用多种关系，动员私人商船把大批食盐经高邮湖、淮河等渠道运到淮南抗日根据地销售。当时，津浦路东天长铜城镇是盐商云集的地方，是食盐集散中心地。1941 年秋，一些私商利用青红帮的关系，从苏北海安、盐城，苏中大丰、东台等县的海岸地区营运食盐，穿越日伪封锁线，经运河和高邮湖运至铜城。私营盐商从海州、青阳、临河头、双沟、古沛运输食盐到津浦路西，经大溪河、小溪河、燃灯等地到抗日街。也有私商从天长铜城买食盐经涧溪等地，过津浦铁路运至路西抗日街或池河，销售至定远天长集、池河、藕塘、大桥、朱湾以及合肥、寿县、大别山等地。

在私商盐运兴盛的铜城镇，盐船多时有 150~160 艘（以 1942 年和 1943 年两年计算），每天食盐上市量达千担左右，最高曾超过 2000 担。外地在铜城购运食盐的驴骡马匹、肩挑小贩数以千计，往返络绎不绝。素称恬静的铜城南园，顿时成为热闹繁华的商业区。

商人冒着生命危险，从津浦路东把食盐运往路西，食盐交易也是在偏僻地带进行。凤

定嘉县（属凤阳县）为扩大盐运，保证军民生活供应，在燃灯寺南、红心东北、庄许附近的山洼里，设立以盐业为主的商品集散地，民众称之为“地图上找不到的抗日街”。其规模不大，设备简陋，极盛时期有盐行22家、杂货铺6个、饭店8户，另有方便旅社和草铡店（喂驴、骡、马等牲口）。在抗日街来往客商和购买食盐等商品的农民，大都日出而市，日没而归。抗日街每日销售食盐在数百担以上，征收的盐业税款相当于津浦路西抗日根据地商业税总额的一半。同时，商人也把从敌占区购买来的工业品和农民生产出来的农副产品拿到这里交换。

为保护商贩盐运畅通，根据地政府选派一批既懂财经业务又会拿枪打仗的人员组成税警，全副武装，负责抗日街和盐商的安全工作。根据地政府将盐商组织起来，编成运输队，规定经过铁路往返时间，届时税警负责护送和迎接，免受敌人的突然袭击，保护盐商运输的畅通。根据地政府号召盐商自带枪支，实行自卫，既减轻税警护送的负担，又将盐商锻炼成一支抗日武装力量。根据地政府同时开展对土匪和伪军的争取工作，使他们至少不妨碍根据地的盐运工作。

（三）武装税收工作

盐阜抗日根据地处在敌我交错的复杂斗争环境中，双方争夺税源的斗争也十分尖锐。日伪军不仅在其控制区强征硬索，残酷搜刮民财，而且经常派出武装“扫荡”偷袭根据地，抓根据地税收干部，强设税卡，抢征伪捐。为此，根据地政府针锋相对，按封锁线划分和调整税区，加强地方武装，保护征税。武装征税是根据地税收工作的一大特点。1942年，华中局财经委员会决定，必须在各级税务机关建立足够的武装。县税务局成立税警大队，各分局要建立一至两支税警中队，进行武装收税。[①] 盐阜根据地政府在边区组织武装税务人员，拔除伪税卡，警告和教育伪乡长、保长，发动群众抗交伪捐税，按根据地的七折征收田赋和税款。这样，既增辟了税源，也打击了伪化势力，扩大了抗日的政治影响。

为了保证沿海地区的安全，增加财税收入，中共两淮盐特区委员会决定组织盐警总队（相当于师的建制），下辖盐警大队（相当于团的建制）。盐警队的主要任务：首先是打击海上的敌人，保卫盐区治安；其次是负责盐区的缉私护税和盐场机关的警卫工作。

反走私偷税也是当时经济工作中一项艰巨复杂的任务。盐警大队指战员和盐务工作人员常常深更半夜出没在交通要道，有时就潜伏在要道两侧，查缉走私偷税的商贩车船。抓到以后，就地开会，宣传教育，讲清保护税收、增加财政收入、保证前线军需的重要意义。有的私商将已纳税盐和漏税私盐混放在一起，根据地查私人员和民警要学会测量，估算出某个车船的运载量，然后验讫税票和实运盐斤是否相符，对于多出的走私盐，则根据情节，分别给予补税或罚款，严重的予以没收。据当时统计，偷税、漏税、走私贩私者多是屡犯。这些走私者知道走私十次，即使被查九次，只要一次得逞，就可以保本有余。在我国边远地区，人们普遍流传“盐价和黄金价差不离”的说法，证明了盐在日常生活中的作用和位置。由于敌占区和国民党统治区的统治阶级不顾人民死活，老百姓过着饥寒交迫的日子，而有些私商投机倒把，抢着发国难财，乘机捞取资本。根据地政府对那些走私偷

① 邱平：《华中抗日根据地的特点及其作用》，载中共江苏省党史资料征集研究委员会、江苏省档案局：《江苏党史资料》1985年版，第195页。

税者必须从严处置，决不能姑息养奸，才能确保税收不受损失。

查私缉私，除盐警大队负责外，还和发动群众护税结合起来，组织群众性的缉私小组，由地方民兵、群众积极分子、治安保卫委员联合组成，担任交通要道、港口的查缉任务。因为当地的人民群众对地形、人情熟悉，他们发现情况早，力量也大，所以效果十分显著。他们查缉的私货，除上缴国库外，民主政府还给他们适当的物质和精神奖励，以鼓舞他们的斗志，提高责任感。

（四）同金融犯罪的斗争

汪伪政权建立后，成立了伪中央储备银行，滥发中储券，控制金融，掠夺物资。抗日根据地开辟以后，由于伪币不断流入，造成物资大量流出，伪币法币不断贬值，许多商人乘机发放大量流通券，使根据地人民经济上遭受很大损失。1942 年起，上级党委要求在根据地内禁止伪币，发行流通抗币。盐阜区抗日民主政府根据指示精神，于 4 月 10 日建立盐阜银行，并颁发布告，推行江淮券（抗币），禁止使用伪币。民主政府一方面严令商贾不准将伪币带进根据地，不得印发流通券；另一方面动员群众限期将伪币换回敌占区的物资，或向抗日民主政府换取抗币；同时采取措施，树立抗币本位，提高抗币信誉。对国民党法币，抗日民主政府贯彻执行统一战线政策，暂时允许在根据地流通。但由于法币不断贬值，丧失了流通信誉，后来抗日民主政府也逐步实行限制。

除了限制伪币之外，根据地还严厉打击制作假币犯罪行为。1942 年 1 月，敌伪在对根据地进行疯狂“扫荡”的同时，伪造大量淮海币由敌特机关派人窜入根据地使用，扰乱根据地金融市场。2 月，宿迁沂河大队之一部进至二区边乡搜索伪匪时，在鲍河庙抓获王业顺等二人。从王业顺身上搜出伪造的淮海区五角流通券 1400 张，当即将二人押到县保安科审讯。据供：王业顺是泗阳王圩乡人，受宿迁城敌特机关指使，将伪造的淮海币大批携带到根据地内使用，企图破坏根据地金融市场，扰乱社会秩序。另一同案人是个车夫。县保安科认为案情重大，沂河大队即将二人押送到行署保安处。2 月 28 日，保安处以破坏金融罪将王判处死刑，车夫则教育释放。①

1942 年 10 月，宿迁敌特机关又指使泗沭县冯守清、伍景发和尤传发三人，以做生意为名，携带大量伪造的淮海币，到根据地泗沭县里仁、八集一带使用。三名罪犯很快被泗沭县政府查获，送交行署保安处审理。10 月中旬，保安处将三名罪犯分别押赴伪币使用地点处决。②

伪造的淮海币不仅来源于敌特机关，在根据地内也发现有伪造淮海币的罪犯。1944 年 10 月 13 日，灌云县公安局侦察发现四区富东乡鲍世才伪造淮海币。县公安局派杜法成、黄秀航化装成拾粪的农民突然闯入鲍家，鲍正在印刷假币，被当场抓获，并从其住处搜出骨质票版 10 余块、假币 20 余张。根据鲍交代，又捕获了同谋者三人。鲍犯供称，以前就曾伪造过淮海币的五角流通券，这次伪造的是盐阜银行发行的十元抗币。第一批 30 张已由同谋者徐明才在灌云一带使用，第二批正在印刷。经淮海区公安局批准，10 月 26 日在吴集召开 2000 多人的公审大会，将鲍、徐两名主犯处决，两名从犯被判处有期徒刑。专

① 《伪造流通券破坏金融王业通判处死刑》，载《淮海报》1942 年 2 月 1 日。

② 《冒用伪造淮钞，捣乱金融奸商冯守清等伏法》，载《淮海报》1942 年 10 月 16 日。

署公安局为此通报表扬了灌云县公安局和局长应骠。至此，在根据地公安局的保卫打击下，敌伪从金融上破坏根据地的阴谋破产。

第四节　盐阜区对敌工作

1941 年 1 月，盐阜区党委成立，发动群众，清剿顽匪，建立抗日民主政权，巩固抗日根据地。不久，盐阜区党委又经上级批准，成立专门开展敌军工作的机构，由曹获秋兼任敌工部部长，下设精干的办事机构，高原任科长，后由新四军第三师政治部敌工科科长王央公任副科长。全区所属各县设敌工站（后改为敌工科、敌工部），在区党委敌工部和各县县委领导下开展工作。

新四军军部移驻淮南之前，军敌工部又将三师及七、八两旅的敌工干部转移到区党委敌工部和各县敌工部，充实和加强了盐阜地区的敌军工作队伍。从此，作为党的工作重要组成部分和作为对敌斗争一条重要战线的敌军工作，在大江北岸与东海之滨的广大盐阜地区日益活跃地开展起来。

一、对敌宣传工作

开展对敌宣传是共产党敌军工作的重要手段之一。这也是战时敌工部门的一项常规性工作。对敌宣传有时根据形势发展和任务需要也大张旗鼓地进行，形成强大的政治攻势，通常能收到显著的效果。当时，开展对敌宣传工作主要有以下做法。

（一）印制和散发对敌宣传品

对敌宣传品通常用公开张贴和秘密输送的办法，抓住有利时机如日伪军被围、新四军节节胜利之际散发。新四军曾经将印有各种反战图片的、由在延安的日本反战同盟编印的专门对日寇官兵现身说法的宣传品，通过秘密工作的同志，拿到敌人的据点里散发，引起敌人营垒极大惊恐。日伪军官兵将新四军散发的《通行证》（宣传品的一种）藏在身上，一有机会就连人带枪持证逃跑，到达根据地后，即予以收容宽待，或者资遣，或者改编。

1944 年，临近反攻阶段，新四军对日伪军开展大规模的政治宣传攻势，在宣传品上印有敌我双方兵力消长的图文和对起义投诚人员的若干具体政策，包括各类枪支奖励金额的规定。持械投诚的日伪军日渐增多，对加速敌军瓦解起了有效的作用。

（二）写劝降信

给伪军头目写信指明出路，并将这些信直接送到他们手中，这也是对敌宣传工作的一种方式。例如，阜宁县伪县长王鹤寿在自己的卧室里发现“共军来信”，看到信上写的各项“给出路”政策，对其造成极大的心理震慑。再如，多名伪军头目一夜之间同时收到新四军的感召信，相互猜忌，人人自危。有的头目吓得辞去伪职逃往江南，有的头目从小据点转移到大据点隐匿起来。这些信件产生了巨大威力，对敌人营垒起到了特殊的震慑作用。

阜宁县敌工部通过写离间信，借敌之手，一举将 30 多名汉奸、土匪一网打尽。特务队长周正谷及土匪刘文柱、孔大家一伙，横行乡里，鱼肉百姓，无恶不作，经多次分化争取未能奏效。敌工部部长江华认为，新四军军事力量当时还不能将他们一举消灭，但可用“智取”的方法为民除害。经过周密布置，派遣人员深入敌阵，获取几封周正谷的亲笔信件，由一位敌工干部仿照周正谷笔迹写了一封密告日军情况的情报信，由能经常出入伪军据点的孔宪恒设法将信藏在周正谷卧房枕头套内。次日，另一名内线工作人员又将一封密告周正谷通新四军的信暗地投送到日军宪兵队队长住处，后来周正谷枕内的信被日军秘密搜获，包括周正谷在内的30多名匪徒被日军用机枪扫射，无一生还。

（三）喊话宣传

对伪军除战场喊话宣传不计时日外，在农历大年夜和八月中秋节都会进行喊话宣传。1944年除夕，阜宁敌工部对龟缩在阜宁城内的伪军孙良诚部第五军开展了一次宣传攻势，很有效果。

1944年11月，孙良诚将他属下的两个军开到苏北。第四军军长赵云祥人多枪好，实力较强，驻盐城；第五军军长王清瀚，编制不足，战斗力差，驻阜宁。而阜宁县城地处新四军华中五分区（盐阜区）中心，由于王清瀚部的盘踞，直接阻碍了我五分区六个县连成一片。为了各个击破，新四军将王清瀚作为首先打击的目标。针对伪五军士兵多为北方人远离故土、思乡心切的特点，在围城喊话活动中，配以北方民歌小调，打鼓说书，用奏乐、演唱、喊话轮番进行的方式，宣传抗日战争形势和日本侵略军必然覆灭的结局；宣传共产党宽大政策，敦促伪方人员弃暗投明，立功赎罪。笛声悠扬，楚歌四起，唱一段，喊一段。开始，还听到伪军官制止士兵偷听的吆喝声，后来就听不到声响了。在区联防队和武工队的警戒保护下，喊话活动持续两三个小时。据情报反映，取得良好效果。

1945年4月24日，新四军第三师在师长黄克诚的指挥下，经过两昼夜激战，歼灭了王清瀚七个多团和其他杂牌伪军包括伪保安一、二、三大队，解放了阜宁城。王清瀚残部逃往高邮。

二、搜集情报

阜宁战役狠狠打击了伪军气焰。驻在盐城的伪军头目赵云祥感到孤立无援，朝不保夕。区党委决定把阜宁、射阳、盐城和盐东、建阳五个县的敌工部合并起来，成立大股伪军工作委员会，刘彦德任书记，江华任副书记，江东、季友文等20多位同志任联络参谋，负责对盐城据点的伪军进行上层联络工作和下层策反工作。

当时，共产党在盐阜地区的统战工作开展得有声有色，不少党员打入赵云祥内部工作，其中最重要的有路耀林（任伪第四军军部副官长）、高庆福（任伪第四军四十师谍报队长）、郭鑫和（四十师师长戴心宽的内弟）。淮北区党委派来路耀林的叔父路岩龄联系路耀林，左如桂则专门负责联系伪军下层官兵。他们经常将伪军兵力布置、军事动态和各种情报传递给新四军。

1945年10月底，华中军区集中优势兵力解放伍佑后，为了给赵云祥造成更大的威胁，新四军每天都向盐城开炮，轰击的主要目标为碾米厂和防空洞，即赵云祥指挥部与隐蔽所所在地，这一准确位置是通过打入内线的敌工人员测得的。赵云祥为此惶惶不可终日，但又始终弄不清楚“疏漏”出在何处。这时，华中分局认为劝说赵云祥投诚的时机已经成熟。大股伪军工作委员会即派左如桂进入盐城，通过郭鑫和、路耀林向戴心宽和赵云祥劝

降。赵云祥在大军压境、外援无望之际，决定派郭鑫和与新四军谈判，正式宣布和平起义。

除搜集敌人情报外，敌工部人员还设法控制敌人的情报机构，使敌人不能及时获得根据地的准确情报。伪第五军窜驻阜宁后，新四军针对该军北方人多，对当地地形、地物、语言人事不熟等特点，伺机派员打入其情报机关，结果伪军在阜宁城的四个情报组都被新四军控制。伪军指挥机关每天只能搜集到一些过时的情报或假情报，而伪军方面的真情报却不断传到新四军指挥机关。新四军三师八、十两旅和盐阜区人民武装集结兵力围攻阜宁时，十旅远从淮海地区东调，而部队着装又与当地部队不同（前者黄色后者灰色），目标很大，但由于根据地封锁消息较严，敌人一无所知。

建阳县敌工部也派人员打入日伪内部搜集情报，并控制敌方情报机构。从 1941 年下半年开始，以潘涛为首的地下工作人员包括共产党员徐华，曾一度控制湖垛日军谍报队，迷惑敌人，探知敌军动向，对新四军指挥机关作出正确及时的决策，以打击敌人、壮大自己起到了一定的作用。

战时敌工部门配合部队做好战前准备工作，提供敌军确切情报，包括敌方兵力部署、武器装备、作战特点，乃至据点工事构筑、火力点配置、指挥所和仓库分布情况等，绘出地形图，并从敌方据点内找出稳当可靠的带路人，为新四军带路，以确保根据地军民迅速拔除敌方据点，巩固抗日根据地。

1943 年春天，日伪军集中 2 万多人对盐阜区“大扫荡”，占领根据地大片地方，增设据点 34 处，连同以前构筑的共达 130 多处。在阜宁县境的陈集据点内，全部是日军。陈集是盐阜区的中心，领导机关所在地。日寇侵占陈集后，对根据地威胁极大，盐阜区领导决定拔除这一据点。

当时三师八旅旅长兼盐阜地委书记张爱萍亲自指挥二十三团攻打陈集，要阜宁县敌工部部长江华配合师部情报站确实摸清据点情况。江华接受任务后，依靠边区民兵，待机伏击，捉到几个窜出据点抢劫财物、掳掠民女的日军士兵。由于不懂日语，解交部队审讯；又派人员深夜潜入据点探知敌情，搜集大量情况后，提供给三师八旅。1943 年 3 月 25 日至 26 日，八旅二十三团及旅特务营一连和旅侦察队主攻陈集，并在陈集周围，由二十二团等部队面向甸湖、北沙、十四浦、老浏河、戴桥、新沟一线警戒打援。经过昼夜激战，全歼日军三十五师团林武夫大队的崖畅中队长以下 89 人，打赢了大规模反“扫荡”中第一次攻坚战。

1943 年 3 月 26 日至 4 月 14 日，新四军八旅各团和地方武装，在敌工部门的紧密配合下，先后拔除了建阳、阜东、淮安等县境的花灯头、八滩、北蔡桥、北河、湖垛、青沟、杨集、过五庄、周口、葛庄、荡湾、王港口等据点，乘胜收复了滨海县小尖子，并一度攻克陈家港重镇，使日伪军妄图消灭根据地党政领导机关和主力部队的计划彻底破产。据新四军三师公布的战绩，其间，大小战斗 691 次，收复新老据点 32 处，缴获重机枪 6 挺，轻机枪 26 挺，步枪 2460 支，马枪、驳壳枪、手枪 164 支，各种子弹 21284 发，毙伤和俘虏日伪 3500 余人，我军伤亡 687 人。盐阜区反“扫荡”取得了辉煌的胜利。

三、争取两面派人员　建立两面派政权

（一）争取两面派人员

争取两面派的工作是敌工部门的一项重要内容，是能否打开工作局面的一个标志。争取到的此类人员，即使其不能洗心革面，也可在敌人营垒里为根据地做些工作，对于分化瓦解日伪军、搜集真实可靠的情报有很大的益处。当时，新四军的侦察部门同敌工部门联系最为密切。因为侦察一般只能从外部了解情报，而在敌军内部接上关系，才能得到更加详细的机密，这正是敌工部门的一项重要任务。

1942 年，建阳县东部上冈镇是日伪重要据点，除驻一个日寇中队外，还有伪军一个营，营长姓赵，东坎人，行伍出身，为人狡猾，同根据地建阳县敌工部门有联系，同一师二旅四团敌工部门也有联系，对新四军纯属应付。当时在建阳县敌工部工作的江东曾数度带旧法币去上冈买新闻纸、钢板、油墨等用品。一次采购完毕后，找赵派人送出岗哨，他竟大肆刁难，造谣新四军将新法币送到苏联去。当时由于建立抗日民族统一战线，根据地允许邻近地区国民党纸币流通，但国民党向根据地滥发纸币，冲击根据地市场，影响抗币流通。为此，根据地要求国民党“旧币不用”“一抖三响”“连号码”的方可使用。为了群众不受损失，根据地用抗币将大量旧币兑换过来，再兑向敌人的据点。当时，日伪据点除汪伪的储备券外，法币也可通用，根本不存在赵所说的那种情况。江东痛斥赵的妄言，教育他不可对新四军造谣诬蔑。赵有所醒悟，又怕被人发现他通共，遂连连认错，并派人将江东送出岗哨。

1943 年，江东在建阳县湖垛据点内联络一个王姓翻译。王某是东北人，在湖垛安家，贪图享乐，常要求到根据地买农产品做生意赚钱。考虑到在当时环境条件下，此类汉奸为数不少，他愿与根据地政府接触，即可加以利用。根据地派员和其洽谈之后，经过一番教育，给了王某一次做买卖的便利。他送给新四军情报，把日寇拟作为期三天“扫荡”的计划，包括兵力、线路等详细情况告知。事后证明，情报真实无误。

在湖垛，有一伪乡长名叫陶吉龙，是当地有名的土匪。陶吉龙的小妾被新四军逮捕后，陶吉龙托敌占区士绅季芬到根据地县政府说情。敌工部处理此事时，由江东出面，在季芬家同陶当面交涉，令其做到两条：一不能下乡捉人拉牛，为非作歹，欺压百姓；二要为新四军收买枪支弹药。当他应允条件后，新四军释放了他的小妾。陶吉龙后来为根据地买过几麻袋三八式步枪子弹，下乡骚扰的行动也有所收敛。其间，陶吉龙有过两次越轨行为，政府当即向他指出，使其感到这是对他的一种信任，说“参谋对我真诚，有好说好，有坏说坏”，之后陶又为抗日民主政权做了些有益之事。

（二）建立两面派政权

抗战时期的盐阜地区，在新四军未能控制的地方，伪军构筑工事据点，建立伪政权自称“治安区”，人民群众则称之为伪化区。为了反伪化，新四军敌工部门物色一批普通群众做伪政权的骨干。他们公开的一面是敷衍应付敌人，秘密的一面是为根据地工作。这种政权被称为两面派政权，是反伪化的一种形式，也是在当时特定历史条件下同敌人周旋、斗争的一种策略手段。随着新四军敌军工作的不断深入，特别是武装斗争的节节胜利，反

伪化斗争不断展开，伪政权大部分被改造成两面政权，伪方人员不断逃跑和持枪反正，对敌人的威胁和震动很大。坚持斗争下去，两面派政权也逐步转变为抗日民主政权。

建阳县三区的铁石乡曾经较好地发挥过两面派政权的作用。该乡位于日伪据点上冈和石桥头之间的南部，东西10余里，南北20余里，地形狭长，扼三区、四区、五区的接合部。1942年日寇“扫荡”后，伪胡冠军部又在乔家庄、廖家庄建立据点，基本伪化了整个五区铁石乡（十八团），成为根据地联结三个区的秘密交通线，也是通向盐城的交通枢纽。建阳县敌工部在各区配合下，同该乡的党员丁德仪、廖开飞等一起控制了该乡伪乡长和14个伪保长，有力地配合了边区的对敌斗争。

为反伪化而建立的两面派政权需要不断加以巩固，真正做到有利于抗日根据地。如果原先物色的人员被敌人拉过去反对新四军，那就要千方百计想办法及时除掉，至少也应将其逼到日伪据点里去，使其不敢下乡，不致影响其他人在两面派政权中开展有利于根据地的工作，不致妨碍其他人同新四军接近。在双方拉锯地区的边缘区或游击区，一般不搞两面派政权。当时，抗日根据地的做法是把力量渗透进去，尽可能将日伪政权摧垮，建立我们自己的政权，并积极组织民兵，积极扩大抗日根据地。

四、打入内部分化瓦解敌人

选择得力可靠的与伪方有亲密关系的人打入其内部，利用矛盾，打击和孤立反动顽固分子，广交朋友，争取团结一批人掌握控制敌人的一部分组织和力量，达到分化瓦解、各个击破直至消灭敌人的目的，是对敌斗争的有效方法之一，也是敌工部门的一项重要工作。

1942年，日寇占领阜宁城，对盐阜地区的阜宁、阜东、射阳三县威胁很大。阜宁敌工部和一区配合，物色到一个可靠的“内派”对象，名叫田焕。他是阜宁城人，高师毕业，1929年当过国民党阜宁县羊寨、新沟两个区的区长，后又在抗日民主政权中担任阜东县（现滨海县）财经科科员、司法科科员及沙二截区和潘荡区区署区员，也教过书，在阜宁城内上层人士中有一定影响，人称田大先生。经敌工部门周密安排，他携带家眷逃亡敌占区，不久被委任为伪阜宁县教育科科长，到任后广交朋友，结交“金兰之好”10余人，大多是大中学生的伪职人员，形成了一股力量。田焕利用当时控制阜宁伪政权中行政、军事、警察大权的刘古松、王省贵、朱福林三人之间的矛盾，促使他们“内讧”，结果三败俱伤，有的离职而去，有的被关进监牢。田焕继续担任教育科科长，还兼任行政科科长并代理警察局局长。此后，田焕更是运用各种有利条件，在敌人营垒内部进行有利于根据地的斗争，向根据地输送情报，进行策反工作，对解放阜宁发挥了一定的作用。

阜宁县敌工部派遣严锋、仇学元到日本宪兵队控制的“民众问讯所”工作，利用职务之便，调查伪军政组织机构、人事安排等资料，不断为新四军提供可靠的情报，取得了显著的成绩。

1943年7—8月，建阳县敌工部曾派朱泽打入东夏伪区公所当文书。他进去后，结拜把兄弟，拉“三番子”、收徒弟，联络各方人士，经过半年时间，争取了一个伪军排长，将东夏伪军机炮连（除连长外）全部策反。

1944年夏，抗日战争进入最后阶段，根据上级指示，敌工部门的内线派遣工作大量展开。敌工部门将在伪军中有亲友的人员派到伪军中去，工作重点是鼓动下层官兵开小差，以达到削弱敌人的目的；伪军带枪过来的，一律发奖；派进去的人拖枪回来也给予奖励。一个名叫孙恩山的山东德州人，很勇敢，建阳县几个主要伪军据点，他都去过，有时一天能进出几个据点，每进一个据点，都会拖几条枪回来，人称“拖枪大王”。有的人不仅在阜城拖枪，还到盐城、兴化、涟水等地拖枪，几乎形成“拖枪运动”。阜东县八滩的徐文龙曾去盐城大孙庄据点拖回 1 挺轻机枪、4 支步枪、1 支盒枪。季友文负责派遣的打进敌人内部的同志，共拖回轻机枪、各式步枪、短枪 50 余支（挺）。

我方敌工部门通过内线工作，不仅削弱了敌方军事力量，而且加深了敌军内部矛盾，动摇了敌人军心，伪军内部互相猜疑、防范。当官的怕当兵的通新四军，尤其怕下级官兵带枪逃跑；下级官兵厌战图存，随时打主意另谋生路。这对瓦解敌对势力、配合正规军的军事斗争起到了重要作用。

第四章　淮南抗日根据地的公安保卫工作

淮南抗日根据地泛指淮河以南、长江以北、淮南铁路以东、运河以西、津浦铁路两侧的苏皖地区。其间丘陵起伏，河湖密布，公路交织，津浦、淮南两线贯穿；北与淮北地区隔河相望，东与苏中、苏北毗邻，南与侵华日军中国派遣军总司令部及汪伪国民政府首都南京隔江对峙，北邻伪安徽省省会蚌埠。建设巩固淮南抗日根据地，既可扩大路东、路西根据地并将华中各抗日根据地连成一片，也能为我方在与日伪顽进行的反“扫荡”、反摩擦军事斗争中取得胜利发挥重大作用。淮南抗日根据地建设时期，我党建立各级民主政权、开展群众运动、实行减租减息、组建抗日民众武装自卫组织，与此同时，公安军事、公安保卫等各项工作也得到极大的发展。

第一节　淮南抗日根据地的开辟与发展

淮南抗日根据地由原皖东抗日根据地演变而来。淮南抗日根据地是中国共产党领导的华中敌后根据地的一个重要组成部分。1941 年 5 月，华中局决定将皖东津浦路东和路西两个省委改为路东、路西两个区党委，由皖东党政军委员会统一领导。淮南抗日根据地进入新的发展时期。

一、皖东抗日根据地的开辟

1937 年 12 月 28 日，毛泽东指示周恩来、项英：“高俊（敬亭）率部可沿皖山山脉进至蚌埠、滁州、合肥三点之间作战。”[①] 12 月 29 日，周恩来在武汉主持中共中央代表团和长江中央局临时联席会议，对鄂豫皖红军改编、东进抗战、开辟根据地等进行了一系列部署。1938 年 1 月，周恩来、叶剑英致电毛泽东、朱德、彭德怀：鄂豫皖红军以一部参加新四军整编，余部仍在鄂豫皖边界力求发展，以扩大和发展游击运动。同月，受中共中央委托，周恩来、董必武、叶剑英在武汉向高敬亭等传达中共中央关于开展敌后游击战争、发展抗日力量的指示，要四支队从湖北省黄安县七里坪、河南省确山县竹沟东进抗日，建立敌后抗日根据地，坚持抗日游击战争。

1938 年 4 月，新四军第四支队根据中共中央关于东进抗战的指示，从皖西出发，挺进到淮南铁路以东的巢县、合肥、含山、全椒、和县等地。在皖东敌后“初步开创了舒城、

---

① 《淮南抗日根据地》编审委员会编：《淮南抗日根据地》，中共党史资料出版社 1986 年版，第 19 页。

桐城、庐江、无为地区的抗日根据地”。[①] 1939 年 5 月，新四军参谋长张云逸率部从皖南军部渡江抵达江北，成立了新四军江北指挥部，并组建了新四军江北游击纵队。7 月，新四军以第四支队第八团为基础成立第五支队。同年夏、秋，在以张云逸为书记的江北指挥部前委领导下，经过两个多月的连续作战和发动群众，第四支队开辟了以定远东南藕塘为中心的皖东津浦路西抗日游击根据地，第五支队开辟了以来安县东北半塔集为中心的皖东津浦路东抗日游击根据地。江北游击纵队仍坚持巢县、无为地区的抗战，一部进至和县、含山地区开展抗日游击活动。同年 11 月，新四军江南指挥员陈毅、副指挥粟裕组织苏皖支队北渡长江，向仪征、扬州、天长、六合地区挺进，与第五支队罗炳辉部会师，开辟该区抗日根据地。至此，皖东抗日根据地初具规模。

1938 年 5 月 22 日，中共中央发出《关于徐州失守后华中工作的指示》致长江局，要求立即成立鄂豫皖省委，领导津浦路以西、平汉路以东、浦信公路以南广大地区的工作，武装民众，准备发动游击战争，有计划地建立几个基干游击队和游击区，使高敬亭支队成为这一区域的主力。在津浦路以东、陇海路以南、长江以北的广大地区，应建立一个能独立领导工作的工委，其主要任务为发动游击战争。江苏省委应派一些得力干部去。[②]

1939 年 4 月，党中央指示：“目前我党我军在皖东的中心任务是建立皖东抗日根据地。”中原局命令方毅率新四军第四支队第八团到津浦铁路以东的天长、六合、来安、嘉山开展工作，并命令皖东工委扩大成立苏皖省委。

1939 年 11 月，中共中央代表、中原局书记刘少奇偕徐海东率中原局机关进入皖东敌后，与驻定远藕塘附近的新四军江北指挥部会合。1939 年 12 月和 1940 年 1 月、2 月，刘少奇连续召开中原局会议，贯彻中国共产党六届六中全会关于“发展华中”的方针，并直接指挥皖东斗争。

在反“扫荡”、反摩擦斗争取得胜利之后，中原局不失时机地指示新四军江北指挥部委任皖东各县县长，将鄂豫皖区党委从大别山撤到皖东的千余名干部派到各县，建立各级抗日民主政权。1940 年 3 月 17 日，在刘少奇的直接领导下，定远县抗日民主政府在定远城成立，魏文伯任县长。接着，凤阳、滁县抗日民主政府成立，组成定凤滁三县联防办事处，魏文伯兼主任。在这前后，嘉山、来安、盱眙、天长、高邮、宝应、仪征、六合、淮宝、合肥、和县、含山、巢县、无为等县抗日民主政权相继建立。1940 年 4 月 18 日，津浦路东各县联防委员会办事处成立，贺希明、邓子恢、方毅先后任主任。同年 8 月 1 日，津浦路西各县联防委员会办事处成立，黄岩、童汉璋先后任主任，魏文伯为副主任。津浦路东、路西抗日根据地政令所及人口达 200 万人。

皖东抗日根据地抗日民主政权的建立，开创了淮南地区在中国共产党领导下的新民主主义新秩序和抗日民族统一战线的新局面，公安军事、公安保卫在其中逐渐形成、建立并发挥了积极作用，建立华中抗日根据地的雏形便在皖东津浦路东、路西形成。

---

① 星火燎原编辑组：《解放军将领传（第二集）》，解放军出版社 1984 年版，第 422 页。

② 《淮南抗日根据地》编审委员会编：《淮南抗日根据地》，中共党史资料出版社 1986 年版，第 21 页。

二、淮南抗日根据地的巩固与发展

1941 年 5 月，中共中央华中局根据皖南事变以后的斗争形势，将华中抗日根据地划分为七个战略区，建立中共盐阜、淮海、淮北、路东、路西、苏中、苏南七个区党委和舒（城）无（为）桐（城）庐（江）特委。皖东抗日根据地的路东、路西区党委和舒无桐庐特委统归皖东党政军委员会领导，郑位三为书记。路东区党委以刘顺元、方毅为书记，管辖来安、嘉山、天长、盱眙、仪征、六合、高邮七个县委；路西区党委以黄岩为书记，管辖定远、滁县、全椒、凤阳、合肥、寿县、定东南、含（山）和（县）八个县委；舒无桐庐特委书记何伟、李步新。皖南事变以后，在皖东的江北指挥部所属部队改编为新四军第二师，副军长张云逸兼师长、罗炳辉任副师长、郑位三任政治委员；辖第四、第五、第六旅（分别由第四、第五支队和江北游击纵队改编）及津浦路东联防司令部（独立旅）、津浦路西联防司令部。

1942 年，由于日军频繁而残酷的“扫荡”和“蚕食”，以及国民党李品仙部的进攻，加上严重的旱灾，给皖东抗日根据地军民造成了严重的困难，淮南抗日根据地军民进入艰苦的斗争时期。同年年底，根据地面积缩小到 7200 平方公里。为战胜困难，坚持抗日斗争，根据地实行精兵简政，紧缩机关，充实基层，实行主力地方化，同时开展了大生产运动和整风运动，收到了很好的效果。

1943 年 1 月，中共中央华中局和新四军军部从苏北转移到皖东抗日根据地盱眙县黄花塘，直接领导皖东斗争。1 月底至 2 月初，路东八个县建制被撤销，分别成立盱嘉、天高、来六、东南四个办事处。路东独立第三、第四团和各县武装分编为相应的四个支队。在干部配备方面，盱嘉办事处主任许言希兼支队司令，县委书记岳明兼支队政委；天高办事处主任陈舜仪兼支队司令，县委书记李世农兼支队政委；来六办事处主任江靖宇并兼县委书记、支队司令、支队政委，郑伯川为办事处副主任；东南办事处主任魏然兼支队司令，县委书记祁式潜兼支队政委，办事处副主任郭石、李绳武，支队副司令王义勋。各县委书记、办事处主任均兼任相应武装的军政负责人，成为这个时期公安军事斗争的特色，也取得了军事斗争的胜利。

1943 年 3 月，根据中共中央华中局指示，淮南抗日根据地实行一元化领导，撤销路东、路西区党委，组建淮南区党委，谭震林任书记，刘顺元任副书记辖津浦路东、路西两地委。赵启民、陈光先后任路东地委书记，李世农任副书记；谭希林、黄岩先后任路西地委书记，谭光廷任副书记；同时，成立淮南苏皖边区行政公署，辖津浦路东、路西两专员公署，各级公安组织及县以下武装队伍均随之变动及组建。新四军第二师师长罗炳辉兼淮南军区司令员，谭震林为政治委员，辖路东、路西两军分区。淮南抗日根据地形成了新四军主力部队（军区）、地方武装（军分区）、县级及下辖武装的整体全面的、机动灵活的强大军事力量。

1944 年，淮南新四军转入局部反攻。至 1945 年 7 月，淮南抗日根据地发展到 2 万余平方公里，人口达 280 万人，新四军第二师兵力扩大到 4.4 万人，并在南京城郊建立上元县。第二师在抗日战争中，共歼敌 2 万余人，主力发展到 3 万余人，组织地方武装 1 万余人。

根据1945年8月底的统计，淮南抗日根据地在西起寿县、东至运河、北依淮河、南濒长江的2万多平方公里的土地上，除仪征、全椒、凤阳等县城以及津浦铁路上的临淮关、明光、滁县、浦口等少数城镇尚未解放外，广大城乡均为新四军控制，根据地人口（包括路东、路西）由1942年的120多万人扩大到300多万人。津浦路东辖高邮（兼宝应湖西）、盱眙、天长、来安、嘉山、六合（8月，原冶山县改名六合）、仪征（8月，原仪扬县改名仪征）、甘泉、江浦共九个县；津浦路西辖寿县（淮西）、定合、定凤怀、定远、凤定嘉、滁县、全椒（1944年，原孤山县改名全椒）、巢北八个县。

第二节　淮南抗日根据地公安保卫机构的建立与发展

淮南抗日根据地公安保卫机构早期同样是由新四军锄奸部门发展而来，主要任务是肃反肃特。随着时间的推移，根据地范围不断扩大，各级地方保卫机构也相应建立起来。抗战后期，在华中局的领导下，淮南地方公安保卫机关实行改革，逐渐成为各级政府的一个部门，由各级政府和党委领导，改变了过去军队垂直领导的状况。

一、公安保卫机构的设立与演变

淮南抗日根据地公安保卫机构是由军队发展到地方，并随着抗日战争形势发展、变化而逐步演变和发展的，大体经历了调查统计科、军法处、联防保安处、公安局四个阶段。

皖东新四军的保卫组织最初沿用国民党军统组织系统的名称，支队设调查统计科，团设调查统计股。五支队调查统计科由政治部主任方毅兼任科长，四支队调查统计科由李森启负责。

1939年8月，新四军军部派梁国斌到定远藕塘新四军江北指挥部任常驻巡视员。邓子恢和梁国斌研究了江北部队的保卫工作，决定先举办锄奸保卫训练班，培养一批锄保工作骨干，再正式建立保卫机构。8月底，梁国斌到路东五支队驻地来安半塔集，举办了一期有20多人参加的锄奸保卫训练班。同年10月，梁国斌回到藕塘江北指挥部，组建了江北指挥部军法处，下设侦察科、教育科、审讯科、执法队。梁国斌任军法处主任，瞿道文任侦察科科长兼教育科科长，李华任审讯科科长，陈庭槐任秘书，执法队指导员为陈建武，执法队有100余人。因为当时尚未建立地方政权，军法处兼管地方治安保卫工作，设立了地方工作科，李森启任科长。①

江北指挥部军法处是军队内部的保卫机构，其主要任务是在军队内部进行肃反肃特，防止和打击奸细敌探混入新四军内部进行破坏活动。军法处成立后，从军队和地方抽调干部，分期举办锄奸保卫训练班，培养保卫干部，为建立地方各级保卫机构做好组织准备。

1940年3月至6月，淮南抗日根据地津浦路东、路西各县抗日民主政权相继建立，同时设立了专门保卫机构。路西各县设保安科，路东各县设军法室。路西各县保安科长分别是：滁县韩融，定远县付科，肥东南县岳炎（严佑民）；1940年10月，成立凤阳县，岳

---

① 黄明东：《开辟淮南抗日根据地的初期情况》，载上海市新四军暨华中抗日根据地历史研究会：《华中抗日斗争回忆（第五辑）》，百家出版社1987年版，第171页。

炎任保安科长。路东各县军法官分别是：天长县江利申（1940年7月后由林青接任），来安县王凌青，嘉山县童钧，六合县常布础，盱眙县李森启，仪征县芦平（后卫震东接任），高邮县特派员卫震东，半塔直属区特派员张竞。

各县保安科或军法室由江北指挥部军法处领导，与县政府、县武装总队平行。县以下设区特派员、乡情报员，系垂直领导。保安科或军法室除保安科长或军法官外，还配有科员若干名，分别负责侦察、审讯、秘书等工作；并配备一个警卫排，约30人，负责看押人犯、保卫机关等工作。

1939年年初，中央书记处关于在党内成立社会部领导锄奸工作的指示下达后，津浦路东各县设立了社会部，由军法官兼任社会部部长。社会部和军法室实际上是两块牌子、一套机构。根据中央关于“特委和县委如没有可靠干部，没有工作保障条件，暂不普遍设立社会部”的精神，路西各县没有设立社会部。

二、联防保安处、县保安分处的设立

1940年10月，国民党顽固派发动第二次反共高潮。次年1月，制造了震惊中外的皖南事变。淮南根据地周围的日伪顽在军事上对淮南根据地频繁发动进攻，在政治上积极推行其“内奸政策”。他们不仅派遣大批奸细、特务潜入根据地，秘密建立特务组织和特工据点，在根据地党政机关进行暗杀、投毒、窃取情报等破坏活动，还派遣高级特情策反新四军和根据地的军政要人。面对如此复杂的斗争形势，军队内部保卫机关——江北指挥部军法处难以全面领导根据地锄奸保卫工作，尤其是对涉及地方上的国民党特务案件更难查办，一旦查办，国民党第三战区就以“破坏统一战线”向新四军军部提出抗议。为了适应斗争形势的需要、保卫抗日民主政权、及时有力地打击日伪特务和国民党特务的破坏活动，江北指挥部决定成立淮南津浦路东、路西联防保安处，统一领导地方各县的锄奸保卫工作。

1940年10月，淮南津浦路西联防保安处正式成立，由黄岩兼任处长，1940年年底，许震接任处长，副处长由付科担任。保安处下设侦察、审讯、教育三个组和一个警卫大队。保安处机关先后驻定远县邓家圩、牛角头冲和藕塘邱陈村。

1941年1月，以江北指挥部军法处地方工作管理科为基础，成立淮南津浦路东联防保安处，处长梁国斌，副处长李森启。1941年年底，梁国斌调新四军保卫部，由李森启接任处长。联防保安处下设侦察、审讯、秘书、总务四个科和一个有60多人的警卫大队。保安处机关驻天长县天王寺。

淮南津浦路东、路西联防保安处隶属江北指挥部军法处领导，在党内分属路东、路西省委领导。1941年1月皖南事变后，新四军江北指挥部所属部队改编为新四军第二师，二师设立锄奸部。同年5月，淮南抗日根据地津浦路东、路西省委撤销，成立路东、路西区党委。这时，路东、路西联防保安处属路东、路西区党委及二师锄奸部双重领导。

随着淮南津浦路东、路西联防保安处的成立，所属各县保卫机构也相应改变名称。路东各县军法室均改称保安分处，军法官改称保安分处主任。各县保安分处主任分别是：天长林青（现名林长青）；高邮李道明，6月以后由黎克接任，1941年10月黎克投敌后由李永海接任；盱眙马明山；嘉山江利申，1941年7月由李道明接任；仪征卫震东；来安王凌青；六合常布础；半塔中心区钱进。1942年12月，直二、直三、直四三个区合并成立冶山县（1943年2月撤销），保安分处主任江利申。

路西因行政区划的调整，保卫机构也随之变化。有的县称保安科，有的县改称保安分处。1941年7月，滁县、全椒合并成立滁全县，原滁县保安科改称滁全县保安分处，主任是李华封，1941年12月后，由章凌霄接任；凤阳县保安科科长胡克扬，1941年7月后，由李强即严少陵接任；定怀县保安分处主任韩融。1942年3月，凤阳、定怀两县合并成立定凤怀县，原两县保安科合并，成立定凤怀县保安分处；1942年3月，定凤嘉县成立。各县保安分处（保安科）内设侦察科、审讯科、总务科、看守所和警卫队，警卫队一般配有三四十人。县保安分处有捕、杀、押、罚等权力，是县“三巨头”之一，分处主任参加县政府行政委员会、县政会议和党团会议。

三、各级公安机构设立

1942年11月，华中局在苏北阜宁召开锄保工作会议。会议决定，为适应政权民主化和领导一元化的要求，把过去各根据地带有军队性质、垂直领导的保安处改为公安局，明确规定公安局是抗日民主政权维持社会秩序的机关，隶属各级抗日民主政府领导，定期向政府汇报工作。会议总结了过去锄保工作中存在的孤立主义、神秘主义和保卫机构垂直领导弊多利少的教训，要求把反敌探奸细的斗争作为全党、全军的重要任务，纠正过去把反敌探奸细斗争全部推给锄奸保卫部门的偏向。

会议结束后，为贯彻中央“精兵简政”的指示，实现淮南抗日根据地一元化领导，华中局决定成立淮南区党委和淮南苏皖边区行政公署，下辖路东、路西两个地委和路东、路西两个专员公署。在此期间，根据地各级锄奸保卫机构相应发生了变化。

1943年2月，津浦路东联防保安处改称津浦路东专署公安局，杨家葆任局长，1943年5月由林道生接任，郑从政任副局长（1943年8月调路西），1945年5月由副局长洪沛霖主持工作。专署公安局下设侦察、审讯、秘书3个科和1个警卫连。

1943年2月，津浦路西联防保安处改称津浦路西专署公安局，许震任局长。同年5月由杨家葆接任（至1944年上半年），郑从政任副局长（1944年下半年任局长）。专署公安局下设侦察、审讯、内勤三个科和一个警卫连及看守所。

1943年2月，津浦路东撤销八县建制，成立盱眙、天高、来六、东南四个办事处，各办事处下设公安局，黄克任盱嘉公安局局长（3月洪沛霖任局长，黄克改任副局长），林长青任天高公安局局长，王凌青任来六公安局局长（1944年4月由常布础接任），曹俊吾任东南公安局局长，李声振任直一区公安局局长（1943年9月，直一区撤销）。公安局下设侦察科、审讯科、看守所和县警卫排，警卫排负责警卫和看守工作。

1943年2月，津浦路西各县保安分处（保安科）均改为公安局。各县公安局局长分别是：滁县章凌霄、定凤怀县韩融、定凤嘉县胡克扬、定远县林菲、淮西县（寿县）李声振。“各县公安局只设局长1人，科员2人。”① 1944年9月，为适应战略反攻的需要，淮

① 津浦路西地委：《关于精兵简政后人员编制的决定》，1943年版。《公安史资料·淮南公安长编》，1989年版，第13页。

南区党委决定撤销津浦路东四个办事处，重新恢复八县建制，设立八县公安局。各县公安局局长分别是：天长林长青、高邮田烈、盱眙马明山、嘉山黄同、冶山曹俊吾、仪征宋华、甘泉洪沛霖、来安常布础。

1943年2月，由于根据地实行精简机构和一元化领导，因此路东、路西地委和专署没有另设机关，而是分别与路东、路西军分区合署办公，地方和军队的保卫机构也合并办公。路东专署公安局和五旅锄奸科合并，路西专署公安局与六旅锄奸科合并。1943年秋，部队调动，路东公安局和四旅锄奸科合并，路西公安局和五旅锄奸科合并。公安局和锄奸科合并办公后，因地方公安工作和军队锄奸工作在任务和工作对象上不尽相同，故虽是一个机关，但实际工作职能依然分开，部队管部队、地方管地方，不久后公安局和锄奸科又分开了。

根据华中锄工会议《关于华中局民主政权锄奸工作的决定》的规定，从1943年起，淮南抗日根据地各级地方公安保卫机关均为各级政府的一个部门，名称改为“公安局”，隶属各级政府和党委领导，改变了过去垂直领导的状况。这一重大改革对以后公安保卫工作产生了重要的影响。与此同时，区、乡特派员、情报员也改归区、乡政府统一领导，取消了过去的秘密网员。

第三节　淮南抗日根据地锄奸保卫工作

面对复杂的斗争形势，淮南根据地各级保卫机关灵活地执行党的锄奸政策，在重点打击日本特务的同时也对国民党特务的破坏活动进行了坚决斗争。淮南抗日根据地自上而下建立多种公开的和秘密的锄奸组织，形成严密的锄奸网，开展群众性锄奸工作，使敌特无处藏身。同时，公安机关在多方配合之下及时镇压地主暴动，保障了根据地的安全。

一、锄奸反特斗争

淮南抗日根据地处于敌后三角斗争形势中，随时需要应对日军、伪军和国民党顽固派的夹击。国民党顽固派在皖东地区势力深厚，东有国民党江苏省政府主席韩德勤部，西有桂系军李品仙部。同时，皖东地区封建帮会组织普遍，土匪、流氓活动猖獗，抗战爆发后，他们中的一小部分成为日伪汉奸，大部分则为国民党顽固派的基础。因此，“顽特的活动超过了日特的活动，使我们的注意力不能全放在民族敌人身上，大部分力量不得不放在顽特身上”。

（一）灵活执行锄奸政策

1941年，中央社会部《关于锄奸工作的指示》明确指出，锄奸工作的主要任务是：“保卫抗日政权，保证一切公民的民主权利；在保障各地抗日党派的合法民主自由的原则下，坚决镇压敌特、汉奸与少数阴谋破坏分子，达到维护社会安宁，巩固抗日根据地的目的。”同时，中央社会部又对锄奸政策做了明确规定：必须根据党的统一战线方针，“联合多数，打击少数”，反对锄奸工作一般化；根据党的民主政治的方针，严禁乱捕、乱杀和刑讯逼供，“不放过一个敌探，不错办一个好人”，反对锄奸工作扩大化；根据党的打击主要、争取胁从、各个击破、分别处理的方针，“不放过一个敌人，不制造一个敌人”，反对锄奸工作简单化；根据党的巩固组织的方针，以厉行肃清内奸为主要任务，但又要“不放过一个奸细，不冤枉一个同志”。

针对这种情况，淮南根据地各级保卫机关在锄奸工作中灵活地执行党的锄奸政策，争取多数，打击少数，镇压主犯，争取胁从。对那些具有合法活动权利的国民党、三青团组织和拉杆自卫的土顽武装规定了一些具体政策，并根据形势的变化而采取不同对策。如太平洋战争爆发后，日伪军为强化其占领区统治，组织“清乡”运动，强化保甲，反复进行“扫荡”“蚕食”，并以其特务活动作为军事活动的先锋，即所谓“军事未动，特务先行”。而此时，国民党顽固派制造的“摩擦”经新四军多次打击，有所收敛。针对这种情况，根据地保卫机关适时提出“以反日特为主，但不放松对国特的斗争”的方针，并制定具体政策。

第一，认清日寇是主要敌人，把日特和国特区别开，把国特中的一般情报人员和破坏分子区别开，不要把顽固分子当成汉奸、敌探，不要将一切国民党人士都当成特务人员。

第二，对国民党、三青团组织则公开宣布，只要做到参加抗战、不反共、不违反抗日民主政府法令，就可以合法存在；并将集体加入国民党、三青团者和个别加入者相区别，要争取、影响一般国民党员、三青团员；对进行一般反共宣传活动的，与其谈话，制止其活动；对主要骨干分子和有明显破坏活动的，则根据其所犯条律依法处理，不以“国民党”或“三青团”论罪。

第三，对土顽及地主武装中坚决反共者，则坚决消灭之；争取利用与敌伪无关系者或其下层、附从人员；对国民党军人的家属，只要不参加反共活动，则以抗属优待。

第四，对封建道会门组织，则根据其不同的政治背景区别对待：为日伪服务的，解散其组织并扣留其首领；与反共派有关系的，不承认其组织的合法性，坚决反共者则解散其组织；对一般封建组织采取不公开反对也不帮助其发展、实行逐步瓦解的办法，与其首领建立关系，争取下层群众，争取其参加抗战。①

1943 年，世界反法西斯战争形势发生重大变化。中国共产党领导的抗日军民开始向侵华日军发起反攻，淮南根据地形势逐渐好转。此时国民党利用共产国际解散的时机，狂叫“解散共产党”，并掀起了第三次反共高潮。

淮南抗日根据地周围的国民党顽固派军队蠢蠢欲动，一面企图以军事力量向根据地施加压力，一面大肆进行特务间谍活动，并确定“党特合一”“团特合一”的方针。这样，根据地内的国民党、三青团组织名义上是党派组织，实质上其“各级领导机关已变成了特务组织”。对此，根据地各级公安保卫机关根据中共中央的指示，及时调整锄奸工作的方针政策，对根据地内的国民党、三青团组织采取了“坚决扑灭其组织”的措施，而对参加特务组织的成员，则针对不同情况采取不同政策。

正如梁国斌 1942 年 2 月在《锄奸工作报告》中所述：“反革命的破坏活动是有时机性的。因此，我们对付反革命也是有时机性的，是根据党中央的政策和当时、当地的具体实际情况而定的。”在当时敌后艰苦复杂的斗争环境下，有的人听信所谓“共产党、新四军不行了”“中央军要过来了”“再跟新四军干就要杀头”等谣言，被欺骗、胁迫而参加了

① 《公安史资料 · 淮南公安长编》，1989 年版，第 24 页。

特务组织；有的是被金钱、升官所诱而当了特务。这些人只要真心悔悟、洗心革面、重新做人，根据地公安保卫机关对他们都既往不咎、给予自新之路；但对那些顽固与共产党、新四军为敌的则坚决打击，即惩办主犯，争取胁从。

（二）构建严密锄奸网络

淮南抗日根据地从开始创建，就逐步自上而下建立起多种公开的和秘密的锄奸组织，到1941年年底已基本形成严密的锄奸网。

一是确定专门机构或人员具体领导锄奸工作。除了保安处和各县保安分处外，各区特派员、乡情报员、检查站等都是以公开的身份负责领导和检查锄奸工作，动员广大群众参加锄奸运动，搜集综合各地具体情况，研究锄奸工作对策。

二是布建干探。干探即布建在各县、区、乡、各机关、各阶层内部的秘密锄保人员，每乡设立1至2名。干探除了在内部进行侦察外，还担负审查干部工作，一季度审查一次，详细填写被审查人员履历表，注意从中发现可疑情况。战时是奸细、敌探及动摇变节分子活动的机会，因此，干探特别注重战时的审查工作。

三是秘密设置工作网员，即锄奸网员。工作网员是秘密锄奸网分布在各个地方的锄奸骨干，是保卫工作强有力的基础。工作网员强调挑选那些忠于党、忠于革命事业、立场坚定、斗争坚决彻底的党员担任。有的是物色好对象，经过调查考察，吸收为党员，然后向其交代任务，发展为锄奸网员。1942年，定凤怀县保安分处主任韩融派孙武等9名同志到定六区发展秘密网员，重点在敌人周围、交通线附近和网员空白地区物建。孙武等同志经过三个多月的工作，发展了20多名锄奸网员。

四是建立群众性锄奸委员会（组）。锄奸委员会（组）是按各种群众团体、各种不同的抗敌协会的组织系统建立起来的，是党领导下的基层群众锄奸组织。

五是设置党的基层保卫委员会（组）。这是党内基层锄奸组织，由党的省委、县委社会部领导，与政府系统的锄奸组织血肉相连，工作任务和目的完全一致。

六是确定指导探。指导探一般由做侦察工作的保安人员兼任，负责指导和帮助各地保卫组织，分区管理教育锄奸组织，调整群众、政府、军队之间的锄奸工作关系。

七是慎重选择坐探。坐探是以各种职业为掩护、长期埋伏在敌占区固定地点的侦察人员，其主要任务是了解当地各种情况，时机一到，里应外合，造成敌人内部混乱。这类人员的选择相当慎重，要求能掌握适应工作需要的一项或几项技术，实行单线联系。

八是选配行动探。行动探是专门行动人员，随时可以派往敌占区执行单项任务，并限期完成，及时汇报。①

据统计，截至1941年8月，淮南津浦路东联防保安处在天长等四县，布建干探51名，其中天长20名、六合11名、来安12名、盱眙8名，同时，分别在来安、嘉山布建了工作网员、行动探、指导探、坐探。

1942年春，以国民党第五战区督察专属（驻全椒县古河镇）为靠山的盱眙县西高庙反动地主丁星吾，同一批反动分子勾结，密谋于夏季联络“反共军”攻打新四军。某天，某乡一位根据地秘密锄奸网员到盱眙城南一家杂货店买东西，发现柜台上放着一封信，收

---

① 路东联防保安处：《锄奸组织工作报告》《关于交通与侦察工作布置》，1941年版。

信人是“西高庙丁星吾”，落款是全椒古河。这位锄奸网员立即向区特派员方浩汇报。方浩即令该网员冒充丁星吾的派员，抢在丁星吾之前将信取回。当晚，保安处人员用碘酒显现出信的密写内容，“令丁星吾，以一挺机枪等武器，组织四十里桥、马湖店、岗村、马坝一带进行第二次暴动。秦庆霖”。第二天，保安处即将丁星吾逮捕，粉碎了这起暴动阴谋。该案审理结束后，丁星吾被处决。

滁县施集乡秘密网员何令兰（女），直接受保安分处侦察科科长江屏领导。1941 年冬的一天，何令兰以卖香烟为名，住在其姑母家，其姑父余继凡是伪区长，伪军大队长余德沾也在余家。有一个探子向余德沾报告：“共产党县政府搬到大碓窝住下了，有 100 多人。”余德沾看了看地图说：“明天带人把他们干掉。”何令兰在内屋听到，连夜赶到大碓窝，向县长蔡家璋报告，县政府及时撤离。第二天，敌人包围了大碓窝，扑了空。

定远县王回岗回族自治区回民大队副大队长王邦清给在顽匪牛登峰部的一个亲戚写信，准备里应外合，把回民大队拉过去投敌。送信的人是根据地特派员物建的秘密网员。这名网员立即把信交给特派员转送定远县保安科。保安科及时报告县委，采取了果断措施：一方面派人观察回民大队的情况，防止被拉走；另一方面以县委名义把王邦清调出学习，查清问题后再处理，从而避免了一起叛逃事件。

开展锄奸工作，必须广泛动员和组织群众，开展普遍宣传，使广大抗日群众了解锄奸工作的意义，真正形成群众锄奸运动人人留心，个个注意，才能使汉奸特务无处藏身，以达到肃清奸特、保卫根据地安全的目的。

（三）开展群众性锄奸工作

淮南抗日根据地创建初期，由于锄奸组织实行垂直领导，加上敌情、社情十分复杂，锄奸工作普遍存在特殊化和孤立主义的现象。一些锄保干部过分强调锄奸工作的特殊性，认为锄奸工作只是少数人对付少数人，只要依靠少数人的聪明才智就行了，而不了解这是代表广大抗日军民对少数敌探、汉奸、破坏分子的镇压，只有动员全党及广大人民群众积极参加，才能完成锄奸工作任务。一些锄保干部的错误认知，导致其他行政部门、群众团体及人民群众也认为锄奸机关是特殊机关，对锄奸工作不了解、不认知，也不敢过问。

1942 年年底，华中锄保会议后，淮南根据地锄保干部提高了对群众锄奸工作意义的认识，通过多种形式发动群众、组织群众，把反奸细斗争变成群众性运动，加强与各方面联系，认真纠正锄奸工作神秘、夸大、片面、孤立的作风。1943 年 9 月，新四军保卫部在苏北阜宁举办一期锄奸训练班，专门研究什么是群众锄奸工作、怎样发动群众等问题。淮南根据地专署公安局局长和军队锄奸科科长及以上干部参加了这期训练班，收获很大。淮南抗日根据地各级锄奸保卫机关从此把“动员民众，组织民众，广泛进行群众性锄奸运动并教育指导之”作为一项重要任务，做了大量工作。

第一，广泛发动宣传。在各级党组织领导下，锄奸保卫机关分别在机关、群众团体及行政乡、村中召开支部会，群众代表会，青抗、农抗和妇抗会以及全体村民大会等，反复宣传开展群众性锄奸工作的意义，并把锄奸工作同群众的切身利害关系结合起来，如提出“当地无鬼不生灾”“反对偷鸡摸狗不务正业的街溜子”“除了坏人，才能过个太平年”等口号，联系当地流氓、小偷、土娼、小土匪作恶的事实，用通俗的语言说明“这只是小祸害，而敌探、汉奸才是大祸害”“小祸害是大祸害的基础，大祸害又保护小祸害，利用小

祸害”“只有消灭了大祸害，才能从根本上消除小祸害”等道理。这样，极大地调动了群众反对干坏事、反对敌探汉奸破坏活动、踊跃参加锄奸斗争的积极性。

第二，宣判汉奸、敌探罪行，提高群众警惕性。各级锄奸保卫机关利用乡、镇逢集机会，召开群众大会，宣判汉奸、敌探罪行，进行公开处决，以打击敌特气焰，教育群众提高警惕。1944 年 2 月 8 日，东南办事处在谢集召开 4000 多人参加的民主裁判大会，公审汉奸谢正安。与会群众踊跃上台发言，历数谢正安“当二鬼子（伪便衣）多次带人潜入根据地绑票架人、敲竹杠”等罪行，一致要求将谢正安枪毙。执行后，东南办事处公安局局长曹俊吾在大会上讲话：“这次大会圆满成功，充分表现了群众锄奸精神”，并说“加强民兵组织，打更放哨，盘查汉奸，清除坏蛋，是男女老少应尽的责任”。

第三，建立群众性锄奸组织，公开公安治安管理工作。淮南抗日根据地各地建立的群众性锄奸组织如下：

其一，治安委员会和锄奸小组。治安委员会是在乡行政委员会领导下的与群众相联系、不脱离生产、带有群众团体联席会议性质的群众锄奸组织，由公安机关和区特派员领导。乡以下以行政村为单位建立锄奸小组，由治安委员会领导。治安委员会和锄奸小组的主要任务：动员教育人民群众，提高警惕性，防止敌探、汉奸及一切破坏分子阴谋活动，广泛开展锄奸运动；特殊时期（在战时）、特殊地区（如边区、游击区）要协助政府进行锄奸保卫工作；协同武装委员会在各乡普遍训练抗日自卫武装与模范队、儿童团，并进行锄奸教育。

其二，公安派出所和民警队。根据地在大集镇建立公安派出所和民警队，任务是公开检查户口、船只、饭店、邮局、来往行人，以及各种特殊场所和行业，以维护集镇社会治安，进行反敌探奸细斗争。

其三，盘查哨、水陆检查站、临时检查组。这些组织建立在根据地边沿地区，对交通要道实行公开监视检查。

其四，模范队。根据地把过去地方武装性质的“模范队”扩大为群众性的锄奸组织，规定根据地内凡 18 岁至 45 岁的青壮年都要参加模范队，编成若干小组，按“10 日轮换制”在乡里巡逻执勤。其任务是维护治安、监督坏人、保证通信联络畅通。

其五，三哨，三队。根据地广泛组织“三哨”即瞭望哨、盘查哨、村前哨，“三队”即模范队、青年队、自卫队，开展联防活动，以防止汉奸特务潜入根据地进行破坏活动。1942 年《新路东日刊》专门报道了仪征县七区“三哨”“三队”活动的经验。

由于各级公安机关和广大保卫干部改变了过去只依靠少数专职干部进行锄奸工作的状况，积极开展群众锄奸工作，使锄奸工作立足于基层，因而根据地锄奸工作面貌发生很大变化。根据地内居民家来人，居民主动向保卫干部报告；对可疑人员，邻近群众自动监视；根据地通往敌占区的要道口遍布民兵、儿童团，检查往来行人，发现敌探、奸细及时报告或捕获；根据地组织群众对反革命分子进行搜查；等等。这些举措不仅使一些反革命、敌特难以活动，保证了根据地的安全，同时也提高了根据地群众的警惕性和革命觉悟。

群众锄奸工作的深入，不仅密切了锄保干部和群众的关系，一些群众在关键时刻还挺身而出，冒着风险保护锄保干部。1943 年秋，来六办事处公安局警卫排一名战士押着一个汉奸到后方去。那个汉奸途中挣脱了捆绑的绳子，抢走小战士的枪，向敌占区逃跑。小战士边追边喊“抓汉奸！”中所乡群众王秀英正在田里干活，听到喊声，伏在路边，等那个汉奸跑到面前，冷不防冲上去，一扁担把他打倒。王秀英的事迹曾在来六地区广为流传。1945年4月，冶山县公安局局长曹俊吾到八百街执行任务，住在吴在金开的旅馆内。一天上午，日伪军突然包围八百街，戒严搜查。在这紧急时刻，吴在金让曹俊吾留下手枪，化装撤离。后吴在金将手枪藏在炉膛草灰中，躲过了敌人的搜查。事后，曹俊吾写信赞扬吴在金“不贪生，不怕死，爱国家，爱人民”。

（四）严惩汉奸、特务

日伪顽不断派遣汉奸、特务在根据地内进行窃取情报、制造谣言、暗杀、投毒等破坏活动，对根据地的安全造成很大威胁。如敌特奸细造谣煽动说“新四军不合法，新四军是逃兵”等，甚至冒充新四军抢劫财物、奸淫妇女，致使有的区、乡在扩军时，一个新兵也招不到。根据地各级保卫机关积极采取针对性措施，开展了镇压汉奸敌探、打击“资敌”、开展“筹粮筹款”等活动。

一是严厉打击为虎作伥的地方汉奸。

1940年下半年，滁县保安科发现花山区孙家岗的王什龙经常与日伪特务吴浩来往。后经侦察证实，王什龙也是伪特务，其任务是收集情报。敌人根据他提供的情报，经常出动部队袭击抗日根据地。滁县保安科遂将王什龙逮捕并处决。

1941年12月，日伪军占领凤阳殷家涧。当地绅士施某指使地痞、流氓，组织维持会，搜集凤阳山区情报，对根据地造成很大威胁。凤阳县保安科趁殷家涧逢集的机会，派人在当地积极分子协助下击毙了施某，拔掉了这颗大钉子，震慑了地痞、流氓，使他们不敢再轻举妄动。

对根据地内的秘密反动组织，经调查掌握确凿证据后，根据地保卫机关采取打击其为首者、争取教育胁从的政策。1941年秋，凤阳县殷涧乡刘席珍受敌人派遣，以教书为掩护，潜入路西根据地凤阳县中心区戴庄，拉拢青年学生多人，组织反共团。这一活动被锄奸网员发现并报告保安分处，分处立即派人侦察，密捕了几个被发展的学生，获取证据后，将该组织一网打尽。组织者刘席珍被处决，其余人员教育后交保释放。

二是严惩内部叛变投敌分子。

1940年秋，定远县德胜乡乡长李忠和乡助理沈汉五勾结县长沈厚之，企图破坏党的基层组织、带枪投敌。经定远县保安科侦察，将李、沈二犯抓获，处决于藕塘。

1942年春，定远县日伪军五六百人奔袭凤阳县政府常驻地棋盘路赵庄。因降一夜大雪，日伪军拂晓前行至杏村凹村时迷失方向，人困马乏，不能前进。凤阳县政府此时驻曹家店，战斗部队有200多人。乡长宋墨西知道敌人行动情况后，不仅不向县政府报告，还为日伪军烧火做饭，给马匹添加草料，帮敌人摆脱困境，使根据地武装部队失去一次歼敌良机。县保安科侦悉后，将宋墨西逮捕镇压。

1940年，原凤阳总队中队长宋长久率小股武装到淮南沿县活动，被伪军王虎臣捕获后，秘密投敌叛变，充当奸细。宋长久返回部队后，为敌提供情报。1942年春，定凤怀县保安分处侦悉后将其处决。

1943年6月，国民党掀起第三次反共高潮，调集军队准备向陕甘宁边区进攻。在中共

中央、根据地军民和全国人民的强烈抗议以及国际舆论的反对下，第三次反共高潮被制止。国民党顽固派的军事进攻虽然被迫停止，但在政治上加紧了反共活动，而且越来越公开化。他们直接、间接地配合日伪军进攻抗日根据地，与日特、汪特合流，在根据地内进行暗杀、投毒、破坏学校、组织武装叛变、组织暴乱等活动，达到其“顽化”“伪化”的目的。在淮南区党委和路东、路西地委的领导下，从 1943 年下半年开始，在整个淮南根据地开展了一场声势较大的反对国民党特务的斗争，各级公安机关则是这场斗争的具体办事机构。

针对国民党特务的破坏活动，根据地公安保卫机关采取了以下严厉措施：

其一，摧毁其组织。公安保卫机关对根据地内发现的国特组织，毫不犹豫地予以摧毁，包括其领导机关、情报机关、通信联络及武装组织等。1943 年 6 月，盱嘉办事处公安局发现自来桥小学有人散布反共谣言，遂将秘密党员纪益坤、黄某某分别以校长、教导主任身份派进学校，经侦察了解到一个以教导主任林泽民（原系中共党员）为首的 10 余人的地下三青团组织。盱嘉公安局将其成员逮捕，林泽民逃跑投敌。

其二，镇压其活动。公安保卫机关对造谣惑众、刺探军情、放毒、暗杀等活动的现行犯及军事间谍予以严厉镇压。

其三，政策分明。公安保卫机关对那些主动向政府坦白自首的人（包括一般特务和内部奸细）采取宽大政策，少捉不杀；对那些被利诱、威胁、欺骗的失足青年，则采取争取与挽救的政策。1944 年，淮南津浦路西公安局共逮捕国民党特务 399 人，逮捕日、汪特务 177 人。[①]

二、镇压地主暴动

（一）地主暴动基本情况

1940 年 4 月，淮南津浦路东联防办事处成立后，颁布了“减租减息条例”。该条例规定，三七分租，分半给息，老债停息还本，取消无偿劳动，取消国民党的一切苛捐杂税等。随后，路东联防办事处往各县派去大批干部，发动群众，开展减租减息斗争，同时还开展了惩治汉奸、组织农会等方面的工作，为根据地的发展打开局面。

一些反动地主迫于形势，表面上拥护民主政权，执行“减租减息条例”，实际上心怀不满、伺机蠢动。地主武装与敌伪顽匪相互勾结，对根据地频繁袭扰，甚至组织叛乱。而抗日民主政权尚在建立初期，政府机构不够健全，地方武装力量不够强大，群众还没有被广泛地发动起来，在斗争形势严重恶化时还不能仅依靠群众镇压敌人、稳住形势。在这种形势下，保安机关配合武装部队开展反霸斗争、镇压地主暴动，是当时艰巨的斗争任务。

1940 年 7 月，淮南抗日根据地发生了震动整个苏皖边区的反动地主武装暴动。国民党反共顽固派利用抗日民主政权初建、基层政权尚未巩固、新四军主力部队开赴苏北地区配合苏中地区反摩擦斗争的时机，韩德勤派出两个团的兵力，策应马坝、大通、古城、屯仓

① 《公安史资料·淮南公安长编》，1989 年版，第 35 页。

等地的地主武装暴动。[①] 盘踞在宝应湖西岸金沟、龙岗一带和长江沿岸的特务武装“忠义救国军”，配合仪征各地的刀会暴动，向铜城、天长、六合等地进犯；津浦铁路两侧的特务武装周小藩、梁竹荪等部，窜到来安县境策应屯仓暴动，形成了东西呼应、里应外合、四处蔓延的态势。暴徒、特务们散布谣言，扰乱民心，收缴民枪，捣毁基层抗日民主政权，妄图将新生的抗日民主政府扼杀于摇篮之中。自暴动开始，新四军江北指挥部和八县联防办事处在刘少奇的正确领导下，及时进行紧急部署，号召党政军民立即行动起来，坚决镇压地主武装的暴动。地主暴乱很快被平息，根据地恢复了正常社会秩序。

1940 年至 1941 年反动地主武装暴动的基本情况如下：

1940 年 6 月 26 日深夜，由国民党盱眙县县党部书记长吴静修、乡长陶育箴带领数十名逃亡地主，在蒋坝附近偷渡三河，窜到大通镇北刘家营暗设指挥部，由潜伏在大通镇的国民党乡长沈万元前往接应。双方会合后，在黎明前袭击大通镇中街乡政府。乡长周荫农在睡梦中被枪声惊醒，越墙脱险。暴徒扑空后，又冲进曾玉章家，捕捉大通乡“农抗”理事刘善凤。刘善凤携枪奔至大通镇南黄家竹园后被包围，英勇还击，终因寡不敌众，饮弹身亡。当天下午，国民党顽保长吴秉全又带领 10 余名武装暴徒，捕捉大通乡“农抗”理事马志高。马志高边跑边还击，奔到汉涧，向“江北军政干部学校”教育长谢祥军告急。谢祥军命第五队学员星夜赶至大通镇，对还乡团发起猛烈攻击，并逮捕数十名暴徒，残匪逃往马坝。

1940 年 7 月 4 日，永兴集恶霸地主惠绍先、惠时雨父子纠集一批武装暴徒，勾结三元宫的新韩和尚，以处理庙产为名，将乡长陈少坚、保长鲁少康及张富夫、苏锦邦、许则宾、沈德新、姚秀东、姚树勋 8 人和乡民运工作指导员汪清（女）诱骗到三元宫开会至深夜，除汪清当夜离去外，其余均留宿庙中。次日凌晨，暴徒包围三元宫，持枪冲入庙中，手举钢刀，对着睡梦中的 8 名干部挥刀乱砍，现场惨不忍睹。7 月 6 日，新四军五支队派科长范达夫带两个排急奔永兴集，在当地群众密切配合下，抓获暴徒 7 名，就地镇压。其他漏网者，有的逃往马坝，有的伪装隐蔽下来，个别人还混入民主政府内部，直至 1951 年镇压反革命运动开始后才被揭发出来。逃窜到马坝固守待援的暴徒，在路东军分区独立九团一个连和五支队特务连的夹击下，被全部肃清。

国民党嘉山县流亡县长周少藩策划了来安县屯仓的地主武装暴动。1940 年 7 月 1 日晚，由余宗海、余宗邦幕后指挥，策动留用的屯仓乡乡长孙乃聪、乡中队长蒲金龙等，纠集 40 余名乡队叛变，包围正在张郢炮楼上开会的屯仓区区委书记辛奇（由大别山来的广西女学生军）、饶文清（女）、朱寿安、林慕生、朱真（女）5 人。

1940 年 7 月 3 日，匪首余宗海又策动区中队长叶长华（原潜伏分子）作为内应，设计诱捕的圈套。叶长华谎称：叛徒孙乃聪、蒲金龙已被抓获，请区长朱志远上山审讯。区长朱志远、区员陶思黎、成勒误中奸计，落入圈套，朱志远、陶思黎惨遭杀害，成勒因是匪首余宗海的表弟被放回。

这些同志的不幸牺牲，正如邓子恢在总结地主武装暴动的经验教训时强调的那样：

---

① 陈庭槐：《淮南路东镇压地主武装暴动的回顾》，载上海市新四军暨华中抗日根据地历史研究会：《华中抗日斗争回忆（第七辑）》，1987 年版，第 82 页。

“在统一战线的活动中，一定要提高警惕性，否则，就会犯阶级观点模糊的错误。”“我们有些同志敌、我、友分不大清楚，思想上麻痹，以致牺牲了不少同志，给革命带来了极大的损失。”这样一针见血的批评，对于参加革命不久、缺乏锻炼的青年同志来说，更是深刻的阶级教育。

（二）开展武装镇压工作

反动地主武装暴动刚发生，江北指挥部和路东联防办事处立即指示各级党政军迅速动员起来，打击暴乱头目，积极争取受欺骗、被胁迫的群众，粉碎敌人的阴谋；命令新四军江北指挥部教导队在盱眙蒋坝一带阻止匪徒渡河北逃，五支队警卫营赴来安、军法处人员赴天长、高邮、仪征一带镇压暴动。军法处接到命令后，立即紧急动员起来，除留下两个班的兵力保卫机关、看守人犯外，其余人员急赴天长、高邮、仪征一带。同时，军法处紧急通知各县军法室组织力量打击各地小股武装暴动，并为前往清剿的部队提供情况，协同行动。

1940 年 7 月 4 日，新四军江北指挥部派参谋长赖传珠率领五支队的警卫营和独立团的两个连赶赴屯仓镇压地主暴动，并将暴徒包围在高郢圩子。由于圩子是坚石筑成，新四军当时没有火炮等武器，加上余宗海早有准备，囤积了大批粮草和弹药，负隅顽抗，攻打了三天三夜，牺牲四五十名战士，也未攻克圩子。后新四军切断圩子的水源，击毙暴徒数十名，炸断首恶分子余宗海的大腿，残余暴徒挖洞突围，新四军终于攻下圩子，就地镇压了余宗海、唐小憨子、吴学传等 4 名首恶分子，并公布其罪状。余宗邦被带到半塔集新四军江北指挥部军法处审理。

这次武装暴动首要分子主要是各地的反动地主、反动封建帮会首领以及恶霸、流氓头子、暗藏的汉奸和国民党特务等。大多数参加者则是受威胁、欺骗、对新四军和民主政府政策不了解的群众。军法处遵照“首恶必办，胁从不问”的政策，坚决镇压了几十名暴动骨干分子，教育争取了被胁迫、受蒙蔽的群众。永兴暴动中，用大刀砍杀根据地 5 名乡村干部的反动骨干分子罗德志（绰号罗四）漏网潜逃，直至 1941 年秋才被抓获，军法处立即在永兴乡召开公审大会将其处决。来安县屯仓暴动首要分子余宗海（绰号余大胖子）、余宗邦被处以死刑，但对被余利用、为其扛枪守圩子的几百名佃户，除少数骨干外，经教育后，均交保释放。

军法处在深入调查中挖出了隐蔽较深的暴动策划者李仲桥。李仲桥是天长县有钱有势的大地主，两个儿子均在重庆国民政府任职。李仲桥曾伪装抗日，表面上拥护新四军和抗日民主政府，一度被认为是比较开明守法的地主。暴动被镇压后，军法处发现，暴动前来安、天长、六合、盱眙等县的暴动头目都曾在李家密谋。为慎重起见，军法处处长梁国斌亲自审问了与李仲桥同谋的一些要犯，经过一个多星期的调查，终于搞清了李仲桥的真面目，掌握了确凿证据，遂将李逮捕。由于李仲桥在路东影响较大，对其杀还是不杀，梁国斌请示新四军江北指挥部首长后得到的回答是“非杀不可”。于是，梁国斌公布了李仲桥策划暴动的罪行，在天长将其处决。原来，群众都认为李仲桥树大根深，和新四军多有交往，因而对李仲桥的罪恶敢怒不敢言。新四军杀了李仲桥后，群众纷纷揭露其罪行，从而打开了斗争局面。

除了上述案件外，梁国斌还带领军法处人员粉碎了半塔地区以大地主曾象坤为首的重大武装暴乱。曾象坤和天长县李仲桥一样伪装支持抗日，热情接待新四军军政干部，实际上暗地里策划了多次武装叛乱。某日傍晚，半塔保卫部门得到情报：有几名土匪混进半塔集街上，保卫人员立刻对嫌犯展开抓捕。梁国斌到大通镇后，亲自审讯捕获的暴动要犯，掌握了确凿证据，证实大通镇的大地主曾象坤是津浦路东地区地主武装暴动的主要策划者和组织者。来安、六合、盱眙、天长四县暴动头目的供词也证实了武装暴乱是在曾家秘密策划的。江北指挥部决定严厉惩处曾象坤。保卫部门张贴布告，历数曾象坤阴谋策划八县武装暴动的罪行，就地执行枪决。群众反响强烈，说："曾象坤树大根深，过去就怕扳不倒他！这次拔除了一个大钉子，真是大快人心啊！"①

公安执法机关在镇压反动地主武装暴动中，得到各方面密切配合，在清查参与暴动的反动地主和反动会道门的成员时，正确执行"首恶必办、胁从不问、立功受奖""坦白从宽、抗拒从严"的政策，坚持把武装镇压和分化瓦解有机地结合起来，在深入调查、掌握罪证的前提下，坚决镇压首恶分子和暴动的策划者、指挥者，并公布他们的罪行；号召受蒙蔽人员同匪首划清界限，揭发他们的罪行；同时，深入发动群众，开展减租减息斗争，满足群众的切身要求。

抗日根据地军民同心合力，进犯铜城、天长、六合一带的"忠义救国军"也被抗日军民歼灭一部分，其余向江南逃窜。新四军主力十团还攻克了三河附近的季家圩子，负隅顽抗的刀会头子也被一网打尽，而后在黎城召开了群众公审大会，就地枪决 9 名罪大恶极的首要分子。历时半个多月，根据地军民终于平息了全区的地主武装暴动。

淮南抗日根据地经过平息反动地主七月暴动，镇压了一批反动分子，清除了根据地内暗藏的反革命武装力量，教育和发动了群众，巩固了抗日民主政权。1940 年 9 月，日伪虽集中了 1 万多的兵力，分九路大举进犯淮南抗日根据地，国民党顽固派也积极配合，但由于一些汉奸、特务、恶霸、反动地主等在平息暴动过程中被铲除，使敌人失去耳目、盲目被动。路东抗日军民在不到一个月的时间里，就粉碎了日伪的九路"扫荡"，根据地得以巩固。

第四节　淮南抗日根据地的经济保卫工作

抗日战争期间，根据地的经济建设为前线提供了物资和人力支持，是坚持长期抗战并最终获得抗战胜利的根本物质保障。淮南抗日根据地公安保卫组织在保障根据地经济安全方面发挥了不可替代的作用。淮南根据地贸易管理机构成立后，其税务警察部队缉私收税、保护合法商人过境，保证了敌后抗战的需要，解决了财政收入问题，打破了敌人的经济封锁，繁荣了工商业发展，提高了人民生活水平。

一、贸易管理机构的成立

在抗日民主政府建立之前，新四军江北指挥部向东挺进开创抗日根据地，为解决军队

① 上海市新四军暨华中抗日根据地历史研究会：《华中抗日斗争回忆（第七辑）》，1987 年版，第 87 页。

给养的问题，所到之处即设立进出口货物检查机关。税率表、货物检查证、税票刚开始都是利用国民党安徽省政府财政厅印制。1940 年 4 月中旬，路东各县联防办事处成立，进行了统一税制工作，制定了抗日民主政府的税率表和货物检查证（税票），还印制了已税货物的分运证。只要在抗日根据地范围内纳过税的货物就不再重复征税；凡是苏中、苏北、淮北根据地已税货物，只要税票有效期未过，除未征足部分补交税款外，就都按已税而开发分运证给商人，实行税不重征。

淮南抗日根据地对进出口贸易进行严格管理，凡出口物资一律须接受政府货物管理机关的检查监督管理。出口管理物资分战略物资（粮食、棉花）、主要物资（生猪、油料、酒、豆饼）及一般物资三类。战略物资的出口，除依据确保根据地市场稳定和确保军需民用之外，还根据敌占区市场情况，能在一定比价下，从敌占区换回根据地急需的物资。因此出口商人必须保证能带回指定的物品种类、相宜数量按一定比价的物资才能允许经营出口物资。为了使商人能履行诺言，根据地通常采用三种办法：一是商人要交保证金；二是商人先拿来根据地需要的物资，然后才准购买货物出口；三是用一部分出口物资作抵押。第三种办法用得较少，主要采用前两种办法。如果当时不这样办，商人把货运出去，就不能保证物资回流，根据地的经济就要受到影响。

为了打破日伪政权“以战养战”的政策，与日伪经济封锁作斗争，根据地最主要的策略是禁止粮食出口资敌，禁运军用品原料出口。对于敌货进出口，根据地则区别对待：只禁止抗日根据地所不需要的，而抗日根据地必需又不能自给的如布匹、西药之类，则不禁止；采用分别征税办法，对抗日根据地人民和抗战部队、政府必需的物品如毛巾、牙刷、牙粉、肥皂等日用品，进口税率从轻，有的还免税，如棉纱、西药、电器等；对奢侈品、迷信品如纸烟、首饰、化妆品、祭品等则限制进口，以保护根据地内的手工业和工业的发展。如新四军二师在天长铜城办卷烟厂，生产飞马牌香烟供应市场。又如群众习用的焚香、红烛、焚纸、冥票等，根据地都有手工业生产，就禁止进口。

抗日民主政府建立后，为了减轻人民负担，发展工农业生产，对国民党顽固派政权统治时代的苛捐杂税采取废除的方针，取消了保甲捐、户口捐、牛头捐、营业税、印花税、牲畜税、所得税等 13 种苛捐杂税，牙帖税实行减半，重新规定值百抽一之佣金（牙行经营收取百分之一的手续费），禁止一切额外勒索。1940 年 4 月，抗日民主政府建立的县税务局征收赋税只有田赋、契税减五分之一（1941 年县粮政局成立后由粮政局征收）、屠宰税、烟酒税、减半后的牙帖税 5 种。

根据地曾一度开征过境税（主要是淮北运往皖西的食盐），这是防止出境时偷税而采取的一种办法。对毗邻根据地已经征过出口税的货物到本地销售，只要货、证相符，就不再报税；但其中如果隔了敌占区就要征税。主要物资一般可以随时出口，只需换回或预先运进指定比价的物资，这种比价是由政府货检、贸易管理机关研究根据地农产品及敌占区工业品的供求关系及商人运输费用，并保证其百分之二十左右的纯利润而定的；也有按政府有关部门要求携回外汇（须接受银行汇率的管理与收兑，不得随意抛入市场）。一般物资出口不受时间及换回货物的约束，只有携回的外汇必须向根据地银行或货物管理机关兑换。①

根据地税务机关不仅收税，还承担保护商人安全的工作，因此建有税警武装。当时洪泽湖有土匪抢商船，这就必须要有武装保护。为此，在洪泽湖成立了巡查队。它有两个任务：一是缉私收税；二是保护商船安全过境，遇到大风大浪还要救护过往商船。商人感到安全有保障，都愿意经过根据地管区，根据地的收入也就大大增加了。其中盐税是主要收入之一，因为淮北食盐运到皖西等地，淮南根据地是必经之地。

二、武装缉私和征税工作

淮南抗日根据地对进出口贸易进行的严格管理，特别是对粮、油、土特产品以及对从敌占区偷运进的违禁品的管理，致使一些不法商人铤而走险，进行走私活动。为了打击走私，淮南根据地货物管理机关建立缉私武装，同时发动广大抗日民兵参与缉私，在要道附近结成缉私网。

1941 年 1 月，路东各县联防办事处主任邓子恢在一年来的工作总结报告中谈到财政工作方针，他强调："我们的总方针是长期坚持敌后抗战，而敌后抗战之坚持，又依靠于武装斗争的胜利。因此，我们财政工作的方针便是要保证抗战部队与政府机关的经费，同时要保证国民经济的发展。没有抗战部队及政府机关的坚持斗争，要想在敌后的路东发展国民经济是不可能的。但是，如果国民经济不日益发展，使财政收入有丰富的来源，也会影响抗战部队的长期坚持的。"

新四军打垮了日伪顽反动组织、建立抗日根据地后，既要尽力减轻人民大众的负担，以休养生息做长期坚持抗战的打算，又要保证抗日军队和政府机关的给养和扩大根据地战争物资补偿的需要。财经斗争的目标主要针对敌占区。

首先，建立进出口货物检查机关。凡是与敌占区相通的水陆交通要道处，都设立进出口货物检查机关。货物检查机关担负两种职能：对外和敌人的经济侵略作斗争，对内保护根据地工商业的经营发展。它既得到了人民的拥护，也解决了财政收入问题。

其次，建立货物检查网点。货物检查网点的建立原则：根据对敌封锁、对敌斗争与交通要道的控制来确定，同时要以敌、伪据点周围为转移，以对敌斗争有利为转移，不以行政区划为工作范围。货检网在对敌封锁线上的距离，宽度一般不超过 30 华里，纵深不超过 15 华里。把单位划小，便于接近下层，有利于货检机关缉私、联络、检查和领导。这样设置的检查网在对敌经济斗争和征收货检税工作中起到了巨大作用。

在安徽地区，定凤怀县到蚌埠有三条路线，数百条牲口夜里走私，根据地税收人员经常在几条线上收税。离敌人碉堡近的，税收人员先占领有利地形，在山上布置好武装，税收干部在要道口开票收钱。根据地税收人员都是独立活动，收入也没有定量规定，但其普遍具有极高的工作自觉性，努力提高根据地税收收入。税收人员在遭遇敌人时也会发生战斗，一般情况下，敌多我撤，敌少我追。税收人员有时还配合主力部队与敌顽势力作斗

① 黄汝汉：《淮南根据地武装税收工作情况》，载龚意农：《淮南抗日根据地财经史》，安徽人民出版社 1991 年版，第 479 页。

争。1941年秋，韩德勤有一个旅驻在三河蒋坝一带，税收人员配合主力部队突破三河，一直打到高良涧。1945年，凤阳定凤怀税检分局主任黄汝汉同税收员刘密带12条枪到朱湾收税，土顽100多人在三户周抢劫群众财物。黄汝汉和刘密接受群众要求，打跑了土顽，追回了群众被抢去的财物，受到群众热烈称赞。之后根据地税收人员收税时，群众给其提供不少方便。

天长、高邮根据地建立了专门的水上缉私大队。天长、高邮毗邻江苏、安徽两省，是省际的接合部。1940年3月，新四军挺进天长县铜城镇以后，中共天长县委派杨联和张作宾两人随同新四军江北指挥部供给部部长李人俊率领的20多人一行，经过天长的小关到高邮运河西第八区的闵桥镇开展工作。在闵桥镇成立天高南河进出口货物处（1942年1月改名为第三货物检查处，简称货检处），并在闵桥镇东头设立此处第一个进出口货物检查收税机关，刘实任处长。刘实除给每个分处、分所配备缉私武装外，还组织了巡湖大队，下设三个中队，新四军江北指挥部调来张来印为大队长。大队部先设在闵桥镇，后迁到卞塘镇。

巡湖大队就地扩充队伍，吸收一批进步青年入伍，收缴国民党顽固派逃跑时丢下的部分枪支、弹药，收容了一些溃散的国民党杂牌军的人员和枪弹，花钱购置了木帆船，从几只到数十只。大船每只载重以装小麦计约300石，小船装小麦100多石，船上安放钢板，作为作战时的遮蔽物。群众称这种船为钢板划子。这样的木帆船，有风行驶快，无风划起来也轻便。

巡湖大队不仅平时配合分处、分所开展武装缉私斗争，还担负地方武装自卫。1940年6月、7月，高邮湖西国民党顽固派八区区长盖庆成逃跑时，留下潜藏在横荡桥乡的顽固分子丁孟周、何可人等人，趁乡政权新建之机，通过造谣、欺骗，煽动群众暴乱。某天中午，暴乱群众抓了根据地货检分所和乡政府人员，巡湖大队闻讯后，高南河货检处副处长戴立（同年冬为处长）于当天下午率领巡湖大队武装人员分水、陆两路赶往横荡桥，当晚，击散了暴乱分子、镇压了顽抗分子、救出了横荡桥货检分所人员和乡政府人员。同年9月，巡湖大队又配合新四军主力部队、地方武装粉碎了日军“大扫荡”，保卫了抗日根据地，保护了民众的生命财产。①

根据地的贸易斗争有效地保证了坚持敌后抗战的需要，繁荣了敌后经济，促进了根据地剩余农产品的出口，同时获取了急需的军需物品，打击了敌伪对农产品的压价政策，缩小了根据地人民的剪刀差损失。

1943年1月10日，津浦路西公布各县货管局、货管处《处理没收罚款及提奖暂行办法》（以下简称《办法》），进一步阐明了根据地贸易管理和税收工作的相关细节，对于走私和偷税漏税行为都有明确处理条款，为武装征税和缉私工作提供了法律保障。

《办法》清晰地界定了罚没财物的范围和种类。比如《办法》第二条规定，一切禁运资敌或禁止入口之商品，经查属实，得予以没收之处分。一切漏税物品不得没收，而予以罚款之处分；但武装走私或违抗检查者，得给以没收之处分。

① 杨联：《天高抗日根据地财贸工作的回忆》，载龚意农：《淮南抗日根据地财经史》，安徽人民出版社1991年版，第427页。

又如第三条规定，执行没收时，应将物品及运输工具（如驴马、车辆、口袋、扁担、绳索等）严格分开，非特殊严重情形，不得没收运输工具。

《办法》明确界定了工作的责任主体及程序规范。比如《办法》第四条规定没收处罚之执行的行政及军事机关须经县级处理，税收机关须经税检总局处理。各缉私机关如不遵照此项规定，以违法论处，被没收人有权向其上级机关控诉。

第五条则规定了县级机关对没收处分应多方搜集材料慎重处理，不能专凭下级报告和要求草率行事。准予被没收人依法申诉。这些规定厘清了相关部门的职责范围和界线。

对于罚款的数额，《办法》也有详细规定，比如《办法》第六条，执行漏税罚款之罚款额，以应纳税额一倍至十倍为限。但其受罚之款数，不得超过货物总值的百分之五十。第七条，处理漏税罚款之轻重，应视下列情况办理：中心比边区为重，夜间走私比白天走私为重，奢侈品比必需品较重，易控制地区比不易控制地区较重，重犯比初犯为重以及漏税人之身份及资本大小等。

对于罚款执行者的管理规范，《办法》有严格规定。如第八条，没收与罚款之执行须一律填写本处印发之处罚书或罚款收据等正式凭据给商人收执（商人潜逃者，亦应填制留本机关待查），如不填发正式凭证，或给个人与机关之便条，企图中饱者，经查属实，依惩治贪污条例惩处之。被罚之人如未收到正式凭证，或无收据只有便条，均得向各该主管上级机关控告，经查属实中饱，除依法处置中饱者外，得发还其被没收物品或罚款之半数。

关于罚没没收物的处置，《办法》指出，除法令另有规定外，应由县级机关当众投标拍卖之。对于没收变价及罚款，除七成解库外，其余三成提充奖金，其分配办法如下：政府税收机关自行缉获者，所提奖金全部归缉私机关；由民众或地方武装缉获，交由政府或税收机关处理，三成奖金全部给缉获人；经人告密因而缉获者，提奖金三分之二给告密者，三分之一给缉私机关；各级政府及税检局所得奖金，应提出三成（奖金提成的三成），保存县级机关作公积金留用金，使用规则由各县自行定之。这样一来有利于最大限度遏制随意使用罚没金的情况的出现，明确了罚没财物和罚没收入之间的关系。

根据地货物检查机关实行禁运政策，加上一线货检人员深入游击区收税与缉私，这些举措对杜绝偷运、稳定市场、安定人民生活起到了重大作用。

第五节　交通战线的公安保卫工作

1943 年 1 月，新四军军部及华中局由苏北进驻淮南，淮南的交通工作任务更加繁重起来。根据任务需要，必须逐步建立起三个方面的交通干线和数十个交通站。这三个方面的交通线，一是由区党委直通至各县委、直属区的交通线，二是通向华中各战略区党委和新四军各师的交通线，三是专门至上海的交通线。

系统的交通网建立后，党、政、军、民、学各方面的文件、刊物、报纸统一由交通站负责传达，交通往来，风雨无阻，对等交往，紧急情况可以随时委派交通人员星夜赶送。这样既加快了党的文件传递速度，又节约了费用（各机关不再重复派通讯员了）。后期，淮南根据地还发行了邮票，供根据地的机关、部队使用。

根据地交通网的交通人员，都是各级党组织严格挑选委派的，绝大部分为中共党员或忠实可靠的同志。交通员的工作非常劳累、艰难，不但要不顾烈日、严寒，身负枪支、行装、文件日行百里，还要百倍警惕，保证党的文件绝对安全。

经过努力，淮南开辟通至各战略区的交通线共有五条：第一条由淮南向东去苏中区党委和第一师的交通干线。第二条是去新四军第三师、盐阜区党委的交通线。第三条是往新四军第四师和淮北区党委的交通线。第四条是去新四军第七师和津浦路西区党委的交通线。第五条是往新四军第六师和苏南区党委的交通线。

交通线的主要任务有：（1）沿途建立秘密交通站、点，负责接待过往首长的住宿；（2）加强交通沿线的侦察情报、户口清查，监控政治上不可靠分子，防止日探、汉奸和特务的暗害活动；（3）根据过往首长情况，派出适当数量的部队武装护送，特别是过往游击区或敌占区时，在交通线两侧设防警戒，防止敌人武装袭击。

一、津浦路东六合交通线

六合地处淮南津浦路东抗日根据地的前哨，是中共中央中原局、新四军江北指挥部、中共中央华中局、新四军军部、中共淮南区党委、新四军二师师部和江南茅山、皖江（属安徽无为）根据地、苏浙军区以及沪宁一线地下党来往联系的重要秘密通道。在六合县域内，曾设有新四军、中共江苏省委、中共南京市委、中共长江工作委员会、中共六合县委等诸多单位建立的多条秘密交通线，分别归属各单位的专门负责人领导，自成一体，单线联系，互不交叉。其中，新四军江北指挥部、华中局城工部、在上海的中共江苏省地下省委、江南新四军六师和中共长江工委、中共六合县委等，曾在沿江的瓜埠、东沟、大河口以及竹镇、东旺庙等地建立秘密交通站、联络站（点）、军事情报站，以传递重要文件，护送过境干部、地下党员、进步人士和青年学生，转运武器装备及军用物资，搜集和传递有关情报。

1940 年 10 月，为摸清驻六合城日伪军的情况，共产党员江明受中共六合县委的派遣，打入日伪警察局任文书，秘密发展汪庆富等 10 余名情报员、交通员，并在城内文昌街、南门彤华街及北门桥口等处建立情报交通站（点），把搜集的情报通过地下交通员、六合邮局投递员韩其民夹在邮件中送往竹镇转至中共六合县委，1941 年 2 月，这条线被日伪特务机关察觉，遂停止活动。

1941 年 1 月，皖南事变发生。2 月，江北指挥部派陈聪（女，原名张涛）在东沟建立秘密交通联络站，派吉恢来（女）在八百癞牛山小学建立秘密联络点，接应从皖南突围到江北的新四军指战员。两人经过艰苦工作，先后开辟了龙潭—大河口—东沟—东旺庙—江北指挥部、栖霞山—划子口—东沟—东旺庙—江北指挥部、东沟—划子口—江南皖江根据地三条地下交通线。中共江南特委书记黄祖炎到江北指挥部汇报工作、原仪征县县长吕惠生去皖江任行署主任，都由联络站同志护送过境。到 1942 年 8 月联络站撤销时，已安全转送近 30 人。1939 年，江北指挥部又派侦察参谋高音在新集仇一家建立秘密联络站的同时，开辟了浦口—花旗营火车站—仇一家—烟墩集—西仇庄和后湾—龙池—史家滩—葛家渡—西仇庄两条地下交通线，先后护送由皖南突围去江北的新四军指战员 70 余人。1944 年 6 月 12 日，这两条地下交通线因交通员仇一活动暴露被迫撤销。

1942 年 2 月，新四军六师十八旅派赵忠良来六合大河口附近的小余庄张发禄家建立军事交通情报站，并任站长，以掌握这一地区的敌情，沟通江南六师和江北军部、二师之间的联系。经过一段时间工作，赵忠良先后发展交通员 5 名，并在江南每隔三五里便建立一个交通情报联络站。1944 年，赵忠良被敌杀害。不久，十八旅又派郭道成接任交通情报站长，1945 年 8 月情报站停止工作。

1941 年 12 月 8 日，太平洋战争爆发，日军占领英、美、法等帝国主义在上海的租界。中共中央决定由在租界内的中共江苏省地下党委负责人刘晓、刘长胜等率大部分工作人员撤往淮南路东抗日根据地。1942 年春，江苏省委派田辛去盐阜与中共中央华中局联系，请示有关撤离的问题；随后又派姚臻到竹镇与中共六合县委具体商讨建立秘密地下交通站和护送等事宜。六合县委决定不再建立新的交通站，保护接送从上海撤至津浦路东根据地的江苏省委工作人员的任务由六合县交通站承担，任命姚臻、赵卓为站长。六合县委开辟了上海—南京下关—浦口—张家堡—雷官集—竹镇、上海—南京下关—老江口—九里埂—六合西门外彭陶—练山口倪庄—竹镇、上海—镇江—瓜州—乌塔沟或朴席湾—刘家集—东旺庙—汊涧—顾家圩子三条交通线，并在雷官建立一个联络点，由周晓华负责。1942 年 8 月，江苏省委开始撤离上海。在撤离过程中，由于分析准确，及时停用哨卡多、敌人盘查严的线路，加快另两条比较安全的线路的护送速度，圆满接送了江苏省委负责同志刘宁一、沙文汉等一批工作人员，使他们顺利到达集中地点盱眙泥沛湾顾家圩子。

1942 年 10 月，中共江苏省委派贺崇寅回六合城，在北大街家中建立秘密交通联络站，负责接应过往的抗日人员。稍后，中共江苏省委负责人张承宗派吴学谦、钟沛璋来到冶山县，在东旺庙一农民家建立地下交通站，吴学谦任站长，主要接应从上海撤到淮南津浦路东的省委机关工作人员。经过周密研究和慎重选择，又开辟了上海—南京下关—大河口东沟—八百—四合—东旺庙—顾家圩子、上海—镇江火车站—瓜州—月塘—东旺庙—顾家圩子两条地下交通线。中共江苏省委所属各工委共 200 余人，自 8 月开始撤出，至年底基本结束，其中一半人员是经过六合地下交通线到达淮南津浦路东根据地的。

1943 年 1 月，中共江苏省委改组为华中局城市工作部，刘晓、刘长胜分任正、副部长。同年 4 月，在淮南津浦路东根据地参加党的整风运动的原江苏省委绝大部分同志仍要回上海工作，城工部特指派吴学谦负责黄花塘（属盱眙）至上海的地下交通线的检查和指导工作。为此，吴学谦到六合竹镇西仇庄秘密交通站检查工作，向交通站负责人俞敦华（俞庆福）了解工作情况，布置任务。随后，吴学谦到六合城内北大街 27 号贺崇寅家，并在贺家住了一宿。次日，吴学谦以游览龙池为名，在龙池边向贺崇寅传达了组织上的决定：在家建立的秘密联络点暂停使用，继续以小学教师身份作掩护，等候接受党组织的任务。4 月至 8 月，江苏省委刘晓、陈修良等一大批同志通过六合交通线回到上海，竹镇开香烛店的交通员张士元曾把江苏省委负责同志一直护送到上海。

1941 年 10 月，中共苏南区委在丹阳成立中共长江工委，专门负责长江南北地下交通工作。1942 年春，长江工委派陈玉堂为站长，孙晓梅（女）为联络员，在六合县东沟大河口建立秘密交通站，开辟了以江南茅山根据地—龙潭或三江口—沙窝子或大河口—三十里铺—东旺庙—华中局—新四军军部的地下交通线，并在沿线龙潭镇、后大圩、大河口等地发展了一批地下交通员。这批地下交通员的家都是秘密联络点，主要任务是传递文件和

秘密情报、护送往返长江南北的干部。

1943 年 4 月或 5 月的某天傍晚，交通员孙晓梅从江南来到大河口交通站，向站长陈玉堂（原名殷定一，曾用名陈玉堂、陈雪洲、周炎、周礼泉）传达党组织的指示，需要其准备几十条船，接应一个团的部队从江南到江北。陈玉堂火速与东南支队司令员魏然联系，请求支持。魏然亲自部署，动员了几十条民船，并派出一个连队在长江北岸警戒和接应。是夜，抗大九分校（又称教导团）1000 余名政治、军事骨干，在团长杜屏、政委刘季平的率领下全部经大河口过江，安全到达六合八百北面的头牌甸，然后进入苏中根据地。

1942 年 2 月，中皖东津浦路东区党委组织部建立交通科，对外称津浦路东淮南交通总站，同时通知各县县委建立县交通站。随后，中共六合县委将负责上下级联系的武装通讯班改建成县地方交通站。县交通站虽公开挂牌，但内部却有公开交通和秘密交通之分。公开交通只负责从淮南总站取回或向上级各机关单位送发的一般文件、信件和报刊等。秘密交通则负责转送华中局、淮南区党政领导机关发往江南各地的重要文件、信件、武器、弹药以及其他军用物资，以及协助或单独护送过境抗日人员。淮南区党委书记谭震林、路东地委书记陈光等都曾由六合交通站派人护送往返过境。

1943 年冬，粟裕率一个旅去江南莫干山开辟抗日根据地，其中部分战士由六合交通站护送过境。1944 年年底至 1945 年 8 月，在郭铁之任六合县交通站站长的 8 个月时间内，先后护送区以上干部十数批（百余人）及大批武器弹药到江南。郭铁之曾化装成补锅匠活动于南京至镇江、句容一带，在约 90 华里长的沿江地区秘密发展了 10 余处联络点，在大河口建起一个交通站，发展了 10 余名专职交通员，并有 10 余只渡船可供随时调用。

抗日战争期间，六合有百余人专门从事党的地下交通工作，他们默默无闻、舍生忘死、前赴后继，为抗日斗争贡献自己的力量。地下交通员孙修梅以自己的行动教育和影响了女儿孙凤英，利用女儿不易引起敌人注意、胆大泼辣等有利条件，把很多艰巨的任务交由女儿孙凤英去完成，直至抗战胜利。胆大心细、处变不惊的孙凤英曾先后护送 10 多批共百余名抗日军政人员过境，多次去敌占区送情报、购买枪支弹药等，还曾独闯虎穴策动伪军一个班携带武器向新四军投降。

六合既是紧邻侵华日军大本营和汪伪首都南京的北大门，又是苏南苏北抗日根据地联络的中枢要道。日伪为了保卫老巢南京和保证通向苏北的道路畅通无阻，在一些重要道路和集镇都建岗设卡，造碉立堡，对行人严格盘查，对物资严加封锁。战斗在六合地下交通线上的数以百计的无名英雄，巧妙地在敌人眼皮底下闯过关卡，在虎口里来往穿梭，往返于大江南北，传递秘密文件、接送抗日人员、护运过境物资，从未出现过重大失误。他们在看似没有硝烟却又胜似硝烟的地下交通线上，为抗日斗争的胜利立下了不可磨灭的功勋。

二、淮南津浦路西铁路便衣大队

抗日战争中，日军控制封锁下的津浦铁路蚌（埠）宁（南京）段，自西北向东南贯穿江淮大地，将淮南抗日根据地分隔为路东、路西两大块。日军在铁路沿线驻兵设防，严重阻碍着路东、路西根据地的政治、经济、军事联系，影响着新四军对敌斗争的统一指挥。为了打破这个不利局面，淮南津浦路西区党委和淮南区党委曾先后两度建立津浦铁路南段工作委员会（简称铁路工委）和便衣武装，在蚌宁段沿线同日伪军展开了一场特殊的战斗。

1942 年 6 月，淮南津浦路西区党委决定成立中共铁路工委以及公开的武装保卫大队，直属路西区党委领导，张翼中为铁路工委书记，阮官清为武装保卫大队大队长，张智恫负责组织工作。铁路工委及其武装保卫大队的活动范围在浦口到明光之间的铁路沿线地区，主要任务是做好这段铁路沿线的伪军斗争工作，保护路东与路西地区交通往来的安全，畅通第二师与第七师以及军部的联络。后因淮南抗日根据地贯彻“精兵简政”政策，主动撤销铁路工委和武装保卫大队。

1943 年春，根据对敌斗争形势发展的需要，经淮南军区司令员罗炳辉建议，淮南区党委决定，再度成立中共铁路工委和铁路便衣大队，铁路工委由张宜爱、胡彬甫和程明等人组成，下辖第一、第二、第三三个区和铁路便衣大队，便衣大队下辖第一、第二、第三三个中队和一个直属分队。铁路工委由区党委书记、二师政委谭震林直接领导。

铁路工委和便衣大队的任务是“打破敌人对我军的封锁，发动群众建立政权，保证路东和路西的交通，护送首长和作战物资安全过路”。活动地区包括明光到浦口的铁路两侧各 15 公里的地区。铁路工委第一区和便衣一中队主要在明光至小五郢段活动，常驻在中嘉山下的龙岗、陈砂岗（今嘉山县三关乡）一带；第二区和便衣二中队主要在小五郢至滁县段活动，常驻在张浦营、柴营一带；第三区和便衣三中队主要在滁县至浦口段活动，常驻地是来安县的程集和大英集一带。

津浦铁路蚌宁段是日军运送军火给养的要道，其两侧布满了日伪军的岗楼和碉堡。敌人在这个地段肆无忌惮、无恶不作，老百姓深受其害。蚌宁段沿线地区还有土匪、封建行会组织活动，经常祸害群众，这些土匪实际上是与日伪有勾结的“官匪”。日伪土匪和三番子等几种力量的交织，使这段铁路的情况变得极为复杂。

为了在敌人眼皮底下建立新四军地下联络站、工作站和情报网，以及开辟地下交通线，根据敌我力量对比的情况，铁路工委认真贯彻谭震林关于扩大根据地和对敌斗争政策策略的指示，在铁路两侧根据地边缘区抓紧建立民主政权的同时，采取对日军小打狠打、对伪军打拉结合以拉为主、对土匪分化瓦解直至消灭、对封建行会成员主要是拉的方针和原则开展斗争。由于政策、策略恰当，铁路工委很快打开了铁路沿线地区的工作局面。

淮南抗日根据地的创建和巩固，新四军第二师反“扫荡”、反摩擦斗争的不断胜利，对淮南人民影响很大，同时也得到了各阶层人民的支持和拥护。铁路工委组建后，立即利用这个良好的客观条件，在根据地的嘉山、来安、滁县、江浦、六合等县的边缘区发动群众建立区、乡政权，并很快新建了 10 余个乡的民主政府。边缘区民主政权的建立使铁路工委在铁路沿线地区站住了脚、扎下了根。

为了打击敌人的嚣张气焰，进一步扩大铁路工委的影响，便衣大队伺机打伏击战，震慑日伪军。1943 年麦收时节，某天早晨，便衣大队获悉，一个小队的日军和一个中队的伪军出来抢掠，中午返回时要路过程家集。便衣大队决定设伏以打击这股敌人。程家集距敌据点较近，便衣大队认真地进行了战前准备。快到中午时，第三中队和参战的群众武装隐蔽地开到了程家集埋伏。没过多久，敌人来了，走在前面的是伪军，日军紧跟其后。当敌人进入包围圈时，大队神枪手首先击毙了日军小队长和扛机枪的两个日本兵，接着手榴

弹、地雷就在敌群中炸开。趁敌人乱作一团时，埋伏的便衣队员和武装群众一阵喊杀，冲向了敌人。伪军搞不清遇到了多少新四军，吓得四处逃散，在一片“缴枪不杀”的喊声中被缴了械，战斗很快结束了。战后，便衣大队将俘虏的两个日本兵送到了军区，经教育后释放了。为分化、瓦解伪军，便衣大队对被俘的30余名伪军进行教育，向他们交代政策：“这次放掉你们，回去以后还可以当伪军，但不许再残害老百姓，不准与我铁路便衣大队为敌，谁要是再做坏事，我们就不再宽恕他了；今后谁为我们通风报信，掩护我们过路，也算是对抗日有功，还要给以奖赏。”伪中队长连声称是，叩头请罪，并满口答应日后立功赎罪。便衣大队随即将他们全部释放。从此，铁路工委和便衣大队的名字很快在铁路沿线传开，在伪军中产生了很大的影响。罗炳辉司令员和谭震林政委对这次战斗给予了很高评价。

当时，在铁路沿线活动的土匪对根据地威胁也很大，便衣大队在不到两个月时间里，连续惩治了几股土匪，于是土匪再也不敢在新四军活动区域内骚扰了。封建行会的成员有的是农村流氓无产者，有的是宗族武装组织，新四军区别不同情况，对他们开展强大的政治攻势，进行政治瓦解工作，这些武装大多数不再与根据地军民对抗。

随着对敌斗争的不断胜利和区、乡政权的建立，积极抗日的群众越来越多，铁路工委和便衣大队在敌人的铁路封锁线上相继建立了不少联络站、工作站和情报网。铁路工委在进行这项工作时，特别注意做好争取伪军的工作，根据不同对象，采取多种方法，利用各种关系，相继团结、争取了不少人，如靠近明光蔡小街的伪乡公所的乡长、住柳庄的伪自卫队小队长、驻三界的伪中队长等。他们有的为新四军送情报，有的为新四军让路放行，有的为新四军站岗放哨，还有的帮助运输子弹、购买短缺的商品，他们的据点实际上成了新四军的联络点、工作站。

铁路工委不仅争取伪军，也特别注意在日军封锁薄弱区的伪军内部选择重点，开展工作。在管店到三界一线驻扎着伪军一个大队，便衣大队通过内线了解到伪大队长对日军的“三光”政策很反感，就多次与他接触，向他宣传抗日救国的道理。伪大队长对抗日道理和新四军政策表示理解，但不答应抗日军民“借路”的要求。经过一段时间的工作，他仍不松口，有时还借故不与新四军人员见面。他这样做既不得罪抗日军民，又不惹恼日军，两边讨好，想保住大队长的头衔。根据这种情况，铁路工委对症下药，组织便衣大队在他的辖区内频繁地袭击日军巡逻队和火车，使得日军不得安宁。日军对他一顿训斥，并限他半个月内消灭新四军便衣大队，否则要其性命。伪大队长带着部下搞了几次清剿，但一无所获。而便衣大队仍旧神出鬼没、活动不断，有时还打死、打伤几个日本兵。半个月的期限将至，伪大队长坐卧不安。他只好找人与便衣大队联系，要求谈判。便衣大队随即派人告诉他：“中国人不打中国人，我们便衣大队专打日军和死心塌地为日军卖命的汉奸。我们知道大队长尚有爱国之心，他如能保证我们过路安全，我们可以体谅他的困难。否则，在程家集被我们歼灭的日伪军就是他的下场。”伪大队长害怕了，向便衣大队解释说：“兄弟是为了混碗饭吃，我干这种事是没有办法呀，以后你们提出通过铁路线的事，我设法照办。”便衣大队通过不断启发他的民族自尊心，并由内线在这个伪军大队中开展工作，又利用家属、亲友、同乡等关系宣传中共抗日政策，后来这个大队的伪军连同大队长逐渐被抗日军民争取过来了，成为铁路工委和便衣大队掌握的一个较大的工作站。

经过几个月的艰苦斗争，铁路工委很快在蚌宁段沿线地区建立了比较完整的联络站、情报网、工作站，开辟了连接淮南抗日根据地的路东、路西两个地区的“安全走廊”。铁路工委管辖的三个区范围内都有了地下交通线后，新四军人员、物资通过津浦线时，少到个别几个，多到整旅整团，有时挑子达几百副，都能畅通无阻，没有出现过大的问题。在此之前，路东、路西交通联系困难很大，人员、物资过路时，常常被卡被拦，时常遭到敌人袭击。现在新四军人员和物资过路时，先通过联络站或工作站向伪军打招呼，然后过路。起初，铁路工委派人护送过路，后来就无须护送了，由伪军在铁路两头为新四军设卡、护送过路。如遇到日军出来，伪军提前把他们拉到据点里喝酒；有时也放几枪，或是在新四军人员过路后，向日本人报个警。

铁路工委和便衣大队在敌人的铁路封锁线上，多次护送过罗炳辉、谭震林等首长安全通过铁路。在 1943 年秋的某天，铁路工委成员程明和罗炳辉司令一起研究了接应地点和行动路线，首长们还提出过路时要见一见伪军。在首长过路的前一天，铁路工委及便衣队人员按行动路线先走了一趟，检查沿线联络站和工作站的情况。过路的那天晚上，便衣队把首长接到靠近火车站的工作站休息，待到日军夜间的第一列火车通过后，便把在铁路沿线把守的两个中队的伪军集合起来。首长过路时，和那些伪军见了面，路边传出“长官好”的呼声。首长看到铁路工委和便衣大队争取了这么多伪军，高兴地说：“中国人是不愿当亡国奴的。”

铁路工委和铁路便衣大队战斗在蚌宁段的两年，是惊心动魄的两年，也是艰苦奋战的两年。他们在敌占区进进出出，保卫交通线上的人员及财产安全、打击敌伪、策反伪军，出色地完成了淮南区党委交给的各项艰巨任务，在淮南人民抗日斗争的史册上写下了光辉的一页。

第五章　淮北抗日根据地的公安保卫工作

淮北抗日根据地东起运河，与苏中、苏北抗日根据地为邻，西至津浦，南临淮河，与淮南抗日根据地相连，北抵陇海铁路，与山东、冀鲁豫抗日根据地接壤。1940 年 9 月以后，皖东北抗日根据地军民坚持游击战争。皖南事变后，新四军第三师九旅执行恢复与巩固皖东北根据地的任务。在中共淮北区委的统一领导下，淮北军民开展了艰苦的反“扫荡”、反伪化、反“蚕食”、反摩擦斗争，淮北根据地进入稳固发展阶段。抗日武装不断壮大，抗日民主政权得到巩固，中国共产党领导下的统一战线、群众运动、财政经济、文化教育各项工作全面进步。这个时期，公安工作以军事斗争为主，为建设稳固的根据地、稳定社会生活、发展财政经济发挥了重要作用。

第一节　淮北抗日根据地的开辟与发展

淮北抗日根据地是由八路军和新四军共同开辟的。初创阶段，是分津浦路东和津浦路西两部分平行发展的。淮北津浦路东包括皖东北和邳睢铜根据地，津浦路西指豫皖苏边区根据地。皖南事变后，在淮北抗日根据地活动的新四军、八路军部队奉命改编为新四军第四师，彭雪枫任师长兼政委。1941 年 5 月，第四师主力及党政机关由豫皖苏边区转移到皖东北洪泽湖地区。

1941 年 8 月 23 日，华中局决定将淮河以北、运河以西、陇海路南、津浦路东地区划为淮北苏皖边区，将皖东北区党委改组为淮北苏皖边区党委，刘子久为书记。同时成立淮北苏皖边区行政公署，刘瑞龙任主任，下设民政处、财政处、审计处、保安处、高等法院等机构。

1942 年 11 月，根据中共中央批准，淮北抗日根据地实现党政军一元化领导，邓子恢任淮北区党委书记。边区党委下辖四个地委，其中第一地委包括淮泗、淮宝、泗阳、运河特区、泗宿、泗灵睢六个县，第二地委包括泗南、泗五灵凤、盱凤嘉、洪泽湖管理局、泗东五个县，第三地委包括邳睢铜和萧铜地区，第四地委包括宿东地区。

一、皖东北抗日根据地的创建

皖东北地区位于洪泽湖以西、津浦路以东、海郑公路以南、淮河以北，由泗县、五河、灵璧、宿县、凤阳、嘉山、盱眙等县的全部或一部分组成，总面积 1 万平方公里，人口约 300 万。抗日战争时期，是华北、华中日本侵略军的接合部，也是八路军、新四军活动区域的接合部，为敌我必争之地，战略地位十分重要。

1938 年 4 月至 5 月，蚌埠、徐州相失守，怀远、宿县、灵璧、泗县等皖东北各县城很快被日军占领，抗战形势十分严峻。中共苏鲁豫皖特委决定依托原有工作基础，广泛组织民众，发展农民武装，在津浦、陇海铁路两侧开展敌后抗日游击战争。

1938 年 11 月，国民党安徽省政府派盛子谨到皖东北管镇出任皖六专署专员兼泗县县长。随后，中共鄂豫皖省委派江上青、廖量之、赵敏等党员随盛子谨来到皖东北，在以公开身份组织抗日活动的同时，秘密组建起皖东北特别支部，江上青任书记。

1939 年初，中共山东分局由北向南，鄂豫皖省委由南向北，豫皖苏省委由西向东，江苏省委由东向西，共同着手开辟淮北路东地区。同年 4 月，山东分局派杨纯到皖东北，建立起皖东北特委，杨纯任书记，领导泗县、五河、宿县等县的抗日活动。5 月，为贯彻中共中央提出的“巩固鲁南、向苏皖发展”的方针，进一步加强苏皖边区党的工作领导，中共山东分局决定成立中共苏皖边区委员会，任命金明为苏皖区党委书记，李浩然为组织部长，张彦为宣传部长，钟辉为军事部长，邵幼和为统战部长，张震寰为青年部长。区党委的任务是：在陇海路南、淮河以北、津浦路东大海以西的广大地区，贯彻党的抗日民族统一战线政策，放手发动群众，发展党的组织，领导人民进行抗日武装斗争，建立抗日根据地。5 月中旬，金明与张彦、邵幼和等即从鲁南出发，于 6 月初到达邳（县）南中共苏皖特委机关驻地，宣布撤销苏皖特委并正式成立苏皖区党委，统一领导皖东北、淮海、盐阜、邳睢铜等广大苏皖边区党的工作。7 月，豫皖边省委书记张爱萍率一部分干部进入皖东北，与八路军苏鲁豫支队、陇海南进游击支队取得联系，共同开展抗日民族统一战线工作，建立了中共皖东北工委。不久，我党又在张塘设立八路军、新四军办事处，张爱萍任处长，刘玉柱为副处长。

皖东北特别支部、苏皖特委、苏皖区党委、皖东北工委相继建立后，一方面发展党的组织和抗日力量，另一方面开展对盛子谨的统战工作，为皖东北地区进一步开辟奠定了基础。

1940 年 2 月，由于国民党皖省当局的破坏，共产党与盛子瑾在皖东北合作抗日关系遂告结束。1940 年 3 月，苏皖区党委召开第一届各界人士代表大会，宣布成立皖东北抗日民主政权，名称沿用国民党安徽省第六行政督查专员公署。开明绅士陈粹吾为代理专员，刘玉柱为秘书；不久，刘玉柱任专员。

1940 年 4 月，刘少奇同志抵达皖东北，就政权、武装和党的建设作了重要指示。5 月，敌伪军“扫荡”皖东北根据地中心区，顽军王光夏部也乘机骚扰。在刘少奇主持下，八路军苏鲁豫支队一大队和新四军六支队四总队等集中兵力粉碎敌伪顽进攻，稳固了局势。然而不久后，因苏皖边区党委东进，皖东北和邳睢铜地区党政军力量有所减弱，基本区又受到敌伪顽的攻击和压缩。

为了加强皖东北根据地的斗争力量，1941 年 2 月，张爱萍率新四军第三师第九旅由淮海区西返皖东北，首克青阳，消灭伪军一个团，继克马公店，拔除伪据点，后向西南和西北扩张战果。经过 40 余天的连续作战，恢复了皖东北根据地的基本区。此间，新四军第二师第五旅一部在淮泗地区粉粹了日伪军的“扫荡”，平息了土匪的武装暴乱，对恢复皖东北根据地作出了重要贡献。5 月 4 日，新四军第三师第九旅在第二师第五旅一部和第四师第十旅一部的配合下，发起了清剿洪泽湖上土匪武装的战斗，历时 8 天，肃清了湖上的

土匪，清除了多年来的湖上匪患，洪泽湖成为根据地内湖。至此，皖东北抗日根据地全部恢复，专署下辖泗宿、淮泗、泗南、泗北、泗五灵凤、盱风嘉六个县办事处和洪泽湖管理局及泗（县）五、八两个直属区署，共有120多个乡政权。

1941年5月，因新四军第四师主力部队和豫皖苏边区大批党政干部转移到了皖东北地区，中共中央华中局决定撤销苏皖边区党委和皖东北地委，成立皖东北区党委，刘子久任书记，刘瑞龙任副书记，领导津浦路以东、运河以西、淮河以北、陇海路以南广大地区党的工作。

1941年8月23日，华中局决定：划淮河以北、陇海路以南、运河以西、津浦路以东地区为淮北苏皖边区，并将邳睢铜地区和淮宝县划入。撤销皖六区行政督察专员公署，成立淮北苏皖边区行政公署，以刘瑞龙为主任，刘玉柱为副主任；撤销皖东北区党委，成立中共淮北苏皖边区委员会（简称淮北区党委），由刘子久、刘瑞龙、刘玉柱、张彦、吴芝圃五人为委员，以刘子久为书记；成立淮北苏皖边区军区，赖毅为司令员，刘子久兼政治委员；成立淮北苏皖边区军政党委员会，以邓子恢为书记，统一领导淮北苏皖边区党政军工作。这标志着淮北苏皖边区（简称淮北地区）抗日根据地正式形成。

二、邳睢铜抗日根据地的创建

1939年4月，陇海支队根据中共山东分局尽力向南发展的指示，讨论了面临的抗战形势：邳北抗日游击根据地已经建立起来，陇海路南地区被敌人伪化时间长了，将给开辟苏皖边区工作增加困难，必须立即到路南去。钟辉、李浩然、张震寰等商议决定：抽调三营九连67人、枪和苏皖特委机关人员组成八路军山东纵队陇海南进游击支队先遣第一梯队（简称一梯队），李浩然任梯队长兼政治委员。由于部队努力作战和中共苏皖特委、邳睢县委积极工作，邳睢铜地区抗日局面迅速被打开，几个月内初步建立起以古邳为中心的邳睢铜抗日根据地。邳睢县各区都建立了区委，青救团、农救会等群众组织得到进一步发展，有的还组建了武装。

1939年7月至9月，一梯队主力三次南下泗（县）、灵（璧）、睢（宁）边区活动，并与新四军代表张爱萍、刘玉柱和苏鲁豫支队的胡（炳云）田（维扬）大队取得了联系。1939年9月，中共山东分局根据毛主席《关于八路军今后主要发展对象是华中》的指示，成立了苏皖纵队，任命江华为纵队司令兼政治委员，统一指挥苏皖边部队。山东纵队陇海南进游击支队全部改名为苏皖纵队陇海南进支队。11月，陇海南进支队随纵队机关离开邳睢铜，开赴皖东北地区。

1939年5月，中共山东分局决定以洪泽湖为中心建立苏皖边区委员会，金明任书记，李浩然任组织部部长，张彦任宣传部部长，邵幼和任社会部部长，钟辉任军事部部长。6月，区党委书记金明由山东到达邳睢铜地区苏皖特委驻地。8月，区党委机关从邳睢铜地区南下到达皖东北泗县张塘（今属泗洪县），统一领导皖东北、邳睢铜、东灌沭、淮（阴）淮（安）涟泗等地区党的工作。活动于邳睢铜地区的苏皖特委随之撤销。10月，苏皖区党委决定撤销邳睢县委，成立邳睢中心县委，张道平任书记，并把铜山、灵睢两县委划归其领导。11月，随着形势的发展，撤销邳睢中心县委，成立苏皖一地委，李云鹤任书记。

三、萧宿铜抗日根据地的创建

萧宿铜抗日根据地横跨津浦铁路，北起徐州三堡，南至宿县夹沟，西南依托皇藏峪山区，东面依托褚兰山区。该地区是皖东北与豫皖苏根据地的交通要道，扼守敌人南北交通的咽喉，战略位置十分重要。

徐州沦陷后，铜山县桃山集（今属安徽省宿县）人孙象涵在家乡组织了彭南游击队。1938 年 7 月，彭南游击队被编为湖西人民抗日义勇队二总队第十八大队。游击队积极在当地开展游击斗争，大大鼓舞了当地人民的抗日热情。苏鲁豫支队到来后，第十八大队升为主力。1939 年夏，孙象涵率领苏鲁豫支队游击七大队三营，随胡炳云大队东进皖东北。萧宿铜地区抗日斗争陷入低潮。

1940 年 5 月，为贯彻刘少奇在皖东北讲话中关于建立根据地的指示精神，苏皖区党委研究决定从孙象涵部抽出第六连派回萧铜地区，组成萧铜独立营，任命亢为德为营长、吴端胜为副营长、朱德群为教导员。因为营长姓亢，当地群众称这支部队为“亢营”。亢营回到萧铜地区时，津浦路两侧伪化严重，日伪据点增至 40 余处。亢营英勇作战，初步打开了萧宿铜地区抗战局面。

1940 年 12 月 12 日，豫皖苏边区发生严重叛变事件。豫皖苏边区保安司令部司令耿蕴斋、八路军第六旅十七团团长刘子仁、十八团团长吴信容裹胁所属部队 2000 多人，携长短枪 1000 余支、轻重机枪 25 挺投靠国民党。豫皖苏根据地的萧县、砀山南部、夏邑地区为叛军盘踞。铜山、宿东土顽南北夹击萧铜根据地，萧铜地区形势急剧恶化。

1941 年春，新四军四师反顽斗争失利，全部转入洪泽湖。萧县民主人士许西连、冯蕴言等未随四师东撤，遂到皇藏峪跟随萧铜独立营活动。四师东撤后，萧铜地区顽化，游击根据地日趋缩小，最严重时只剩皇藏、官桥两个乡。萧铜党政军人员密切配合，在这块根据地进行艰苦的斗争。他们夏季钻青纱帐，冬季爬山沟，同敌、伪、顽进行英勇顽强的斗争，一直奋战在这一战略要地之上。

四、宿北、潼阳（沭宿海）抗日根据地的创建

1939 年 1 月，中共苏皖特委根据山东分局“关于向东、向南发展”的指示，派吴云培、夏岩到宿北组建了中共宿迁县委，吴云培任书记；派余耀海、孙朝旭到东海、灌云、沭阳地区组建了海属工委，余耀海任书记。

1939 年 5 月，宿迁县委书记吴云培向苏皖特委及钟辉请示，将邳县庄鸿勋领导的青救团武装和宿北青年自卫队合编组建为陇海南进游击支队先遣第二梯队（简称二梯队），吴云培任梯队长。二梯队活动于宿（迁）北、邳（县）东南、沭（阳）西交界地区，不久发展到 400 余人。同月，活动在海属地区的余耀海、孙朝旭、周瑞迎报经陇海支队司令部批准，在东海、灌云、沭阳各县人民自发组建的抗日游击队的基础上，正式成立了陇海支队第三团，任命汤曙红为团长，下辖 4 个营，共 1500 余人。

1939 年 11 月，中共苏皖区委在所属地区的大运河以西建立第一地委；在大运河以东、陇海路以南、六塘河以北建立第二地委，杨纯任书记。第二地委对宿迁县委进行了改组，由王亚东任书记。接着，杨纯在大刘墩（后移至筛子）主持召开了区以上干部会议，会期

四天。杨纯代表地委传达苏皖区委党代会精神，并结合本地情况，作了《目前国际国内形势和当前任务》的报告。报告分析了本地区的情况，提出当前的中心任务是整顿好中共党的组织，恢复党的活动，强调今后党的发展工作要面向工农群众、提高党员素质、积极组织党领导的抗日武装，为开辟宿沭边区和马陵山区根据地做好准备。

1940 年 2 月下旬，陇海支队东渡运河，受到国民党宿迁常备旅鲁桐轩部的进攻，支队在沭阳、宿迁地区的东西鲍圩子、邵店、五华顶予以反击，给顽军以沉重打击。后因顽军势力强大，自身没有根据地作依托，陇海支队撤出这一地区。

1940 年 3 月下旬，苏皖区党委决定将第二、第三地委合并，成立淮海地委，原第三地委书记万众一调任淮北大队政委，淮海地委书记由杨纯担任。9 月，黄克诚率八路军第五纵队从皖东北进入淮海地区宿沭边区，对盘踞在宿迁、沭阳地区的国民党顽固派发起进攻，歼灭国民党宿迁常备旅百余人，旅长鲁桐轩率数骑逃窜。宿沭边区的局面初步打开，中共沭宿海中心县委和沭宿海联防办事处随后在麦墩宣布成立，中心县委书记为章维仁。接着，各区也建立了区政权。

第二节　淮北苏皖边区行政公署公安保卫机构的建立与发展

在中共苏皖边区党委的领导下，皖东北根据地的安保工作有了起色。在边区党委社会部的指导下，根据地培训保卫干部、审理案件、锄奸肃特等工作不断推进。1941 年皖东北区党委成立后，在梁国斌等同志的领导下，淮北根据地各级锄奸保卫组织不断完善，各县保安分处相继建立。1943 年开始，各保安分处陆续改为公安局，公安保卫工作进一步规范。以保卫队和便衣队为主体的公安武装力量不断打击敌特势力，为根据地的稳定作出了重要的贡献。

一、根据地开辟时期的锄保工作

中共苏皖边区党委成立后，邵幼和出任党委社会部部长。社会部初建时，只有部长 1 人，后从部队抽调 20 多人组成保卫队，直属社会部领导。保卫队负责保卫区党委的安全，执行逮捕和看押任务。1940 年 1 月，吴鹏书从区党委举办的党训班毕业，调入社会部任秘书。

随着斗争的深入发展，边区党委对锄保工作在抗战中的作用有了进一步认识，多次要求各级党的书记切实注意这一工作，应有计划地物色、训练、提拔可靠干部，建立锄奸保卫工作系统。区党委要求各级党委设立社会部，并对其进行监督领导。各分区设社会干事，无锄保干部则由书记兼保卫工作，社会部在业务技术上受上级社会部的领导和指导。区党委号召在党内进行深入锄奸动员，在学校设立反奸细斗争课目，开展热烈的、广泛的锄奸运动。区党委明确指出：目前锄奸工作的主要对象是托匪、汪匪、特工和汉奸。

1940 年 6 月，苏皖边区党委批准成立苏皖边区保安处，邵幼和任处长，边区党委社会部兼做保安处工作，两块牌子、一套班子。不久，苏皖边区党委从区党委党训班毕业学员中，抽调了黄建中、高新华、赵子英、张英、朱浩、刘营、杨昌恩等同志到社会部、保安处工作，吴鹏书仍是秘书，黄建中负责审讯，高新华负责侦察。①

苏皖边区锄保工作主要体现在三个方面。

其一，开办锄保干部训练班。为了配备各县委社会部部长、区委锄保干事以及机关、学校党支部专职或兼职锄保委员，1940 年 8 月，边区党委社会部开办了一期锄保干部训练班。由组织部门严格挑选了十几名政治素质好的同志参加了学习，训练班由黄建中具体组织，训练一个月后，准备分配到各县、区和机关、学校做锄奸工作，但不久边区党委东进，锄保人员工作未能全部落实。

其二，审理大量案件。当时几乎所有案犯的审讯，都集中于边区党委社会部，侦察工作主要是围绕案件进行调查研究。案犯大多数是县、区捕获的，部分是部队送来的，少数是边区保安处抓捕的。在对案犯的审查处理中，社会部、保安处贯彻边区党委指示，根据案犯性质、罪恶大小以及打击重点的精神，采取区别对待措施。一是对日特、国特中的坚决反共分子，有罪恶的汉奸、匪首、土匪中的亡命之徒，均处以死刑。二是对罪行轻微、对人民危害不大的予以释放。家住游击区的，可先行保释，随传随到；家住日伪区的，可教育释放，无钱发给路费，以扩大共产党新四军的政治影响；少数经过教育确有悔改表现，自愿要求抗日救国的，留其工作。三是对虽有一些罪恶但不够处决，且家中又有资财的少数案犯，罚其上交枪支弹药、布匹、药品资助抗日。②

其三，审查托派嫌疑犯。1940 年春，苏皖边区党委根据山东分局转来电报提供的名单，拘审了一批托派嫌疑犯，先后被拘审的有徐静、陆裕明、宋振鼎、谢冰岩、石林等。拘审时使用了刑讯逼供，还扣压了来往信件。1941 年 3 月，由于侦察、审讯一年多，既无罪行材料，又无确切口供，边区党委将这些托派嫌疑犯转送华中局处理，后全部被平反。

1940 年 9 月，苏皖边区党委转移，社会部和保安处机关也随之转移到淮海地区。随后，皖东北地委成立，边区党委社会部留下赵子英处理地委、专署的保卫工作。这时，日伪顽部队开始有计划地向根据地进攻，根据地内的反动分子亦积极活动。1940 年年底，日寇对皖东北根据地发动三次“大扫荡”，根据地日益缩小。到 1941 年年底，仅半城周围被民主政府控制，大部分根据地基本变成了游击区。同时，在敌特策划下，半城商民自卫队、青阳游击队和三区常备队等先后叛变投敌，环境严重恶化。③

1941 年 2 月，刘瑞龙、张爱萍率领新四军九旅打回皖东北。苏皖边区党委社会部派吴鹏书同来，建立起皖东北地委专署保安科，吴鹏书任科长。由于失地收复和新区扩大，锄奸工作任务逐渐繁重。为了解决缺乏锄保干部的问题，专署保安科开办了一期锄保干部训练班，学员 10 余人，包括随九旅西返皖东北的同志和从县区挑选的同志，学习时间一个月左右。吴鹏书担负授课任务，讲授内容主要是政治侦察学（四性：上升性、下降性、向心性、离心性），还有跟踪、盯梢、守候等业务知识。学习结业后，江涛（吴藻文）、宋明、叶绍（马陵）、管广佑、江波等留任保安科，分别担负起侦察、审讯、内勤、记录等

① 黄建中、吴鹏书、高新华同志回忆材料。

② 黄建中、吴鹏书、高新华同志回忆材料。

③ 刘玉柱：《淮北苏皖边区抗日民主政权初建概况》《在运西苏皖边区第三届各界代表大会上的报告》，1941 年版。

工作，其余人员回原县、区做锄保干部。以后，各县均配有一名专职锄奸干部，使锄保工作得到了加强。

皖东北保安科成立了三个月，主要工作是开展内部锄奸，对在日伪“扫荡”时有变节、通敌行为的人发起自首运动，同时拘押、审理了一批案犯。这期间，前来自首的有泗县城区叛徒、特务孙亚英，半诚叛徒陈镯等，他们坦白交代后，均被放回。泗县管镇的叛徒、特务陆松华搞假自首，被发现后将其枪决。后再无人前来自首，孙亚英等一批嫌疑分子也相继逃往敌区。

邳睢铜地区锄保工作开展较迟。1941 年 6 月，第一个专门性的锄奸机构——古邳公安局建立，金展任局长。公安局成立了一个七八人的保卫班，主要任务是保卫抗日民主政权、审查被群众抓来的汉奸和奸细。

二、淮北公安机构建立和发展

（一）举办锄保训练班

1941 年 5 月，新四军政治部锄奸部副部长梁国斌随军部巡视团来到皖东北，同时带来一批锄奸干部，其中有唐突（唐劲实）、陈庭槐、王中一、洪沛霖、柯志达等。6 月，在梁国斌亲自主持下，淮北苏皖边区选调了一批县团级干部在半城镇北大庙开办了三期锄保干部训练班。其中，第一、第二期锄奸训练班主要是培养县保安分处主任和部队团特派员一级锄奸干部，对外称“新四军军部巡视团民运工作队”，共有学员五六十人。第一期锄奸训练班队长是洪沛霖，支部书记是唐突。学员分为三个班，其中四师锄奸部选派的学员编为第一班，边区党委抽调的党政干部学员编为第二班，梁国斌从部队带来的学员编为第三班。第二期锄奸训练班队长是柯志达，支部书记是黄明东。凡参加锄奸训练班学习的干部，都经过严格挑选，政治素质较好。训练班由梁国斌亲自讲课。学习内容主要有政治时事、国民党和日本特务组织状况、敌特机关对根据地破坏手段，以及新四军侦察、审讯工作的方针、政策等。另外，锄奸训练班特别注重提高学员的思想水平、组织意识和纪律修养。

1941 年下半年，边区保安处共开办了四期锄保训练班，培养出 10 多名县级锄奸干部、30 名区级锄奸干部和 10 多名乡级锄奸干部，他们分别担任了县、区乡锄保机构的领导职务。此外，各县保安分处也开办了十期锄保训练班，培养了 100 多名区、乡、村的锄奸干部。这些干部充实、加强了基层各级锄保组织，在斗争中发挥了重要作用。各种形式的锄奸训练班是培养干部的摇篮，是建立淮北锄保系统的一块基石。

（二）公安局的建立与发展

1. 保安机构建立

1941 年 5 月，皖东北区党委成立，内设社会部，区党委副书记刘瑞龙兼任社会部部长。6 月，皖东北区党委发出《关于建立皖东北锄奸工作的通知》，要求“区党委成立锄奸委员会和地区保安处……各县保安处即行建立。县保安分处主任兼任县委社会部部长，区特派员兼任分区委社会干事”。不久，边区保安处成立，刘瑞龙兼任处长。8 月，皖东北根据地改称淮北苏皖边区根据地，社会部改称淮北苏皖边区党委社会部，保安处改称淮北苏皖边区行署保安处。社会部和保安处是两块牌子、一套班子工作（县、区亦如此），内设一室三科，王田任办公室主任，吴鹏书任侦察科科长，陈元良任审讯科科长，柯志达任军事科科长，每科配备工作人员2至3人。

1941年下半年，各县保安分处相继建立，泗南县保安分处主任刘德明，泗宿县保安分处主任林泽生，淮泗县保安分处主任王华，盱凤嘉保安分处主任陈一民，泗五灵凤保安分处主任张文炳，淮宝县保安分处主任李道明（该县原属淮南抗日根据地，1941年年初建立保安分处，8月划归淮北抗日根据地）。洪泽湖管理局建立特派员室，周海郊任特派员。不久洪泽湖管理局改为洪泽县，特派员室撤销，建立保安分处，周海如任主任。半城直辖区成立特派员室，张永志任特派员，各县保安分处内设有侦察科、审讯科。①

1941年10月，邳南行署撤销，成立邳睢铜灵四县联防办事处，陈元良任邳睢铜地委社会部部长兼保安分处主任，保安分处秘书是孙敬祖（兼），后为钦少华，侦察科科长金展，审讯科科长孙敬祖，教育、情报科科长林如云。②

1941年年底，泗阳县保安分处成立。为加强第一线领导，调王田任分处主任，边区保安处办公室主任由郭一辽接任。1942年9月成立了运河特区（次年，运河特区划归淮海区），设公安科，张作云任科长。

在组建各级锄保机构过程中，边区保安处要求各地系统建立两支专门的武装力量，一是保卫队，二是便衣队。边区保卫大队属军事科领导，科长兼任大队长、教导员；后保卫大队扩编为警卫营，各县保卫中队改编为警卫连。边区便衣大队成立于1942年年底，大队长张宗华，政委先后为甘泗显、柯志达、刘吉庭。便衣大队初建时分为6个分队，后逐步扩大编制，改为大、中、小队三级，专署和县保安分处也都建立了便衣队武装。

2. 保安处改为公安局

1942年11月，华中局召开第一次锄保工作会议，总结华中各地锄保工作经验，强调党和政府对锄保工作的领导，决定把垂直方式领导的保安机构改为由各级政府负责领导的公安局系统，同时精简机构，实行一元化领导体制。

1943年1月，淮北苏皖边区行署保安处改称行署公安局，刘瑞龙任局长，唐劲实任副局长。1月22日，行署公安局要求各县保安分处在两个月内改为同级政府领导下的公安局，同时各区特派员改称公安区员，乡情报员全部取消，建立乡锄奸委员会（治安委员会）。各县公安局在大的集镇建立派出所、民警队，维持治安。③

1943年2月8日，淮北边区党委作出《关于统一加强军队与地方锄奸保卫工作的决定》，提出三点要求。

其一，四师政治部锄奸部与行署公安局合并办公，组织保卫委员会，以梁国斌、刘瑞龙、张德绍、唐劲实四位同志为委员，梁国斌为书记。保卫委员会下设两个科，军事工作科科长由张德绍担任，地方工作科科长由唐劲实担任（秘密），对外仍称行署公安局和师政治部锄奸部。

---

① 陈元良、王华、张文炳等同志回忆材料。

② 李云鹤、陈元良等同志回忆材料。

③ 《张宗华同志在济南座谈会发言》，1982年版。

其二，各地委建立锄奸部。一、二地委社会部部长由地委书记兼任，邳睢铜地委社会部部长由陈元良担任，宿东地委社会部部长由林泽生担任。地委建立保卫委员会，由地委书记、组织部部长、锄奸部部长及部队锄奸科科长为委员，地委书记为保委会书记。

其三，各县委成立保卫委员会（不是办公机构，而是领导的会议制度）。县委书记为书记，县长、社会部部长等为委员。

实行一元化领导后，行署公安局对科室人员做了部分调整，下设六个科。秘书科科长为张向明，侦察科科长为王华，审讯科科长为宗晓天，治安科科长为李道明，社会科科长为田古，总务科科长为吴廉。各县公安局与县独立团锄奸股加强联系，公安局局长和锄奸股股长相互兼职，统一对县锄奸工作的领导。

1943 年 7 月，为了更好贯彻华中第一次锄保工作会议精神，边区行署公安局召开了边区第六次锄保工作会议，边区党委副书记刘子久等领导到会讲话。会议要求锄保干部纠正一些错误认识，尽快转变作风，使专门性工作与群众锄奸相结合。8 月，边区保卫委员会开办了一期军队和地方基层锄保干部轮训班，目的是进一步打破神秘化、孤立化的作风，研究锄奸政策，解决基层锄奸工作的实际困难。这次轮训班历时 35 天，学员有部队总队、大队和营级特派员 18 人，地方派出所所长、公安区员 59 人。轮训班由四师锄奸部部长张德纪和边区行署公安局副局长唐劲实主持，梁国斌两次作报告。学员分为三个组，部队组讨论了锄奸工作范围、领导关系、工作方法和如何掌握群众路线；区、乡组主要解决乡治安委员会的组织、领导问题，讨论如何做好公安区员工作；集镇组主要解决公安区员与派出所的关系问题，研究对工作网的领导工作。①

3. 宿东地区公安机构演变

1943 年 1 月，淮北边区党政机构进行调整。宿东地委改为四地委，书记为张太生，副书记为何启光，林泽生为地委社会部部长。地委所辖宿灵、宿东两县先后成立公安局，宿东县公安局局长为徐波，宿灵县公安局局长为刘晓华。

1944 年 12 月，三、四地委合并，称为三地委。林泽生调路西地委、专署任社会部部长、公安局局长，原宿东地委所辖宿东、宿灵、灵北县归三地委领导，县公安局归邳睢铜专署公安局领导。

（三）公安局机构与职能

1. 机构性质

淮北边区锄保机构建立初期，“对组织形式、工作任务、相互关系没有明确规定”“保安处多半还带有军事性质的形式”。1943 年以前，保安处基本上是“独立的”“上下垂直系统”“有捕枪、押、罚的权利，是县里三巨头之一，它与政府工作和整个任务关系很少”。

1942 年 7 月，刘瑞龙在《四二年上半年锄奸工作总结》中提出：“保安处为政府之一部分，在各级政府领导下根据上级的方针运行工作，各县分处主任应参加县政府行政委员会、县政会议及党团。”不久，华中第一次锄保工作会议决定：因为保安处已不适应政权民主化和领导一元化的要求，所以名称取消，改称公安局。公安局是抗日民主政权维护社

① 《锄保训练班总结》，载《拂晓》1943 年第 10 期。

会治安秩序的机关，为各级政府的组成部分之一。

1943 年 1 月以后，淮北边区各级保安机构均改为公安局，机构的性质以及与党政部门的关系逐渐清楚，“边区行署的各个处、公安局、高等法院是行署个别的工作部门，它们走在行署的统一方针底下，来掌握它那一部门的业务”。1944 年 11 月，淮北边区党委在《关于建立锄保工作按级负责的指示》中进一步要求：“锄保机关既为各级党政领导下的一个部门，它对下级锄保机关的领导应经过各级党政领导系统去进行。”

2. 公安机构职能

淮北边区各级公安机构的职能包括两方面。“一方面要镇压敌汉奸反动派的一切组织和活动；另一方面要保障抗日各阶层人民的人权、财权和政权，保障各抗日党派的合法存在，保障抗日根据地的抗日秩序……只锄不保不行，只保不锄也不行，而锄还是为了保。”其具体职能有五项。

第一项，侦察。“布置对反革命、奸细分子的侦检并经常进行对反革命、奸细分子的调查研究”；建立邮电检查工作，对敌人利用邮电进行伪化宣传或汉奸用邮电向敌人泄露秘密、破坏等信件、器材、书籍有权检查、干涉。①

第二项，逮捕、审讯、看押、处决。《淮北苏皖边区保障人权财产及保护工商业条例》规定：“除紧急戒严期间逮捕处决人犯依照紧急戒严令另行规定外，平常时期对一切案犯只有政府司法系统和保安机关有逮捕、审讯、处决之权，其他任何机关团体不得擅自捕人罚款。”

第三项，治安。“主动而彻底地镇压任何暴动，解除地主、土匪、顽固派的武装。”凡违警案件“由县公安局及派出所或区政府处理之，但由派出所或区政府处理者，须将处理经过及其财物呈缴县公安局检查”。②

第四项，保卫，建立锄奸武装。警卫武装担负保卫党、政领导机关安全之责，担负检查、警戒之责，同时负有看押案犯的任务。③

第五项，兼检察之职。淮北行署第二次政务会议决定，“各级公安局执行刑事检察责任”，还规定“由法院制订起诉书各种式样送边区公安局参考”。

3. 机构分工

公安局与军法机关分工：“案关军法者，统由军法机关审理复核”，“后方军事机关因事实需要，得委托公安、司法机关代为审理案件，该接受处理之机关，直接对该军事机关负责”。

公安局与法院部门分工：“政治犯由公安机关侦察完毕后，送司法机关审理判决之”，“只有保安处有权逮捕政治案犯”，“各地所捕政治嫌疑犯，必须送保安处侦察处理”，“非政治性案件，保安机关概不处理”。

公安局与司法部门分工：“民刑诉讼之司法案件，归司法机关审理（禁烟、盗匪、非战斗时之汉奸）”，贪污犯、盗窃犯交各级政府按照贪污、盗窃法令处理，纪律犯交原机

---

① 《保安处锄奸工作冬季计划》，1941 年 9 月 30 日。

② 《皖东北各县保安分处主任联席会议总结》，1941 年 7 月 28 日。

③ 刘瑞龙、唐突，《给×县×主任的一封关于锄奸武装问题的指示信》，1941 年。

关或部队发动斗争给予处理，民间纠纷由各级行政委员会负责调查、处理。但是，“上述诸类案犯如查明有政治背景、政治作用者（如汉奸、敌特、托匪、特工暗杀等分子），应将其所有材料、证件、口供，附之解至保安机关，继续审查追究、法办”。[①]

（四）公安武装力量

淮北边区公安保卫组织是在战争环境中建立的，特别注意发展锄奸武装力量。各级公安保卫机构的武装力量包括保卫队（警卫队）和便衣队（特务队）两支队伍。

1. 保卫队

保卫队武装建立于1941年下半年，所担负的主要任务为“一是保卫党政领导机关的安全，担任检查、警戒；一是执行锄奸任务，侦察、逮捕、押解……”

关于保卫队的数量和人员要求，边区党委在1941年10月20日发布的《训令》中有明确规定，“边区保安处成立保安大队……各县建立保卫中队，大县一百二十名，小县九十名。各区建立保卫排，现时各县政府保卫武装与保安分处武装合编”，“乡保卫班根据实际需要，由边区保安处具体规定建立之”，“保卫武装的成分应当纯洁，各地现有保卫武装应立即进行审查，洗刷流氓、地痞、土匪成分，特别是班长以上干部必须严格审查”。

边区保卫大队后改称警卫营，县保安中队改称警卫连，各级保卫武装直属边区保安处、县保安分处、区特派员和乡情报员领导。同时，边区保卫力量由军区司令部统一指挥，各县保卫力量由县总队统一指挥。

边区保安处成立军事科，兼管警卫营工作。各县保安分处也被要求成立军事科，科长1人，科员2人，但始终未能建立。警卫部队班以上干部必须由县委挑选，经过边区保安处教导队审查和军事锄奸训练后才可以工作。

2. 便衣队

1941年10月，边区党委发布《训令》，命令行署保安处和各县保安分处立即“按计划建立便衣队（特务队）武装”。在此之前，淮泗县保安分处已建立了便衣队，以后各县陆续组织了这支力量。1942年11月，开展三十三天反“扫荡”斗争后，边区公安局也成立了便衣大队。[②]

边区便衣大队属团级建制，初建时下辖6个分队，70余人，后发展为大、中、小队三级。专署一级便衣队设排和班，县里设队和班。淮泗县保安分处便衣队初建时，不足10人，后来发展为40人，最多达90人。1943年10月，邳睢铜公安局便衣大队设立3个排9个班，到抗日战争结束时，已发展到100多人。

边区便衣大队主要领导都是经过考验的红军干部，有胆有识，专署和县级便衣队领导也是反复挑选出来的得力干部，便衣队员部分来自地方部队和警卫部队，必须是“班长以上的党员，坚决可靠、勇敢机智、不爱财好利，没有不良嗜好”[③]，为了斗争需要，有时也吸收个别熟悉地方情况的当地同志参加便衣队。

便衣队是一支精干的武装力量，必须经过严格训练才能使用。边区行署保安处在1941

---

① 《关于建立皖东北锄奸工作的通知》，1941年6月29日。

② 《王华、张宗华同志在济南座谈会发言》。

③ 张宗华、张登亮、李家瑞同志回忆材料。

年第4号《边区保安处紧急通令》中提出：各县便衣队在经过一个时期训练后，应立即放出来普遍活动，开始试用和锻炼，使锄奸便衣在技术和活动能力上达到要求。各县和边区便衣队训练项目主要有跳跃抗日沟、搭人梯翻越障碍、在繁华集镇按衣服和脸谱等特征抓捕案犯；学习内容主要有时事政治、方针政策、侦察、绘图等业务技术以及敌情基础知识；每个队员还要熟悉当地言语、风俗。便衣队员一般配备手枪1支、匕首1把、特制小型手榴弹4枚，后来发中正式步枪1支。行署便衣大队配备机枪2挺，有的县还给便衣队员配备了自行车。

便衣队的作用最初是侦察敌情、镇压暴动、逮捕案犯。如淮泗县保安分处初建阶段，斗争形势十分险恶，地主暴动、内奸破坏等活动层出不穷，如果没有一支专职性的锄奸武装，公安保卫工作难以为继。随着根据地的逐步发展和巩固，便衣队的主要作用是打击敌伪蚕食活动，坚持边缘区斗争，开辟新游击区，解决一些野战部队难以兼顾的小股伪军和日特、国特操纵的武装力量，以及执行某些特殊任务。

第三节　淮北抗日根据地反“扫荡”、反“蚕食”、反顽斗争

淮北苏皖边区为津浦铁路、陇海铁路、淮河、运河四条重要的交通线所环绕，战略位置十分突出。因此，它始终处于日伪军“扫荡”“蚕食”和国民党顽固派军队的东西夹击之中。

一、日伪顽及特务组织概况

（一）日伪顽军事力量

日本华北派遣军在徐州先后部署过21师团、17师团，在豫东、淮北部署过骑兵第4旅团，华中派遣军在蚌埠驻有独立13旅团，在徐州驻有65师团。伪军在淮北周围驻有暂1军、6师、14师、15师，随后又组成了以张岚峰为首的伪第2集团军，日伪军事力量是淮北抗日根据地的主要敌人和最大威胁。

邓子恢曾经就日伪军“扫荡”淮北的目的作出三个论断：“围歼我主力，扑灭我领导机关，使淮北苏皖边根据地及抗日人民失掉屏障与领导而趋于毁灭；削弱我根据地人力物力财力，毁灭我后方资财，使我不能继续在此坚持抗战；乘机安插据点，建立交通线，分割和缩小我之地区，作为将来分区‘清乡’、全面‘伪化’之准备。”

日伪军为达成“扫荡”淮北的目的，在三个方面采取不同办法。一是在军事上，以优势兵力，用分进合击、三路进攻、一路埋伏、四路穿插、齐头并进的战法，寻找根据地主力决战，以达其包围聚歼的计划。二是在政治上，采取欺骗分化政策，如专烧根据地驻军及机关久住的房屋，声言只打共产党军队、不打老百姓；只打老八路、不打土八路；打击工农、争取地主，以此挑拨根据地军民团结、各阶层团结、外来干部与地方干部之间的团结，以达其孤立抗日武装、各个击破的阴谋。三是在经济上，采取烧光、杀光、抢光“三光”政策，着重破坏根据地后方机关资产，抢掠民众粮食、牲口，引诱奸商乘机偷运粮食出口，企图造成来年粮食恐慌和生产困难，以削弱共产党抗日力量、打击抗日军民的抗日

情绪。①

国民党顽固派汤恩伯军事集团在侵占豫皖苏边区后，又组织了第15集团军，何柱国、李仙洲分别任正、副司令，同时成立了苏鲁豫皖游击总指挥部，统领四省边区国民党地方游击纵队，频频窜越津浦铁路，企图与占据淮北边区东部、依托运河的国民党顽固派军队韩德勤部89军、独立6旅形成军事夹击态势，建立一条“反共长廊”，准备消灭新四军四师于洪泽湖地区，然后东进苏北，割断华北、华中两大根据地的联系。为粉碎这一阴谋，新四军二师、三师、四师在1942年和1943年分别组织了程道口、山子头两大战役，彻底消灭了韩德勤的军事力量，消除了心腹之患，使淮北、淮南、淮海、盐阜四块抗日根据地连成一片。

除国民党军之外，地主武装是淮北最大的顽固势力。淮北农村土地高度集中，如泗县六区有三分之二的土地属于地主，双沟一带土地大部分为四大家地主所掌握。当时，一般地主有田地几十顷，少数大土豪占地多达几百顷乃至上千顷。大地主势力雄厚，其庄园建有水圩高墙，往往拥有几十支枪以上的武装力量，还控制小股土匪，称霸一方。如泗北土顽首领张海生，土地千顷，枪械数百，其中仅机枪就有几十挺。这些大土豪在势力范围内自成“小朝廷”，从前国民党政府的法令对他们也无能为力。因此，淮北在政治上，一向为豪绅、显官、大贾、土匪这些势力所左右。保甲长由这股势力包办，区乡政府甚至县长调换被他们制约。这些势力集团之间形成民派和团派两大派别，各自依据政治靠山，互相攻击、倾轧。抗日战争爆发后，团派主要投靠顽军，民派主要投靠日伪军力量。②

此外，抗战以来，淮北地区民众自卫武装遍地皆是，旗号纷乱，名目繁多。仅泗县就有2万余支枪械为这些民众自卫武装掌握。这些组织的领导权实际上又掌握在地主、豪绅和土匪手中。如潘村20余支枪的自卫武装，被国民党盱眙县警卫营营长孙德才控制，陶伯乡40余支枪的自卫武装为大地主傅新掌握，周家巷的自卫武装完全听从惯匪调遣。这些地方武装一直自我发展、扩充势力，对根据地的安全形成一种潜在威胁。

（二）特务组织

日本侵略军在华有特务机关、参谋部第二科和宪兵队三大侦察间谍系统，各地伪政权也有相应的特务组织，如伪军参谋机关的情报组织，汪伪政府的特工总部、警察、宪兵组织，以及各级伪新民会、自治会和伪群众团体安清总会等。

徐州、淮阴是日本华北系特务间谍组织的两大主要据点，其组织机构延伸至淮北地区泗县、睢宁、灵璧、泗阳、淮安、宿迁等县城，围绕淮北苏皖边区的东部、北部和西北部进行特务活动。徐州、淮阴的日特机关内设有“灭共班”，宪兵队里设有“工人特别训练班”，专门训练叛变的根据地工作人员，在反共手段上更毒辣。蚌埠设有汪精卫的特工总部，直属日特机关指挥，它在淮北边区西南的盱眙、五河、明光等县建立了据点、布置特务工作，这些机构中的日特被称为联系官、指导官和顾问。③

---

① 邓子恢：《论淮北反“扫荡”（摘要）》，载中共江苏省党史资料征集研究委员会、江苏省档案局：《江苏党史资料（第三辑）》，1985年版，第42页。

② 《皖东北各县保安分处空任联席会议总结》，1941年7月28日。

③ 《淮北苏皖边区半年来（7月—12月）锄奸工作总结报告》，1942年2月20日。

国民党特务组织有两大系统在淮北边区和周围活动。一是安徽系统，苏鲁豫皖战区特务组织以立煌、阜阳为中心，包括以李品仙为首的安徽省政府下设的保安处特务科、汤恩伯反共系统的特务大队和安徽省党部调查统计室。安徽省党部调查统计室以廖敏中为首，在谷县设立调查员组织，其中五个首席调查分区携带电台。此外，三青团从阜阳至龙坑、萧县、铜山一带，在淮北根据地泗五灵凤、泗南、盱凤嘉等县布置特工，大搞自首活动。二是江苏系统，包括国民党中统局特派驻苏专员汤铁飞领导的中统组织，国民党江苏省政府特务工作指挥处处长张守谦领导的特务系统，以及顽 89 军谍报处李雪舜为首的军队特务机构。这些特务组织主要活动于淮北边区东部的曹甸、车桥、书甸等地，向根据地淮泗、泗宿、淮宝、铜灵、睢铜等县进行内部突击活动。另外，淮宝一带的国民党特务组织还开办训练班，设立 93 个区，有计划地布置干探打入根据地群众团体、文化机关。

日伪军交替采用“大举扫荡”和“蚕食渐进”两种方式进攻淮北苏皖边区，对此，淮北抗日根据地确定了不同的斗争方针。当敌人大规模“扫荡”时，除留少数人就地坚持外，主力部队和党政机关适时转移，从外线展开破击战，攻击日伪军后侧，寻机歼灭一部，迫其退出根据地；当日伪军“蚕食渐进”时，以原地斗争为主，及时打击日伪力量，阻止“渐进”，不让其增设一个据点、一条交通线，同时肃清内部奸细，使敌无隙可乘。边区各级公安保卫部门就是在这一方针指导下开展锄保工作的。

二、反“扫荡”中的公安保卫工作

（一）反“扫荡”前的布置

一是积极开展侦察，不留后患。公安保卫部门将之前发现的反革命分子破坏事实，迅速、周密、慎重地侦察清楚，将收集到的全部有关事实材料在县锄奸委员会上讨论，共同签名盖章，呈报行署保安处批准后逮捕。重点逮捕对象：混入地方武装、掌握队伍的干探及其地主反动分子，握有武装或藏枪 10 支左右者，混入党内、政权中的干探分子，地方秘密反动特工组织。如果对可疑的反革命分子不做结论、不能有效打击这些反动基础，就无法在军事和政治上保证反“扫荡”的胜利。①

二是周密布置锄奸网工作。在重要集镇、交通要道以及日伪“大扫荡”、国民党反共军队进攻时会被占领的地方，安排锄奸人员秘密活动。公安保卫部门在重要集镇应建立一个灰色网，专等敌人占领时隐蔽工作，必要时以灰色面目深入敌人内部收集材料；凡交通大道、河道口应设立一两个坐探，观察敌军往来，提供军事情报及反革命活动情报。各县应布置秘密交通员，将据点内收集的材料送出并传递到有关部门。如淮宝县公安局在一次反“扫荡”斗争前夕，协同县委将原有各种交通情报系统合并为一个情报站，把交通与收集情报工作分开。情报站共 5 人，站长 1 人、交通员 2 人、情报员 2 人，不发生横向的联系。

（二）反“扫荡”中的公安工作

反“扫荡”中，军事情况紧急，上下级联系经常中断，因此，公安保卫工作的政策和

① 《准备反“扫荡”——刘瑞龙同志的指示信》，1941 年 7 月 23 日。

措施相应发生变化。①

其一，锄奸委员会权限扩大。根据行署保安处的方针，各县锄奸委员会完全负责全县锄奸工作。对案件的破获和处理由县保安分处执行后，再向行署保安处报告、备案。县保安处主任下令逮捕、处决犯人，交县锄奸委员会讨论、决定，共同签名盖章。县保安分处一方面执行逮捕、处决，另一方面呈报上级批准、备案。

其二，对确有破坏、暴动等阴谋事实的首要人物、主谋领导分子立即逮捕，将其组织一网打尽。

其三，对存有嫌疑材料、富有军事经验的伪顽合流者，或混入地方武装、握有枪支者，应选出其首要分子，以"保护其身家性命，护送后方安全"的名义进行"集中"，使这些人离开社会基础、离开中心。紧张形势解除后，再向他们解释，请其归家。这种工作应与政府、党委、民运、军队取得一致，防止引起恐慌。对从国民党统治区来根据地的人员，尤其是军事人员，严密监视、侦察其活动，对已有破坏事实者，依法扣押、处理。

其四，各级（县、区）公安机关及所属便衣队立即协同县、区、乡队和基干自卫队紧急戒严，检查行人，捕捉敌探、汉奸、奸细。便衣武装由干部率领，并掌握自卫队，就地坚持，与敌纠缠，一切行动服从当地军事机关的统一领导。

其五，各县公安保卫机关对平时在押案犯迅速清理。由县委、锄委会（保卫委员会）负责，并将处理结果上报边区行署保安处（公安局）。

其六，正确掌握政策。一方面对特务、奸细应有足够警惕；另一方面不可疑神疑鬼，处理案犯集体讨论，经过一定手续，纠正乱捕乱杀现象，不得借口紧急情况擅自杀人，或挟嫌报复处决罪犯，要有法律根据，并出布告，宣布罪状，不能有丝毫马虎。

（三）扩军期间的锄奸保卫工作

淮北边区地方武装部队不断发展壮大，县独立大队发展为独立团，区队上升为县大队，乡队升为区队，整个边区的扩军任务一年比一年繁重。在扩军过程中，防奸锄奸工作是非常重要的一个环节。

1944 年 10 月，新四军四师收复豫皖苏失地，淮北边区扩建十个独立团。为开展好扩军工作，边区公安局总结出扩军中存在的几种偏向，提醒各地注意。

其一，一些来历、成分、政治面目不清的分子扩了进来。

其二，将明知有嫌疑、明知是破坏分子的扩了进来；为了瞒上，有的甚至把嫌疑分子材料隐瞒起来。

其三，只看身体强壮、成分好，不追究其人品好坏。根据地曾发现，敌人派来的奸细在根据地内找个雇工位置做几天工后，便伪装成雇农混入新四军。

其四，有些锄奸干部下了基层后，扩军中的防奸工作及新兵审查登记工作无人管理。

针对上述问题，边区公安局明确规定各级公安机构必须做到以下几条。

其一，在干部、党员和群众中进行锄奸教育，使他们认识到敌人必然会对新四军扩军采取破坏行动，教会他们如何防奸。

其二，考察扩军人员及各级扩军委员会委员，防止被坏分子进行破坏。

① 《边区保安处 4 号通令》，1941 年 12 月 16 日。

其三，接收新兵工作应建立按级向上转送及按级审查制度，审查中要根据事实材料，不要捕风捉影。各级机关要有专人负责接受新兵工作，做到各村送新兵到乡时，乡治安委员会负责初步登记，登记事项包括来历、成分、社会关系等。如来历不明，应会同乡负责干部弄清楚之后，再行退收，送到区乡。区乡根据转来的材料加紧审查是否符合规定，向区负责同志提出意见，由区负责同志再决定退收。

其四，布置对个别嫌疑分子堡垒的侦察工作，从扩军中发现其活动线索、破坏事实、破坏谣言等，要及时在群众中揭穿，并用实际案例教育群众和党员。[①]

各级公安机关严格执行了边区公安局的指示，确保了扩军质量，使枪杆子始终掌握在共产党手中，这对巩固淮北路东根据地、发展淮北路西根据地有着重要的意义。

三、反“蚕食”斗争中的公安保卫工作

（一）日伪“蚕食”概况

“蚕食”亦称伪化，日伪军“蚕食”阴谋主要实施于淮北抗日根据地边缘地区。1942年夏季，日伪军对邳睢铜、宿东边缘区根据地频繁进行“蚕食”性“扫荡”，以巩固徐州为中心的战略枢纽地带。1942年年底，日伪军打通泗宿公路，在归仁集至枯河增设据点11处，不久又侵占淮泗东陈集、林桥、顺河集等地和邳睢铜土山、叶场等地，安设一批据点。日伪军依托这些据点和交通线向前推进，今天“蚕食”一镇，明天伪化一乡，不断缩小根据地、扩大伪化区，将点线占领变成面的占领，完成“蚕食”过程。据1945年2月统计，仅一年时间，泗五灵凤县就被“蚕食”106个堡，宿灵县大山区10个乡被伪化7个，淮泗县昊集区被拖走150人和50支枪，泗阳县被拖走民兵120多人，不少区、乡队被袭击，干部惨遭杀害。

日伪军“蚕食”的主要手法有以下几类。

其一，组织专门性武装力量，袭击基层政权，压缩边缘区根据地。如时村据点伪军司令胡泽普组织了“蒲种队”几十人，常常夜袭民兵自卫队，秘密杀害区、乡干部。1943年3月，伪军奔袭肖铜县九区区政府，区长赵承志牺牲，县委副书记曹介被捕，惨遭杀害。

其二，在根据地内建立伪政权。一种方式是直接派遣和委任人员到根据地指定地区秘密任职，如面镇伪区长徐荫堂拉拢逃亡地主、会道门首领、土匪、地痞等成立了“反共富人团”，委以伪区长、伪联保主任等职务，派遣到根据地来建立秘密政权，一旦时机成熟再公开。另一种方式是威逼抗日民主政权的乡长、保长为他们服务，出粮出钱，建立一种“假心对我、忠心事敌”的“两面政权”，然后派兵安设据点，形成公开的伪化政权。蒋集、袁集两区大多数乡就这样被“蚕食”掉。

其三，对区、乡抗日民主政权的干部大搞自首活动，口号是“扒八路的根子，要八路上实下虚，不得坚持”。

其四，以武装抢劫和怀柔利诱来威胁、拉拢群众。归仁集伪军宣扬“扫荡时，凡与我有联系、维持的地点，不去抢，绕路不走这些村庄，被烧被抢劫的村庄，都是通八路”。

① 《关于冬季扩军中锄奸工作的指示》，1944年10月。

邱集伪军一边纵兵抢劫财物，一边又故意让军官把财物还回去，以此拉拢群众。

其五，“伪顽合流”。泗阳王其珂、淮泗王伯言等国民党地方势力利用日伪军据点为依托，骚扰根据地军民，配合日伪共同“蚕食”根据地。

（二）公安保卫部门的对策

针对日伪军“蚕食”情况，淮北边区党委和四师决定以泗宿地区为中心，全面、坚决地开展反“蚕食”、反伪化斗争。1943 年夏秋之间，四师和地方武装拔除罗圩、黄圩、董圩等 26 个日伪军据点，公安局便衣队深入泗县、灵璧、睢宁等敌占区，恢复、开辟 13 个区、70 多个乡的游击区。1944 年 3 月，四师主力又攻克日伪据点 51 处，解放泗、灵、睢广大地区，切断睢泗、唯灵、泗宿公路，控制一段运河线，取得反“蚕食”斗争全面胜利。

在反“蚕食”斗争中。公安保卫部门采取的主要策略有以下几个方面。

其一，认清日伪“蚕食”、伪化行动是一种包括军事、政治、特务活动在内的全面进攻，根据地必须动员党政军民一切力量，共同开展斗争。公安部门普遍发动群众，进行站岗、放哨、打更、盘查行人、检查路条等活动。

其二，由抗日民主政府出布告制止“暗维持”[①]。公安部门在群众要求下，惩办个别对根据地危害大的汉奸，没收其财产救济群众，同时进行武装活动，提高群众赢得反伪化斗争的信心。淮泗县公安局派人埋伏在据点附近，逮捕一些暗中与日伪勾结的人，选两个最反动的头面人物，就地处决，震慑敌人。1943 年 4 月，邳县汉奸张淮林（曾任根据地乡长）乘邳三区八岔路春荒之机，煽动群众闹事，活埋区委书记阎宁波，企图搞垮区政权。邳睢铜公安局肖耿堂赶到后，救出区委书记，逮捕张淮林，经公审处决，争取了群众。铜山县小单庄土匪单克信、单克礼投靠日伪充任伪军分队长，配合日军“扫荡”“蚕食”根据地。铜山派出所所长金展将其抓获，由邳睢铜专署公安局处决。

其三，发展、加强便衣队武装，使其以灵活机动的方式在边缘区打击日伪军“蚕食”活动。

在反“蚕食”斗争中，边区公安局便衣大队在环境极端恶劣的情况下，配合地方坚守了泗灵明三个区，并开辟了一个多区的工作，粉碎了日伪全面伪化根据地、游击区的企图。邳睢铜专署公安局便衣队多次镇压伪军头目、汉奸、惯匪，挫败了日伪“蚕食”根据地的阴谋。淮泗、淮宝、泗五灵凤等县公安局的便衣队以巧妙的方法拔除了不少敌伪小据点，深入敌伪据点逮捕和镇压了危害极大的汉奸、特务，破坏敌人运输线，截获不少有价值的军用物资，为整个边区反“蚕食”斗争作出了重大贡献。

淮北抗日根据地的便衣队活动非常活跃。[②] 边区便衣大队张宗华只身深入国民党统治区蚌埠东面三十里铺，智擒国民党特务调查专员范世瓒。便衣大队在灵璧县北面利用保丁下乡收税的机会，乘虚而入，不费一枪一弹，拿下有四座炮楼和丈余宽水沟护卫的国民党顽固派重要据点，抓获国民党联防办事处主任。便衣大队多次破坏陇海铁路，砍断电话线，并进入日军徐州头山仓库，拉出大批油料、粮食和牛，还焚烧了日军飞机场。

---

① 两面政权或秘密伪政权。

② 王华、张宗华同志回忆材料；徐州市公安局《抗日战争时期邳碓铜地区公安工作大事记》。

邳睢铜便衣队在睢宁县梁集，利用赶集机会，派出三个战斗小组，击毙汉奸、伪邳睢铜灵四县联防区团长李士俊。1943 年春，邳睢铜便衣队队长吴忠清率 30 余人，深夜奔袭灵璧县小杨庄国民党特务电台，成功地避开国民党段海洲部一个加强营和唐广金部一个团的护卫，活捉电台台长和报务员，缴获了电台和密码本，解除了对淮北抗日根据地的一大威胁。

淮泗县公安局便衣队在许晏波的率领下，潜入日伪军占领的泗阳县县城，捕获日伪泗阳县警察局特高股股长王至仁。

便衣队的活动出奇制胜，神出鬼没，令敌伪军闻风丧胆。当时敌占区流传着一句话："不怕新四军一个团，就怕便衣队一个连。"由此可见，便衣队产生的震慑和影响甚至超过实际作用。

便衣队除了积极开展打击敌伪军的战斗，有时还执行特殊任务。1943 年 12 月，新四军代军长陈毅从华中赴延安，沿途公安局便衣队都参加了保卫工作。途经邳睢铜地区时，队长吴忠清率便衣队三个班，配合部队护送；同时派便衣队员张青山、陈哲林任贴身警卫。进入微山湖后，陈毅被困于湖中数月，张青山、陈哲林寸步不离、昼夜保护，直到陈毅化装成商人脱险后才返回。

山子头战役，国民党鲁苏战区副司令、江苏省政府主席韩德勤被新四军四师俘虏，交边区便衣大队看管。韩德勤想吞火柴头自杀，被严密监视他的便衣队员发现，避免了不良政治影响，后韩德勤由陈毅礼送出境。

其四，正确执行各种政策。利用伪军家属开展政治攻势，瓦解伪军队伍，争取伪军、伪组织人员靠近我方或保持中立，以孤立顽特，防止伪顽合流夹击根据地。淮泗县公安局与敌工部门配合，争取陈集伪军头子朱维俊、朱维杰为新四军服务。这两个人一度很嚣张，不断派小股武装骚扰根据地，秘密委任保甲长。淮泗公安局多次伏击其小股武装，捕捉与其来往人员，就地惩办保甲长，同时派人做工作，使其向抗日武装靠拢，提供有关日军"扫荡"的情报。1944 年夏天，邳睢铜专署公安局有计划地开办"敌伪顽基础人员训练班"，参加者都是"伪顽乡、保长、情报人员"，每期十天，先登记摸底，再进行形势、政策教育，最后让这些人交代、立功赎罪。这种学习训练班有利于分化伪顽分子，开展反"蚕食"斗争。

其五，正确处理自首分子。总原则是坚决反对变节行为，注意教育和争取工作，使自首分子不为敌人利用、不与抗日军民对立，使敌人自首政策彻底失败。具体策略主要有两个方面。一是在党内开展反自首斗争，对自首分子一律开除党籍；对一般自首分子或自首后对党没有危害的，教育其认识错误，争取其继续抗日。二是对自首后可能危害根据地或充任敌人特务的，将其调离使其不能危害，并争取其反侦察为抗日政权服务；争取无效时，立即逮捕、处理；对有事实证明其确为敌伪工作的，由县公安局处理。①

淮北边区各级公安机关在反"蚕食"、反伪化斗争中成绩卓著，受到边区党委和华中局的高度评价。华中局在《1943—1944 年两年华中地区锄奸工作总结意见》中给予充分肯定："淮北若干边区敌人进行'蚕食'阴谋政策，我锄保人员也能在广大群众掩护下，

① 四师锄奸部和淮北公安局：《反对敌人自首政策的参考资料》。

在游击区活动，并联系群众利益，揭破敌寇的欺骗、蒙蔽，依靠群众力量打击一切敌探、特工、伪化分子，使敌人无法落实其‘蚕食’阴谋。”

四、镇压地主暴动

1941 年 7 月和 8 月，淮北边区根据地多次发生地主暴动和地方武装叛乱。造成暴动、叛乱的原因有两个方面。一方面，减租减息触动地主阶级的经济利益，引起他们的强烈不满。抗日民主政权的建立打破了封建割据状况，彻底削弱、改变了地主阶级的政治地位，瓦解了他们的武装力量。因此，地主阶级妄图通过暴动恢复往日的天下。另一方面，受日伪军和国民党顽固派的策划、煽动。如淮泗地区的地主暴动、骚乱，主要是国民党顽固派王光夏部的策动。泗北一带的武装叛乱，主要是国民党安徽五县联防指挥所许志远等人的暗中活动。面对大量而集中的地主暴动和地方武装叛乱，各级公安保安机构在民主政府和军队的配合下，进行了坚决而严厉的镇压，并力求将其扑灭于预谋之际。

1941 年 7 月，国民党王光夏部队派两个营到顺河北活动，暗中与淮泗县三民乡乡长陈桂元等人勾结。陈桂元组织当地土顽地主开会密谋，以反对征收公粮为名，举行暴动。随后，土顽地主纷纷集合枪支，有的甚至将借给政府的枪支也索要回来。虽有种种迹象，但当地抗日民主政府工作人员犹豫不决，未能及时反映情况。18 日暴动开始后，地主武装力量与区中队对峙。当地刀会首领刘大刀也集合一部分刀会，企图呼应。新四军二师师长罗炳辉迅速派十三团予以镇压，暴动分子溃散、逃窜。刘大刀未及起事就被抓获，被立即处决，部队宣布取缔刀会组织。暴动全面平息。

1941 年 8 月，大地主柏芳卓从伪军据点回到大柏圩家中，开始组织武装，加固圩墙、盖沟及堡垒等防御工事。附近地区的地主、流氓三五成群地集合于柏芳卓周围。他们把粮食运往伪区，制造谣言，暗定在中秋节前后暴动。边区保安处觉察其阴谋后，立刻破获此案，缴获枪支 41 支，击毙当场顽抗者 1 人，处决 2 人，另外 3 名主犯交保释放。

1941 年 7 月，皖东北各县召开了保安分处主任会议。会议决定，当前锄奸工作第一项中心任务就是配合边区党委，迅速、坚决地“解除地主、土顽固的武装，保证我党在地方武装中的绝对领导权”。1941 年 7 月、8 月，边区行署保安处制定出多项措施，以保证解除地主武装和改造地方武装工作的顺利进行。

（一）解除地主武装

1. 收缴地主枪支

按照地主和土顽固“有三支枪的定要缴出二支”的原则，收缴所有地主的枪支。收缴方式要灵活，地主可以自己上缴，但时间不能拖延，必须在 8 月中旬全部交完。①

2. 逮捕反动土顽

“对于土顽固首领，尤其是掌握枪支的”应以解决为原则。“对于有军事经验的及群众所痛恨的有材料事实证明的反动土顽固分子，即应逮捕，材料不够充分的，应迅速地布置收集材料”，“派人监视”“到环境严重时，或扣留或遣送后方，一网打尽”，“有枪支者应立即解除，在必要时给予破获及镇压”。

---

① 《保安处八月份工作计划》，1941 年版。

（二）改造地方武装

1. 考查地方自卫武装的成分

其考查内容有：工、农、商及学生各占数量，是否有地痞、流氓和富农等，这个部队来历如何、怎样产生及组织起来的，部队的战斗力、情绪、管理教育如何。

2. 审查地方武装的干部

审查根据不同对象采取不同措施。

其一，对已经集合训练的地方部队如保安队、县警卫队、税务局部队等，应分项对干部审查，以班级以上干部为审查对象，尤其是排以上的干部。各县保安分处主任及县特派员应负绝对责任，系统详细地审查各个干部的成分、履历、来历、社会关系、工作能力、党性锻炼、组织观念、政治认识和一贯表现，以配合组织部门作出结论，发现与破获地方武装的奸细、干探、反动分子，借此调整干部配备、掌握部队。这一任务时间安排：第一个月审查完毕连级以上的，登记排级以上的；第二个月审查排级的，登记班级以上的；第三个月审查与了解班以上的干部。通过审查，确保这些部队排连以上的干部，一定是经中共组织审查考验过的、绝对忠诚民主政府有保证的武装干部。

其二，对不脱离生产的基干自卫队干部进行审查。通过审查，确保自卫队队级领导是成分纯洁、经过群众斗争考验出来的地方党员，纠正“换汤不换药”的危险倾向。

其三，干部审查工作应密切配合中共党委组织部进行。对有背景的破坏分子，经锄奸委员会讨论后布置侦察路线、予以破获；对有嫌疑的，提交中共党委组织进行调整。

3. 地方武装建立锄奸组织

边区保安处为了巩固地方武装的改造工作，要求必须在地方武装队伍中建立锄奸组织。

其一，在百人以上的地方武装中，如大队中或大的连队中应选择党性强、政治性过硬的连排干部，认真训练，建立特派员或特派干事制度，专门担负锄奸工作，与主力部队锄奸系统相同。

其二，在百人以内的地方武装中挑选党性强的干部训练，建立保卫委员，专门负责此工作。

其三，在部队建立真正能起作用的网员。网员的建立分对象、分步骤进行。在百人以上的部队，“第一个月建立四人一小组；第二个月建立一个五人组；第三个月审查、调查、教育；而平时即在发展中教育、建立干部网员三人，可分期进行”。在百人以下的部队，“第一个月建立三人；第二个月五个人或三个人；第三个月即编成小组、审查，干部网员二人。其他候补网、预备网，各县自己讨论”。

经过处理地主武装和改造地方武装部队的艰苦工作，根据地内的地方武装力量即公安军事力量已牢牢控制在中共党组织手中，成为保卫淮北边区的重要力量。同时，在共产党领导下，各地贫雇农武装起来，占据农村中的绝对地位，打击了地主阶级势力，使根据地的基础越来越坚固，为以后大发展创造了良好条件。

第四节　淮北抗日根据地经济保卫工作

为了保障抗战，保护人民生命财产安全，与敌人经济侵略作斗争，淮北根据地人民政府制定颁布了一系列条例。淮北公安保卫人员依据条例，开展武装征税，打击走私，保障了根据地的财政收入。同时在夏收时分，公安保卫人员还协助人民群众抢收粮食，抵制“日伪”高价收粮，保证了根据地的粮食安全。

一、边区财政经济状况

淮北苏皖边区河流纵横、湖泊星布，这些本是发展农业生产的有利条件，但国民党政府忽视水利建设，导致许多河流年久失修，造成该地区不雨则旱、过水则淹，可谓十年九灾，农业连年歉收。这是发展边区经济的一大不利因素。

抗日民主政权建立以前，淮北苏皖边区的贫苦农民，深受封建地主的残酷剥削和政治压迫，地主阶级所操纵的土匪、会道门随时伤害、抢劫穷苦农民，加之国民党顽固派的苛捐杂税、敲诈勒索，致使这个地区的农业生产衰退，人民生活十分困苦。在这个地区开辟抗日根据地，群众革命热情之高不言而喻，但在财政经济方面却遇到严重困难，不仅经济落后、建设人才缺乏，而且财政收入甚微，难以保证供给。

从地理上看，淮北苏皖边区东起运河，西至津浦路，南临淮河，北达陇海线，交通方便，物源丰富，每年都有大宗农副产品出口；沿海地区运往皖东北、鄂中和豫西等地的食盐必经此地，是苏皖边区开辟财源的有利条件。但因该地区靠近日伪心脏地带，处于敌人占领的淮铜蚌三大据点圈内，在敌人四面包围环境之中。

日伪军占领城市和交通要道，对解放区实行经济封锁，并不时进行军事“扫荡”，掠夺根据地的物质资源，破坏根据地的农业生产和工商业。这些原因造成了根据地收支不能平衡，工商业凋零，日用品缺乏，金融混乱，假钞流行。

1941 年和 1942 年是根据地最困难的时期。一方面，皖南事变后，国民党顽固派对根据地加紧包围封锁，企图用停发经费和经济封锁来困死根据地军民。另一方面，1941 年 6 月和 12 月，苏德战争和太平洋战争相继爆发，日军为巩固其后方、加强太平洋作战，在中国战场上集中兵力向根据地进攻。在日伪顽加紧向根据地进行军事、政治、经济进攻的严重斗争形势下，淮北苏皖边区政府的财政更加困难。

为了保证抗日需要、夺取抗战胜利，淮北抗日民主政府在财政经济工作方面制定了下列方针：“保证抗日部队的给养，保证抗日人民的生活，同时要与敌人的经济掠夺作斗争，粉碎敌人以战养战的政策，使我们能够抗战下去，而使敌人没法支持下去。”[①] 根据这一方针，边区抗日民主政府在同敌人进行经济斗争中，放手发动群众，开展根据地建设，做到独立自主、自力更生、自给自足，粉碎敌人“以战养战”的阴谋。这一方针的贯彻执行以地方部队、县警卫团以下为主要力量组织实施，不仅在军事上发展巩固了根据地，而且

---

① 刘瑞龙：《淮北苏院边区三年来的政府工作》，载安徽省财政厅、安徽省档案馆：《安徽革命根据地财经史料选（二）》，安徽人民出版社 1983 年版，第 96 页。

在经济上维护、促进了根据地的发展。

二、颁布法令

为了保障根据地的经济发展，保障本边区各阶层爱国人民的自由与其财产之安全，苏皖边区政府采取了一系列措施，1941 年 12 月 25 日出台了《淮北苏皖边区保障人权财产权及保护工商业条例》，主要内容如下：

其一，关于保障人权。境内人民除汉奸外，不分党派、阶层、贫富、性别、职业及种族、宗教信仰，其政治地位一律平等；境内人民凡属一不通敌、二不破坏抗日军、三不触犯抗日民主政府法令者，一律保障身家性命财产之安全及宗教、信仰、言论、出版、集会结社之自由及居住、迁移之自由；本条例公布前曾有违反政府法令行为或嫌疑者，如已悔过自新，不咎既往，不算旧账。

其二，关于保障财产权者。境内人民之土地、房屋、债权及其他一切合法私有财产，有营业证或契约者，一律依法保障其所有权，任何人不得侵犯；私有财产其私有主有自由使用、支配、租佃、当卖之权利，其继承人有继承权；非罪大恶极之汉奸经边区行政公署批准没收其财产者，任何人不得对人民私有财产进行没收或危害；逃亡敌区之业主、地主，其家无人主持且未指定代管人者，得由当地区乡政府代管，按照规定交纳田赋公粮，但必须经边区行政公署批准，待业主、地主归来即行退还；人民之财产权及其合法权益遭受非法侵害时，被侵害人得提出控告，依法惩处。

其三，关于保护工商业者。境内私人经营工商业，无论独资或合股，一律准其营业，贸易自由，并保障其合法利益与账款之收回。工厂、商店、小作坊得雇用店员、学徒进行生产及营业。境内有利于抗战与民主之工商业，由政府以下列方法保护优待奖励之：武装保护，运输上之便利，低利或无利贷与基金，技术上之协助，减收或免收税捐，给予奖励，购买原料及推销产品之便利。工商业应保护优待者，以下列为主：纺织，制纸，卷烟，制鞋，轧弹棉花，染坊、制革，油坊，电料，文具、印刷，钢铁，编席，盐运、盐行，必需品进口与出产品外销，垦荒。欢迎外来资本家投资开发洪泽湖水业与湖边荒田，予以保护并给予各种必要与可能之协助。工商业主、小贩之合法营业，任何人不得非法干涉，违者一经控告查明属实，即依法予以严惩。

上述法令法规是保护财政经济与社会生活发展法律的保证，是公安保卫武装执行任务的法律依据，极大地促进了公安保卫工作的法治化发展。

三、武装征税工作

（一）税收机构的建立

从 1938 年 11 月开始，皖东北中共党组织开始了在政治上与国民党安徽省第六行政督察专员盛子瑾的抗日合作时期。1939 年 6 月，安徽省进出口货物检查总局第十一货物检查处建立，是皖东北中共党组织最早的财税机构。

1939 年夏，国民党顽固派酝酿第一次反共高潮。中共地下党立煌（金寨）特委为疏散党员，利用国民党第五战区战地动委会中的某些合法身份，派遣部分党员和进步青年赴第五战区财政人员训练班学习。训练班主任由安徽省财政厅厅长章乃器兼任。学员结业后

以国民党安徽省财政厅名义派往皖东北筹建财政机构，于是就有了第十一货物检查处的建立，处长为陈良。

第十一货物检查处下设两个分处，第一个分处在青阳镇，第二分处在临淮头；另有两个派出所，一是管镇派出所，二是郑集派出所。这个机构主要干部是共产党员，货检收入也不交给国民党安徽省政府，从而为根据地军政经费开支提供了来源。

1939 年 11 月，豫皖苏边区政权总的领导机关——豫皖苏边区联防委员会成立，同时设立了财政处。1940 年 10 月，四纵队开辟了淮上地区，建立了淮上办事处，后改为行署。行署下设行政、教育、财政等七个科。1941 年 1 月底，日军发动豫南战役。四纵队一面配合友军作战，一面大力向南发展，从日寇手中夺回蒙城、涡阳，将龙亢等税收机关控制在抗日民主政府手中，随之成立税警武装。

这时，根据地财政收入大大增加。豫南战役前，根据地全部税收包括田赋、盐税和进出口货税，年达千万元。主要税收机关为涡河下游龙亢、河溜，月收入五六十万元；其次为肖县盐税，月收入八万元。三个月反顽斗争失利后，新四军四师转移路东，路西税收机关落入敌手。

1940 年秋，根据地成立皖六行政区税检总局和泗县金库。根据地财政经济工作机构领导人员来自三个方面：一是大别山、立煌（金寨）和安徽省政府中的共产党员和革命干部，二是皖东北的军政干部以及地方干部，三是随新四军四师转移到津浦路东的干部。

淮北行政公署直接领导进出口货物检查，总处处长为周本厚，总处垂直领导分处，分派所税检总局垂直领导分局，同各县区不是直接领导关系。1940 年，进出口货物检查总处沿着淮河两岸到上游敌占区设立分处，分处下设分派所或小组。1940 年年底，进出口货物检查处同税务局合并，以适应战时的需要，成立税检总局。1941 年上半年，税务局、检查处分开，设淮北行政公署第一、第二、第三、第四税检局。

进出口货物检查处、税检局都沿着水陆交通线设置机构，加强检查，征收货物进出口税和地方税。进出口货物检查处主要征收进出口货物税、过境税。凡向敌占区出口的粮食，猪、牛、羊、鸡、鸭、蛋类等土特产品都征收出口税，从敌占区进口的布匹、棉纱、百货、小五金都征收进口税，并严格执行政策，凡属军需品采取免税或低税率。1940 年以前，根据地大量进口白洋布。1941 年以后，为了发展根据地的纺织业，就不再进口或少进口白洋布，并采取高税率。1940 年以前，根据地曾禁止粮食出口，后来变成少量出口，大部分以粮换取军需用品。为了发展根据地手工卷烟生产，小刀烟、大鹰烟加重收税或不准进口，化妆品、奢侈品也加重收税或不允许进口，把发展根据地生产摆在第一位。①

（二）武装征税

在游击地区征税，如果没有较强的武装力量，不但不能征税，而且无法立住脚跟。敌人有武装，必须用抗日的武装来对付。同淮南以及绝大部分抗日根据地一样，武装收税是淮北地区税收工作的一大特点。1942 年，华中局财经委员会决定，必须在各级税务机关建立足够的武装。县税务局成立税警大队，各分局建立一到两个税警中队，进行武装收税。特别是在游击区、边缘区，必须有足够的武装保护税收。

---

① 朱超南、杨辉远、陆文培：《淮北抗日根据地财经史稿》，安徽人民出版社 1985 年版，第 67 页。

财经部门以小分队、武工队形式开展征税工作。敌人越“扫荡”，商人走私、偷税、漏税越厉害，这是一般规律。为了扩大税源，民主政权税务人员有时还派出武装人员到敌占区收税，便衣队随身携带税票，游击到哪里，就在哪里收税。民主政权有时责令伪乡长和地主士绅等代收，并强令其负责民主政权税务干部及税款的安全。

1940年年底至1941年年初，日军“扫荡”安徽时，淮北根据地派出武装去敌人占领的青阳和石集附近收税。在青阳税检第一分局局长陈子良的带领下，税务人员在一个多月时间内征收税款伪法币十多万元，陈子良将税款埋好，等敌人“扫荡”结束，形势稍稳定后，某天下半夜，陈子良将税款挖出送到总金库。税务人员通过打游击收税，从而控制了这一地带，还防止了粮食外运。这一切成果，如果没有税警武装作为后盾是不可能取得的。①

1941年春，邳睢铜税收机构——税检总局建立，下设三个县局，即铜东、邳南、睢宁税检局。县以下设有税务所或税务分所，分所设所长和税收员。为适应战争环境的需要，税收员均配有长短枪支。以铜东税检局为例，局机关只有7名干部，局本身不设其他机构，配有一个税警队及十几条枪。人员机构、业务、收入、经费直属办事处税检总局领导。税警队的任务是检查漏税和税务干部的舞弊违纪行为。税警队常在边区活动，本身不直接收税，但可以缉私罚没。

铜东税检局在单集、伊庄、黄集、新集、房村设有税务所，大集镇设有税检分所，小集镇和交通要道设有税务员。边沿地区的征收工作主要靠武装突击进行。所收税款全部上缴税检总局，绝大部分用于部队开支。征收的货币主要是银圆和法币。后来为抵制日趋贬值的国民党法币，办事处自己发行“邳雅铜银号”，成为主要征收的货币之一。税检局的工作艰苦繁忙，税收员没有固定的工资待遇，后来逐步实行了供给制，工作人员每天三钱油、四钱盐、二斤一两杂粮、一斤青菜。尽管工作条件相当艰苦，但工作人员从不计较个人得失。税务干部纪律严明，不准徇私舞弊，不准接受纳税人请吃，更不准接受任何礼物。

邳睢铜根据地的税收政策以支持抗战、保护解放区人民利益和合理负担为原则，按照累进税率收税。为保护根据地的资源，保障工农业生产的发展，在经济上与对敌斗争，邳睢铜根据地对进出境货物税率的规定采取四个基本原则：对民主政权利大、对敌利小者，实行轻税或免税；对敌我双方都有利者，斟酌需求缓急，课以轻、重之税；对敌利大、对民主政权利小者，征以重税或禁止出入境；对过境物资则实行轻税保护政策，以争取税源。②

税收干部在千方百计完成任务的同时，也作出很大牺牲。1942年，第四货物检查处无为县梅家渡处主任李华章在一次敌特化装成商人来交税时被阴谋杀害。1942年农历十月十九日深夜，毛家桥货检分处遭到日伪军的包围，主任魏非、副主任唐静及4名税收干部和1名临时去那里工作的区民政区员周本真被日伪军逮捕，带到铜陵境内全部杀害。区党委

① 中共江苏省党史资料征集研究委员会、江苏省档案局：《江苏党史资料（第三辑）》，1985年版，第196页。

② 谢永祥、葛仁娴、周维恒：《抗日烽火年代》，安徽人民出版社1994年版，第206页。

财经委主任唐晓光胞弟唐庆龄，在区党委青少年财经干部训练班学习后，分配到巢湖货检处工作，被国民党顽军逮捕，顽军用尽威胁和利诱的办法，企图使他投降，他毫不屈服，大骂顽军迟早要完蛋，共产党一定会胜利，顽军恼羞成怒，残酷地把他的四肢钉在大树上折磨而死，死时年龄才 18 岁。据和含支队政治委员黄火星在《大江报》发表的《和含的一年》一文：1943 年到 1944 年夏，仅和含地区财经干部被敌、伪、顽俘去的就达 70 人，光荣牺牲 26 人，受伤 5 人，这批干部无论是面对日、伪、顽的酷刑，还是利诱，都毫不畏惧、坚强不屈。[①]

四、粮食保卫工作

粮食是宝中之宝。尤其在战争年代，粮食不仅直接关系到战士的生活，而且极大影响到部队的战斗力。保证部队的粮食供给，成为决定战争胜负的一个重要因素。同时，粮食工作的好坏还直接影响到军民、党群关系。淮北区党委极其重视粮食工作。在一般情况下，每年夏秋两季，政府都要组织大批人员开展公粮的动员和征集工作，及时征集军政所需的全部食粮，以保证抗日根据地的物资供应。淮北苏皖边区征收救国公粮的工作，是随着根据地的发展和需要逐步建立和完善起来的。

1942 年夏季以后，淮北地区日伪频繁地对邳睢铜、宿东地区进行“蚕食”性“扫荡”，企图完全伪化这些地区，以巩固其以徐州为中心的战略枢纽地带。同年冬，日伪将“扫荡”重点转向华中的淮海、淮北和淮南地区，不断向抗日根据地边缘进行“蚕食”，使淮北地区形势更趋紧张。鉴于这一情况，淮北区党委采取以武装斗争为主的方针，全面开展反“蚕食”、伪化斗争。

（一）武装保卫夏收

1943 年夏收到来之际，淮北行署分析斗争形势，预计夏收时敌寇可能对边区加紧“蚕食”和进行抢粮破坏活动。淮北行署认为，胜利完成夏收工作，是边区生产建设和改善民生的基本要素，是巩固抗日根据地、坚持敌后抗战的物质基础。因此，淮北行署号召各级政府，应以最负责的态度、最紧张的工作领导全边区群众完成夏收任务，以达到顺利收获、安全储藏的目的。

夏收工作的首要任务是武装保护民众收割。淮北行署要求，主力地方军和民兵密切配合，防止敌伪抢粮、“蚕食”，掩护群众收割；动员群众进行反“蚕食”、反抢粮斗争。各县区长应亲自领导武装，有计划地部署队伍，打击出扰之敌，以保护民众收割。为了能迅速得到敌扰消息，各地得到情报时，应立即报告就近部队和军政机关，并以各地习惯规定敌来信号，如烟火台、吹牛角、鸣锣、打枪等。

（二）实行劳动互助，组织调剂劳力

为了动员所有人力参加麦收，以最快的速度抢收粮食，各级民主政府做了大量工作。在麦收期间，各地实行了劳动互助，优待抗属。

---

① 黄火星：《和含的一年》，载《大江报》1944 年 7 月 7 日；载安徽省财政厅、安徽省档案馆：《安徽革命根据地财经史料选（二）》，安徽人民出版社 1983 年版，第 528 页。

淮北行署要求，一是有劳动能力的各级政府人员包括负责人在内，组织代收队，自备工具，帮助烈属、抗属及贫苦农民收麦，劳动三天，不受人民之酬，不吃群众之饭，并将所有的牲口尽量借给群众使用。二是将春季代耕队变为代收队，替贫苦的抗烈属收割，协助收割的对象以参加主力部队军属为主，地方武装抗属次之，最后是贫苦缺乏劳力的工作人员家属。三是为了尽快收获免遭敌伪之掠，要求男女老幼一律下地收割，提倡集体劳动，互相帮助，以提高工效。四是积极组织外来难民和渔民参加割麦，各区、乡政府会同群众团体，组织劳动介绍所，负责解决他们的住处等困难，向其宣传边区的建设事业和民众生活状况，以及拾麦规则等。

（三）抵制日伪“高价”收粮

自麦收以来，日伪军即在其据点附近开设洋行，利用 1 元票面只值几分钱的伪中储币大量“高价”收购小麦。如宿县敌人在其四关开设西村、大陆、大施、福永四个洋行，每天以 1 万元及 5000 元票面的伪中储币购买根据地群众的小麦，存于车站仓库。在根据地边缘地区，日伪军大量增置粮行，准备大量收购粮食。当时，边缘地区的每个集镇都麇集许多奸商抢购小麦，造成粮价暴涨，由每斗伪币 5000 元涨到六七千元，两天后又涨到 1 万元。

面对这次粮食战线上的斗争，边区政府主要采取了五项措施：一是教育根据地群众认识到，敌人高价收购粮食是其破坏根据地、吸取根据地群众一年来的血汗及今后生活资源的大阴谋。二是重申禁粮出口的法令，要求干部群众认真讨论行署禁粮出口的办法，深刻认识粮食走私对根据地、人民的严重危害；在走私严重的地区，发动群众进行“良心检讨”，使群众认识到运粮到敌占区和放走一个粮贩子都是极端有害的罪恶行为。三是划定封锁线，发动军政民各机关及广大人民缉私，对积极热心并卓有成效者从优给奖，以造成缉私热潮。四是发布《关于防旱救荒的紧急训令》，要求人民群众紧急动员起来，抗旱保苗，开渠掘井，捕蝗灭虫，备谷防荒。五是禁用伪币以抵制敌人以伪币抢购粮食。此外，还提倡节约用粮，如禁止用粮酿酒等。

根据地群众热烈响应边区政府的号召，采取各种措施和办法，禁止粮食出口。一是乡村成立粮食管理委员会，“约束粮食运出”。二是实行“五家联保”，互相监督，保证不出口。三是开展宣传活动，揭露日伪抢购粮食的企图，使农民自觉禁运。四是运用基干队缉私，当即提奖。五是调查内外奸商，及时予以惩办。①

根据地军民团结一致，敌人的阴谋未能得逞，边区政府一直牢牢地掌握粮食这一最重要的物资。在国民党顽固派政权统治时期，大批粮食和军用品原料运往敌占区，造成 1940 年春的粮食大恐慌，很多人没粮吃，靠吃豆饼、草根等度日。抗日民主政权建立后，实行禁运政策，根据地粮食情况大有好转，粮价对比便是见证。1941 年 1 月，天长和高邮湖西根据地大米只要法币 40 元一石、小麦只要法币 30 多元一石。而敌占区南京等地大米为伪币 160 元一石、小麦为伪币 80 元一石，在南京吃一碗面条要伪币 1 元。物价上涨，人民怨声载道，而抗日根据地内粮价基本稳定，自给自足。这是抗日民主政府发布正确的粮食战线斗争政策的结果。

---

① 《拂晓报》1945 年 7 月 1 日。

第六章　苏皖解放区的公安保卫工作

经过抗日战争，新四军在江苏已经形成了苏南、苏中、苏北根据地，并与淮南、淮北、皖江、浙东根据地连成一片。江苏解放区遍及全省各个地区，是华中解放区的重心所在。新四军主力部队北撤、苏皖边区政府成立以后，江苏解放区的公安工作面临苏南解放区被国民党军侵占及敌后区域坚持、苏皖解放区建设发展及自卫坚持等新的局面，特别是在中国人民解放军转入战略进攻以后，至江苏全境解放，江苏公安工作在变化中继续得到发展。

第一节　苏皖边区的公安保卫工作

抗战胜利后，苏中、苏北、淮南、淮北四块根据地已连成一片，经中共中央和华东局批准，将原华中地区的苏北、苏中、淮南、淮北等四个区党委及行署撤销，合并组成中共中央华中分局及苏皖边区政府。苏皖边区政府设置公安总局，统一领导华中各地的公安、情报、策反、派遣和内部保卫工作。在党的领导下，苏皖边区政府各级公安机关积极开展惩治汉奸、打击反动分子、镇压暴动等工作，为解放战争的胜利和中华人民共和国的建立奠定了基础。

一、抗战胜利后的苏皖解放区

1945 年 8 月 15 日，日本宣布无条件投降。而此前数天蒋介石命令国民党军队“积极推进，勿稍松懈”、各地敌伪“负责维持治安”，命令第 18 集团军“应就原地驻防待命”，不许向敌伪收缴枪械。国民党军第三、第五、第十战区的部队分头向苏南、苏北和徐州等地开进，龟缩于各地城镇的伪军残余势力摇身一变成为国军，拒绝向新四军投降，华中解放区面临蒋伪合流进攻的严重威胁。

为了捍卫人民抗战的胜利果实，8 月 24 日，中共中央要求“华中新四军应迅速占领运河沿线及串场河沿线各城市，将苏中、苏北、淮南、淮北连成一片”。遵照中共中央指示精神，从 1945 年 9 月至 1946 年年初，新四军及地方武装相继发起两淮、盐城、高邮等战役及陇海铁路东段破击战，肃清拒绝投降的日伪军，迅猛扩大解放区。①

江苏解放区的苏中、苏北、淮南、淮北四块根据地已经连成一片，发展成为中国共产党领导下的具有 7 万多平方公里地域、2000 多万人口的重要解放区。两淮（淮阴、淮安）

---

① 江苏省中共党史学会：《江苏解放战争史》，中共党史出版社 2009 年版，第 55 页。

解放后，成为华中解放区的首府。中共华中分局和苏皖边区政府成立后，积极领导解放区人民进行民主建设，普遍建立群众组织，使政权真正掌握在人民手中；恢复发展生产，保障民生，维护社会经济；开展惩奸反霸、减租减息运动。公安机关也随之组建并在解放区建设中发挥了巨大作用。

1945 年 9 月，日本投降后，远在安徽阜阳的国民党江苏省政府迁至苏州，随后又迁回镇江，组建了新的省政府。至 1946 年秋，国民党江苏省政府已经控制苏南各县和苏北 10 余个县市。蒋介石积极准备进行反共内战，江苏是国共两党争夺抗战胜利果实、争夺势力范围及地域的主要地区。

1945 年 9 月 19 日，中共中央于党内发出《目前任务和战略部署》的指示电，确定“全国战略方针是向北发展，向南防御”，要求“华东新四军（除第五师外），调 8 万兵力至山东和冀东，保障与发展山东根据地及冀热辽地区。浙东我军即向苏南撤退，苏南、皖南主力即撤返江北”。遵照中共中央军委的战略方针，华中新四军部队逐次北撤，1945 年 11 月完成了战略转移和重新部署。[①]

二、建立以江苏为主体的行政区划

华中局和新四军军部从华中北移山东后，苏皖解放区亟须成立新的党政军领导机构以完成坚持华中的任务。经中共中央批准，1945 年 10 月 25 日，隶属中共中央华东局领导的中共华中分局在淮安（今楚州区）成立，同时华中地区党组织依照苏皖八个行政区的区划（又称分区）统一调整为八个地委（以后根据战局变化曾经适当调整），以统一华中地区党的领导。华中分局所设工作机构中，社会部部长为副书记谭震林兼任，副部长为李士英；联络部部长为扬帆，副部长为陈同生、任伯生。此时配合民主政权建设、解放区建设的公安工作也得到开展。

1945 年 10 月 29 日，苏中、苏北、淮南、淮北四个解放区的参议会负责人、行政领导干部和地方开明士绅在淮阴举行联席会议，决定统一行政机构，成立苏皖边区政府，辖南濒长江，东临黄海，北倚陇海路，西迄商丘、亳县、涡河、怀远、淮南铁路、裕溪口一线的 10.5 万平方公里土地，人口 2500 万。10 月 30 日，苏皖边区临时行政委员会举行首次会议，讨论通过了苏皖边区政府秘书长和各厅、局、院、处、室负责人名单，其中公安总局局长为龙潜。

1945 年 11 月 28 日，苏皖边区政府发布训令，决定撤销苏北、苏中、淮北、淮南四个行政公署，将连成一片的四个解放区统一划分为八个行政区。各行政区分别设立专员公署，在边区政府领导下工作，并将原 53 个旧治县（江苏 32 个县，安徽 18 个县，河南 3 个县）改划为 73 个县市（江苏仍占大半），清江市为边区政府直辖市。其具体划分如下：

原苏中第三、第四分区划为苏皖第一行政区，辖有崇明、启东、海门、南通、如皋、靖江、泰兴、泰县、如东、台北、紫石、东台共 12 个县。

原苏中第一分区划为苏皖第二行政区，辖有宝应、高邮、兴化、溱潼、江都、樊川共 6 个县，扬中办事处，以及沙沟独立市。1945 年 12 月，建立沙沟县，对外仍称沙沟市。

---

① 江苏省中共党史学会：《江苏解放战争史》，中共党史出版社 2009 年版，第 57-58 页。

1946年10月，沙沟县被撤销。

淮南路东为苏皖第三行政区，辖有天长、盱眙、嘉山、六合、江浦、甘泉、来安、仪征、高宝共9个县。

淮南津浦路以西为苏皖第四行政区，辖有定远、定合、滁全、凤阳、寿县共5个县和1个直属区。

苏北盐阜区为苏皖第五行政区，辖有盐城、盐东、阜宁、阜东、建阳、涟东、淮安、射阳、滨海共9个县。1945年2月至1946年2月，淮宝、洪泽两县和清江市一度划进苏北盐阜区。由于第五行政区在苏皖边区中间地带，加上华中分局、华中军区机关均设在淮安城，苏皖边区政府设于清江市，第五行政区因此成为苏皖解放区的政治和军事中心。1947年2月，华中分局以通榆公路为界，将第五行政区划分为新的第五分区和第十一分区。路西的淮安、涟东、阜宁、建阳、盐城5县仍为五分区；路东的滨海、阜东、射阳、盐东4县为第十一分区。1947年9月，第五分区和第十一分区合并，仍称苏皖第五行政区。

苏北淮海区为苏皖第六行政区，辖有宿迁、宿北、涟水、潼阳、淮阴、泗沭、沭阳、东海、灌云共9个县。

淮北路东为苏皖第七行政区，辖有淮宝、洪泽（此时称洪泽湖管理局，1946年3月改为洪泽县）、泗南、泗县、泗阳、泗宿、邳睢、睢宁、铜睢、萧宿铜、灵璧、宿县、盱凤嘉、五河共14个县。1946年2月至1947年2月，淮宝、洪泽划归第五行政区管辖。

淮北路西为苏皖第八行政区，辖有萧县、雪枫、宿西、雪涡、宿蒙、宿怀、夏邑和雪商亳共8个县。

1946年8月，苏皖边区政府为适应战局变化发展，从第一行政区中划出南通、如泉、海门、启东四县和崇明办事处，另设苏皖第九行政区。同月，将苏南的沪宁铁路线以北地区划为第十行政区。

1947年11月10日，中共华中工作委员会和华中行政办事处成立，苏皖边区政府正式撤销。苏皖边区政府虽然只存在了短短两年，但在中共华中分局的统一领导下，带领解放区人民开展民主政权建设，巩固边区，在中国人民争取自由和解放的历史上，发挥了重要作用。苏皖边区政府形成的行政区划及政策法规，对解放战争后期乃至中华人民共和国成立初期的江苏和江苏人民公安建设有着重大影响，奠定了江苏省各项社会事业建设的基础。

三、苏皖边区的公安相关法规

以龙潜为局长，黄赤波、李士英为副局长的苏皖边区政府公安总局成立后，积极参与并大力推动相关法规、文件的出台、修订和实施，解放区范围内的公安、司法以及相关工作开始步入法治的轨道，在中国法治史、人民公安史上具有重要的划时代意义。

苏皖边区政府主席李一氓指出“不管目前形势怎样，将来局势有何种变化，我相信苏皖边区目前的70个县必将以民主政治的制度来存在”①，特别强调“一切干部均需培养法

① 《苏皖边区政府主席李一氓谈施政方针》，载《新华日报（华中版）》1945年12月10日。

治观念，不得违反人民权利，违反新民主主义法治原则”①。根据这一指导思想，苏皖边区政府在民主政治建设上采取了一些重大改革措施。

1945 年 12 月 3 日，苏皖边区临时行政委员会召开第二次会议，根据民主统一战线原则及边区具体情况制定了《苏皖边区临时行政委员会施政纲领》，并于当月底经苏皖边区临时参议会审议通过，明确了各级政府及全体人民的奋斗目标。12 月 29 日，《惩治叛国罪犯（汉奸）暂行条例》颁布，规定由行政、司法、公安、参议会、群众团体分别推选代表成立惩治叛国罪犯委员会，追究和查处汉奸罪行，各级委员会向同级政府负责。

1946 年 1 月 6 日至 27 日，苏皖边区政府高等法院举行首次边区司法会议，通过司法、刑法、民法等法规和条例草案共 30 余件，从而建立起较为系统的法律制度，使诉讼、审判、调解均有法可依。在司法方面制定了《各级法院组织条例》《民刑诉讼条例》《调解员之职权条例》《刑事案件复议条例》《调解规程》《陪审条例》《监狱条例》《律师登记条例》和《撰状规则》等；在刑法方面制定了《惩治盗匪条例》《惩治贪污条例》《惩治伪造货币条例》和《禁烟禁毒条例》等。

1946 年 2 月 18 日至 3 月 6 日，苏皖边区政府召开民政会议，着重讨论如何实施民选政权组织和民意机构的问题，通过条例草案 7 种，要求一律废除边区保甲制度，实行“乡村制”或“改乡设村”。6 月 7 日，苏皖边区政府公安总局受命公布《苏皖边区户口调查管理暂行实施办法》《公共卫生管理暂行办法》《管理摊贩暂行规则》《管理宗教会门团体办法》《管理茶馆酒肆及各种热冷饮食店暂行规则》《管理各项营业暂行办法》《管理戏院书场暂行规则》等 9 种法规，自公布之日起生效。

这些法律法规为初建政权的公安司法工作提供了法律依据与准则，为后来的共和国公安司法建设起到了探索作用。这里简述几部有代表性的重要法规。

（一）《惩治叛国罪犯（汉奸）暂行条例》②

该条例由苏皖边区政府第二副主席兼高等法院院长季方主持制定。季方为资深国民党人士，是中国农工民主党的创始人，曾任新四军苏中第四军分区司令员、苏中行政公署主任，身份地位独特，在江苏地方政坛具有相当大的影响力，在苏中抗战中尤其是建立统一战线等工作方面作出了杰出贡献。

该条例全文共 39 条，分为总则、惩罚、自新、搜索与逮捕、审判、财产之处置、附则七章。总则部分交代立法宗旨、定义叛国犯罪，并区分首要、胁从。第二章按罪行轻重分档规定不同刑罚，主刑有死刑、无期徒刑、有期徒刑，辅刑有没收犯罪所得和工具、褫夺公权，并区别预备犯、未遂犯、包庇隐匿或纵容犯、胁从犯，分别规定减轻和免除处罚情形。第三章专门规定自首免刑或减轻刑罚的情形以及假释的条件。第四章规定搜索与逮捕的执行机关。第五章原则规定各级惩治叛国罪犯委员会及其特别法庭的级别管辖权限、死刑核准特别程序以及举报获奖、诬告定罪、附带民事诉讼等事项。第六章专门规定犯罪财产的没收及处置原则。第七章简述本专门法与刑法、刑诉法以及行政法规的竞合、修改情形及生效时间。

---

① 《边区举行司法会议》，载《新华日报（华中版）》1946 年 2 月 5 日。

② 朱耀龙、柳宏为：《苏皖边区政府档案史料选编》，中央文献出版社 2005 年版，第 8-13 页。

《惩治叛国罪犯（汉奸）暂行条例》法意严谨，文字恰当，体例完备，主次分明，程序法与实体法合一，现代法律诸要素齐全，考虑到与相关上位法及民法的衔接，在轻处胁从犯、鼓励自首、死刑核准、财产没收中酌留生活费等多方面体现了人权保障与人性关怀，堪称时代要求与法律精神结合的佳作。

（二）《苏皖边区政府关于各级公安局组织编制的决定》①

该决定于1946年1月26日公布，详细规定了各级公安局的组织编制。

第一、三、五、七分区为甲等，分区公安局设正副局长各一人、秘书一人、内勤二人；下设侦察科（正副科长各一人、科员二人）、社会治安科（正副科长各一人、科员二人）、审讯科（正副科长各一人、科员二人、看守长一人）、保安科（科长一人、科员二人、供给股长一人、干事二至三人）、警卫员二人、挑勤二人；另起伙食的设总务股（股长一人、事务员一人、伙夫二人）、马夫一人。第二、六、八分区为乙等，第四分区为丙等，人数略减。

县公安局分甲、乙、丙三等，除正副局长及书记、内勤外，下设侦察股（股长一人、干事一至二人）、社会治安股（股长一人、干事零至二人）、审讯股（股长一人、干事一人、看守长一人）、政治侦察组（三至五人）、通讯员一人、挑勤一人。市公安局分为甲、乙、丙三等。甲等设股、人数同县；乙等仅设侦察局员、社会治安局员、审讯局员各一人；丙等设局员二至三人。

甲等镇设公安派出所（所长一人、干事二人、伙夫勤务员一人），乙等镇设公安助理员一人。甲等区设公安区员一人、公安办事员一人，乙等区设公安区员一人。乡村设治安委员一人（不脱离生产）。重要的交通要道设检查站，站长一人、干事二人。

根据人口规模，分档规定市镇、城市警察人数为30～150人，派出所人数为12～15人；分区警卫队人数为120～150人，县公安局人数为100～120人，检查站人数为12～15人；分区公安局便衣队人数为30～50人，边缘县公安局便衣队人数为30～50人。

（三）《苏皖边区禁烟禁毒治罪暂行实施办法（草案）》②

该办法于1946年2月颁布，共8条。其宗旨为“为消灭敌寇毒化政策之贻害，彻底肃清”。关于行政组织，其明确规定，边区民政厅设禁烟局（除正副局长外，设禁烟督察员一至三人），各专署民政处设禁烟科长一人，各县（市）政府民政科设禁烟科员一人；烟民达50名以上者，设戒烟所；明确三级禁政职权，实施事项为禁种、禁运、禁吸、禁卖；按时间进度规定实施程序，明确当年12月底完成禁绝目的。

（四）《苏皖边区处理违警案件暂行条例（草案）》③

该条例于1946年5月颁布，共8章33条。第一章规定违警案件由各级公安处理，主罚分为拘留、罚金（粮）、训诫，从罚分为没收、停止营业、勒令歇业，明确累犯概念和拘留时长以及“罚金可易拘留、拘留不可易罚金”原则、溯及效力、不处罚情形、责任年

① 朱耀龙、柳宏为：《苏皖边区政府档案史料选编》，中央文献出版社2005年版，第95–98页。

② 朱耀龙、柳宏为：《苏皖边区政府档案史料选编》，中央文献出版社2005年版，第170–171页。

③ 朱耀龙、柳宏为：《苏皖边区政府档案史料选编》，中央文献出版社2005年版，第274–281页。

龄（13岁以上）、合并执行的上限，共犯、从犯及教唆犯的处罚原则等。第二章详列4条30项妨害社会秩序安宁行为之处罚。第三章列举3项诬告伪证或湮没证据行为的处罚。第四章详列3条13项妨害公共卫生行为的处罚。第五章详列2条7项妨害交通行为的处罚。第六章列举5项妨害风化行为之违警处罚。第七章列举11项妨害生产行为之处罚。附则解释违警处罚“系以不足犯罪者论，其惩罚及审判为假预审。如构成犯罪者，即应移送军事或司法机关处理之”以及生效时日。

与前述《惩治叛国罪犯（汉奸）暂行条例》相比，该条例略显粗糙，又缺救济措施，但结构已较完整，处罚轻重适当，为中华人民共和国成立后治安处罚条例的实施和修订提供了参考范本和实践基础。

（五）《危害解放区紧急治罪暂行条例》①

为保卫华中解放区，坚决镇压国民党特务、破坏分子的破坏和捣乱，1946年6月14日，经边区临时参政会正式通过，苏皖边区政府公布施行《危害解放区紧急治罪暂行条例》，共9条。该条例第二条、第三条规定“凡手执武器、爆炸物、毒药或放火危害前方战斗及后方治安者处死刑；凡手执武器、爆炸物、毒药或放火危害边区党政军民生命者处死刑。”第四条规定边区各机关及人民群众应及时将上述罪犯予以逮捕并转送就近政府或军队依法处置。第五条赋予县区政府紧急处置权。第六条解释“前条所称紧急情况，系指随时可能发生战事的边沿地带或已经宣布戒严区域。对于案犯之解送、羁押，已不能依通常司法手续办理而言”。第七条规定“区县政府对罪犯之紧急处置，应立时呈报上级政府并转呈边区政府审核备案”，并在第八条强调“非系前条紧急时，对犯本条例之罪者，仍依照通常手续办理”，以限制滥权和滥杀。

在苏皖边区政府大力加强公安法规建设的同时，中共华中分局高度重视公安工作，1946年1月28日作出《关于加强锄保工作领导的决定》，要求各级党委撤销锄保委员会，建立健全各级党委的社会部，部长应由各级党委常委兼任；各级锄保机关对重大案件的处理，必须经党委讨论决定，不得轻率行事；各级公安局局长应服从该行政首长领导，其工作计划应列入整个行政工作计划；各机关、团体、学校应将防奸反特工作当成经常性的工作来抓，在支部内应设锄奸委员，直属各级党委社会部领导。②

四、各级公安机关的主要工作

按照中国人民解放战争时期划分，江苏地区1945年9月至1946年6月为自卫战争准备时期，1946年7月至1947年7月为敌后坚持时期，苏皖边区政府及其公安总局存在期间大致与此重合并有后延。

为适应新形势，1946年9月，中共华中分局决定组建苏中区党委和行政公署，同时成立区党委社会部和行政公署公安局，负责领导原华中苏皖边区第一、二、九、十行政区的公安工作；11月，苏北区党委社会部和苏北行署公安局成立，负责领导原苏皖第五、六、

① 朱耀龙、柳宏为：《苏皖边区政府档案史料选编》，中央文献出版社2005年版，第293-294页。

② 江苏省公安厅公安史资料征集委员会：《江苏公安史资料汇编（1938.4—1952.12）》，1994年版，第31页。

十一行政区公安工作。在上述时段中，各级公安机关主要做了惩办汉奸、打击反动分子、坚持斗争、镇压暴动、保卫减租减息及土改运动、废除保甲和培养公安干部等工作。

（一）惩办汉奸

1945 年 9 月 11 日，东台县公安局举办伪化人员“新生队”，200 余名伪职人员进队学习改造。11 月下旬，东台县惩处汉奸委员会再次召开宣判大会，对罪行较轻、坦白彻底的余立本等人处以缓刑，对误入歧途、能痛改前非、帮助他人的 55 人予以免刑。受到宽大处理的伪职人员都非常感谢人民政府的宽大处理，决心重新做人。一些过去害怕处理、惶惶不可终日的伪职人员主动要求参加“新生队”学习，向人民政府坦白罪行，争取宽大处理。

1945 年 12 月中旬，淮安县和清江市组织工作队发动群众，开展揭发控诉汉奸恶霸罪行的斗争。14 日，淮安县 2 万余人在体育场集会公审汉奸蒋鸿芳和张寿元，依法判决罪大恶极的蒋鸿芳死刑，并立即执行，当场释放了坦白认罪的张寿元。1945 年，淮海区各县（除泗阳外）都开办了敌伪人员自新分子训练班。

1946 年 2 月 4 日，中共华中分局发出《关于迅速开展群众惩奸运动的指示》，要求各级党委迅速组织发动群众，掀起解放区内的惩奸高潮，方法上一般分为发动群众控诉，深入清算经济账、政治账，没收汉奸财产，以乡镇保为单位建立对已自新的汉奸和伪组织人员的管理委员会四步。各级公安机关负责调查、收集材料，分清首恶胁从，掌握哪些汉奸该惩办、哪些应从宽处理。至 4 月底，华中各地有 220 万名群众向汉奸特务、恶霸分子进行了清算斗争。

据 1946 年 4 月 26 日的统计，苏皖一分区所属各县共惩办汉奸、恶霸 11040 人，给予自新出路的 12675 人，剥夺公民权的 1729 人；二分区惩办大小汉奸共 9234 人、封建恶霸共 3023 人、地主共 1546 人，参加运动的群众在 115 万人以上；第五行政区一个半月内即组织斗争汉奸特务、恶霸地主的大会千余次，通过清算，仅淮安蒋桥区的群众就获得粮食 1669 石、房屋 214 间、良田 10 余顷；第六行政区召开群众公审大会 1218 次，斗争汉奸 3786 人，逮捕伪化分子 4035 人，枪决 941 人。

1946 年 6 月 15 日，华中分局发出《关于惩奸与处理汉奸工作的补充指示》，要求各地严格掌握政策，处罚一般分为徒刑、剥夺公民权、剥夺行动的自由权三种办法，还对案犯的管理、汉奸的土地房屋及其他财产的处理等问题作了详尽规定。

（二）打击反动分子

当国民党军队对解放区的“蚕食”愈演愈烈、全面内战即将爆发之际，解放区内潜伏的国民党特务、反动地主、恶霸、土匪蠢蠢欲动。他们制造反革命暴乱，破坏惩奸、减租、土改、支前，策应国民党军队军事进攻，企图搞垮民主政权。

1946 年 7 月 7 日，中共华中分局在给二地委的答复中，对处理封建迷信团体作出明确指示：“对这些封建迷信团体的反动首领及特务、破坏分子，要根据他们的犯罪事实，依法予以处分，但要明确这种处分绝不是因为他是青红帮或理教会等头子。对理教会、同善社一类团体，决不封闭其礼堂，必要时可以公安局的名义，要其办理登记手续。如果这些团体的首领组织暴动时，则应坚决按照镇压反革命暴动的方针，予以惩处。暴动镇压后，可以该团体领导暴动为由，强令其解散。为首者严办，盲从、悔过者无罪。”

第五地委发出指示，要求各县采取断然措施，大力镇压反革命，以消除解放区的隐患，消灭国民党反动派的内应分子。1946年年底，东海县临洪区时湖村15名民兵经匪特策动准备叛变投敌，东海县公安局立即派出侦察人员，抓获伪匪2名，缴获长短枪15支、子弹140发。阜宁县处决了国民党特务黄安保，黄安保秘密组织长江下游挺进军盐阜、挺进司令部第二纵队第二支队并自任支队长，四处破坏企图推翻阜宁县民主政府。叶挺（盐城）县委镇压了280余名罪大恶极的反革命分子，盐东县枪毙了230名反革命分子，射阳县镇压反动地主、还乡团内应分子500余人。1947年5月16日，如东县景东区破获三青团案。这个反动组织不仅建立情报网和特务武装，还散布谣言诱骗群众，甚至施放信号引敌袭击，主犯缪二勤（女）、徐希明等经群众大会公审枪决，其余胁从40余人经公审或个别教育处理。①

（三）坚持斗争

1946年6月，国民党政府在美国支持下，公然撕毁国共两党签订的协议，发动内战。由于苏皖解放区邻近国民党统治中心，国民党军将进攻华东解放区的重点指向苏皖解放区，并以淮阴、淮安为主要目标，发起全面进攻。国民党军侵入苏中、苏北、淮南、淮北解放区后，为了全面控制占领区，掠夺人力物力资源，支撑其反革命内战，采取了军事清剿、政治镇压、经济掠夺相结合的方针。

1946年8月至12月，江苏原有解放区大部分先后成为敌后，当地军民随之转入艰苦的敌后斗争，在苏皖敌后战场坚持游击作战。解放区各级公安机关精简机构，开辟各种渠道搜集情报，开展“红黑点运动”等策反国民党军政人员，组编各种武装工作队或政治保卫队，保卫党政机关，铲除反动分子，还独立或配合地方留守部队适时开展小型战斗，为团结人民、积蓄力量，保有和坚持解放区作出突出贡献，付出重大牺牲。

1946年8月27日邵伯保卫战尾声时，国民党军队派遣美式重型轰炸机，用重磅炸弹向邵伯及高邮轰炸，位于高邮市焦家巷原商会会长王蕴之住宅的苏皖边区第二行政区专员公署公安局遭到袭击，我方一个班的执法队员及40余名在押犯人遇难，第二分区社会部部长兼公安局局长林修德被驻军救出。②

1946年10月2日，华中一地委发出反“扫荡”、反清剿、反顽化斗争的紧急指示，要求健全民兵自卫队，普遍站岗放哨，建立情报网，组织反特小组，培养锄奸骨干，秘密侦察顽特及反动地主活动，并规定每县组织50人以上的短枪队、武工队，挺进边区及斗争最严重地区，组织群众斗争，粉碎敌人阴谋。11月4日，原东台县公安局局长石林在如皋被俘，14日被害。③

① 南通市公安局：《解放战争时期苏皖边区第九行政区公安大事记》，1987年版，第18页。

② 吴必尧：《胡文杰》，学林出版社2001年版，第142页；刘统：《决战：华东解放战争：1945—1949》，上海人民出版社2017年版，第71-72页。并参见1999年高邮文史资料第16辑张守礼《“皮旅”过高邮拾零》、2001年高邮文史资料第17辑方策《高邮第一次解放的回忆》、1994年高邮文史资料第13辑薛浩然《我军主动撤离高邮城》等内部资料。

③ 东台县公安局：《东台公安史（征求意见稿）》上册，1989年版，第57页。

1946 年 11 月 20 日，中共华中分局作出《关于开展反退却逃跑斗争的决定》，要求干部和党员坚定地领导人民，像苏中第一、第九军分区那样不屈不挠地坚持与国民党军作斗争，坚决打破国民党军的清剿。苏中区党委社会部副部长兼苏中区公安局局长周山身先士卒，坚决要求到形势最严峻的二分区高邮县帮助工作，11 月 24 日在高邮后李墩东圩突围战斗中英勇牺牲，年仅 29 岁。11 月 30 日下午，宝应县公安局局长周柏林和曹甸区委书记樊长富带领特务连和曹甸区队插入敌后，配合县独立团，在下舍甸战斗中击毙敌人 50 多人、俘虏 40 多人，缴获轻机枪 2 挺、步枪 90 余支、粮船 6 条，人民武装仅负伤 2 人，后延安新华社广播电台播发了这一胜利消息。① 1947 年 5 月 29 日，东南公安局行动队配合华中九分区七团和东南警卫团攻打灵甸镇敌据点获得胜利，毙敌 40 人，俘敌 400 人，缴获轻重机枪 34 挺、步枪 300 支。此战后启海军民取得了反清剿斗争的主动权。②

（四）镇压暴动

自 1946 年 7 月 22 日起，如东县掘港、岔河、桐本、掘东、丰利、苴镇 6 个区 40 个乡，先后有大批被蒙蔽群众在国民党特务和地方封建势力蛊惑下，呼喊反动口号，举行暴动。暴动中有 8 个乡人民政府被冲砸，50 余支枪被抢，109 名区乡干部、积极分子被抓，其中 7 人遭杀害、8 人被打伤。暴动发生后，第九专署公安局和如东县公安局紧密配合，调动公安武装区队和民兵迅速将暴动镇压下去，逮捕首要分子 300 余名，杀伤暴徒 10 名，将被抢枪支全部追回。

1946 年 7 月，国民党特务机关在第一分区台北县（今大丰市）策划反革命暴乱，以策应国民党第一绥靖军向苏中进攻。台北县总队、各区队以及第七纵队一个连，一边宣传群众，一边对反动分子采取坚决措施，社会秩序很快恢复了正常。灌云县田楼的地主武装暴动在莽牛、四队周围数十里以内持续了 5 天，杀害县民主政府秘书、大队副、乡干部共 39 人，造成了严重损失，后被第六分区人民武装部队镇压下去。③

1946 年 8 月 3 日，国民党特务、太和公司职员王兰甫利用帮会组织，以反动地主、国民党特务和土匪为骨干，趁驻盐东的华野主力部队调离盐东县之机，在方强区 10 多个乡，威胁、蛊惑群众 3700 余人举行反革命暴动。方强区区公所被暴徒烧毁，区妇女主任刘桂英、林丰乡乡长曹立秉、指导员陆如章、农会主任王兴贵等惨遭杀害。暴动发生后，盐东县委紧急集合县、区所有武装、各乡精干民兵及伍佑兵工厂全体干部工人共计 9000 余人前往暴乱地区，并调来 4 艘炮艇参加镇压。经过 4 天的战斗，击毙首要分子板风楷、周建虎、周建龙等，逮捕不少暴乱分子。王兰甫和 10 多名暴徒乘海船狼狈逃走，暴动终于被平息。后经公审，参与暴乱的 16 名反动骨干分子被处决，其余经教育后释放。

1946 年 8 月下旬，宝应刘堡区以“天仙道”郭维恒头子为首的部分地主、富农分子，利用支前民工逾期未回造谣惑众，煽动不明真相的群众冲击刘堡区政府，打死区委宣传科科长万琦，继而冲击县城。后支前民工陆续返回，郭维恒被县公安机关抓获镇压。高邮车

① 宝应县公安局：《宝应公安大事记（1941—1952）》，1990 年版，第 7 页。

② 南通市公安局：《解放战争时期苏皖边区第九行政区公安大事记》，1987 年版，第 18-19 页。

③ 淮阴市公安局：《解放战争期间苏皖边区第六行政区公安史长编（征求意见稿）》，1986 年版，第 26 页。

逻、勤王、八里3个乡在国民党特务煽动下也曾发生骚乱，打死县乡干部2人、打伤20多人，企图破坏后勤民工的动员工作，后被逮捕处理17人。

1946年8月、9月，在国民党军会攻淮阴之际，第六分区在30多天里发生反革命暴动38起，波及67个乡。第六地委、第六专署依靠群众，迅速破获并镇压了这些暴动。平暴反特运动大规模地镇压了阶级敌人，摧毁了国民党反动派的社会基础，从而稳定了社会秩序，鼓舞了人民群众打败国民党、夺取自卫战争胜利的信心。

（五）保卫减租减息及土改运动

为进一步肃清解放区内残存的敌伪势力、沉重打击城乡的封建势力、巩固人民群众的政治地位，苏皖边区政府发起了减租减息运动，并按照中共中央“五四指示”精神，从1946年6月起在解放区发动了土地改革运动，通过组织清算斗争、惩办地主和恶霸，将大量田地分给贫雇农。但一些逃亡地主、恶霸、地痞、流氓组织小股武装深入解放区进行报复，抓捕残害解放区的民兵、干部及其家属、积极分子和翻身农民。如沭阳县一斗争地主的组长全家被杀害；1947年4月28日，沭阳县仲湾乡乡村干部、民兵牺牲7人，被捉去25人全被杀害；涟水县盐西城工办事处11月被抓去干部、群众20余人，无一生还。[①] 当地公安机关对此采取主动出击、先发制敌、反“地头鬼”、割“小耳朵”、针锋相对、以牙还牙等措施。仪征县谢集地主章锡恩是青帮头目，仗势欺人，拒绝减租减息，民主政府发动农民和帮会会众揭露其罪恶，公安机关将其逮捕，支持群众的正义要求，保障了农民利益，使广大群众与共产党、民主政府更加紧密地联结在一起。[②]

1947年春，苏皖解放区已全部成为敌后地区，中共华中分局提出坚持斗争、坚持土改复查、坚持生产的三大任务。这一时期，对敌斗争形势严峻，大部分地区呈现反复争夺的局面，地主还乡团的清算、复田、倒租活动十分猖狂。因此，土改复查工作主要是在苏中、苏北中心区开展，而敌情严重的地区因干部群众顾虑较大，复查工作未能展开。

1947年6月20日，中共华中分局针对苏北、苏中等地前一阶段土改复查工作实施情况，发出《对土改复查的指示》。之后苏中、苏北区党委及公安机关根据苏皖敌后地区逐步恢复和扩大的情况，相继发出相关文件，推动土地复查的深入开展。

1947年7月19日，中共华东局作出《保卫工作与土改复查的结合》的指示，提出保卫工作的任务“就在于结合土改复查，彻底摧毁封建势力，扫清土改的障碍，并启发群众自觉为反蒋保田，支援前线，保证爱国主义自卫战争的胜利，建立与巩固新民主主义的秩序，而与公开的和秘密的、直接和间接的破坏分子及国民党特务分子作坚决的斗争，以达到肃清一切反革命分子的目的”，明确了处理汉奸、恶霸、武装特务等的政策界限，并根据形势需要对判决权作出五条规定。

为了保证边区群众顺利地进行斗地主、分田地，淮海区公安局武工队在土改复查时就在敌人据点附近活动，不时地打击敌人，使敌人不敢出头，结果在离敌人据点仅二三里的

① 淮阴市公安局：《解放战争期间苏皖边区第六行政区公安史长编（征求意见稿）》，1986年版，第26页。

② 中共扬州市委党史办公室：《中国共产党江苏省扬州历史》，中共党史出版社2021年版，第263页。

村庄，土改复查运动搞得轰轰烈烈。[①]

（六）废除保甲

1946 年 4 月 1 日，苏皖边区政府通令："保甲制度原为封建统治阶级束缚人民、压榨人民的工具。为彻底开展民主运动，特通令所有新老解放区自即日起迅即废除保甲、建立区、乡（村）组织。"苏皖边区政府召开的民政会议，明确提出全地区 1791 个乡的"保甲制"上半年一律废除，实行"乡村制"，乡设行政委员会，村设公民组，并要求于 6 月 15 日前完成县、乡选举。

1946 年 4 月 10 日，二地委抽调 1800 名干部，开展新解放区的群众运动，帮助群众诉苦翻身，打垮封建统治，进行户口调查。公安机关配合民政部门指导各级基层政权具体指导废除保甲、建立公民小组工作，沉重打击了封建专制的基础势力，保障了人民最基本的民主权利。由于不少地区（如宝应、高邮等）1946 年 9 月就被国民党占领，中共党政人员转入农村坚持斗争，废除保甲工作还未深入开展即告中止。

根据《苏皖边区户口调查管理暂行实施办法（草案）》和《苏皖边区户口登记调查暂行规则（草案）》的规定，五分区公安机关曾对部分城镇开展户口调查登记，编发门牌号码和户口簿，后因国民党军队进攻解放区，此项工作中断。

（七）培养公安干部

1946 年 6 月，苏皖边区公安总局指示各地"开办警察学校，培养干部，借以达到巩固政权之目的"。现在留存的《苏皖边区公安总局警官训练班讲义——勤务要则》[②] 就是一个很好的佐证。

这本讲义由潼阳吴理亭于 1946 年 5 月 29 日编写。第一章阐述警察修养，内分品行、容装两节。第二章讨论各种勤务配备，囊括内勤、外勤工作要领。第三章研究临时发生的勤务，分为救护、逮捕、追堵、搜索四节。第四章介绍应勤常识，细列地理、观察、禁止事项、报告事项、保护事项等内容。第五章讲解勤务配置诸元素。第六章详析警察勤务之稽核，提示注意之点、应勤时应备之品及其使用。第七章专论派出所勤务，细说值、守、巡、调查户口、其他勤务各单元知识点。全书要言不烦、内容丰富、逻辑清晰、结构合理，立足基层警察应该做什么和怎么做，所列实务信条及理念虽经时代变迁而不落伍，堪称警察入门的优秀基础教材。

与此同时，作为实战单位的第六行政区公安局也在沭阳试办警察学校，首批招收学员 50 多名，后淘汰不纯人员，毕业 30 余人。淮阴县招收一批具有小学以上文化程度的男女青年，公安局局长陈书同兼任校长并亲自编写教材和讲课，训练内容主要是保卫工作方法和革命气节，要求每个治安员要树立公安工作的光荣感，终身为无产阶级革命事业奋斗到底。淮阴县公安局同时在东南庄分期分批集训乡治安员。潼阳县公安局在阴平招收 18 岁以上的青年学生五六十人为警察学校学员。这些学员曾在东海县房山与警卫连一起伏击来

① 淮阴市公安局：《解放战争期间苏皖边区第六行政区公安史长编（征求意见稿）》，1986 年版，第 26 页。

② 朱耀龙、柳宏为：《苏皖边区政府档案史料选编》，中央文献出版社 2005 年版，第 465-488 页。

犯的国民党军队一个营，取得初战胜利，他们还在沭新公路上谭寨夜袭敌人乡公所，抓获乡长、还乡团5人。

第二节　苏南地区的公安保卫工作

抗战胜利后，国民党军为抢夺抗战胜利果实，不断对我解放区进行清剿。1945年8月下旬，国民党政府已经将新六军、七十四军从大后方空运到京沪一线，抢占南京外围各县城镇，对茅山地区进行残酷的清剿。10月中下旬，国民党军第三战区的数十万部队也从皖浙赣区进军京沪杭，对皖南的宣（城）郎（溪）广（德）地区和浙西的长兴、莫干山、天目山地区进行短期的驻扎“清剿”。抗战时期流亡在皖北的国民党江苏省政府10月也迁回镇江，派出党政工作人员，建立县、区、乡三级政权和特务机构。国民党中统局溧水调查员赵玉琨在南京组成全县各区中心小组，配套返回溧水，在白马桥地区活动专设情报搜集所。句容县政府建立不久，即组织侦缉队在留守武装经常活动的春城、西村、磨盘山等地搜集情报。不久，国民党中统局句容调查统计室成立，在留守武装活动地区立一区、二区情报站，国民党当涂县党部建立不久，就组织了一个独立的武装特务组织“六二部队”，专门在横山地区搞武装袭击和情报收集。12月5日至8日，国民党第一绥靖区司令汤恩伯在无锡召开京沪治安会议，研讨清剿江南新四军事宜，决定以主力迅速清剿江南“散匪”，并部署军力警备江北，阻止苏北“奸匪”之南窜，掩护江南绥靖并为以后大军进剿江北做准备。国民党改编汪伪武装，网罗汉奸、特务、土豪、劣绅，建立各种保安队、自卫队，重新实行保甲制度，调查抗日人员及其家属。地主、富农、士绅、区乡保甲长对共产党的态度也开始转变，认为国民党是正统，之前和共产党合作是为了抗日，现在日本人失败了则应恢复国民党的统治。一时间，多个朝气蓬勃的解放区被白色恐怖重新笼罩。

9月19日，中共中央发出指示，确定了“向北发展，向南防御”的战略方针。9月20日，中央指示华中局：“浙东、苏南、皖南部队北撤，越快越好”。苏浙区党委和苏浙军区接到中共中央及华中局的指示后，立即部署部队北撤工作。9月26日，苏浙区党委组织部部长吴仲超受区党委委托在宜兴张渚召开各县县委书记会议，传达中央指示，布置地方干部和武装北撤，宣布一定要在国共两党和谈签字之前全部撤完。

自1945年10月初起，新四军苏浙军区部队和苏浙皖地区党政机关、地方武装渡江北撤，先后撤往江北共5万余人。

大军北撤后，苏浙区党委决定，留下部分党政军干部坚持原地斗争，建立中共苏浙皖特委（对外称新四军苏浙皖留守处），由陈立平任书记，熊兆仁兼任边区部队司令员，陈立平兼任政委；下设茅山、太滆、郎广、浙西四个工委；每个工委领导数个县，每县设特派员。边区留下一个主力营，茅山、郎广、浙西各留下一个连，太滆留下一个排，各县组建一支武工队，加上边区特委机关，总人数1000余人。①

以武工队与敌周旋，成为留守期间对敌斗争同时也是公安保卫工作的主要形式。武工

① 《解放战争时期苏浙皖边区坚持斗争经过》，载中国江苏省委资料征集研究委员会、江苏省档案局：《江苏党史资料》1989年第4辑，第182页。

队平时分散，集中起来就打仗消灭敌人，主要任务就是紧紧依靠群众，打击特务、土顽武装、反动地主恶霸。除此之外，武工队还承担侦察敌情、锄奸保卫、交通联络等重要工作。苏南地区公安工作进入敌后留守阶段后，坚持斗争的过程大致可以分为三个阶段。

一、坚持敌后斗争

1945年8月至1946年7月，新四军北撤后，苏南地区公安工作进入敌后坚持斗争的第一阶段。此阶段工作特点是避敌锋芒、保存实力、站稳脚跟，为长期坚持、待机发展奠定基础。

1945年8月12日新四军政治部致电各师、各地党委，对日军投降后，各部队、各解放区的锄奸保卫工作作出具体指示，主要内容有三点。其一，思想上要百倍提高警惕，各级保卫组织要密切注视国民党特务的破坏行为。其二，在新四军占领的城镇要维持好社会治安，广泛发动群众，严厉镇压特务、汉奸的破坏活动。在各级政权机关和民众团体中适当建立秘密组织，以便进行侦察与破获潜伏特务。其三，在新占领区要迅速建立起军事管制和公安保卫组织。

1945年9月26日，苏浙区党委根据中央指示，布置北撤任务，要求地方政府一定要在10月10日前全部撤完。会后，各县负责人即在对外保密情况下迅速组织北撤。10月5日，苏浙区党委负责人金明、叶飞、吴仲超等在北撤途中根据中央、华中局指示，在宜兴张渚主持召开留守工作会议，宣布在抗日战争后期苏浙区党委领导的苏南一地委、二地委和浙西地委范围内组建苏浙皖边区特委，边区特委下设茅山、太滆、郎广、浙西四个工委。其中茅山工委和太滆工委工作范围主要在苏南地区。

（一）茅山工委

在茅山地区，1945年10月，第一军分区司令钟国楚、一地委副书记李广在直溪桥召开留守会议，徐明、薛斌、张仲莫和各县部分武工队队长参加了会议。钟国楚传达了上级关于留守江南的指示，李广宣布成立茅山工委（中共苏浙皖边区一分区工作委员会），对外称新四军茅山留守处，徐明任书记，留守处主任是薛斌。

茅山工委下辖溧阳、横山、溧水、高淳、句容、江宁、茅东等县。各县成立一支武工队，受茅山工委领导。在党内，有的县设特派员，有的县由武工队队长直接负责主持县内坚持斗争的全盘工作。茅山工委机关人员有10余人，一个直属武装连100余人，连长汤四金。连同各县武工队，茅山地区共有留守武装300人左右。

在丹北地区，1945年10月18日，苏中五地委决定成立由陈云阁、康迪、高俊杰三人组成的丹北中心县委，中心县委对外称新四军江南留守处。中心县委下辖镇江、丹阳、武进、澄西、扬中5个县。苏中五分区司令部率领所属特务一团、二团以及各县独立团实行战略转移，先后从丹北地区撤离到苏中二分区集中待命；同时，从三团及各县独立团抽调100余人组成丹北中心县委留守处警卫大队，继续坚持武装斗争。

江南坚持斗争不同于抗日战争时期的游击战争，那时有新四军正规部队，可以进行一定规模的战斗。解放战争时期的江南，国民党反动派占有绝对的优势，在共产党领导下，在广大群众的支持、掩护下，短小精悍的武工队神出鬼没地活动在敌人心脏地区，打击那些最顽固、最反动的特务、恶霸、区乡保甲长和死心塌地为敌人卖命的叛徒，做到杀一儆百，树立共产党的声威，以保护广大干部群众生命财产的安全。

1945 年 11 月、12 月，茅山工委武工队在句容武工队的配合下，拔除了国民党安插在句工区的特工总部情报站，当场镇压了该站景光道和另外两个特务。此外，工委在唐王地区镇压了冒充新四军留守人员、敲诈勒索普通群众的戚锁根、朱桃根、梅桃根三人。11 月底，沈啸森率溧阳武工队镇压了原竹南区农会主任陈开元、原水西乡农会主任李英两个叛徒。这场斗争的性质即为镇压反革命及公安锄奸斗争。

抗日战争结束后，一些地区的地主依仗国民党接管声势，猖狂武装收租。苏州大地主抗战期间只能收到要收租米的 50%左右，新四军北撤后，他们带着武装下乡收租，收租米 80%~90%。武工队与反动地主的武装收租开展坚决斗争。金墅大地主李来宪亲自带了武装，下乡坐镇收租，年三十还在将群众关押逼租。金墅武工组秦大刚带武工队员 3 人，化装进入金墅据点，击毙了李来宪。地主收租被迫暂停，在当地产生了极大影响。

在江南敌后坚持斗争第一阶段，茅山工委和各县委依靠武工队战斗在国民党统治的心脏地区，取得了多次战斗的胜利，对正面战场的军事斗争起到了一定的牵制作用，但除极少数地区如横山刘杰枝和丹三区殷振新等同志隐蔽坚持下来外，斗争没能坚持到底。茅山工委及所属武工队，在国民党军第七十四军连续“追剿”下，溧高、溧阳、江宁、句容武工队相继被打散。

1945 年 10 月 15 日，溧高县武工队队长程华平等 3 人从北撤途中返回，准备进入白马地区，在句溧（阳）交界的储庄被句容县龙王庙乡自卫队包围，程华平被捕，副队长乔怀仁叛变投敌，交出长短枪 20 余支、灰布 12 匹、粮食 2000 余斤及留守人员、秘密联络员名单，迫使武工队队员四散躲避。至此，溧高县武工队解体。10 月中旬，横山武工队队长刘杰枝在溧高县的白马桥与溧高、横山两县特派员纪涛会合后，率武工队队员进入横山县山西地区。后因环境险恶，武工队活动困难，不断减员，刘杰枝将武工队解散，横山县的坚持斗争暂时停顿。同时，溧南县武工队负责人曹忠在深溪被敌人包围而牺牲，队员被打散；另一组马啸带领的五六名队员也无法在溧南地区活动，只能退到郎广大山里躲避。

当溧阳南部坚持斗争被迫放弃后，茅山工委和苏浙皖边区特委的联系也被迫中断。同一时期，丹北中心县委领导下的敌后坚持斗争也经历了一个曲折艰难的过程，留守干部和武装也受到一定的损失。

（二）太滆工委

太滆工委情况相对较好。新四军北撤后，由于国民党部队进驻这个地区较迟，留守人员利用这段空白时期，做了较多的准备工作。这里大多是平原水网地区，经过挫折后，武工队采取“短小精干、分散坚持、积蓄力量、等待时机”的方针，没有受到严重的损失。相较于其他几个工委，太滆地区留守人员基本是本地人或者是在太滆一带坚持斗争的游击队员，武工队队员易于隐蔽。[①] 太滆地区武工队力量基本保存下来，而且还有些发展。

总体来看，在坚持斗争初期的 9 个月，苏南根据地在国民党军疾风暴雨式的进攻下，受到严重损失，活动地区大大缩小，但苏南工委的骨干力量都保存下来了。这些骨干经过

① 王子达：《我们是怎样坚持太滆区斗争的》，载中国共产党镇江市委员会、党史资料征集研究委员会办公室：《镇江革命史料选（第十一辑）》，1989 年版，第 157 页。

火与血的战斗考验，磨炼了革命意志，积累了斗争经验，队伍更加精干，成为以后恢复发展的基础。

二、恢复和发展力量

自1946年7月华中分局发布“七一”指示，到1947年10月华东局发布南进指示，是苏南地区公安工作进入敌后坚持斗争的第二阶段。此阶段工作重点主要是明确斗争任务，放手发动群众，积极开展群众游击战争，恢复和发展力量。

1946年6月，国民党政府公开撕毁“双十协定”，破坏停战令，向解放区发动全面进攻。7月1日，华中分局写信给江南特委熊兆仁、倪南山（“七一”指示），赞扬苏南部队艰苦奋斗的精神并分析形势，指出“江南、皖南游击队的总任务是放手发动群众，壮大人民力量，积极开展群众游击战争”，明确指示“游击战争可以分成两种性质。第一种是集结比较强大的主力部队。在江南，皖南边境作较大规模的游击，向着创造革命根据地的目标前进。第二种是分散的、就地坚持的游击小组，如太湖地区、茅山地区、丹阳湖、长荡湖等地”。[①] 华中分局的“七一”指示促使在苏浙皖边区坚持斗争的干部战士认清形势，放弃和平幻想，坚定斗争信心，明确了今后的斗争方针和任务。正值国民党正规部队大多调往内战前线，对苏浙皖边区的控制力量相对减弱，大部分地区“清剿”任务由省、县保安团和乡镇自卫队担任。由于国民党坚持罪恶的内战政策，明目张胆地出卖国家主权，加紧对国民党统治区人民的压迫剥削，南京、上海等大、中城市群众示威请愿活动持续增多，形势的转变有利于敌后武装斗争的发展和壮大。

（一）茅山地区

1946年7月下旬，“七一”指示传达到茅山工委，要求茅山工委要利用有利地形，开展群众性游击战争，以牵制敌人的兵力、配合苏北主战场的作战。[②] 上级指示符合茅山地区实际情况，武工队相关领导人执行得也很坚决，但对如何从实际情况出发、因地制宜地贯彻执行上级指示，却缺乏全面理解和正确运用。

在“七一”指示传达后，茅山工委决定把已经分散的茅东、丹金武等武工队集中起来，组织成百余人的武工队。从1946年8月起，茅山地区武工队在余慎、薛斌的领导下，接连攻下了吕丘（三打吕丘据点）、蒋庄、厚余等据点，击毙敌人20余名，俘敌200名，缴获机枪3挺、长短枪200余支。武工队在沉重地打击敌人的同时，也彻底暴露了自己的人数规模和活动中心。茅山武工队还未得到休整，国民党军就纠集一个师的兵力，加上土顽、警察、特务一起围剿。茅山武工队百余人的队伍目标大，常遭敌人包围，突围战达4次之多，处处被动挨打，人员弹药消耗大还得不到补充。武工队只好精简人员到50人左右，不仅如此，还全部丢失了之前花了很大努力经营的敌人内部关系和控制的乡保甲政权，失去了可靠的情报来源。为了保存革命力量，1946年11月，余慎、薛斌和沈啸森等

---

① 《华中分局“七一”指示》，载中国共产党镇江市委员会、党史资料征集研究委员会办公室：《镇江革命史料选（第十一辑）》，1989年版，第21页。

② 《茅东地区艰苦斗争的回忆》，载中国共产党镇江市委员会、党史资料征集研究委员会办公室：《镇江革命史料选（第十一辑）》，1989年版，第199页。

武工队干部研究决定，将工委武装分为两路跳出敌人包围圈，向大山区转移。由余慎率领的10多人的队伍，11月25日在金坛东门大荒田宿营时被敌人包围，余慎在突围战斗中不幸中弹，壮烈牺牲。敌人的封锁包围使武工队无法向大山区进发，北边党组织又无法联系，只能化整为零，精减病弱人员，将枪支掩埋，分散隐蔽活动。这时，茅山工委主要领导人只剩薛斌一人，不久薛斌在上海被捕。

1947年2月，苏中区党委派康迪、洪天诚来路南主持镇句县的工作。沈啸森和魏友生、王金敖向康迪、洪天诚两位领导谈了茅山工委受挫的情况。工委最终决定，由沈啸森带一个组在茅东地区开展活动。沈啸森等干部认真总结前一时期斗争的经验教训，采取步步为营、稳扎稳打、逐步发展的工作方法以适应当时形势，先联系一些秘密党员，开展一些群众工作，等站稳脚跟后，再向外扩展，先后在太平区、九宝区、怀山区、丹三区等地恢复了武工组。

（二）太滆地区

在太滆地区，熊兆仁、倪南山率领保存下来的特委武装，在宜兴、溧阳交界的岭涯界与太滆工委一起活动。1946年7月中旬，边区特委及太滆工委收到“七一”指示后，立即召开会议进行了传达和学习，使留守坚持的干部战士受到极大鼓舞，坚定了斗争信心。在熊兆仁、倪南山指挥下，特委武装与各地武工队配合，取得了多次战斗的胜利，如消灭宜兴太华乡中队，在岭涯界口伏击江苏省保安队一个连，袭击溧阳金鸡界反动堡垒，摧毁郎溪毕家桥乡公所，打败溧阳、广德边境乡自卫队的联合进攻。7月下旬，“七一”指示传达到郎广地区，敌广德誓节渡乡中队士兵举行兵变，带机枪、步枪30多支投奔郎广工委。经过这些军事行动，边区的工作得到了恢复和发展。

根据华中分局的指示，1947年1月，熊兆仁、倪南山率领特委武装到皖南樵山与皖南地委书记胡明会合，成立了苏皖边区军政委员会，胡明兼任主席，熊兆仁兼任军事部长，统一了对皖南、江南斗争的领导。会师以后，熊兆仁、倪南山回到苏浙皖边区，向郎广、太滆工委的负责人传达皖南会师情况及皖南斗争经验，对工作作进一步研究和部署，决定将广北地区划归太滆工委领导，要求太滆工委的领导中心由宜北转移到宜南广北山区。

（三）十地委与苏皖边区工委的建立

1946年9月23日，苏中区党委传达中共华中分局的决定：为恢复江南工作，开展国民党统治区民主运动，建立地下党秘密组织及工作，配合苏中、苏北的斗争，特以原抗战时期在江南工作的（苏中）五、六两地委为基础，组成新的苏中第十地委；同时宣布苏中区党委关于十地委主要负责干部的任命，金柯为书记，陈云图为组织部部长，杨斌为城工部部长，江坚为宣传部部长，张志强为行政部部长。地委委员有金柯、杨斌、包厚昌、任天石、陈云阁、康迪、江坚、李中、张志强9人，其中前五人为常委。

1946年10月，从各地委、各部门调十地委工作的干部先后到达东台地区一仓河，经过短时间的筹备，召开了苏中十地委正式成立大会。金柯根据华中分局和区党委的指示精神作了长达3个多小时的报告。当时参加会议的县团以上干部有杨斌、包厚昌、任天石、姚家礽、李中、陈刚、钱伯荪、陈寒、赵文豹、汪云龙、陈冀、洪天诚等。会上宣布地委下属四个工委的干部名单及具体分工：镇丹扬工委书记陈云阁，镇句县委书记康迪，苏常

太工委书记包厚昌，澄锡虞工委书记李中。十地委工作活动的区域很广，包括长江以南的镇江、武进、扬中、丹阳、句容、江阴、无锡、常熟、太仓、昆山等县直至上海郊区。①

1946 年 12 月，华中分局决定撤销苏浙皖特委，建立苏浙皖边区工委，指示在边区要放手发动群众，开展群众性游击战争，恢复和发展以天目山为中心的游击根据地。1947 年 2 月，华中分局派钱敏到宜南组建中共苏浙皖工委，钱敏为书记，孙章禄为副书记，受华东局和皖南地委双重领导，原特委领导的太滆、郎广两个工委改为分工委。5 月，钱敏参加皖南地委召开的扩大会议，会议传达了华东局 3 月 8 日对皖南地委的工作指示，指出"革命形势已进入高潮前夜，接近天明"，要求放手开展游击战争，开辟第二战场，创建根据地，使国民党政权遭受前后夹攻，迅速走向覆灭，并具体要求苏浙皖工委以现有郎广地区为基础，向浙西天目山发展。

边区工委首先着手建立和恢复武装。由于原特委的武装损失很大，余下的骨干大部分被熊兆仁、倪南山带到皖南去开辟新区，留在边区的只有 10 多人，不足一个排。边区工委以这部分力量为基础，建立三个机动班。1947 年 8 月 13 日，这支武装首战宜南长岗岭，里应外合，以少胜多，全歼江苏保安团一个加强连，这是新四军北撤后边区武装取得的最大一次胜利。这一胜利震动了江南，鼓舞了士气，增强了斗争的信心。

这个时期，边区武装力量有了很大发展，组建了两个主力连，建立了边区大队。太滆分工委在山区建立一个武装连，建立起宜（兴）溧（阳）广（德）边境游击基地，在江南平原地区继续坚持隐蔽发展方针，采取分散和集中相结合的方式，集中打击敌人，分散开展党和群众工作，领导群众进行各种形式的斗争，将斗争的锋芒对准镇压敌特和反动区乡保甲长方面，同时寻找机会进行小规模战斗，以打击敌人的疯狂气焰。边区大队配合分工委武装，发展建立了郎（溪）广（德）宣（城）宁（国）边区中心根据地和一些游击基地，同时相继恢复了锡西、长、溧南、丹金武和孝丰等部分地区的工作。边区形势向着更好方向发展，边区武装和武工队人员也发展到 650 人左右。

在此期间，边区工委领导发动了群众性的分粮、抢粮和以抗粮、抗捐、抗丁为内容的"三抗"斗争。郎广分工委提出"开仓济贫"的口号，1947 年 5 月，三次发动群众 1600 多人次，打开郎溪盆形山、广德双溪里、柏垫大范村三个军粮仓库，分掉大米 5500 斤、稻子 7 万斤。至 1947 年 9 月，全边区共分粮 24 万斤，1000 多户群众受益。在分粮斗争中，群众得到了实惠，密切了与中共组织的联系，更加支持武装斗争。这就为中共组织以后向东向南发展、建立新的游击根据地打下了坚实的群众基础。

边区工委在开展武装斗争、发动群众性的抢粮分粮斗争的同时，还着手恢复建立中共党的各级组织、发展党员及建立政权，逐步恢复了太滆、郎广宣宁两块游击根据地。

三、巩固老区发展新区

从 1947 年 10 月始，至 1949 年 4 月解放大军渡江，是苏南地区公安工作进入敌后坚持斗争的第三阶段。这一阶段的工作重心是巩固老区、发展新区，向敌人控制薄弱的地区发

---

① 《苏中十地委成立前后的回忆》，载中共江苏省委资料征集研究委员会、江苏省档案局：《江苏党史资料（第 2 辑）》，1986 年版，第 113 页。

展，为迎接大军渡江准备基地。

1947年9月、10月，华东局连续指示皖南和苏浙皖边区，指出人民解放军已开始全面反攻，战争已从内线转到外线歼敌阶段，刘邓控制了大别山，陈谢控制了豫西，长江以北已大部分被人民解放军控制，全国局势起了基本变化；指出敌人为防止人民解放军南渡，必然会加紧对皖南、江南的压迫；指示皖南、江南的任务是乘此时机，加强发动群众，壮大革命力量，创建根据地，为将来主力之南进准备基地，并具体指示发展方向是向南向东。

皖南地委要求苏浙皖边区工委继续向南进军，建立天目山以西游击根据地。为适应形势需要，边区工委领导机构进行调整并加以充实，同时撤销郎广分工委，成立郎溪、广南、广宁孝三个县工委，直属边区工委领导。边区武装及各县武工队主动出击敌人，先后攻下了梅林、长虹、狮桥等据点，粉碎了浙江保安团的进攻，为主力南进扫除了障碍。

这个时期，边区工委加强党的组织建设和思想建设。新四军北撤时，地方上公开的党组织随之撤走，只有少数秘密党员留守实行单线领导。解放战争初期，国民党大军压境，留守干部和武装部队不断受到围剿和追击，只能在崇山峻岭或芦苇荡蒲中隐蔽活动，中共党的组织工作基本处于停滞状态。边区工委建立后，各地武工队逐步恢复发展，边区工委、分工委和县工委逐渐加强了党的工作。

太滆武南地区首先在武工队内发展了一批党员，建立党支部。其次整顿党员队伍，对未北撤的党员根据前段坚持斗争的表现，分成三类区别对待。第一类是一直与武工队保持联系，不怕危险与困难，积极工作的；或虽一度失去联系，但未做不利于革命的事，一经恢复联系又积极工作的，即予恢复组织关系。第二类是虽失去联系，消极害怕，但无危害革命的行为，经教育后愿意继续干下去表现好的，予以重新入党。第三类是政治上动摇，情绪消沉，经教育仍无觉悟或有叛变行为的，则停止党籍或除名。这一工作从1948年下半年开始，一直延续到中华人民共和国成立以后。太滆分工委还举办了两期整风学习班，每期半个月，总结斗争经验，对党员、干部进行形势、气节和政策教育。郎广地区武工队积极发展党员，建立党的支部、区委和中心区委。1949年1月，天目山西分工委举办两期党员和积极分子培训班，通过培训发展党员40多人，为中华人民共和国成立后基层政权建设准备了骨干。据1948年10月统计，全边区当时已有党员约800人。

1947年12月，国民党在加强江防的同时，加紧对江南游击队的进攻，抽调国民党军第63师和江苏、安徽、浙江三省保安部队，对皖南和苏浙皖边区游击根据地发动了长达3个多月的残酷的大“清剿”。国民党江苏省政府主席兼保安司令王懋功亲自到宜兴、溧阳部署，集中省、县保安部队和宪兵8000人“清剿”太滆分工委活动的宜（兴）溧（阳）广（德）广山区。国民党军队在进行军事“清剿”、杀害留守坚持人员和革命群众的同时，加紧整顿保甲，训练特务，盘查行人，烧毁沿山一带茅棚，实行移民并村，妄图割断留守部队和人民的联系，一举歼灭留守武装，一时边区的形势十分紧张。边区大队一连由于麻痹大意，遭受重大损失，牺牲近40人。太滆地区付出了血的代价，分工委武装及各县武工队牺牲数十人，群众被捕数百人，百余人被杀害。1948年2月，在边区工委领导下，边区人民经过数月顽强斗争，终于粉碎了国民党军队的清剿，取得了武装斗争的胜利。

1948年8月，边区工委率两个主力连进入天（目山）西地区，成立天西临时军政委员会。边区武装接着采取了一系列的军事行动。1948年年底，太滆分工委武装连续摧毁了

杭村、砖桥山北等敌据点，使苏皖边境的宜（兴）溧（阳）广（德）广大地区连成一片，全部游击区共有人口30余万，其中中心地区10余万，为迎接解放大军渡江准备了广阔的基地。边区工委武装边区大队这时已改称苏浙皖支队，部队已发展到三个主力连。太滆分工委也建成两个小连，各地武工队都有很大发展，总人数有2000多人。[①]

1949年4月21日，解放大军横渡长江，穷追逃敌，苏浙皖边区部队和武工队积极配合作战，堵袭溃逃的国民党部队，先后进入宁国、郎溪、广德、宣城、溧阳、宜兴等县城，与解放大军胜利会师。武工队队员与地下党不仅搜集道路、城形、粮食等情报，还准备动员、组织民工支援前线。其搜集的道路情报包括大小公路路线、桥梁，说明其宽阔状况，能够通过何兵种；城形情报包括县城位置、机关、仓库、公共建筑等所在地以及国民党军各种工事建筑、兵力布置等。

边工委主要负责人钱敏、孙章禄后来率苏浙皖边区支队进入浙江，归浙江省建制，凡是皖南的干部和武装划归皖南区党委建制，凡是苏南的干部和武装划归苏南区党委建制，中共苏浙皖边区工委的使命就此结束。

在中共苏浙皖边区工委（先为苏浙皖边区特委）领导下，留守坚持在苏南根据地的同志依靠人民的支持，凭着坚定信念和非凡毅力，在国民党军占领区险恶环境中，浴血奋战三载半，终于配合解放大军解放了江南，为人民解放事业作出杰出贡献。

第三节　战略进攻后的公安保卫工作

经过一年的“决死苦斗”，中国共产党领导苏中、苏北军民基本结束了“一面坚持、一面反攻”的艰难局面，迎来了1947年8月至1948年9月的战略进攻，很快恢复和扩大了解放区；经过1948年10月至1949年9月的英勇战斗特别是经过淮海战役和渡江战役，陆续占领并接管了重要城镇，进而摧毁国民党老巢，解放了江苏全境。这一时期前后，华中各地党组织隶属关系和行政区划发生了几次变化，公安机关的领导系统和工作重点也相应地进行了调整。

1946年9月，苏中区党委社会部和苏中行署公安局重新建立，分设社会部和公安局，负责领导原苏皖第一、二、九、十行政区的公安工作。12月，中共华中分局与华东局合并；撤销淮南区党委及第三、四地委，新组建淮南工委；撤销第七地委，新组建淮北工委，不久改称为淮北地委；第八地委划归豫皖苏区党委领导。1947年2月，苏北区党委重建，统一领导第五、六分区，并将第五分区以通榆公路为界，路西、路东分别建立第五、十一地委。

1947年11月，中共华东局决定成立中共华中工作委员会、华中行政办事处和华中指挥部，工委设社会部，办事处设公安处；撤销苏中、苏北两个区党委，其原辖党组织统归华中工委领导，包括华中第一、二、五、六、七、九、十地委和两淮市委、两淮盐场特委，苏南的苏常太工委、澄锡虞工委曾一度由华中工委直辖。

---

① 《解放战争时期苏浙皖边区坚持斗争经过》，载中国江苏省委党史资料征集研究委员会、江苏省档案局：《江苏党史资料（第4辑）》，1989年版，第195页。

一、公安领导机构的沿革

1947 年 11 月 10 日，中共华中工作委员会社会部和华中行政办事处公安处在射阳成立，内设秘书、侦察科、治安科、审讯科、内勤科、保卫科、联络科。

1948 年 5 月 16 日，中共华中工委决定将社会部、联络部（敌工部）、公安处机关合并为公安处，下设联络科、侦察科、保卫科、审讯科，统一组织对敌斗争；地委一级由社会部部长或副部长任专署公安局局长，配备干部 17~20 人，公安武装 2 个排；县一级由社会部正副部长任县公安局正副局长，配备干部 12~17 人，公安武装 1 个排；区一级由社会科科长任公安股股长，另有公安区员 2 人；乡政府设治安委员会，党支部保卫委员兼主任，配备治安员 7~9 人；村设治安小组，由 3~6 人组成。在解放城镇，每 1500 户左右设一公安分局，配干部 1~5 人、武装警察 10 人；每 1000 户左右设一派出所，配干部 1~3 人、武装警察 5 人；每 500 户左右设一治安委员会，配干部 1 人，其余委员不脱产；乡村支部保卫委员兼治安员（治安主任）兼民兵大队副（或中队副）；乡治安委员会、村治安小组人员 3~6 人；正副区委社会科科长兼公安股股长。各级直属机关以总支部及支部为单位，建立保卫委员及防奸骨干。①

1949 年 4 月 21 日，中共华东局决定撤销华中工委社会部和华中行政办事处公安处（11 月 14 日改称公安局，1950 年起入驻扬州市），由新成立的苏北行政公署公安局、苏南行政公署公安局以及南京市公安局分别负责苏北、苏南、南京地区的公安工作。这种划江而治的情况延续至 1953 年元旦江苏省人民政府成立才告结束。

二、公安军事斗争

1948 年 2 月下旬，华中九分区东南行署公安局政治保卫队神出鬼没地活跃在敌人心脏里，2 月 25 日夜，配合地方武装以神速行动突入包场匪据点，激战 1 小时，俘获敌人（土匪、匪军）40 多名，公安部队则无一伤亡；29 日，突袭三厂、青龙之间匪中心（镇）据点，活捉匪四乡办事处主任兼省保谍报员杨英 2 人，击毙匪省保谍报员沈国宰等 3 人，缴获文件一批。②

1948 年 7 月 5 日，南通县公安局政治保卫队陈炳助等 4 人埋伏于亭东、同乐等三乡边境范公堤两边，打击“扫荡”解放区后回金沙的敌顽，杀伤敌人 12 名，其中打死匪营长 1 名、打伤匪连长 1 名。③

1948 年 8 月 15 日，《江海报》报道东南行动队（化名滨江飞行队）打得出色，像把刀插在敌人心上，一年来歼敌 260 人，其中有伪四乡办事处主任林瑛、国民党营长许孟谦；行动队只伤亡 6 人，缴获机枪 9 挺、卡宾枪 5 支、步枪 40 支、短枪 4 支、各种子弹 4000 多发，营救出关在国民党军据点里的群众 100 多名。④

---

① 江苏省地方志编纂委员会：《江苏省志・公安志》，群众出版社 2000 年版，第 55 页。

② 南通市公安局：《解放战争时期苏皖边区第九行政区公安大事记》，1987 年版，第 24 页。

③ 南通市公安局：《解放战争时期苏皖边区第九行政区公安大事记》，1987 年版，第 27 页。

④ 南通市公安局：《解放战争时期苏皖边区第九行政区公安大事记》，1987 年版，第 27 页。

国民党军队占领涟水城后，采取“蚕食”方针，经常下乡烧杀抢掠，盐河上的朱码桥是敌人向北骚扰必经之路。为了阻止敌人过河，涟水县公安局武工队三破朱码桥，并与敌进行隔河对峙作战，使国民党军不敢轻易过盐河一步，对保卫解放区起了很大作用。①

1947 年 8 月 14 日，苏皖六专署公安局武工队部分队员化装成国民党军一个班，配合淮阴县武工队，在沭淮公路涧桥附近缴获了淮阴县联防队的枪械。当敌人发觉逃跑时，毙伤敌联防队队长等 6 人，缴获机枪 1 挺、步枪 5 支，战斗仅用了 3 分钟，武工队迅速转移，毫无损失。该地区敌人经此一战大为恐慌，龟缩在据点里不敢乱动，而淮阴县武工队随时可进入敌占区活动。淮阴县王营据点有个联防队队长非常反动，武工队以迅雷不及掩耳之势袭击了这个据点，镇压了首恶罪犯，等敌人发觉时武工队早已安全撤回了。② 淮阴县五里庄敌人据点里的反动地主丁小惠，谩骂共产党，毒打农会干部，武工队得知后，连夜进入敌据点将丁处决并在尸体上张贴布告，以此警告其他反动分子。在花庄一次遭遇战中，这支由公安局局长丁达亲自率领的武工队表现得更为突出，他们抢占制高点英勇作战，击毙国民党地方武装联防队长张启新等 5 人，并追歼敌人于十里之外，令反动分子闻风丧胆。宿北县公安局武工队长途奔袭 40 余里，摧毁国民党军新店镇据点，俘敌 30 多名，击毙 8 名，缴获盒枪 1 支、步枪 10 支、子弹 122 发，广大干部群众扬眉吐气，增强了坚持原地斗争的信心。③

三、打击会道门

就在国民党军大肆进攻解放区时，各地会道门头目认为可以乘乱出头、独霸一方，纷纷跳出来在解放区根据地内抢地盘、争天下，组织了数以百计对抗共产党的大小暴动，其中规模和影响最大的当属西乾道牵头发动的“腊八暴动”。

西乾道，原名东震道，其前身是先天道，后又称天仙道、中华圣教会，早在清光绪十四年（1888）就传入苏北地区，光绪三十一年（1905）后又被宝应人从四川引进回乡，但发展缓慢。1931 年，29 岁的汜水小商人蔡德发入道，他通过各种骗术很快壮大组织。1935 年秋，蔡德发与西乾道“祖师爷”“北山事主”即连云港新浦镇的郭敦孝结为兄弟，获封“南山小主”，次年即吞并了泰县的先天道体系。1937 年，蔡德发和郭敦孝将东震道改称西乾道并大力发展。抗战胜利后，西乾道在扬州一带的最高组织名为金蜀总堂，还先后在宝应、高邮、兴化、阜宁、淮安、淮阴、涟水、泰县、东台、如皋、沭阳、盐城、天长、溧阳、武进、上海等地设立了分总堂，苏北区域道徒超过 3 万人。在抗日战争和解放战争期间，西乾道各级组织勾结官僚地主胡作非为，积极刺探共产党情报，杀害根据地基层干部，奸污和残害妇女，大肆骗取勒索群众钱财，1945 年夏和 1946 年 8 月在高邮、宝应曾策划两次暴动。

---

① 淮阴市公安局：《解放战争期间苏皖边区第六行政区公安史长编（征求意见稿）》，1986 年版，第 31 页。

② 淮阴市公安局：《解放战争期间苏皖边区第六行政区公安史长编（征求意见稿）》，1986 年版，第 30 页。

③ 淮阴市公安局：《解放战争期间苏皖边区第六行政区公安史长编（征求意见稿）》，1986 年版，第 31 页。

1948年12月1日，蔡德发在扬州城内主持召开20多个县市西乾道头子会议，决定以做“腊八会”的名义在扬州、淮阴的7个县进行武装暴动，先取宝应，再取两淮。他自封“大汉复兴皇帝”，串联“一贯道”和部分刀会势力成立“西方圣儒内士府”和“西方白衣军”，并封了左右丞相、军师、国舅、部长和48名元帅、10名副帅；12月22日又召集核心骨干进一步落实暴动计划，发放“制服”和活动经费。

1949年1月5日晚，宝应县安丰、氾水、射阳、天平、望直、黄浦、张桥等区以及运西地区的道徒开始集结。由于民主政府强力的宣传教育、分化瓦解工作，蔡德发鼓动10万人参与暴动以迎接其入城“登基”的计划落空，至6日晚，真正参与暴乱的群众不到万人。迷信道徒在各路“元帅”率领下，手持大刀长矛、高呼反动口号向高邮、宝应县城进发，途中杀害中共干部5人，割断电话线，烧毁乡公所，抢夺武器弹药，6日下午企图冲入宝应城区。宝应县公安干警和守城部队多次喊话，劝说无效，当晚暴徒开始抢劫时只得开枪还击，大部分道徒四散逃命。

与此同时，1949年1月6日上午，高邮百余名暴徒抓走3名乡干部准备开刀祭旗，一批暴徒甚至抢夺解放区地方部队的长枪小炮。下午3时，当百名暴徒再次冲杀解放区军民时，新四军六团开始还击。两淮市公安局提前侦知了当地会道门的阴谋，在暴动开始时即击毙道首以下12人、打伤12人、抓获25人。

由于参加暴乱人员大多是受骗的一般信教群众，宝应、高邮等地公安机关配合党政部门坚持宣传教育，揭露敌人阴谋，事后又布告取缔邪教活动，并多次组织搜捕和公审残余暴动分子，劝导群众退教退道。后据华中社会部报告，此次暴动共波及宝应7个区、高邮5个区、淮宝2个区、两淮市1个区，共毙、伤暴徒100余人，生俘80余人。

四、开展情报策反工作

战略反攻开始后，华东局社会部提出公安工作重心由农村转移至城市，加强了对国民党军、政、警、特等方面的情报、策反工作，取得一系列重大成果。

（一）徐州情报站策动炸毁九里山国民党军火库

1947年4月18日晚9时许，在华东统战部①徐州情报站（徐州市委情报科）政治交通员权兴周的策动下，国民党整编第55师中尉传达长祖克晓用棉花包裹烟头点燃汽油，引起九里山国民党陆军总部汽油站和军械库大爆炸。爆炸延续了两天，共炸毁美式机枪、步枪4万余支，汽车80辆，坦克13辆，汽油200桶，以及弹药、器材和药品上千箱，使国民党损失可在华东战场使用3个月的武器装备，打乱了蒋介石在华东的军事部署。蒋介石因而下令解除了“徐州联勤总司令”黄震球的职务。事后，华东局通报表扬权兴周的功绩，并为其记特等功一次，发给奖金银元100枚。

（二）策动蒋军江阴要塞部队起义

1949年3月下旬，华东局社会部奉命派一室科长王征明等至华中，在华中工委、三野

① 华东统战部当时是华东情报部的对外名称，部长胡立教，下设情报、材料、干部等科及调研室、城市工作委员会。1949年1月，根据华东局决定，华东统战部（除调研室外）并入华东社会部，组成华东社会部的一室。

十兵团党委领导下，对国民党江阴要塞部队进行策反工作。4 月 18 日，王征明秘密渡江与十兵团先期派至要塞的军事干部李干、徐以逊、陆德荣、王刚等取得联系，并向埋伏在要塞司令部任炮兵总台长的唐秉琳、工兵营长唐秉煜、守备总队长李云葵、游动炮团长王德容等中共特别党员传达了十兵团首长的指示。4 月 21 日凌晨，中国人民解放军渡江，要塞部队即宣布起义，掉转炮口向蒋军轰击，并生俘要塞司令戴戎光。

五、接管苏北地区城市

（一）地下工作准备

解放大军进入战略反攻后节节胜利，华中社会部和公安局着手筹划城镇接管工作，其中重要的一条就是搜集国民党政府党政军警宪特情报、策反人员。广大地下工作者冒着极大风险，侦察地形，绘制城防图，组织护厂、护校、护路、护桥，为解放军占领和接管城市、稳定人心、维持经济等方面做了大量富有成效的工作。如华中二地委社会部联络情报科在江都县城内物色发展了三四十名知识分子参加地下工作，解放后又将其中大部分吸收进公安队伍，利用他们政治经过考验、熟悉地方情况又有一定文化知识的特长继续为稳定地方秩序、保卫新生政权、保卫社会治安服务。①

（二）接管工作试点

各地解放前，党委社会部和公安局都抽调人员进行培训，成立专门班子分类熟悉资料，与军队首长及地下工作者搞好对接，甚至选择某个地区实践和检验外地经验，以找到切合本地实际情况的管理措施。

1948 年 9 月 14 日，华中九地委专署为迎接南通城的解放，决定成立掘港市工委进行试点，以探索城市管理工作经验，社会部部长、公安局局长林德明兼工委书记、掘港办事处主任，同时成立九专署公安局掘港市分局，下设侦察课、治安课、内勤课，南通城解放前夕撤销。② 南通县和东南行署随后分别在石港镇和吕四镇进行试点。苏北各级党政及公安机关除了全力做好渡江战役的各种物资、后勤保障外，还积极抽调干部随军渡江支援江南各地的接管工作。

（三）组织保障

1948 年 11 月下旬，华中公安处在阜宁城西北的牛十二庄举办保卫干部训练班，约 40 名各县公安局的正副局长参加，集中学习侦察、治安、审讯、内勤等公安业务和哈尔滨城市接管和户口管理等经验材料。12 月下旬训练班结业，部分学员去淮阴、淮安等县做接收工作。

各地解放后，重要城镇大多根据中央指示采用军事管理模式，党委社会部、政府公安局和军管机构三位一体运作，保证了政令统一高效。也有少数地方没有实行军管，或军管后很快移交给地方政府。1948 年 10 月 11 日，东台县城解放后实行军事管制，18 日即撤销军管。县委、县政府解放当天进城办公，即指挥公安局立即进行接管和搜索，10 月 19

① 朱德林：《多数地下工作者成为扬州第一代人民警察》，载《江苏警方》2021 年第 3 期。

② 南通市公安局：《解放战争时期苏皖边区第九行政区公安大事记》，1987 年版，第 29 页。

日至25日召开进城后第一次公安干部会议，10月26日至11月10日进行旅馆、书场、游民、小偷、部分棉粮行和消防情况的调查，派公安民警分段日夜轮番巡查，并争取逃亡人员回归。

（四）自新登记

1949年1月28日，靖江解放。靖泰县公安局在进城的当天下午，即对敌伪人员进行自新登记。2月，扬州、泰州两市公安局除号召市民检举，属实者奖、包庇者罚外，还相继命令国民党党员、三青团团员、特务机关人员登记自首，明令区级以上人员向市公安局登记，镇或同级及区乡保甲分别向分局、派出所登记，登记者必须“坦白组织、交出证件、承认错误、改过自新、填写表格、声明脱离”，并找妥当保人具结，公安机关对自新者考察30天，表现好的可提前撤销，反之则延长。[①] 1949年2月至5月，淮阴专署公安局及其下属县公安机关共登记自新国民党党员2632人、三青团团员3307人、中统279人、青年党30人、情谍报11人。淮阴专署公安局先后举办14期自新人员感化训练班，感化自新人员1195人，缴获长枪35支、短枪21支、子弹360发、电话机2部、粮食5万斤。[②]

（五）摧毁保甲制度，重建基层组织

1948年，苏皖五分区公安机关重新对部分城镇开展户口登记，至1949年，完成对东坎、合德、盐城、淮城、益林、涟水、响水口、八滩、上冈、大冈、伍佑、湖垛等城镇的户口登记。

1949年1月25日，解放军进占江都县城后，新成立的扬州市公安局很快命令原国民党行政人员在3月13日前完成各保户口移交与调查。扬州市公安局随后在上级公安机关支持下，对城区进行了三轮范围由小到大的户口登记、核对及发证工作，确定重点人口；同时，组织斗争有罪恶或不与人民政府配合的保甲长，选举街道代表，建立治安区，明确基层保卫人员，摧毁了人民痛恨的保甲制度。

淮阴地区为了做好户口登记工作，专门举办了6期人民警察训练班，传授业务知识，通过党政警民一起努力，初步掌握了全地区城镇户口情况，建立了基层治安组织，为日后的侦察工作和社会管理打下了基础。

1949年9月，南通市在城区中心镇的两个保进行了户口管理工作试点，建立户口登记编查委员会，进行户口登记工作，对常住户和暂住户进行分类统计，落实复杂户口管理制度，建立治安小组，开展管理工作。[③]

1949年10月12日，泰州市成立户口编查登记委员会，在城西试点的基础上，对全城7个镇、75个保开展户口登记，历时一个月零两天，废除了保甲，成立41个治保委员会、333个治安小组。

---

① 扬州市公安志编纂委员会：《扬州市公安志（验收稿）》，1990年版，第121–122页。

② 淮阴市公安局：《解放战争期间苏皖边区第六行政区公安史长编（征求意见稿）》，1986年版，第93页。

③ 中共江苏省委党史工作办公室：《城市的接管与社会改造（江苏卷·苏南苏北分册）》，中央党史出版社1997年版，第109页。

（六）争取人员回归

解放战争进行之时，苏北各地一些民众特别是有各种罪恶及问题的人员逃亡外地。渡江战役及江苏全境解放后，部分民众返乡，但鱼目混珠、泥沙俱下，同时仍有部分人员徘徊观望，影响了各地生产和经济的恢复。1949 年 6 月 1 日，苏北区党委、苏北行署确定处理回归人员的基本方针是“以党的宽大政策首恶必办、胁从不问、立功受奖的精神，运用群众力量配合公安行政管理，分别根据各种不同的具体对象与情况，给予正确适当的处理”。

各级人民政府和公安机关据此普遍把回归人员放到生产劳动中去教育改造，结合中心任务逐步处理：对罪行不大、表现好的回归人员先行处理，或宣布减轻处理，或免予处理，感召其他回归人员。涟水县专门为回归人员制订了拾麦计划，有的地方组织回归人员为抗属种地，各县在导沂工程中结合挖河劳动对回归人员作出进一步处理。经艰苦工作，回归人员思想得到改造与提高，生活得到安排，前途有了方向，从而思想稳定，社会治安秩序逐步好转。①

（七）留用和改造旧警

解放初期，原国民党警察大多随旧政权南逃或就地改行。为解决人民公安队伍人员不足和业务不熟等问题，苏北少数地区根据中央指示精神和实际需要，审慎留用了部分拥护新政权又有一技之长的旧警察，主要是交通警、消防警、卫生警以及刑事技术人员等。这些旧警后来经过严格审查、政治教育及实际考察逐渐被淘汰。

1949 年 2 月，南通市公安局接管旧警 90 名，其中交通警 21 名、刑警 13 名、消防警 22 名、卫生警 5 名、职员公勤 29 名。这些旧警经一个月警训班的教育改造，录用 55 名，到其他机关工作和去华大学习 13 名，复员 22 名；从中挖掘有枪特务线索 25 条，军统、中统特务线索 20 条，枪支线索 15 条，自动交出短枪 1 支，获取贩卖吗啡犯和盗匪偷窃的 76 人情况。②

---

① 淮阴市公安局：《解放战争期间苏皖边区第六行政区公安史长编（征求意见稿）》，1986 年版，第 77-78 页。

② 南通市公安局：《解放战争时期苏皖边区第九行政区公安大事记》，1987 年版，第 37 页。

第七章　苏北人民行政公署的公安工作

1949 年 1 月 10 日，淮海战役胜利结束后，苏北全境很快解放。2 月 8 日，毛泽东以中央军委名义致电中国人民解放军第二、第三野战军，指示目前全党全军应加强城市工作，尽快学会管理城市工作。15 日，渡江战役总前委刘伯承、陈毅、邓小平等联名向中央军委发出《总前委拥护中央方针及对组建新区机构的建议电》，坚决拥护中共中央和毛泽东的指示精神，同时建议由于自然条件及历史原因，苏北、苏南政治、经济、文化等各方面具有明显不同，江苏省暂不成立省委，分组苏北、苏南两个区党委，原有苏北区党委人员不变，苏南区党委以陈丕显为书记，并尽快调配、组织干部力量，准备接管江南城市。[①] 中共中央很快批准了这个建议。4 月，渡江战役胜利后，原江苏省划为苏北、苏南及南京市三个省级行政区，分别成立了党政军领导机构。1949 年 4 月 15 日，中共苏北区委员会成立；4 月 21 日，中共华东局决定撤销华中工委和华中行政办事处，在泰州成立苏北行政公署（后移至扬州市），辖原华中第一（泰州）、第二（扬州，次年扬、泰专区合并）、第五（盐城）、第六（淮阴）、第九（南通）行政区，成为长江以北江苏地区统一且实体运作的省级政权，管辖 62200 平方公里、2107 万人的苏北地域。在此期间，苏北行政公署公安处（局）和各级各地公安机关在保卫新生政权、稳定治安秩序、整治社会风气等方面做了大量艰苦细致的工作，确保了 1953 年 1 月 1 日江苏省人民政府成立前苏北这个以农业经济为主、没有大中城市、工商业较为落后、具有光荣传统的革命老区平稳地过渡和良性地发展。

第一节　苏北各级人民公安机关的建立

1949 年 4 月 21 日，中共华东局决定撤销华中工委和华中行政办事处，在泰州成立小省制的苏北行政公署，行署设公安处。随着行政区划调整和公安工作需要，公安处更名为公安局，至 1953 年江苏省人民政府公安厅成立，苏北人民行政公署公安局撤销。地级公安机关方面，各地专员公署公安局接续了中华人民共和国成立前各分区公安局，并根据实际情况进行了编制和机构的调整。总之，苏北各级公安机关在党委政府领导下，经历了建立、调整和完善的过程，为支援解放江南、巩固新生人民民主政权、稳定社会治安、恢复和发展国民经济作出了贡献。

---

① 中共江苏省委党史工作办公室：《城市的接管与社会改造（江苏卷 · 苏南苏北分册）》，中央党史出版社 1997 年版，第 190 页。

一、省级公安机关的建立和调整

1949 年 3 月 2 日至 5 日，华中行政办事处公安处在淮阴召开处务会议，专门研究苏南、苏北公安干部的配备问题，决定以原华中公安处为主体，配以山东南下以及从苏北各地抽调的公安干部共 633 人组成苏南公安班子，另从苏北各地抽调、提拔一批公安干部重新组建苏北公安处。3 月 6 日，新组建的苏北公安处从淮阴出发，13 日到达新驻地泰州。4 月 21 日，中共华东局决定撤销华中工委和华中行政办事处，在泰州成立小省制的苏北行政公署，辖原华中第一、第二、第五、第六、第九行政区 41 个县市，原属江淮军区的仪征、六合、淮宝、淮泗、宿迁、睢宁、邳睢铜等县（均原属江苏省辖境），也分别由第二（扬州）、第五（盐城）、第六（淮阴）各专署管辖；区党委设社会部，行署设公安处。同日，苏北公安处在泰州成立，社会部副部长邵幼和兼任公安处处长，陈庭槐任副处长，下设内勤、侦察、治安、审讯、保卫、警务等科，总编制 50 人。

1949 年 11 月 14 日，苏北行政公署公安处改称为苏北行政公署公安局，邵幼和兼任局长，陈庭槐、朱剑明任副局长，内设秘书室、侦察、治安、审讯、内勤、保卫、武装 6 个科和苏北公安学校；下辖 5 个专区公安局（1950 年 1 月扬州合并于泰州后，即为 4 个）、3 个市公安局、38 个县（市）公安局（1950 年撤并 2 个）、27 个区公安分局、132 个派出所、25 个检查站；计有公安干部 548 人，警察 2152 人，共计 2700 人。

1950 年 1 月 11 日，苏北公安局设侦审科、保卫科、治安科、边防局、人事科、秘书科，当月移驻扬州市旧城九巷，4 月改称江苏省苏北人民行政公署公安局；8 月，成立苏北海防局（1951 年 9 月改称苏北边防保卫局），同时成立苏北江防第一局、苏北江防第二局（分别由南通、泰州专区公安处代管）。9 月，经苏北人民行政公署和华东军政委员会公安部批准，江苏省苏北人民行政公署公安局重新更名为苏北人民行政公署公安局，定编为 110 人；局本部设秘书、侦察、保卫、审讯、治安、人事、总务 7 个科和 1 所公安学校，撤销武装科，另有直辖苏北淮北盐管局公安科和苏北淮南盐场公安科。1951 年 6 月，刘少傥任苏北公安局副局长；8 月增设劳改处。

1952 年 7 月，苏北人民行政公署公安局内部机构进行调整，将科改为处，改人事科为政治处、秘书科为办公室、侦察科为政保处、保卫科为保卫处、治安科为治安处、劳改处为监督劳改处，除政治处、办公室、公安学校外，各业务处使用代号；整编后，全局共有干部和勤杂人员 260 人，其中干部 231 人①。1952 年 5 月，刘少傥接任苏北公安局局长。11 月 28 日，苏北公安局发出通知，11 月 30 日迁移南京与苏南公安局合并，自 29 日起在扬州停止办公，办公室主任刘伯超留扬州原址一周至半月，办理机关内部未了工作和必要的临时联系。

1953 年 1 月 1 日，江苏省人民政府公安厅成立，苏北人民行政公署公安局同时撤销。

二、地级公安机关的建立和调整

苏北各地专员公署公安局均接续了解放前各分区公安局，各有自身的特点及传统。苏

---

① 江苏省公安志编纂委员会：《江苏省志 · 公安志》，群众出版社 2000 年版，第 33-34 页。

北行署及其公安处（局）成立后数次下达编制命令，如1950年9月7日规定，各专署公安处具体编制为公安队45人、干部35人，具体为秘书科6人、一科（侦察）10人、二科（保卫）4人、三科（治安行政）9人、四科（审讯）4人；1952年4月规定，专署公安处设处长2人，政治协理员室3人，秘书室8人，侦审科12人，保卫科4人，治安科6人，监管劳改科10人（包括小型监狱），合计45人。其实际执行中屡因行政区划（隶属、辖境、治所）调整，各地级公安机关在机构名称、办公地点等方面也陆续发生一些变化，但其内部设置大同小异。

（一）扬州、泰州专员公署公安局（处）

1948年年底，苏皖边区第一专员公署公安局进驻泰州办公，辖泰州市公安局和东台、如皋、海安、泰县、泰兴、靖江、台北（后改称大丰）等县公安局。

1949年2月下旬，苏皖边区第二专员公署公安局随地委、专署机关移驻扬州城内，设有侦察科、保卫科、治安科、内勤科等。5月1日，苏皖边区第一专员公署公安局改称苏北泰州行政区公安局；苏皖边区第二专员公署公安局改称苏北扬州行政区公安局，下辖扬州市公安局和江都、宝应、高邮、兴化、溱潼（次月撤销）、仪征、六合等县公安局及一等公安分局8个、二等公安分局12个、派出所72个、检查站28个。根据5月29日苏北行政公署发布的《各级政府组织编制》，各专署公安局定编45人。8月6日《各级政府组织编制》修订发布，专署公安局缩减为39人。

1950年1月，扬州行政区专员公署与泰州行政区专员公署合并为苏北人民行政公署泰州区专员公署，公安局随之移驻泰州城内办公，下辖扬州市、泰州市和泰县、泰兴、靖江、江都、宝应、高邮、兴化、仪征、六合、江浦等县公安局[①]。6月，专署公安局设4个科，秘书科7人、侦察保卫科14人、治安科6人、审讯科3人。8月，苏北行署公安局于泰兴县龙窝口设立长江公安局（后更名为苏北江防第二局），在高邮县城设立高宝湖水上公安分局，均委托泰州专署公安局管辖。

1951年5月，泰州专署公安局改称公安处，下设秘书、政保、治安、侦审、劳改各科及民警队、协理员办公室。

1952年4月后，苏北公安机关执行新编制：专署公安处设处长2人，政治协理员室3人，秘书室8人，侦审科12人，保卫科4人，治安科6人，监管劳改科10人（包括小型监狱），合计45人；8月，盐泰荡区公安局从盐城划归泰州区公安处领导，处内设有侦审科、治安科、劳改科、协理室、秘书科、经保科等。

1953年1月，泰州区公安处随专署机关迁回扬州，定名为江苏省扬州专员公署公安处，扬州市公安局重归专署公安处领导。

（二）盐城专员公署公安局（处）

1949年4月，苏皖边区第五行政区公安局改称苏北盐城行政区专员公署公安局，设秘书室、内勤、保卫、治安、侦察、审讯、警务等科室及一个看守所，编制45人。1950年

---

① 中共扬州市委党史办公室、泰州市党史方志档案办公室：《中共扬州（泰州）地方史（1949—1978）》，中共党史出版社2013年版，第4页。此书较其他地方志多了江浦县。

1月，原属泰州专区的东台、台北（大丰）二县划归盐城专区管辖；8月，改称江苏盐城行政区督察专员公署公安处；10月，改称苏北人民行政公署盐城区专员公署公安处，曾设有海防科，1952年2月撤销；1953年1月，改称江苏省人民政府盐城区专员公署公安处，辖盐城、阜宁、盐东、射阳、建阳、阜东、滨海、淮安、涟东、东台、大丰11县公安局。

（三）淮阴专员公署公安局（处）

1949年5月，苏皖边区第六行政区公安局改称苏北行署淮阴行政区公安局，设有内勤科、侦察科、审讯科、治安科、联络科、保卫科和侦工队，下辖淮阴、宿迁、沭阳、灌云、涟水、泗阳、新安、睢宁、邳睢、淮宝10县公安局及洪泽湖公安局。6月18日，涟水、涟东县合并为涟水县，公安局随之合并。1949年冬，因“导沂”工程保卫需要，淮阴行政区专员公署公安局除审讯科留守外，其余均北迁沭阳，至工程结束方回淮阴。1950年3月，淮宝县撤销，同年5月，苏北淮阴行政区专员公署公安局改称公安处。1951年1月，公安处增辖清江市公安局；7月，增设劳改科，改称侦察科为调查科、审讯科为执行科；12月，成立淮阴劳动改造支队。1952年6月，公安处始设政治协理员办公室。1953年1月，苏北淮阴行政区专员公署公安处改名为江苏省淮阴区专员公署公安处。

（四）南通专员公署公安局（处）

苏皖边区第九专署公安局原设有秘书、侦察、治安、审讯、联络、内勤等科。1949年2月2日，南通解放，撤销旧警察机构；苏皖边区第九行政区专署公安局迁入南通市区办公，同时新建南通市公安局。5月，第九专署公安局改称苏北行署南通行政区公安局。

1950年1月，如皋、海安二县划归南通专区管辖；6月，苏北江防第一局委托南通行政区公安局代管（下辖13个派出所）；8月，苏北海防公安局在如东县成立（1951年9月改称苏北边防保卫局）。至此，苏北行署南通行政区公安局共辖7个县公安局、6个分局、33个派出所、11个检查站，镇公安员10人，共配备干部423名、警察202名（刑警53名、户籍警71名、治安警74名、消防警2名、卫生警2名）、公安武装人员560名。

1951年2月，南通行政区公安局改称公安处，辖南通市公安局和南通县、如东、海门、启东、崇明等县公安局；6月重新建政治保卫队，以加强机关保卫工作；曾设有海防科，1952年2月撤销。

三、县级公安机关的建立和调整

行政公署成立前，苏北绝大多数县公安局已经建立，中华人民共和国成立以后进城办公。除少数县因区划调整、公安机关随之更名及扩展、变动内部机构外，主要是职能发生了很大变化，特别是几个新设的城市，如南通市、扬州市、泰州市及清江市更是如此。

1949年5月29日，苏北行署发布的《各级政府组织编制》规定，一等县公安局135~140人，二等县公安局115~120人，三等县公安局103~107人，市公安局137~143人；区设公安股2人（如系市镇区应由公安分局兼）；乡（镇）政府设治安委员1人。8月6日，苏北行署修订《各级政府组织编制》，其规定：一等县（50万人口以上）127~134人，二等县（30万~50万人口）119~126人，三等县（30万人口以下）113~120人，市149~

156 人；15000 人口以上无县公安局设分局；10000~15000 人口设甲等派出所，配警 5 人；5000~10000 人口设乙等派出所，配警 4 人；人口不足 5000 的重要港口设检查站，配警 3 人。9 月 2 日，苏北行政公署发出关于各行政区公安分局派出所检查站编制及警察干部额定人数的训令，从 10 月 1 日起执行。根据训令，泰州区（分局 7 个、派出所 27 个、检查站 5 个）干部为 126 名，警察为 579 名；扬州区（分局 5 个、派出所 27 个、检查站 5 个）干部为 146 名，警察为 507 名；南通区干部为 109 名，警察为 460 名；盐城县干部为 59 名，警察为 234 名；淮阴区干部为 108 名，警察为 372 名。

1950 年 3 月，苏北行政公署确定，甲、乙等县仅设局长 1 人，提出县局副局长可兼股长或秘书，明确一名股级干部在秘书室负责人事工作；关于治安股的设置，特等、甲等县治安股 6 人、乙等县 5 人，可设正副股长及 3~4 名股员，被撤销派出所的所长可充当治安股员；关于侦察股的设置，特等县 10 人、甲等县 8 人、乙等县 7 人，可设正副股长及 2 名股员，还可设能单独执行任务有侦察能力的股员 6~8 人；关于审讯股的设置，特等县 5 人、甲等县 4 人、乙等县 3 人，可设正副股长及 1~2 名股员；关于看守所的设置，特等县 4 人、甲、乙等县 3 人，可设正副所长及 1~2 名所员；保卫股未明确，可由审讯股、看守所各抽一人组成；内勤股合并于秘书股，人武股移交。6 月，苏北人民行政公署规定：县市设公安局，区设公安助理，乡设治安委员会或治安员；市公安局下设分局和派出所，县公安局设秘书室、治安股、调查股、执行股；12 月，各警种统称人民警察。

1952 年 4 月后，苏北公安机关执行新编制：县（分特等及甲、乙、丙等）公安局设局长 2 人、政治协理员 2 人、秘书股 6 人、政保股 9~14 人、执行股 4 人、治安股 7~11 人、看守所 3 人，总计 33~42 人。6 月，苏北公安局明确县公安局增设政治协理员。7 月 13 日，苏北行署通知修正水上公安机构整编规定。7 月 16 日，苏北公安局批复同意各县在若干集镇增设公安员（每区配备一个半区公安助理员外）。

总之，1949 年至 1952 年，苏北公安局辖有江都、高邮、兴化、六合、江浦、仪征、宝应、靖江、泰县、泰兴、盐城、建湖、射阳、涟东（1950 年 7 月并入涟水）、阜宁、滨海、淮安、东台、大丰、淮阴、涟水、沭阳、宿迁、灌云、新沂、泗阳、睢宁、邳睢（1953 年改为邳县）、淮宝和洪泽湖（1950 年年初撤销）、海安、如皋、如东、南通、海门、崇明、启东等近 40 个县公安局，还有若干县级的专属公安机关。而有关机构编制规定十分复杂，不一而足，且各地实际情况各异，区划调整及领导关系、内设机构变动频繁。下面仅列举各专署所在的市公安局情况作典型介绍，其他县公安局的设置及变动情况类似，并且多比市局简单。

（一）泰州市公安局

1949 年 1 月 21 日，泰县解放，划其城区和郊区五个乡建立泰州市，为华中一专署及后来的泰州行政区专员公署治所，组建泰州市公安局，内设调查、治安、执行、秘书、保卫五课和看守所、公安队，下辖城中分局和城南、上坝、下坝、智堡四个派出所，上坝、下坝两个水上检查站以及交警队，陆续配全刑事、户籍、卫生等警种，各区设公安股，各乡设治安员。4 月，苏北行政公署在泰州成立（直到次年 1 月）。10 月，泰州市公安局裁撤城中分局，改设城东、城西派出所，增设西仓派出所。

1950 年 5 月，泰州与泰县合并，设泰县人民政府公安局；10 月，两泰分治，复设泰

州市人民政府公安局。1951 年 3 月，泰州市公安局增设渔行派出所。

1952 年 8 月，泰州市公安局内设机构调整为政保、经保、治安、管训、秘书五课和政治协理员办公室，另设民警中队部（内辖交警分队），同时划入泰兴县口岸派出所。

（二）扬州市公安局

1949 年 1 月 25 日，江都县城解放，27 日划城区与近郊的霍桥、瓜洲、甘泉、槐泗、黄珏五个区设扬州市，与江都县分治，为华中二专署及后来的扬州行政区专员公署治所。28 日，扬州市公安局成立，设内勤、侦察、治安、审讯、勤务五课，城南、城西、城北三个分局，节孝镇、务本镇、砚池镇、槐子镇、霍桥镇五个派出所，编制共 151 人；3 月，撤销分局，改成一处（自新登记）、六课（内勤、侦察、治安、社会、审讯、勤务）和八个派出所；4 月，增设瓜洲分局、教场派出所，撤销社会、警务两科；7 月改瓜洲分局为派出所，增设秘书课、四望亭派出所；11 月，改设为六课、五分局、五所、两检查站。

1950 年 1 月，扬州、泰州两行政区合并于泰州，苏北行政公署从泰州移驻扬州；6 月，扬州市公安局“课”改“股”，增设瘦西湖派出所，瓜洲分局移交江都县公安局；8 月，扬州市公安局改属苏北行署公安局直辖；9 月，扬州市公安局增设人事股和劳改所，撤销六圩检查站。

1951 年 9 月，扬州市公安局“股”改“课”，撤销分局改为派出所，此时有六课、十二所和一个检查站，编制人员 389 名。

1952 年 3 月，扬州市公安局“课”改“科”，撤销预审科和检查站，增设户籍科、刑事队、技术组和水上派出所，此时有六科、十二所，编制人员 340 名。1952 年 12 月，扬州市公安局复归扬州专署公安处领导。

（三）南通市公安局

1949 年 2 月 2 日，南通县城解放，华中行政办事处划南通县城城厢单独成立南通市，为九专署治所，与南通县分治。5 日，南通市人民政府公安局成立，内设秘书室、侦察科（一科）、治安科（二科）、审讯科（三科）、内勤科（四科）和保卫科，唐闸和天生港各设公安分局，中心镇、统治镇、山芝镇、西被镇、公园镇、文峰镇各设派出所，任港镇设港口派出所，姚港设港口检查站，城南区、城西区各设公安股。

1950 年 5 月，南通市改为苏北行署辖市，市公安局改属苏北行署公安局领导。6 月，市公安局内设“科”改称“课”，部分派出所合并或更名。调整后，市公安局共设有六个课、两个公安分局、六个直属派出所、一个检查站和一个公安股。

1951 年 8 月，南通市公安局增设人事课、总务课、经保课、机保课，同时撤销内勤课和保卫课。同年年底，市公安局再次撤并、调整派出机构，共设有八个课、一个公安分局、十二个直属派出所、一个检查站和三个区公安股。

1952 年 6 月，南通市公安局内设“课”重新改称“科”，并将八个课整编合并为六个科（秘书科、政工科、政保科、保卫科、治安科、管训科）、一个公安分局、十个派出所、一个检查站和三个公安股。

（四）清江市公安局

1948 年 12 月 12 日，淮阴城解放，苏皖边区第六行政区专员公署公安局进城办公，三天后成立两淮市（直属华中行政办事处），清江市区设分局和三个派出所。

1949 年 3 月，两淮市撤销，清江市区归淮阴县，仍设分局。

1951 年 1 月，划淮阴县城厢建立清江市，为苏北淮阴行政区专员公署治所，清江市公安局下设秘书、调查、治安、执行股和看守所、公安队，另按镇设五个派出所（王营、长东、长西、孔庙、城中）。

第二节　镇压反革命与打击土匪盗贼

苏北地区残存有旧中国政治社会基础，国民党败退前又从监狱、看守所中放出大批惯匪小偷和烟毒犯，并不时地派遣飞机袭扰轰炸，还有大量散兵游勇流落民间，严重威胁新生人民政权的巩固和社会秩序的安定。据公安部门 1949 年年底的调查，苏北地区有反革命骨干分子 93428 人，其中特务 883 人、匪首 2247 人、恶霸地主 20153 人、反动党团骨干分子 15609 人、反动会道门头子 2617 人、其他反革命分子 23738 人。这股反革命势力散布在苏北各地，对共产党和新生人民政权进行各种破坏活动，他们制造谣言、密谋暴动、破坏厂矿、抢劫财物、杀害干部、投毒、放火，严重扰乱社会治安。特别是在美帝国主义出兵朝鲜、扩大侵略战争并以第七舰队开赴台湾海峡后，国民党借此又大量派遣特务潜入内地开展所谓的“敌后游击”，致使各地国民党残余势力以为第三次世界大战即将爆发而蠢蠢欲动。他们紧密配合台湾国民党“反攻大陆”的叫嚣，针对共产党开展的土地改革和抗美援朝等中心工作进行破坏活动。1949 年下半年至 1950 年上半年，一年内淮阴区武装匪特和反动会道门组织武装暴动 21 起，仅 1950 年 1 月至 4 月，平均每月发生武装匪特抢劫案 30 余起。1951 年苏北地区，共发生抢劫案 363 起，人小骚动、暴动案件 28 起，被匪特杀害的干部和群众积极分子达 17 人。1952 年 1 月，苏北地区又有 7 名干部、家属遭到匪特杀害。为了巩固人民政权，维护社会秩序，保障人民生命财产安全、抗美援朝、土地改革和经济恢复工作的顺利进行，必须坚决地开展剿匪肃特、镇压反革命的斗争。这是建国初期苏北人民公安的重要政治任务。

一、剿匪肃特

对武装匪特的骚扰破坏活动，苏北人民公安主要采取侦察抓捕、军事清剿的方法进行不间断地打击，摧毁了一些重要团伙。同时各地还注意开展打击常见犯罪的斗争，如加强勘查和情报工作，破获入室盗窃案件和一些扰乱金融秩序的案件，以保障基本民生和经济平稳运行。中共苏北区委员会和苏北军区多次召开会议，协调工作部署，统一军队与地方剿匪组织，明确“军事清剿，政治攻势，发动群众”相结合的剿匪方针。苏北公安会议提出“以政治为主贯彻剿抚兼施”的办法，在执行中贯彻“首恶必办，胁从不问，立功受奖”的处理原则，对不同地区的剿匪工作提出有针对性的要求和方法。据不完全统计，1949 年 8 月初至 11 月初，扬州、盐城、南通、泰州四区共剿灭匪特 490 余人、缴获枪支 42 支。1949 年 9 月至 1950 年 9 月，苏北公安机关共破获武装抢劫、暴动、暗杀、情报、伪造人民币等匪特案件 171 件，逮捕 1004 人，缴获长短枪 416 支、弹药 12000 余发、电台 8 部、委令文件条戳钤记等 214 件，全区盗匪抢劫案件破获 70%以上。1949 年 8 月至 1950

年8月，扬州市盗匪案件破获率达94%、偷窃案件破获率达56%。

1949年10月26日，中共苏北区党委社会部发出加强冬防工作的指示，提出“冬防工作最主要的内容是大力开展剿匪肃特工作”，在有股匪活动的地区，全力剿匪；在股匪已经清剿或被打散的地区，仍需在剿匪的基础上，继续发动群众，彻底肃清匪特以巩固治安；无匪地区应主动加强防范。1949年，苏北全区剿灭土匪90余股、捕匪727人。1950年上半年，泰州、淮阴两专区共剿匪93股、捕获7099人。

苏北军区同时派出武装力量清剿、镇压了一批残余的国民党匪特。1950年5月15日，“中国人民反共救国军苏北游击纵队”第一支队长卢忠谋率股匪从苏南窜回苏北，在泰兴深浅、夹里两乡大肆作案，三天内绑架、杀害乡村干部7人、抢枪9支。7月11日至16日，南通专署公安局破获以徐良、陈春华为首的武装匪特案，逮捕20余人。该股匪特自南通解放后，多次伪造政府印信、证件，散布反革命谣言，冒充人民解放军及工作人员，在通如运河沿线持枪抢劫10余次、杀害无辜群众14人。徐良、陈春华等5名主犯被依法判处死刑。8月11日，苏北行署公安局发出《关于执行区党委、军区〈关于加强剿匪肃特的指示〉给各级公安机关的指示》，要求各地进一步加强侦察工作，力求“未动先破”。至8月20日，苏北地区共歼匪2500余人、缴获和搜集各种枪支5862支。

在公安机关严厉打击下，部分残匪不甘心失败，采取分散隐蔽、四处流窜等新的活动方式，窃踞山区、新区、城乡接合部、湖荡区以及沿江沿海地带。针对这一情况，苏北各地加强了剿匪联防组织。随着镇压反革命运动的展开，剿匪工作成为运动的重要组成部分。各地普遍建立治安保卫委员会，形成了强大的群众性防匪肃匪声势。公安机关一方面积极配合军事、人武部门大力侦破现行匪特案件；另一方面在镇反运动统一步调下，逮捕潜藏各地的匪首、惯匪。1950年7月、8月、9月，三个月里苏北公安机关累计破获匪特案58起。在舟山群岛解放后的半月内，如东、启东等沿海地区有3股40名海匪携带机枪、步枪等29支及子弹向公安武装投诚。1951年，苏北地区共剿匪2483人，缴获长短枪233支、子弹64290发。苏北地区残余流窜惯匪已基本消灭。到1952年年底，江苏境内剿匪肃特工作基本结束。下面分述各地情形。

（一）淮阴专区

1949年至1952年，淮阴公安机关贯彻“巩固后方治安，肃清暗藏残余匪特，确立革命秩序，保证支前生产任务完成”的方针，广泛地对群众进行防特、防谣教育，对发现有国民党特务活动的交通要道和沿海沿荡地区开展侦察，在新解放地区结合清理散兵游勇和户口登记工作，清查出数百名特务分子，破获了一批潜伏的国民党特务组织。

由于军事清剿，淮阴境内的武装匪特反动气焰受到沉重打击，削弱了匪特的有生力量和社会基础，新区社会治安基本稳定，但并未彻底摧毁武装匪特的主力。1949年9月底至11月底，新区匪特活动气焰嚣张起来。10月10日夜，武装匪特剪掉大庙东约三里长铁路沿线的电话线，被路警发现，匪徒枪击路警。仅在10月，宿迁等7个县即发生抢劫案件40起。据10月底的统计，全区尚有土匪22股200余人。淮阴专署公安局为此召开侦察会议，强调剿匪肃特工作要做到军事清剿、发动群众、政治攻势、侦察破案四者的结合。1949年冬季，各县和有匪患活动的地方成立剿匪肃特指挥部，县公安局和县大队密切配合，统一领导，统一行动，并组成武工队深入有匪患的地区发动群众，采取重点侦察、捕捉匪首和有目标地进行小型清剿方式，11 月底至 12 月，新区连续破获 4 起地下军暴动案件；在动员 23 万民工开赴“导沂”工程前，又组织若干次小规模清剿，至 12 月匪势得到遏制，当月发生的抢劫案件比 11 月减少一半。

1950 年年初，由于灾情逐步发展，土匪活动猖獗，1 月，淮阴全区发生匪特武装抢劫案件 44 起，2 月，仅泗阳一县 5 天内发生命伤案件 3 起，均为武装股匪所为。为保证“导沂”工程后方的安全，全区各级公安机关加强侦察破案，清剿隐藏较深的匪特。2 月中旬，专署公安局破获泗阳等地“苏鲁皖游击支队司令部”股匪阴谋暴动案件。2 月下旬，专署公安局与萧县、徐州市公安机关配合，先后捕获匪特旅长李清以，团长刘炳中、何风徉、副支队长刘文峰等人。3 月 8 日晚，睢宁县委政治交通员陈登荣从沭阳县沭城地委返回睢宁，途经睢宁县高作镇东西大桥时被匪特杀害，抢去所带全部文件、短枪 1 支、自行车 1 辆。案发后，专署公安处组织力量侦破，奋战 14 天破获此案，捕获凶手张正良、邱一良等武装匪徒 16 人、缴枪 11 支。4 月 3 日，沭阳县公安局破获割电线案件，捕获主犯朱建山、李长庚，搜出电线 200 斤，二犯系流氓土匪，先后割电线 7 次；洪泽湖东岸三县剿匪委员会也破获土匪 14 股 77 人；泗阳县公安局破获土匪案 7 起，捕匪徒 42 名。4 月 27 日，专署公安局破获匪特“人民自救军”阴谋武装暴动案 1 起，捕获匪团长高永潮、营长樊万祥及主要分子金原俊、欧迁才、马风等。5 月，专署公安局在扬州市公安局和有关县局配合下，一举破获受国民党特务操纵的淮（阴）、淮（安）、涟（水）、扬（州）刀会阴谋暴动案，此案涉及七个县市，共捕获会首 39 人，缴获长枪 11 支、石印机 1 架、圆盘铅印机 2 部、符咒底板 1 部及暴动时使用的令旗、令箭、帅印符号和反动传单底稿等。

1950 年 7 月以后，匪特鼓吹要发动“反攻大陆”和“世界大战”，不断策划在县际接合部地带袭击区乡政府的暴动。据统计，7 月前，淮阴全区残存股匪 360 人、散匪 14 人，有步枪 260 支，7 月、8 月，新发展股匪 8 股 69 人、散匪 10 人。8 月，全区党政军密切配合，组织集中军事清剿和侦破攻势，破获股匪 8 股 165 人，破获匪特案件 10 起。至 9 月、10 月，全区尚残存股匪 8 股 60 余人、长短枪 54 支。11 月、12 月，公安机关破获“反共抗俄皖北司令部”“剿匪暗杀大队”“陆军总部第一大队”“中央人民反共救国军”等敌特案件。

1951 年 1 月到 3 月，全区党政军民结合“镇反”运动，再次发动清剿残匪，至 3 月，淮阴专区的匪特活动基本销声匿迹。

（二）泰州（扬州）专区

国民党逃离扬、泰地区后，潜伏下来的特务和帮会、惯匪纠集在一起，建立所谓的“反共救国军”。与此同时，国民党军的残兵散卒流窜一方，危害乡邻，并与地痞流氓、反动会道门相勾结，少则三五成伙，多则数十人一群，占据湖泊、沿江及偏远山区或政府工作薄弱的新区为非作恶，杀害部队军人、地方干部和进步群众，袭击基层人民政权，破坏生产和交通，抢劫财物，放火投毒，对人民财产和社会稳定构成严重威胁，高宝湖及沿江地区匪情尤为严重。

1949 年 9 月，扬、泰地区剿匪行动开始，其以军事进剿为主，同时结合政治瓦解与群众力量。扬州军分区成立了以葛东为司令的高宝湖剿匪指挥部。9 月 6 日，扬州、盐城、淮阴三地军分区在宝应县召开剿匪会议，讨论会剿高宝湖、邵伯湖、兴化水网地区以及盐

城马家荡、淮阴淮宝县境内土匪的行动方案。10 月，泰州军分区成立剿匪指挥机构，统一领导沿江及境内湖荡的剿匪斗争。根据武装土匪多为特工和惯匪、以小股流窜活动为主、有封建会道门为掩护的特点，剿匪指挥部在军事上采取以分散制分散、以游击制游击的战术，从分区特务团、县警卫大队、公安武装中调集 300 多人，专门组成精悍的武工队，以民兵为配合，多路合击，同时辅以检举密告、以匪捉匪等方法，多管齐下，清剿武装匪徒。至 1950 年年底，在部队、公安、民兵密切协同下，全区共歼灭“大陆挺进纵队”“东南反共救国军”“长江游击队”“苏北长江游击司令部”等匪徒 71 股，捕获 1633 人，缴获一批武器弹药及委任令 100 多件，其中流窜在高宝湖上 29 年的惯匪刘长发等被一网打尽，清除了境内的全部匪患。1950 年，全区破获匪特案件 50 起，捕获匪特分子 586 人，缴获长短枪 56 支，搜缴反动证件 127 件。

地委、专署和泰州军分区司令部关于严厉镇压反革命、加强剿匪肃特工作、坚决捕尽匪首、挖尽匪根的命令下达后，公安机关陆续破获影响较大的武装匪特案件及抓捕匪首的有：武装匪特组织“青年反共救国军苏北第一纵队”扬州大队长康某等 8 人，“三民主义青年抗俄救国会同盟会”主犯丁某等 11 人，“天长县反共救国会驻杨事处”武装匪特王某等 7 人，“苏北挺进军”武装匪特殷某等 3 人，“苏南挺进军”及“中国人民反共忠义救国军独立支队”武装匪特叶某等 2 人。

（三）南通专区

1950 年春，南通市公安机关根据群众揭发，破获以军统特务董鑫、钱国清为首的匪特武装组织“中央青年反共救国团苏北挺进总队第一大队”案，捕获匪特 24 名，缴获手枪 2 支、子弹数发等。4 月，南通军统特务头目钱锋授意党羽冒桂林潜回南通组织匪特成立“中央青年救国军苏北挺进总队”。冒桂林潜回南通仅两个月，即搜罗原土匪、特务等 40 多名，在一次进行恐吓、敲诈时被公安人员伏击守候抓获，冒桂林等 10 名为首匪特次年均被判处死刑。7 月 19 日夜，匪特康生、葛荣生、成子和等偷袭市区城东催诗乡政府，打死指导员王小平。公安机关连夜组织搜捕，将匪首葛荣生抓获。7 月中旬，以陈春华、徐良、徐健为首在通如公路沿线连续抢劫 11 起、杀害干部群众 14 名的武装匪特组织被公安机关侦破，12 名匪特全部落网，缴获短枪 3 支及部分弹药。8 月，公安机关破获张平等人组织的“反共救国军沿海第四纵队第四支队（亦称通海支队）案，捕获匪特 12 名、击毙 1 名，缴获枪支 57 支、子弹 3000 余发，掷弹筒、榴弹 150 多枚及电台 1 架。该伙匪特在南通沿江沿海抢劫 27 次，打死船民多人。

1949 年 4 月至 1952 年年底，南通地区共破获匪特案件 155 起，捕获匪特 990 余名，缴获电台 2 架、机枪 7 挺、其他枪支 150 余支、子弹 13000 余发，掷弹筒、榴弹 200 多枚。同时，南通专区公安机关还针对原国民党党、政、军、特残留人员中一些人心存幻想、犹豫观望甚至伺机破坏的情况，举办顽伪人员感化班。参加感训教育的 1475 人中有 286 人坦白交代了历史问题和现行罪行，46 人检举揭发问题，据此收缴长短枪 44 支及部分弹药。感训班结束后，上述人员被转入经常教育管理。

1951 年 2 月 5 日，“江苏省人民反共自卫救国军第三纵队直属支队（又称川沙支队）匪首施元狗一伙先后在崇明、启东等县的江面、海面抢劫商船 20 多只，杀人抓人无恶不作。嵊泗列岛解放后，这股匪徒分散潜回大陆活动，施元狗只身携枪潜入南通县沿江地区，被南通公安局侦悉捕获，缴获汤姆枪2支、快慢机1支、子弹200余发，其同伙也先后在崇明、启东落网。南通还先后破获了郭剑秋、徐振昌特务案和以费炳生为首的潜伏武装匪特案等一些有影响的案子。由此，南通全区境内匪患基本肃清。

（四）盐城专区

1949年9月，盐城区委和盐城军分区成立中共马家荡地区联合剿匪工作委员会和剿匪指挥所，将沿荡地区划为若干剿匪工作重点区，从公安、军队和党政部门抽调人员组成6个武装工作队，发动群众剿匪。经过三个月的努力，捕获匪首和特务分子数十名，缴获一批枪支、弹药、船只等；部分残匪逃窜至运河西洪泽湖水域地区，也被武装工作队剿灭。

盐城公安机关同时加强对土匪案件的侦破工作，破获了一批土匪抢劫、绑票、骚扰等案件。1950年，盐城公安破获土匪案件数十起，捕获了一批作恶多端的匪首和惯匪。1951年，盐城境内残存武装土匪抢劫活动仍较突出，海匪也经常登陆抢劫骚扰。公安机关全年侦破武装土匪抢劫案11起，捕获土匪110名。同时，公安机关配合边防部队与人武部门加强边防公安保卫组织建设，及时打击海匪抢劫骚扰活动。1952年秋，专署公安处破获大丰县刘庄水上土匪内讧杀死数人案件，组织力量在泰州、南通、扬州以及境内河道和港口先后追捕土匪59名，缴获匪船17只，以及一批枪支、弹药和凶器，境内漏网武装土匪只剩下30余名。1953年，公安机关通过民船民主改革运动和清除水上“镇反”死角，捕获土匪16名。同年年底，专署公安处抽调公安大队以及盐城、建湖、阜宁、大丰、射阳等县部分干警组成若干追捕小组，肃清了漏网残匪。

二、镇压反革命

苏北解放初期，人民政权刚建立，中国人民解放军在扬州、南通等5万人口以上的城市成立军管会。首先开展登记自新工作，公安机关深入进行政策宣传教育，宣布凡属应该登记的国民党、三青团及特务组织人员，如拒绝登记，或继续进行破坏活动，或藏匿与毁坏武器、电台及重要证件、文件、档案，均将受到法律制裁。这些措施使国民党党团特人员受到强烈震动，纷纷到公安机关登记自新。登记者必须根据“坦白组织，交出证件，承认错误，改过自新，填写表格，声明脱离”的要求履行手续，并找符合条件的证明人担保。公安机关对自新人员考察30天，表现好的提前撤销考察，反之则延长考察时间。由此，公安机关收集了一些材料，掌握了部分反动人员情况，陆续破获了一批反革命案件。至当年12月中旬，各地反动党、团骨干和特务人员自新登记工作基本结束，全苏北应登记者约为39000人，已登记者32079人，占总数的82%。据统计，1949年9月至1950年9月，苏北各地感训反动党团特人员1600余人，经教育感化自动交出长短枪1729支、弹药62000余发、委令条戳钤记等440余件、文件11箱，电话机、收音机17部。

1950年至1953年，苏北地区根据中央及华东局的部署，开展了轰轰烈烈的镇压反革命运动，史称第一次镇反运动。这次运动打击的重点是土匪（匪首、惯匪）、特务、恶霸、反动党团骨干、反动会道门头子。各级党委直接领导这场运动，始终贯彻“镇压与宽大相结合”的政策，即“首恶者必办、胁从者不问、立功者受奖”，对罪大恶极、怙恶不悛的反革命首要分子实行坚决镇压。第一次镇反运动采取群众路线方法，即在中国共产党领导下，实行全党动员，群众动员，公安、司法机关同广大群众相结合，并吸收民主党派和民

主人士参加，人民群众自觉起来检举和揭发反革命分子的方法。

1950 年 3 月 18 日，中共中央发出刘少奇起草的《严厉镇压反革命分子的指示》，要求对手持武器、聚众暴动、抢劫仓库的匪众及时严厉镇压。7 月 23 日，毛泽东主席批准政务院和最高人民法院公布了《关于镇压反革命活动的指示》，规定对几种类型的反革命分子分别处以死刑、长期徒刑。10 月 10 日，中共中央作出《关于纠正镇压反革命活动的右倾偏向的指示》。

1950 年 10 月 18 日至 29 日，中共苏北区党委召开第二届县以上公安、司法、检察干部会议，决定沿海、沿江、山区、湖荡是继续镇反的重点，要集中力量加强领导，汲取前期镇反中发动群众的经验，务求消灭空白点，彻底解决问题。11 月 1 日，苏北行署公安局向区党委提出《关于镇压反革命活动的工作情况与今后计划的报告》，要求各市县以上党委、政府及公安司法机关做一次关于镇压反革命工作的检查，党委加强对镇压反革命工作的组织领导，迅速建立各级保卫委员会、裁判委员会，调整干部充实公安、司法机构，建立检察机关，通过裁判委员会统一审理案件，严格请示报告制度；同时确定侦破现行案件为镇压反革命活动的重点。11 月 13 日，苏北行署公安局发出紧急通知，要求各地严格掌握两个会议制定的标准，迅速以乡为单位，划分“比较彻底，不彻底，基本未动”三种类型，抓紧做好继续镇反的准备工作。从 11 月开始，苏北各地相继建立反革命案件裁判委员会，专事案件的复核。中共苏北区委同时决定进一步展开镇压反革命的群众运动，严厉打击反革命分子。同年年底，各地组织力量普遍进行了“摸底”和重点“补课”工作。

进入 1951 年，苏北的镇压反革命运动首先在扬州、南通、淮阴、清江等城市展开。人民政府贴出布告，再次限令反动党团和特务分子自动投案登记。在短短几个月中，大批反动党、团、政、军、宪、特、警人员纷纷向政府或公安机关投案自新。期限一到，发动人民群众检举不按规定如期登记的反动分子，并由公安执法机关检查逮捕，使一批匪首、惯匪、恶霸、反动会道门的首恶分子，以及一部分反动党、团骨干分子受到严厉惩罚，对其中的罪大恶极分子判处死刑以平民愤；对其他罪犯则视其罪行轻重及悔悟程度，依据国家《惩治反革命条例》分别判处无期徒刑、有期徒刑或交地方管制。

1951 年 2 月中旬，中共苏北区党委抽调公安、法院、检察等部门的 40 多名干部，分赴南通、泰州、淮阴等地检查镇反运动开展情况，指导各地通过人民群众控告和专门机关侦察工作破获和打击各种现行的特务破坏活动，当年即破获重要案件 130 多起，逮捕现行特务分子 640 多人，缴获了各种武器和大批反动证件。1951 年 6 月开始，根据上级领导有关指示，各地集中力量进行了清理积案工作，各级人民政府均有计划地成立了审判委员会，抽调得力干部搜集罪证材料，征求群众对案犯的判刑意见，然后再集体研究、量罪科刑。到 8 月中旬，除极少数疑难案件外，各县市基本上结束了清理积案工作，并及时审理纠正了一些轻罪重判或重罪轻判的错误。此外，各地还根据惩罚管制、思想教育和强迫劳动相结合的方针，组织进行了犯人的改造工作，取得了明显的成绩。至 10 月底，各地共破获特务破坏案件 131 起，逮捕现行特务分子 639 人，缴获各种武器和大批证件。

自 1951 年 10 月至 1952 年 10 月底是镇反运动的第二阶段，苏北全区共逮捕内藏外逃的五种反革命分子 6054 人，镇反运动彻底及接近彻底的市、镇、乡由原来的 88%上升到 95%，遭到各种打击的反革命分子也由原来的 80%上升到 90%。1952 年 10 月，中央公安部召开第五次全国公安会议，要求“把镇压反革命工作中一切不彻底的地区和不彻底的方面搞彻底”“大力开展水上镇压反革命运动”“全面取缔反动会道门”。苏北行署公安局抽调 200 余人组成沿海镇反工作队，奔赴有关市县指导帮助工作。11 月 24 日至 28 日，苏北、苏南召开公安联席会议，制定出《江苏省执行第五次全国公安会议决议的工作计划（草案）》《关于开展水上镇反运动的工作计划（草案）》，确定全省“以水上镇反和取缔反动会道门为镇压反革命工作的重点，同时扫清星星点点的不彻底与不够彻底地区和方面的残余反革命骨干分子，追捕必须追捕的逃亡反革命分子”。这一行动一直持续至 1953 年。

为粉碎敌特阴谋、巩固人民政权，公安机关强化侦察队伍，先后破获了国民党情报局、特种军事情报室等特务系统派来扬州的特务案件多起。以扬州为例，1952 年，国民党内调局华南办事处派遣特务夏光耀以“就业”名义从香港潜回扬州，混入扬州工人文化宫担任管理员，多方活动搜集情报，甚至图谋炸毁刚刚落成的工人文化宫大楼。公安机关在夏光耀实施阴谋破坏活动之前将其捕获，依法镇压。公安机关还破获国民党国防部二厅 26 小组特务吉天祥抢劫案、保密局扬州潜伏台、海军第七联络组预伏案、第四师谍报队、京沪杭总司令部派苏北地区联络员等案件。

1952 年 11 月 1 日至 1953 年 8 月 31 日是镇反运动的第三阶段，苏北各地公安机关在前两个阶段工作的基础上，开展调查摸底，检查各地镇反情况，结合民船民主改革，加强对藏匿在水上及逃往外地的反革命分子的缉捕工作，对捕获的反革命分子抓紧审查处理。至此，除对少数外逃反革命分子继续进行追捕外，第一次镇反运动告一段落。

1951 年 5 月 21 日，中共中央发出《关于清理“中层”“内层”问题的指示》，次日批准第三次全国公安会议决议，后来又作出对于“中层”“内层”的反革命分子必须从现在开始有计划地加以清查的指示。据此，苏北区党委分别向各地、市、县委发出《关于清理“中层’，“内层”的大体计划》，对苏北各单位的组织清理工作进行全面部署：清理范围主要针对各级党委、政府、军队、群众团体、财经、文化机关；在时间与步骤上，根据领导力量的强弱稳步前进，首先清理首脑机关与要害部门，然后清理一般机关，最后是所有部门的干部与勤杂人员；具体安排分为动员学习、坦白检举、审查处理三个阶段。

清理工作历时半年多，至 1952 年年初基本结束。苏北各单位共查出一批反革命骨干分子和有各种政治历史问题的人，其中逮捕反革命分子 432 人。除对极少数拒不悔改的反革命分子，特别是有血债的分子、特务间谍分子和恶霸地主必须逮捕审判外，对罪恶不大、彻底坦白的人，根据情节轻重，采取集中管训、调训、调动工作和留原职继续考察等办法妥善处理。1952 年 7 月，苏北行署公安局根据区党委指示，又在工厂企业中开展了忠诚老实、自觉交代运动，进一步深挖反革命组织中的核心人物以及有血债、有民愤的恶劣分子。至同年 10 月，在 166 个工厂企业中共揭发反革命骨干成员 125 人，其中被依法处以死刑的 23 人，判处有期徒刑的 145 人，管制 57 人，清洗 33 人，调离要害部门的 17 人。

1950 年下半年开始至 1953 年年底结束的苏北全区镇压反革命运动，粉碎了国内外敌人的破坏活动和复辟阴谋，对各种旧势力给予了毁灭性打击，树立起共产党和人民政府的威信，巩固了新生人民政权，社会秩序获得了前所未有的安定，为经济和社会各项事业的恢复、发展创造了良好的环境。同时，镇反运动提高了广大人民群众的政治觉悟，密切了

党和政府同人民群众的联系，有力地支持和配合了当时的生产、救灾防汛、征粮、参军、土改等各项工作，保证了抗美援朝、土地改革和其他各项民主改革的顺利进行，对于巩固刚建立不久的人民民主政权起到了重大的作用。

（一）淮阴专区的追捕工作

经过剿匪肃特斗争，淮阴专区解放后镇压了一批土匪、特务分子，但是残余反革命势力没有彻底肃清，据1949年上半年统计，全区尚有特务、土匪、恶霸、反动党团骨干、反动会道门头子8655人，其他反革命分子10471人。这些反革命分子把矛头指向新生革命政权，策划暴动，组织武装抢劫，抢夺枪支，暗杀干部群众，仅1949年下半年至1950年年初，全区就发生武装暴动案21起，干部群众被杀害125人。

淮阴的镇反运动自1950年10月开始进行调查摸底和材料准备，12月底进入全面行动阶段。专署公安处把邻近地区的侦捕工作作为镇反首要环节，从各县抽调干警13人组成追捕小组，由公安处侦察科科长周德元带队，奔赴辽宁、江西、安徽、山东等10余个省、市和地区连续作战，1951年1月初，搜捕逃在江南的反革命分子40余人，部分是负有血债的恶霸如灌云的徐继泰、许在屏，沭阳的徐执中、涟水的张汉武等；截至4月初，在上海、南京等地捕回反革命分子1236人。4月22日，专署公安处决定仍以上海、南京为中心，以福建、杭州、苏南、皖南等地为重点，分派追捕小组前往工作。4月底前各小组完成材料准备工作，5月初集中大搜捕，一个月逮捕外逃反革命分子1500人。截至5月底，全区共捕回外逃反革命分子3153人。其中，汪伪、国民党县级以上67人、区级268人、团级以上62人，反动党团骨干40人，国民党特务、中统专员以上9人，匪首、惯匪164人，恶霸地主223人，一般反革命分子2320人。镇反第一阶段共捕反革命分子5789人，处决2267人，死缓120人，逮捕管制和未捕管制3429人，宽大释放417人。

淮阴镇反运动第二阶段自1951年11月1日至1952年10月31日，主要是巩固镇反运动的镇反成果，以水上、公路沿线和行政区域邻近地区为重点，结合抗美援朝、土地改革、反霸剿匪斗争和“三反”“五反”等运动，进一步开展镇反运动，继续深挖残余反革命分子。1951年12月12日，专署公安处再次召开南下追捕工作会议，明确追捕的行动计划与任务，成立了以公安处人事科科长刘成九为首的专门班子，抽调50余人，成立四个追捕小组，分赴杭州、上海、南京、苏州等地开展工作，在有关地区公安机关协助下，一举捕回反革命分子528人。截至1952年10月31日，全区共捕获反革命分子1299人，其中处决338人，判死缓67人，释放136人。

淮阴镇反运动第三阶段自1952年11月1日至1953年12月31日，主要是集中力量解决镇反运动不彻底的问题。为了确保斗争顺利进行，公安处成立了以蒋蓝田、王传肖等18人组成的三个工作小组，分赴淮阴、泗阳等重点县开展工作。各级公安机关集中力量，对本地区、本部门一些镇反运动不彻底的方面进行调查排队，在确定重点的基础上，组织力量进一步开展调查研究，发现线索，抓住不放。对不彻底的方面，重点抓了打击会道门和水上反革命的斗争，相继破获了一批反动会道门复辟案件，取缔会道门堂口1108处，逮捕会首422人，瓦解会众39521人；在内河点、线，主要结合水上民船民主改革开展斗争。至镇反运动第三阶段结束，全区共捕获反革命分子886人，处决197人，判处死缓18人。

镇反运动历时三年，全区共捕获反革命分子 6658 人（追捕外逃反革命分子 5700 余人），其中土匪 2047 人、反动党团骨干 746 人、会道门头子 169 人，其他各类反革命分子 3696 人。全区共依法处决罪大恶极的反革命分子 2802 人，判处死缓 199 人。

（二）南通专区的公审大会

1949 年 2 月，南通解放后，中共南通市委、市政府遵照中共中央制定的对敌斗争方针、政策，采取“镇压与宽大相结合”的方针，坚持“首恶者必办，胁从者不问，立功者受奖”的政策，除坚决镇压进行现行破坏和十恶不赦的反革命分子外，对其他反革命分子进行教育，按照不同的情况区别对待。

1950 年 10 月后，南通公安机关根据中共中央的“双十指示”和苏北行署的统一部署，迅速发动和依靠群众，大张旗鼓地开展镇压反革命运动。南通镇压反革命运动共分为三个阶段。

第一阶段自 1950 年 10 月至 1951 年 10 月，主要是放手发动广大干部群众积极投入镇反运动，检举揭发各类反革命分子的历史罪行和现行破坏活动。1951 年 2 月 4 日，南通地区七个县组织第一次搜捕行动，共捕获反革命分子 781 名。2 月 8 日，南通市组织干部、治保积极分子近 2000 人，在市区进行统一逮捕行动，共逮捕反革命分子 166 名。嗣后，县、市又先后组织两三次统一行动。截至 3 月底，全区共逮捕各类反革命分子 4260 名，其中处决 776 名。同时，南通专署公安处两次组织县、市公安局干部 70 人，赴上海、南京、杭州等市和江西、福建等省追捕外逃反革命分子。南通公安机关对逮捕的反革命分子在进行突击审理的基础上，各地分区分片召开公审会（公判会），发动群众控诉、斗争反革命分子，每次参加公判会的群众均在千人以上，多则达万人。仅据南通县统计，全县参加公判会的群众就达 60 余万人次。各地在召开的公审会上都分别惩处一批首恶分子和罪恶累累的反革命分子。3 月 18 日，南通市召开镇反运动第一次宣判大会，严惩数名罪大恶极的反革命分子；南通、海门、启东等县也先后通过公判大会镇压了张圣伯、袁英、张海清等一批罪大恶极的反革命分子。

第二阶段自 1951 年 11 月至 1952 年 11 月，主要是将第一阶段镇反运动中不彻底的沿海和沿江地区作为重点。南通专署公安处派出 16 名干部，抽调五个县 150 名干部组成工作组，会同苏北行署派出的工作组到沿海有关区乡加强镇反斗争。各县、市根据各自的情况分别确定沿江、边远接合部为镇反重点地区，深入开展镇反斗争。其间，全区共逮捕反革命分子 1331 名，其中判处死刑 273 名，召开公判大会后全部执行枪决。

第三阶段自 1952 年 12 月至 1953 年 10 月。根据第五次全国公安会议精神和第一次全省公安会议部署，南通地区把取缔反动会道门和水上镇反作为重点，以市、县为单位，重点地区和一般地区发现该捕办的有一个抓一个，其后采用边审、边查、边发动群众控诉，及时召开公审大会，发动群众面对面斗争、控诉反革命罪行等多种形式广泛进行宣传教育，挖出了一批隐藏的水上霸头和反革命分子，基本铲除了反革命破坏活动的社会基础。

（三）盐城对反革命分子的劳动改造

1950 年 11 月至 1951 年 5 月，盐城地区大张旗鼓地发动群众检举、揭发和控诉反革命分子的罪行，组织力量，深入调查研究，按照“首恶必办、胁从不问、立功受奖”“镇压

与宽大相结合”的政策，逮捕和镇压了一批特务、土匪、恶霸、反动会道门头子，反动党团骨干和其他反革命分子。

1951 年 6 月 1 日起，盐城地区公安机关贯彻全国第三次公安会议提出的“镇反运动适当收缩”的方针，全力清理积案，并组建劳改农场，各县相继组织临时劳改队，对已判处徒刑的罪犯进行劳动改造。当时被关押的大多是未决案的匪特分子、反动党团、会道门骨干，他们思想反动、不服管教，而看守干部数量又少，加上当时干部忙于清理各地积案，无暇顾及管教工作。对此，盐城公安部门对在押犯以号房为单位编组，设小组长，由小组长负责在押犯的教育，一般每周集中教育两次，教育内容有时事、思想认识、政策等。管教干部则择时集中对在押犯进行系统的法律、时事和认罪服法教育，还组织在押犯坦白罪行、检举他人、现身说法，据此获取了一批有价值的线索，破获了一批有影响的案件；管教干部偶尔组织部分犯人旁听各种斗争和宣判大会，一些地方的公安局局长、法院院长到劳改所给犯人上课，触发他们的人性，提高他们的觉悟。盐城专署公安处还组建了方强劳改农场，接收判处徒刑的反革命分子进行劳改。

盐城公安机关劳改部门在镇反运动中特别强调稳、准、狠地打击反革命分子，尤其突出一个“准”字，注意对已捕的反革命分子反复调查，弄清事实，审慎处理，精神上不虐待、人格上不歧视。一方面，公安机关保证在押人犯的基本生活供给，建立相应的防病治病、放风、洗澡以及卫生轮流值勤制度，经费实行全年人头包干的方法，所需囚粮（包括米粮、柴草、菜金）均向上级机关和有关部门具领，在押犯的粮、草供给数量与看守、管教民警相同，菜金减半。另一方面，公安机关对已结案的人犯组织生产劳动，生产项目主要为农业生产和简单手工劳动，如开垦土地、种植粮食蔬菜、编织袜子、搓麻绳，以及参加挖河、筑坝等水利工程、修建道路等，用劳动汗水洗刷过去的罪恶、适当改善生活条件，同时也能减轻当地财政负担，为社会经济作出一定的贡献。

（四）泰州的水上镇反

扬泰解放前夕，国民党不甘心失败，在溃逃前有计划地布置了一批特务隐藏潜伏。解放后，潜伏的特务组织和相关人员蠢蠢欲动，一些散兵游勇流入湖荡地区与当地恶霸勾结，利用人民政权建立之初社会秩序尚未稳定，企图建立反动组织、趁机作乱。陆上轰轰烈烈的镇反运动对水上触动不是很大，直到 1952 年 11 月，苏北、苏南联合将之作为镇反的一个方面重点“补课”，后来又进行民船民主改革，这时才清理到这帮水匪，镇压、捕判、管制了一批作恶多端的水匪，水上治安才有了明显好转。

为了彻底铲除这股反革命势力，党和政府在解放初期的剿匪肃特之后再出重拳，对特务及一切反革命残余势力给予坚决打击。水上镇反的对象是流窜于水面的惯匪恶霸及其他反革命分子。1951 年年初，泰州专区境内有 6 股土匪 52 人，在邵伯湖、高邮湖等江河湖荡流窜；一些惯匪散匪临时纠集二三百人，时常抢劫破坏，成为水上治安的一大公害；里下河地区水网如织、船只极多，其中有一种杂船，大体可分为生意船（类似城市的摊贩）、手艺船及其他糊生船，包括收旧货船、算命打卦船等，行踪不定，难以控制，船主常常窝藏罪犯、收赃销赃、聚赌宿娼，还有专门的盗匪集团“水火帮”及反动会道门“红三教”等。宝应“腊八暴动”大道首蔡德法在暴动失败后就潜藏在这种船上，在苏南水上游荡数年，直到 1953 年伏法。

1951年3月17日，泰州地委作出镇压水上反革命的决定，专署公安处召开江防及高宝湖荡地区水上治安会议，研究制订水上镇反运动的行动计划，确定了水上镇反的中心任务：配合陆上镇反，放手发动群众，惩处惯匪及其他反革命分子，摧毁反革命活动基础，进一步组织群众自卫，大力开展水上治安工作，巩固水上治安秩序。水上镇反采取登记、检举和跟踪追击、水陆联动的方法，加强水上公安机关力量，积极培养和建立水上治安保卫组织。这次水上镇反共逮捕反革命分子269人，处决13人。1952年7月20日，大丰县和兴化县交界的刘庄、白驹一带发生谋杀案件，被害一家6人（二男二女二小孩）。26日，苏北行署公安局召集盐城、泰州公安处处长和侦察干部勘查现场，研究案情，联合开展工作，终于在8月中旬抓获漏网惯匪夫妇，带破水陆抢劫、偷盗、杀人、抢枪、放火案件百余起，先后共40余人落网。

1953年，泰州全区结合船民民主改革的开展，再次进行了水上镇反，逮捕反革命分子17名，管制71名、剥夺政治权利1名，坦白认罪免予处理的589名，沉重打击了水上反革命分子与封建把头，为巩固水上治安创造了良好条件。

三、取缔会道门

会道门是中国封建社会产生的带有宗教色彩和帮会性质的秘密组织，长期为历代官府所不容。苏北解放以后，各种会道门组织虽经限制和打击，但不少头目仍然散布迷信邪说，制造政治谣言，巧立名目诈骗钱财，奸淫妇女，危害生命，甚至与匪特勾结策划暴动、骚乱，图谋推翻人民政权。

1949年11月20日，苏北人民行政公署发出公告，宣布取缔会道门。公告有五项内容。其一，所有会道门即为非法组织，应一律解散，不得再有任何活动，其首要分子应立即去当地县市政府所属公安机关进行登记，如拒不登记或继续活动者，一经查明定予惩处。其二，凡以会道门为掩护，阴谋或公然武装暴动叛乱，以及从事抢劫暗害等破坏活动者，定予严惩。其三，会道门的首要分子，凡曾与匪特勾结或有犯罪行为者，能悔过自新交出其所有文件物品及各种武器、今后决不再从事活动者，当予以宽大处理或酌情准其立功赎罪；凡未与匪特联系，亦未有犯罪行为者，只要履行登记停止活动，即予免究。其四，所有被胁迫被诱骗而参加会道门的一般会员群众，脱离组织停止活动者一律不究，其能揭发匪特奸谋及各种破坏活动者，当酌情予以奖励。其五，凡早已脱离会道门组织或早已停止活动的会首会众，一律不咎既往。

1950年8月12日，苏北公安局根据4月7日华东公安部《关于目前处理会道门问题的指示》精神，作出《关于加强贯彻与执行取缔会道门工作的方针政策的指示》。苏北地区取缔工作采取了两种方式。第一种方式，某些老区和基础较好的恢复区在布告宣布取缔反动会道门后，结合中心任务进行重点取缔。一般的方法是先收集有关材料，进行思想组织准备，再逮捕罪恶严重的道首，勒令一般道首登记，宣布脱离组织的道众会众不加深究。有的地区举办收集缴获的证件、凶器的展览，利用会首“现身说法”，揭露会道门的欺骗性；有的地区积极开展群众性的退道运动。第二种方式，通过镇压暴动骚乱和破获阴谋案件，开展局部取缔，严惩首恶分子，瓦解其组织。据统计，1949年11月至1950年11月，全区共破获会道门阴谋暴动案件9起，平息骚乱事件47起，逮捕反动会首65人，

镇压阴谋暴动的罪恶重大分子 8 人。一年内运用上述两种方式，共取缔会道门坛堂 734 处，登记处理会首 1189 人，瓦解会众 28368 人。

镇压反革命运动开始后，反动会道门被列为五方面重点打击的对象之一。1951 年 2 月，苏北行署发出彻底取缔反动会道门的布告，要求各地公安机关除重点逮捕法办一批罪恶严重的道首、会首外，对一般道首、会首应责令其登记，交出证件，停止活动，对广大道徒、会众，在其退道、退会后一律不予追究。苏北各地密切结合土地改革，运用戏剧、展览、现身说法、诉苦控诉等形式开展全面的宣传。淮阴、扬州、盐城的部分乡举办了缴获的道具、仙丹、经本、道袍、会证等罪证展览；盐城阜宁五个区近 600 名干部和群众积极分子组成 55 个宣传小组，受教育群众达 2 万余人；有的地区采取在县区设立登记处或集训的方法，办理一般道首的登记与审处；各地还发动道徒会众退道退会，并开展群众性的反道运动。高邮川青、广福乡发动道徒对道首展开面对面的斗争，当场揭露其罪恶，广福乡各村一天时间内即有 90%道徒退道。

经过取缔打击后的反动会道门残存道首一度蛰伏不动，由于有些地方取缔工作不深不透，发动群众不够，反动会道门骨干散而复聚、蠢蠢欲动。1953 年 1 月至 1953 年 11 月，江苏省统一进行了重点区的“补课”，情况如下。

（一）淮阴专区

1950 年 3 月 12 日，中共淮阴地委社会部、公安局指示各地开展进一步瓦解封建会道门的工作。5 月 3 日，淮阴区公安局召开淮阴、涟水、泗阳三县临时会议，确定从 5 月起，对会道门为首分子限期登记，对一般道众动员退道、交出证件，对会道门堂口限期关闭，上缴符咒、经书、刀枪、扶乩等。5 月 18 日，淮阴区公安局编印了《取缔反动会道门宣传提纲》。19 日，淮阴专署发出《关于瓦解会门团体，巩固后方治安工作》的指示。6 月 22 日，淮阴区公安局召开各县公安局局长会议，确定以淮阴、泗阳、宿迁、沭阳等县为重点，开展取缔工作，仅两个多月时间，瓦解道徒 2528 人，破获会道门阴谋暴动案 6 起。宿迁县古城区刀会会首刘奎中伙同刘茂云等人预谋暴动、抢银行、杀干部，被我侦破部门抓获。8 月 25 日、29 日，淮阴区分别在涟水五港、淮阴城南两地召开万人公判大会，依法枪决暴动道首郭敦孝、胡炳国、马奎、刘步之四犯。公判大会上，散发 8000 余份揭露会道门罪行的宣传材料，还将他们暴动时用的大刀、枪支、长矛、证件等在会场展览。

1950 年 11 月，镇压反革命运动开始后，淮阴区公安处把会道门复辟活动作为镇反运动打击对象之一，通过对会道门活动情况开展调查，确定以宿迁、泗阳、涟水等县为重点，各县相继成立了取缔会门筹委会，以公安局局长、县委宣传部副部长为正、副主任，抽调专门力量开展工作。1952 年 6 月初，清江市动员群众揭发会门头子的罪行，不到 10 天就收到检举材料 503 份。全区对退道人员进行登记，共登记道首 462 名、道众 10271 人。清江、宿迁等地还举办退道人员感训班。截至 1953 年年底，全区共取缔反动会道门堂口 1108 个、会首 1713 人，瓦解会众 39521 人，逮捕会首 422 人，并镇压一批罪大恶极的会门头子，仅镇反运动第一、第二阶段就处死数十人。

（二）泰州专区

1951 年 1 月 8 日，泰州专署指示各地冬春在老区及老恢复区开展取缔封建会门的全面行动，先后发出《为执行苏北公安局春节前取缔封建会门全面行动决议的紧要指示》《春节前后取缔会道门工作的决定》。2月3日，地委、专署发出《关于取缔反动会道门的指示》，其后，全区城乡召开各种群众会议，贯彻地委指示精神，通过张贴布告、黑板报、广播、展览、放映电影等形式，将会道门的反动性、欺骗性、危害性公布于众；在发动群众的基础上，动员广大道徒登记退道，摆脱受害的精神枷锁。截至1951年年底，全区12个县、市摧毁坛堂1171处，查封和没收了道产、道具，逮捕了一批首恶分子，有3686名道徒声明退道。

1953年2月至5月，结合党委中心工作，泰州全区再次开展取缔会道门运动，有84个区的325个乡开展宣传教育，揭露会道门罪行，取缔了“一贯道”、先天道、龙华道、同善社等24种反动会道门组织，发动小道首、道徒登记退道，据统计，登记悔过的道首652人，退道道徒13000多人，逮捕了有罪恶、有民愤的反动道首141名，其中执行死刑16人、管制112名，彻底摧毁反动会道门组织。

（三）盐城专区

1950年年初，涟东、淮安公安机关破获了以道首郭敦孝为首的西乾道阴谋组织暴动案。他们拥立“玉皇大帝”和“皇帝”，自封“军师”“元帅”，委派将领，拟定《告民众书》，国号为“天真”，企图在农历四月举行以淮安为重点，以运河沿线的淮阴、扬州和盐城、东台、阜宁、射阳、涟水等地为策应的大规模武装暴动。公安机关及时侦破此案，捕获反动道首27人，缴获步枪8支，手枪1支，刀、矛等武器若干，以及一批反动委任令等文件证书。此案破获后，公安机关根据苏北区党委和苏北行署的统一部署，大张旗鼓地开展取缔反动会道门组织的群众运动，截至1951年2月，先后取缔33个反动会道门组织及其坛（堂）口275个，登记会道首227人，缴获各种会道证件1793件，对极少数反动会道首依法逮捕，对一般徒众进行了教育。1952年，尚未被取缔的或已被取缔的少数会道门组织又有复辟活动。淮安县河下、板闸地区的“一贯道”公开集会，辱骂人民政府和共产党，东台县城区的慈善坛秘密串联集合，扶乩开沙。公安机关及时调查，予以打击。

（四）南通专区

南通地区反动会道门主要有“一贯道”“先天道”“一心天道”“龙华圣教会”“同善社”“中教道义会”等40多个道种，入道、入会人数达4900多人，其中最大的是“一贯道”，入道人数达3500多人。在“镇反”运动中，各地对“一贯道”道首和有现行破坏活动的其他反动会道门组织进行打击处理，捕办道首、骨干30名。此后，反动会道门认为风头已过，散而复聚，活动也更加隐蔽。

1952年年底，南通公安机关针对辖区反动会道门组织活动情况及特点，全面部署开展取缔反动会道门组织工作。11月5日，南通地委社会部、专署公安局发出《关于取缔反动封建社团“一贯道”的指示》，市人民政府成立取缔反动会道门指挥部，各区设分指挥部，宣传取缔反动会道门具体政策，揭露反动会道门罪行，受教育群众占南通市总人口的80%左右。

1953年2月28日，南通市政府发布取缔“一贯道”“先天道”“一心天道”“龙华圣

教会”“同善社”“中教道义会”等反动会道门的决定。运动中，实行团结教育道徒群众，争取改造办道人员，惩办罪大恶极反动道首的政策。至4月中旬，南通市先后有4440名道徒声明或登记退道（占道徒总数的95%左右），逮捕道首骨干64名，缴获道产银元4070枚、黄金5两6钱、银饰94两2钱、铜板40公斤、道衣11件、佛像170个、道具108件、供具547件、经书1100本。4月底，南通专区取缔反动会道门斗争结束，全区共取缔“一贯道”“先天道”“同善社”“道德学社”“中教道义会”“一心天道”“龙华圣教会”“大刀会”“皇极道”“后天道”等反动会道门组织，查明坛主以上道首1821名，逮捕165名，登记自新的1600多名，道徒3万余名全部退道。

第三节　整顿户口管理与稳定社会治安

新生人民政权面临的首要任务是巩固政权、稳定社会秩序。建立户口制度、掌握人口情况不仅极为重要，而且是开展社会治理各方面工作的基础。

1948年，滨海县等一些老解放区已经尝试建立户口管理制度。

1949年年初，华中行政办事处曾颁发《户口管理暂行办法草案》。解放后百废待兴，实行户口管理的需要更加迫切，作用也日益明显。苏北行署成立后立即出台户口管理标准，其中规定：较大的南通、扬州、泰州城市，一个户籍警管辖250户到300户，其他城镇以一个户籍警管辖不超过350户为标准。解放初期，由于情况不明、业务生疏，苏北地区根据中央指示暂时保留了保甲制度，对原任保长、甲长进行政策形势教育后，原职留用。11月，华东公安部印发《华东城镇户口管理内务通则》及《内务细则》，为开展城镇户口管理提供了依据。各地公安机关通过户口改革和新的户口登记制度的建立，查获了一批反革命分子和刑事犯罪分子。

1950年7月6日至8月12日，公安部召开第一次全国治安行政会议，指出户口工作是国家管理城市不可缺少的一环，是治安工作的基础，在人民的国家机器中起着重要的作用；国家户政建设步骤是先城市、后乡村；具体内容是对重点人口的管理，再到一般户口管理，确定以十年时间完成全国户口登记制度；明确派出所责任是执行治安法令、管理户口、防特、防盗、防火，其中心是要搞好户籍工作，要求户口工作“成为公安保卫工作中有力武器之一”，重申户口工作的基本原则是“发现、控制反动分子”，以巩固人民政权和稳定社会秩序。

一、建立新型户口管理制度

建立户口管理制度是苏北各地采取的重建社会秩序的一项基础措施和重要手段。特别是随着苏北各地政治形势的逐步稳定，国民党一般军政人员和逃亡的地主富农分子及被国民党反动派欺骗、胁迫逃走的群众陆续返回家乡，鱼龙混杂的大批人员回归原社会后，各级公安机关需要对每一住户、每一人员的出身、政治面貌、逃亡原因、历史情况、现实表现等方面进行全面调查、分类掌握，然后按照回归人员的实际情况，协助政府有关部门妥善解决其生活、生产困难，教育他们服从法令、努力生产，按照政策区别对待，并由此普遍建立各类人员登记反省、立功赎罪、劳动改造制度和群众监督制度，限制和降低了他们起反作用的可能性，从而稳定治安、发展社会。

各城市先进行户口管理工作试点，建立户口登记编查委员会具体负责户口登记工作，对常住户和暂住户进行分类统计，落实复查户口管理制度，建立治安小组，开展管理工作。在此基础上，各地初步建立户籍统计档案和基层民主组织。1949 年 9 月至 1950 年 9 月，苏北 19 个城市 104 个镇完成了户口登记。

1950 年 12 月 1 日，苏北公安局规定，南通、扬州、泰州等市以 1500~2000 户（5000~10000 人）为标准设置派出所，明确正副所长、3 名内勤职责，规定各种制度。7 日，苏北公安局决定改户口登记表为户口簿，改户管实任制为分担制（撤销户政代表，每个户籍警管 250~300 户），户籍勤务包括值勤、巡逻、户管三种，每日户查至少 4 小时；2~3 个分担区建立互助组，每月查对户口一次。从 1951 年起，苏北各地开始对暂（寄）住人口开展登记管理，各农村派出所也参照《华东城市户口管理暂行实施细则》有关规定开展户口管理工作。1951 年 11 月 15 日，苏北区专门召开户政工作会议，研究户口簿及各种表格统一使用问题。1952 年 8 月 15 日，苏北公安局第三处下达《对 1952 年下半年户政工作的意见》，要求各地大力开展户口查对、换发户口簿，坚决做到户口申报一级制，预定明春试点推广农村户口登记工作。

关于水上户口，1949 年，苏北行署公安局即部署登记管理工作，各地在湖荡、沿江港口设立若干检查站和水上派出所，将船舶编成小组，发给户口簿及航线册，建立增减人数登记制度。1950 年，境内长江、黄浦江、太湖、洪泽湖、高宝湖等地逐步建立了船舶户口登记制度。1951 年，苏北行署制定了《船舶户口管理实施细则》和《苏北区船舶户口管理暂行办法》。1951 年 12 月，华东公安部在南京召开水上户政会议，规定凡是由各水上派出所登记的船舶户，以船主或主要负责人为户主，按户发给户口簿，凡在陆上有户口的船民不登记船舶户口，只登记船舶，发给船民证。1953 年后，随着民主改革运动的开展，全省较大的港口、湖泊地区均逐步统一了船舶户口管理。

新型户口管理制度的建立过程具体到各专区和县市，一般都是采取了“试点—总结—扩大—总结—全面推行—总结—改进和提高”的做法，谨慎、稳重而坚定地推进。以下举例说明各地工作过程。

（一）扬州

1949 年 4 月，扬州市公安局首先组织力量对先期收集的保甲户口簿册进行逐街、逐巷、逐户、逐人的检查对正，并订立出生、死亡、迁入、迁出等户口异动呈报制度，建立以反动党团人员及公共场所为主的特种户口管理制度。

1949 年 8 月至 9 月，由扬州市警务学校 20 余名毕业学员组成的扬州市公安局警务工作队，在城内南河下一条街进行废除保甲、民主反霸、登记户口的小型试验（口头自报为主、证件及互报为辅），为全面开展户口工作摸索经验，首建南河下治安区（后来的户口段，时以户平均 5.33 人的 300~400 户为一治安区，配户籍警一人管理相关事务），选举居民孙广才为治安主任，民警王金官为副主任。

1949 年 11 月，扬州市在评析总结小型试验得失之后，组织以行政区警校实习学员和市公安局警察为主的 350 余人户政工作队，在市区第一公安分局范围内进行民主建政、反霸斗争、摧毁保甲的扩大户口实验。户政工作队对全体队员进行短期集中培训，历时十天

宣传发动群众，从 11 月 24 日至 12 月 4 日，户政队员由愿意改过自新的保甲长及原户政人员带领，逐街、逐巷整顿门牌，逐户、逐人登记户口。登记户口时，按照同居食宿、共同生活的家庭立为一户，由同居亲属尊长者为户主，谓之居民户，又称普通户；机关、学校、团体企事业凡集体居住者建立集体户，由单位负责人或主管人为户主；对暂住一天以上三个月以内的外地人，规定由户主向派出所申报登记，离开时报告注销，需要延长的，需呈报理由并经审批。登记立户以后，从 12 月 19 日起，在试点地区发户籍证，每户一张，贴在墙上，以备核查；集体户则发给户籍证一本。

1950 年 1 月下旬至 4 月中旬，扬州市成立户政工作委员会，中共扬州市委书记杨德和为主任，下设总指挥部，不定时编印《户政快报》指导和反映工作。在苏北行署和军分区协助下，户政工作委员会抽调苏北警干学校学警、军区保训班、泰州专区警校学员和市公安局干警及其他干部群众共 1400 余人，再次成立户政工作队，下设四个分队共七个工作组再次开展户口登记、核对，推行新户口制度，简化户口呈报手续。这次推行新户口制度分三个阶段开展。第一阶段以生产救灾为主，第二阶段组织积极分子及贫苦知识青年 1200 余人分 184 个小组挨户上门登记户口，第三阶段召开受害群众控诉大会审处匪党特分子、评发户籍证、推选治安员及治安组长、编制门牌路标。这次户口登记共登记 22812 户、91103 人（其中国民党党军政特 1789 人，从事不正当职业及游民、小偷 862 人），制发街牌 68 块、巷牌 401 块、门牌 16088 块，同时划分治安区，分属各派出所领导。1950 年 9 月 5 日，扬州市人民政府正式宣布废除反动保甲制度，全市共建立治保会 60 个、治保小组 323 个，选出治安干部 1028 人，为正常开展治安保卫工作打下了组织基础。此后，扬州市又以本身力量两次组织工作队，5 月、7 月间对外围的便益门、福运门派出所辖境内登记户口，8 月在全市查对，当年沿江船舶登记 1517 户，运河船舶登记 956 户。扬州在此基础上逐渐变治安委员会为户政代表制，户口呈报手续的三级制改进为两级制。

1950 年 9 月起，苏北行署公安局调集各分区在职干警为主的 46 名干部及知识青年组成卡片工作队，以扬州市为典型实验，突击三个月，对 14 岁以上（后改为 16 岁）的男女有用名者建立人口卡 6 万多张、户卡 3 万多张，以四角号码编序实现快速检索，建立了“口卡”及“特口卡”（后来所说的重点人口，指有违法犯罪行为或有危害社会治安可能的人）制度，大大方便了对敌斗争和社会管理的需要，同时为南通、泰州、淮阴、东台公安机关训练培养了一批户籍管理干部。扬州户口管理此后转入正常管理，建立了注销、更正、户口变动制度，按期过录，称为“活改法”，并逐步对各有关部门开放，为群众寻亲及形成社会基础资料等提供了极大的便利，受到各界普遍赞誉。

1951 年，苏北行署公安局在部署各地围绕镇压反革命运动进行全面的户籍查对工作时，要求开展卡片管理体系建设，在配合对敌斗争和为民服务方面发挥了作用。

（二）淮阴

1950 年，淮阴城镇户口开始正常管理。各派出所（分局）将辖区划成若干治安区，每个治安区有 5~7 人组成治安委员会，主任由干部担任，副主任为户籍警，共同负责处理户口管理中的问题。淮阴建立了 4 项变动和外出报告制度，户口变动除生死外，一律先经派出所（分局）负责人批准，再办理有关手续；居民临时外出，需经治安组长审查准许，由镇公所发路条或证明书，期满回来缴销；对常住人口、流动人口实行分类管理，严格执行户口报告制度，流动人口需持区政府介绍信说明来因，由户籍警发给临时户籍证方能居住。淮阴对暂住人口管理比较严格，变动较频繁。1951 年上半年，规定暂住人口到达暂住地当日，由暂住地户主持户口簿到派出所申请暂住户口；7 月，改为到暂住地 3 日以上、3 个月以内者需申报暂住户口，并实行离时注销制度，暂住旅店者由旅店设置旅客登记簿，随时登记。

1951 年下半年，淮阴全区城镇户口换发户口簿。专署公安局抽调清江市王营派出所、长东派出所、沭阳沭城分局等计 17 人，在清江市新义镇进行试点，结束后在清江、宿迁、沭阳等地相继推行。各地首先按新户口簿项目逐项查对，然后召开基层干部、积极分子会议，经再次核实无误后填写户口表和换发户口簿，到 1952 年 3 月初整个换发工作结束。

1952 年，派出所内外勤有了明确分工，内勤受理群众申报户口，外勤负责户口段工作、教育居民执行户口制度、调查掌握户口情况，同时领导治保会及治安小组工作。5 月，根据华东公安部颁发的《华东城市户口管理暂行实施细则》和《华东城市户口管理暂行内务通则》，户口变动登记由原来的迁出、迁入、出生、死亡、他住、寄居 6 项，扩大为迁出、迁入、出生、死亡、寄居、他住、结婚、分居并居、失踪寻回、收养认领、雇工解雇、开张歇业、变更更正 13 项，并实行户口变动口头申报制度。

解放初，淮阴境内水上反革命分子、帮派分子、流氓分子多，船民成分复杂。1950 年，淮阴通过镇反运动，在水上逮捕了一批反革命分子，取缔了船行，改换了旧的同业工会，建立了水上公安机构（清江市设水上派出所，洪泽湖管理区成立水上分局）。1951 年 3 月，淮阴专署抽调专署公安局、航务办事处、船民工会工作人员和部分县水上检查站民警 16 人分别与清江市局 8 人、洪泽湖分局 12 人组成两个户口登记工作委员会，在清江检查站和洪泽湖管理区进行登记试点。到 6 月底，清江市完成 759 条船的登记工作，收集材料 150 件，培养积极分子 33 名；洪泽湖登记船户 463 户，总人数 2743 人，查清顽伪人员 46 名。试点工作完成后，随即在九县一市全面展开，边登记，边复查，登记结束后颁发了户口簿。1953 年，淮阴结合民船民主改革，在船上开展调查摸底工作，结束后，根据《江苏省颁发船舶户牌暂行办法》给各船户发牌照、固定船籍。

解放初期，重点人口称“特种户口”，主要有反动党、团、特分子，逃亡地主、还乡团、敌伪军政在乡人员，在妓院、旅社、戏院、饭店以及一些上层机构中的流氓分子，社团、外侨中形迹可疑者等。1949 年上半年，清江市公安局在对市区进行户口登记的同时，采取问答、自报公议、个别调查、检查检举等形式对特种户口进行了登记。1950 年，清江公安分局对特种户口实行分类管理：对已暴露的一般反革命分子实行管制，通过召开群众大会，让被管制分子在群众面前保证今后绝无一切反革命活动和不法行动，积极检举揭发他人，遵守劳动改造纪律和外出、迁移、留客报告制度。清江公安分局在管理上做到“两个结合”，即以劳动改造与思想教育相结合、公开管制与秘密调查相结合的方式进行管理。布置治安积极分子对重点嫌疑人进行监视，命令重点嫌疑人遵守劳动改造纪律和外出、迁移、留客报告制度；户籍警逐日将重点嫌疑人的言语、行动及交往情况记载下来；限制罪行较重的恶霸、顽伪分子的行动。1951 年，根据公安部《特种人口管理暂行办法（草案）》、华东公安部《特种人口管理暂行办法施行细则（草案）》，专署公安局调配干部，对特种人口重新进行调查，结合剿匪、肃特、取缔会道门及反动党团特登记，结合群众控

诉、基层治安组织情况报告，经过研究和审查，重新确定了一批特种人口。特种人口迁移，要经派出所审查上报市局批准后方予迁移；迁移时，特种人口的材料函要及时转交迁移地公安机关。1952年，淮阴公安机关通过清理档案、审查选民资格，进一步摸清残余漏网的反革命分子和社会流氓、游离分子的历史情况和现实表现，经审核，确定特种人口分类和管理方法。

（三）南通

1949年10月，为全面掌握全市人口情况，打击潜伏的土匪、特务分子，根据苏北行署《关于各主要城镇完成户口登记决定》和《苏北区户口管理暂行办法》，南通行政区专署公安局和南通市公安局组织140多名干警组成工作组，在城区中心、统治镇全面进行户口编查登记工作。1950年年初，户口编查登记工作在全市全面推开，历经三个月完成试点工作，共编查登记工商户4521户、公寓户79户、船舶户408户、寺庙户67户，登记反动党团员1307名、中统军统人员98名。

1951年，公安部颁布《城市户口管理条例》。6月，南通市公安局召开户口管理工作会议，总结中华人民共和国成立以来户口管理工作的经验及存在问题，明确户口管理制度、工作内容、工作时间、职权范围，要求填报户口移动表、回归人员表、特殊户口变动表、户口查对发现问题月终报告表、流动户口每日统计表、市内户口移动表等一系列户口报表，并规定每日晚办理流动人口的申报、注销。1952年，南通市公安局根据华东公安部《华东城市户口管理暂行实施细则》，对暂住、寄居人口实行登记管理。

1952年7月，华东军政委员会颁布《关于10万人口以上的城市建立居委会的试行方案》。10月，南通市在城中区中心镇壕阳路进行试点，建立市区第一个居委会，并开展户口编查登记工作。在户口编查登记中，废除保甲制度和旧的户籍册，全市共建立34个居民委员会，启用新的户口簿册，制定出生、死亡、迁入、迁出四项变动和临时户口申报等户政管理制度，纠正民国时期遗留下来的重、漏、错等户口管理混乱现象，摸清了全市户口的基本情况。

二、禁绝毒品工作

解放初期，吸毒贩毒烟民遍及苏北各地，其中扬州、南通等城镇最为严重。新生人民政权稳固之后，苏北各地开始清除社会丑恶现象，整顿社会秩序，首先从人民群众深恶痛绝的烟毒下手。

1950年2月24日，中央人民政府政务院颁布《严禁鸦片烟毒通令》，苏北公安机关在党委、政府领导下，积极会同民政、卫生等部门，在加强调查研究和侦破重点制贩毒品案件的同时，进行广泛的宣传教育，在群众大会上将破获与没收的毒品当场悉数焚毁，以示政府的禁毒决心。大部分地方结合民主建政工作，对一般烟民进行登记，发动群众设立戒烟所集中集训、施戒。泰州办的戒烟所前后九批集中施戒1007名吸毒人员。

1952年，根据中共中央、华东局《关于在“三反”“五反”胜利的基础上，再开展一次禁毒运动的指示》，苏北、苏南两个行署公安局和南京市公安局在区、市党委、政府的统一领导下，同时开展了大规模的禁毒运动。6月上旬，禁毒运动开始准备工作，各地公安机关通过整理原有材料和审讯在押毒犯，初步查明当地毒品流行情况，并对历史和现行的吸毒及制贩毒品的人进行排查摸底，为下一步行动做好充分准备。8 月 13 日，按照华东公安部的统一部署，苏北、苏南两地区和南京市统一行动，各地“武装请客”即强制毒犯集训，对已捕和集训的毒犯抓紧进行审讯，追查线索，追缴毒品。8 月 26 日，各地全面展开了集训毒犯工作，并继续追捕毒犯，预捕毒犯无一漏网；接着相继召开报告员、宣传员及各级各界代表扩大联席会议，展开了全面宣传攻势，宣传禁毒意义和政府的禁毒决心，打破了毒犯的顽抗态度和侥幸心理，毒贩纷纷开始坦白交代贩毒的现行活动和毒品的来龙去脉。9 月，各地先后召开公判大会，公开镇压了一批罪大恶极的大毒犯，并根据性质、情节及坦白程度分别处理了一批中、小毒犯，至 11 月底，苏北毒害基本禁绝。各地工作过程如下。

（一）淮阴

1950 年春，清江市区结合游民改造，对 36 名吸毒、贩毒人员进行改造，打击处理屡教不改的首恶毒犯。对一般吸毒、贩毒人员的改造工作采取上河工、修马路等方式，强制其劳动生产。淮阴还在水上、陆上设置检查站实行控制、断绝烟毒流通渠道。仅 1950 年上半年，淮阴水陆检查站就查获毒品 2700 克，宿迁水面检查站查获毒品 800 克。各县建立戒烟所，设所长 1 人、戒烟员 3 人。为保障戒毒者的生活，淮阴专署从外地调拨 10 万斤大米，分配给各县作为戒毒补助。1950 年 9 月 15 日，淮阴专署发出《禁种罂粟的通知》，要求各地区在秋收秋种时大力开展禁种毒品的宣传教育，各级干部以身作则带头将私存的烟土、烟种全部交出；及时召集群众开会，当众烧毁收缴的烟种，以示不种罂粟的决心。1950 年，淮阴在查对户口中发现贩吸毒品 349 起计 476 人，共处理 42 人。

1951 年 7 月，淮阴专署根据毒品在淮阴地区流行情况，制定《禁绝烟毒工作计划》。到了年底，虽经政府和公安部门多次禁绝查收，清江市区毒情较解放前有所减轻，但由于烟毒在当地流行较久，仍有约 75 万克的毒品在暗地流行，还有不少数量的种毒户继续种毒。据公安处不完全统计，至 1952 年 5 月，全区尚有制毒者 50 人，以烟馆为业者 30 人，贩毒者 1499 人，运毒 58 人，种毒 910 户；另在“三反”“五反”运动中还发现贩毒、贪污毒品、吸毒、包庇毒犯等违法案件 10 余件。

1952 年 5 月 29 日，中共淮阴地委、专署根据中央指示发出《关于查禁烟毒问题的通知》和《关于肃清毒品工作意见》，要求各地务必于夏收期间，结合查禁烟毒，突击检查和铲除烟苗，彻底收缴烟土、烟种。6 月 15 日，地区公安处组织三个工作队，到各县督促检查。7 月 23 日，专署又召开各县、市肃毒办公室主任会议，研究布置进一步搞好毒性调查工作的措施，并从各地抽调 260 名干部投入调查摸底工作。为了统一领导禁烟肃毒工作，专署和各县均成立了肃毒指挥部和办公室，并抽调力量组成四个专案小组，开展专案侦察。8 月 15 日，淮阴各级公安机关在党委、政府直接指挥下，对 863 名现行毒犯中的 141 名首恶分子集中进行搜捕，市区 21 名毒犯也被全部抓获，同时缴获烟土 405 克、烟条 44 支、海洛因 1 包、烟料 7 斤、烟具 38 件；9 月 5 日又抓捕毒犯 92 名。大举破案后，各地迅速投入第二战役，发动群众控诉，揭发毒犯的犯罪事实，先后召开了区、乡、村干部会、小学教师会、人民代表大会、毒犯家属会以及各种形式的群众会、座谈会，出现了很多父子、夫妻互劝、互诉的情形。9 月 16 日，清江市召开万人公审大会，判处大毒犯徐文伯死刑、桑步云八年徒刑。各县相继召开公审大会，处理毒犯。一些在押毒犯在关押地听

到大会实况转播后，纷纷坦白交代，请求政府宽大处理，社会上的一些毒犯也到公安机关投案自首，揭发检举他人。截至10月30日，淮阴地区禁烟肃毒工作胜利结束，全区共查获毒犯1570人，其中逮捕371人，内有贩毒者331人、制毒者8人、运毒者7人、烟馆业主25人。

（二）南通

1949年9月16日，南通专区公安扩大会议后，各级公安机关把侦破烟毒案件作为一项重要任务，积极组织力量，先后侦破一大批贩毒案件。“广东帮”毒犯许木桂是当时南通最大的贩毒集团头目，从清末（1911年）起便开始其贩毒生涯，先后勾结日、伪、蒋等反动势力大肆贩卖鸦片、吗啡等毒品。解放后，其子许崇达勾结上海大制毒犯许日恒，在上海设立贩毒联络购运机构，行贿腐蚀公安人员，继续贩卖鸦片、白粉等毒品。兵痞出身的“徽帮”大毒贩季明友1919年便开始贩毒，解放初曾因两次贩毒被公安机关查处，释放后仍不思悔改，继续以摆香烟摊为掩护贩卖毒品。1950年，南通市人民政府根据中央人民政府政务院禁毒通令，多次组织专门力量，宣传发动群众，开展禁毒工作。据统计，1949年3月至1952年3月，南通市公安局共侦破吸贩毒案件384起，查获毒贩781名，缴获鸦片13417克、吗啡5462.5克。

1952年8月，南通专署、市政府遵照中央、华东局和苏北区党委的统一部署，成立肃毒指挥部，党政主要领导人和公安局局长担任正副指挥，并在公安局设立肃毒办公室，抽调干部、公安干警组成材料、宣传、侦察、搜捕、管训等专门工作班子，开展轰轰烈烈的群众性肃毒运动。8月13日至8月底，专署、市公安机关组织集中搜捕毒犯行动，共捕获毒犯234名，并通过审讯毒犯新发现一批毒犯线索。9月1日至10月上旬，专署、市公安机关再次组织集中搜捕毒犯行动，其中南通市捕获毒犯53名，集训毒犯122名，传讯登记毒犯351名。9月28日，南通召开公审大会，公开处理16名毒犯。同时，公安机关对在押毒犯开展政策攻势，进一步扩展线索，深挖出一批毒犯，追缴到一批毒品。截至年底，专署、市政府在肃毒运动中共捕获毒犯1853名，逮捕484名，收缴毒品白面5878.6克、面料5485.9克、鸦片16618.25克、生土5291克、吗啡针276支、吗啡水500毫升、吗啡片200片、红丸144粒、鸦片种26.32斤、烟丸1565克、毒具332件，还有枪支2支、子弹44发、黄金8550克等。其中，南通市查获毒犯817名，收缴毒品白面2317.65克，面料748.9克，生土4545.8克，红丸44粒。至此，南通吸、贩毒基本禁绝。

（三）扬州

1949年9月至11月，苏北人民行政公署、扬州市人民政府颁布禁烟肃毒通告；1951年成立肃毒指挥部，设办公室于市公安局内，广泛发动群众，结合清查户口，取缔了所有烟馆，并命令凡制造、贩运销售毒品的人到公安机关登记，交出毒品、烟具，具结悔过可以从宽处理。肃毒运动的重点是打击制毒、贩毒活动，扬州首次查封贩毒153户，搜捕大小烟毒犯680人，缴获大烟土20750克、白粉4850克。家住扬州德胜桥2号的刘少祥从1920年起开始贩毒，开设宏济堂土膏店，与国民党警察、特务勾结贩毒数十年，前后共贩毒两万余两（旧制），在其住处设秘密藏毒机关6处，肃毒运动中其父子均被捕入狱，刘犯罪大恶极被判死刑。对众多烟民，政府和公安机关主要采取教育、动员其自觉戒毒方式。扬州市成立戒烟所，除对545名吸毒者勒戒外，其余烟民都为自动戒除。

1951年年初，高邮县调查登记贩毒户157户、吸毒503人。县政府除对贩卖的烟品一律没收外，1月建立了游民习艺所，先后收容烟民214人，通过集体上课、个别教育、定时做操，并结合生产劳动，劝导或勒令戒绝，以克服其旧习气，然后保释回家。1951年8月12日，高邮逮捕大毒犯8人、中小毒犯56人、严重吸毒者44人。经过镇反运动、“三反”“五反”运动，到1952年肃毒运动开始时，高邮贩毒户、吸毒者分别比解放初期减少51%和65.8%，尚有贩毒户127户、吸毒者503人。

根据中央、华东局及苏北行署的指示，1952年6月初，扬州市成立了以中共扬州市委书记挂帅的禁毒指挥部，各区成立禁毒领导小组，组织了3000人的报告团，深入居委会，召开群众会，并利用广播、黑板报、流动宣传车等多种形式，宣传禁毒的意义和政策，表明政府禁毒的决心；在广泛调查的基础上集中搜捕毒犯，并进行突审，根据犯罪事实轻重判处刑罚，其中判处死刑4人、死缓1人、10年以上徒刑11人、5年以上徒刑8人、3年以上徒刑15人、3年以下徒刑8人、管制97人，此外犯罪事实较轻、经教育后释放的有170人。7月，市肃毒指挥部专案小组查获皖北公寓、华联公司大英、仁和药房、徐东车行、汽车公司、脚踏车公司等10个制运、贩毒机构，牵涉上海、镇江、香港、泰州等地，捕获毒犯31人，缴获毒品15000余克，战果辉煌，对扬州市禁绝烟毒起到了决定性作用。1952年年底，禁毒运动将在扬州延续了数百年的种毒、制毒、贩毒、吸毒现象彻底结束，人民政府的威信获得空前提高。

（四）盐城

1949年，华中五分区及后来的盐城专区人民政府在新解放的城镇明令禁毒，敦促贩毒、吸毒者主动投案自首，在吸毒者中开展戒烟运动，当年在境内查获烟土31400克、海洛因300克、烟具31件。

1952年8月至10月，在苏北行署统一部署下，盐城专署和各县成立肃毒指挥部，依法逮捕吸毒、贩毒、烟馆主等惯犯48人，集训、传训144人，缴获烟土9970克、海洛因32克、吗啡针1支、鸦片汀1000克、毒具217件。东台县依法判处贩毒分子戴某某死刑。各地在依法判处毒犯时，召开群众大会，发动吸毒者现身说法，控诉毒犯罪行和受害事实，受教育群众达31.6万余人。此后，公安机关又及时打击少数仍在贩毒、吸毒分子。至1953年8月，境内贩毒、吸毒现象基本绝迹。

三、禁娼禁赌

国民党统治下的苏北地区，娼妓和赌博根深蒂固，成为社会一大痼疾。苏北地区陆续解放后，部分赌场老板、妓院老鸨及妓女远逃外地，但仍有不少人留了下来，伺机而动。

（一）禁娼

1949年人民政权建立以后，淮阴境内妓女数量较解放前大为减少，到1950年3月30日，只有清江市尚有妓院5家、妓女8人，全区私娼有140人（市区有53人）。1950年，市区公安机关及街道干部结合各项中心工作，深入各妓院分头做工作，迫使妓院老板关门或转业，同时对妓女进行政策前途教育，启发妓女的阶级觉悟，促其改恶从良、重新做

人。市区政府部门还结合游民改造工作，对受害较深的 11 名妓女、38 名土娼进行劳动改造。7 月，淮阴境内妓院已全部自动停止营业，同时公安机关结合查对户口大力查禁暗娼卖淫活动。至 1951 年上半年，淮阴取缔娼妓工作基本结束。

1949 年 10 月，南通公安机关对全市登记的 44 家妓院、88 名妓女加强管理和限制，规定只准减少、不能增加，堵塞后门、公开密室，来客登记每天报派出所，不准抽头聚赌，不准窝藏匪特，以此压缩妓院的营业活动，同时禁止暗娼活动。至 1950 年 11 月，南通尚剩妓院 28 家、妓女 36 名。1951 年 11 月 20 日，南通市公安局根据南通市五届一次的人民代表会议关于取缔妓业的决议，在民政、财政、卫生、妇联等有关部门密切协作下，采取统一行动的形式，组织 138 名干部当晚对所有妓院进行了清查取缔，封闭妓院 28 家，逮捕妓院主 34 人，搜获卖身契 28 件，8 家妓院的财产全部没收，12 家妓院的财产部分没收。南通对 35 名妓女进行集中教育改造，教育改造后安排就业；对患有性病的妓女给予医治、助其康复。至此，南通妓业消亡。

1949 年 12 月，根据扬州专员公署对妓女问题“严格限制，严格管理，只能减少，不能增加，逐步取缔”的指示精神，高邮公安局制定五条规定：其一，将妓院列为特种户口管理。其二，不准妓院主打骂妓女，逼良为娼。其三，不准妓女接待军政人员和公务人员；凡涉足妓院者必须详细登记姓名、住址、服务处所。其四，不准妓女到公共场所拉客，不准妓女外出到旅馆陪宿。其五，违反规定者严加处罚或送游民习艺所强制劳动。经过查禁和教育，到 1950 年上级关闭妓院文件下达后，高邮的娼妓活动基本绝迹。

（二）禁赌

1949 年，南通市公安局共查处赌博案件 42 起，查获赌博人员 201 名，其中治安拘留 52 名，罚款 31 名，没收赌资赌具、教育释放 118 名。

1949 年 12 月，盐城境内赌风抬头。公安机关再次开展群众性禁赌运动，发布禁赌通告，规定对经常聚赌从中牟利者除没收赌款赌具外，屡教不改者交司法部门处理；对以小型赌博为娱乐，没收赌款赌具，批评教育，责令不得重犯；并禁止和取缔制造、贩卖赌具。

1949 年，高邮解放后，军管会即发出查禁赌博的通令。高邮公安机关此时的主要精力集中在对敌斗争、巩固新生人民政权方面，查禁赌主要由各基层派出所和区公安特派员结合基层工作开展。1950 年，高邮城四个派出所在城区捣毁赌窝 7 处，抓获赌头赌棍 11 人，其中逮捕 2 人，管制 3 人。1951 年，城区四个派出所采用居民学习教育的方式进行禁赌，最先由珠湖派出所在越塘选区进行试点，组织居民群众宣讲当地历史上因赌博造成家破人亡、走上犯罪道路的事例，群众在提高觉悟的基础上主动交出麻将 40 副、牌九 15 副、麻雀牌（纸牌）50 副。珠湖派出所取得经验后向全城推广，城中、南益、禹王派出所一起行动，全城共收缴麻将 370 副、纸牌 400 副、印刷纸牌底板 3 套、骰子 200 粒，打赢了一场禁赌的人民战争。

1950 年 1 月至 6 月，淮阴专区共处理赌博犯 56 人。1951 年，淮阴对赌博行为分类治理，一般群众参赌予以劝止，对屡教不改及情节严重的参赌者依照违警罚法给予应得处分，对干部聚赌的给予纪律处分，对制造、贩卖赌具的没收赌具、查明情况并视情节轻重进行处罚。

四、游民改造、特种行业管理和冬防工作

（一）游民改造

中华人民共和国成立初期，苏北各地无业游民众多，他们流浪街头，以乞讨为生，其中不少流浪人员沦为小偷、地痞、吸毒者，对维持社会治安和社会秩序构成很大的威胁。为了给恢复生产营造一个稳定的社会环境，各级政府和公安机关在进行禁烟禁毒、禁娼禁赌的同时，加快对无业游民的改造。1949 年前后，各地纷纷成立游民习艺所或游民改造所，不仅挽救了一大批流浪乞讨人员及有不良嗜好者，为社会输送了大批劳动者，而且在开展生产自救、发展经济方面作出一定贡献。1949 年至 1950 年，扬州市区先后收容惯偷、地痞、强讨乞丐等 902 人，组织他们参加筑路、修桥、疏浚河道等劳动，使之戒除不良生活习惯，成为对社会有用之人。1950 年至 1952 年，泰州市共收容扒手、乞丐、吸毒者等无业游民 154 人，组织他们开展烧窑、酿酒、造纸、搓绳、养鸡、养鸭等副业生产。1950 年，苏北行署协助上海将 300 名游民（包括部分劳改犯）迁往苏北，起初集中在兴化县的中堡海河、平旺三个区，后转往东台、大丰等地农场进行劳动改造。据 1951 年 10 月 15 日《苏北区两年来救济福利工作报告》记载，扬州市游民改造所自成立以来共收容、改造 1300 多人。1950 年至 1953 年 3 月，泰州市收容、改造近千人；兴化、宝应、泰兴三地劳动改造所收容、改造游民 850 多人。

（二）特种行业管理

所谓特种行业，是指工商服务行业中，由于业务内容和经营方式同社会治安秩序密切相关，国家以行政法规规定由公安机关实行特定治安管理的行业。解放后及建国初期，苏北公安机关结合各项政治运动，对旅馆、刻字、废品收购、印铸等特种行业不断进行整顿，经营者由公安机关登记审核，发给“特种行业许可证”。

1949 年至 1952 年，虽然特种行业具体范围发生一定变化，但各地采取的管理办法基本相同，主要是开业前申请，公安机关审核发证，场所行业订立制度，平时严格按规定登记，发现异常主动报告，接受派出所日常管理和突击检查，违者加重处罚。1949 年 9 月，南通市公安局有关特种行业的管理规定比较具体。关于旅馆客栈业有 8 条规定：不准赌钱；不包庇漏税物品；不隐藏毒犯；不包庇没有证件和身份不明的人；不准有秘密房间，服从检查；检查时不准暗号通告客人；发现坏人及可疑分子立即报告；每日下午将循环簿（旅客登记簿）送派出所查阅。关于茶馆业有 7 条规定：服从政府法令；注意茶客言行；注意公共卫生；不准留宿闲人；不准有非法买卖；不准供人食毒；发现贼扒及可疑分子立即报告。关于印刷刻字业有 3 条规定：印刻政府、部队机关文书和官章必须持有政府、部队证明文件；不得印刷反动性文书；发现嫌疑人员必须立即密报公安机关。

1950 年，根据淮阴区的工作情况，清江公安分局决定把旅店业作为特种营业管理的重点，依据旅店职工人数的多寡组成小组，选出小组长，十人以上者选出正、副组长，以便互相监督、促进，提高自防能力。公安派出所对旅店每日送查的循环簿，做到既送必阅，严格审查，发现问题，及时处理解决；在管理过程中发展关系，收集情报信息。1951 年，清江市公安局要求市区旅店业在开业前必须呈文公安机关批准，否则不准开业。1953 年，

清江市公安局对市区特种营业的遵章守规情况进行调查，发现个别旅社非法经营，如城中大华客栈土娼充茶房、长西大中旅社和骗子相勾结骗取客商财物。据此，市公安局决定对原已合理开业但未有履行手续的，由市公安局发表登记审验后，领取营业许可证；对违犯规章者根据屡犯、初犯不同情节给予处理，对一般的进行批评教育，对严重的进行处罚；每月召开一至两次特营老板和职工会议。

(三) 冬防工作

冬防工作是一项由来已久的治安措施，是指冬季以防火为主的系列安全防范活动，包括巡更（巡逻)、守卫、放哨、检查、提醒、宣传等，大致在每年的11月到第二年的3月进行，具体时间由当地政府根据实际情况决定。解放以后的很长时间内，苏北各地公安机关均继承了这一传统做法，将之发展成为冬季“四防”（防奸、防谍、防盗、防火）运动，并且各地都总结了一套特色经验。

1949年12月23日，南通专署布告，为进一步巩固治安、保护人民生命财产安全，决定全区开展冬防自卫运动，颁布了冬防自卫公约“八要”“四不”。“八要”：一要防匪防偷防火，二要保粮保产保治水，三要护厂护库护学校，四要巡逻放哨盘查打更，五要检举匪特盗贼，六要积极生产自救度荒，七要上冬学懂道理，八要遵守政府法令；“四不”：一不太平麻痹，二不听信谣言，三不包庇隐藏匪特盗贼，四不挟仇诬告。1950年1月8日，如皋县薛窑区张任乡六村二组组长张炳华等四人夜间巡逻时，发现邻村兵痞张其祥挑了一担棉花棉纱等物，行动鬼祟，当即盘问。经查证，当夜张其祥伙同马文清抢劫本乡四村姜五老太的财物，并用农具砸死老太，还放火焚尸，使得这起抢劫杀人案及时破获。1月23日，启东县久隆镇原国民党军排长黄学明经感训教育后向政府检举了一伙土匪在崇明抢劫犯罪后借宿其家的重要情况，公安机关采取紧急措施，黄雪林等6名土匪全部落网，并缴获手枪2支及一批赃物。

五、平息“毛人水怪”和取“仙水”谣言

(一)“毛人水怪”谣言

1949年7月21日夜，停泊在淮阴县清江区大闸口内的一船户夜宿船上，朦胧中似觉有人在拉其盖在身上的衣物，惊醒后摸船篙乱敲船帮壮胆，并高呼“抓水鬼”，引起其他船户恐慌。船户皆手持铁器、船篙防范，日夜互相惊扰。23日，淮阴专署公安局派员拘讯该船户，其称“因精神紧张所致，并未看到水鬼”。由于没有彻底辟谣，8月中旬，在淮阴县王营、王圩、官荡等地又相继发生类似事件。一些不法地主、坏分子乘机兴风作浪，大肆造谣说：“毛人水怪有钢爪子，专挖人心、人眼”“毛人水怪是毛主席放下来的，白天当干部，晚上当水怪”，等等。自此，“毛人水怪”的谣言迅速蔓延扩散，先后波及涟水、灌云、新安、沭阳、泗阳等七县，并流传到盐城、扬州专区的部分地区。谣言所到之处，群众思想极度紧张，无心从事生产，干部群众关系恶化，社会秩序紊乱，流氓、偷盗案件剧增。群众为防“毛人水怪”，点长夜灯，修造铁叉、土枪、土炮等，误伤致命事件不断发生，灌云、沭阳两县被误打致死4人，淮阴全区被误打致伤66人。

1949年10月初，在淮阴地委统一领导下，各地广泛开展辟谣工作。11月，地委发出

紧急通知指出“毛人水怪的谣言不解决，动员 30 万民工参加导沂工程是不可能的。谣言给人民经济上、政治上造成的损害是难以估计的”。地委社会部、专署公安局先后 8 次发布辟谣的通告、训令，利用报刊、广播、专栏和开会等多种形式揭露造谣者的阴谋。各级公安机关通过侦破案件，逮捕了一批造谣者和伪装“毛人水怪”的坏分子，狠狠打击了地主、反革命分子和治安危险分子的破坏活动。到 12 月底，这一波谣言基本平息，社会秩序恢复正常。

（二）取“仙水”谣言

1950 年 4 月，南通市郊区陆洪闸、文亮等地闹“仙水”“观音土”，参加群众多达两三千人，市公安局与当地政府及时宣传教育制止。6 月，在新安县的新安、棋盘、瓦尧等地先后发生一些反动会门分子和特务分子制造“仙人散药”的形象化谣言，先后有五处说发现“仙水”，波及四个区，群众放鞭挂红，到该地求神拜药，仅棋盘一地，每日取“仙水”群众达百余人之多。后来泰县、六合等地部分地区也发生类似规模较大、影响范围颇广的迷信活动。

事情发生后，南通、淮阴、泰州地委及相关县委非常重视，立即发出指示信，并以公安、卫生、文教部门干部组成工作组，深入取“仙水”地方，从党内到党外、从干部到群众进行教育宣传运动，卫生部门深入有病灾的地方为群众治病解痛，公安部门收集材料惩治坏分子和制造谣言的为首分子，很快将这一事件平息下去。

第四节　苏北人民公安教育培训及管理工作

中华人民共和国成立前后，苏北各级公安机关肩负起重要的教育培训和管理工作使命。针对工农干部多、新警多、文化水平低的特点，公安机关采取多种手段，提升干警的文化、政策和业务水平。通过开办警校、举办训练班等方式，强化政治教育和业务技能培训，培养了一批业务骨干。同时，公安机关还进行了警种分设，规范警察队伍管理，制定服务规则，提高服务质量和效率。苏北公安局在党委政府的领导下，以革命热情，同仇敌忾，为支援解放江南、巩固新生人民民主政权、稳定社会治安、恢复和发展国民经济作出了巨大贡献。它不仅扫除了国民党反动残余势力，涤荡了社会顽疾，还建立了新型户口管理制度，促进了城乡交通、卫生、消防等事业的进步。

一、教育培训工作

中华人民共和国成立前后，苏北各级公安机关针对干警队伍中工农干部多、新警多，文化水平低及夹杂少量留用旧警等情况，综合运用思想教育、文化补习、岗前短训和在职培训、调训等手段，来提高干警的文化、政策和业务水平，适应工作和斗争需要。1950 年 7 月 6 日至 8 月 12 日，公安部召开第一次全国治安行政会议，确定建警方针与计划。其主要内容有：依靠工人、革命知识分子，培养一批骨干，改造教育留用的国民党旧警察，有计划、有步骤地争取在三年左右建设一支有政治觉悟与业务熟练的人民警察队伍。1950 年 9 月 7 日，苏北行政公署主任惠浴宇在关于城市工作的报告中明确要求“把人民警察加以训练，充实新的血液”。由于城市警察缺口较大，招考社会青年进行专门训练成为主要

途径。

（一）岗前培训

苏北各级公安机关历来有注重培训干部的优良传统，解放后更是开办三级警校以加强培训工作。1949年11月至1952年11月，苏北行政公署公安局所办的苏北公安学校、各专署公安局所办的警务（警察）学校、各县市公安局自办的警务（警察）学校，以及苏北干部学校政法系都招考社会青年充实公安队伍。警校负责岗前培训，即将非警察培训为警察，教学内容主要是政治理论、警政概论和各项警务知识及短期警务实习。1949年4月至1950年5月，扬州（泰州）专署举办了四期警务学校，共培养警员近400人。1949年8月，南通市公安局举办新警训练班，对从解放区吸收的102名新警进行形势教育和基本业务培训。1950年3月底，淮阴专署第一期警校学员开学，学员100人，学期3个月，毕业后分配到各县工作。

根据各地散存档案可以看出，当时苏北各级公安机关已有比较明确的学员培养目标（以户籍警为主）、就业渠道（分配下属县市公安机关、派出所、检查站等）、警校人员编制（地方党政主官兼任校长不在内）及机构印章、军事化和保密性系列管理制度、入学和结业标准（考试及评比）、培训期限（事先设定，一两个月至半年）、基本标识体系（学员统一制服并佩戴学校徽章，甚至统一笔记本，但出于保密要求，新闻报道不写具体地址，警校门口不挂衔牌）、学员自治及群团组织，校址相对固定并具备集中教学及食宿设施，初步形成政治、业务等教材体系，教员专兼职相结合，教学手段逐步健全。这些速成班性质的岗前培训大大弥补了基层警力的缺口，也培养了一批业务骨干。现仅对扬州、泰州地区内的三级警校作简要介绍。

1. 苏北警察干部学校、苏北公安学校

1949年11月中下旬，苏北公安处在泰州姜家窑创立苏北警察干部学校，年底迁至扬州市大三巷27号，公安处处长邵幼和兼任校长，张玉新任副校长，章化农为教育长。学校设有秘书一人，另设教育科、组织科和行政科。1950年6月，苏北警干学校第一期学员100余人在扬州毓贤街吴家祠堂毕业。1951年6月21日，苏北公安学校开学，学员中包括部分新吸收的知识青年，分两队管理，一队队长姓李，二队队长刘亮，教员有宋超（社会发展史）、高峰（政保）、王知四（治安管理）等，章化农副校长实际负责，同年11月第一期学员毕业。1952年，苏北公安学校教学、管理人员编制为20人；年底该校停办，部分教学和管理人员并入南京市公安学校。

2. 苏北干部学校政法系

1951年11月，苏北行署在扬州开办苏北干部学校，行署主任惠浴宇兼任校长，设有政法系等六个系和一个文化班。其中，政法系三个班500人，第三班以公安学员为主。苏北干部学校也设在大三巷，但和公安学校分开招生。课程以政治学习改造思想为主，广泛开展批评与自我批评，学习各种法律知识，大班制教学，业务教育则是速成式，四个多月即结业，小部分学员分配进各地公安机关。

3. 扬州（泰州）行政区警务学校

1949年4月底，扬州（泰州）行政区警务学校开办，第一期以公安武装为主；第二期9月6日至1950年年初结束，培训各市县招考社会青年130余人，业务学习内容较多，并有两个月的户口实习，学员毕业分配到县级公安机关工作的约 120 人；1949 年 12 月底，第三期招考青年 128 人入学，因行政区合并移至泰州办学，后返扬州参加户口实践，次年 3 月底，回泰州继续学习；1950 年 3 月，第四期招考 115 名青年入学，后因政策有变，于当年 5 月底与三期警校学员同时毕业。

4. 县级警校

1949 年 3 月 1 日，扬州市人民警务学校从华中二分区内各县招考的一期学员 102 人开学，由于解放时间太短，一般百姓子弟不愿从警，收录学员文化程度太低，5 月毕业后全部被编入分区公安队；5 月 25 日，第二期学员 130 人统一着装开学，学员质量明显提高，经政治审查、业务学习、社会实习，8 月 7 日 107 人毕业，成为扬州建立新型户口制度和各方面治安整顿的生力军。在此前后，泰州、江都、高邮、宝应、兴化、仪征、六合等县都自办了警校，但办学规模、课程设置、教学时间均有差异。后为保证质量，扬州专员公署决定停办各地警校，从原各地警校生员中招考学员来扬州学习，成为行政区警务学校二期的主要学员骨干。

（二）在职培训

建国初期，苏北公安队伍中有不少刚从事公安工作的社会青年，也有部分留用旧警，这些人的文化知识、科学知识和专业技术水平普遍偏低，难以适应当时复杂的对敌斗争需要。因此，各级公安机关在加强政治教育工作的同时，始终把对民警的业务培训作为一项重要的工作来抓。苏北公安学校的前身叫苏北警察干部学校，成立初衷就是培训在职警察及干部。各地警校在招考社会青年及其他人员转行成为基层警察外，坚持有计划、分专题地培训在职警察学习新理论、掌握新技能，通过学中干、干中学，提高了民警的业务能力。

1949 年 6 月 25 日，苏北公安处公安训练班开学，时间三个月，各专区选送 10~15 名科（局）长、股长参训。苏北公安局在《1950 年工作基本总结》中称，全区有民警 1145 人，其中 712 人受过初步训练（内含受训警干 102 人），比例达 62. 18%。1952 年 8 月 5 日至年底，苏北公安学校再次抽调在职干警进行培训。其间，为迎接世界和平大会代表来苏北参观治淮工程，苏北公安学校从学员中抽调公安助理员以上干部 85 人作为骨干参加警保工作，并在 9 月下旬开始专门集训 10 天。

泰州市公安局于 1949 年 10 月，举办一期 60 余人的警察训练班。1950 年 1 月 8 日至 20 日，泰州行政区公安局举办内勤培训班。1951 年 4 月举办一期侦察工作人员训练班，抽调 10 名乡支书、治安员等集中 20 天训练首长保卫，毕业后大部分留专处侦察科工作。

淮阴区公安局在 1949 年解放后会同地委社会部，于春、夏、秋三季分三期抽调全区在职干事以上至县公安局科长一级公安干部集中到专署公安局办培训班，每期两个半月时间，三期共训练 123 名干部；主要学习文化知识和党的方针政策，特别是工商业政策。训练期间，学员们还参加实际工作锻炼，完成了淮阴、宿迁两个城镇的户口登记工作。

1950 年 3 月底，淮阴专署第一期警校学员开学，学员 100 人，学期三个月，毕业后分配到各县工作；3 月 20 日，又抽调九个县的 200 名干警或有前途的警察到警校学习。同月，警校编印警察教材、翻印苏北公安局下发的《警察服务规则（草案）》，作为学习的主要内容。7 月，专署公安局举办刑警训练班，抽调九个县的 46 名刑警进行 10 天时间学

习训练，训练的主要内容是刑警任务、案件现场勘查及剿匪工作方针、方法等。12 月，各县开办乡公安员冬季训练班，全区 1354 名乡公安员分两批进行 15 天的训练，第一期 1044 人，第二期 310 人，主要训练内容有 6 项：为什么要做锄保工作，什么叫特务；日常治安工作，防偷、辟谣、管理改造回归顽伪、小偷、二流子以及民兵打更放哨、护仓护线等冬防治安工作；取缔会道门工作；锄奸政策与镇压反革命的政策教育；锄保人员条件、职责与有关法律；结合各地典型事例联系工作实际进行教育，使其不但懂得而且会做治安工作。为了推动全区警察的学习，检查学习效果，12 月由专署公安局出试卷，并集中组织考试，全区九个县 174 名警察参加，考试成绩平均 74. 25 分。

1951 年，专署公安局选调 43 名民警到苏北公安学校学习 6 个月。

（三）政治教育

解放战争后特别是中华人民共和国成立后，各城市公安局结合建警和镇反等运动，一方面对接收的旧警坚持教育改造为我所用的方针，通过开展“三报一教育”活动（报敌特情况线索、报技能、报历史情况和政策宣传教育），消除旧警人员怕处理、怕不被录用等顾虑；对吸收的新警，着重进行人民警察性质、任务教育，正确认识新、旧警察的区别，克服新警中存在的“当警察不光彩”“警察工作难做”等思想认识，增强当新中国警察的信心。

1950 年，针对一些领导干部存在的官僚主义、命令主义和一些干警存在的骄傲自满、孤立办案造成群众不满等突出问题，苏北各级公安局开展整风运动，组织学习毛泽东主席《论人民民主专政》及其他有关文件、政策，自上而下开展批评与自我批评，使大家提高认识，增强政策观念和群众观念，保障剿匪肃特及各项治安行政管理工作的完成。

1952 年起，苏北公安机关先后开展整党、“三反”和整警运动。在整党运动中，组织党员学习党的知识，对照党员标准，揭露和批判小资产阶级思想和工作中消极疲沓、居功自傲等问题，树立共产主义革命人生观，明确革命目的，清除混入党内的坏分子；在“三反”运动中，重点整顿领导干部的官僚主义，揭露公安队伍中存在的贪污、浪费、腐化堕落和敌我不分、贪赃枉法、违法乱纪等问题；“三反”运动后，开展整顿旧警思想和旧警作风的整警运动。仅南通市公安局就在运动中揭发批判、清洗有反革命罪行和一贯违法乱纪的旧警 32 名，同时对新警中存在的政治上麻痹、敌我不分、群众观念淡薄等问题进行整顿教育，处理 11 名存在问题的新警。经过以上运动，队伍增强了战斗力，确保了扫清残余反革命、取缔反动会道门和镇反运动等斗争的顺利进行。

此外，苏北各级公安机关还注重提高在职警员的文化水平，动员组织他们利用业余时间参加各种文化补习、提升知识程度，并不时地进行文化测试，如涟水等县要求警察每人每天认识 2 个汉字，写 200 个正楷小字等。

二、管理工作

（一）警种分设

解放初期，苏北各级公安机关根据实际工作安排人员，并未明确区分警种，业务分工也不清晰。1949 年 8 月后，各地开始分户籍、刑事、消防、卫生、交通、武装 6 种警察。

1950 年 5 月前，城市公安局中曾设巡守警、行政警、水上警等。变动或争议较大的主要是武装警察，其称呼五花八门，如公安队、保安（保卫）警察等。1950 年 8 月，苏北各地按中央公安部规定取消武装警察名称，增添治安警种，治安警察均配置于检查站。1950 年 12 月 4 日，公安部规定各种警察一律通称“人民警察”，简称“民警”。1952 年 6 月，苏北行署规定各县公安局不设刑警。1952 年 7 月 13 日，华东区公安部规定今后地方公安系统均无武装编制，公安武装归公安司令部统一管理，各地原武装悉数改为水上警察（治安警）。苏北地区卫生警察长期隶属治安部门，主要是配合政府卫生行政部门做好公共卫生和环境卫生的相关工作，但人数很少，其下属的清道队 1952 年划归卫生系统。南通市干警和器械基础较好，成建制的消防警察队、交通警察队分别形成于 1949 年的 2 月和 8 月，作为首府的扬州市的交通警察队、消防警察队则迟至 1951 年 10 月和 1952 年 11 月才成立。

（二）服务规则

1950 年 3 月 26 日，为了使基层民警明了自己日常的任务事项、规范执法执勤言行，苏北公安局在总结各地经验的基础上印发了《警察服务规则（草案）》，内含苏北区民警奖惩暂行条例、苏北区户籍警察服务规则、苏北区交通长警服务规则、苏北区消防人员服务规则、苏北区卫生警察服务规则、苏北区清道队服务暂行规则。《警察服务规则（草案）》以通俗文字和条目式的清单统一规定了各警种及辅助人员的工作职责，并于 6 月 19 日、7 月 13 日、8 月 8 日三次对此进行修正与补充。以《苏北区户籍警察服务规则》为例，该规则共 12 条，原则规定了工作目的、管理机关、基本要求、特种户口调查、工作纪律、职责权限、工作记录、报告制度，并附 37 条的《苏北区户口管理暂行办法》，分为总则、户口之编查登记、户口异动报告办法、公共处所之管理、户口检查规则、户口规则奖惩办法、附则共七章，使得户籍警察的工作内容、工作方法、工作流程及注意事项有章可循、方便操作。

（三）待遇及奖惩

中华人民共和国成立后，苏北各级公安机关民警均实行供给制，集中食宿，另按月发给一定的津贴；1950 年 7 月起，逐步推广薪给制，对胜任工作、意识较好、家庭困难的现职警察准予发给薪金，能力不足但值得培养的人员作为试用暂不发薪，经一定时期实习考查合格后按现职警察发给；1951 年 5 月，试办正规考核及评级定薪，规定警察薪金划分为 2 等 6 级，以米数 250~190 斤为基础进行折算，以三级警士的标准为起点，逐级增加 3%，消防民警可按其技术与工作情况，酌情较一般警士提升一级或数级。1952 年 6 月 10 日，苏北公安局规定民警“工资分”经考核评议分为：一等一级 178 分，一等二级 167 分，一等三级 156 分，二等一级 149 分，二等二级 142 分，二等三级 135 分。1952 年 9 月，苏北行政公署公安局、财政处、人事处联合规定，凡为工资制、供给制和包干制待遇的民警，一律改为工资制。

1950 年 3 月，《苏北区警员奖惩暂行条例》规定人民警察奖励分为一、二、三、四等立功；1951 年 10 月又制定《苏北人民警察立功创模暂行办法》，进行调整和补充，使之更具可操作性，激励作用也愈加突出。

随着解放战争的胜利推进，1949 年 4 月 21 日，作为省级行政单位的苏北行政区设立。

1952 年年底，中央决定江苏省恢复设置，苏北行政区和苏南行政区撤销，苏北公安局同时迁往南京，与苏南公安局合并组建江苏省公安厅。

苏北公安局虽然仅存在三年零九个月，但它的历史地位与作用却相当重要，首先就是争取苏北全境解放与巩固、参与支援并赢得渡江战役的胜利，解放南京；其次是迎来了中华人民共和国的诞生，支援苏南人民公安建设，重组重建苏北人民公安。

作为一个实体的小省制人民政府公安机关，苏北公安局负责管理的事务繁杂而具体，上自各公安法规及内部制度的制定、各级公安机关编制的拟定和科级以上领导班子成员的审查考核，下至各派出所、检查站的成立、合并、撤销、更名及管辖范围和职责任务的调整，并直接承担扬州市、南通市的公安行政审批，奠定了苏北城乡治安管理的工作基础和基本格局。

面对政权初创、治安混乱、百废待兴、百业待理的复杂困难和工业化薄弱、城市化基础差的局面，苏北各级公安机关在党委政府的坚强领导下，以国家主人翁的巨大革命热情，万众一心，艰苦创业，同仇敌忾，励精图治，为支援解放江南乃至全中国、巩固新生的人民民主政权、稳定社会治安、恢复和发展国民经济，进行了艰苦的斗争，取得了光辉的成就，不仅扫灭了国民党反动残余势力及会道门、保甲等社会基础，而且涤荡了毒品、娼妓、赌博等社会顽疾，建立了新型户口管理制度，促进了城乡交通、卫生、消防等事业的重大进步，为由新民主主义向社会主义的伟大转变及嗣后的社会主义革命和社会主义建设奠定了坚实的基础，在发动群众提高其思想觉悟、打击和改造犯罪分子、改进特种行业治安管理、建章立制培训与管理人民警察队伍等多方面积累了十分宝贵而重要的历史经验。

第八章　苏南人民行政公署的公安工作

1949年4月26日，苏南行政公署在无锡成立，下辖镇江、武进（同年11月改名为常州）、苏州、松江四个行政区，共27个县市，人口约1170万。[①] 随着苏南城市不断解放，苏南人民行政公署及所辖城市军管会相继建立人民公安机关，彻底摧毁国民党旧警察机构，参与城市接管与社会改造工作，经历了剿匪肃特、维护社会稳定、治理社会问题，保卫经济建设和自身的建设，在斗争中得到锻炼和成长，初步学会了管理城市，成为人民民主专政的有力武器。

人民公安在短短三年时间里基本肃清强大的残余反革命势力，且未出现大的偏差，其主要原因有两个方面：一是人民公安坚决贯彻党的路线方针，在消灭旧的国家机器、剿匪、肃特、镇反、经济保卫战等各项艰巨任务面前，敢于斗争，善于斗争，让人民得以安居乐业，为恢复和发展生产提供了安全保障；二是广泛地组织和依靠群众，宣传党的政策，提高群众的政治觉悟，调动群众的积极性，建立群众性的治安防范队伍，为各项工作的顺利开展打下了坚实基础。

苏南城市接管与社会改造任务的胜利完成，为后来全面进行社会主义建设和改造创造了必要条件，奠定了坚实基础。接管江南城市的成功也充分彰显了中国共产党治国安邦的执政能力。

第一节　苏南各级人民公安机关的建立与城市接管

苏州、无锡、镇江等地作为江南名城，历史悠久、文化繁荣，城市规模较大、人口多、经济发达，又是国民党长期控制的政治经济中心，为使这些名城完整地回到人民的手中，我党精心准备，进行了大量艰苦卓绝的斗争。

一、解放苏南地区的准备工作

苏南地区即江苏境内长江以南地区，包括现在的苏州、无锡、常州、镇江等地，还有1958年后划归上海市的松江专区所属10县。苏南地区是国民党长期控制的政治经济中心，为使苏南地区完整地回到人民手中，中共中央做了精心准备。1948年5月，根据斗争形势，中共华中工作委员会决定成立江南工作委员会，由管文蔚兼任书记，吕炳奎、包厚昌

---

① 江苏省地方志编纂委员会：《江苏省志·总述卷政治篇》，江苏古籍出版社2012年版，第113页。

为副书记，江坚、谢克东为委员，统一领导江南工作；同时决定第一、第二、第九地委分别建立江南工作委员会，隔江领导苏常太及广大江南地区的工作。[①] 这些包括思想、组织、政策、军事和经济等方面的准备，随着江南地区特别是城镇的解放与接管，显示出社会秩序的恢复和新社会秩序的建立迅速而有成效。在各级人民政府的领导下，人民公安机关积极参与，进行了大量艰苦卓绝的斗争。

（一）调查掌握解放城市的敌社情，制定城市接管方案

1949 年 1 月，渡江战役进入准备阶段，为配合解放、接管江南城市，中共中央社会部在 1 月中旬即指示华东局社会部做好江南城市调查和材料的准备。华中行政办事处公安处要求公安机关密切配合解放军渡江作战，提出“军队向前进，锄奸工作向前挺”“结合生产，巩固后方治安，保证支前任务完成，培养和训练干部，有步骤地肃清新收复地区的匪特残余势力，建立革命秩序”，并协同社会部在国民党统治区开展情报、策反工作。[②]

1949 年 2 月，中共华中二地委建立“江南情报站”，积极收集镇江有关资料，负责人是钱永祁。资料来源有三个方面：一是通过当时的“江南工委”和镇江地下党提供情报资料；二是向江南渡江到扬州投奔革命的青年学生、工人调查了解情况；三是从国民党政府机构编印的报纸、书刊中收集。在此基础上，编印的《镇江概况》一书，全面介绍了镇江的政治、经济、文化等各个方面情况，分发给参与接管各系统的领导同志参阅，为接管工作顺利进行起到很好的作用。[③]

同时期，中共华中工委组织力量，通过多种途径，开展了对武进（包括常州城区）国民党党、政、军、警、宪、特机关及其头目，工厂、企业以及社会一般状况的调查研究。中共澄武锡工委在张志强、王鹏、李顺之、钱梦梧等领导下，一直在武北、澄西、武南一带坚持斗争。根据华中工委指示，他们一方面积极收集当地的敌情、社情并绘制地图送往苏北解放区，另一方面派侦察员潜入常州实地调查，网罗国民党已公开或内部出版的各种报刊资料、《武进指南》等，1949 年 3 月，中共澄武锡工委利用这些资料编印了《武进调查》，内容分为一般概况和政治、军事、经济、文教、社会、人物等八个部分，及时发到了接管常州的干部手中，为他们开展工作创造有利条件。[④]

1949 年 2 月、3 月，坚持在苏州开展工作的江南工委收集的大批情报突破重重封锁、跨越长江天堑，送抵苏北中共华中工作委员会。根据部分绝密情报汇编而成的《苏州概况》《苏州城厢图》，准确地反映了苏州当时的敌情、社情，在策应大军渡江和解放苏州的战斗中发挥了至关重要的作用。[⑤]

苏南各大中城市均由专人编写城市敌社情资料，重点是国民党警察机关和特务机关、

---

① 苏州市委党史工作办公室：《70 年前古城新生这样起步》，名城新闻网，2021 年 7 月 29 日。

② 江苏省公安厅公安史资料征集委员会：《江苏公安史资料汇编（1938. 4—1952. 12）》（内部资料），1994 年版，第 47 页。

③ 《镇江市公安志》编纂委员会：《镇江市公安志》，1994 年版，第 69 页。

④ 中共江苏省委党史工作办公室：《城市的接管与社会改造（江苏卷 · 苏南苏北分册）》，中央党史出版社 1997 年版，第 130 页。

⑤ 苏州市委党史工作办公室：《70 年前古城新生这样起步》，名城新闻网，2021 年 7 月 29 日。

特务分子的情况，以及将来占领城市后需要重点保卫、防止敌人破坏的部位等，作为接管城市的重要工作来准备。这是苏南地区城市军事管制和人民公安工作的特色，也是苏南地区解放后人民公安工作转向以城镇为重点并不断取得成效的重要原因。

（二）组织训练公安保卫队伍，积极配合解放军接管城市

1949年3月2日至5日，根据华中工委的要求，华中公安处在淮阴召开处务会议，专门研究苏南、苏北公安干部的调配问题。会议经研究决定：以原华中公安处为主体，配山东南下以及从苏北各地抽调的公安干部共633名组成苏南公安班子，随时准备与解放军一道渡江南下，开展工作。①

华中公安处和保训班的干部约280名组成接管无锡的班子，由淮安南移到江都县郭村集中待命；以原华中二地委社会部部长兼公安局局长沈毅为首，抽调了原二地委社会部和公安局的一部分同志，加上胶东南下的公安干部，以及盐城、扬州华中革命大学分配的部分学员，成立了镇江地区一市七县公安机关，集中在扬州市丁家花园培训待命；淮阴、淮安市委筹建“南下干部总队公安大队”，丁兆甲任大队长，于云、周伯林任副大队长，任务是接管苏州城区及各市县原国民党警察机关，筹建人民公安机关。公安大队在如皋白蒲整训学习；华中一分区、六分区和山东胶东地区抽调500余名干部，组成“南下渡江干部机动总队”，在苏北解放区泰县张甸筹组常州专区公安局、常州市公安局，接管常州地区各市县警察局。为了接管松江地区，华中工委在江苏南通组成中国共产党松江地区工作委员会所辖的公安大队，并在平潮组训公安干部。1949年5月上旬，在苏州确定组织编制，明确分工和接管等任务。②

南下的公安干部认真学习毛泽东同志在中共七届二中全会上的报告，学习《中国人民解放军布告》（“约法八章”）、《中国人民解放军军管会布告》《入城纪律守则》和华东局关于接管江南城市的指示等重要文件，学习济南、昌维新区工作经验和“各按系统，整套接收，调查研究，逐步改造”的方针，进行南下入城的政策和纪律教育，明确接管江南城市、城镇的工作方针和方法，统一思想认识。接管人员经过业务培训，掌握了接管国民党警察机构的任务、方法、政策和入城纪律，根据新解放城市接管工作的需要，随时准备参与接管工作。

（三）借鉴经验因地制宜，制定接管方针政策

1949年4月，《中国人民解放军布告》发布。该布告就接管城市提出“约法八章”，其中第五条规定：“除怙恶不悛的战争罪犯和罪大恶极的反革命分子外，凡属国民党中央、省、市、县各级政府的大小官员，‘国大’代表，立法、监察委员，参议员，警察人员，区镇乡保甲人员，凡不持枪抵抗，不阴谋破坏者，人民解放军和人民政府一律不加俘虏，不加逮捕，不加侮辱。责成上述人员各安职守，服从人民解放军和人民政府的命令，负责保护各机关资财、档案等，听候接受处理。这些人员中，凡有一技之长而无严重的反动行为或严重的劣迹者，人民政府予以分别录用。如有乘机破坏、偷盗、舞弊，携带公款、公

① 江苏省公安厅公安史资料征集委员会：《江苏公安史资料汇编（1938. 4—1952. 12）》，1994年版，第89页。

② 盛峰：《松江县人民公安志》，1992年版，第58页。

物、档案潜逃，或拒不交代者，必须予以惩办。”① 这些规定明确了对旧警察、旧政府官员队伍的处理原则，即既要区别对待，又要教育改造。各地在执行中都坚持了“首恶者必办，胁从者不问，立功者受奖”的政策，确保接管工作有序、有力地开展。

与北方不同，南方当时还是国民党统治的区域，解放军进军江南后，城乡多为新解放区，需要更为系统完善的城市政策。1949 年 4 月 1 日，中共中央华东局集中概括了以往中共各地接管城市的具体经验，拟定接管江南城市的指示。这个指示，对新收复的人口在 5 万以上的城市或工业区，均应实行一个时期的军事管理制度，成立城市最高权力机关军事管制委员会。军管会的基本任务为：“镇压反革命分子之活动，肃清反动武装的残余势力，恢复并建立革命秩序，保护人民生命财产及一切正当的权利，建立革命政权，保证城市政策的正确执行，与有秩序地进行各种接管工作，协助工人职员，青年学生，及其他劳动群众组织起来，作为城市革命政权可靠的群众基础。”4 月 25 日，中共中央对华东局关于接管江南城市指示草案作出批示：“四月三日关于接管江南城市指示草案，中央同意，望即发布。”② 中共中央华东局关于接管江南城市的指示以及中共中央的批复，为江南的城市接管提供了更加具体和符合江南实际情况的政策依据。

二、接管旧警机构，处置旧警人员

苏南的接管工作根据“按照系统，整套接收，调查研究，逐渐改造”以及“先城市后乡村”的方针，接管了 27 个市县，有 1170 万人口。其中无锡、苏州、常州、常熟、松江、江阴、宜兴各市人口在 5 万人到 50 万人。上述城市和戚墅堰工业区都建立军管会，实行一个时期的军事管制。人口不满 5 万人的城市和农村，则不实行军管，地方党政为最高机关，由早就配备的领导班子开展工作。③

在接管的旧警机构中，由于城市解放的方式不同，旧警察人员特别是旧警机构负责人的表现不同，接管工作面临的情况各异。根据中共中央的指示精神和要求，苏南各市解放城市接管国民党警察局、建立人民公安机关的过程中，均先建立公安局军事管制委员会，宣布解散国民党警察局，并宣告代表人民利益的新政权的公安局成立，任命公安局局长等领导人员，命令原警察局人员各守岗位。然后按照自上而下、全面接收的原则，调配力量，组建机构，有步骤地进行工作。对于国民党党、团、特务机构予以彻底解散，由公安局、军管会派人接管。

（一）接管无锡市

1949 年 4 月 23 日，无锡市解放。4 月 24 日，市军管会公安部宣告成立，公安干部在无锡地下党的配合下，进驻无锡县警察局。27 日，对无锡县警察局和下属机构实行军事接管，分别接管无锡县警察局和城中、东区、南区、西区、北区等分局；命令未随敌逃跑

---

① 中央文献研究室：《毛泽东选集（第 4 卷）》，人民出版社 1991 年版，第 1457-1459 页。

② 中共江苏省委党史工作办公室：《城市的接管与社会改造（江苏卷·苏南苏北分册）》，中央党史出版社 1997 年版，第 335-343 页。

③ 江苏省地方志编纂委员会：《江苏省志·总述卷政治篇》，江苏古籍出版社 2012 年版，第 113 页。

的长警人员待命接管，上街指挥交通，维持秩序。5 月 14 日，市军管会颁布布告：凡属无锡县警察局供职的警察人员（官长、职员、警察）不论散处城市或乡村，均需向本会公安部报到，以便甄别录用。至 5 月中旬，经整批接管和个别报到的警察人员共 742 名，并对他们分别举办了警官、警士二期集训班，经过十多天集训和初步审查，录用 444 名，其余的人予以遣散；同时，收缴长短枪 572 支、刺刀 88 把、子弹 13122 发，以及档案文书 1125 册 2610 卷。5 月 20 日，无锡市公安局成立，先在时郎中巷，后迁园通路 16 号。①

在无锡坚持地下斗争的中共党员在接管中发挥了积极配合作用。无锡解放前夕，中共秘密组织派出党员以中央警校同学的身份，打入国民党无锡县警察局内部进行策反工作。无锡即将解放时，大部分旧警务人员都能服从中共秘密组织的命令，留在无锡没有出逃，较完整地保存了旧警察局的枪支、物资及档案。②

（二）接管苏州地区

1949 年 4 月 27 日，苏州宣告解放，成立了中国人民解放军苏州市军事管制委员会公安部（设十梓街今市总工会院内），由军管会公安部部长陆政和苏州行政区公安局局长丁兆甲负责接收苏州市政法系统，分别接收了江苏省苏州监狱、吴县警察局、江苏高等法院、吴县地方法院、吴县看守所、国民党吴县党部、三青团苏州分部等单位，以及省、县参议会。其中，警察局、高等法院、苏州监狱、县参议会的负责人经我地下党的宣传规劝，都留下未走，并把档案、文件、财产等完整地保存下来，为这些部门的顺利接收创造了条件。③

苏州地区治安解放前由吴县警察局管辖。公安大队苏州干部队到达苏州后，分头接管城区的原国民党吴县城区 5 个警察分局、16 个分驻所和 18 个派出所以及消防、水警、清洁、卫生、车巡 5 个队。1949 年 4 月 30 日，市公安部督察长马陵带领几十名干部和一个手枪队，到长春巷（今苏州印刷厂内）接管国民党吴县警察局本部，警察局长吴冠欧提前集合局机关的 100 多名警察列队等待接管，并准备了人员花名册和各类物件清单，当日接收警察 587 名、枪弹物品及部分档案。

（三）接管镇江地区

1949 年 4 月 23 日，镇江地、市公安机关干部数十人紧随人民解放军渡江进入镇江市。24 日，镇江专区公安局在新马路 10 号成立，由沈毅担任局长，管辖 1 市 7 县。

1949 年 4 月 27 日，按照军事管制委员会的统一部署，镇江市公安局分成三个组参与接管工作，第一组接管特务、党、团系统，第二组接管警察系统，第三组负责掌握研究材料、登记、保管收缴武器物资，配合人民解放军清查战俘。前后四天，镇江市公安局共接管 25 个单位、大小机关 48 处。被接收的单位有省会警察局 1 个、警察分局 5 个、分驻所 14 个、监狱 1 所、中统江苏省室、中统江苏省会实验区室、军统各站组、社会处、国民党

① 《无锡市公安志》编纂委员会：《无锡市公安志》，群众出版社 1993 年版，第 2 页。

② 中共江苏省委党史工作办公室：《城市的接管与社会改造（江苏卷·苏南苏北分册）》，中央党史出版社 1997 年版，第 145 页。

③ 中共江苏省委党史工作办公室：《城市的接管与社会改造（江苏卷·苏南苏北分册）》，中央党史出版社 1997 年版，第 118 页。

江苏省党部、国民党镇江县党部、海员特别党部和省、县三青团部；缴获各类武器弹药和文件图书，配合部队遣送被俘人员1008人；登记旧警人员1172人，其中警官215人、警士957人，经过短期集训，录用300余人。

镇江地区各县的公安接管工作比较顺利，除了接管国民党团特警察等机关外，有的县还接管了司法、监狱等单位及其他单位。

（四）接管常州地区

1949年4月24日，武进解放。5月初，常州公安局开始接管警察局、清洁队、消防救火会，戚墅堰、奔牛警察分局，湖塘分驻所和戚机厂、戚电厂的警察机构，接收旧警察120名，除10多名老弱病残被遣散外，其余人员集中受训后遣回原籍。

1949年4月，江阴、金坛、宜兴、溧阳等地解放，公安局工作班子人员组织人员接收国民党党务、警务、司法三系统，接收各式枪支子弹及文书档案等物品，收容旧警人员，完成了对口接管工作。[①]

（五）接管松江地区

1949年5月13日，人民解放军解放松江城。5月15日，中共松江地区工作委员会公安大队抵达松江，成立中国人民解放军华东军区松江市军事管制委员会公安部，同时建立松江行政区公安局（驻松江市）及松江市人民政府公安局、松江县人民政府公安局（设在泗泾镇），随后接管松江县警察局，接收国民党警察224人，进行集训，录用134名任职时间短、政治上较为单纯的青年警察，其余遣散；接收武器弹药等相关物资和档案材料；还接收了国民党松江县党部、三青团、参议会、调统室（中统）等敌特档案材料。[②]

需要强调的是，松江地区的解放与军管、人民公安工作积极配合了上海的解放和解放后的社会秩序恢复、军事管制与人民公安工作。

三、苏南行政公署各级公安机关的建立

1949年4月中下旬，随着人民解放军解放苏南地区，为巩固新生人民政权、安定社会、维护治安，5月13日，苏南行政公署公安局在无锡成立。苏南行署公安局内设正、副局长，局长黄赤波，副局长宋学武、李继成（后有刘中、姚远、丁兆甲）；下设秘书、总务、干部、侦察、保卫、治安、司法七个科，有的科下设组、队。6月，经中共华东局社会部批准，成立苏南警干学校。

苏南行政公署公安局下辖4个专区公安局（镇江、苏州、常州、松江），2个直辖市公安局（苏州、无锡），3个专区属市公安局（镇江市、常州市、松江市），28个县公安局（太仓、常熟、吴县、昆山、吴江、松江、青浦、上海、南汇、金山、川沙、奉贤、宝山、嘉定、嵊泗特区、武进、金坛、溧阳、宜兴、丹徒、丹阳、句容、扬中、溧水、江宁、高淳、江阴、无锡），以及太湖行政办事处公安局（1953年5月改为太湖水上公安

① 江阴市公安局：《江阴市公安志资料（1911—1989）》，1992年版，第6页。

② 盛峰：《松江县人民公安志》，1992年版，第13页。

局），80个区公安分局，156个派出所和7个水上检查站。[①]

根据第一次全国公安会议精神[②]，1950年4月，苏南行政公署公安局改称江苏省苏南人民行政公署公安局。1950年9月，江苏省苏南人民行政公署公安局又改称苏南人民行政公署公安局，各专区公安局统一改称专区公安处。12月，撤销司法科。

1951年2月，经苏南人民行政公署及华东军政委员会公安部批准，苏南人民行政公署公安局将科改为处、各组改为科的建制，设有秘书处，下设秘书、研究、行政科和机要组；侦察处，下设内勤、侦察、审讯、情报、狱政科；保卫处，下设侦察、机保、经保科；治安处，下设治安、户政科；劳改处，下设劳改、生产、管教、财务科，干部科改为人事科。

1952年7月，苏南人民行政公署公安局又经批准调整内部机构，秘书处改称办公室，研究科改称研究室，行政科改称总务科；增设政治处，下设干部、组织、宣传科等；侦察处改称政保处，内勤科改称秘书室，审讯科改称预审科，狱政科改称管教科，撤销情报科，增设帝特科、国特科、侦察队、机保科（由内保处划入）；保卫处改称经济保卫处，原侦察科改称保安科，经保科改称调研科；武装处撤销；治安处增设警政科；劳改处改称监管劳改处，苏南区监狱划归其管辖。各处、室的其他科和苏南警干学校没有变化。

1950年4月，太湖区行政办事处公安局成立，直属苏南行署公安局领导，局址在无锡东山镇，下设横泾（原东山）、西山两个派出所。1951年6月，太湖区行政办事处公安局撤销，下设的西山、横泾两个派出所划归吴县公安局；同时建立太湖水上公安局，直属苏南行署公安局领导。1952年7月，太湖水上公安局撤销，重建太湖区行政办事处公安局，局址仍在东山镇。

1950年9月，为加强苏南沿海、沿江地区的保卫，开始筹建苏南海防公安局，1951年3月正式成立，1951年9月改称苏南边防保卫局，同月成立武装处。海防公安局直属行政公署公安局领导，局本部设有侦察、治安、秘书等科，下设有若干分局、派出所及检查站，还配有若干公安武警战士。

（一）直辖市、各专区及所辖市县级公安机关概况

由于公安机构编制规定详细，且各地实际情况各异，区划调整及领导关系、内设机构变动频繁。下面仅列举各专署所在的市公安局情况作介绍，其他县公安局的设置及变动情况大致类似。

1. 无锡直辖市公安局

1949年5月20日，无锡市公安局正式成立，属市军管会领导，6月1日，归市人民政府领导；局长宋学武、副局长刘中；1950年8月1日，改称无锡市人民政府公安局。

---

① 江苏省公安厅公安史资料征集委员会：《江苏公安史资料汇编（1938.4—1952.12）》，1994年版，第90页。

② 1949年10月15日至11月1日，经中共中央和政务院批准，由罗瑞卿主持，在北京召开全国公安高级干部会议，后称第一次全国公安会议。会议期间，政务院批准了罗瑞卿关于组建省和直辖市以上公安机关的方案。方案统一规定：在各大行政区人民政府设公安部，省人民政府设公安厅，中央直属市人民政府设公安局；在专区设公安处，县设公安局，区设公安助理员，村设公安员。

公安局设秘书、调查、保卫、治安、户籍、司法6个科及看守所、保警大队；下辖城中、城东、城南、城西、城北、惠山6个分局25个派出所，1950年9月，惠山分局撤销，新建水上分局，设5个检查站。

2. 苏州地区公安机关

（1）苏州专区公安局

1949年4月，苏南行署苏州行政区公安局建立，丁兆甲任局长，周柏林、于云任副局长，内设秘书科、侦察科、治安科（组）、审讯科、人事科、劳改科，11月改称专区公安处；1950年至1951年9月，增设保卫科、武装科；1952年5月，科改称组，其中侦察科改称政保组，劳改科改称监管组，撤销了人事科，改称政治协理员，撤销了保卫科和武装科。苏州专区公安局管辖苏州市及吴县、吴江、太仓、昆山、常熟1市5县及太湖区办事处的公安业务；后虞山镇与常熟县分开，成立常熟市，管辖8个县、市公安局。①

（2）苏州直辖市公安局

1949年6月5日，苏州市公安局成立，陆政任局长，于云任副局长，下设秘书科、侦察科（1949年8月改称社会科，1951年6月又称侦察科）、审教科、保卫科、行政科（1950年年底改称治安科）、人事科（1952年7月撤销，改设政工科）、总务科、监管科（1952年7月增设）、外侨管理科和保警大队，管辖5个分局31个派出所。五个分局分别为：东区分局1951年11月改称平江区分局，南区分局1951年11月改称沧浪区分局，西区分局，北区分局，中区分局1952年7月改称观前区分局。②

3. 镇江地区公安机关

（1）镇江行政区公安局

1949年4月24日，镇江专区公安局成立，由沈毅担任局长，局内设秘书、保卫、侦察、治安、审讯5个科，1个执法队。1950年，镇江专区公安局更名为镇江专员公署公安处；1952年，机关整编，取消科的建制，设秘书组及政保组，管辖镇江、丹徒、扬中、丹阳、溧水、高淳、句容、江宁1市7县公安局。

1950年11月中旬，镇江专员公署公安处水上公安分局成立，设秘书、侦察、治安、检查4个股，下设丹徒、桥头2个水上派出所。

（2）镇江市公安局

1949年4月27日，镇江市公安局成立，当时专区公安局和市公安局没有分开，沈毅兼任市公安局局长，钱永祁为副局长；下设秘书科（人事股、材料股、总务股）、社会科（调查股、社会股、保卫股）、行政科（治安股、户政股、警务股）、司法科（看守所）。8月，专区公安局和市公安局机构和人员正式分开，董必成担任市公安局局长，钱永祁任副局长。市政府决定撤销各镇政府，实行警政合一，一部分镇政府干部充实到派出所，全市成立12个派出所。③ 1950年5月，市公安局撤销科建制，改为股，设秘书、调查、保卫、治安、户政、审讯、劳改、人事等股；治安股下设民警大队部，负责管理户籍、治安、交

① 《苏州公安志》编纂委员会：《苏州公安志》，2005年版，第79页。

② 《苏州公安志》编纂委员会：《苏州公安志》，2005年版，第74页。

③ 《镇江市公安志》编纂委员会：《镇江市公安志》，1994年版，第15页。

通、消防、刑事侦察、水上诸警种民警。1951 年 7 月，劳改中队成立，1952 年 11 月归并专区公安处劳改队。1952 年 7 月，局机关整编，缩编为四股二室，即政保股、经保股、治安股、管训股、秘书室、政治协理室。

4. 常州地区公安机关

（1）常州专区公安局

1949 年 4 月 28 日，常州专区公安局成立，姚远任局长，林希昭任副局长；9 月，改为专区公安处，内设秘书科、侦察科、保卫科、治安科（组）、审讯科；1950 年至 1951 年 9 月，增设保卫科、人事科、劳改科；1952 年 5 月，科改称组，其中侦察科改称政保组，劳改科改称监管组，撤销人事科改称政治协理员，撤销了保卫科和武装科。常州专区公安局管辖常州、武进、金坛、溧阳、宜兴、江阴、无锡 1 市 6 县公安业务。1949 年 6 月 16 日，无锡县公安局划归无锡市公安局，1952 年 4 月又划归常州专区公安处。

（2）常州市公安局

1949 年 4 月 28 日，常州市公安局成立，林希昭任公安局局长，刘裕嘉任副局长，与常州专区公安局合署办公；12 月 4 日，中共苏南区委社会部批准单独建立常州市公安局。1950 年 2 月 2 日，市局从专区公安局分出。

常州市公安局建局初期，设保卫、侦察、治安、司法、武装五个股，武装股下辖保安警察大队，审讯股下辖看守所。1949 年 6 月，侦察股改称调查股，审讯股改称执行股。1949 年 8 月，常州市公安局搬至青果巷张王庙现址，保安警察大队改编为公安大队，治安股设交通队；1951 年，市局设七股，下设民警大队、看守所、交通队、劳改队。1949 年 4 月，按当时常州市行政区域，常州市公安局设东区、南区、西区、北区四个分局，下设 13 个派出所，按地区分属各分局管辖。1950 年 2 月，各区分局撤销；5 月，将 13 个派出所改为 11 个，直属市公安局领导。①

5. 松江地区

（1）松江专区公安局

1949 年 5 月 15 日，松江行政区公安局成立，局长赵一德，副局长刘其章、刘裕嘉；9 月，改为专区公安处，内设秘书科、侦察科、保卫科、治安科（组）、审讯科；1950 年至 1951 年 9 月，增设保卫科、人事科、劳改科；1952 年 5 月，科改称组，其中侦察科改称政保组，劳改科改称监管组，撤销了人事科改称政治协理员，撤销了保卫科和武装科。松江专区公安局管辖松江、青浦、上海、南汇、金山、川沙、奉贤、宝山、嘉定、嵊泗特区等公安业务。

（2）松江市、松江县公安局

1949 年 5 月 15 日，松江市、县人民政府公安局成立。松江市人民政府公安局局长刘裕嘉，内设秘书、侦察科、治安科、审讯科、看守所等，下设华阳桥、城中、永丰三个派出所，全局干部 10 余名。松江县人民政府公安局设在泗泾镇，局长王文卿，局设侦察、审讯两个课，全局干部 7 名。1949 年 8 月，松江市人民政府公安局撤销，并入松江县人民

① 《常州市志》编纂委员会：《常州市志（第三十六卷）·公安、司法》，中国社会科学出版社 1995 年版，第 8-10 页。

政府公安局，局机关由泗泾镇迁入松江县城，局设侦察、治安、审讯科及看守所，下设城区、泗泾、亭林、枫泾公安分局。城区公安分局辖永丰、城中两个派出所，1950 年 3 月城中派出所改名为中心派出所。1950 年 5 月，松江县公安局增设秘书室（股），侦察科改名为调查股（后改称第一股），治安科改为第二股，审讯科改名为执行股（后改称第三股）及看守所，亭林、泗泾、枫泾公安分局改为公安派出所。1951 年 6 月，城区公安分局撤销，中心派出所改为岳阳派出所，增设中山派出所。①

1958 年 3 月，松江专区撤销，各县公安局归苏州专员公署公安处管辖，11 月划归上海市公安局领导至今。

（二）人民公安武装部队的建立

解放初期，为了维护安定的社会环境、巩固新生的人民政权，公安武装以各种不同的建制番号，在各级公安机关组织下以不同的形式诞生。苏南地区以原坚持敌后的游击武装、苏南军区和野战部队转编的部分人员为基础，组成名称各异的公安武装，一般称为政治保卫队、警卫队、保警队或执法队等，尚无统一垂直的领导系统。

1949 年 8 月，中央军委公安部建立后，中央人民革命军事委员会批准建立人民公安部队。1949 年 10 月 15 日至 11 月 1 日，第一次全国公安会议召开期间，制定了《整顿各级人民武装的方案》。该方案对公安部队的建设、编制、指挥等作出具体规定，其中指出："中央暨各战略区直属公安部队统一编为师，直属市统一编为公安总队，均为人民公安部队的一级部队"，"省、专区、县为地方部队，省及省直属市为大队，专区为中队，县为队，均为人民公安部队的二级部队，由各战略区统一编制。"②

1950 年，中国人民解放军苏南公安总队成立，各市县纷纷改称或组建公安大队。1951 年 2 月，苏南行政公署公安局先后建立了直属公安大队，无锡、苏州市成立了公安总队（相当于团的建制），其他专区以下建公安大队、中队、队。1951 年 7 月，苏南行政公署公安局建立了武装处，各专区公安处设立了武装科，以统管公安武装警察组织。

1952 年 7 月，苏南公安武装根据华东军区公安司令部指示，组建、扩建成苏南公安总队。苏南公安总队是在原行政公署武装处的基础上，从苏南军区及各军分区调来一批干部组建而成的，下辖松江、苏州、镇江、常州四个专区公安大队，总队长为廖昌金，副政治委员为张忠，总队机关驻无锡。1952 年 11 月，华东军区公安司令部奉军委命令，公布了华东公安部队团（大队）以上部队番号，苏南公安总队及所辖各大队均冠以中国人民解放军的名称。

1. 无锡市公安中队

1949 年 4 月渡江后，原苏北军区特务团编为苏南军区特务团，1950 年 7 月由特务团三营与无锡市保警大队合编为无锡市公安总队，1952 年 8 月整编，改为无锡市公安中队。

2. 苏州市公安中队

1949 年 5 月，以原苏北两淮武工队一个排和苏州接收改编伪自卫队一个连及个别吸收，组成苏州市人民政府保安警察大队，隶属市公安局；1950 年 7 月，调入苏州专区各县

---

① 盛峰：《松江县人民公安志》，1992 年版，第 13-14 页。

② 中国人民公安史稿编写小组：《中国人民公安史稿》，警官教育出版社 1987 年版，第 248 页。

保警队编余人员，扩充成立苏州市公安大队，下辖五个中队（连），12 月撤销公安大队，改称苏州市公安总队，下辖六个连；总队队部设参谋处、政治处，下设组织、保卫、宣教、供管等股及医务室，1952 年 6 月整编后，改称苏州市公安中队，下辖三个连。

3. 镇江市公安中队

1949 年 4 月，原华东警备区七旅二十一团三营进驻镇江，其八连进驻仙鹤巷担任机动任务，直属镇江专员公署公安局，同年部队改编为镇江市公安局保警中队。1950 年年初，保警中队改编为镇江市公安中队，6 月改为镇江市保安警卫大队，隶属镇江专区公安处和镇江军分区。1951 年年初，保安警卫大队扩编为镇江市公安大队，下辖三个中队，隶属镇江市公安局，各县均建立了县公安中队。1953 年下半年，市公安大队和县中队改编为镇江专区公安大队，隶属专区公安处。

4. 常州市公安中队

1949 年 5 月底，华东军区下令撤销警备六旅番号，改编为常州军分区兼常州市警备司令部，原华东警备六旅十六团、十七团所属各营分至六县，与当地武装合并成立县总队、区中队，十八团改称常州军分区警备团。6 月中旬，地委着手组建地方武装，同时还成立了常州市保安警察大队，主要负责执行地方警卫、警戒、巡逻以及负责监狱犯人看守、押解和协同公安机关维护社会治安等。市区大多数工厂相继成立工人纠察队（组）、护厂队等；街道成立人民服务队，由各公安派出所领导。各县、区、乡组织民兵（模范队）保粮保仓；群众自动组织自卫队，防止盗窃和匪特抢劫。

人民公安武装部队建立的初始任务主要是警卫、守卫、守护、看押、城市武装巡逻，积极参与各个时期的对敌斗争和维护社会治安，镇压反革命，以及清剿匪特，平息暴乱骚乱等事件。

苏南各地在对国民党警察机构接管的同时，迅速建立起人民公安机关和公安武装，避免了社会管理的空白，在近三年的时间里根据公安部的文件精神和实际斗争的需要，不断充实完善，为维护社会稳定、保卫国防、保卫建设、巩固新生的人民民主专政政权提供了保障。

第二节　太湖剿匪与整治湖区水上治安

太湖位于苏浙两省，常州、苏州、湖州（浙江省）三个分区七个县的边境，西起茅山和天目山，东临东海，北濒长江，南濒杭州湾，面积 36500 平方公里；周围港汊、山地颇多，湖内有西山、冲山、漫山、大小雷山等沙滩小岛；湖中芦苇茂盛，周边竹木丛生，地势复杂，历来为盗匪匿迹出没之处。太湖自古就有土匪出没，民间流传“打不完田里的稗草，捉不完太湖里的强盗”。

解放前夕，国民党特务组织有计划地以太湖为依托，设立机关，建立组织，培训和布置了大批隐蔽的武装匪特。有曾任过“忠义救国军”团长、“交通纵队”的张正寅、史盘生等一批反动军官，与我党为敌，进行破坏活动。解放后，未及撤退的残匪、散兵游勇、土顽等流窜太湖，与潜伏敌特、惯匪、封建帮会互相勾结、互相利用、狼狈为奸，形成有“番号”匪特，以太湖为基地，四处造谣抢劫，敲诈勒索民财，攻击政府机关，杀害军民。

与此同时，溃逃到舟山嵊泗列岛的原江苏省主席丁治磐收集地方残部，整编为国民党革命军暂编第一军，垂死挣扎，妄想反攻大陆，大肆派遣特务潜回太湖地区，其中有原国民党昆山县长沈霞飞、吴县胡肇汉、太湖水上土匪头子金阿山等。他们勾结当地地主、恶霸，收罗散兵残匪，建立反共组织，形成匪特武装。1949 年 8 月前，太湖流域被发现的大小武装土匪有 200 多股，约 1.4 万人。

武装匪特有组织、有纲领、有计划地向我新生人民政权进行疯狂反扑，不断实施暗杀、绑架、抢劫、爆炸、策反等活动。解放初期，由于对残匪特务缺乏足够认识，党政军统一协调不够，给匪特以可乘之机。苏锡、苏湖、苏嘉间的轮船、汽车经常被抢劫；新生的区、乡政府被袭击 16 次；匪特捕捉我来往零星人员 120 余人，暗杀我地方干部 40 余人。

匪特的猖狂活动，使干部群众的生命财产受到严重威胁，新生人民政权遭到破坏，社会秩序被扰乱。因此，肃清匪特，巩固基层人民政权，强化社会治安，保障人民生命财产的安全，迅速恢复发展城乡经济，成为太湖地区乃至整个苏南地区党政军迫切的中心任务。

一、太湖剿匪

（一）党政军统一指挥，协同清剿

针对肃清匪特复杂严峻的形势，苏南行政公署制定了各专署联动、县县配合，城市以公安机关为主，湖荡和山区以部队为主，公安机关密切配合的剿匪方略。1949 年 5 月 25 日，中共苏南区委员会发出《关于迅速建立地方武装与肃清残匪》的指示，指出“各地应采取发动群众以政治瓦解和军事清剿相结合的军政兼进、剿抚兼施的方针，对敌人所留的一切武装力量，不管其公开的或是隐蔽的、分散的（散兵属之）或成股的，不管其表面上的伪装如何，原则上都应彻底肃清，决不允许其独立存在或给予任何番号收编”。6 月 19 日，苏南军区司令部、政治部又发布《肃清残匪、确保安全》的联合布告，决定调兵进剿。苏南各地公安机关召开公安局局长会议，部署配合军事清剿、肃清匪特相关工作。此后，各地成立剿匪指挥机构，对各种番号的武装匪特组织大力开展清剿。

1949 年 7 月 13 日，中共苏南区委员会、行署、军区遵照华东军区指示精神，作出《关于开展太湖地区肃清残匪、发动群众建设政权工作的决定》[①]（以下简称《决定》），统一部署太湖地区剿匪工作。《决定》要求：“成立太湖地区剿匪委员会，以苏州军分区为主成立太湖剿匪指挥部……下设太湖区行政特派员办事处，直辖西线、南线两个湖边办事处，由苏南区党委、行署、军区及常州、苏州两地委、专署、军分区各派适当干部参加工作。”《决定》还制定了太湖地区剿匪工作方针：其一，肃清匪特，发动群众，团结群众大多数，确保治安、稳定社会秩序，建设与巩固革命政权；其二，肃清匪特，执行军政并进、剿抚兼施之方针，孤立、镇压与打击罪大恶极坚决顽抗的匪特头子，利用矛盾、各个击破，争取和瓦解其下层。

---

① 中共江苏省委党史工作办公室：《城市的接管与社会改造（江苏卷·苏南苏北分册）》，中央党史出版社 1997 年版，第 369 页。

太湖剿匪初期，由于部队刚到新区，人地生疏，语言不通，生活不习惯，基层政权不巩固，群众发动不足，给剿匪斗争带来不少困难。朱传宝在其《回忆太湖剿匪斗争》① 一文中指出："剿匪初期，我部分指战员存在着轻敌麻痹思想，认为国民党几百万大军都被歼灭了，消灭小小毛匪有何难，缺乏长期进剿的思想准备。"针对这种思想倾向，结合几个月的剿匪成效，苏南军区政治部下达了《关于剿除太湖匪特的政治工作指示》，在剿匪部队中自上而下开展了思想发动，举行动员誓师大会。

中共苏南区委员会、行署要求各级公安机关根据匪特活动特点及规律，充分发动群众，宣传全国胜利形势，揭露匪特罪行，解释我剿匪方针及剿匪的重要意义，使群众了解我剿匪力量及剿匪决心，消除群众顾虑；提出肃清匪特、安定秩序、保卫夏收、保卫渔收等口号，并与防水救灾工作相结合，组织广大群众进行控诉运动，检举首恶匪特及隐藏土匪；同时对因受匪灾而无法维持生活者给予适当救济，发放农贷渔贷。通过这些步骤稳定群众情绪，打下彻底肃清匪特和恢复与发展湖区生产的有利基础。湖区公安机关在此基础上积极搜集匪情，布置内外侦察，运用各种关系，调查了解，掌握匪情，积极配合军队。

1949 年 7 月，华东军区调集部队，配合沿湖各县、区地方武装，在太湖中心、沿湖 7 个县进行清剿。湖州、常州、镇江、苏州等分区共抽调 11 个主力营、5 个县总队大部分或全部及沿湖各区队全部兵力为太湖剿匪武装力量。华东军区增派海军炮艇，由剿匪指挥部指挥，在太湖湖面巡逻，侦察情况。首先，清剿太湖四周地区的匪特，采取由外向内，稳扎稳打，步步为营，歼灭大股土匪于陆上，进而占领湖东交错岛屿和港湾，以分割封锁，控制与登记船只，组织船夫、渔民，分清匪民，孤立匪船，迫使其就歼或西窜。其次，肃清太湖西部匪特。最后，视匪势变化，压缩聚歼残匪于湖中或陆上。

部队、公安、地方认真执行"政治、军事双管齐下，以政治分化为主，配合军事打击与发动群众相结合"的方针，相互支持，协同作战，剿匪斗争取得初步成效，至 1949 年 10 月，共剿灭 69 个番号的武装匪特 11195 名，缴获了炮、机枪、电台等大量的武器装备。② 公安部队先后剿灭"苏浙皖边区行动纵队前进指挥所""国民自救军第一纵队""国防部青年救国军苏南政工处""中国青年反共救国军"等武装匪特 34 种、80 股、979 人。到 1949 年 11 月，太湖地区的武装股匪基本消灭。

（二）公安机关捉拿零散匪特

虽然大规模的武装股匪不断地被消灭，但仍有一些政治反动、思想顽固的匪特并不甘心失败，他们改变活动方式，由集中变为分散，流窜于山区、湖荡、水网地区。有的将枪支隐藏，伪装成小商小贩，潜伏城镇，伺机破坏。他们行踪不定，昼散夜集，继续对我城乡百姓和政府机构进行小股骚扰，在民间散布流言，进行反动宣传、秘密策反等破坏活动。

1949 年 7 月至 8 月，太湖地区各市、县相继成立了以公安机关为主要力量的市县"治

---

① 南京军区政治部编研室：《中国人民解放军历史资料丛书：剿匪斗争——华东地区》，解放军出版社 2004 年版，第 984-990 页。

② 江苏省公安志编纂委员会：《江苏省志（第 66 卷）·公安志》，群众出版社 2000 年版，第 101-102 页。

安工作委员会”，在配合军队武装清剿的同时，在城市和乡村全面领导和指挥本区域剿匪肃特斗争。按照公安分局及派出所的管辖范围，建立了治安分会、治安支会、治安小组，同时在一些企业、邮局、码头工会也建立了治安分会和治安小组。镇江地区还在铁路工会、摊贩管理委员会等单位组织纠察队，积极配合农村开展剿匪肃特工作。

各市、县公安机关认真贯彻“军事清剿，政治瓦解，发动群众三者密切结合”的方针和“公开破坏的，公开依法制裁、教育群众，秘密破坏的，采取侦察破案”的对策，在保警大（中）队参与武装剿匪的同时，建立精干的侦察队伍，号召群众检举揭发，责令保长、甲长汇报匪情，开辟线索来源，重点抓住危害特别严重的武装抢劫案和武装匪特组织进行专案侦察。

从 1949 年 5 月至 1950 年年底，各级公安机关对有各种番号的武装匪特组织开展了广泛的侦破工作。对流窜在太湖地区和山区的股匪，积极提供匪情，配合驻军进行清剿；对太湖周边城市的股匪，公安机关成立专案组，广泛调查研究，深入匪特组织内部，密切掌握匪情动态，待条件成熟时一网打尽。

国民党军统特务张志祥曾任“苏嘉湖澄锡虞行动总队”督导员，解放后在上海向人民政府佯装登记自新，暗地里搜罗残匪，潜入阳澄湖地区建立“东南人民反共救国军京沪沿线挺进纵队”，自任队长。这股匪徒以太湖地区吴县唯亭为据点，六七人一伙，分散流窜活动，公然印发反动传单，登记田亩征粮，封锁港口，控制过往船只，杀人越货，敲诈勒索，无恶不作。有的匪徒大白天竟敢穿便装佩短枪出没于跨塘街上，晚上偷袭当地政府。1950 年夏，苏南行政公署公安处派吴县公安局侦察小分队深入土匪活动频繁地区侦察，侦察员在无锡火车站逮捕两名匪徒。行署公安处突击审讯后，了解到张志祥的住处，并将其抓获。同时，剿匪部队包围了匪徒的数个盘踞点，未发一枪，一举全歼了嚣张一时的武装匪特团伙。10 月，公安部门在跨塘召开公审大会，依法判决张志祥等 6 名罪大恶极的匪首死刑。①

土匪组织水火帮在太湖地区恣肆横行半个多世纪。解放前，水火帮先后与日伪和国民党残部勾结，收罗伪军、国民党官兵入伙或接受其任务，由土匪变为反革命团伙。水火帮主要分为东、西两帮，东帮主要在浦东、南汇、川沙、松江、青浦一带活动；西帮分为数股匪特，潘标匪特组织主要活动在常州、昆山、常熟、吴江一带，朱文孝及其妻陆阿四妹为主的匪特组织活动在吴江地区。

潘标，伪兵出身，解放前奉命替国民党吴县政府装运一批枪支弹药去杭州，途中弃船，带走枪支弹药，组成武装团伙。1949 年 5 月至 1950 年 6 月，其先后在上海、昆山、苏州一带抢劫 15 次，杀死 7 人。1950 年 6 月 15 日，他潜来苏州，预谋抢劫吴江县盛泽丝厂，被当地公安机关侦破，先后捕获潘标等 8 人。1951 年 4 月 13 日，潘标被苏州市人民法院判处死刑。朱文孝曾是日伪大队长，后被国民党特务头子毛森收罗为侦缉队长，解放后组织“反共救国军太湖地区突击队”，自任队长。纠集了 20 余人，曾摇船到吴县枫桥镇，武装洗劫了 4 爿米行，抢劫大米 100 多石，临走放了一把大火，烧毁半条街。1950 年 6 月，朱文孝在甪直水上抢劫，被解放军和吴县保警大队发现围剿，俘获朱文孝和其余 6

① 江苏省吴县公安局：《吴县公安志》，上海社会科学出版社 1994 年版，第 124-125 页。

名残匪。1951 年 5 月 6 日，苏州召开万人公判大会，朱文孝、陆阿四妹等罪犯被判处死刑。此后，“水火帮”其余股匪慑于形势，有的逃散，有的从事他业。

“草头王”胡肇汉盘踞在苏州阳澄湖地区 10 余年。1950 年 5 月，苏南行政公署公安局破获匪特组织“江苏人民反共救国军第二纵队”，先后捕获胡肇汉①、王群等匪首数十人，缴获手枪 13 支、派令 13 张。此后，各地公安机关又破获“东南反共救国军”等一批匪特组织。

解放初期苏南地区匪特活动猖狂，与以丁治磐为首的一些民国江苏省政府官员和苏沪国民党特务策划有关。这些人员流窜到松江地区尚未解放的舟山群岛，以岛屿为基地，拼凑匪特组织，策划在大陆的破坏活动，指挥江苏地区的匪特在陆地杀人越货、图财害命、破坏通信设施、食堂投毒、袭扰群众活动，以此扰乱社会治安；在长兴岛周边海面，劫持渔船，杀害渔民，阻止渔业生产，形成海匪。松江各县公安机关在专署公安局指挥下，积极配合驻军部队，依靠群众，经过一年多时间，先后破获匪特组织 190 多股，捕获匪徒 3500 余人，缴获各类枪支以及电台、各类证件等。其中有松江县的“国防部青年救国团江南义勇第三纵队第八支队”、嵊泗特区的民国江苏省政府主席丁治磐组织的“江苏人民反共救国军”、奉贤县的“海军总司令部情报处第四谍报浦南分站”等。同时，川沙县公安局还与人民解放军三十军、上海市公安局、松江公安处联合组成海上剿匪司令部，在吴淞镇设联合办公处，开展海上肃清匪特工作。

（三）发动群众，巩固清剿成果

肃清匪特是为了巩固新生的人民政权，保障人民生命财产安全，保卫国家经济的恢复和发展。深入群众，发动群众，依靠群众，始终贯穿剿匪斗争的全过程。到 1950 年春，经过近一年的大规模军事剿匪，太湖地区武装股匪已基本被消灭，针对出现的新问题，苏南剿匪指挥部及时进行总结，提出了“以政治攻势和发动群众为主”的剿匪方针，着重进行了成立跨界联防组织、深入发动群众、政策攻心分化瓦解匪特、巩固清剿成果等方面的工作。

1. 建立边区剿匪指挥所和群众防匪小组

苏南公安机关成立了苏浙皖边区剿匪指挥部，建立了浙江长兴、皖南广德、郎溪、宣城，苏南宜兴、溧阳、高淳 7 县边区联防剿匪指挥所，同时在太湖地区各市县成立防匪小组、自卫队等群众性自卫组织。党政军齐动手，全面发动群众，提出“大家紧急行动起来，开展剿匪肃特”“欲肃清匪特必须剿灭匪巢，必须做到人人侦察，个个检举”的口号，仅吴县就组建了 3500 多个群众防匪小组，近 5 万名群众参加；常熟县成立 837 个防

---

① 胡肇汉，京剧《沙家浜》中胡传魁的生活原型，盘踞在苏州阳澄湖地区为非作歹十余年的“草头王”。1939 年接受改编，任新四军“江抗”支队长，后与日伪及国民党勾结，任国民党保安团长、青浦县警察大队长和吴县阳澄区区长等，先后杀害陈鹤、沈菊英等革命志士 52 名、无辜群众 135 名。苏州解放后，逃往台湾，1950 年 4 月 13 日，被原国民党江苏省政府主席丁治磐委任为“江苏省人民反共自卫救国军第二纵左右队”副总指挥，偷渡吴淞，潜入上海。同年 4 月，苏州市公安局破获一起“中国反共建国江南游击总队”案件，供出胡肇汉等人在上海住址，5 月 21 日凌晨，苏州市公安局在上海静安区捕获胡肇汉。1950 年冬，在苏州张家花园召开公审大会，依法判决胡肇汉死刑。

匪小组、守夜巡更小组等，有 7860 人参加。地方政府还相继建立起农会、渔会，训练治安积极分子，对外阻塞匪徒流窜，对内强化自卫防范。各地公安机关通过防匪小组、农会在市县交界地带开展治安联防，统一部署警力，设置检查站，盘查放哨，互通情报，实行跨区域联防，堵塞匪特活动空隙。

防匪小组、农会和公安机关密切配合，织牢县郊、港汊等边界地区的防匪网络，使匪徒无路可逃、无处可藏。1950 年 9 月，在群众举报下，公安机关抓获了“中国青年胡国军”周岐生、钱治国等全部匪特。9 月 17 日，在镇江丹徒县岁丰乡东贪村农会成员的配合下，公安机关抓获“反共青年救国军茅山军区镇句支队”匪特严文山、李国华等 7 人，后在上海捕获该组织首领、国民党特务周德荣和项品芳。12 月 17 日，经群众举报，公安机关击毙“人民反共青年救国军”苏浙皖边区第一支队支队长、“屡抓屡逃，恶贯满盈”的土匪头子单天庆，俘获 10 余名匪特。

2. 政治宣传，政策攻心

各级公安机关利用各市县报纸、电台等舆论工具，大张旗鼓地进行政治宣传，在城乡张贴华东军区关于《肃清匪患，巩固革命秩序》的布告，宣传我党“对于反动阶级和反动派的人们，在他们的政权被推翻以后，只要他们不造反，不破坏，不捣乱，也给土地，给工作，让他们活下去，让他们在劳动中改造自己，成为新人”的革命人道主义政策，阐明“知匪不报者有罪，勾匪者严办，立功者受奖”的政策和“首恶必办，胁从不问，立功受奖”“军政并进，剿抚兼施”的方针。

各级公安机关派出所开展党的政策宣讲会，召集匪特家属、国民党团人员等开会，宣讲政策，指明前途，敦促匪特投案自首，还动员其家属规劝；发动群众检举揭发；对前来登记自新的不准侮辱人格，不准徇私包庇；召开自新匪特座谈会，教育自新分子立功赎罪，争取更多匪特前来自新悔过；安排表现较好的自新分子在会上现身说法，带动其他匪特交代罪行、彻底悔过。

随着宣传的深入，有不少匪特认清形势，弃暗投明，纷纷率部队向当地公安机关投诚。阳澄湖地区匪首史某等 9 名匪特在亲友的规劝下，主动向吴县公安局自首；太湖地区原国民党师长龚国良率部千人向剿匪部队投降；常熟县有 54 名匪特向公安机关投诚，群众密报逮捕匪特 6 名；太湖中的小岛有 100 余名胁从分子向政府自新；匪国防部二厅 234 组潜伏组电台台长陈志和被同伙揭发而被抓获；宜兴县匪特赵志行不但向政府投诚，还提供多股匪特线索。

3. 多措并举，铲除匪特社会基础，巩固剿匪成果

股匪被剿灭后，溃散的个别匪特分子转入地下活动。1950 年 6 月朝鲜战争爆发后，一部分反革命匪特分子包括少数被教育后释放的匪特纷纷出笼活动，与国民党的反攻叫嚣相呼应，幻想恢复失去的“天堂”。

为巩固前期清剿匪特成果，铲除其生存的社会基础，苏南区党委推动开展反霸斗争。在农村，发动群众减租退押、反霸，严厉打击恶霸势力；在城市，主要是废除封建把头制度，对包工头、把头、脚行头等把持的运输等行业和场所，建立企业机构和工会等群众组织，改变陈规陋习，清算封建把头等反动头子的罪行，对于有罪恶、引民愤的恶霸分子，依法严厉制裁。1950 年年底，苏南区党委把太湖地区剿匪工作作为重要内容纳入“镇压

反革命”计划，并发出“关于肃清残余土匪和追捕过去释放之匪首、惯匪及释放后继续进行反革命活动之土匪”的指示，匪特成为五个方面重点打击对象之一。

无锡、苏州等地通过组织万人公审匪特头目大会、反匪特展览、诉苦会，贴标语、出快报、演话剧、唱革命歌曲等宣传形式，激发市民反匪特情绪，控诉揭发匪特罪行，在城市营造匪特处处挨打局面。

苏南各市县在农村实施土改的同时，废除保甲制，建立农会（农协会）等基层组织。剿匪指挥机构及治安委员会抽调大批人员，深入农村，在教育群众，宣传党的政策的基础上，采取“以游击制游击”“以便衣对便衣”“以分散对分散”的剿匪战术，迫使匪特在农村无立足之地。

截至1952年10月，历史上蔓延于太湖的匪患基本肃清，太湖复归清平，人民政权建设得以顺利进行。

二、肃清大中城市潜伏敌特

国民党反动派溃退时在苏南各大城市遗留、预伏一批特务，秘密发展特务组织，建立反革命武装，他们与当地惯匪流氓、道门帮会等反动黑势力互相勾结，进行放火、爆炸、投毒、抢劫、刺探军情、暗杀干部、传播谣言、散发反动传单等破坏活动，严重威胁着新生人民政权的巩固和社会秩序的安定。搜捕敌特成为新生政权的重要任务之一。公安部门组织专门力量，采用了登记、宣传、侦察等措施，摸清敌情；通过宣讲政策，分化瓦解敌人；依靠群众，积极侦破各类敌特案件。

镇江作为民国政府首都的门户、江苏省会所在地，党政军警宪特机关林立，除省、县党部、省、县政府各部门外，省、县各种特务机关遍布全市。中统江苏省室设在镇江，直接控制镇江的特务组织。省会实验区室设有工运、学运、商运、交通等18个中心组。军统有保密局、国防部二厅各系特务组织28个。苏北解放后，大批敌特组织迁移或滞留镇江，如高邮的国防部二厅“234”情报组、保密局苏北站等。

1949年8月1日至9日，镇江专员公署公安局召开第二次公安会议，部署开展剿匪肃特斗争。首先，根据苏南行政公署公安局《关于进行反动党团特登记的布告》，规定反动党团特人员于限定时间内到公安机关登记；同时各分局、派出所分别召集有关人员开会，讲清政策，晓以利害，指明前途，敦促相关人员投案自首；动员其家属规劝，发动群众检举揭发。由于发动、宣传、调查等准备工作充分，加之执行政策稳妥，反动党团特大部分人员前来自行登记。其次，组织专门力量（军警联合）积极侦察，破获大量匪特案件。例如，破获潜伏特务镇江情报站案，抓获老牌军统特务、国防部二厅总务科长张民戎①；破获东南人民反共救国军长江纵队案；抓获盘踞在舟山的江苏省绥靖总队司令丁治磐、东南

① 张民戎，老牌军统特务，国民党国防部二厅总务科长。1948年10月国防部二厅布置长江及宁沪一带的潜伏任务时，其主动要求潜伏，经秘密训练后，被国防部二厅七处处长宣坛指定为镇江情报站站长（代号404），以大西路盛大祥绸布店为联络点，专门搜集解放军情报，直接报告国防部二厅。1949年7月，上海市公安局捕获军统特务焦建和，供出镇江有军统潜伏站，站长张民戎。根据这一线索，镇江市公安局派侦察科长打入内部，7月12日在该市万全楼旅社捕获张民戎，缴获电台4部、短枪10支。

人民反共救国军总队司令毛森委派的长江纵队司令杨传仁及其所部全部匪特。截至1953年年底，镇江市公安局先后破获了50多起武装匪特案件，抓获一大批潜伏特务和武装匪特分子，缴获电台17部、长短枪117支。①

苏南各市同期也破获多个匪特组织。1950年12月，在苏南行政公署公安局局长黄赤波的组织领导下，经过几个月的侦察，上海、苏州、吴县公安机关共同行动，一举捕获军统潜伏在苏州及吴县的特务徐澄本、何家驹等41名，查获枪支、子弹、炸药及电台、信件等物。这伙特务在解放前夕接受潜伏任务，1950年2月至3月，先后派人去香港进一步接受国民党留港匪首顾伟布置的潜伏任务，此后以大华戏院、云飞车行等职业为掩护，发展成员，收集武器，散布谣言，并准备制造爆炸事件，以配合国民党"反攻大陆"的活动。1951年5月6日，潜伏特务徐慕渊等12人、派遣特务顾金华等4人被判处死刑。

三、整治湖区与水上治安

解放初期，经过大规模的剿匪，水上股匪基本肃清，但尚有少数漏网的土匪、渔霸以及从陆上窜至水上的恶霸、反动军政人员等，他们相互勾结，发展反动势力，加上残存的水上封建把头制度，使广大船（渔）民仍遭受着剥削、压迫，生活困苦。为此，苏南行署公安机关在水上开展一系列以打击水上反革命分子和刑事犯罪分子为主要目的的行动。

1950年4月，苏南行政公署成立直属的太湖区行政办事处公安局，管辖大小港口264个，大小船只6032条，船（渔）民5408户28938人。为彻底肃清水上反动势力、铲除封建把头制度、使船（渔）民政治上翻身，1952年12月，太湖区行政办事处又成立了水上民主改革委员会，以公安机关为主，由渔会、民政、银行、合作社等部门20多人组成专门领导班子，同时培训船（渔）民骨干50多人，并在区域内多地开展改革试点。工作主要分为五个阶段。一是宣传教育，学习党的方针政策，提高船民对民船民主改革重要性的认识；二是培养骨干，在船民中选拔、培养骨干和积极分子，推动民船民主改革的进行；三是开展忆苦思甜，在船民中选择苦大仇深人员召开忆苦大会，通过忆苦激发船民的阶级觉悟，掀起检举揭发坏分子的高潮；四是收集材料打击不法分子，对船民检举揭发的材料，工作队组织专人调查核实，严厉打击土匪、恶霸等；五是建立组织，巩固政权，发展生产。建立渔民代表会议制度，进行船舶登记，强化水上作业和船（渔）民管理。截至1953年6月，水上民主改革基本结束，依法处理了一批反革命分子和水上霸头，废除了封建把头制度，建立了水上新秩序。②

1950年，无锡市设立了太湖水上公安分局和五个治安检查站，负责太湖的水上治安管理。公布了《水上船舶管理暂行规则》和《水上交通管理暂行规则》；结合户口改革，对水上船只以船立户登记，建立户口，组成92个居民小组，划段成立121个停泊站，加强太湖水上治安管理。1951年，在镇反运动中，公安机关依法集中逮捕水上系统反革命分子114名。1953年2月25日，太湖水上进行民主改革，建立民改委员会，经过宣传教育，广大船民认识提高，面对面进行检举揭发、批判斗争、控诉反革命分子和封建把头的罪

---

① 《镇江市公安志》编纂委员会：《镇江市公安志》，1994年版，第100-101页。

② 江苏省吴县公安局：《吴县公安志》，上海社会科学出版社1994年版，第121页。

行，对罪行严重的反革命分子逮捕了3名、管制22名，清除了“二十兄弟”“六十兄弟”“十一姐妹”“四大金刚”“一百零八将”等封建江湖结义组织，取缔了水上算命、拆字、巫婆等迷信职业①。

镇江、常州等地区均建有水上派出所，负责水上户口和治安管理，开展船舶登记，发放船舶户口簿，加强渔民、船舶、码头管理，废除封建把头，革除陋规恶习，建立了码头工会；沿长江区域设立交通岗哨，维持水上交通秩序，防止江匪流窜。水上派出所还把码头上的摊贩和随船售卖的提篮小贩100多名组织起来，成立了篮贩委员会，协助管理治安秩序，他们轮流值班，安排旅客排队上下船，既防止了盗窃犯罪，又保护了旅客安全，使码头治安秩序明显好转。

苏南各地经过民船民主改革运动纯洁了船民、渔民队伍，维护了船民、渔民的民主政治权利；通过设立水上公安机构，加强了水上治安管理，使船舶和船民治安管理工作初步纳入了法治化、规范化管理规定。

四、开展镇压反革命运动

经过剿匪肃特，开展湖区治安整治，苏南地区大部分反革命势力已被消灭，但还有部分残存势力躲进深山和湖荡，在城市中潜伏下来，伺机搞破坏。特别是美帝国主义发动侵朝战争后，反革命分子的气焰更加嚣张，他们以为第三次世界大战即将爆发，于是，紧密配合台湾国民党“反攻大陆”的叫嚣，针对共产党开展的土地改革和抗美援朝等中心工作进行破坏活动。

1950年10月10日，中共中央下达了《关于镇压反革命活动的指示》，即《双十指示》。从这时起，在全国范围内发动了一场轰轰烈烈的镇压反革命运动。

苏南地区的镇反运动历时二年，经过三个阶段，整个运动在1953年结束。

第一阶段从1950年10月至1951年10月，主要是对五个方面（土匪、恶霸、特务、反动党团骨干、反动会道门头子）的反革命残余势力进行致命性的打击。为落实中央《双十指示》精神，1950年11月，苏南区党委召开公安、司法、检察县以上负责干部联席会议，讨论通过区党委提出的《关于镇压反革命活动的三个月工作计划》（以下简称《计划》）。《计划》要求：加强对现行反革命犯的侦捕工作，逮捕惩办为多数群众痛恨的、有血案的恶霸分子；清理在押案犯，加强对重要的反革命分子、反动会道门头子、反动党团骨干和特务分子及国民党尉级以上军官的登记工作。《计划》颁布后，苏南各地、市委分别传达贯彻，成立了保卫委员会，并根据具体情况，制订工作计划，密切配合土地改革与抗美援朝运动，侦捕反革命分子。截至12月，全区共逮捕罪犯8550名。

1951年1月，苏南区党委决定：一般地暂时停止逮捕人犯。凡个别地区“镇反”工作尚未开始而现在需进行逮捕者，在逃或群众运动中必须逮捕的罪大恶极者，实行取缔反动会道门地区应逮捕的反动会首等，应经地委批准；进行反动党团特分子登记的城市个别必须先行逮捕的登记对象，匪特案件的侦破等，应经区党委批准。

1951年2月21日，中央人民政府发布《中华人民共和国惩治反革命条例》。3月16

---

① 《无锡市公安志》编纂委员会：《无锡市公安志》，群众出版社1993年版，第107页。

日，华东军政委员会发出《关于贯彻执行〈中华人民共和国惩治反革命条例〉的决定》，规定了处理反革命案件的原则、方法和量刑标准，镇压反革命有了法律武器。苏南各地以学习、宣传《中华人民共和国惩治反革命条例》为中心，以召开控诉会、公审会、出布告等方式，大张旗鼓地进行“镇反”宣传，深入发动群众检举揭发，掀起了空前规模的、声势浩大的群众性“镇反”高潮。3月23日，苏南地区严惩一批匪首特务分子。枪毙指引敌机轰炸戚墅堰铁路、工厂的特务分子李海宝，吴江县召开万人大会公审处决10名匪首特务。

1951年4月，苏南行政公署委员会举行第三次会议。无锡市公安局局长刘中和苏南公安、司法等机关的代表向会议汇报了前一时期的镇反工作，检查了过去镇反工作中一度存在的对反革命分子“宽大无边”的右倾偏向，列举了反革命分子仍在继续进行各种破坏活动的事实，会议作出大张旗鼓地镇压反革命的决议。4月28日，无锡市一届四次各届人民代表会议协商委员会举行第八次会议，听取公安局局长刘中“关于无锡日前逮捕一批反革命分子的报告”，成立了由各界人士组成的无锡市反革命案件审查委员会。各市、县召开了人民代表会议、农民代表会议和其他各种群众性的会议，宣传贯彻中央的政策精神，举办了反特展览会、罪证展览会，60余万名群众受到实际教育，80%以上的群众参加了运动；召开较大的控诉会、公审大会6981次，严厉镇压了一批罪大恶极的反革命分子。

5月19日，中共中央主席毛泽东在转发“无锡市委关于组织民主人士参加反革命案件审查委员会情况报告”上作了亲笔批语：“使民主人士与闻镇反工作要求一些具体形式。关于审查案卷方面，华东各地根据华东局的指示，组织了‘反革命案件审查委员会’。无锡实行的结果很好，各地都应仿照办理。实行这种办法，民主人士真正得到了学习机会，去掉了怀疑，和我党更加靠拢，我党也就更加主动了。”中共华东局的批语：“无锡市委关于无锡市反革命案件审查委员会情况报告很好，兹特转发给你们参考。”

6月中旬，苏南各地、各级成立清理积案委员会，并参照无锡市经验，成立反革命案件审查委员会。清理积案工作中，各地注意发动群众参与，先后召开了506次反革命分子家属会议，进行政策教育与解释；在群众已发动的地区和单位，通过民主协商选举，组织了1247个治安保卫委员会。在清理积案的同时，苏南各地判刑犯有计划地被分批投入劳动改造，截至8月底，投入劳改的有7140人，占总数的34%。

1951年2月，镇江市第三次各届人民代表会议作出了《粉碎谣言，扑灭匪特，镇压一切反革命活动的决议》，指出：镇压反革命运动主要打击五个方面的反革命分子，即土匪、恶霸、特务、反动党团骨干分子和反动会道门头子；打击的依据并不是他们职务的高低，而是他们剥削、欺压人民的罪行；镇压反革命的方针政策：“镇压与宽大相结合”“坦白从宽，抗拒从严”“首恶必办，胁从不问，立功受奖”。3月下旬，镇江专署公安处在市区伯先公园“演讲厅”举办了“反特展览会”，参观群众达11万余人（次），以大量实物和案例深刻地揭露了反革命分子的罪行。

第二阶段从1951年11月至1952年11月。苏南行署在总结经验、巩固胜利的基础上，以镇反不彻底的山区、湖区和市、县接合部为重点，深入进行镇反运动。同时，结合“三反”“五反”运动，坚决打击现行反革命破坏活动，从1951年年底到1952年8月，共逮捕反革命分子2238人。苏南地区“镇反”不彻底的乡减少到334个，占全部2803个乡的

11.9%，主要分布在沿海岛屿和沿江地区。

第三阶段从1952年12月至1953年年底，重点是继续解决镇反不彻底的地区。

镇压反革命运动后，国民党反动派在苏南地区长期经营培植的反革命社会基础基本被摧毁。

第三节　稳定社会秩序与新式户口管理制度

苏南各城市解放时，国民党政权留下的是一个政治状况复杂、治安相当混乱、刑事犯罪活动严重、旧社会遗留下来的污泥浊水横行社会的局面。为巩固新生人民政权，让人民群众安居乐业，必须迅速采取措施，实行有效的治安管理，制止和打击刑事犯罪活动，清除各种社会丑恶现象，保障社会稳定。人民公安机关建立后，针对当时的治安状况和面临的问题积极开展工作，截至1952年年底基本解决了旧社会遗留的社会问题。

一、加强治安行政管理，稳定社会秩序

（一）收容安置散兵、游民、乞丐

散兵是指国民党军溃败时丢下的士兵，游民、乞丐是旧社会“遗留物”。解放初期，这些人为数众多，主要聚集在大中城市，走街串巷乞讨，露宿街头，更有甚者与地痞流氓结成团伙、帮派，强索恶要，偷摸抢夺，危害社会，造成社会秩序混乱。

1948年8月4日，中共中央社会部发布《关于城市治安工作经验的通报》，要求各城市公安机关学习和采用哈尔滨市公安局设立游民教养院的做法，解决这个社会问题，指出“改造游民、流氓、小偷、赌鬼以及吗啡大烟鬼，加以强制教育，给予改造，组织参加生产，是巩固治安、安定社会秩序的重要条件之一”。①

1949年4月，人民解放军发布《中国人民解放军布告》，指出“一切散兵游勇，均应向当地人民解放军或人民政府投诚报到，凡自动投诚报到，并将所有武器交出者，概不追究。窝隐不报者，须受相当的处分”。

苏南各地解放后，各地公安部门在接管城市后，参照哈尔滨经验，结合自身城市实际情况，纷纷设站登记，建立教养院，或收容教养，或遣送原籍安置。与此同时，对散兵游勇手中的各种武器及散失在民间的武器进行收缴，限期登记、交出。各地开办的教养院一般设有教育、生产、教养等部门，对收容人员开展思想教育、组织劳动生产和医治疾病。思想教育主要讲解政治常识和党的方针政策，提高被教养人员的思想觉悟，坚定走新生活道路的信心；组织被教养人员参加生产，让其通过自己的劳动养活自己、管理自己，为社会创造财富，改正自身恶习，扫盲学文化。解放不久，苏南军区、无锡市军管会、无锡市警备区就颁发了收容国民党散兵游勇及收缴枪支的布告，布告发出一个多月，收缴了长短枪1000余支、机枪24挺、各类炮144门、子弹2万余发。1949年5月23日，松江市人民政府成立“松江市解放蒋军招待所”，后改为“松江县散兵游勇收容所”。松江县人民政府在泗泾、亭林两镇设立散兵游勇登记处。县公安局密切配合，共收容遣送散兵游勇

① 中国人民公安史稿编写小组：《中国人民公安史稿》，警官教育出版社1987年版，第160页。

957人，收缴手枪17支、手榴弹12枚、电话机2台、广播电台1部、枪弹300余发、海洛因750克、鸦片250克。

在收容处理国民党散兵游勇的过程中，各市军管会还采取相应措施，妥善解决了大批滞留苏南的来自苏北、皖边等地的灾民和游民。截至1949年年底，滞留苏南的灾民、游民90%被遣送回原籍，对暂时无条件遣送的组织他们生产自救。截至1950年12月，常州市共收容3369人；截至1952年年底，苏州市共计收容9073人；镇江市共收容11万人，包括过境的散兵游勇，苏北、皖北的逃荒难民、游民。

（二）打击银元贩子，保卫国民经济的恢复发展

解放前，由于国民党政府滥发纸币，造成信用崩溃，国统区普遍出现了黄金银元的投机市场。苏南各市解放初期，一些金融投机者趁人民币刚刚进入市场以及物资缺乏的暂时困难，开始兴风作浪，炒卖银元，与人民币争夺市场。当时，苏南各地银元黑市买卖十分活跃，再加上残余匪特和投机者的操纵，银元非法流通严重影响了物价稳定，并阻碍人民币进入市场。

苏州市投机者在观前街、玄妙观以及阊门外南阳里、小杨树里等处公开进行投机交易，与上海、无锡等地银贩相互呼应，哄抬银元价格，致使银元价格猛烈飙升，1949年6月1日至9日，每枚银元从580元人民币猛涨到2800元人民币。银价的迅速上涨，又带动了其他物价上涨，大米、面粉、食油等生活必需品也随之急剧涨价。5月底至6月12日，苏州物价出现了第一次猛涨，黄金每两从16000元涨至98000元，中白粳每石从1600元涨至13800元，面粉每袋从700元涨至3600元，分别上涨了512%、760%和440%，严重扰乱了市场和金融秩序，损害了人民币权威，影响了人民正常生活。[①] 京（南京）沪线上苏南各市产生联动效应，一时间物价飞涨。群众强烈呼吁要求打击投机商，取缔银元投机活动。

为了稳定物价，打击金融投机，确立人民币在流通领域的信用与购买力，1949年5月8日，中共中央华东局发出《关于禁止银元活动办法》，指出银元买卖和在市场的流通“造成物价波动，市场混乱，并破坏人民币信用与购买力，因而使人民蒙受损失，妨碍人民币发行，对我极为不利”，要求新解放城市建立军管会后，要立即禁止以银元为计价单位和买卖货物；人民银行要指定场所收兑金银；对继续利用银元进行违法犯罪活动的予以惩戒；要求人民银行采取隐蔽方式派员到银元场所“监视活动”。

1949年6月10日，中共中央华东局又颁布《华东区金银管理暂行办法》，该办法共分13条，规定：各种金银、银币、金银首饰等，除经人民政府批准特许出境者外，严禁带出解放区；在解放区内允许人民储存金银，并允许向人民银行按牌价兑换人民币，但不得用以计价行使流通与私相买卖；如自愿出卖金银，须到当地人民银行及其委托机关，按牌价兑换本币；因正当用途需购用金银原料者，须向当地中国银行申请购买；在解放区内迁居而必须携带储存之金银，或自解放区外携带金银入境，或以出口物资换回之金银入境时，均须持有区级以上政府或对外贸易管理机关之证件，并办理携带手续；自行佩带之金

---

① 中共江苏省委党史工作办公室：《城市的接管与社会改造（江苏卷·苏南苏北分册）》，中央党史出版社1997年版，第125-126页。

首饰不超过一市两，银首饰不超过四市两，及私人用作馈赠之银质器皿不超过二十市两者，可在解放区内自由携带，无须携带证件；金银饰品业除出售制成品外，不得私相买卖金银与收兑金银饰品。违反上述规定者，按情节轻重处理。①

1949年6月，根据中共华东局的指示，苏南公安部门统一行动，封闭所有银元市场，打击银元贩子和金银买卖，取缔地下钱庄，逮捕和制裁了一大批大投机商。

无锡市公安局先后于6月9日、11日，对中山路、北大街，江阴巷等地金银黑市交易场所，采取统一取缔行动，查获一批投机奸商，缴获黄金87两、银元450枚，同时在车站、码头设卡，堵截外地来锡的奸商；6月13日，继续查获200多名银元贩子，破获地下钱庄4处，缴获黄金132两、银元3435枚、人民币1355450元（旧币），抓捕9名投机奸商和银元贩子。之后，无锡物价开始下降并日趋稳定。②

镇江市公安局和解放军联合行动，于6月11日在车站、码头各个班次的出入口处协同把关盘查，查到持有银元者，就伴同到指定地点，办理兑换手续。镇江规定，凡持有银元十块以下者，强制兑换，人不扣留；凡持有大量金银，除强制兑换外，本人暂予扣留审查；凡是银元贩子，银元予以没收，没收的一律出具收据。至6月17日，六天时间共查获违法携带大量金银的投机倒把嫌疑犯93人，送公安局审查，其中黄金案23起，查获黄金14斤；银元案70起，查获银元2400块。之后盘查工作交由派出所日常进行。经过这场反银元贩子的斗争，镇江市白天街上再也听不到银元“叮当”，人民币信用坚挺，物价趋于平稳。③

苏州市军管会公安部会同警备部队、公安局等相关部门在6月13日对银元贩子集中、黑市交易猖獗的玄妙观、南阳里、小杨树里等场所进行武装包围，命令所有人员停止交易，就地接受检查，并对银元贩子800余人进行姓名和财物登记；之后又对火车站、汽车站、轮船码头、茶馆等场所进行检查，检查银元贩子，对贩卖的银元进行登记收兑。13日当天，1000余名工人、学生组成的几十支宣传队同时走上街头，宣传银元投机的危害，声讨“黄牛”扰乱市场、哄抬物价的不法行为。14日，全市工人、学生又举行了声势浩大的万人游行，支持政府打击银元投机的行动。国营建中公司迅速组织调运大批粮食、猪肉、煤炭、食油等生活必需品到苏州，平抑了物价，增强了人民币信誉。16日，公开的银元投机完全绝迹。这次共计收兑黄金648两、金饰131两、银元267788枚，金融秩序日益稳定。④

苏南各市开展的取缔金银黑市交易场所行动，彻底摧毁了旧中国遗留下的金融投机市场，稳定了社会经济，安定了人民生活，为恢复生产和正常经营扫清了障碍，创造了良好的经济环境，得到人民的支持和欢迎。

（三）加强对旅馆等特种行业管理

1949年下半年，苏南行政公署公安局陆续颁布了旅店业、摊贩、刻字印刷业、娱乐场

① 中共中央华东局：《华东区金银管理暂行办法》，载《山东政报》1949年第1期，第91-92页。

② 无锡市公安志编纂委员会：《无锡市公安志1949—1987》，群众出版社1993年版，第93页。

③ 镇江市公安局史办公室：《解放初期镇江社会治安的斗争》，第3页。

④ 中共江苏省委党史工作办公室：《城市的接管与社会改造（江苏卷·苏南苏北分册）》，中央党史出版社1997年版，第125页。

所四个管理暂行规则，将特营管理行业分为四类。第一类娱乐场所，包括电影院、戏院、茶馆、歌场、咖啡馆、俱乐部、书场等；第二类复杂营业，包括旅店业、刻字印刷业、佣工介绍所、星卜业、旧货业、交通运输公司、摊贩、理发店、澡堂子；第三类有关风化的不正当行业，包括妓院、台基、淫书淫画业；第四类有关一般公共安全行业，包括鞭炮店和其他易于发生火灾的营业场所。

各地特营管理工作一般从摊贩、旅馆、娱乐业的清理整顿开始，组织力量对经营单位、个人进行全面登记，核发营业许可证。随后，制定各项规章制度，转入正常治安管理。

解放初期，苏南各市电影院、戏院、茶馆、俱乐部、书场等公共娱乐场所大多为资本较大的老板所有，其中部分业主与国民党、匪特有一定联系，甚至本身即有政治问题，聚众赌博、吸毒贩毒等不法活动较为猖獗。1949 年 8 月，苏南行政公署颁布《苏南各城镇公安局娱乐场所管理暂行规则》，规定新开设的或原有的游艺场所、剧院、电影院、书场、清唱茶社及其他以营业为目的的公共娱乐场所均须向当地县（市）公安局申请登记，经批准发给许可证后方准营业，场所内严禁聚众赌博、嫖娼、吸毒贩毒等不法行为。随后，苏南各市公安机关在影剧院内设“临监席”，由当地公安分局派民警入场，维护秩序，打击反革命分子的破坏活动，并关闭了苏南各大中城市的营业性歌舞厅。

1949 年下半年，苏南行政公署公安局先后颁布《旅店业管理暂行办法》《苏南各城镇旅店营业管理暂行规则》，要求公安机关对旅馆进行全面登记，核发许可证；同时规定：旅店须建立循环簿制度，每日详细登记旅客住宿情况，报送当地公安机关审核。公安机关定期或不定期召开旅馆业主和从业人员会议，并结合日常检查进行政策、法规教育。对违反规则，留住小偷、妓女、吸毒贩毒者的旅馆，用召开行业会议的方式进行处理教育，情节严重者则予以暂缓发证或停业处理。截至 1950 年 6 月，苏州、无锡、常州、镇江四市发证管理的旅店有 447 家。

1949 年 9 月和 12 月，苏南行政公署公安局又先后颁布《管理摊贩暂行规则》《铸造业、刻字业、印刷业暂行管理规则》，除了对这几种特种行业要求开展登记、审核、发证等工作外，主要是强化规范经营，明确相关经营活动须呈送公安机关审核，经批准备案后方可实施。镇江市还建立了摊贩管理委员会，通过建立固定的贸易市场，将杂乱无章散处各地的摊贩组织起来，进行集中管理。

（四）取缔反动会道门

会道门是中国封建社会的产物，它是以“鬼神论”“宿命论”等异端邪说欺骗麻痹群众、以封建家长专制的形式建立起来的秘密团体。长期以来，会道门逐渐被豪强势力所把持，充当了统治阶级压迫、奴役人民的工具。解放初期，反动会道门同其他残余反革命势力沆瀣一气，制造谣言，散布迷信，组织暴乱，诈骗钱财，奸淫妇女，杀害基层干部群众，对抗人民政府的政策法令，破坏社会安定和秩序，给国家、社会和人民群众造成严重危害。

苏南地区会道门繁杂，道种有几十个，道首骨干万余人，道徒几十万人，其中以“一贯道”基础最为深厚，九宫道、同善社等次之。他们乘人民政权初建之机，与国民党残余势力相互勾结，利用部分群众迷信落后思想，组织策划暴动、骚乱，妄图颠覆新生的人民政权。其主要犯有散布迷信邪说、制造政治谣言，策划暴乱、图谋推翻人民政权，巧立名目、诈骗钱财，危害生命、奸淫妇女四大罪行。

1950年下半年，根据华东公安部《关于目前处理会道门问题的指示》（1950年4月7日）精神，苏南行政公署公安局要求各级公安机关对“一贯道”等反动会道门组织情况开展调查研究，逐步做好取缔前的准备工作。9月1日，苏南区党委作出《关于取缔会道门工作的指示（草案）》，要求各地党委与公安机关有计划、有系统地调查会道门。10月10日，苏南公安局提出《关于取缔会道门工作的几个意见》，确定取缔工作的方针和方法步骤。取缔会道门工作的方针有两条：其一，根据情况与条件，有步骤地取缔解散封建会道门，查封坛口，区别情况，分别对待会道门成员，惩办罪恶重大的首恶分子，登记一般的办道人员，教育争取广大的被欺骗群众；其二，开展广泛有力的宣传攻势，教育争取群众，揭露封建会道门的反动面目、欺骗伎俩及其罪恶事实。其方法步骤有四项：其一，在思想、组织、材料方面做好充分准备；其二，逮捕罪恶重大的主要会首，收集证据，查封佛坛及财产；其三，召开各种有组织的群众会或代表会，揭露其罪恶，然后由政府发布布告予以取缔；其四，举行会首与办道人员的登记工作，在群众已觉悟的基础上号召群众退道退会，并发动群众控诉会道门的罪恶。此后，苏南各县以县政府名义发布布告，宣布取缔反动会道门。①

无锡市反动会道门主要有“一贯道”、同善社、后天九宫道、一心天道龙华圣教和中华理教会等。市公安局制定了若干政策和办法：“‘一贯道’点传师、同善社四级以上乡首师，恩职以及乾堂，一心天道分会长以上，九宫道分盘主以上，均以反动会道门头子论处”，“凡造谣惑众，离间人民团结、组织暴乱、策划或执行破坏以及骗取钱财、伤害人命、强奸妇女、伪造公文证件，破坏人民政府各种政军法令，或《中华人民共和国惩治反革命条例》公布后，仍积极进行开坛传道发展组织等活动的，均以反革命罪论处”。1951年，在镇压反革命运动中，无锡市集中逮捕了一批道首；1953年1月28日，全市行动，又依法逮捕了一批反动道首，其中有“一贯道”“天光总坛”的俞赞平、同善社的祝有青、一心道的道首等。

在苏州市15种反动会道门中，尤以“一贯道”最盛。1952年9月至1953年3月，苏州市区开展取缔反动会道门运动。1953年1月31日，苏州市军事管制委员会颁布《关于取缔反动会道门的布告》，宣布“一贯道”、后天道、同善社、一心道、九宫道、崇德社等七种反动会道门为非法的反革命组织，即令取缔，并逮捕一批反动道首。

1951年至1952年年底，苏南各地公安机关重点逮捕法办了一批罪恶严重的道首、会首，对一般道首、会首进行登记宣布停止活动，取缔了以“一贯道”为重点的反动会道门组织。同时，各地密切结合土地改革，运用戏剧、展览、现身说法、诉苦、控诉等形式开展全面的宣传揭露，教育广大群众认清反动会道门的罪恶本质，取缔反动会道门工作取得了初步成效。由于有些地方取缔工作不深不透，发动群众不够，反动会道门骨干散而复聚，蠢蠢欲动。之后，在镇压反革命中，苏南各市县有重点地进行了取缔反动会道门“补

① 江苏省公安志编纂委员会：《江苏省志（第66卷）·公安志》，群众出版社2000年版，第121-122页。

课”工作。

二、禁娼禁毒，改造社会风气

（一）取缔娼妓

江南地区经济发达，娼妓历史由来已久。历朝历代均曾制定严厉法律规章禁止娼妓活动，但虎头蛇尾，实际收效甚微，娼妓状况积重难返。国民党当局明知娼妓产生有其不绝根源，索性“寓禁于征”，借机敛财。解放初期，卖淫业并未自动消失，娼妓问题仍非常严重，一些妓院甚至成为散兵游勇、土匪敌特活动和藏身之处。人民群众对此非常不满，纷纷向政府要求改变这种状况。

苏南地区采取渐进方式逐步解决娼妓问题，做到既全面禁娼又妥善安排妓女。禁娼工作分为三个阶段。

第一阶段，采取各种措施限制娼妓业发展。1949 年 8 月，苏南行政公署公安局颁布《苏南地区各城镇公安局旅店营业管理暂行规则》《苏南地区各城镇公娱乐场所管理暂行规则》，明确规定“禁止留妓宿娼”；妓女要进行登记，取缔私娼；妓院要登记前去嫖宿的嫖客，对没有身份证明的嫖客一律进行审查；妓院不准打骂妓女，不准强迫卖淫，不准留宿军人和公务人员，不准病妓接客；妓女自己要求从良的，妓院不得向妓女索取赎身费等。经过一段时间的严格管理，苏南各市的娼妓有所减少，但并未绝迹。

第二阶段，全面取缔娼妓业。一年缓冲期后，苏南地区全面取缔娼妓业的条件已经成熟。1950 年 1 月，无锡市公安局宣布一律关闭妓院，逮捕法办了 5 名罪恶大的老鸨。10 月，苏州演剧队到无锡公演滑稽剧《千年冰河开了冻》，该剧以妓女在旧社会受尽凌辱、在新社会重新做人为主题。公安派出所组织 70 多名妓女观看，收到良好效果。① 1950 年年初，镇江市开展取缔娼妓，成立有公安民警（含女警）参加的专项工作组。第一步是调查摸底，宣布废除卖身契；第二步是强行取缔。1950 年夏，镇江市封闭妓院，强行取缔娼妓，对没有生活出路的妓女，安排到生产教养院从事劳动生产；自行离开的，派出所将她们列为特种户口，加强监控。

第三阶段，教育、改造妓女。1950 年 6 月，苏州市政府本着“慎重处理”的原则，作出“收容改造娼妓”的决定，由民政、公安、法院、卫生、文教、妇联 6 单位组成妇女生产委员会，建立妇女生产教养院，采取政治学习、组织生产劳动和治疗疾病三结合的方法，对收容的妓女进行教育改造，组织学员开展政治学习，召开诉苦大会，提高阶级觉悟。妇女生产教养院根据学员的健康状况、劳动能力、年龄大小，相应安排适当的劳动，如洗衣、做鞋等。通过各种劳动实践，学员逐步改掉好逸恶劳的习气，掌握了基本的劳动技能。另外，妇女生产教养院还组织学员开展体育活动、参加文化学习，满足学员的精神文化需求。②

各县（市）相继开展查封妓院工作，对娼妓进行登记、治疗性病和劳动培训等工作。

---

① 《无锡市公安志》编纂委员会：《无锡市公安志》，群众出版社 1993 年版，第 97 页。

② 中共江苏省委党史工作办公室：《城市的接管与社会改造（江苏卷·苏南苏北分册）》，中央党史出版社 1997 年版，第 123 页。

至此，苏南地区彻底根除了旧社会遗留的娼妓盛行、性病蔓延的现象。

（二）禁止吸毒贩毒

烟毒是帝国主义侵略中国留下的顽瘴痼疾，贻害国民100余年。苏南地区禁毒分为两个阶段。第一阶段，1949年至1951年，宣布禁烟，查缉烟毒；第二阶段，1952年，开展了声势浩大的群众禁毒运动。

1949年10月9日，苏南行政公署颁布《苏南行政区禁烟禁毒暂行条例》（十条），规定严禁种植、制造、运输、贩卖鸦片，严禁吸食烟毒；命令吸食者应立即向当地政府登记，限于三个月内戒绝。1950年3月起，各公安机关会同民政、卫生等部门进行广泛的宣传教育，并将过去破获和没收的毒品在群众大会上当场悉数焚毁，以示政府禁毒决心。截至1951年10月，苏南地区共查获吸毒者5896人、贩毒犯6080人，没收毒品1160两、白粉（海洛因）587两，处理毒贩1033人。①

1952年，根据中共中央、华东局《关于在“三反”“五反”胜利的基础上，再开展一次禁毒运动的指示》，9月30日至11月底，苏南行政公署公安局组织各地统一行动，开展大规模的禁毒运动，重点追缴毒品和结案处理。

无锡市公安局把禁毒作为治安管理的一个重要方面，侦破了一批贩毒案件。1949年5月至1952年4月，无锡市共侦破贩毒案件368起，逮捕处理毒贩465人，缴获白粉39.597两、鸦片近613两。1950年1月，无锡市公安局还与上海、江阴公安机关密切配合，侦破医生邵某等人制造毒品“盐酸麻醉针”大案。1952年8月，无锡“禁烟禁毒委员会”成立，全市开展禁烟禁毒运动，广泛发动群众，召开毒贩家属、烟民会议，迫使贩毒分子坦白交代；展开群众检举，召开万人参加宣判大会，判处大毒贩死刑，当众烧毁大批毒品、毒具。截至10月底，无锡一百多年来盛行的烟毒基本绝迹。

1949年5月至12月，苏州市公安局查获毒品案67起，捕办毒贩97人。1952年6月，全市再次开展禁毒运动，中共苏州市委成立禁毒委员会，以公安机关为主，法院、民政局等部门一起组成市、区两级清毒指挥部，从6月至10月，分准备、发动、处理三个阶段，在全市全面开展禁毒运动，破获重大毒品案23起，先后捕办毒贩655人、传讯毒贩1073人，并对“瘾民”教育劝诫。此后，苏州制毒、贩毒、吸毒得到禁绝。

镇江市公安局首先查明本市三大白粉贩系统，厘清一些毒品贩卖人员。1952年8月19日，镇江市人民代表大会通过《禁烟禁毒决议》，市政府成立了由公安、卫生、民政、司法、宣传等部门负责人组成的禁烟禁毒指挥部，各区成立禁毒委员会，户口段成立禁毒小组，一场轰轰烈烈的“禁烟禁毒”群众运动在全市开展起来。到10月底，镇江市侦破了吴业华贩卖毒品集团案，摧毁了三大贩毒系统，查明有贩毒行为的大小毒贩724名，逮捕法办228名（死刑3名）；缴获白粉444克、鸦片烟土754克、白粉底子290克、吗啡6支、烟毒工具232件。到1952年年底，贻害百年的烟毒痼疾在镇江被彻底根除。

松江市一解放，人民政府对烟毒即采取严厉禁绝的政策。1952年6月，松江市行政区专员公署公安处以松江城区为主，兼顾枫泾、泗泾、亭林三镇，在全县范围内开展群众性

① 江苏省公安志编纂委员会：《江苏省志（第66卷）·公安志》，群众出版社2000年版，第251-251页。

禁烟毒运动。这次运动以“根除”“禁绝”为目标，采取“禁种、禁运、禁贩、禁吸”四管齐下的方针，严厉打击制造、贩卖、运送毒品的主犯、惯犯、现行犯，教育改造从犯、偶犯，动员监督吸毒者戒毒，同时，彻底清查收缴毒品毒具。

通过上述运动，增强了人民群众禁毒防毒意识，极大地提高了党和政府在群众中的威望。这次禁毒斗争使人民群众更加认清了毒品的危害，加强了他们的爱国主义思想。从制、贩、运、吸四个方面入手取得斩草除根的效果，并在社会上对毒贩形成人人喊打的氛围，从而促进了社会治安的根本好转，为苏南各地社会主义建设奠定了良好的基础。

三、废除保甲，建立新式户口管理制度

保甲制度形成于宋代，是带有军事管理的户籍管理制度，也是基层组织方式，是中国封建王朝长期延续的一种社会统治手段。在国民党统治时期，1934 年 12 月，国民政府通知各省实行保甲制度，其本质是通过联保联坐将全国变成一个大囚笼。联保就是各户之间联合作保，共具保结，互相担保不做通共之事。被国民党政府极大寄望的保甲制度，在实际推行过程中却收效甚微，民众怨声载道。

中华人民共和国成立后，人民政府废止了保甲制度，建立新的基层组织。苏南各市公安机关将废除保甲制度、建设基层政权作为中心任务，结合当时的人口登记和户口改革工作，施行户口段形式的户政管理体制。

（一）开展户口登记工作，建立新式户口管理制度

城市解放接管后，户口管理档案大致分为两种情况：一种是基本保留下来，特别是在我党地下工作者的努力下使之完整地保存下来；另一种是国民党警察局在撤退前进行破坏，将所存户口档案销毁，甚至未留下任何可参考和依据的登记资料。加上国民党在解放战争后期的户口管理处于失控状态，这些都给刚刚入城的公安机关实施户口管理带来极大的困难。

1948 年 5 月，中共中央社会部在《新解放城市的公安工作介绍》中指出：“户口工作是管理城市的重要环节，是建立革命秩序、掌握社会动向、了解阶级关系、限制坏人活动的工作基础，是公安工作不可缺少的工作。”人民政权要管好城市，必须建立户口管理制度。按照中共中央社会部的统一部署，城市公安机关组织了专门机构，先搞试点，在取得某一区域清查户口经验的基础上，再全面开展户口清查，登记、造册。

1949 年秋季以后，苏南地区相继进行与管理治安、维护社会秩序相结合的户口整顿工作。12 月，苏南地区实行户警专任制，即派出所设 1 名内勤，将辖区划分若干户口段，无锡、苏州、镇江、常州四市以 250 户至 300 户设 1 名户籍警，镇或较大集镇以 300 户到 400 户设 1 名户籍警，并根据实际工作需要建立了联勤小组。

解放初作为过渡形式，苏南城市暂时沿用保甲系统，让保长为新社会做些有益的事，不久通过集训，清除了一批有历史罪恶，现实表现恶劣的保长，对一些罪恶不大、态度较好者则让其担任一定的管理工作。

1950 年，苏南行政公署公安局根据中央的文件精神，修改了《苏南各城市公安局户口暂行管理规则》，公布了《苏南行政区城镇居民申报户口暂行规则》《苏南行政居民违反申报户口规则暂行罚则》和《苏南户口调查登记实施办法（草案）》，集中开展户口大

登记运动。户改工作分四个阶段：第一阶段宣传教育，发动群众。各市运用报纸、广播、报告会、小组会等多种形式向群众揭露保甲制度对人民的危害，宣传废除保甲制度、建立居民小组的意义；第二阶段自报公议，首先废除保甲编制，然后按街巷里弄、自然地形，以25户至30户划为一个小组，各自按户口簿项目自报登记；第三阶段建立居民小组，民主选举小组长；第四阶段建立新户口制度，发放新户口簿。截至年末，苏南共有4个城市、20个县城和125个城镇登记管理户口296万人。通过这次运动，彻底废除了保甲制度及其户口管理办法，建立了以派出所为划区的居民小组和户籍管理制度。①

1950年11月，华东公安部印发《华东城镇户口管理内务通则》及《内务细则》，为开展城镇户口管理提供依据。《内务细则》根据居民居住、炊宿、生产、经营等处所情况确定分户标准及种类，包括住宅户、工厂户、商店户、公共户、寺庙户、船户等；规定街道里弄门牌的号码编排；设置户口登记表，居民户口簿和迁移证，对居民申报出生、注销死亡、办理迁入迁出、移居、结婚离婚、分居、并居、失踪寻回、收养认领、雇工解雇、开张歇业、临时他住、变更更正及统计指标等都有比较详细的规定。苏南各地认真贯彻《内务细则》，并在无锡试点后全面推开，大力加强组织建设。

1951年，苏南行署公安局根据公安部公布的《城市户口管理暂行条例》及华东公安部颁发的《户政工作建设方案》的规定，建立新的户籍登记管理制度，由城镇户口的出生、死亡、迁入、迁出四项变动发展为常住、暂住、出生、死亡、迁入、迁出、变更更正七项；规范了城镇户口登记表册、居民户口簿和迁移证件，初步建立了人口卡片，开展人口统计，加强户口管理组织建设，基本改变了城市户口管理混乱状况，统一了全区城镇户口迁移政策。

1951年12月，华东公安部在南京召开水上户政会议，规定凡是由各水上派出所登记的船舶户，以船主或主要负责人为户主，按户发给户口簿；凡在陆上有户口的船民不登记船舶户口，只登记船舶，发给船民证。为统一华东地区船舶户口管理制度，华东公安部又制定了《华东区船舶户口暂行管理办法（草案）》，苏南各地水上公安分局、派出所、检查站开始试行水上户口管理制度。

农村户口登记管理当时由民政部门负责，公安机关配合开展户口管理工作。1950年，苏南行政公署公安局配合民政部门在部分地区进行户口登记，并对特种户口、回归人员进行登记管理。1951年，农村派出所参照《华东城市户口管理暂行实施细则》有关规定开展户口管理工作。

此外，苏南行署对所辖区域的外国侨民实施了居留证制度。1950年5月，苏南行署颁布《苏南行政区外侨旅居暂行办法》，规定：凡区内居住之各国侨民，不论居住久暂和国籍、身份、职业，均应在各市、县公安局规定的期限内申请办理居留证。此后，苏南公安局全面开展外侨的调查登记，对无正当职业的外侨不发给居留证件，促其谋寻正当职业或离境；对无护照确系正当外侨者，发给临时居留证。对解放前归化为中国籍的日本人，仍暂作外侨管理。当时，苏南地区有美、日等9国的外侨50人，其中传教士14人。

① 江苏省公安志编纂委员会：《江苏省志（第66卷）·公安志》，群众出版社2000年版，第291-295页。

苏南地区通过户口改革和建立新的户口登记制度，摸清人口基本状况，查获了一批反革命分子和刑事犯罪分子。据无锡、常州、镇江、苏州四市统计，户口改革后已掌握材料的反动党团、政、警人员 31539 人，嫌疑分子 407 人，烟、赌、嫖、盗、偷、流氓 3221 人，流亡分子 3315 人，散兵游勇 2094 人，对维持社会秩序起到了积极的促进作用。①

苏南地区通过开展户籍调查工作，确立了户籍登记制度，规范了迁移手续，明确了户籍类别，初步建立起一套户政管理体系，基本改变了城市户口管理混乱状况，为以后开展人口普查工作奠定了基础。

（二）基层治保组织的建立

苏南全境解放后，为稳定社会秩序、强化社会治安，各地公安机关迅速把群众中的治安积极分子组织起来，建立防匪委员会、护卫队、保家队、护村队、护厂队、人民服务队、工人纠察队以及冬防队、夜防队等多种形式的群众自防组织。1950 年 1 月，镇压反革命运动开始后，各市军事管制委员会又进一步批准在工厂、学校、机关、街道、里弄建立肃反委员会，其任务是广泛宣传和发动群众，检举揭发反革命分子，协助政府监督改造被管制分子、教育反革命分子的家属。

1951 年，在第三次全国公安会议上，毛泽东主席亲自将群众治安保卫组织问题写进会议决议，指出："全国各地必须在此次镇压反革命的伟大斗争中，普遍地组织群众的治安保卫委员会，担负协助政府肃清反革命、防奸、防谍、保卫国家和公众治安的责任。" 根据这一精神，苏南行政公署公安局制定《基层治安保卫委员会组织暂行办法》，就治保会的设置、组织领导、性质与任务作了具体规定。各市、专区又区分不同情况于 1951 年下半年陆续作了补充规定，并着手组建工作。

1952 年 8 月 11 日，公安部颁布《治安保卫委员会暂行组织条例》，明确规定"全国各城市在镇压反革命运动开展以后，农村在土地改革完成以后，要普遍建立治安保卫委员会"。根据这一规定，苏南各市、县对已建立的治保会进行检查整顿，未建的地区也较快地开展了组建工作。治安保卫委员会成为公安机关联系和依靠人民群众的桥梁和纽带。无锡市建立人民服务队、人民纠察队等各类治安组织，共 33 个队、210 个中队、515 个分队，有队员 20582 名；之后又以民主选举方式产生了 231 个治安保卫委员会、704 个治保小组，组员 5845 人。② 镇江市在 1949 年 8 月建立了最初的群众治安组织"卫生治安委员会"，每个派出所地区成立 1 个卫生治安委员会；之后，建立肃反委员会 49 个（包括工厂、学校、街道），后改名为治安保卫委员会。③ 苏州市公安局在沪宁铁路线苏州段，组织铁路沿线 5 个乡 24 个村的民兵 574 名、农民骨干 320 人、人民服务队队员 89 人，设守望岗 11 处，负责沿线安全保卫。④

苏南各地治安保卫委员会的建立，在向群众宣传社会主义法制，协助人民政府肃清反

① 江苏省公安志编纂委员会：《江苏省志（第 66 卷）·公安志》，群众出版社 2000 年版，第 294-298 页。

② 《无锡市公安志》编纂委员会：《无锡市公安志》，群众出版社 1993 年版，第 92 页。

③ 《镇江市公安志》编纂委员会：《镇江市公安志》，1994 年版，第 187-188 页。

④ 《苏州公安志》编纂委员会：《苏州公安志》，2005 年版，第 260-261 页。

革命，组织群众做好防特、防盗、防火、防其他治安灾害事故的“四防”工作，协助有关单位对有轻微违法犯罪行为的人进行教育、感化、挽救工作，协助公安机关搞好社会治安、保护案发现场、提供案件线索、协助查破案件，协助公安基层组织依照法律对被管制、被剥夺政治权利、假释、缓刑和监外执行的罪犯以及被监视居住的人进行监督、考察和教育等方面发挥了重要作用。

第四节　苏南警察干部学校与人民警察教育培训工作

为了解决公安干部紧缺的困难，以及公安队伍的状况难以适应迅猛发展的革命形势，从中央到地方都重视培养训练公安干部，加强公安学校建设，省以上公安机关建立公安干部学校50所。各级公安机关在中共党委和政府领导下，充分发挥公安学校的作用，吸收训练青年知识分子，为发展壮大公安队伍培养了大批新生力量，也为后来公安院校的建立与发展打下了基础。

一、苏南人民警察干部学校的创建

苏南地区解放初始，虽然国民党政权已退出历史舞台，但是全国尚未完全解放，敌对势力尚未肃清，很多敌对分子躲在阴暗角落进行各种破坏活动，造谣、抢劫、暗杀等时有发生，甚至还组织了反革命武装暴动。在这种形势下，苏南人民行政公署公安局清醒地认识到，必须加强对敌斗争，维护社会秩序，巩固新政权。由于警察队伍中有不少是刚从事公安工作的社会青年，也有相当一批旧警察机关留用的警察，这些人员的文化知识、科学知识和专业技术水平普遍偏低，难以适应复杂的对敌斗争的需要。因此，亟须建立一支中国共产党领导的新型警察队伍。

苏南人民行政公署公安局成立后，立即报请苏南区党委、华东公安部等上级机关批准，于1949年6月15日正式创建苏南人民警察干部学校（以下简称苏南警干学校），它是苏南地区第一所新型人民警察学校，也是我国最早创立的省一级培养公安民警的专业学校之一。

苏南警干学校校长由时任苏南人民行政公署副主任兼公安局局长黄赤波兼任；初设教育长，后改为副校长，分别由宋若侠、谢东来担任。学校设有组织科、宣教科、总务科、财务科、医务室、教官室和学员教导大队部。学员教导大队部下设四个中队，每个中队再设若干分队，学员每10人编为一班，集学习、生活、训练为一体。学校校址选定在无锡南门郊外，原华新丝厂的旧址。

苏南警干学校经过一个月的筹备，计划面向社会招收1000名学员（男女兼收，女生80名），其中警士部800名、警干部200名。其招生条件有两项：一是品行端正，身体强健，年龄在18岁以上28岁以下；二是报考警干部的文化程度须初中以上学历或具有同等学力，报考警士部的文化程度须高小毕业或具有同等学力，报考者为工人的需要初识文字。考试科目为语文、常识、数学（报考警士部的考算术）、体格检查、口试。学校在镇江、常州、无锡、苏州、松江等地公安局设立报名处，1949年6月15日至7月10日接受社会青年报名。招生考试分初试和复试两个阶段，初试地点安排在报名处，报名即参加初

考；复试安排在学校所在地无锡进行。大批有志于做一名人民警察的青年人前来报名，经过文化考试和面试，共有 800 多人被学校录取（后缩编为 500 多人）。①

（一）因陋就简，艰苦创业

1949 年 8 月 5 日，苏南警干学校隆重举行首期学员班开学典礼。时任苏南区党委书记陈丕显亲自到会，勉励学员努力学习，全体学员怀着对人民警察的特殊感情，开始了近一年的学习生活。苏南警干学校从此走上创办新型人民警察学校之路。

苏南警干学校在办学初期，条件极为艰苦，停业的华新丝厂的车间、仓库既做教室又做宿舍。一个中队的 100 多名学员集中住在一个大车间里，睡的是竹床草席，起床后竹床又变成了课桌。听课时，800 人挤在一个大车间内，坐在自制的砖木小凳上听讲，双手扶在膝盖上做笔记。用餐没有食堂，也没有饭桌椅。每个班 10 人左右，用一只脸盆到厨房打菜，在地上围成一圈吃，遇上下雨，便拿回宿舍吃。当时学生享受的是供给制待遇，但标准很低，每顿几乎都是糙米饭、馒头和蔬菜；每周改善一两餐，所谓改善，就是在菜中增加一二两猪肉而已。

（二）注重思想引领，培养合格人民警察

苏南警干学校学制为一年。培训内容主要有民主警察概论、新民主主义政策、民主政治、军事常识、户籍、警务行政、警察勤务、警察通论、交通、卫生、消防等。培训教材没有正规出版的，就选用相关的党的文件、毛泽东著作、首长的形势报告以及自编的培训讲义当教材。教员主要为学校的校长、中队干部和公安机关的各级首长。其教学宗旨在于树立新警察的理想信念。

培育革命思想。以立志当好为人民服务的人民警察为根本宗旨，开展系列思想政治教育。时任苏南区党委书记陈丕显、苏南人民行政公署主任管文蔚、苏南区党委宣传部部长汪海粟、无锡市委书记钟民、苏南区党委组织部部长赵明新、苏南人民行政公署公安局局长兼学校校长的黄赤波等都到校为学员作报告，讲革命传统，讲形势任务。

确定革命人生观。据丁惠民等同学回忆：黄赤波校长为学员作了专门报告，分析了各种不正确的入学动机，强调一个革命者必须确立正确的革命观点。正确的革命观点就是要全心全意为人民服务。革命利益高于一切，革命利益同个人利益发生矛盾时要做到无条件地服从革命利益，同时在维护革命利益的前提下允许个人利益的存在。在革命队伍中是不允许对革命三心二意的人存在的。革命是为解放全人类而后自己才得到彻底解放，即革命的目的为全人类，不是为哪个小集团，更不是为个人。②

加强政治理论教育。据潘智群同学回忆：当时许多学员有一种想法，觉得投身革命队伍是光荣的，但当警察却是不光彩的，认为过去叫“没得法当警察”，旧社会警察在人民群众中名声很臭，今后自己当了警察要被亲友们看不起。学校针对这种思想，开展了全心全意为人民服务的宗旨教育和为革命当好人民警察的教育，安排公安首长来作了动员报告，说清楚了人民警察同旧警察有着本质的区别。在人民警察岗位上，同样能为人民服务

① 本书编写组：《江苏警官学院校史》，中国人民公安大学出版社 2013 年版，第 7-9 页。

② 校友联谊会：《苏南警干学校校友会回忆录》，1986 年版，第 32-33 页。

作出成绩，为人民所尊重。①

（三）团结紧张、严肃活泼，继承发扬“抗大”校风

苏南警干学校作为一所警校是全新的。但我党兴办训练革命干部的学校由来已久，在抗日战争时期就有了延安“抗大”。苏南警干学校继承了老解放区办学的优良传统，在艰苦的条件下，尤为注重发扬“抗大”团结紧张、严肃活泼的校风。

苏南警干学校十分强调上下之间的团结、同学之间的团结。带队老师和学生住在一起，从天一亮出操一直到晚自修，始终深入在学生中间。因此，带队老师对学生甚为了解，关系比较融洽。课余，学校除了安排一些生产劳动外，还组织各种文体活动，如唱歌、排戏等，每次大课前各中队互相拉唱。同时，学生们还学习过民主生活，开展批评和自我批评，以消除各种不良习惯，提高思想觉悟，保证校纪校规得到遵守。

根据斗争形势的需要，上级决定原本学制为一年的首期学员班提前四个月结业。1950年3月25日，苏南警干学校举行结业典礼，经过八个月的紧张学习顺利完成学业的500多名学员，以该校第一期毕业生的身份，分配到镇江、常州、无锡、苏州、松江等市公安局，充实到基层一线，成为公安队伍的新生力量，不少学员日后成为维护社会治安、肃清敌对势力、保卫新生共和国政权的中流砥柱。

1950年5月，苏南警干学校改称为苏南公安干部学校，其主要任务是培养训练苏南地区在职公安干部。学校办学规模缩小，学制缩短。副校长周晓江主持学校工作。

1950年12月，华东军政委员会公安部公安干部学校从上海迁驻无锡市，与苏南公安干部学校两校一处办学，后经华东军政委员会公安部同意，与苏南公安干部学校合并。1951年6月，合并后的原华东军政委员会公安部公安干部学校奉令迁往南京，原苏南公安干部学校留在原址继续承担公安干部培训的任务。

1953年1月1日，国家行政区划调整，江苏省人民政府成立，苏南人民行政公署撤销，苏南公安干部学校与苏南人民行政公署公安局随之撤销。苏南公安干部学校的部分教学管理人员并入南京市公安学校，组建了江苏省公安学校。

苏南公安干部学校自创办到撤销，先后举办了经济保卫、基层保卫、民警业务以及文化补习等各类培训班数十期，培训在职公安干部、民警共计5709人，为苏南行署各市、县公安机关培养了公安人才。这些人才成为新生政权的保卫者、社会治安稳定的维护者，都成长为江苏公安机关的骨干力量。

二、苏南各市人民警察的教育培训

苏南行政公署成立之后，在实施接管、维护社会秩序、保证恢复生产的同时，为提高公安队伍的战斗力，使公安机关成为“国家政权镇压反革命、确立革命秩序、捍卫国家安全的有力工具”，除创建苏南警干学校开展大规模的民警培训外，所辖各专署各市公安局也按照上级机关的要求，根据工作需要进行了具体有效的人民警察教育培训工作。

（一）强化思想改造，清理整顿队伍

针对旧警留用，苏南公署所辖市、县公安机关在接管旧警察机构的同时，举办了多批

① 校友联谊会：《苏南警干学校校友会回忆录》，1986年版，第32-33页、第19-21页。

次、各种类型的旧警训练班，重点是改造思想，提高政治觉悟，树立为人民服务的人生观和新职业道德；开展思想检查，反省过去罪错，检举揭发坏人坏事，对旧警中的坏分子有步骤清理；学习规章制度，严格遵守纪律，服从命令，维护法令。

与此同时，苏南行政公署公安局在公安机关内部开展了以反旧警察作风、反不良倾向为重点的政治学习，通过整顿较好地克服了官僚主义、命令主义、事务主义，在此基础上制定了《长警服务规则》《人民警察服务规程》《各项值勤守则》《交通警考勤规则》等，作为民警的行为准则。① 自 1949 年 5 月起，无锡市、苏州市、镇江市和常熟县等市、县公安机关开展了为期二到三个月的旧警改造工作，举办警官、警士集训班，对留用的 2000 余名旧警进行时事、政策、阶级、前途、群众观点等教育和业务技能培训，后录用 1600 余名旧警。

（二）充实干部队伍，建立健全公安机关

1949 年 6 月初，为适应苏州地区相继建立和健全各级公安机关的需要，苏州专署公安局在苏州市景德路 148 号半的益善新村，举办了一期为期两个月的“警察干部培训班”，参训人员 200 人，由专署公安局局长丁兆甲兼任队长，云深任政治教导员主持具体工作，6 名干部管理学员队。培训分为政治理论教育和公安业务两个阶段。政治理论教育以树立革命人生观为中心的马列主义基础教育，学习内容包括政治形势、政策和《社会发展史》《新民主主义论》《革命人生观》等课程。公安业务学科内容有《公安工作的路线、方针、政策》《政治侦察工作》《敌情知识》《刑事侦察工作》《治安管理工作》《户籍管理工作》和《预审工作》等。培训期间组织学员参加苏州市取缔银元贩子、整顿社会秩序等社会实践活动。1949 年 8 月初，培训班结业，200 名学员由苏州行政区公安局统一分配到地、市、县公安机关，成为苏州地区解放后公安战线第一批新战士，在摧毁反动统治机器、保卫革命政权斗争中发挥了作用，在解放初期苏州市和地区各县破获的大量武装土匪和反革命地下军案件中留下了不可磨灭的业绩。②

1949 年 11 月 16 日，镇江专署公安局为培养大批区以下公安干部、使公安工作深入乡，举办了第一期公安干部训练班。学员由县（市）选送，共 96 人，他们大部分为农村青年，年龄大多在 17 岁至 25 岁。这期训练班前后学习 43 天，学习内容包括开国形势、剿匪肃特、公安业务等，为乡一级公安工作培训了一批新生力量。1950 年 1 月，镇江市公安局与专署公安局联合举办了“户籍警训练班”，招生 134 名，为丹阳县公安局代培训 47 名，合计 181 名，培训时间为四个月，通过培训扩大了市局的干部队伍，机构得到健全。

（三）加强在职干警培训，提高队伍素质

苏南行署各级公安机关在加强政治教育工作的同时，始终把对民警的业务培训作为一项重要的工作来抓，根据所开展的业务情况举办各种业务培训班。

无锡市公安局建立新入职民警训练班机制，对新录取的民警进行短期训练，重点解决政治方向问题，辅以公安业务知识，以适应斗争发展的需要。其间共开班四批，学员 723

---

① 《无锡市公安志》编纂委员会：《无锡市公安志》，群众出版社 1993 年版，第 179 页。

② 江苏省公安厅公安史资料征集委员会：《江苏公安史资料汇编（1938. 4—1952. 12）》，1994 年版，第 330-336 页。

名，主要是交通警和户籍警。

1949 年 11 月 2 日至 1951 年 1 月 20 日，宜兴县公安局举办户籍民警训练班，参加训练的户籍民警 74 人。

1952 年起，苏州市大兴理论学习之风。市公安局将民警中的理论骨干组成若干中级组，学习《联共（布）党史》《政治经济学》《哲学》等；同时，每个单位组成一个初级组，主要学习《社会发展史》《国民经济建设问题》等，通过学习提高了公安队伍的理论水平。

（四）苏南行署公安机关人民警察队伍建设

苏南行政公署各主要城市、县区开始建警时，公安局干部的组成成分较为复杂：有来自山东、苏北的老解放的南下干部、苏南警校毕业分配的学生、各市公安局自行招干培养的干部、部队和其他部门新转业的干部、留用的旧警，经过一段时间的接纳、吸收、调配、教育训练和实际工作锻炼，形成了一支较为稳定的民警队伍。

1950 年，苏南行政公署公安机关依据中央组织部发布的《关于公安干部统一管理制度的规定》，对公安队伍进行了队伍调整。

一是留用旧警。到 1950 年年初，苏南地区共有民警 2639 人（刑警 82 人，户籍警 1314 人，交警 904 人，水警 170 人，消防警 92 人，其他 77 人），其中留用旧警 1087 人，占 41.18%，新吸收人员 1552 人，占 58.82%；共产党员 29 人，占 1.1%；共青团员 458 人，占 17.35%。

二是吸纳社会知识青年充实公安队伍。到 1951 年 5 月，苏南地区公安部门有工作人员 2535 名，渡江前由老区公安部门调配的有 498 人，占 19%；由党委从其他部门调公安部门 682 人，占 27%；新参加工作者 1236 人（其中经训练或组织介绍来的 774 人，个别吸收的 462 人），占 48%；留用人员 119 人，占 4.7%。新老干部中，共产党员 1229 人，占 49%；共青团员 850 人，占 33%。①

三是加强公安干部的培训和管理。苏南行政公署公安机关干部任免按两级制管理原则，股以上干部由苏南行政公署任免。市、县公安局任免股以上干部，须经市委、县委讨论并报请行署公安局同意，然后报请行署任免。1949 年，苏南公安部门有派出所干事以上干部 2018 人，其中县正副局长、专署局科长、行署公安局科员以上干部 110 人。无锡县公安局局长 2 人、市公安分局长 10 人；镇江分区县局长 1 人，常州分区县局长 9 人，苏州分区县局长 8 人，松江分区县局长 11 人。到 1951 年 5 月，苏南公安部门有县局长一级以上领导干部 145 人，均是共产党员，科员、股长一级干部 585 人（其中共产党员 562 人，共青团员 6 人）。截至 1952 年 8 月，苏南公安部门共提拔了 76 名科局长以上干部（干事提拔股所长、副职提为正职未计在内），其中处局长提为行署公安局局长有 3 人，科局长提为处长级的有 15 人，股所长科员提为科局长的有 58 人。

通过教育培训，苏南地区广大公安干警的政治、业务和文化素质不断提高，在剿匪肃特、侦察保卫、保护经济建设等各项公安保卫工作中，不仅出色地完成各项任务，而且逐

① 江苏省公安志编纂委员会：《江苏省志（第 66 卷）·公安志》，群众出版社 2000 年版，第 62-63 页。

步发展壮大起来，成为一支忠于党、忠于人民、忠于社会主义和敌人惧怕、人民热爱的革命队伍，向着完成“完全学会和敌人作隐蔽斗争，特别是同国际特务作斗争，镇压内外敌人的一切捣乱和破坏，建立革命秩序，保卫国防，保卫建设，巩固人民民主专政的政权”[①] 的总任务阔步前进。

① 中国人民公安史稿编写小组：《中国人民公安史稿》，警官教育出版社 1987 年版，第 245 页。

第九章　南京市人民政府的公安工作

1949年4月23日，中国人民解放军占领南京，南京解放。4月28日，中国人民解放军南京市军事管制委员会（简称军管会）成立，决定在南京实施军事管制。军管会分别按照军事、行政、财政经济、公安、文化教育、交通、工商企业等系统派出军事代表，接管国民党政府在南京的各级机构。军管会下设公安部，对南京实行军事管制下的特别城市的人民公安工作。

南京市人民公安工作有其自身的特点。解放前夕，中共地下南京市委已在国民党警察系统内建立组织并部分控制各级警察局，参与迎接南京解放、接管占领南京等工作，并在中国人民解放军南京市军事管制委员会、中共南京市委、南京市人民政府成立后，由解放军派遣干部、以中共地下党员警员为主留用旧警员组建南京市公安局。这一时期，在各地各级中国人民解放军军事管制委员会领导下，各地各级公安机关开展了转向城市的工作。

第一节　中共中央部署占领接管南京

抗日战争胜利后，中共中央华中分局重建中共南京市委以统一领导之前各系统在南京建立的党组织和党员。南京解放前夕，南京的共产党员多次发动和领导群众进行罢工以及“反内战、反饥饿、反迫害”等游行集会和抗议斗争。市委工委组织工人纠察队，保卫厂矿财产，市委情报部以保卫地下党和配合解放军作战为中心，做了大量工作。为了制止敌人的破坏，保护国家物资、档案和人民生命财产的安全，配合渡江战役，迎接人民解放军顺利接管南京，南京市委进一步加强警察工作，成立警察运动委员会，对国民党政权警察机构中层警员进行分化、争取、策反工作。南京顺利解放后，南京市委决定临时成立“南京市人民警察总队”，统一领导全市的社会治安工作，以尽快安定人心、震慑暗藏的敌人、建立革命秩序。

一、抗战胜利后中共南京党组织工作概况

抗战胜利在即，中国共产党对国民党独占胜利果实之举坚决反对，并利用解放区与敌占区包括南京市相连的地利，以及自身军事实力和政治影响，采取了针锋相对的斗争策略。

1945年8月10日，中共中央指示各中央局、中央分局及各区党委，“立即布置动员一切力量，向敌伪进行广泛的进攻，迅速扩大解放区，壮大我军，并须准备于日本投降时，我们能迅速占领所有被我包围和力所能及的大小城市、交通要道，以正规部队占领大城市

及要道，以游击部队民兵占小城”；指示华中局采取“重点主义”，集中新四军主力向长江以南的城市进军，夺取蚌埠至浦口、南京至上海、沪杭甬等各线，并“即日发表江苏、浙江、安徽三个省主席，上海、南京两个市长”。①

1945 年 8 月 12 日，遵照中共中央指示，中共中央华中局发布了关于黄克诚为江苏省主席，叶飞为浙江省主席，罗炳辉为安徽省主席，粟裕、方毅为南京市正、副市长，刘长胜为上海市市长的任命。直接任命粟裕为南京市市长，表明中共中央对进占领南京的重视，同时也表明中国共产党领导下的人民军队完全有条件、有能力解放被日本侵略军长期占领下的南京。②

国民党政府排斥中国共产党与坚持敌后抗日的新四军对侵华日军在南京受降，并以同盟国及中国战区统一部署的名义，拒绝了中国共产党领导下的抗日军队从侵华日军占领下解放南京的计划，并任命同盟会元老马超俊为南京市市长，开始接手南京。

1945 年 10 月，为适应抗战胜利后的形势与开展斗争的需要，华中分局根据中共中央的指示精神，在分局城工部下建立南京工作部，陈修良任部长。

1946 年 4 月，国内形势进一步发生重大变化。国共双方在重庆谈判并达成《政府与中共代表会谈纪要》，我党同意让新四军从南方的八个解放区撤退以争取国内和平民主的实现。然而国民党统治集团依然在美国的支持下，调兵遣将，抢占人民抗战胜利果实，并密谋筹划向共产党所领导的各个解放区全面大举进攻。此时的南京，已再次成为国共政治争端的中心。

南京长期为国民党首都，我党在南京地区尚未有中共市委一级的统一的领导组织机构。因此，我党所领导的革命工作广泛深入地开展。为适应新的形势，统一和加强党对南京工作的领导，1946 年 4 月，中共中央华中分局决定重建中共南京市委以统一领导之前各系统在南京建立的党组织和党员，同时撤销华中分局城工部南京工作部。

新成立的中共南京市委由陈修良、刘峰、王明远、朱启銮、方休五位委员组成，陈修良任书记，刘峰任副书记。后方休因被敌人注意，于次年春撤退去上海，补陈慎言为委员。在南京市委成立前后，华中分局还先后派遣了卢伯明、高骏、陈良、林徵、江瑾、刘贞等一批干部到南京工作，以充实南京党的力量。

南京市委成立伊始，在组织上归中共中央华中分局城工部领导；1947 年 1 月中旬，改受中共中央上海分局领导；5 月，上海分局改为上海局，遂改由上海局领导。南京市委成立后，之前各系统在南京的组织均交由市委统一领导，华中局社会部情报工作部门除外。同时市委还对原有的基层组织进行了整理。③

1948 年 10 月，中共中央上海局发来《京沪一般形势和特点》和专给南京市委的指示：“要积极发展力量，巩固与扩大核心，加强重点工作，依靠基本群众。团结大多数人

① 中央档案馆：《中共中央文件选集（第 15 册）》，中共中央党校出版社 1989 年版，第 213-214 页。

② 中共南京市委党史工作办公室：《南京解放史（1945—1949）》，中共党史出版社 2019 年版，第 11 页。

③ 中共南京市委党史工作办公室：《南京解放史（1945—1949）》，中共党史出版社 2019 年版，第 71-72 页。

民，为彻底解放京沪和准备接管而奋斗。”

1949 年 1 月，南京市委委员朱启銮从上海局举办的香港学习班带回《关于地下党如何配合解放军入城的指示》，要求市委周密布置地下党组织，配合解放军完整地接收与管理城市，指派得力人员指挥城市旧有行政机关特别是警察系统，迅速恢复城市秩序。

南京市委决定从各方面加强工作，巩固扩大党的力量。除加强原有工委、学委组织外，又建立情报部及警察运动委员会、中小教委等党委，在国民党军政机关、部队、警察局以及学生、三轮车工人等各行各业中发展党员，建立支部。通过党员广泛联系群众，成立读书会、联谊会等，揭露国民党政权的反动本质及其吹嘘的“前线大捷”等无耻谰言，说明解放军即将解放全中国的形势，宣传共产党的城市政策，培训积极分子，开展政治斗争。到解放前夕，南京已有共产党员 2000 余人，多次发动和领导群众进行了怠工、罢教、护厂、护校、“反内战、反饥饿、反迫害”学生游行集会和抗议斗争，使敌人狼狈不堪。

南京市委工委共组织了 3500 余人的工人纠察队，各区组织三轮车夫 500 余人，建立民主保卫队，在店员中组织了 500 余人的义务警察队，在“保厂护家”的口号下，保护了工厂、仓库、商业区。永利钟厂党支部提出“职工团结劳资合作，保厂护家，共渡难关”的口号，争取和团结高级职员、技术人员与工人一道保护这个南京当时最大的工厂。铁路工人组成了 500 多人的纠察队，保护了尧化门车站的全部器材，维护了南北交通的咽喉“铁路栈桥”。国立中央大学党组织成立了纠察队、宣传队，争取了驻卫警中队，掌握了部分武器，反对国民党迁校。全市其他大专院校也都组织起来保卫学校。市委情报部以保卫地下党和配合解放军作战为中心，做了大量工作。[①]

二、建立警察运动委员会

1948 年 9 月 21 日，中共上海局指示南京市委：“为了执行党的总任务，认真做到在充分准备，抓紧时机，跳跃发展的方针下，加强与扩大自己的力量，争取群众的优势，建立战略堡垒，深入敌人‘心脏’，来有效地发动第二战线作战和加强支援解放战争。”南京市委决定进一步加强警察工作，在 10 月间成立警察运动委员会（简称警运会），由陈良、马文林分任正副书记，并先后从工委、军运、学运等系统抽调一批骨干来加强领导，与潜伏在敌警机构内的同志并肩战斗。

警运会通过各种社会关系，积极对敌警机构中层警员进行分化、争取、策反工作。首先争取了早年与地下党有过联系的警察总署专员张澍，经过审查由市委批准其入党。然后在警察总署、人口局、中央警官学校打开缺口，发展了一批党员和工作关系，进而策动了首都警察厅东区警察局副局长周春萱、首都警察学校教官冯子厚。周春萱提供其所知军统机构、特务名单和东区特种户口名册，以及敌人行将迫害的共产党员、进步人士的名单等情报，使地下党及时掌握敌情动向，采取预防措施。

为便于南京市委全面掌握情况，警运会还布置党员摸清敌警内部警官、枪支、档案，辖区内驻军、江防部署及地方武装情况，密报给上级组织。潜伏在警察总署当编审的袁友

① 南京公安局史志办公室：《南京市公安史资料汇编（1948—1957 年）》（第一辑），1996 年版，第 49-50 页。

秋向组织提供了国民党中央给署长唐纵的军队调防部署、“江防图”、戒严口令等。

1949年2月，警运会按照市委部署，统一组织潜伏在下关、水上、西郊3个警察局的地下党员，秘密成立“水陆联合指挥部”，控制江上巡艇，组织民船，保护连通津浦、京沪两条铁路干线的轮渡栈桥，配合下关电厂工人护厂；在西郊重点保护中央广播电台、自来水厂、有恒面粉厂和水西门外大桥的安全；在城内抓紧组织各区警察起义的准备，以控制市中心，维护城市社会治安。

南京解放前夕，中共南京地下市委通过组织警运会实际形成对国民党政府首都警察系统领导与控制，内政部警察总署、首都警察厅及电信科、南京十三个区警察分局特别是东区警察局，基本已被中共地下党员及工作关系人员控制。

1949年4月21日，毛主席、朱总司令发布“打过长江去，解放全中国”的命令，中国人民解放军百万雄师迅即从西起九江市东到江阴要塞的千里战线上，以排山倒海之势横渡长江，国民党苦心经营了三个多月的江防工事顿时土崩瓦解。4月23日凌晨，国民党军队逃跑前，下令炸毁港口、火车站和重要仓库。当国民党军的一个工兵营长带领爆炸小组，在破坏了下关火车站部分设施后，企图进一步爆破长江轮渡栈桥，手无寸铁的栈桥工人挡不住全副武装的国民党军时，站在水上警察局岗楼上守望的地下党员立即鸣枪示警，地下党支部委员林大宗率领党员和积极分子奔去阻止，国民党军被迫放弃，狼狈逃窜。

4月24日，江面上雾气弥漫，不甘失败的国民党军机整天低空盘旋扫射，水上警察局地下党员们开动了8艘巡艇，动员了沿江、内河的民船及招商局等公司的轮船，往返不停地前往浦口接运解放军三十五军过江。中午，由于国民党军机狂轰滥炸，南岸四号码头及“中山号”货轮中弹着火，火势凶猛，地下党支部迅即派人驾驶消防艇赶去救火。接着，下关电厂被炸起火，消防艇上的同志又赶去登陆灭火，随后由地下党员田农带着消防总队的消防车，下关警察局地下党员冯福成带领警员、群众相继赶来扑救，终于扑灭了大火，保证了全市供电。同日，西郊警察局的地下党支部发觉当地的地主武装和上新河军统特务张梦秋组织的特务武装四处活动，便抢先进驻中央广播电台，组织留守职工坚持工作，最早向全世界播出南京解放的喜讯。

南京城内的斗争也很紧张激烈。23日夜，警运会书记陈良亲自策动东区警察局副局长周春萱率部600余人起义，维持地方秩序，日夜巡逻，保粮仓。打入首都警察厅本部的顾良利用“警员复职”动员200多名警员回来工作。地下党员高启发及其联系的工作关系，保持警察厅通信部门与各地的电话总机通信联络。首都警察学校的工作关系冯子厚带出200多名学员，参加维持社会秩序。

中国人民解放军渡江后，大部队并未在南京停留，继续向东南追击逃敌。这时，国民党军机不断空袭，匪特出动，纵火烧了司法行政部，地痞流氓趁火打劫，盗窃外国使馆财产。4月24日，为了尽快建立革命秩序，南京市委决定成立临时性的“南京市人民警察总队”，安排警运会各支部骨干到各区当区队长，去派出所当分队长，争取和团结警员严格执行党的政策，依靠人民群众，维持好社会秩序，迎接军管接收。

警运会各区的党组织、党员怀着胜利的喜悦和革命理想，不顾当时粮饷、经费短缺，团结组织店员、职工1000多人，收编归顺的警察2000多人，迅速控制了市区治安局势，25日起，全市商店照常营业，恢复了交通岗哨。警运会不仅保护了电厂、水厂、广播电台、邮电局、飞机场、兵工厂及各大银行、重要物资仓库、桥梁、码头的安全，还及时平息了地痞、帮会的哄抢风，破获了苏联、比利时两国大使馆的被盗案，清查处理了一批冒充接收人员的坏分子，防范了敌特的破坏活动，收缴炮 73 门、炮弹 1875 发、枪 185 支、子弹几十万发。同时，警运会还协助解放军追歼溃军，解除特务、地主武装，对初步建立革命秩序起了重要作用。①

三、开展情报、策反、保卫等工作

随着人民解放军胜利进军，搜集和研究国民党军政机构人员的政治、军事、经济情报的任务就更加紧迫。警运会要求每个党员迅速查报所在单位的警员特别是巡官以上人员的来历、身份、思想动向和社会关系，分出左、中、右政治倾向；同时摸清警察机构内的枪支弹药和档案资料等情况，以及各区警察局管辖范围内的驻军番号、江防部署、要塞设施、地方武装、反动党团、特务、会道门、青洪帮和地痞流氓、还乡团分子以及属地武装性质的民众自卫队、防护团和义务纠察队等情况，整理材料，向组织报告，以便军管会、南京市委掌握全面情况，部署工作。

警运会的地下党员在复杂的环境中，采取多种方式，搜集了一些重要情报。东区警察局地下党员陈润田提供了军统局在警察厅内部部署的绝密情报，其中有东区、东郊、汤山三个警察局属蒋介石侍从室特别警卫组控制的重点；东区警察局两任局长陈善周、江理章都是军统特别警卫组的少将副组长；太平桥、太平门、中央门、中山陵和汤山等警察所多系特别警卫组派出的特务，许多便衣特务也经常在这一带活动。袁友秋根据党组织的指示，利用其伪职身份，收集到南区、北区警察局和首都警察学校职员的政治情况、国民党军的《江防图》、中央通讯社汇编送给警察总署署长唐纵看的《参考资料》和国民党军队调防部署、戒严日令等情报。

此外，中共中央社会部早在抗日战争期间就派遣葛亦远打入军统局，抗战胜利后其潜伏于内政部警察总署，长期隐蔽，单线领导，搜集情报。1946 年年底，华中行政办事处公安处派顾良琛来南京，利用其在首都警察厅当机要秘书主任的舅父刘启迪的关系，多方搜集情报。1948 年，市委学委组织“五四”晚会、“五二〇”周年纪念会，顾良琛从国民党青年部获悉敌人预先布置特务、“职业学生”准备进行破坏的情报后，均报告了组织。顾良琛还先后发展督察处服务员杨振声、交警队邱富民和北区警察局朱养和为工作关系。

在辽沈、淮海、平津三大战役中，国民党军精锐部队被消灭殆尽。国民党政府面临崩溃的境地，大部分官僚机构陆续迁往广州、台湾等地。蒋介石政府军政要员纷纷南逃，一般公教人员惶惶不可终日。当时南京市场萧条，人民生活艰难，社会秩序非常混乱。

1949 年 2 月初，南京市委书记陈修良、副书记刘峰和陈慎言、陈良、马文林在陈良家里秘密开会，分析敌情，根据南京解放前夕敌人可能出现顽抗死守、撤退逃跑、投诚起义三种情况，具体研究对策。会议决定，着重部署将警察中可以利用的力量进一步组织起来，在必要而又可能的情况下，争取一部分警察起义，夺取武器武装工人、学生，以便在

① 南京公安局史志办公室：《南京市公安史资料汇编（1948—1957 年）》（第一辑），1996 年版，第 50-52 页。

解放军兵临城下时里应外合，武装保护机关、工厂、企业、粮仓和重要桥梁、交通设施等，防止敌人破坏；在指导思想上，要从最困难情况出发，做好作战准备；在组织指挥上，采取分区负责、独立作战的方式，机智灵活地进行战斗。为此，市委随即从南京被服厂抽调一部分党员骨干，分别到东区、南区、西区、北区和下关等区，加强三轮车工人系统的工作，准备在作战时，与地下党领导的武装警察配合行动，必要时再调动小教系统地下组织参战。

南京市委会议之后，马文林即召集黄河、杨辉开会，分析敌情，研究工作。三人分析解放军一旦扫清长江北岸敌军，将会包抄芜湖、句容等地，进而解放南京。这时，国民党军可能扼守中华门、光华门和中山门，加强江防，进行顽固抵抗，使紧邻长江的下关、三汊河、上新河一带处于前沿阵地。三人会议决定，当出现这种局势、来不及向上级汇报时，授权黄河代表警运会宣布成立“水陆联合指挥部”，由黄河具体负责下关地区、长江南岸，控制水上警察局所有巡艇，组织民船，保护火车轮渡栈桥、码头，并联合下关发电厂工人护厂；杨辉负责西郊地区的三上斜、大胜关、水西门一带，保护中央广播电台、自来水厂、有恒面粉厂和水西门外大桥的安全；由黄河统一指挥，水陆协同作战，相互策应。

与此同时，陈良在玄武湖樱洲召集邓德明、袁友秋、庞凌魁、周忠珩、林大宗等开会，布置城区迎接解放的行动计划，要求在警察中加紧策反、联络工作，利用原有的系统，上令下行，为我所用；并特别交代袁友秋、庞凌魁在警察中上层人物中加速进行统战工作，抓紧与周春萱联系，争取周春萱在解放时率部起义，控制市中心，维护城区社会治安，以减少国家和人民群众财产的损失。

1948 年秋，南京市委传达了上海局的指示信：“要求即刻着手注意通过现有社会关系，利用自己的业务关系，联络社会各角落里不满现状的同情分子，敌人内部的反对派，甚至投机分子，只要肯支援解放军，想立功赎罪的各种分子，都要看成为策反线索的对象。”1949 年 2 月，警运会根据这一指示派党员张澍、袁友秋、庞凌魁着手对东区警察局警官进行策反工作。袁友秋、庞凌魁与东区警察局副局长周春萱在中央警官学校是同学，而庞凌魁与周春萱又是干亲家，袁友秋、庞凌魁利用这层关系对周春萱进行策反。

早在淮海战役激烈进行时，国民党军政官员就人人自危，经常在一起议论时局和前途问题。有一次，周春萱对袁友秋、庞凌魁说：“国民党败局已定，要想法找路子”，并哀叹说，“我身为警察局长，一般人都说是特务，即使遇有进步人上，亦怕与我谈，内心颇为苦闷”。随后，袁友秋根据组织上的授意找周春萱谈话，告知已“有了关系线索”。周春萱当时惊喜交加地说：“必须谨慎行事，因为国民党有时放出特务，诡称中共，诱骗进步青年上钩，加以残害，谨防中计。”过几天，袁友秋又告诉周春萱“路线准确”，并约周春萱去庞凌魁家吃饭。周春萱按时赴约，当他与张澍见面后，谈了四个多小时，“大有相见恨晚之感”。张澍对他进行了革命政策和形势教育，周春萱主动谈了他的身世以及参加军统特务组织的经过和活动情况。经张澍等向组织汇报，决定对周春萱抓紧教育，要他真心向我、立功自赎。周春萱后来写了自传，提供国民党军统机构、特务分子名单，东区特种户口名册，以及准备迫害共产党员、进步人士的“黑名单”。周春萱从此就建为工作关系，准备在适当时候“亮相”起义，周春萱还把庞凌魁的妻子陈悦兰安排在东区警察局当雇员，借以传递情报，及时联络。

张澍同时还对首都警察学校教官冯子厚进行了策反工作。张澍利用冯子厚与他是警官学校同学的关系，经常相聚，议论时局，通过言谈考察，认为冯子厚谈的国民党政治腐败、共产党富有朝气等言论确是出自内心认识，便把冯子厚作为工作关系，要他搜集情报。南京解放时，冯子厚带领200多名学员参加维持社会秩序的工作。

正当警运会为迎接解放紧张地进行各种准备工作时，敌特的魔爪伸进来了。在东区警察局太平桥派出所工作的地下党员孙洙因思想麻痹，未经认真考察，竟将私交较好的同所警员张明伦作为发展对象，在对张明伦进行教育谈话过程中暴露了自己的身份。张明伦认为这是报功领赏的机会，就向派出所所长报告。1949年3月1日，警察厅刑警队经过两次秘密布置，带张明伦前往密约地点，将地下党组织派去对张明伦进行考察的丁熊逮捕，孙洙在派出所也同时被捕。敌特在孙洙的住处搜出笔记本，上面记有孙的同学王荫民的通信地址，又将王荫民逮捕，三人均被关押在首都警察厅看守所。王荫民被刑讯后矢口否认，敌人只好七天后将王荫民取保释放。周春萱和地下党员先向党组织报告，党组织立即采取紧急措施，切断各方面与被捕同志的联系，并通知所有党员提高警惕。后警察厅将丁熊、孙洙解往首都特刑庭羊皮巷看守所，敌人对丁熊施行老虎凳等毒刑，丁熊坚贞不屈；孙洙虽一度动摇，经丁熊教育后也坚决翻供，敌人无法定案。4月23日夜，丁熊、孙洙出狱，张明伦在解放后被军管会抓捕处决。

孙洙等被捕后不久，在水上警察局太阳宫派出所工作的地下党员冯英，在秘密抄录该所人员名单和装备时被警察所长发现，以“共党嫌疑”拘留在所内，并上报水上警察局刑事课。当时课长是地下党员林大宗，林大宗及时向党组织汇报。组织指示林大宗压住不让上解，令该派出所所长把“嫌疑”搞清后再说，来一个“缓兵之计”，后来伺机让冯英逃出虎口，安全转移到湖南家乡；同时，组织将冯英的联系人李炎也撤退到句容县隐蔽。①

四、保护城市，迎接解放

南京解放前夕，为了制止敌人的破坏，保护国家物资、档案和人民生命财产的安全，迎接解放军顺利接管南京，早在1949年4月中旬，南京市委秘密部署警运会“抓紧周密地控制敌警武装，配合人民解放军解放南京”。4月18日，陈良、马文林分别向各区党的负责人传达上海局和市委的指示精神，布置迅速做好解放南京的准备工作，秘密印发《入城指示》，三天内把各项具体工作分工落实到人，待机行动。4月21日，陈良在庞凌魁家召开各区主要骨干紧急会议，要求密切注意敌人动态，做好应付各种事变的准备工作。各区迅速传达每个同志。

4月22日夜，东区警察局副局长周春萱在获悉城内国民党军撤退消息后，两次派人向地下党传递情报。当大批敌人开始溃逃时，周春萱挺身而出，公开表态留城维持治安，在他的控制影响下有600多名警员留局待命。这时，陈良决定打起“南京地下工作团”的旗帜，由地下党员张澍、庞凌魁出面负责，领导周春萱维持地方秩序。他们在各主要十字道

① 南京公安局史志办公室：《南京市公安史资料汇编（1948—1957年）》（第一辑），1996年版，第31-36页。

路口派出警员执勤，指挥交通。地下党员陈润田、刘圯等还组织人员保护二郎庙粮食仓库和碑亭巷食品库。在首都警察厅工作的顾良琛利用工作关系袁韬（交际课长）、杨振声组织“警员复职会”，动员200多名警员出来工作，控制了部分人枪，保护了档案和财产。潜伏在警察厅通信部门的地下党员高启发及其工作关系沙金华等，保护了全厅的电话总机、无线电台和通讯警鸽，保证了通信联络畅通。

从1949年3月起，国民党政府宣布“封江”，严格控制过往船只。江北“三浦战斗”打响后，国民党江防部队严禁南岸行船，大小船只全被赶到内河停靠。水上警察局的8艘巡艇也被迫全部撤到护城河内“隐蔽”起来。

4月23日，下关地区警运会系统的地下党员由黄河组织，打起“中国人民解放军水上挺进队”的旗号，指定林大宗为队长，下设治安巡逻、港口保护和巡艇三个分队，分头执行任务。

23日夜间，在解放军三十五军一〇三师、一〇四师派侦察员渡江到下关后，下关电厂、轮渡所工人开出“京电号”“凌平号”小火轮迎接解放军渡江。24日拂晓，由刘超、甘绪生驾驶的水上警察局第二号巡艇从老江口乘风破浪向江北急驰，跟在它后面的另外7艘巡艇也拖着民船，前往浦口迎接解放军渡江。船队到达北岸，解放军三十五军政治部的同志热情接待刘超等人，并大加慰勉。二号巡艇和船队满载着解放军某部返航，当他们跨上长江南岸时，伫立在中山码头迎接解放军的工人群众一片欢腾。

经过水上警察局地下党负责同志与三十五军参谋协力组织，24日上午7时许，林大宗、郑维武、谭志广等分乘8艘巡艇第二批驶往浦口。徐万里、孙歧凤、田守信和段建禄等又组织沿江一带的民船小划子，上江、下江、内河的木帆船，以及民生轮船公司、福记轮船公司、招商局和铁路轮渡管理所等单位的大小轮船，先后加入了接运解放军过江的行列。经过往返不停的载运，35军先头部队终于把胜利红旗插上总统府的门楼。

由于敌机狂轰滥炸，4月24日中午，四号码头及停泊在三号码头的“中山号”货轮中弹着火，货轮上装有大批粮食、布匹和橡胶制品，火势凶猛，黄河、林大宗立即命令任居义等驾驶消防艇赶往出事水域救火。接着，下关发电厂附近也遭敌机轰炸起火，刚进城的解放军指战员立即投入救火。任居义、谭志广等迅速将消防艇开到电厂附近岸边登陆灭火。随后由地下党员田农控制下的首都警察厅消防总队的消防车也赶到现场。下关警察局地下党员冯福成带领该局警员和群众参加救火，军民同心合力，终于扑灭了大火，保证了全市的正常供电。

坐落在西郊江东门附近的敌中央广播电台，是当时东亚地区规模最大的电台之一，是敌人进行破坏的重要目标。国民党军溃逃后，西郊地区形势十分险恶，当地皇木厂的地主武装和上新河军统特务张梦秋组织的特务武装四处活动。西郊地下党负责人杨辉果断地派出党员谢家声、王德钰身带短枪，佩带“中国人民解放军西郊挺进队”的袖章，抢先武装进驻了广播电台，组织留守职工坚持工作。4月24日午夜，该电台被完整地移交给解放军三十五军某部驻守，并及时向全世界播出“南京解放了”的讯息。

解放军渡江之后，大部队继续向东南进军追歼逃敌，这时敌机不断空袭，国民党武装特务指示轰炸目标，伺机纵火焚烧机关，盗窃使领馆财产，地痞流氓趁火打劫，反动分子造谣惑众。为了尽快安定人心、震慑暗藏的敌人、建立革命秩序、统一领导全市的社会治安工作，4月24日，南京市委决定临时成立“南京市人民警察总队”（简称“警总”）。

当天下午，市委委员陈慎言和警运会正副书记陈良、马文林在党公巷召开干部会议。参加会议的有黄河、杨辉、李昭定、邓德明、丁熊、曹汶、张澍、庞凌魁、袁友秋、林大宗、周忠珩等党员骨干20余人，并邀请党的工作关系周春萱参加会议。陈良在会上宣布了“警总”机构和人选：总队长周春萱，副总队长张澍，主任秘书周忠珩（秘书组成员有刘玉浦、尤继安、曹汶、陈志宣、谢锦生、胡化楠、马佩珩、王冠三、杨秀岩等），业务组长李鼎成，总务组长李宗烈；东区队长庞凌魁，南区队长袁友秋，西区队长赵守荣，北区队长兰荣衡，中区队长张可和，东郊区队长邓亦文，南郊区队长李继曾，西郊区队长杨辉，北郊区队长萧绍基，下关区队长黄河，水上区队长林大宗；区队下面按所设分队，配备分队长1人。会上宣布，全体干警必须严格执行党的政策，自觉遵守组织纪律，依靠广大人民群众，维护好社会秩序，迎接解放军进行军管接收。

警运会各区的党组织、党员怀着胜利的喜悦，不顾当时粮饷、经费短缺，自觉地克服困难，团结广大群众，开展斗争，积极完成上级部署的各项任务。

水上区队的孙歧凤、徐万里、田守信、吴延泰等同志分别到水上管区的上江、内江、内河、三汊河等地维护水上治安，重点加强对中山码头、江边仓库、民生公司、招商局、美军顾问团码头和海军码头等地保护工作。

下关区由王松领导党员冯福成、张梅魁、滕建喜和数十名警员组织巡逻队，配合工人纠察队，保护下关发电厂。

西郊地下党员杨辉、焦维和将中共地下组织策动留下来的140多名警员组织起来，针对西郊沿江水陆要冲、情况复杂的特点，采取全面控制、确保重点的方法，指派专门警员，加强对中央广播电台、自来水厂、有恒面粉厂、上新河合作金库和水西门大桥的武装保护。同时，由所在警察所的地下党员负责，组织警员和居民积极分子维护地方治安。西郊队还配合解放军收缴了皇木厂地主武装和上新河特务武装的枪支100余支、轻机枪3挺、迫击炮2门。

南郊地下党员宋锡光、赵仿吾、詹洪霖控制留下来的70多名警员和工作关系鲁汝川、吴仁侠、唐跃中、陈啸天等，发动工人武装保护集合村粮食仓库、中华门外大桥，并配合工委保卫六〇兵工厂等重要厂库。

北郊地下党员王励明、萧绍基、曹湘等组织警员进行武装巡逻，维护社会秩序。城内中区的邓德明、张可和、李志超等组织警察巡逻队。西区的陈登堂、刘建业，南区的袁友秋、易潜、刘毅、程元祥、谢俊成等积极组织群众维护当地治安。

4月27日，“警总”召开第二次会议，到会的除上次与会成员外，还有吴象、陈润田、杨聿镛、刘圯、李继曾、李鼎成、王励明、徐南等30余人。会上汇报了各区情况，总结工作经验，陈良、马文林作了报告。报告谈到，在迎接南京解放的过程中，“警总”共组织店员、职工1000多人，陆续收编归顺的警察3000多人；在市委直接领导下，在人民群众和各方面进步力量的配合下，全体党员团结广大警员，不顾个人安危，勇于克服各种困难，夜以继日地工作，从而迅速控制了治安局势，4月25日起，全市商店恢复营业，交通干线岗哨恢复了指挥管理；广大警员还警戒、保护了中央合作金库，中央、中国、交通、农民四大银行，电信局，六〇兵工厂，下关发电厂，自来水厂，面粉厂，明故宫飞机

场，中央广播电台，中央大学和重要物资仓库、桥梁、码头等重要单位；协同接管了国民党中央党部、市党部、三青团总部、国防部、陆军总部、励志社和警宪特务机构的房产、物资；及时平息了地痞流氓、帮会头子的哄抢风，破获了苏联大使馆和比利时大使馆被盗案，防范了敌特的破坏活动，清查处理了一批冒充接收的坏分子；同时协助解放军追歼溃逃敌军，解除特务武装，共收缴炮 73 门、炮弹 1875 枚、枪 1185 支、子弹几十万发，对维护社会治安、初步建立革命秩序起了重要的作用。

1949 年 5 月 2 日，原中共南京地下市委书记陈修良在给华东局、中央的报告中说："……维护治安我地下党早有准备，22 日即出动保留下来的警察 2000 余人，郊区与城区按地区组织党的系统，受警委领导……立即站岗、放哨、巡逻，保护机关、仓库、公用事业……数天后秩序即告稳定。"

1949 年 7 月 25 日，南京市公安局在给市委的工作总结报告中说："警运会在南京解放之初做了许多工作，在维护治安上起了相当大的作用，在军管会公安部正式组成之后，警运会党员及少数干部和公安部的同志及各工作小组一起进行工作。"

1949 年 5 月 16 日，以刘伯承为首的市委派常委、社会部部长、市军管会公安部部长周兴在考试院召开了军管会公安部暨工作组、"警总"干部会议，代表市委、市军管会和南京市人民政府宣布成立南京市人民政府公安局。周兴指出：警运会在配合大军解放南京，维护城市治安协同进行接管工作，发挥了很大的作用。即日起，"警总"的工作全部移交给市公安局及所属各分局接管。①

第二节　南京市人民公安机关的建立

南京解放后，党领导成立南京市军事管制委员会，统管全市军事、民政，军管会下设公安部等接管委员会。军管会宣告南京市人民政府成立后，南京市人民政府公安局随之成立，同时成立首届党委会，以加强党对公安工作的领导。中共南京市委下设保卫部（社会部），负责全市肃特、保卫工作，由市公安局社会处进行日常工作，组建情报站，开展搜集情报的工作。此后，南京公安机关组织接管组，接管国民党政权旧警察，对各级警员分别进行处理，并对留用的旧警进行集中审查，并整编精简。

一、组建人民公安机关

1949 年 3 月 5 日，中国人民解放军淮海战役总前线委员会（驻合肥）组织了"接管南京准备委员会"，拟定《接管南京计划大纲（草案）》，包括军管会组织方案及工作细则，集结了一批豫皖苏及冀鲁豫老解放区的干部、河南招考的青年学生、南京市委撤出的地下党员和积极分子，组建了接管南京的"金陵支队"，学习接管政策和入城纪律。

1949 年 4 月 1 日，华东局发出《关于接管江南城市工作的指示》，规定了"各按系统，整套接收，调查研究，逐步改造"的接管方针。

---

① 南京公安局史志办公室：《南京市公安史资料汇编（1948—1957 年）》（第一辑），1996 年版，第 36-44 页。

4月23日，我三十五军攻占两浦，夜渡下关，南京敌人撤逃。总前委报告中央军委，派宋任穷连夜率接管干部赴宁。26日，总前委邓小平、刘伯承、陈毅、粟裕、谭震林等负责同志抵宁。南京市委（地下）正副书记陈修良、刘峰等前往汇报情况。

4月28日，奉中国人民解放军总部电令，南京市军事管制委员会成立，统管全市军事、民政，任命刘伯承为主任，宋任穷为副主任。军管会下设公安部及财经等接管委员会，任命周兴（原二野政治部保卫部部长）为公安部部长，赵苍璧（北平市公安局副局长）、刘秉琳（二野保卫部）为副部长。当天，赵苍璧、刘秉琳由中央社会部（驻北平）率二野干部20人、北平留用警员13人、河南青年学生57人共90人赶到南京开始工作。5月3日，从金陵支队调来240余人组成秘书人事、社会、治安、总务4个组，按当时12个区，加上长江、内河水上工作的需要，共派出13个工作组，分赴各区了解情况，着手组建人民公安机构。

1949年5月1日，在华东局直接领导下，二野入城干部、解放区南下干部和原地下市委党员干部3000多人在"国民大会堂"召开会师大会，部署接管工作。5月10日，军管会宣告成立南京市人民政府，刘伯承任市长，柯庆施、张霖之任副市长。5月15日，军管会命令成立南京市人民政府公安局，周兴为局长，赵苍璧、刘秉琳为副局长。

5月16日，南京市人民政府公安局召开成立大会，宣布机构建制，任命领导干部。局本部设秘书、人事、社会、治安、总务五个处，直辖公安学校、公安医院，成立13个区分局。处和分局正职是部队、老区来的干部，副处长、副分局长是警运会负责人、骨干。警运会124名党员和95名工作关系转入人民公安机关工作。5月底，从部队调来干部180人（师级2人、团级10人），加强各处分局领导力量。6月中旬，从二野、三野军大调来两批学员291人，充实89个派出所。6月20日，从三野调来三十四军第一百师三百团，改为局属警卫团，分配各分局使用；又从三野政治部调来直属教导三团，管训特务人员。截至6月底，全局干警达10706人，其中有中共党员1518人。为了加强党对公安工作的领导，成立首届公安党委会，由周兴（任书记）、赵苍璧、刘秉琳等11人组成，下有3个总支部、25个支部。①

1950年7月，南京市人民政府公安局经过整编，局内设办公室、五个处、公安学校、公安医院公安总队；分设11个区分局和水上、永利宁（铔）厂分局及直属中山陵园派出所。1951年6月，南京市公安局接管南京市监狱（老虎桥）成立劳动改造处，11月增设经济保卫处；1952年6月建立政治部，各处、分局设协理员室。②

二、成立南京市委社会部

1949年5月1日，华东局批准由刘伯承、宋任穷、张际春、陈修良、陈士榘、周兴等16人组成中共南京市委，刘伯承、宋任穷为正、副书记，任命周兴为保卫部（社会部）部长，负责全市肃特、保卫工作。由市公安局社会处进行日常工作，接收了各系统交来的

---

① 南京公安局史志办公室：《南京市公安史资料汇编（1948—1957年）》（第一辑），1996年版，第53-55页。

② 南京市地方志编纂委员会：《南京公安志》，海天出版社1994年版，第23页。

340 多名情报工作关系，组建情报站，开展搜集情报的工作。

6 月，市委社会部即通过党委着手调查机关、学校、厂矿的敌情。16 日，市委社会部发出《关于机关保卫工作的意见》，布置建立机关保卫组织、开展对内部敌情的调研工作。《关于机关保卫工作的意见》要求，各大机关以党政首长和专门工作者 3~5 人组成保卫委员会，总支设保卫委员，支部设保卫干事，负责进行经常性的保卫工作；大机关、机要部门及公营企业要选择可靠人员，以少而精的原则，建立武装性的群众组织，如自卫队、工人纠察队等；规定了保卫部门的任务与权限，每月向市委社会部报告工作情况，由社会处机关保卫科负责日常联络。7 月 2 日，市委社会部召开保卫工作会议，有 52 个单位 115 人到会，周兴部长布置各单位抓紧建立保卫组织，设立专职保卫干事，开展肃特宣传、登记工作。会后，市委、市政府、工会，各军工厂等 13 个单位设立专职保卫干部，其他单位多系兼职。①

三、接管、改造旧警

南京军管会、市委成立后，分工由公安部门接管敌警、党团机构。公安部专门组织了 16 人的接管组，由治安处副处长安桂林负责，按单位性质分层负责接管。原警运会联络的 2000 多名警员在接管旧警察系统工作中提供了不少情况材料，使接管组工作迅速展开，于 1949 年 5 月下旬结束，共接收警察系统 23 个单位，计：国民党内政部警察总署及其刑事实验室、驻卫警察总队、首都警察厅及其消防总队、特警大队，别警队、警察学校、车辆监理所和 13 个区警察局；接收的部分党团机构为国民党中央党部、中央监察委员会、市党部区党部、三青团总部、新生活运动委员会及民社党、青年党南京办事处等 9 个单位，合计接收留守警员 5011 人、档案 6219 卷、电台 10 部、电话 77 台、各种枪 3740 支、炮 73 门、汽车 32 辆、救火车 7 辆、汽艇 11 艘、其他仪器 85 台，并接收到国民党军队一部分密码，随即交给二野的二局。

国民党政权首都警察厅原有官佐警员 9798 人。1949 年 4 月 30 日，市军管会召开的扩大会议上，根据“一律包下来”“3 个人的饭 5 个人吃”的政策，决议对已供职或登记过的警察同样发生活预备费。5 月以后，随国民党军撤逃中途返回的旧警不断要求就业，又陆续收编 1000 多人。6 月，对留用警员拟定月薪标准，根据工作能力及生活最低需要，照顾其家庭困难，分别发给相当于 170 斤、200 斤、270 斤大米的月薪。

1949 年 6 月下旬，按照中央社会部召开各新解放的大城市社会部负责人会议提出“惩办少数，争取改造团结大多数为革命服务”的方针，市公安局拟定《南京旧警人员处理办法》，报市政府批准后实施，对侦缉队长、警务科长以上警官、特务分子与中下级职员和普通警士分别进行处理。

当时，留用旧警人员达 5500 人，其中交通部门留用交警总队警士 1000 人，电信局、大学留用驻卫警士 500 人，社会上散警约 2000 人（有铁路警 100 人，内政部警察总署警察总队 500 人），全市共有旧警约 9000 人。市公安局留用地下党团结联络的警员、统战关

① 南京公安局史志办公室：《南京市公安史资料汇编（1948—1957 年）》（第一辑），1996 年版，第 55–56 页。

系2000人，交通、消防、刑事技术人员1000人，自动留守的警员1500人。属于警员巡官以上人员和其余刑事侦缉队、保警总队、特警大队、内勤总队、铁路警等共计1800人，集中学习审查。至8月经审查清楚后，又陆续留用645人、暂留5183人。9月进行整编，继续精简旧警，留用表现较好的2203人，其余资遣回籍或转业安置，没有造成社会问题。①

第三节　巩固人民民主专政工作

南京市人民公安机关成立后，开展大量工作。巩固新生政权，摧毁大量敌特组织，开展特务自首登记，管训特务骨干分子，摧毁预伏特务组织，打击武装匪特。维持社会秩序稳定，打击盗匪，收缴非法武器，收容散兵游勇，严厉打击伙匪，侦破各类刑事案件，并全面取缔反动会道门组织。党中央发出《关于镇压反革命活动的指示》后，在华东局领导下，南京市的镇反运动坚决贯彻执行党的路线、方针、政策，市公安局等各相关单位经过三年的斗争，胜利地完成了任务，南京也被列为镇压反革命基本彻底的地区之一。

一、摧毁敌特组织

1949年5月31日，周兴、刘秉琳向南京市委常委汇报敌情，请示运用“以特制特”策略，“先捉大鱼”挤材料，拟密捕一批潜伏特务，举办特务登记，管训自首分子等工作。市委常委批准了市公安局的请示。刘伯承书记作出指示：当前城市中心任务是恢复生产，处理失业是基本问题，解决了失业问题治安才有基础。各项工作要围绕恢复生产，维护革命秩序。敌特在南京的基础很深，现在还很隐蔽，我们摊子还没有摆好，怎能做“大生意”?！不可操之过急。要贯彻华东局的指示，先举办特务登记，时间放长些，以体现党的政策；动员宣传群众，使其内部分化、瓦解，以孤立首恶分子。对于潜伏特务骨干不来登记的，可以密捕搞材料，运用釜底抽薪、“七擒七纵”的策略，把敌情逐步搞清楚。采取登记、宣传攻势、组织侦察三管齐下的措施稳步前进。宋任穷副书记指示：当前治安重点搞反特，要处决几个武装特务和惯匪头子以动员舆论，维护革命秩序。一般小偷扒手可送游民习艺所，管教好了再具保放回。

根据华东局、市委的指示，当时肃特斗争贯彻执行了“打得准、打得狠、打击面小”的稳步前进的方针，集中力量摧毁敌特各系统的潜伏布置，严厉打击行动性的武装匪特活动。②

（一）举办特务自首登记

南京市公安局一成立，即设立社会处执掌肃特工作，第二科负责侦察工作，组建了以南下的老区社会部、二野保卫部和原地下市委情报系统的干部为骨干的侦察队伍，开展工

---

① 南京公安局史志办公室：《南京市公安史资料汇编（1948—1957年）》（第一辑），1996年版，第56-58页。

② 南京公安局史志办公室：《南京市公安史资料汇编（1948—1957年）》（第一辑），1996年，第61-62页。

作。侦察人员先从接收的情报关系和地下党组织提供的材料，以及从敌特机构的邮箱、领取物品的名册中获得的线索展开查证，初步掌握了一批敌特活动材料，从中选择重点，分别进行传讯；利用情报关系，打进潜伏特务组织内部进行分化、劝降，促使特务骨干秘密自首。截至1949年5月底，市公安局已掌握曾在宁活动过的特务名单3179名，其中组长以上骨干200名左右；接受潜伏任务的约有200名，已自首28名，其中组长有5名。敌特潜伏方式是多层多线比较隐蔽。在我举行登记、动员自首和宣传攻势下，敌特怕被揭露，彼此不敢联系，对如何立足谋生感到困难。有的混入民主党派，有的联络土匪拉武装，有的设法寻找职业以取得合法身份掩护。多数散特持观望态度，窥测方向。保密局局长毛人凤电示潜伏特务要稳住内部，防止自首。

6月4日，市军管会宣布，国民党内政部调查局（中统）、国防部保密局（军统）、国防部第二厅及他们所属的一切组织，以及其他性质相同的一切组织为蒋帮法西斯特务组织，应立即一律解散；查封并没收其所有公产、档案，着令各该组织之一切人员立即停止活动，向人民政府悔过自新，立功赎罪，进行自首登记；同时发布了安字第5号布告，宣布国民党、三青团、青年党、民社党均为非法的反动组织，自即日起一律解散。市军管会运用《新华日报》揭露蒋特罪恶，宣传我党肃特政策，形成了强大的政治压力，迫使特务分子陆续前来自首登记。如中统津浦铁路调统室主任庄世荣是于1933年参加中央党部调查科的老特务。他于6月8日自首，提供了从调查科到中统局的特务组织沿革及人员线索160多条后，迫使曾在津浦路调统室进行过活动的45名特务分子前来自首。6月，246名特务前来自首，供出线索400多条。

7月，经市委扩大会议批准，市公安局进一步展开宣传攻势，由《新华日报》发表社论，宣传政策，发表自首悔过人员的反省文章，宣布从宽处理的典型，披露依法处决的特务案件，动员宣传机构、学校以文艺作品、墙报等形式进行街头宣传，组织机关、学校、工厂人员学习《论人民民主专政》等文章，结合肃特事例作学习报告，运用自新特务“现身说法”以提高干部职工觉悟，发动广大群众检举特务。周兴部长召开各大机关首长会议，警备司令部与公安局联合召开分区司令员、分局长会议进行部署，集中逮捕了一批顽固不化、抗拒登记的特务骨干分子，共110人，促使敌特纷纷前来自首。截至9月底，自首登记特务达512人，其中组长以上的90人。①

（二）管训特务骨干分子

1949年6月下旬，社会处将自首登记后难以控制的组长、台长以上的特务，以及从各单位清出来的特务骨干分子集中管训，开始仅集训13人，管理较松，有的周末还可回家。7月，加强领导，严格管训制度，有计划地对顽固分子开展斗争，先从老特务荆有麟开刀。荆有麟是保密局南京站文化组少将组长、内调局南京区专员。荆有麟被捕后，在被管训人员中进行造谣、挑拨。经发动，被管训人员彻底揭露其一贯伪装进步、暗中从事特务活动26年的罪行，将其制服。接着与保密局上校、特刑庭检察官管森保，交警总队江淮挺进军第一纵队大队长卜贤武进行了斗争，在《新华日报》上揭露两犯的严重罪行，交市

① 南京公安局史志办公室：《南京市公安史资料汇编（1948—1957年）》（第一辑），1996年版，第62-64页。

人民法庭组织公审，被判处死刑。柯庆施副市长在公判大会上进一步动员群众起来揭发特务，与敌特破坏活动作坚决斗争。

通过这些工作，制服了顽固的特务骨干，震慑了其他被管训的特务分子，促使他们纷纷交代自己的罪行，检举同伙，立功赎罪。社会处先后管训特务分子 201 名，提供线索 4646 人，缴获各种证件 585 件、手枪 14 支、重机枪 1 挺、军用电话机 2 台等，后来根据管训特务坦白立功的表现，陆续处理出队，从中选建了一批特情。①

（三）摧毁预伏特务组织

淮海战役后期，国民党反动派准备撤逃。国防部二厅、保密局、内调局头子都先后亲自对南京做了应变部署，采取“整退零进”等诡计，布置了多层多线的“潜工”组织。国防部二厅在厅长侯腾的指挥下，将原来的“外勤组”扩大为第七处，宣坛、胡自立、朱雨农为正、副处长，在宁布置了三个潜伏组和一个独立台。副厅长魏大铭又在沪、宁亲自布下了两个独立台。保密局由毛人凤布置了九个台、组和两名直属通讯员。内调局由副局长季源溥主持做了三项多线布置。一是由局本部直接布置掌握留守独立台；二是由南京区区长田纯玉布置了双线潜工组，田纯玉撤逃时将潜特名单交给上海办事处的组长苏麟阁掌握；三是由该局研究处处长徐兆麟在上海布置专员谭因来宁长期潜伏。此外，宪兵司令部第二处、青年救国团专门委员室也做了预伏布置。

人民公安机关建立后，立即从各方面进行调查收集材料，开展侦察工作。首先着手扫除内调局的预伏组织。我冀鲁豫军区社会部工作人员于克已原是中统山东省的调工，在济南被我俘获后派回南京工作。南京解放时，于克已将苏麟阁交给他掌握的二线义务潜工名单及所知的其他潜特线索报告我党接管的军代表。此时，按照扬帆副部长的指示，从苏州将自首的苏麟阁带回审查核实，开展侦察。6 月初，当军管会勒令特务自首登记的布告公布时，内调局留守台长潘文林、一线潜工负责人叶一舟、二线潜工负责人叶心舟就迫于形势先后登记自首，从而掌握了中统在宁布置的全部潜特情况。截至 6 月底，将其留守独立台，一二线潜工共 13 名特务被一一捕获。其在上海个别布置的预伏专员谭因也为我党控制利用。

二厅物建的潜伏特务多系帮会分子，活动阅历浅、经验少、相互知情、易于动摇。其 415 潜伏组联络员王竟生在我勒令特务登记布告刊出后，竟将电台丢到夫子庙小学广场上，后怕被追查又取回上缴自首，使我局旋即捕获同组成员刘涌铿、李克之。接着，402 潜伏组女报务员郝艳霞投案自首，并检举了该组组长孟杰英。同时，经内线侦察破获了原潜伏蚌埠市的 283 组，捕获 7 人，缴获电台 1 部。其组员刘俊三还供出潜宁 415 组组长邵伯芳，邵伯芳被捕后供出 296 组组长董晓峰，随即将董晓峰及其组员张奇捕获。6 月 6 日，根据上海市破获魏大铭布置的潜伏台案提供的线索，将潜入民革南京分部的 148 独立台台长温让捕获，从而追获其成员黄源泰、潘筱甫及电台 1 部半。至此，二厅潜宁特务组织全部被我党破获。其潜伏镇江市的 404 组报务员文渊博、408 组分台长顾立中先后来宁自首。

保密局的预伏部署与二厅、内调局不同，多选所谓“优秀特工”个别布置，深入埋

① 南京公安局史志办公室：《南京市公安史资料汇编（1948—1957 年）》（第一辑），1996 年版，第 64 页。

伏。尽管敌人策划得很诡秘，但在人民解放军挥师百万摧枯拉朽的形势下，再加上我党正确运用“坦白从宽、抗拒从严”等政策策略，促使一部分潜工自首。4 月 25 日，南京解放后的第三天，潜宁的独立台台长孙思谊即向我三十五军自首，缴出电台。根据孙思谊提供的情况，1950 年 6 月 8 日先后破获了方叔、方季兄弟的潜伏台和南京和平门潜伏组，共捕获案犯 5 名。保密局南京站少校直属通讯员关坤厚早年即潜入农工民主党进行活动，1948 年年底又接受毛人凤的布置为潜京二分站站长，被我地下党发觉，5 月将其密捕审查，其报务员徐竹山也被迫自首，缴出电台 1 部、密码本 3 本及化名通知、联络法等文件。

保密局南京站文化组组长荆有麟，自 1923 年即为北洋军阀搞情报，1939 年在军统防奸防谍训练班毕业，受戴笠任命打入进步文化团体，长期以“左倾”文人面目进行特务活动。淮海战役后，毛人凤亲自布置其任潜京一分站站长，并配备报务员陈天锡、译电员岳华、服务员马玉华在该站工作，发给大量活动经费。荆有麟租下一套房子，挂出“新华话剧团”招牌作掩护，先后与毛通报十几次，密报我党及苏联大使馆情报。南京一经解放，荆有麟通过原蒋军西安市警备司令部司令马青苑（系华东局社会部策反利用对象）旧友关系，混入由南京各大学教授吴贻芳、李旭旦等民主人士组成的南京治安维持会当秘书，利用治安维持会名义到军管会、苏联大使馆，并弄走国民党未及开跑的汽车 19 辆，继又组织秧歌剧团去北平活动，企图钻进全国文协和政协筹备会未能得逞。荆有麟回宁后，派军统特务阎杰打入南京文工团，叫其女敷特华参加三野三十三军六十九师文工团，派服务员马玉华考入二野军大，分散进行活动。荆本人则经常改名换姓，行踪飘忽不定。公安机关通过文协会员查找其下落，并对阎杰开展侦察，将其密捕突审，6 月 11 日，终于将来接头的荆有麟及其译电员岳华捕获，搜出电台、密码等罪证。报务员陈天锡次日闻讯自首。潜京直属第 6 组解世昌、尤隐萍经工作关系提供线索，于 7 月被我公安机关捕获。潜京直属第 5 组组长朱正峰曾打入我公安局治安处管制科当情报员，直属组王广心、直属通讯员方侠先等均潜伏不动，后分别于 1950 年 1 月、6 月，1951 年 6 月经过内线侦察被一一破获。终此，我公安机关共破获保密局布置在南京的 9 个潜伏站、台、组，逮捕特务 21 人。

宪兵司令部第二处副处长周剑心（军统分子）在撤逃前，在宁布置 4 个潜伏组，城内 3 个组，下关区 1 个组，共 18 人。解放后，因其组员张进之、谢锦森、李文忠、易锦堂等相继自首，公安局得以先后破获下关组、一组、三组，捕 12 人，二组及其他逃散人员于 1951 年镇反前大多被捕回。

总计，在建国前南京市共破获潜宁预伏特务案件 17 起，捕获人犯 47 人；继于 1950 年至 1951 年镇反前追捕破案 9 起，捕获 31 人。敌特机关多线布置、苦心经营的潜伏组织被基本摧毁。①

（四）打击武装匪特

解放初期，武装匪特组织的破坏活动相当嚣张。他们大多以游散的老特务为首，拉拢军官、地主恶霸为骨干，大肆招兵买马，自立番号，封官加委，以山村、水上为据点，进

① 南京公安局史志办公室：《南京市公安史资料汇编（1948—1957 年）》（第一辑），1996 年版，第 64-68 页。

行所谓“敌后游击”，袭击城市交通沿线企业，进行抢劫、暗杀等破坏活动，严重危害社会安定。南京公安局对此采取“及时破案，一网打尽”的方针，积极组织侦察、搜捕。4月25日，首先破获冒充我军名义收缴枪支、盗取资财的“中国人民解放军江南挺进军总指挥部”的武装匪特组织，逮捕匪首国宇等12人。5月22日，破获“青年救国团江南义勇总队第五大队”匪特组织，捕获大队长沈元，团长王正清、马英杰等8人，缴枪20余支。该组织打着“中国人民革命军江南兵团京芜区皖南地区暂编第五团”旗号，活动于郊县一带，纠合地主恶霸、散兵游勇袭击我汤山军火库，劫取枪支。7月10日，根据已自首的保密局皖南站宁国组组长陈伟光提供的线索，将企图逃亡大别山的“江南兵团”团长、原交警总队江淮挺进军中校大队长卜贤武捕获。卜贤武拉拢芜湖逃宁的特务在宁以“民革”名义组织地下印刷所，伪造人民币，贩卖烟土，武装抢劫5次，借以收集反革命活动经费。全案捕获33人，缴枪3支、印刷机1部。截至9月底，四个月内连破4案，逮捕60人，严厉打击了国民党“地下军”的破坏活动。①

二、镇压反革命运动

1950年10月至1953年12月，在全国范围内开展的镇压反革命运动沉重打击了反革命残余势力，巩固了人民民主专政，是中华人民共和国成立初期与土地改革、抗美援朝齐名的三大运动之一。

1950年3月，中共中央针对许多地区反革命活动十分猖獗的情况，发出《关于严厉镇压反革命分子活动的指示》。同年6月，党的七届三中全会将镇压反革命作为当时的八项重要任务之一。7月23日，中央人民政府政务院和最高人民法院联合发布《关于镇压反革命活动的指示》。10月10日，中共中央发出《关于镇压反革命活动的指示》（“双十指示”），这是全国大张旗鼓地镇压反革命的动员令。

南京市的镇反运动在党中央、华东局领导下，贯彻执行了党的路线、方针、政策，经过三年的斗争，胜利地完成了任务，在第五次全国公安会议决议中南京被列为镇压反革命基本彻底的地区之一。②

（一）镇反运动的前哨战

1. 南京是反革命的巢穴

南京，曾是国民党反动统治的中心。当时设有庞大的统治机构，仅职业特务就有8000人之多。据调查，解放初期，南京尚有特务、反动党团骨干分子反动会道门办道骨干、恶霸地主等万余人，军、政、警、宪人员中反革命分子1000余人。此外，有惯匪、惯盗3000多人。

在残存的反革命势力中，有一些是从反共反人民起家、双手沾满了革命志士鲜血的首恶分子。中统特务许树东自1933年起亲手杀害我红军政委、县委干部、党员及群众达300

① 南京公安局史志办公室：《南京市公安史资料汇编（1948—1957年）》（第一辑），1996年版，第68-69页。

② 南京公安局史志办公室：《南京市公安史资料汇编（1948—1957年）》（第一辑），1996年版，第73页。

人。军统局情报组副组长李长荣早年潜入我新四军某部，向特务机关密报新四军情报组织与沪宁铁路中共支部的组织关系；1947 年 6 月重回南京铁路车站活动，1948 年 1 月设置圈套，将进步职工数人捕送保密局严刑拷打；继又勾结叛徒破坏南京铁路车站地下党组织，使党支部书记和党员 3 人、进步工人 1 人被害。

反革命分子中还有盘踞一方的封建恶霸。中华门外的“土皇帝”马忠极，号称“蒋半天”的蒋寿山，大恶霸缪风池、萧月波，三汊河的青红帮头子王化鹏，“杀人魔王”于德水，妓主恶霸任仲三等，更是长期凭借特务、帮会势力，鱼肉乡里，群众对其恨之入骨。

反革命分子中还有一大批是从外地逃亡来宁的，他们利用各种机会打入我军队、机关、企事业单位，建立反动组织，威胁进步群众，拉拢落后分子，进行非法活动。

国民党仓皇撤逃前曾有计划、有组织地布置了一批潜伏特务。中华人民共和国成立后，帝国主义及国民党特务机关又以各种方式派遣一批特务、间谍，进行情报搜集、爆炸、暗害活动，尤以武装匪特的破坏活动最为猖獗。随着朝鲜战争的爆发，敌特武装活动剧增。他们大多以特务头目为首领，以反动军官为骨干，以散兵游勇为走卒，招揽人马，自立番号，封官加委，进行政治性破坏和武装骚扰。他们大肆抢劫公私财物，以充反革命活动经费。1950 年 9 月发生的前埃及大使馆被盗、代办被刺伤一案，即系“中国人民反共抗俄救国会”匪首高遐昌、李善修等人所为。

正如公安部部长罗瑞卿在考察包括南京在内的几个城市的镇反运动情况时所分析的那样：大中城市是反革命的巢穴。显然，不坚决镇压反革命残余势力，新生的政权就不能被巩固，抗美援朝、土地改革运动就无法顺利进行，国民经济的恢复与发展、社会秩序的安定就会遇到严重的阻碍。因此，镇压反革命残余势力，是中国人民巩固胜利、把革命进行到底的必要步骤。①

2. 扭转“宽大无边”的偏向

南京解放后，公安部门采取“打得准，打得狠，打击面小”的方针，集中力量摧毁敌特各个系统的潜伏组织，严厉打击武装匪特破坏活动及土匪抢劫活动，截至 1950 年 12 月底，共破获各种特务案件 214 起，摧毁各系统潜伏组（站）台 41 个，逮捕特务分子 913 人，收缴敌特电台 25 部，破获重大武装匪特组织 60 个，仅判死刑 17 人、徒刑 77 人。中央批评“南京破案多，但对罪大恶极、怙恶不悛的分子镇压不够”。各界群众也有责难。

解放初，被打乱的国民党潜伏特务蠢蠢欲动，有的积极恢复联系，有的继续刺探情报，重新组织活动。国民党国防部二厅中校潜伏组长邵伯芳被宽大释放后即赴香港找二厅联系。在破获“苏鲁皖反共救国军第五纵队”案后潜逃的反革命分子陈兴甫，1950 年 5 月赴香港重新接受二厅任务，潜返南京，以全权代表身份在宁密刻关防、印发绸布派令、组织人枪，并向安徽发展，以杀害我党工作人员、破坏津浦铁路、炸毁桥梁为主要目标。“中国青年反共同盟会”的王健华受到宽大处理后，又刻制关防及“兼会长”的官章，组织起匪特武装“长淮区游击总队”及四个支队，封官加委，纠集散匪，收罗枪支，伺机武

① 南京公安局史志办公室：《南京市公安史资料汇编（1948—1957 年）》（第一辑），1996 年版，第 74–75 页。

装叛乱。在我党内部，纵火及其他政治性破坏屡有发生。自来水厂的嵇四海兼有蓝衣社、军统、中统、国民党区分部委员、青帮头目等五种身份，中华人民共和国成立前后曾准备用手榴弹炸毁该厂机器设备，由于工人严密保护未能得逞。嵇四海后又与匪特王某联系，要求电告台湾派飞机来轰炸水厂。潜伏在建设局工程队内的特务在修建长干桥时埋放炸药，幸发现及时未酿成巨祸。潜藏在江南汽车公司内的军统、中统双料特务王萃卿，乘夜偷偷打开车内的电开关，烧毁变压器，破坏了 9 部公共汽车。社会上的反革命分子张贴反动标语，散布反革命谣言，与海外敌特“心理作战攻势”遥相呼应。他们恶意诋毁参军参干、抗美援朝运动，并传播谣言，幻想复辟。

1950 年 11 月，南京市委分析了上述严重情况，认为中央“双十指示”非常正确，决定以加强镇压反革命活动为全市的首要任务，扭转“宽大无边”的偏向，为了加强镇反运动的领导，成立了以市委书记柯庆施为首的公安局及各部门负责人参加的保卫委员会。市公、检、法联合办公，组成了市裁判委员会，陆续逮捕了一批反革命分子，其中判处死刑和判处徒刑的 160 余人。①

（二）大张旗鼓地镇压反革命

1. 举办反动党团特务人员登记

1951 年 1 月，在南京市委统一领导下，全市开展了以宣传发动群众、大量暴露敌人为目的的反动党团特务人员登记工作。这是大张旗鼓镇压反革命运动的序曲。根据市委制定的“首长负责、全党动手，认真发动群众，深入开展反动党团特务分子的登记工作”的方针和具体部署，公安机关多方调查搜集材料，清理旧政权机构档案，初步掌握了涉及万余人的各类线索材料，印发了关于南京市反动党、团组织活动介绍及各特务系统的资料汇编供有关部门参考。同时，市委派干部到永利锤厂进行反动党团登记工作的试点，总结经验后，分批培训干部 900 余名，作为全市开展运动的骨干力量。

1 月 20 日，南京市成立了反动党团特务人员登记委员会，由江渭清任主任委员，陈养山、龙潜任副主任委员，统一领导内部、社会上登记工作。登记委员会下设登记处，具体执行登记工作。市、区、各系统分别组织保卫委员会动员各方力量，发动群众。公安机关负责社会人员登记业务，按区设立 14 个登记分处；各机关、学校、企事业、军事系统、铁路等分别由党政领导、人事保卫部门共同组织登记分处或小组。同日，市军管会第 7 号布告《南京市反动党团特务人员登记实施办法》发布，令所有反动党团特务人员迅速进行登记。

全市各界各业迅速由点到面，内外结合，利用报纸广播、板报、广告、标语、漫画、宣传队和电影、戏剧等各种形式，不断揭露反革命分子的罪恶，动员广大群众协助进行登记工作。人口不到 10 万人的第三区，组织了 183 个居民宣传小组，召开各种类型会议 3000 多次，开控诉会 392 次，参加群众 9 万余人。经过宣传动员，群众很快行动起来，对反革命分子形成很大压力。许多反动党团特务人员的父兄、子弟、邻居、亲友积极参加规劝，出现了妻劝夫、子劝父、特务劝特务的情形。有的群众将执迷不悟的反革命分子扭送

① 南京公安局史志办公室：《南京市公安史资料汇编（1948—1957 年）》（第一辑），1996 年版，第 74-75 页。

至派出所，说“特务分子在一天，人民就多受一天害，政府这一措施完全是为人民着想”，出现了多起检举亲属中反革命分子的大义灭亲的事例。

1月23日，登记的第一天，就有1500多人报到，到第五天，已有4200多人登记。其中有国民党军委会军政部副部长，第100军中将副军长，西北行辕少将参谋长，国民党南京市党部常务委员，民社党中央监察委员和市支部主任委员，市参议员以及中统、军统特务多人，他们还交出一批武器、军用器材和档案。

在登记工作中，有关部门向登记人员反复宣传“首恶必办，胁从不问，立功受奖”的政策及《中华人民共和国惩治反革命条例》，分化了敌人，减少了阻力。起初，反动党团特务人员普遍顾虑重重，怕丢面子，怕受训，怕失业减薪，怕拘留逮捕，怕同党暗害等，因之犹疑、观望。公安机关采用已登记人员“现身说法”、特务坦白、证件展览、被害者血泪控诉等形式，揭露特务匪徒的罪行，以教育那些顾虑者，促使其报到登记；同时又有重点、有计划地通知一批应登记者来登记，使这类人感到有压力。在登记过程中，工作人员对于坦白较好的给予鼓励，敷衍应付的给予教育，恐惧不安的给予诱导，造谣挑拨的给予揭露，抗拒破坏的则给予坚决镇压。国民党区分部委员、保长龚某登记后说：“过去国民党抓住共产党就是杀头；今天，人民政府对反动分子还分别对待，我一定要立功赎罪。”后来他动员了两个保长、一个特务去登记。

少数反动党团特务人员特别是那些核心、上层分子，虽经一再号召，仍进行顽抗：有的造谣破坏、威胁阻挠同伙登记；有的试探口风，伪装积极，一面登记，一面活动；有的撕布告，张贴反动标语，或企图逃跑。中统调查专员楼特全，淮海战役时，枪杀自己的胞弟张德（中共党员）等5位革命干部，中华人民共和国成立后以重辉会计学校校长身份为掩护，继续与香港蒋特机构联系，取得经费，策划破坏活动。京沪杭警备司令部第二处江北组上校组长冯力生，中华人民共和国成立后继续为军统特务头子毛森卖命，组织“洪泽湖突击总队”特务武装，自任总队长，纠集逃亡地主、地痞流氓，搜集情报，暗害我工作人员，抢劫商民财物，群众恨之入骨，称之为“吃光队”。对于这类顽固分子，全市先后逮捕300余人，根据2月21日公布的《中华人民共和国惩治反革命条例》，于3月11日处决了怙恶不悛的特务匪徒29人，表明了政府坚决镇压反革命分子的态度，大大震慑了敌人，使登记工作步步深入。经过两个月的深入发动和坚决斗争，至3月20日，全市共登记反动党团特务人员1万多人，收缴各种反动证件16358件、电台4部、长短枪百余支、雷达1部及密码、化学药水等，同时获得暴露反动党团特务线索材料1万余件，发现和破获了20多个现行特务案件。

市委根据登记工作展开的情况，适时提出“将反动党团特务登记工作的重点转入精密细致的审查工作”。公安机关在材料审查工作中，按照“内部重于社会、首恶重于胁从、上层重于下层、特务重于党团、核心重于外围”的原则，深入调查核实登记材料，提供依法惩治的依据。

登记工作给了一般反动党团特务分子自新机会，从而瓦解了反动组织，使匿藏在全市各个角落的反革命分子大量暴露，同时也使广大群众提高了警惕性，为大张旗鼓镇压反革命的高潮准备了条件。①

2. 配合土地改革，开展反霸斗争

发动群众镇压恶霸分子拉开了大张旗鼓镇压反革命的序幕。市委指示，在深入开展反动党团特务登记工作的同时，要紧密配合郊区进行的土地改革。1951 年 3 月，南京市在下关、燕子矶分别召开公审大会，处决了罪大恶极的恶霸王化鹏、萧月波。全市各区接着普遍开展了群众反霸说理斗争，先后召开公审大会。公审大会召开时，南京人民扶老携幼从四面八方赶到会场。会上，备遭恶霸迫害的苦主满腔悲愤地倾吐了积压心底多年的苦水沉冤。

在下关三汊河一带称霸三十多年的王化鹏，兼有“一贯道”头子、汉奸、国民党特务的身份，据统计，被他直接或指使杀害的有 30 多人，被他强奸、霸占的妇女达 100 多人。

青帮头子蒋寿山原是军阀齐燮元的马弁，多年当保长特务，称霸城南城中 20 余年，人称“蒋半天”。中华人民共和国成立前，他杀害多条人命，活埋继母，强奸妇女；解放初，指使其徒众抢劫，私刻三区人民政府图章，造谣破坏，1950 年还强奸过一名少女。

号称“杀人魔王”的于德水，是血债累累的恶霸、军统特务，23 岁就在英商和记洋行当巡捕，仗势欺压工人。日军侵占南京后，于德水与军统特务头子勾结，任忠义救国军第三大队长，在八卦洲、六合县一带烧杀淫掠，无恶不作，杀人手段尤为残忍。1945 年，于任匪特武装“苏北挺进军”大队长时，在六合犁头嘴逮捕我新四军税务所三名同志，指使匪徒用木桨把三同志头颅打碎，抛尸入江。解放初，于又勾结匪特企图组织武装叛乱。

恶名昭著的缪凤池，曾充当日寇宪兵密探、中国安清总会南京分会会长、汪伪市党部执委、国民党区党部书记，二十余年中与蒋、汪勾结，贩毒聚赌，敲诈勒索，杀夫霸妻，占地夺产，谋财害命，善良百姓畏之如蛇蝎。

盘踞中华门外码头的“土皇帝”马忠极，系集恶霸、汉奸、军统、中统特务、把头于一身的首恶分子，他剥削码头工人 33 年，所得合大米万石以上。在马犯所策划的数次争霸械斗事件中，致无辜工人死伤百余名。解放初，马忠极还与特务嵇四海等非法组织“工人服务队”，张贴反动布告，制造谣言，扰乱人心。

在公审这些恶霸的大会上，受害者控诉时，血泪斑斑，每每痛哭失声、当场晕倒；与会群众，悲愤激昂，纷纷请求政府为死难者伸冤雪恨。法院接受群众要求，当场依法宣判，就地正法。冤沉 18 年的徐老太太 3 月 31 日听到处决王化鹏的枪声时，激动得泪流不止，合手作揖：“人民政府替我报了仇，真是我的大恩人！”缪风池 4 月 14 日被处决时，观众达 8 万人，欢呼声经久不息。反霸斗争搬掉了压在群众头上多年的磐石，推动了土地改革运动的顺利进行，进一步鼓舞了群众参加镇反运动的斗志。②

3. 贯彻惩治反革命条例，掀起镇压反革命高潮

1951 年 2 月 21 日，《中华人民共和国惩治反革命条例》公布之际，毛泽东主席曾亲

① 南京公安局史志办公室：《南京市公安史资料汇编（1948—1957 年）》（第一辑），1996 年版，第 77-80 页。

② 南京公安局史志办公室：《南京市公安史资料汇编（1948—1957 年）》（第一辑），1996 年版，第 80-82 页。

自电示华东局转告南京市委，要大张旗鼓地镇压反革命，“以教育群众，并向反动派示威”。公安部罗瑞卿部长也于2月来南京视察指导。南京市委诚恳地接受了党和人民的批评，决定切实贯彻党中央的正确方针，把大胆放手坚决镇压反革命列为中心工作，有计划、有步骤地开展了大规模的镇反运动。

1951年3月初，南京市委结合反对美帝武装日本的斗争，根据南京曾惨遭日军屠城的国耻史实，在全市开展了爱国主义教育。3月11日，全市召开了纪念在南京大屠杀中惨遭日本帝国主义屠杀的30万同胞、反对美帝武装日本的控诉大会。继之，各区纷纷召集群众控诉大会，扬子江畔，雨花台下，掀起了控诉日寇、控诉蒋介石集团滔天罪行的怒涛。为紧密配合镇反的舆论声势，南京市接连在3月30日、3月31日、4月1日处决了55名罪恶严重的反革命分子，重申政府除恶务尽的决心。

1951年4月8日，南京市二届二次各界人民代表会议开幕。会议一致通过了《关于贯彻执行惩治反革命条例的决议》，决议指出“潜伏在南京的特务、惯匪、恶霸、封建会道门头子，尚未受到严厉的镇压”，号召全市人民“大胆检举，协助政府坚决实施《中华人民共和国惩治反革命条例》，为彻底肃清反革命分子而斗争”！

4月10日，市委邀请各界代表在人民大会堂举行了“贯彻执行惩治反革命条例动员大会”，场外组织了40余万群众收听。会上，市委书记、市长柯庆施向全市人民作了坚决贯彻执行惩治反革命条例动员报告，强调“凡是该判死刑的就判死刑，该重办的重办，该监禁的一定监禁，该管制的一定管制”“依法治罪，决不使一个反革命分子逍遥法外”！市公安局局长陈养山向全市人民检讨了镇反初期“宽大无边”的偏向，表示坚决执行人民意志，严厉镇压反革命活动。各界代表声泪俱下地控诉反革命分子的罪行，闻者泣不成声。数十万听众同仇敌忾，纷纷要求人民政府严惩反革命分子。不少人当场检举揭发，当日接到表示拥护的电话近1300次，来信7100余封。是夜，在市委的周密部署下，全市统一行动，一举逮捕反革命分子1200多人。

各区紧接着均以镇压反革命为中心议题，召开了区各界人民代表会议、群众会议。群众发动起来了，纷纷检举反革命分子，协助政府实施逮捕，反革命分子成了“过街老鼠，人人喊打”。4月13日、14日，政府又宣布处决23名罪恶昭彰、血债累累的特务、惯匪及恶霸，并指示公安机关集中所有力量抓紧现有案件审理，为迎接“五一”国际劳动节，再次掀起镇反高潮做好准备。

4月27日，南京市同华东地区六大城市统一行动，再次集中逮捕反革命分子1200多人。4月29日，将业已审查批准处决的376名反革命分子集中绑赴犯罪地点或刑场执行，给在南京的反革命残余势力以毁灭性打击。在被捕杀的反革命分子中，有震惊全国的“5·20”惨案的主凶、特务骨干分子刘启迪、王玉声、吴卫华等人；有1946年6月23日在下关车站殴打马叙伦等民主人士事件的主谋者吴凤鸣、伍家干及打手林子尧、张德培、周树人等；有在解放前夕逮捕我地下工作者和进步人士28人的首都卫戍总司令部第二处保甲特务小组组长、军统特务侯兆麟、侯家祥、邱延海。

大张旗鼓地镇压了这批反革命分子，市民奔走相告，同庆“有天有法”，认为“中华人民共和国成立以来，这才真正翻了身”！许多人高呼“人民政府万岁”！群众纷纷献匾赠旗，拥护政府为民除害。群众细读布告上死刑犯的桩桩罪行后，纷纷说：“这些人哪一个没有欠下几条十几条人命债啊！”“全该杀！全该杀！”

为了全面体现党的镇压与宽大相结合的政策，南京政府同时释放了一批罪恶不大、坦白较好的反革命分子，进一步分化、瓦解了敌人，安定了一般反动党团军、政、警、宪人员的情绪。

这一阶段全市共召开大小会议25558次，90%以上的市民受到了教育。高潮期间，检举信像雪片似的飞向各级政府，告密者络绎不绝。水和园茶社的账房先生张文富一个月中捉拿和检举了24个反革命分子，内有认贼作父的日宪便衣大队长，有敌县长和“反共大同盟”的骨干分子，有蒋特侦缉组长，有血债累累的封建恶霸。大胜乡金胜村农民王金和等三人将由合肥潜匿该乡的“反共救国军”第二支队长、有6条人命血债的特务孙某抓获，搜出手枪1支。第六区在群众通力协助下短期内迅即捕获反革命分子60名。公安干警“感谢人民协助”，群众则说“帮政府做事，就是为自己做事；若说‘协助’，是见外了”。

大张旗鼓地镇压反革命，激发了人民群众的政治热情。各区居民普遍订了爱国公约、广大青年踊跃参军参干、全市掀起抗美援朝捐献热潮、群众自动戒赌戒毒、懒汉流子纷纷就业、积极劳动，迅速改变社会风尚。水西门的船民将许多铜香炉、锡烛台捐献出来，说是“烧香拜佛多少年，结果还是吃不饱穿不暖；只有共产党、毛主席，才是劳动人民的‘活菩萨’”。

截至1951年5月底，南京市共暴露反动党团特务分子2万余人，逮捕反革命分子7000余人，沉重地打击了残余反革命势力。①

4. 执行“收缩”方针，集中清理积案

1951年5月，第三次全国公安会议根据镇反运动已取得巨大胜利的情况，及时提出“谨慎收缩”方针，规定“在今年6月1日至9月30日的4个月内”，“除现行犯和由各省（区）、市委呈请各中央局批准的少数人外应一律停止捕人，以便集中精力清理积案”，确保运动继续健康发展。

南京市因捕人较多，审讯处理工作跟不上，于5月中旬即已开始收缩。镇反进入高潮后，一些干部、群众以多捕多杀为快，工作中曾出现草率现象，如将介于可捕可不捕之间的反革命分子捕了一些。市委及时组织干部群众学习决议，传达贯彻“严肃与谨慎相结合”的方针，迅速纠正草率从事的错误。6月13日，市委决定，坚决执行“收缩”方针，严格控制捕杀权，指出“大力迅速清理反革案犯，是目前南京党的一项异常繁重艰苦和紧急的任务”。

市委决定以市、区两级反革命案件清理委员会为核心，组成市、区反革命案件审查委员会，分别审查已经审讯终结的案件。市级审查委员会吸收民主党派、民主人士参加；区以协商委员会为基础，吸收人民群众参加；机关、企业内部反革命案件的清理，则以公安局保卫处为主，组成清理办公室，抓紧审理工作。

根据第三次全国公安会议决议规定的“凡是可捕可不捕的反革命分子，一定不捕；凡

① 南京公安局史志办公室：《南京市公安史资料汇编（1948—1957年）》（第一辑），1996年版，第82-86页。

是可杀可不杀的反革命分子，一定不杀”的精神，南京市委强调指出，对应逮捕和镇压的反革命分子名单，要“按级提出，按级审查，负责同志亲自批核”，“凡判处死刑和无期徒刑，或判处死刑而缓期执行者，须经市委批准”。其具体做法是“三先三后”“三查三审”，即先审罪恶严重可以处死及罪轻可以释放的，后审可判有期徒刑的；先审有现行活动的特务，后审历史反革命；先审材料较完备的及易于突破的，后审材料欠缺或顽固不化的。处理是根据案犯罪行对照政策法律统一量刑标准，做到公安机关依靠群众进行查证，区协商委员会审查、市反革命案件审查委员会通过（三查）；原承办机关初审、市清理委员会复审、军管会批准、宣判（三审）。

1951 年 6 月上旬，南京市委组织对原拟判死刑的反革命分子案件进行复审，参考北京分类处理的办法，先将 300 余案件交反革命案件审查委员会讨论通过。6 月 15 日，召开市、区 3000 多名人民代表和协商委员会委员参加的扩大联席会，由市军管会宣判了 200 多人，其中除少部分民愤很大和危害国家利益最严重的恶霸、特务立即处决外，其余处死刑缓期二年执行、无期徒刑、有期徒刑、释放管制。其后又陆续审理了几批案件，至 8 月底，基本完成预定的清理任务。

南京市在清理积案的过程中，既重视广大群众的密告检举，又重视调查取证，并邀请民主人士或积极分子参加审理，证实或改正了部分材料，使量刑更加准确可靠，防止了“轻易判死、轻易释放、重罪轻判、轻罪重判”。公安部在南京市公安局《清理积案工作简报》上作了批语：“南京的做法是对的，一切城市于清理积案判处罪犯时均可这样做。”“在群众中加强镇反政策的宣传必须继续加以注意使三次公安会议各项决定完全为群众所了解、所拥护。”①

（三）打扫残敌，镇反判定

1953 年 1 月 5 日，南京市委通知各单位，按照经华东局批准的《南京市执行第五次全国公安会议决议的工作计划》，在全市搜捕漏网的五个方面残余反革命分子，要求“查实材料、摸清敌情，做到心中有数，并严加控制捕、杀数字”。其具体做法：整理现有材料，查找人证物证；由市公安局组织力量，分赴外地调查；机关企业内部组织专人，进行摸底工作；将应捕的反革命分子进行排队、审查，作出结论，呈批逮捕。

在市委直接领导下，南京公安机关立即成立机构，开展摸底工作，运用“领导动手，反复试验，训练干部，逐步推开”的方法，在全局范围内集中清理了所收集的材料，逐所逐段逐户反复摸底排查，判定镇反的彻底程度。同时，将需要外查的材料集中分类审查，对罪恶较大、主要材料充分、仅个别问题查实后即可逮捕的，先后派员分赴外地调查取证；对罪行不明、材料含糊、牵涉面广、短期内不易查清的，则先发函调查。至 7 月，公安机关陆续搜捕各类反革命分子 900 余名，按照杀、关、管的政策分别依法予以处理。

水上经过历次运动，封建把头受到严重打击。1 月又建立专门机构，开展民主改革运动。经广泛宣传，在提高群众觉悟的基础上，组织诉苦活动，发动有问题的人交代问题，摸清了水上的政治情况。

---

① 南京公安局史志办公室：《南京市公安史资料汇编（1948—1957 年）》（第一辑），1996 年版，第 86-88 页。

与此同时，机关企事业单位结合民主改革和思想改造运动，进行了全面的镇反摸底工作，按材料性质进行排队和调研，逮捕和管制了一批罪恶重大、有血债民愤、应该捕办的分子，净化了内部组织。

根据江苏省公安厅关于《判定镇反彻底与结束镇反运动总结报告的规定》，1953 年 9 月下旬，南京市公安局组织检查组，抽查了两个派出所，作出镇反判定的专题报告。12 月 17 日，市公安局向市委、省公安厅、中央公安部作出《南京市镇压反革命运动判定的报告》。

报告说明，经过三年大张旗鼓地镇压反革命运动，南京已将应该和必须捕、杀、关、管的反革命分子进行了依法处理。自中央“双十指示”起到 1953 年 10 月 31 日止，共逮捕反革命分子 9218 人，并按照中央政策和《中华人民共和国惩治反革命条例》进行了严肃处理。此外，侦破敌特各系统潜伏案 36 件、派遣案 45 件、现行反革命案 107 件，基本上肃清了社会上的反革命分子，巩固和加强了人民民主专政，保证了国民经济的恢复，有力地配合了抗美援朝、土地改革和各项社会改革的顺利进行。①

三、打击盗匪，稳定社会秩序

盗匪猖獗是国民党长期反动统治的遗患之一。中华人民共和国成立前夕，国民党从监狱中放出 3000 多名惯盗惯匪，加上大量的散兵游勇，以及苏北、皖北、鲁南的土匪南窜，以致解放初期的南京，盗匪横行，抢案迭起，1949 年 4 月 24 日至 30 日 7 天内，就发生抢案 19 起。南京公安机关针对这种情况，采取了一系列措施，大力组织干警缉拿。②

（一）收缴非法武器

南京军管会公安部一经成立就设立了武器收缴登记组，收缴社会上散枪。1949 年 5 月 31 日，军管会颁发了安字第 3 号布告，宣布国民党军政官吏、党特人员、散兵游勇、保甲人员、反动社团所遣散隐匿之枪支、弹药及无线电台，自即日起向公安机关迅速报告呈缴，违者治罪；继而制定《收缴非法武器电台的办法》，召开群众会议进行宣传，号召居民秘密检举，持枪人自报自缴，并采取个别劝导、传讯教育等方法，在全市大规模开展收缴工作。至 10 月，全市共收缴机枪 23 挺，迫击炮掷弹筒 19 门，长短枪支 2268 支，各种炮弹、子弹数 10 万发。而后，南京市结合日常公安行政管理和各种运动，继续收缴残存在社会上的零星武器。③

（二）收容散兵游勇

解放初期滞留南京的散兵游勇达 3 万多人，到处游荡滋事，为非作歹。在当时破获的抢匪案件成员中，有半数以上是这些人。大量散兵游勇麇集市内，是对社会治安的严重威

---

① 南京公安局史志办公室：《南京市公安史资料汇编（1948—1957 年）》（第一辑），1996 年版，第 94-96 页。

② 南京公安局史志办公室：《南京市公安史资料汇编（1948—1957 年）》（第一辑），1996 年版，第 69 页。

③ 南京公安局史志办公室：《南京市公安史资料汇编（1948—1957 年）》（第一辑），1996 年版，第 69-70 页。

胁，也是敌特进行破坏活动的社会基础。1949 年 5 月，市公安局协同警备司令部设站进行收容、遣散工作。至 10 月，警备司令部收容遣散 22000 人，公安局通过户口登记收容 4148 人，其中蒋军上校以上军官 39 人，在进入冬防期间又陆续收容 3700 多人。①

（三）严厉打击伙匪

解放初期，南京抢案时有发生。据统计，1949 年 5 月至 9 月就发生 18 起，大多是伙匪作案，少者二三人，多达二三十人。其组织严密，多有枪支，有的开车驾船行劫。匪首多系蒋军特务、宪兵、警官或惯匪，匪众大多是散兵游勇、地痞流氓，不少地主恶霸参加窝匪窝赃。他们有组织、有计划地作案，事前摸清事主财物情况，窥探路线地形，甚至绘出作案地图，多在夜晚行动，手段凶残，对城乡人民生命财产的危害很大。

南京公安局对此加强了侦缉工作，并同肃特斗争紧密结合，广泛宣传、组织群众开展反盗匪斗争，同时与警备部队配合友邻地区协同追剿，截至 9 月底，5 个月共破案 90 起，捕获匪徒 211 人。多数匪首、惯匪，在召开公判大会控诉后予以处决，在报纸上广为揭露，提高群众警惕性；一般匪众或判刑或集中管制，强迫劳动。国民党军南京防空司令部上校副处长、军统特务丁超然解放前夕奉命留守下来，伙同川沙县逃宁的警察分局长王明，纠合土匪兵痞 20 多人，在本市进行集团性抢劫 20 多次，终被一网打尽，缴获短枪 20 余支。②

（四）侦破刑事案件

1949 年 5 月至 9 月，南京市共发生刑事案件 2431 起，其中偷盗案 1694 起，占发案数的 70%；烟毒案 215 起，占 9%。当时南京市内有扒手 5000 余人，他们以师聚徒，同乡结帮，定有帮规，头子坐地分赃，统治颇严，公开打旗号的有上海帮、徐州帮、天津帮、东北帮等，各帮划分地盘，不容外帮插足。这些扒手大多分布在车站、码头和商业闹区行窃，无所不盗，得手后就和同帮弟兄吃、喝、嫖、赌、抽鸦片，挥霍精光。

南京公安局治安处建立了刑事公安队，每区设区队，专事侦缉，另成立警法科负责审讯处理。破案方法主要是团结留用警员了解情况，搜集情报，开展内线侦察；利用关系以套买赃物方式破案；发动居民、失主检举、密报，进行调查核证；开展现场勘查，传讯嫌疑对象进行破案。至 9 月底共破案 2053 起，处理人犯 2608 名。进入冬防后，治安处成立管教大队，把惯窃小偷收容起来进行政治教育，强制劳动生产。

1949 年 9 月 1 日，南京市公安局遵照华东局的指示，经市委核准，下发了《关于整编工作的指示》，开始组织整编、精减警员工作。10 月中旬整编结束，留 8559 人，其中共产党员 2177 人。经过精减整编、政治思想教育，纯洁了公安队伍，充实了各级领导骨干，调进一大批党员，加强了公安机关的战斗力。经市委批准，由龙潜（三野保卫部部长，任书记）、请实秋（副书记）、廖卓之、陈良、林浩然、卢伯明、洪沛霖、沈维岳 8 人组成新

---

① 南京公安局史志办公室：《南京市公安史资料汇编（1948—1957 年）》（第一辑），1996 年版，第 70 页。

② 南京公安局史志办公室：《南京市公安史资料汇编（1948—1957 年）》（第一辑），1996 年版，第 70-71 页。

的党委会。全体同志在新党委领导下，斗志昂扬地投入了新的战斗中去。①

四、打击反动会道门组织

（一）对反动会道门的调查

反动会道门以封建迷信为手段，欺骗群众，先被日寇汉奸所操纵，抗战胜利后又被民国政府登记和利用。中华人民共和国成立后，反动会道门散布谣言、恐吓群众，妄图推翻人民民主政权，对革命事业和社会治安危害极大。

1949 年 5 月，南京市人民政府公安局成立后，为巩固新政权的稳定，南京市公安机关展开了打击反动会道门的专项行动。经调查，解放初期南京有各种会道门 193 种，其中被敌伪政权利用应予取缔的 37 种，占会道门总数的 19%，影响较大的有“一贯道”和“中华理教会”等。而这些反动会道门主要有两个共同特点：一是施展骗术，搜刮道众的钱财。各道坛利用开办道场的形式和道徒“献心”“积德”心理，捞取金钱，饱其私囊。“一贯道”点传师宫彭年一次就骗得黄金 40 两。铁路职工崔图璞离职去扬州办道财产卖光后跳江自杀，其妻无奈到中华门外当尼姑。二是以巫术为人治病，奸淫妇女，贻误人命。“纯济道”道首陈某在治病中害死 27 条人命，并利用“色考”“看病”奸污女道徒 21 名。② 通过以上调查研究，南京市公安局立刻开展了反动会道门的取缔活动。

（二）打击取缔“一贯道”

1951 年 4 月，南京市公安局在镇反运动中，依法逮捕 10 名“一贯道”职业道首和 17 名兼有道首身份的反动党团骨干及特务分子，对反动会道门骨干有很大震动。此后他们化整为零，活动趋于诡秘。

1951 年 6 月 27 日，华东局指示：“凡尚未进行全面取缔会道门工作的地方，可结合清理积案，做好取缔前的准备工作，待 9 月以后再行全面行动”，并强调凡正在进行这一工作的地方各级党委必须加强领导，防止和纠正偏向；同时指示南京“在全面取缔之前，对个别案件亦可加以破获，将首要（犯）逮捕法办，收集材料，扩大战果，并公布罪证，进行宣传，打下全面取缔的基础”。

1951 年 9 月，中央第四次全国公安会议决议指出：对于反动会道门的取缔在镇压反革命运动已开展的城市，经过充分准备后，必须坚决进行。发动广大被迫被骗入道群众的退道运动、退道费运动，这是彻底摧毁封建会道门斗争中有决定性意义的一环。

此前，南京公安机关通过缜密侦察，基本弄清南京“一贯道”的情况，查明“一贯道”是日汪蒋反革命势力先后操纵的利用封建迷信进行反动活动的组织，是本市反动会道门中最庞大的一种。抗战期间，“一贯道”在日汪扶持下，即在南京发展道坛数百处，号称道徒 10 万之众。反动道首为敌张目，假借传道，传播奴化思想，扰乱人心，搜集我军情报，破坏抗战。日本投降后，该道转而依附国民党，摇身变为“中华道德慈善会”，继

---

① 南京公安局史志办公室：《南京市公安史资料汇编（1948—1957 年）》（第一辑），1996 年版，第 71-72 页。

② 南京市地方志编纂委员会：《南京公安志》，海天出版社 1994 年版，第 196-198 页。

续进行反革命活动，破坏人民解放事业。

市公安局在镇反高潮中，逮捕了10名“一贯道”职业道首，在逮捕的反动党团骨干、特务分子中也有17名兼有道首身份，这对反动会道门骨干有很大震动。之后，他们有的活动趋于诡秘，转向化整为零、个别行动；有的以假坦白来试探政府态度；有的规定通信密语，散布反动言论，千方百计地控制道徒。中华道德慈善会总干事何云才秘密指令各坛主，不得将“求道本”“献心本”“坛训”交给政府，并规定通信隐语和接头地点。

1951年11月20日，南京市委决定把大张旗鼓地取缔“一贯道”作为镇反工作的中心，规定“必须谨慎从事，分清反动首领与落后群众、政治问题与封建迷信、有罪恶事实与无罪行者分别对待”。

1952年1月23日，市委作出《关于取缔“一贯道”工作的指示》，要求“以取缔‘一贯道’为中心，结合社会上的‘三反’运动及民主改革、冬防、检查土改等各项任务，以达到彻底肃清血债分子、恶霸、特务、反动会道门及其他反革命分子为目的”。[①] 2月3日，市军管会颁布《取缔“一贯道”的布告》，宣布“一贯道”为非法组织，明令立即解散，道坛予以查封，道中所有武器、道产、供具、账簿、证件等一律没收。除罪大恶极的首要分子由公安局予以逮捕法办外，其他人员应立即停止一切活动，各安生计，违者定予严惩不贷。[②] 当日凌晨，全市逮捕一批罪恶重大的道首，同时查封一大批道产、道具，给“一贯道”的“正义派”“十九代”“金线派”等各支组织以摧毁性打击。首次取缔“一贯道”工作因“三反”运动的迅猛展开，未能像镇反第一阶段那样大张旗鼓地进行；中、小道首，办道人员及一般道徒也未履行登记和退道，但对“一贯道”的首要人员已经做了坚决打击。

（三）全面取缔反动会道门

1952年2月，首次取缔“一贯道”后，残存的反动道首一度蛰伏不动。时隔不久，他们认为“风头已过”，散而复聚，串通外地流窜来宁的道首继续顽抗，其他各种反动会道门也蠢蠢欲动。9月，南京“一贯道”点传师张遂弟携带孙素真从香港寄来的“六项道务指示”，专程赴开封、郑州等地传达。“同善社”道首冯锦生等秘密窜往香港，领受该社首领罗永信及美蒋特务的潜伏活动计划，企图在南京郊区发展武装特务组织阴谋叛乱。美国发动侵朝战争后，多数道首以为时机已到，传播“第三次世界大战即将发生”。“一贯道”点传师徐万椿说：不久美国原子弹要轰炸南京，入道者存，不入道者亡，令道徒接受“魔考”，企图稳住阵脚。[③] 当时少数乡村基层政权严重不纯，有些乡村入道者占全乡村总人口的80%~90%。反动道首不断制造种种谣言，破坏“三反”“五反”运动。“一贯道”金线派道首被捕，余党即说公安局捕了“好人”，煽动道众联名请愿，要求释放。

1952年10月，第五次全国公安会议决议指出“全面取缔反动会道门的工作，是此次镇反工作的重要方面之一。必须在党委领导下，结合有关部门，进行充分准备，发动一个

① 南京公安局史志办公室：《南京市公安史资料汇编（1948—1957年）》（第一辑），1996年版，第88-90页。

② 南京市地方志编纂委员会：《南京公安志》，海天出版社1994年版，第199页。

③ 南京市地方志编纂委员会：《南京公安志》，海天出版社1994年版，第199-200页。

大规模的取缔会道门的群众运动，基本摧毁反动会道门的组织”。为了巩固人民政权、保障社会治安、挽救误入歧途的群众，南京市委周密地研究了取缔工作的各项具体政策、方针、步骤和要求，决定把它作为党的中心工作之一。

1953年1月2日，南京市委转发了公安局的《南京市取缔反动会道门工作具体执行计划》规定：“对反动会道门中以办道起家、坚决与人民为敌的道首，必须严加惩办，三才及相当于三才以上的办道人员均须进行登记；对普通道徒，必须发动他们退道。”鉴于反动会道门对群众有一定的欺骗性，强调在取缔工作中必须坚决、明确地掌握下列各点：把一般群众的迷信思想与反动会道门的反革命活动加以区别，尤其应把宗教信仰与反动会道门加以区别；将一般受骗的道徒会众与首恶分子加以区别，本着争取教育多数，孤立打击少数的方针，分别对待；将内部与外部加以区别。

1月10日，南京市取缔反动会道门指挥部成立。指挥部以公安机关为主，抽调干部组成办公室，由市委宣传部、人民法院、财政局等有关部门协同负责，指导机关、学校、企业等做内部动员、处理等工作。各区在区委统一领导下成立取缔反动会道门指挥部，以公安分局为主组成办公室，对外设登记处。1月23日，全市展开了群众性的取缔反动会道门运动。南京市军管会再次明令取缔“一贯道”“同善社”“天德道”“一真道”“三教皈一道”“纯济道”“后天九宫道”“酱济道”“道德学社”及“大刀会”“小刀会”“金仙道”“天极道”“红枪会”“黄枪会”“黄旗会”16种反动会道门。公安机关乘敌不备，先行逮捕了80名以办道起家、罪恶严重以及首次取缔后仍继续组织活动的道首，迅速查封了15个道坛，着令一切办道人员履行登记。①

公安机关布告规定：反动道首及办道人员“一贯道”的点传师、坛主、三才，“同善社”的4~6层办道人员及7层以上道首，“天德道”的天道帅、宏道师、光生，“普济道”的师爷、坛主、开光，“纯济道”的总坛主、分坛主看光，“三极皈一道”的宣讲生、坛主、乩生、录生，“后天道”的天督、领主、盘主，“道德学社”的会长等，均须到当地公安派出所挂号，按指定登记处办理登记。②

1953年1月23日至29日，全面取缔反动会道门阶段。南京全市广泛展开宣传教育活动，运用戏剧、曲艺、有线广播、宣传车、展览会、座谈会等方法，揭露反动会道门的罪恶和欺骗性，反复说明政府的政策，启发道徒觉悟，开展退道、登记活动。由于宣传时间集中，声势大，灵活生动，细致深刻，真正做到家喻户晓、深入人心，广大群众很快行动起来，许多道徒和一般人员冲破道首的控制纷纷检举揭发。

南京市在宣布全面取缔后的20天里，逮捕道首100余人，登记办道人员1453名（单位内部117名），自动退道者49248人（单位内部4612人），破获专案15件，收缴各类反动证件6833件，没收诈骗的财物有黄金139两、白银147两、银元3610枚、人民币2370万元（旧币）。公安机关根据道徒不同的情况，采取分别对待政策。一批首恶分子2月4日被处决。这些人在道内身居要职，系南京、中南或华东地区负责人，长期勾结日伪蒋

① 南京公安局史志办公室：《南京市公安史资料汇编（1948—1957年）》（第一辑），1996年版，第90-91页。

② 南京市地方志编纂委员会：《南京公安志》，海天出版社1994年版，第200页。

特，敲诈勒索群众钱财，伤害人命，解放后继续进行反革命活动。如反动道首朱启臣 1935 年入“一贯道”，大道首孙素真解放前夕来宁布置潜伏活动时封其为“四梁八柱”之一，与袁子良、周庆利等共同负责南京“一贯道”潜伏活动。解放初期，朱启臣召集秘密会议，指使道徒藏匿道具、烧毁证件、造谣破坏。在取缔时，朱编造“十六字真经”控制道徒。适时惩处这批首恶分子，显示了镇反运动的强大威力。罪大恶极的会道门头子伏法时，群众欢声载道。对一般办道人员及小道首尽力争取改造，对广大道徒则坚持团结教育，退道手续力求简单易行。由于实行了“专案侦察与一般调查相结合，重点破案与普遍取缔相结合，打击道首与争取道徒教育群众相结合，镇压威力与政策宣传相结合”方法，发挥了政策威力，南京取缔反动会道门受到群众热烈拥护。①

1953 年 2 月 7 日至 12 日，进入退回道产、进行补课的阶段。经民主评议结合诉苦受害事实，有关部门将收缴的财物 8030 余万元退还给受害最深、生活最困难的 1299 位苦主。苦主们极为感动，有的热泪盈眶地说：“过去信‘一贯道’弄得家破人亡，现在政府替我们报了仇，又给追回了钱，端起饭碗就想起毛主席！”② 许多道徒和办道人员从触目惊心的事例中受到了深刻教育：过去总以为“一贯道”是“劝人修心做好事”，现在知道“是一贯害人道”；过去道内常用“五雷轰身”来威胁道众不准泄露道内秘密，现在登记退道了并未遭到“天打五雷轰”；过去道内鼓吹“行功立愿”可“脱灾避劫”，现在明白行了“功”立了“愿”反倒人财两空，甚至倾家荡产；道首叫道徒立“清身”，夫妇分居，姑娘不婚，自己却奸淫人妻；叫道徒立“清日”，终身茹素，自己却无荤不餐，等等。反动会道门罩幕既经揭开，道徒会众如噩梦初醒，强烈要求政府为民除害。③

1953 年 3 月 24 日起，南京市公安局在南京图书馆举办“取缔反动会道门展览”，以图片、实物及受骗的“一贯道”道徒现身说法，揭露反动会道门投靠日伪和国民党，利用迷信压榨群众钱财等罪行。同时，组织市民观看《害人的“一贯道”》电影，召开大型批斗会，由受害的苦主揭露反动会道门的罪恶。全市召开各种宣传会 9249 场（次），与会者 605 万人（次），收到群众检举反动会道门组织和罪行的材料 5024 件。

为了从根本上摧毁反动会道门组织，市取缔反动会道门指挥部制定《道徒退道办法》，要求所有的被骗误入反动会道门的一般道徒、会众，均须退道、退会，并自觉揭露道内和道首的罪恶。退道方式可采取个别自动到派出所退道、集体联名声明退道，或在各种形式会议上声明退道，方法简便。④ 在取缔反动会道门过程中，有关部门对一般道徒、会众坚持教育争取的方针，通过受骗道徒现身说法、诉苦，道徒互劝等方式，提高觉悟，消除愚昧思想和怕“天打五雷轰”的恐惧心理。

1953 年 6 月 30 日，针对市内发现漏网的反动会道门组织及新划入南京行政区的乡镇取缔反动会道门不彻底的情况，市委下发了《取缔峻化聚善堂等 11 种反动会道门的指

① 南京公安局史志办公室：《南京市公安史资料汇编（1948—1957 年）》（第一辑），1996 年版，第 92-93 页。

② 南京市地方志编纂委员会：《南京公安志》，海天出版社 1994 年版，第 202 页。

③ 南京公安局史志办公室：《南京市公安史资料汇编（1948—1957 年）》（第一辑），1996 年版，第 93-94 页。

④ 南京市地方志编纂委员会：《南京公安志》，海天出版社 1994 年版，第 200-202 页。

示》，至7月，取缔了峻化聚善堂、眼光道、天仙道、黑枪会、圣贤道、中央道、关门道、玄天道、千佛道、黄道会、金丹道等反动会道门；10月下旬至11月中旬，又取缔了新发现的五仙坛、中教道义会、长生道、济引坛、黄沙会黄旗九宫道、法一道、西乾道、玄门道等。

1953年12月19日，市公安局向市委、省公安厅作了关于取缔工作情况报告：我市取缔反动会道门的运动达到了“深”和“透”的要求，基本上肃清了反动会道门在群众中的毒害和影响。①

1954年7月，在市取缔反动会道门指挥部的领导下，取缔了反动会道门组织“中华理教会”。“中华理教会”始建于抗战前。第一任会长王有一是中统特务，在陈立夫、陈果夫支持下，披着慈善的外衣，打着“戒烟戒酒”“行善积德”的招牌，积极发展组织，日伪时，以办理会务为名替日寇搜集情报，曾逮捕共产党员和进步学生6人。会首倪子华还搜罗青年妇女开办“慰安所”，以供日寇奸淫玩弄。日军投降后，5名会首均参加中统特务组织，并出版《理教报》，竭力歌颂国民党反动统治。解放后，主要会首经常造谣惑众，私藏枪支，组织“反共抗俄救国军”，企图进行武装暴乱。在取缔“中华理教会”过程中，公安部门在过去取缔反动会道门的基础上，进行广泛深入的宣传教育，召开各种宣传会1469场（次），受教育者达73682人（次），着重揭发该会以劝戒烟酒为幌子，进行反革命活动的罪证。至11月，全市共登记“承办”以上的会首和办会人员607名，有6893名会众声明退会。至此，南京市共取缔反动会道门36种，查封道坛87处，逮捕反动道首、办道人员400余人，分别判处死刑、徒刑、释放管制、教育释放和转外地处理，退会退道者5万余人。②

第四节　推动治安行政管理工作

1949年5月，南京市人民政府公安局设治安处，负责全市社会治安行政管理工作。治安处下设治安科、户政科、交通科及车辆登记所、外事科、警法科（预审）及看守所、消防大队、刑警队。各分局设治安科，各派出所设户籍、治安民警。1950年7月，治安处设交通警察大队。③

一、统一建立户政

国民党政府沿袭封建王朝的保甲制度，在南京实行由民政局编制保甲登记户口、警察厅派出所调查户口的双重管理，户片和口卡各存一套。市民申报户口异动，手续繁复。国民党政府为了适应内战需要，强化对首都的统治，制定种种法规，不断指使警宪、保甲长对户口进行突击大清查。市民为了逃避敲诈勒索，虚假、漏报现象严重，户口统计从无

① 南京公安局史志办公室：《南京市公安史资料汇编（1948—1957年）》（第一辑），1996年版，第94页。

② 南京市地方志编纂委员会：《南京公安志》，海天出版社1994年版，第202-203页。

③ 南京市地方志编纂委员会：《南京公安志》，海天出版社1994年版，第102页。

准数。

1949年5月，南京市人民政府公安局成立，即进行了户政改革，接收了140万张旧人口卡片及部分户籍资料。根据市公安局颁布的《南京市市民户口申报规则》，由公安机关统一管理户口，按级设立户政管理部门，各派出所设专职户籍内勤和户籍民警，街道按600户左右建立户口段，实行户口责任区。①

1949年6月24日，南京市人民政府明令废除保甲制度，简化户政机构，统一由公安机关接管。市公安局接收了国民党市、区政府户政机构的档案及户片270600张、口卡1821000张。在市局治安处设户政科，分局为户政股，派出所为户政组，每300户左右建立公安小组，派公安员3人负责了解掌握户口情况。

1949年6月，市公安局赶抄整理全市户口卡片，第一次统计出全市户口222503户、969685人。

1949年6月7日，市公安局召开首次户政工作会议，本着“简化手续，便利人民”的原则，拟定了《市民申报户口暂行规则》《户口调查登记办法》《管理特种户口暂行办法》，布置各分局开展户口普查，查出大批漏报的户口，核实了人口数字，补换了户口活页，并制定了6种户口统计表，开始了市民户口申报工作。对于船户从编建船民小组入手，进行清查，补登了约占原数10%的漏船、漏口，计本籍船户1826户、7767人，外来船户数大体相等；建立了船户管理制度，掌握船只动态。通过户口登记，发现一大批匪特军官、逃亡地主、散兵游勇、窃犯扒手、歌舞妓女、吸售烟毒人员，列为特种户口，设置了特户登记簿，组织积极分子掌握情况，初步打下户政工作的基础。

1949年7月，南京开始接受居民申报户口。市公安局开展全市户口大登记，有公安干警和学校师生3000余人参加，历时1个月。登记中发现漏户3463户、漏口24619人。通过全面户口登记和统计，掌握了全市户口和户籍状况。按照《南京市市民户口申报规则》，实行每户一本户口簿制度。户口簿登记全户人口，由各户自行保存，户内若有人口变动和户籍项目变更，凭户口簿到公安派出所办理变更手续。全户市内迁移，办理迁移后原户口簿到新住地可继续使用，简化了户口申报手续。②

1949年8月，全市整编门牌号码，方便市民通信。对少数带有反动、封建色彩的地名，报经市政府核准后更名。这项工作于10月完成，使市容有所改观。③

自1951年起，市公安局每年核对户口一次。户口核对时，对学历、职业等正常变更项目当场办理，并加盖“户口承办章”，以方便群众。1954年的户口核对，确定以常住地登记户口，另设寄宿户口；以公历出生年月日计算年龄；同时登记管理机关、学校、企业等集体户口。④

二、加强外侨管理

中华人民共和国成立前，南京外交使馆最多时有57个，外交人员180多名，外国人

---

① 南京市地方志编纂委员会：《南京公安志》，海天出版社1994年版，第44页。

② 南京市地方志编纂委员会：《南京公安志》，海天出版社1994年版，第44-45页。

③ 南京市地方志编纂委员会：《南京公安志》，海天出版社1994年版，第58-59页。

④ 南京市地方志编纂委员会：《南京公安志》，海天出版社1994年版，第45页。

2400多名。解放时，除苏联、捷克大使去广州，南美洲各国大使去上海外，留南京的还有美、英、法、印等32国使馆的外交官员238名、眷属114名、外侨211名。当时，帝国主义国家使领馆人员整日开车兜风，到处窥视，遇我机关干部时态度蛮横。我三十五军一位排长误入美国大使司徒雷登住宅，美即派人持抗议书来我军管会要向刘伯承主任面呈，被“我”严词驳斥后，又将其使馆职员名单及住址录呈送军管会请求“保护”。

在市公安局外事科成立后，帝国主义国家使领馆人员以各种借口与我方接触，探询我方对外政策、方针、态度，企图争取承认其外交特权。美国大使司徒雷登申请返美，我方已口头允许在外侨出境法颁布后放行，为了让我方承认其外交官地位，又往返交涉数十次，被我方拒绝。司徒雷登在南京教会办的金陵大学鼓吹“民主个人主义”，散布反动言论，挑拨外侨与人民政府的关系。我方即采取办法限制外侨活动范围，制定《外侨旅行申请书》。除与我国建立外交关系的国家外，严禁外国人擅自往返内地；经过核准的，发给贴照片的旅行证，限期一周，并须到当地公安机关登记，逾期不返的，限令返回原地。有些教会神职人员得知无旅行证不准入市，遂不敢来宁。对使领馆汽车也进行登记管理，限额使用。外侨申请出境，除履行一定手续外，并责其登报声明三日，以便解决未了民刑案件事宜。因拖欠中国服务人员工资问题缓发出境证者9起。为防止外侨擅自入、出境及其他不法行为，在下关车站设了检查站进行检查。外事警还深入外侨所在地与当地派出所协同进行监护工作。①

1950年5月24日，南京市军管会颁布《南京市人民政府公安局外国侨民居留暂行办法》，规定自即日起，凡居住南京的外国侨民，不论其国籍、身份（除幼童、重病或年老不能行动者外），均应亲往南京市公安局外侨管理科登记，呈验其本国护照或其他有关证件，填写申请书，交纳照片，申报核发居留证；并规定登记申请不得由他人代替。《外侨居留证》有效期暂以6个月为限。7月3日，南京市公安局发出《外侨居留证》316份，原与国民政府建交尚未离宁的各国外交人员占32%、成年侨民占53%、未成年儿童占15%。抗美援朝以后，外侨有所减少，1952年为187人。②

三、开展交通管理

解放初期，南京道路不平，电灯不明，违章建筑毗连，摊贩激增，到处堵路，行人乱跑，非机动车乱闯，军车司机不懂交通规则，交通秩序混乱，事故发生频繁。1949年5月10日，南京市车管会发布安字第1号布告，颁发《南京市交通管理暂行规定》，5月17日以安字第2号布告公布《南京市汽车登记暂行办法》。同时，各分局组织警力恢复交通指挥岗亭54座（原59座），在市区干道分设各类车辆停车场，动员群众拆除妨碍交通的违章建筑128户，迁移摊贩9800多户。南京市组建交警队伍，恢复车辆监理所工作，对全市机动车辆进行查验登记，共登记各种汽车2421辆，核发了通行证，初步建立了城市交

① 南京公安局史志办公室：《南京市公安史资料汇编（1948—1957年）》（第一辑），1996年版，第59-60页。

② 南京市地方志编纂委员会：《南京公安志》，海天出版社1994年版，第76-77页。

通秩序。①

市公安局治安处设交通科和车辆登记所。全市有专门负责维持交通秩序的交通民警235人，分驻各公安派出所，由各分局治安科交通股业务指导。1950年7月，市公安局成立交通警察大队，隶属治安处（交通科），下设6个交警中队及4个交警班，共有交通民警487人，具体业务由各公安分局交通股指导。车辆登记所改称车辆监理所。1951年9月，各分局交通股并入交通警察中队，有城区6个中队、郊区4个交通班和直属大队的机动班，410名交通民警负责73个固定岗（内岗亭44座）、41个巡逻段、1个机动班。②

四、开展消防管理

1949年5月中旬，南京市公安局派员接管了首都警察厅消防总队，先后派去干部25名，接收旧警192人，收容回归的10人，后又从上海要回40人，共242人；接收救火车10辆、吉普车5辆、水泵7台。

1949年5月16日，南京市公安消防大队成立，隶属于南京市公安局治安处领导，由治安处消防股负责业务指导。市消防大队设大队长、政治教导员，内设业务、总务两股，下设8个区队和2个直属队，有消防民警242人，6月增至278人。消防大队成立后，加强贫民棚户区的防火力量布局，开展对旧警的政治教育、业务检查、技术测验和防火训练工作。各区队还以放幻灯片等方式向群众宣传防火常识，动员棚户区居民备水备沙加强自防。截至9月底，全队共出救52次，其中成灾的43起。③

1951年2月，随着市区地域重新划定，市公安局将消防区队改组为4个中队、10个分队。第一中队（鼓楼）辖一、二、三分队；第二中队（东箭道）辖四、五分队；第三中队（东牌楼）辖六、七分队；第四中队（兴中门）辖八、九、十分队。

1952年6月，市公安局紧缩编制，将消防机构调整为4个中队、3个分队，消防民警337人。④

第五节　南京市人民公安教育的创建

1949年4月23日南京解放后，为适应公安工作需要，南京市警察总队设立了教导队。南京市公安局成立后，将教导队改编为南京市公安局公安学校。至1952年年底，公安学校共举办六期培训，培训干部和警察4234人，不仅为解放大西南输送了大批公安干部，同时也为南京的顺利接管和社会稳定培养了大量急需的公安人才。

---

① 南京公安局史志办公室：《南京市公安史资料汇编（1948—1957年）》（第一辑），1996年版，第60页。

② 南京市地方志编纂委员会：《南京公安志》，海天出版社1994年版，第227-228页。

③ 南京公安局史志办公室：《南京市公安史资料汇编（1948—1957年）》（第一辑），1996年版，第61页。

④ 南京市地方志编纂委员会：《南京公安志》，海天出版社1994年版，第351页。

一、对国民政府警察教育机构的接管工作

中华人民共和国成立前的南京，主要有两家警察教育机构，即中央警官学校和首都警察学校。

其中首都警察学校隶属首都警察厅。1945 年抗战胜利后，首都警察厅奉准试行警员制，于当年年底建立警员训练所，招收初中学历以上毕业生。警员训练所所址位于清凉山，是接收的原汪伪首都警士教练所。1947 年 4 月，警员训练所改制为首都警察学校，校长由厅长兼任，另设教育长具体负责学校事务。由于原校址仅能容纳 300 人，首都警察学校又在清凉山附近征购山地，扩建新校舍。

南京解放前，首都警察学校的校长、教育长、主任及大部分专任教官都已逃离南京，留守人员 109 人，包括教职员 42 人、学警 8 人、警长 11 人、警士 26 人、工友 22 人。此时学校已陷入无政府状态，为保护学校财产，留守人员推选专任教官周荣久、组员聂春舫为临时负责人。1949 年 4 月 23 日南京解放，4 月 24 日，原中共南京市委警察工作委员会领导的地下工作团改为南京市警察总队，协助解放军保障人民生命财产和社会公共财产安全，维护社会稳定，原首都警察学校被接管，改编为南京市警察总队教导队。5 月 16 日，南京市公安局成立后，南京市警察总队教导队改为南京市公安局公安学校。

二、南京市公安学校的建立

南京作为原国民党政府的首都，社会治安情况异常复杂，4 月 23 日南京解放，随后成立南京市军事管制委员会，5 月成立南京市政府和公安局，中央特地调来原陕甘宁边区保安处处长周兴任局长。公安局成立之初有 400 多名干部，另外留用国民政府旧警人员 6000 多人，其中地下党员 140 人、统战关系 90 人、可靠群众 2000 人，在基层，这类人占了绝大多数。南京市公安局拟增加 1250 名基层干部，每名除负责管理 200 户户口外，同时担任街道治安工作。南京市委批准调给 300 名排、连、营级干部，所差的人数，市公安局打算举办一所公安学校，训练 1000 人，招收中学以上的青年学生及城市有文化的工人培训四个月至六个月，分派下去，再抽调下层干部及有培养前途的旧警人员，轮番训练，一可以弥补所差人数，二可以让当前主要以旧警为下层的机构变为新的治安机构。

6 月正式成立南京市公安局公安学校，南京市公安局局长周兴兼任校长，段大明为副校长，校址位于清凉山原首都警察学校旧址。学校宗旨在于培养一批为人民服务的公安人员，树立本市公安机构的基层骨干形象，加强本市公安工作，使广大人民的生命财产得到确实保障，建立良好的社会秩序。

1949 年 6 月 6 日，南京市公安学校在《新华日报》上发布招生公告，公开向社会招录 1000 名公安民警（男女兼收，女生不超过总人数的 25%）。招生条件：一是政治纯洁，真心愿为人民服务者；二是年龄在 18 岁以上 25 岁以下，身体健康，无不良嗜好者；三是除产业工人外，初中以上学校毕业或有相等文化程度者；四是熟悉公安业务及具有公安特殊技能者，不受年龄限制。全市设了 4 处报名地点即伪内政部本校、大行宫小学、西区私立钟英中学、北区马台街伪内政部警察总署。报名者须缴验学历证明书或学校机关、工人团体的证明介绍文件，并填写本人志愿书。考试内容分为两类，一是满足招生条件一、

二、三条的，需要考体格检查、语文、常识、口试；二是满足招生条件一、二、四条的，需要考体格检查、常识、口试。考试时间：6 月 19 日上午 9 时。考试地点：中央大学（南京市四牌楼）。同时对考场纪律作了明确规定：要求考生依号入座；不得携带书籍及其他物品；考场内保持肃静；不得左顾右盼、相互谈话；有询问时须起立喊报告；如有违反规则，取消考试资格；不得污染试卷；考完后不得逗留；考试结束须按时交卷。

对于南京市公安学校的招生公告，社会青年积极响应，踊跃报名。经过报名、考试和录取等一系列工作，最终招录了 1438 名社会青年，其中产业工人 165 名，包括女工 5 名；学生 1273 名，包括女学生 326 名。同时，南京市公安学校从旧警察人员中通过考试录取了 790 人。学习科目分为甲、乙两类，甲类是政治教育，包括国际国内现势、社会发展史、中国革命基本问题、新民主主义论、中国共产党各种政策，乙类是公安业务的一般教育。

关于学校地址，有说是在南京市中山东路逸仙桥东，原国民党空军参谋学校旧址，但目前并没有相关直接证据证明。根据 1949 年 5 月 30 日原首都警察学校留守负责人周荣久、聂春舫写给南京市教育处的报告，其中写道：当南京解放之前夕，所有反动派伪南京政府各机关皆溃退，伪首都警察学校（接管后之本校）原先主管人亦复多数逃亡时，已全部陷入无政府境地，情形紊乱至极。这里指的本校应该就是南京市公安学校，说明学校是在接管首都警察学校后建立的。另外在 1949 年 6 月南京市公安局公安学校草拟的招生公告底稿上，其中一处报名地点原先写的是清凉山本校，后改为伪内政部本校。清凉山本校就是原首都警察学校旧址，说明这个时候南京市公安学校的校址就应该是在清凉山。报名地点改到伪内政部本校是因为清凉山原首都警察学校驻扎有军队。1949 年 6 月 20 日，南京市公安局局长周兴、副局长赵苍璧、刘秉琳，向南京市军管会主任刘伯承、副主任宋任穷打报告，就南京市公安学校开学前的事宜进行汇报。报告全文如下："查公安学校驻军（九江部七二部八大队二中队十小队），此代管武器弹药并杂物一部分，本校开学在即，急需要接管，请上级指派该部队负责同志，速转交本校，以备展开工作"。因此南京市公安学校当时还未完成接管工作，其办公地点临时设于原内政部内。

三、首批学员参加中国人民解放军西南服务团

1949 年夏，刘伯承、邓小平命令参加接管南京的第二野战军全体干部进军西南。出征前，华东局决定选调一批新闻、邮电、公安等方面的干部，同时招收上海、南京的知识青年，组建"中国人民解放军西南服务团"，作为地方接管干部。

8 月 11 日起，南京市公安局被批准去西南的人员陆续到原农林部所在地报到，8 月 19 日正式组成西南服务团二分团二支队三大队，也就是公安大队。8 月 25 日，三大队扩建为六支队，下辖三个大队，支队长先后由市公安局局长周兴、副局长刘秉琳，政委赵苍璧担任；副支队长由南京市公安局办公室副主任李俊成、三处处长任成玉担任；副政委由南京市公安局人事处处长段大明担任。六支队增加了两部分人员：一部分是华东警官学校毕业的 100 多名学员，另一部分是南京市公安局公安学校第一期的 412 名学员。

1949 年 9 月，公安支队从南京分批出发，来自南京市公安局公安学校的 400 多名学员由于尚未毕业，学校给每位学生颁发了由校长周兴签发的证明书，作为其学习凭证。

西南服务团还有一支特殊的公安女子中队。据统计，西南服务团女战士约有3000人，占全团总人数的20%，其中就有来自南京市公安局公安学校的115名女学员。公安女生中队中年龄最大的23岁，最小的14岁，下设三个分队、九个班。中队长潘嘉镇，指导员曹春兰，分队长有李俊卿、王淑华、瞿坤、李海仙、张瑛英、潘嘉钊、胡事重等人。她们大多是来自苏南地区的青年学生，家庭条件优渥，她们冲破了家庭的阻挠，完全是凭着理想信念而加入西南服务团。其中分队长潘嘉钊是中队长潘嘉镇的妹妹，当年21岁，来自江苏省常州市，她在会议文章中提道：考虑到公安女生中队队员多数是江南水乡和大城市的青年学生，有的还是“娇小姐”，只是在南京市公安学校接受了短期培训，面对即将开始的跋山涉水、长途西征，不但思想上问题很多，行军途中实际困难也不少。因此，出发前女生中队进行了紧张的行前准备，深入开展形势教育，讲解进军西南的重大意义，阐明新区政策及队伍纪律，特别是反复进行思想动员和吃苦耐劳的教育。最终，她们凭着坚定的信念和顽强的毅力，胜利地完成了行军任务。

1949年10月30日，公安支队行军到达湖南常德后，宣布西南服务团六支队和二野三兵团公安工作队合并，共同组成重庆市军事管制委员会公安部，即重庆市公安局，对外仍保持西南服务团六支队番号。在常德还确定由支队长刘秉琳、副支队长李俊成等同志负责并抽调六支队部分同志组建西南公安部。西南服务团于1949年11月20日至1950年2月20日先后抵达贵阳、重庆、昆明及西南地区的其他城市，接管并建立了当地的人民公安机关。

有人形容西南服务团为八千里路的“小长征”，跨越了苏、皖、豫、鄂、湘、黔、滇七省，有三千多里是徒步行军。进入西南后，团员们与当地干部一起，接收旧政权，建设与巩固新政权。他们当中有人不幸牺牲，有人将一生奉献给了西南。宋任穷曾评价西南服务团为“不愧是投笔从戎的一代，自我牺牲的一代，无私奉献的一代，全心全意为人民服务的一代”。

四、南京市公安学校办学情况

解放军第二野战军挺进西南后，解放军第三野战军进驻南京，1949年8月，南京市公安局局长改由三野保卫部部长龙潜担任，龙潜也同时兼任南京市公安学校校长，后校长改由南京市公安局副局长孙克骥兼任。同年9月，华东解放军军官教导第三团及部分未调往西南的公安干部并入南京市公安学校，第一期，学校设正副校长及教育长，下设组织、教育、校务三个科及总务股，另外还有合作社及直属九个中队。组织科负责干部工作、党务工作、保卫工作、抚恤工作、保健工作、统计工作，教育科负责教育工作、青年工作、俱乐部工作，校务科负责一般校务行政工作、供给工作、管理工作、卫生工作。到第二期时，将九个中队改为七个班，班部设班主任、指导员、文书、事务长、上士、通讯员、炊事员等。到了第三期又改为七个队，每队设队长、政治指导员、事务长、上士、文书、通讯员、炊事员等。第四期设七个队，第五期设六个队。第六期缩减为三个队，设正副指导员、文书、干事等，伙食单位撤销，由学校统一管理伙食。

南京市公安学校位于城西，南临广州路，北至西康路，东面是南京市工人医院和精神病院，西靠清凉山，环境幽静，适于学习。学校面积在竹篱笆内有52086.2平方米，另有

操场6102平方米，共有房间84间。

公安学校有着严格的一日生活制度，根据1951年南京市人民政府公安局公安学校制定的作息时间表，学生早上6时起床，上午下午都上课，晚上自习，21时20分就寝。

南京市公安学校的学生除了学习外，还需要进行生产劳动。学校专门组织了生产节约委员会，各大、中队成立生产节约小组，班排建立生产节约互助组。大、中队召开全体会议，反复进行思想动员，使大家认识到：劳动生产不但可以锻炼身体，还可以改善生活，更重要的是可以减轻人民负担，粉碎美帝及其走狗国民党反动派经济封锁的阴谋。经过动员，广大师生员工激情高涨，炊事员白天没空，晚上去生产劳动；有的学员晚上干活过了休息时间，领导叫他去休息，他跟领导说没事，保证上课不打瞌睡；有的学员用自己的钢笔做抵押，换来工具进行开荒生产；有的没有工具，用手挖地垄，手上磨出了水泡；有的四五天不睡午觉坚持干；还有的把自己的津贴凑起来，买了11把镰刀割草。

学校在这一时期还认真组织了“三反”运动。“三反”运动是指解放初期，在中国共产党和国家机关内部开展的“反贪污、反浪费、反官僚主义”的运动。1951年12月13日，公安学校开始学习相关文件，包括人民日报社论和罗瑞卿部长的报告等。到12月21日，学校发动和组织群众，分小组和大会揭发贪污浪费和官僚主义现象。所揭发的情况大多属实，但也有一些不切实际的情况，比如学校用铁皮搭凉棚，因为学员到校迟了，没用几天，就认为是浪费，甚至有的人认为领导干部上课喝点开水也是浪费。对这些不正确的意见，学校通过各种渠道进行了解释。经过“三反”运动的学习和审查，在学校党员中查出贪污人员10人、受贿人员1人、腐化人员2人、变相敲诈人员1人，工作渎职及严重官僚主义人员1人。通过“三反”运动，领导干部认识到了官僚主义造成的危害，检查和纠正了思想上的麻痹太平观念，使犯错误、受处分的同志也认识到了自己错误的严重性，转变了教职员工以铺张浪费为荣的心态，回到了部队时期的简朴作风，个人主义也遭受了沉重的打击。

五、各班期教学情况

从1949年7月至1952年年底南京市公安学校共举办六期培训，培训干部和警察4234人。按职别分，干事以上337人，办事员305人，民警1398人，战士251人，新学员1940人。按来历分，解放军和解放区（内有地下党3人）来的老干部1005人，旧警留用人员1063人，新参加工作的2166人。训练时间最长的六个月，最短的一个月，一般三个月至四个月。

南京市公安学校除上述六期正式业务训练班外，还举办临时训练任务一次，即“三反”编外人员训练班，训练时间一个月（1952年6月至7月），训练人数840人；文化队一期，训练时间三个月（1952年10月至1953年1月），训练人数182人。

总结南京公安学校六期的教育情况，基本达到了预期目标，即提高老干部、改造旧人员、吸收新成分。针对部分学校干部教师认为自己文化水平低、公安业务不熟练、不适合教育工作的想法，学校在每期结束后，结合总结工作、加强思想疏导，这一情绪逐渐得到扭转。针对部分学校干部业务水平不高这一情况，学校很多业务课聘请市公安局业务骨干抽空兼课，甚至是一些局、处领导同志亲自兼职教员，带动和培养了一批业务教师。南京市公安学校学员成分复杂，初来时，思想一般比较混乱，老同志虽有学习业务的迫切要求，但容易产生失望悲观情绪；旧人员希望学些政治理论作为资本，又害怕接触实际、批判思想，针对这些情况，学校在教学过程中，教员可以随时掌握学员的思想变化，及时进行辅导教育，取得了成效。

历史人物

（按姓氏笔画排序）

丁兆甲

丁兆甲（1922—2019），江苏武进人。1938 年参加新四军。1941 年加入中国共产党。抗战时期长期在苏南地区从事情报、侦察等公安保卫工作，是陈毅同志亲自培养的新四军情报员。历任新四军一支队司令部情报联络员，军部军法处科员、特派员，县保安科科长，苏北地区公安局侦察科科长，淮海专区公安局副局长，两淮市公安局副局长，苏州地委委员兼公安局副局长，苏南行政区公安局政保处处长、副局长，华东公安部三处处长，公安部驻华南办事处副主任，公安部十二局副局长等职。1973 年任公安部政保局副局长。

马宾

马宾（1913—2017），原名张源，安徽滁州人。1932 年加入中国共产党。1933 年参加上海文化界救国会。1941 年在新四军、八路军总指挥部军法处任邮电检查科科长、建阳县保安科科长、新四军军部军法处科长，中共射阳县委书记。中华人民共和国成立后，任鞍山钢铁公司总工程师、国务院经济研究中心副总干事、国务院经济技术社会发展研究中心顾问等职。

方立人

方立人（1918—1944），原名方启腾，江苏镇江人。1938 年加入中国共产党，1941 年任南通县保安科科长，1943 年任南通县公安局局长。1944 年，因叛徒告密，被日军逮捕，后在狱中英勇就义。

石林

石林（1918—1946），又名受植，安徽舒城人。1939年春，石林不顾国民党威胁，冲破重重障碍，毅然投奔了大别山新四军，同年加入中国共产党。入伍后，历任战士、文化教员、新四军皖南军部军法处科长。1940年，石林随新四军来到苏北，参加开辟和建设根据地的工作，曾任苏中保安处一科科长，泰东县保安科科长。1942年，泰东与东台合并后，任东台县公安局局长、东台县委社会部部长、县委常委等职。1945年年底调一分区任公安局副局长，兼任如皋中心县委常委、县公安局局长。1946年，在如皋文庄乡开展对敌斗争时，被敌人重伤抓捕，后壮烈牺牲。

龙潜

龙潜（1913—1992），江西永新人。1929年参加中国工农红军。1930年加入中国共产党。1935年任中央军委干部团特派员，担负中央领导及中央机关的保卫工作，后任陕甘宁军区政治部红军工作科科长。1939年护送刘少奇同志来华中开辟抗日根据地，任新四军第五支队政治部副主任兼军法科科长。皖南事变后，任新四军第二师锄奸部部长、淮北行政公署公安局局长。为两淮地区抗日根据地的巩固和发展建立了功勋。1945年任苏皖边区政府公安局局长、华东军区后备兵团副政委。1949年任华东军区保卫部部长，1950年任南京市公安局局长。为了尽快给南京人民一个清明的世界，龙潜带领机关和部队夜以继日地投入到清除旧社会反动势力和解决社会治安难题的斗争中，破获了不少重大案件。1954年后任南京军区政治部副主任。1955年被授予少将军衔。1965年后任浙江省军区政委、济南军区副政委等职。

邢浩

邢浩（1919—2000），原名邢中魁，江苏高淳人。1938年10月加入中国共产党，改名邢浩，任中共淳溪第二支部书记。1939年3月，参加新四军二支队，后到皖南新四军军部锄奸保卫训练班学习。在军部期间，先后任教导大队班长、民运干训班支部委员、第三支队军法处干事。1942年春担任新四军16旅任锄奸股股长。1943年至1945年先后任茅山行政区专员公署公安科科长、高淳县行政办事处军事科科长、高淳县公安局局长、溧高县公安局局长等职。新四军北撤后，邢浩先后任华东军区直属部队政治部锄奸科科长、中共苏北淮安市委常委、组织部部长、社会部部长。1948年，任江淮一分区公安局局长。中华人民共和国成立后，邢浩任安徽省委常委、公安厅厅长、党组书记，安徽省委政法部副部长兼省公安厅厅长、党组书记，合肥钢厂厂长、安徽省人大常委会委员等职。

扬帆

扬帆（1912—1999），原名石蕴华，江苏常熟人。北京大学毕业。1937年加入中国共产党。1941年任新四军军法处副处长、处长，兼任盐阜区党委社会部部长、区保安处处长，为苏北根据地的安全保卫工作作出了贡献。1942年任第三师保卫部部长兼调查研究室主任。1944年任中共中央华中局敌区工作部部长。解放战争时期，任中共中央华中分局联络部部长、华东局社会部副部长。他积极开展工作，掌握了来自国民党高层的情报，使我党在重庆谈判和应付蒋军发动内战时得以掌握主动，受到周恩来的表扬和党中央的嘉奖。1949年任上海市公安局副局长。中华人民共和国成立后，任上海市公安局局长。1955年因“潘扬案件”被逮捕。1983年被平反。

刘少傥

刘少傥（1916—1996），原名刘士倜，山东新泰人。1932年加入中国共产党。1937年任中共新泰县委委员。1938年参加徂徕山抗日武装起义，历任中队指导员、营教导员、军委总政治部锄奸部秘书，山东省公安总局科长、警察学校副教育长、鲁南军区保卫部部长、区党委社会部副部长、代理师政委等职。中华人民共和国成立后，先后担任上海市公安局处长，华东公安部处长，苏北行署公安局副局长、局长，江苏省公安厅副厅长、省民政厅厅长、省高级人民法院院长，淮阴地区副专员，华东政法大学党委书记等职。

刘中

刘中（1920—1976），四川成都人。1938年2月参加革命，同年7月参加中国共产党。抗日战争时期，历任皖南新四军政治部宣传干事，苏中区党委保卫训练班支部书记，如皋、南通县委社会部部长，公安局局长。解放战争时期，历任苏中一分区政治部保卫科科长，苏中一地委、九地委社会部副部长，南通县委书记。中华人民共和国成立后，历任无锡市军管会公安部副部长、市委委员、社会部部长、市公安局副局长，苏州市公安局局长、副市长、苏州市委书记，江苏省公安厅厅长，中央公安部政治部副主任，南京永利宁厂党委书记，中共南京市委书记、南京军分区政委。

汤光恢

汤光恢（1909—2008），江西永丰人。1930年参加中国工农红军，同年加入中国共产党。土地革命战争时期，先后任红四军第十一师宣传队队长、红一军团第二师五团连政治指导员等职，参加了长征。抗日战争时期，任新四军政治部组织部副部长，军法处副处长、处长，锄奸部部长。为指导新四军锄奸工作，汤光恢认真总结经验，先后撰写了《关于锄奸政策的几个原则问题》和《关于锄奸政策的几个具体问题》。这两篇文章成为新四军锄奸的重要政策依据，为巩固抗日游击区、加强内部团结起到了重要的作用。解放战争时期，任华东野战军第一纵队副政治委员兼政治部主任。1949年任第三野战军第二十一军政治委员。中华人民共和国成立后，历任东北军区公安军政治委员、江西省军区第二政治委员等职。1955年被授予少将军衔。

李士英

李士英（1912—2001），原名时遇英，河南濮阳人。1927年加入中国共产主义青年团，1929年转为中共党员。1930年任中央特科第三科组长。解放战争时期，先后任华中局社会部副部长兼苏皖边区公安总局副局长、局长。1948年任山东省公安总局局长、济南市公安局局长。1949年任中央山东分局社会部副部长、山东省公安厅厅长、上海市军管会公安部部长、上海市公安局局长。1950年任华东军政委员会公安部部长。1951年任华东公安部副部长兼山东省公安厅厅长。1955年任最高人民检察院副检察长。1961年任中共江苏省委书记处书记、江苏省常务副省长。1982年任最高人民检察院常务副检察长。

杨堤

杨堤（1924—2017），原名王上达、王敏，上海青浦人。1938年在皖南新四军教导总队青年队学习，并任排长，1939年任新四军政治部组织部科员、军法处科员。1941年后历任苏北解放区盐阜地区保安处科员，中共淮安县委社会部部长兼保安科科长，建阳县委社会部部长兼保安科科长，盐城县委社会部部长兼县公安局局长，苏北盐阜专署公安局科长，盐城县委敌工部部长、区委书记，华中公安处科长，苏南行署公安局科长。中华人民共和国成立后，任江苏省无锡市公安局副局长、局长。1952年后任上海市公安局处长、市委政法工作部办公室主任，上海市对外贸易局党委副书记等职。1983年任中共上海市委书记、市委副书记。

汪良

汪良（1921—1989），江苏吴县人。1939 年加入中国共产党，1943 年起先后担任高邮县委敌工部副部长、高邮县公安局局长、扬州市公安局局长。中华人民共和国成立后，曾任泰州专署公安处处长、苏北行署公安局一处处长、省公安厅四处处长、省公安厅副厅长、中共昆山县委副书记、省交际处副处长、省外事办公室副主任、盱眙县革命委员会主任、县委副书记、省革命委员会外事组组长、省外事办公室主任。

沈毅

沈毅（1910—1986），曾用名沈喜秋，江苏吴县人。1939 年 5 月参加革命工作，同年加入中国共产党。1941 年 11 月入伍，历任东台县政府保安科科长、兴化县公安局局长，苏中五专署公安局副局长、局长，华中二专署公安局局长、二地委社会部副部长、部长，负责扬州情报网的恢复及受华中工委委派几次接洽荣氏家族和无锡工商代表去苏北解放区。镇江解放后，任镇江专署公安处第一任处长，苏南行政公署公安局经保处处长，负责镇江的城市接管工作。中华人民共和国成立后，沈毅任江苏省公安局第三副厅长，哈尔滨一零一厂（后改为国营新风加工厂）副厂长、党委副书记、苏州冶金机械厂党委副书记、苏州市第六届政协常委等职。

宋学武

宋学武（1909—1976），四川阆中人。1933 年春参加革命，同年 7 月参加中国共产党，历任苏区游击队队长，县委组织部部长、宣传部部长、县委书记。1941 年 2 月至 1945 年 9 月，任中共中央政治局委员邓发的机要秘书。自 1945 年 9 月起任中共中央华中分局第五地委副书记兼社会部部长、苏北区党委社会部部长。1947 年 12 月至 1949 年 4 月，任中共华中工委联络部副部长兼华中行政办事处公安处处长。1949 年 4 月至 1949 年 7 月，任中共苏南区党委社会部副部长兼苏南行署公安局第一副局长，中共无锡市委社会部部长、市军管会公安部部长、无锡市公安局局长。1949 年 9 月至 1949 年 12 月进军西南，任西南服务团四支队支队长。重庆解放后，历任重庆市军管会司法部部长、重庆市中级人民法院院长、重庆市政法党组副书记等职。

张西

张西（1924—1947），江苏宜兴人。1943 年加入新四军，1945 年新四军北撤后于当年转入淮安县公安局工作。1947 年 4 月 28 日，他在淮安施河乡侦察敌情时，被埋伏在泾河福寿桥旁的还乡团拦腰抱住，张西在危难时刻临危不惧，与敌奋勇拼搏，但终因势单力薄而被敌人击倒在地。敌人妄图活捉张西向上邀功请赏，他被敌人拖下桥塊时仍不断高呼共产党万岁等口号。残酷的敌人枪杀他后把尸首分割成 8 块，临走时又把张西的首级带回曹甸据点示众。1947 年夏，淮安县委、县政府召开追悼会，追认张西为模范共产党员，并根据群众的强烈要求，将施河乡改为张西乡，施河小学改为张西小学。

张雍耿

张雍耿（1917—1994），原名张副标，福建宁化人。1930 年加入少先锋队，积极参加打土豪、分田地、帮助红军放哨等革命活动。1931 年参加中国工农红军，同年加入中国共产主义青年团，1933 年转入中国共产党，被调到国家政治保卫局工作。红军长征期间，张雍耿跟随张鼎丞将军坚守在闽西工作。1939 年调入新四军军部教导总队当调查统计队队长，新四军第三支队军法处处长。“皖南事变”后任新四军第六师政治部保卫部部长、中共苏南区委社会部副部长、苏南区行政公署公安局局长。中华人民共和国成立后，任中国人民解放军空军师政治委员，福州军区空军政治部主任，济南军区空军政治委员等职。1955 年被授予少将军衔。

陆迅行

陆迅行（1913—2009），江苏昆山人。1937 年春参加革命工作，1938 年加入中国共产党。1937 年在上海美商海宁洋行做工期间参加国难教育社，被选送新四军教导队学习，后留新四军工作，先后任军人家属学校、新四军江南指挥部军医处副指导员。1942 年 4 月调盐阜地区从事保安工作，历任阜东县公安局副局长、淮安县公安局局长，是苏北抗日根据地第一个女公安局局长。1949 年至 1958 年历任无锡市公安局、上海市公安局、华东公安部治安处户籍科科长、华东公安部治安处副处长、上海市公安局基本建设保卫处、档案处副处长。1958 年后历任上海市邑庙区委政法部部长、上海市静安区委政法部部长，静安区人民政府副区长、区委常委，上海市委监委驻静安区委监察组组长，上海市纺织工业局党委监委副书记等职。

陈书同

陈书同（1909—1969），江苏涟水人。1928年加入中国共产党。第二次国内革命战争时期，曾任中共涟城区工作委员会委员，中共涟水县委政治交通员，中共盐城县委宣传部部长，中共程集区区委委员，中共淮安城区区委书记，共青团淮阴县委书记，中共涟水西区区委书记、县委巡视员、东北区委书记，中共泗阳县委书记，中共沭阳县县委书记。自1942年起任涟水县民兵总队长兼独立团团长，淮阴县县长兼警卫团团长。解放战争时期，曾任中共淮阴县委副书记、书记，中共苏北第六行政区委委员、城工部部长和社会部部长，盐城行署专员等职。中华人民共和国成立后，任江苏盐城地委书记，江苏省委经委副主任、计委副主任，江苏省委财政贸易工作部部长，中共江苏省委常委、江苏省人民政府副省长。

陈龙

陈龙（1910—1958），原名刘汉兴，辽宁抚顺人。1934年加入中国共产党。1935年任东北人民革命军第二军参谋长。1936年任东北抗日联军第二军参谋长。1939年任中央社会部治安科科长。1945年任中央社会部第三室（锄奸）主任。护卫毛泽东同志去重庆和蒋介石谈判。1946年任中共北满分局社会部部长，松江省委社会部部长，哈尔滨特别市公安局局长，东北公安总处副处长等职。1948年任东北局社会部副部长，东北公安部副部长。成功接管了哈尔滨、沈阳两座城市的旧警察机构，为全国的城市接管工作发挥了示范作用。1949年12月任南京市公安局局长。在此期间，南京市公安局破获了国民党撤离南京时留下的庞大的特务网，取得重大成绩。1950年任公安部政治保卫局局长。1952年任公安部副部长。

陈伟达

陈伟达（1916—1990），原名王经纬，江苏灌云人，1933年考入上海暨南大学，1935年参加“一二·九”运动，是上海学生领导人之一，1937年加入中国共产党。1938年8月任中共江北特委委员。1940年至1945年，任江都县人民政府军事科科长，中共如西县工委书记，黄桥保卫处一科科长，东台县委社会部部长、公安局局长，中共苏中四地委社会部部长、敌工部部长、地委副书记，苏中行署保卫处副处长，中共淞沪地委书记兼军分区政治委员。浙江解放后，他先后担任宁波地委副书记、书记，杭州市委书记、浙江省委常委、组织部部长，副省长，省委书记兼浙江大学校长、书记，天津市委书记兼市长，中央政法委员会党委副书记等职务。

陈庭槐

陈庭槐（1916—2002），浙江黄岩人。1938 年 4 月加入中国共产党，同年年底参加新四军。抗战时期，陈庭槐历任敌后巡视员干事、新四军江北指挥部军法机要秘书、新四军政治部锄奸部科长、江苏阜宁县保安处处长。解放战争时期，任苏北盐阜地区专员公署公安局局长、华中公安处秘书、苏北地区行政公署公安局副局长。中华人民共和国成立后，陈庭槐历任福建省公安厅副厅长，上海市公安局副局长，上海市检察院党组副书记、副检察长等职。1983 年退居二线后，曾担任上海市政协法制研究委员会副主任、上海市法学会副会长、顾问等职。

陈养山

陈养山（1906—1991），原名程仰山，浙江上虞人。1924 年加入中国共产主义青年团。次年转入中国共产党，参加“五卅”运动。1928 年至 1931 年，在周恩来、陈云的领导下，在中央特科工作。陈养山将他所联络的敌特杨登瀛从国民党特务机关中拉出来，建立我党第一个反间谍关系。我党利用这一关系，获得了敌人许多极其重要的情报，掌握了敌人行动规律，使党组织及许多党员免遭破坏与逮捕，并利用杨所提供的情报，有力地惩罚了叛徒。1931 年至 1940 年，先后在上海、天津、重庆、成都、西安等地从事情报和统战工作。1940 年到延安，先后任中共中央社会部地方工作科科长、情报训练班班主任。解放战争时期历任晋绥边区公安总局局长、西北局社会部部长、陕甘宁边区公安厅厅长、西安市公安局局长等职。中华人民共和国成立后任上海市公安局副局长。1950 年 9 月任中共南京市委常委、政法委副主任、南京市公安局局长兼检察署检察长。后历任华北政法委员会副主任、华北公安局局长、司法部副部长、宁夏回族自治区革委会副主任、最高人民检察院副检察长等职。

陈毅夫

陈毅夫（1912—1946），海南文昌人，1938 年加入中国共产党。1941 年 7 月受上海中共地下组织派遣到苏中区党委保安处工作，11 月调任中共如皋（东）县委社会部部长兼县政府保安科科长。1944 年任中共城东区、掘东区区委书记；1945 年调任如东县公安局局长、县委社会部部长。1946 年 8 月，苏中战役正处于决战阶段，陈毅夫调任如东县警卫团政治处主任。10 月 25 日，他带领部队挺进丁堰镇北边的九条巷，亲临前线观察地形，不幸中敌冷枪，为国捐躯。

邵幼和

邵幼和（1898—1969），原名邵世桂，江苏铜山人。1925年加入中国共产党。抗日战争时期，任中共徐东南区区委书记，苏皖特委书记。徐州沦陷后，邵幼和和其他同志一起拉起了抗日游击队，打响了铜山人民抗日第一枪。自1939年起先后任中共皖东北地委委员兼社会部部长、保安处处长，淮海行政公署公安局局长。1946年任淮海区驻鲁办事处党委书记兼主任，华东军区后勤司令部第二处处长兼政治委员。1949年任华东行政委员会公安处副处长，苏北行政公署公安局局长。当时苏北地区刚刚解放，政权尚未巩固。为了及时打击反革命分子，保障人民生命财产的安全，巩固新政权，他经常带领工作人员深入各地区调查了解情况，积极在群众中宣传党的政策。使得不少反革命分子的家属主动动员自己的亲人向公安机关投案自首，争取宽大处理；对于一些证据确凿、罪恶较大、坚持反动立场的反革命分子给予坚决打击。1953年后历任江苏省检察院副检察长，江苏省高级人民法院院长等职。

林修德

林修德（1916—1998），原名邢谷桥，海南文昌人。1930年在琼海中学加入中国共产主义青年团。1937年先后在上海暨南大学、上海大同大学读书，任上海学生救亡会主席。1938年，林修德加入中国共产党，任上海学生救亡协会党团书记、中共上海学委常委。1941年奉调到苏中（江苏长江以北的中部）抗日根据地工作，任中共南通中心县委宣传部部长、县委苏中办事处处长，苏中第二专员公署公安局局长等职。抗日战争胜利后，林修德历任中共苏中东台县县委书记、华中工委城市工作委员会书记、两淮市委副书记、苏州市委副书记、福州市委副书记等职。中华人民共和国成立后，历任中共厦门市委副书记、书记，福建省委常委兼统战部部长、省委书记处候补书记，国家华侨事务委员会副主任、党组副书记，国务院侨务办公室副主任等职。

周山

周山（1917—1946），原名周中奎。浙江定海人。1938 年参加新四军，并加入中国共产党。历任新四军军部军法处特派员、锄奸科科长，挺进纵队军法处主任。自 1941 年起，历任中共苏中三地委组织部部长，社会部副部长兼专署保安处处长。1943 年任苏中一地委组织部部长。1944 年任苏中地区党委社会部部长兼行署公安局局长。1945 年任华中五地委社会部副部长兼淮城市公安局局长。1946 年 11 月 23 日，他带领部分干部和战士，插入敌军圈内，与敌军激战于周家埠。为了掩护同志们转移，他亲自带领一个班进行阻击，但终因寡不敌众，于突围中英勇牺牲。

周兴

周兴（1905—1975），原名刘维新，江西永丰人。1925 年参加革命。1926 年加入中国共产党。1931 年任江西省肃反委员会秘书长。1932 年任江西省政治保卫局执行部部长。1936 年任西北政治保卫局侦察部部长、局长。1937 年任陕甘宁边区保安处处长。1949 年毛主席亲自点名，让具有丰富公安保卫工作经验的周兴出任南京市公安局局长，他制定了政策和打压双管齐下的剿匪除特措施。在强大的攻势和周兴的不懈努力下，仅用了一个月的时间，就有二百多名特务自首，也抓获了许多潜伏特务。紧接着，开始对居住在南京市的人进行户口登记，游民收容，取缔鸦片馆、妓院等。在周兴的这一连串的行动之后，很快就稳定了南京市的社会秩序，给南京人民创造了一个和平安详的社会环境。后带领由江苏警官学院前身南京市公安局公安学校学生为主组成的西南服务团公安支队参加解放西南的战斗，任西南军政委员会公安部部长。1954 年任公安部副部长。后担任云南省委第一书记，昆明军区政治委员。

周林

周林（1912—1997），贵州仁怀人。1936 年加入中国共产党。抗战时期，历任新四军江南指挥部军法处处长，新四军一师政治部锄奸部部长，苏中行署保安处处长，苏中区党委社会部部长、区党校党委书记，中共苏浙区三地委书记、苏南区党委城工部部长等职。在苏中地区反“清乡”斗争这一段光辉历史中，在各级党委统一领导下，周林同志指挥苏中四分区短枪队所开展的据点游击战全面开花，开展反封锁、反伪化、反保甲、反“清乡”的群众性锄奸运动，真正发挥了人民战争的巨大威慑力量。解放战争期间，先后任华东军区直属政治部主任，中共徐州市

委书记兼市长。中华人民共和国成立后，担任上海市政府秘书长，协助陈毅同志成功接管上海；贵州省委第一书记兼贵州省省长，西南局书记处书记等职。1975 年后，历任南京大学党委书记兼校长、教育部副部长兼北京大学党委书记，教育部党组副书记等职。

周柏林

周柏林（1917—1992），浙江普陀人。自幼在家乡读书，后在家乡做油漆工，1935 年在上海至汉口的轮船上做勤杂工人。1938 年 12 月在皖南新四军军部参加革命。1940 年 1 月调苏北盐城县保安科任科长，同年 6 月去华中局党校学习。1941 年 5 月任宝应县公安局局长，1947 年年底去华中党校学习。1948 年 8 月至 1954 年年底，历任两淮市公安局副局长兼淮城市公安局局长、常熟市公安局局长，苏州地区公安处副处长，苏州地区社会部、检察署、公安处负责人，江苏省公安厅办公室主任。1954 年后任鞍钢电装公司副经理、鞍山市法院院长等职。

郑从政

郑从政（1918—1978），原名郑荣进，广东梅县人。1937 年 10 月加入中国共产党，1938 年 2 月参加新四军。1938 年 2 月至 1939 年 9 月任新四军二支队、军部教导队连的支部委员，军部特务营、江北游击纵队连的支部书记、指导员。1939 年 10 月调到新四军五支队政治部调统科（后改为锄奸科）任科员、股长，从事公安保卫工作。1943 年到 1946 年先后任淮南路东、路西分区公安局副局长、局长，苏皖边区清江市公安局局长，苏皖边区盐阜区公安局副局长。1949 年 7 月从苏州南下，9 月任福建省公安厅社会处处长。中华人民共和国成立后，历任福州市公安局局长，福建省公安厅副厅长，中共福建省委常委、省公安厅厅长、党组书记，兼省人委内务办副主任、公安总队第一政委等职。

赵一德

赵一德（1918—1998），原名焦应元，江苏扬州人。1937 年加入中国共产党。1939 年后历任新四军教导队党支部委员、新四军一支队政治部军法处科员、泰县治安科科长、海启县委社会部部长、东南行署公安局局长。1946 年后历任启东县委书记、警卫团政委，东南县县委书记、警卫团政委，警八旅二十四团政委。赵一德同志领导和指挥的短枪队在南通锄奸反特斗争中英勇机智、舍生忘死的故事在群众中不断传颂，赵一德同志也成了海启地区深受群众爱戴的传奇式人物。1949 年后历任松江专署公安处处长，苏南、江苏、上海公安总队副政委，江苏边防委员会委员。1956年后历任南京军区政治部保卫部副部长、南京军区直属政治部主任等职。1979年任江苏省人民检察院副检察长、党组副书记，江苏省委政法委员会秘书长。

赵苍璧

赵苍璧（1916—1993），陕西清涧人。1934年1月参加革命，1935年11月入党。历任陕甘宁边区三边地委委员、保安司令部副司令，陕甘宁边区保安处处长，北平市公安局治安处处长等职。1949年与周兴一同负责南京城市接管工作。在南京期间，赵苍璧侦破了一批潜藏的反革命案件，保卫了新生的人民政权。中华人民共和国成立后，赵苍璧调离南京，前往西南，先后任西南军政委员会公安部副部长，四川省公安厅厅长，四川省委常委、副省长兼政法委党组书记，四川省委书记处书记、常务副省长兼西南政法学院院长等职。1977年3月任中华人民共和国公安部部长，党组书记，后兼任中国人民武装警察部队政委。

洪沛霖

洪沛霖（1917—1989），安徽泾县人。1938年参加新四军，1939年加入中国共产党。历任新四军第二师军法处科员，军部民运组组长，甘泉县公安局局长，淮南路东地区公安处副处长。1944年4月，为防止特务、敌探分子破坏，维护社会治安，保护人民，受津浦路东八县联防保安总处处长委托，洪沛霖专程到竹镇组建公安派出所。1948年任华东野战军第七纵队保卫部部长，三野第二十五军后勤部政委。中华人民共和国成立后，历任南京市公安局治安处处长，南京市公安局局长，南京市人民检察署检察长。1954年后任江苏省公安厅副厅长、厅长兼江苏省公安学校校长。江苏省政法委副书记、副省长，江苏省武警总队第一政委等职。重视公安教育，江苏省公安学校选址重建时，由于洪沛霖的大力推进，半年内学校近万平米的建筑拔地而起，公安学历教育得以顺利举办。1980年曾抽调至北京参加审理林彪、江青反革命集团案件，分工主审江青。1985年当选江苏省第六届人大常委会副主任。

唐劲实

唐劲实（1918—1974），江苏无锡人。初中未读完，就在上海摩登照相馆当了学徒。1938 年 2 月参加新四军，3 月加入中国共产党。1939 年任新四军江北指挥部军法处侦察科副科长。1941 年任淮北苏皖边区保安处副处长。1943 年任淮北苏皖边区行署公安局副局长。1945 年任苏皖边区政府公安局侦察部部长。1949 年任徐州市公安局局长。中华人民共和国成立后，历任厦门市公安局局长，福建省法院副院长、院长，中央司法部司长，宝鸡专署副专员等职。

黄赤波

黄赤波（1912—1978），原名黄治波，湖北大冶人。1930 年参加中国工农红军，1931 年加入中国共产党。1933 年任红三军团保卫局侦察科侦察员、总务科科长。在红军长征途中，他所在的保卫团始终走在部队最前列，为主力部队侦察敌情，提供可靠情报，有力地保障了长征的顺利完成。1937 年任西北保卫局、陕甘宁边区政府保安处侦察科科员、组长、代科长等职。1940 年任新四军第六支队豫皖苏边区社会部部长。后任苏北盐埠区行政公署保安处处长。1945 年任苏北行政公署公安局局长、苏皖边区政府公安总局副局长。1948 年任潍坊特别市公安局局长。是年 5 月中旬，潍坊市发生一起轰动全城的抢劫银楼大案，被劫黄金 160 两、银元 1200 多枚。在黄赤波的具体组织指挥下，案件很快破获，当众把被劫的黄金、银元全部归还原主。1949 年任苏南行政公署公安局局长。带领人民公安机关成功地接管苏南各市旧警察机构，巩固了革命的社会秩序，保卫了人民的利益，创办了苏南警干学校。1953 年任江苏省公安厅厅长。1957 年任上海市公安局局长、中共上海市委政法部副部长。1978 年任上海市人民检察院检察长。

曹耀祺

曹耀祺（1907—1949），福建长汀人。1931 年参加红军，先调任省少先队大队部任巡视员，后调任少共国际师。1933 年进入福建省保卫分局工作。1934 年任国家政治保卫局秘书处处长，同年升任中央苏区政治保卫分局办公室主任。1938 年任新四军二支队秘书科科长。1939 年至 1943 年先后担任新四军江南指挥部军法处副处长、淮海行政公署保安处副处长。解放战争时期，曹耀祺前往东北，参与军队兵力和武器装备筹备以及土匪瓦解、宣抚、收降等工作。1949 年 4 月 27 日，曹耀祺在黑龙江牺牲。

梁国斌

梁国斌（1910—1980），福建长汀人。1929 年加入中国共产党。1930 年后，历任中共汀州市委书记、福建省苏维埃政府国家保卫局侦察部部长。1939 年任新四军江北指挥部军法处处长兼津浦路东联防保安处处长。1942 年任新四军政治部锄奸部副部长。他应用积累多年的战斗经验，依靠各级党组织的支持，坚持不懈地组建军队和地方的保卫工作，亲自挑选干部，训练干部，亲自讲课，为华中抗日根据地培养了一大批优秀的保卫工作人员。解放战争时期，任华东军区政治部、保卫部部长、华东局社会部副部长兼山东省警官学校校长。上海解放后，任上海市军管会公安部部长。中华人民共和国成立后，任中共福建省委常委兼公安厅厅长、华东行政委员会公安局局长、最高人民检察院副检察长、公安部副部长，上海市委书记、副市长等职。

褚玉祥

褚玉祥（1921—2007），山东新泰人。1938 年 8 月参加工作，同年 9 月加入中国共产党。历任军政干校学员，新泰县公安局审讯科科长，蒙阴县公安局侦察股股长、副局长，县委部长，昌南县公安局局长，江苏句容县公安局局长，镇江专署公安处科长，高淳县公安局局长，镇江专署公安处副处长，武进县县长。中华人民共和国成立后，历任徐州专署公安处处长、沛县县长、徐州专署公安处处长、徐州地区煤炭指挥部副指挥，江苏省公安厅副厅长、顾问等职。

瞿道文

瞿道文（1919—2015），四川达州人。1932 年参加中国工农红军，同年加入中国共产主义青年团。1935 年加入中国共产党。土地革命战争时期，任川陕少年先锋师秘书，中共川陕省委党校秘书，西北保卫局科员，红西路军政治部科员等职，参加了长征。抗日战争时期，历任新四军第五支队司令部政治指导员，江北指挥部司令部军法处科长，新四军第二师六旅政治部保卫科科长，第二师兼淮南军区司令部侦察科科长，师政治部保卫部部长。解放战争时期，历任华中军区政治部保卫部副部长，华东野战军第十纵队政治部保卫部部长，第三野战军九兵团政治部、保卫部部长，淞沪警备司令部军法处处长兼保卫部部长。中华人民共和国成立后，历任华东军区防空部队政治部主任，南京军区空军政治部第二主任、空军第四军副政治委员、空军学院副政治委员等职。1964 年晋升为少将军衔。

大事记

1938 年

2 月，中共中央、毛泽东对新四军发展华中敌后游击战争进行具体指示，同意新四军向苏浙皖边区发展游击战争，并指出，“最有利于发展的地区是苏南茅山地区”。

4 月 24 日，毛泽东复电项英：“主力开泾县、南陵一带，先派支队去溧水一带侦察甚妥，唯须派电台及有军事知识之人随去。”

4 月，新四军部队在安徽歙县岩寺镇集中整编，在军、支队司令部设军法处，主管军法工作和锄奸保卫工作（包括地方锄奸保卫工作）。

5 月 4 日，毛泽东致电项英指出：“在侦察部队出去若干天之后，主力就可准备跟行。……力争到苏浙皖边发展游击战。但在目前最有利的发展地区还是在江苏境内的茅山山脉，即以溧阳、溧水地区为中心，向南京、镇江、丹阳、金坛、宜兴、长兴、广德线上之敌作战，必能建立根据地。”

5 月，新四军先遣支队挺进苏南，开展抗日游击战争。

6 月 3 日，新四军第一支队东进，抵达高淳、宣城边境，当夜渡过固城湖，进至江苏境内。

6 月 8 日，新四军第一支队与先遣支队在南京地区溧水新桥会师。

6 月 15 日，粟裕率先遣支队在南京至镇江间的下蜀车站附近，实施破坏京沪铁路任务。

6 月 17 日，粟裕指挥在镇江西南韦岗设伏，袭击日军运输车队。毙伤日军 20 余人，击毁汽车 4 辆并缴获运输的军用品。这是新四军挺进江南第一仗，扩大了新四军的影响。

7 月，苏南西路各地区普遍建立起了抗敌自卫会、抗战动员委员会和办事处等组织。苏南东路各地区，也建立起了抗日联合会、办事处等组织。中共苏鲁豫皖边区省委将徐西北区委与鲁西南特委合并，组成中共苏鲁豫特委，王文彬任书记。彭南抗日游击队被编为湖西人民抗日义勇队二总队第十八大队。

8 月 20 日，中共中央军委下发《关于在军队中成立锄奸局的指示》。

9 月，党中央在扩大的六届六中全会上，为了适应抗日战争形势发展的需要，撤销以王明为首的长江局，成立了中原局，并决定由刘少奇任书记。

10 月 23 日，总政治部发出《关于军队中锄奸工作及组织条例的决定》。

11 月 4 日，军委总政治部主任王稼祥、副主任谭政就锄奸部门的名称和体制问题发布命令，规定：各级锄奸局一律改为锄奸部，归各级政治部领导，成为政治机关的一个部门。

12月下旬，八路军一一五师三四三旅六八五团奉命改称苏鲁豫支队，彭明治任支队长，挺进湖西地区。

12月，根据中共中央决定，中共苏鲁豫皖边区省委改为山东分局，正式组建了八路军山东纵队。

1939年

1月，中共苏皖特委根据山东分局“关于向东、向南发展”的指示，派吴云培、夏岩到宿北组建了中共宿迁县委，吴云培任书记。

2月17日，中央军委主席毛泽东、军委副主席兼总政治部主任王稼祥发出《关于开展防奸清查工作的密令》。

2月，中共中央书记处发布《关于成立社会部的决定》，要求各边区行署设公安局或保安处，各县设公安局。

4月，山东分局决定成立苏皖区党委，任金明为书记。

八路军陇海南进游击支队第八大队和先遣第二支队建立。

中共山东分局对邳县县委领导班子进行了充实和调整，陈瑞生任县委书记，于桂堂任组织部部长，李达人任宣传部部长，童邱龙任军事部部长。

陇海支队在贾柳区设立峄滕铜邳四县边联办事处，委派支队参谋长胡大勋为办事处主任，陈诚一负责党群工作，胡大毅负责军事工作。

4月、5月，海属地区正式成立了陇海南进游击支队第二团，淮阴、涟水一带建立淮河大队等抗日武装力量。

5月14日，中共山东分局决定将苏鲁豫特委扩建为苏鲁豫区党委，白子明任书记，郝中士任组织部部长，马霄鹏任宣传部部长，王文彬任统战部部长，赵万庆任社会部部长，孙衷文任青年部部长，张如任军事部部长。

5月，新四军参谋长张云逸率部从皖南军部渡江抵达江北，成立了新四军江北指挥部，并组建了新四军江北游击纵队。

中共山东分局决定以洪泽湖为中心建立苏皖边区委员会，金明任书记，李浩然任组织部部长，张彦任宣传部部长，邵幼和任社会部部长，钟辉任军事部部长。

6月26日，中央军委、总政治部发出《关于加强锄奸工作的训令》。

7月，中共苏皖区党委派万众一到淮盐建立了第三地委，万众一任书记。

新四军以第四支队第八团为基础成立第五支队。

9月，中共鲁南四地委成立，邳县县委划归鲁南四地委领导。

中共山东分局根据毛主席《关于八路军今后主要发展对象是华中》的指示，成立了苏皖纵队，任命江华为纵队司令兼政治委员，统一指挥苏皖边部队。

10月10日，中共中央作出《关于反奸细斗争的决议》。

10月，新四军江北指挥部成立军法处，在来安县半塔集举办第一期锄奸训练班。

10月，苏皖区党委决定撤销邳睢县委，成立邳睢中心县委，张道平任书记，并将铜山、灵睢两县委划归其领导。运河大队划归八路军一一五师后方司令部领导。

11月，撤销邳睢中心县委，成立苏皖一地委，李云鹤任书记。中共苏皖区委在所属地区的大运河以西建立第一地委；在大运河以东、陇海路以南、六塘河以北建立第二地委，书记杨纯。

12月至1940年1月、2月，刘少奇连续召开中原局会议，贯彻中国共产党六届六中全会关于“发展华中”的方针，并直接指挥皖东斗争。

1339年年底，以茅山为中心的苏南敌后抗日根据地基本建成。

1940年

1940年年初，陇海支队在一年多的时间里，队伍由组建时的两个营、300多人，扩大为3个团、4个独立大队、2个梯队、总人数达七八千人。

2月，共产党领导的启东县政府成立保安科，此为苏中地区最早的抗日民主政府的保卫机构。

苏皖区党委划归中原局领导。

3月8日，苏皖区党委和新四军江南指挥部党委为了适应敌后民主建政的新形势和任务，进一步明确共产党领导下的抗日民族统一战线政权的施政宗旨、方针、原则、任务和方式方法，制定了《中共苏皖区委员会为坚持江南敌后抗战之政治纲领》。

3月下旬，苏皖区党委决定第二、第三地委合并，成立淮海地委，原三地委书记万众一调任淮北大队政委，淮海地委书记由杨纯担任。

3月至6月，淮南抗日根据地津浦路东、路西各县抗日民主政权相继建立，同时设立了专门保卫机构。

4月18日，津浦路东各县联防委员会办事处成立，贺希明、邓子恢、方毅先后任主任。

5月，中共东路特委也制定颁布了《关于坚持东路抗战十大工作纲领》。由此，苏南敌后抗日民主政权建设进入了普遍建立县级代理政权的过渡时期。

为贯彻刘少奇在皖东北讲话中关于建立根据地的指示精神，苏皖区党委研究决定从孙象涵部抽出第六连派回萧铜地区，组成萧铜独立营，任命亢为德为营长、吴端胜为副营长、朱德群为教导员。

6月，八路军南下各部先后到达华中地区，二纵队政委黄克诚率领的教导营和新二旅6月底也到达豫皖苏，奉命与彭雪枫部队合编为八路军第四纵队，归属中原局领导。

苏皖边区党委批准成立苏皖边区保安处，邵幼和任处长，边区党委社会部兼做保安处工作，两块牌子，一套班子。

7月29日，成立黄桥军民联合办事处，新四军原挺进纵队调查统计科科长周山任保安科科长。

8月16日，中原局决定将苏皖地区我军各部队统一指挥，组成八路军第五纵队。

8月21日，中共中央批准组成五纵队及支队主要干部的任命。

8 月下旬，撤销黄桥军民联合办事处，成立通如靖泰临时行政委员会，在黄桥设立司法处、保安科，是小省制人民政府公安保卫部门的最早前身。

8 月，江溧句三县抗敌自卫委员会成立，代行政权职能。

8 月至 9 月，八路军第五纵队在中共中央中原局领导下，经过艰苦战斗，协助地方党组织开创了淮海抗日根据地，先后建立了泗阳、淮阴、涟水、沭阳、灌东、东海等县的抗日民主政权。

9 月中旬，苏皖区党委书记金明率领机关进入淮海区，直接领导各县工作。

9 月，苏皖边区党委转移，社会部和保安处机关也随之转移到淮海地区。

10 月 10 日，由黄克诚率领的八路军第五纵队南下占领盐城，新四军陈毅部北上进抵东台，两军的先头部队在盐城、东台之间的白驹镇胜利会师。

10 月下旬，刘少奇率中原局机关和新四军江北指挥部军政干部学校学员共 1000 余人，从皖东地区出发，月底到达苏北阜宁县东沟镇与八路军第五纵队会师。

10 月，通如靖泰临时行政委员会保安科扩大为保安处（设在东台），新四军苏北指挥部军法处长周林兼任保安处长，领导苏中各县抗日民主政府中的保安科。同时新四军江北指挥部决定在津浦路东和路西地区分别成立保安处，统一领导各县的保卫工作。八路军黄克诚部与北上的新四军于狮子口胜利会师，盐阜、淮海等抗日根据地开始建立。

11 月 4 日，刘少奇、黄克诚由东沟出发，经湖垛、盐城、东台等地南下，7 日在海安与陈毅、粟裕会晤。

11 月 16 日，撤销通如靖泰临时行政委员会，苏北临时行政委员会在海安镇成立，保安处长周林、副处长曹耀祺。

11 月，东台县政府设公安局（为苏中地区最早），后曾改称过保安科，但 1942 年 11 月改称公安局后一直未再更换名称。

12 月 12 日，豫皖苏边区发生严重的叛变事件。

12 月 14 日，江当溧句四县抗敌总会（简称四抗总会）成立，代行政权职能。四抗总会设军事科兼管公安工作。

12 月底，苏北临时行政委员会在东台举办保安人员训练班，时间三个月，学习侦察、跟踪等业务。

1941 年

年初，苏北临时行政委员会颁布《苏北地区防奸防匪暂行条例》，分总纲、乡镇保甲长守则、民众动员守则、盘查哨站、清查户口、自新办法、奖惩办法、附则共八章四十二条。

1 月 25 日，新四军新军部成立大会在盐城体育场举行，陈毅宣誓就职代军长。随后，中共盐阜区党委、盐阜军区、中共淮海区党委、淮海军区和淮海、盐阜区行政公署等相继成立。

1 月，皖南事变后，新四军江北指挥部所属部队改编为新四军第二师，二师设立锄奸部。

3月19日，撤销苏北临时行政委员会，在海安成立苏中行政委员会，行政公署设保安处，处长周林，副处长曹耀祺，内设秘书室、侦察情报科、调查研究科、干部教育科、司法科（审讯科）、保安大队、政治保卫队（执法队）等；各专员公署设保安分处，各县政府设保安科。

3月，中共中央中原局及新四军军部为适应当时斗争需要，实行小省制，将苏北地区划为苏中、苏北两块抗日根据地。

春，新四军四师反顽斗争失利，全部转入洪泽湖。

4月20日，苏中行政区召开第一次保卫工作会议，各县保安科长参加，会议决定把组织工作和培养干部作为中心工作。

4月29日，中原局书记刘少奇在盐城第一期保卫人员训练班结业典礼上发表重要讲话。

5月20日，经党中央批准，中共东南局和中原局合并，组成华中局，刘少奇任书记，饶漱石任副书记。

5月，中共中央华中局决定成立中共江南区委员会，统一领导苏南东西两大片和浙西、皖南部分地区的工作。整个苏南敌后地区设立了6个行政督察专员公署，共辖23个县政府，1个三县行政委员会、2个特区和2个行政办事处，计28个县级抗日民主政权机关。

淮海区党委在钱家集驻地召开士绅座谈会和各界代表会，会议决定成立淮海专员公署，五纵队一支队政治部主任吴法宪为专员。10月以后，吴法宪随军东去，苏皖党政军委员会任命金明为专员。

中共溧水县委、溧水县抗日民主政府在溧阳竹箦地区成立。

中共中央华中局根据皖南事变以后的斗争形势，将华中抗日根据地划分为七个战略区。

新四军政治部锄奸部副部长梁国斌随军部巡视团来到皖东北，同时带来一批锄奸干部，其中有唐突（唐劲实）、陈庭槐、王中一、洪沛霖、柯志达等。

皖东北区党委成立，内设社会部，区党委副书记刘瑞龙兼任社会部部长。

苏中保安处在东台栟茶举办第一期锄保人员训练班，28名学员参加了约三个月的培训。

6月，溧阳（金溧）县抗日民主政府成立，下设军事、公安、财经、民政、文教、税务、货管、敌工、建设等科。

句容县抗日民主政府成立。

淮北抗日根据地第一个专门性的锄奸机构——古邳公安局建立，金展任局长。

8月1日，江宁县抗日民主政府成立，10月县抗日民主政府设军事科，负责公安工作。

8月23日，华中局决定将淮河以北、运河以西、陇海路南、津浦路东地区划为淮北苏皖边区，皖东北区党委改组为淮北苏皖边区党委，刘子久任书记。

8月，国民党苏皖战区司令韩德勤指使常备第七旅旅长王光夏，抗战支队司令吴卫久等西进，控制淮阴、泗阳等盐河、运河沿岸城镇。

9 月，盐阜行署保安处正式建立。

10 月，中共溧水县委和县抗日民主政府，返回到溧水大李巷地区。县抗日民主政府设立军事科，公安保卫工作由军事科负责。

陈毅亲自部署和组织指挥了泗阳程道口战役，经两天激战，攻克顽军全部据点，战斗中顽军被毙伤近 200 人、被俘 1300 余人，使淮南、淮北、淮海、盐阜四块抗日根据地连成一片。

邳南行署撤销，成立邳睢铜灵四县联防办事处，陈元良任邳睢铜地委社会部部长兼保安分处主任，保安分处秘书是孙敬祖，后为钦少华，侦察科科长为金展，审讯科科长为孙敬祖，教育、情报科科长为林如云。

10 月起，苏中各地政权保卫机构普遍在执法班的基础上设立政治保卫队，后称执法队，俗称短枪队，起初主要任务是看管犯人，后来发展为负责保卫县委、县政府及领导同志的安全，袭击小股敌人、侦察敌情、锄奸惩奸，保卫所属根据地。

12 月，淮南津浦路东联防保安处处长梁国斌调新四军保卫部，由李森启接任处长。

1942 年

1 月 20 日，中共中央华中局第一次扩大会议在阜宁城西北的单家港举行，历时一个半月。

1 月，为加强地方政府的领导，十六旅四十六团锄奸股长赖峰，被派驻溧阳县民主政府任公安局局长。

1 月至 8 月，苏中保安处举办了五期保卫干部训练班，第一期 28 人，第二期 60 人，第三期 28 人，第四期 40 人，第五期 36 人，训练时间均为三个月。训练内容，政治课占 40%，保卫课占 40%，文化课占 20%。

3 月，当涂、溧水边界地区，成立江当溧三县行政委员会，代行政权职能。行政委员会下设民政、财政、文教、军事四科。

春，十六旅锄奸科干事徐翔彬，任句容县抗日民主政府锄奸科科长。

4 月，新四军四十六团干事许治任江当溧三县行政委员会军事科科长，负责分管公安保卫工作。

苏中行政委员会颁布《苏中禁烟禁毒治罪暂行条例》，在苏中根据地内开展了一场群众性的禁毒斗争。

4 月、5 月，中共苏皖区委举办锄奸保卫训练班。

5 月，中共苏皖区委决定，撤销丹阳县建制，划出其南部地区，与镇金县合并建茅东县，原镇江县政府改称茅东县政府，县政府设秘书、军事、民政、财经科，后设公安局。

6 月 13 日至 20 日，苏中第二次全区保卫工作会议在东台召开，决定以县为单位普遍开展广泛的锄奸运动，同时明确权限和纪律，要求正确执行锄奸政策。

6 月，溧阳县公安局成立短枪队，短枪队下设短枪班和警卫班，成员先后有二十余人。

7 月底，苏中保安处将情报总站整顿改组为情报总局，从此在工作上保安机关侧重对内，情报总局侧重对外，双方高度配合，破获了许多敌特案件。

7月，中共中央华中局和新四军召集各师锄奸部部长、各地保安处处长会议，研究锄奸工作的方针、政策和任务落实情况，以及工作中遇到的各种问题。

刘瑞龙在《四二年上半年锄奸工作总结》中提出："保安处为政府之一部分，在各级政府领导下根据上级的方针运行工作，各县分处主任应参加县政府行政委员会、县政会议及党团。"

8月20日，新四军锄奸部转发1939年题为《总政治部对锄奸工作总结及今后方针的指示》《总政治部对目前锄奸政策的指示》及《总政治部对锄奸工作指示》的一号至三号文件。

8月，范坚于苏皖区党委锄保训练班结束后，任江宁县抗日民主政府公安局局长。

9月，成立了运河特区，设公安科，张作云任科长。

10月，中共镇丹县委员会成立，县委设组织、宣传、社会部和敌工委。同时镇丹县抗日民主政府建立，县政府设公安局、敌工站、民政科、财经科、军事科和秘书。邵建甫任中共镇丹县委社会部副部长兼镇丹县抗日民主政府公安局局长。

华中地区第一次锄奸保卫工作会议在盐阜区召开，历时40余天。

11月，华中局在苏北阜宁召开锄保工作会议。

根据中共中央批准，淮北抗日根据地实现党政军一元化领导，原军政委员会与边区党委合并。

1943年

同年年初，中共江当溧县委改称横山县委，公安工作由郑达负责。

1月，中共中央华中局和新四军军部从苏北转移到皖东抗日根据地盱眙县黄花塘，直接领导皖东斗争。

淮北苏皖边区行署保安处改称行署公安局，局长刘瑞龙，副局长唐劲实。

2月中旬，原一师二旅锄保干事被分配到茅东县，担任茅东县委社会部长兼县政府公安局局长。

2月，原一师二旅锄奸科长邱子华和干事随军来到苏南，分配到茅山地区。邱子华任茅山专署公安局局长。公安局设有短枪班。

日伪调集了第15、第17、第35师团及独立第12混成旅团各一部，加上伪军，合计约2万人，分多路对盐阜抗日根据地进行"扫荡"。

东南分处公安局破获一批伪造抗币，经侦察，受敌伪派遣潜入根据地使用假票的丁阿大、丁天祥被捕，在天长县谕兴集召开群众大会后被枪决。

津浦路东联防保安处改称津浦路东专署公安局，局长杨家葆。津浦路西联防保安处改称津浦路西专署公安局，局长许震。由于根据地实行精简机构和一元化领导，路东、路西地委和专署没有另设机关，而是分别与路东、路西军分区合署办公，地方和军队的保卫机构也合并办公。

3月18日，中共苏皖区委在溧水县白马召开了苏南各县县长联席会议。会议通过了苏皖区党委提交的《苏南施政纲领（草案）》和《苏南区行政公署暂行组织法（草案）》。

苏南区行政公署成立，江渭清、邓仲铭分任正、副主任，直接领导苏南各县抗日民主政府的工作。区行政公署成立后，行署公安局也正式成立，由苏皖区党委社会部副部长张雍耿任苏南行政公署公安局局长。

新四军向韩德勤占据的山子头等据点发动进攻，一举全歼韩德勤89军、保安第10纵队、独立第6旅等部3000余人，活捉韩德勤。

3月，根据中共中央华中局指示，淮南抗日根据地实行一元化领导，撤销路东、路西区党委，组建淮南区党委，谭震林任书记，刘顺元任副书记，辖津浦路东、路西两地委。

春，苏中行政委员会颁布《苏中各级公安局组织条例》，苏中保安处、各专署保安分处及扬州各县抗日民主政府保安科统一改为公安局，区设治安员，乡设治安委员会，在县制尚未确定之区域及重要集镇可设县公安局派出所。

4月，在敌顽夹击下，苏南抗战形势紧张。为了坚持苏南敌后的斗争，中共苏皖区委厉行精兵简政，同时派部队锄奸干部去地方协助公安保卫工作。十六旅政治部锄奸科干事王敏仁被派到江宁县公安局工作。

5月1日，《苏南区行政公署暂行组织法》公布实施。该法规定，“行政公署公安局局长在行政公署正、副主任指导下，掌理事项有：一是关于防奸、防谍、防匪事项；二是关于维持社会秩序事项；三是关于保障民权事项；四是关于刑事检查事项，以及其他有关公安事项”。

5月14日，苏皖区党委作出《关于苏南锄奸保卫工作机构与职权的决定》，对苏皖区党委社会部、苏南区行政公署公安局、十六旅政治部锄奸科等地方和军队的公安保卫机构的职权进行了分工，并对地方和军队的锄保委员会的组织进行了规定。

5月、6月，茅山地区“锄奸保卫委员会”成立。锄保委员会书记由地委书记吴仲超兼任。在地方的基层党支部中设保卫委员，专人负责锄保工作。

6月，茅山保安司令部锄奸股长邢浩（邢中魁），任茅山专员公署公安科科长。公安科设短枪班。

7月，原新四军十六旅四十六团保卫股锄奸干部郑达调江宁县任公安局局长。新四军十六旅旅部民运科科长黄吉民，调横山地区负责公安保卫工作。

9月1日，茅山地委在句容召开锄奸保卫工作会议，并成立社会部。地委书记汪大铭兼任社会部部长，具体工作由邱子华负责。

9月27日，如皋县公安局短枪队深入到掘港、马塘地区，烧毁日伪强制编成的9000多张门牌，有力地配合了反保甲斗争。

秋，部队调动，路东公安局和四旅锄奸科合并，路西公安局和五旅锄奸科合并。

10月上旬，十六旅收复溧水新桥地区后，溧水县抗日民主政府成立了县公安局，由县军事科配合，专门负责溧水地区的锄奸肃特，维护社会治安等公安保卫工作。

11月，苏南区行政公署公安局（区党委社会部）在溧水新桥举办公安保卫训练班。

高淳县行政办事处成立，行政办事处设军事科，兼管公安保卫工作，邢浩（邢忠魁）任科长。

冬，江当溧三县行政委员会正式改为横山抗日民主政府，黄吉民任横山县公安局局长，公安局设短枪班。

1944年

1月，茅山地区三名干部调苏南区行政公署公安局（区党委社会部）工作，同时各地又陆续调来一些人员，使行署公安局（区党委社会部）人员大大增加。行署公安局（区党委社会部）设内、外勤干事、政治侦察科、警卫班、保安队。

1月，撤销高淳县行政办事处，成立高淳县民主政府。县政府设公安局，邢浩任局长。公安局设执法班即短枪班。

3月，陈国俊到溧水县公安局任局员，负责公安工作，并兼任溧水县警卫连政治指导员。县公安局业务归苏南区行政公署公安局领导，政治上坚持“条块结合，以块为主”的原则，在当地同级党委的一元化领导下，开展公安保卫工作，遇有重大事项与县政府军事科共同研究。

4月，淮南抗日根据地第一个公安派出所在六合县（来六县）竹镇（市）成立，所长黄经农。

6月，宝应县公安局成立劳役大队，开垦公田930亩，将被曹甸区三河、崔东群众检举出来的48名敌探处以5天以上一年以下劳役。

6月底，苏南区行政公署下令撤销溧水、高淳两县政府，合并成立溧高县抗日民主政府。县政府设公安局，邢浩任局长。公安局成立以后，公安保卫力量发展到一个执法排。

7月，溧水、高淳两县合并为溧高县，成立溧高县公安局，邢中魁（邢浩）任局长，俞征任局员。局设内、外勤并配警卫、挑夫，设执法班（短枪班），8月增设长枪班，并同短枪班合并组成了执法排。

8月，黄吉民调苏皖区党校学习，溧水县抗日民主政府公安局陈国俊调横山县公安局，负责公安保卫工作，直至1945年10月初北撤。

江宁县抗日民主政府公安局局长郑达，调苏皖区党委党校学习。县委书记陆纲兼任县公安局局长，直至抗日战争胜利后北撤。

10月，溧高县公安局和地方武装镇压平定韩固、韩胡区刀会武装暴乱后，全县开展了为期3个月群众性的锄奸肃特斗争。

10月，甘泉县沙家集赵家客栈发生图财害命案，公安局局长洪沛霖步行几百里路进行详细调查，最后在盱眙抓获以贩鸡为业的凶手，释放客栈两名怀疑对象。

1945年

2月5日，苏浙军区在长兴县槐花坎正式成立。10日，苏浙军区部队开始向浙西敌后行动。区党委决定，行署公安局（区党委社会部）除留一个警卫班和部分保安队员负责行署（区党委）机关警卫外，张雍耿率行署公安局人员、政治侦察班及保安队部分人员随第一纵队南下。

春，原江宁抗日民主政府公安局局长郑达，在苏皖区党委党校学习毕业后，被分配到句容县任公安局局长。

苏南区行政公署公安局（区党委社会部）遵照区党委指示，派干事苏国华带领保安队，从广（德）郎（溪）地区护送100多名苏浙公学干部，通过封锁线到达溧阳、溧水地区。

4月，苏南区行政公署公安局（区党委社会部）成立保安队，初始只有30人，后来逐步发展壮大，到十六旅南下天目山时，已约300人。这支队伍直属行署公安局（区党委社会部）领导，是苏南地区最早的人民武装警察部队。

4月至5月，苏中区党委在宝应湖沟地区藕垦塘召开公安工作会议。

5月，苏南一分区司令部锄奸科干部邓勇调任江宁县公安局任副局长，负责公安保卫工作。

中共句容县委敌工部改组为城郊工作委员会，与县公安局配合工作。城郊工作委员会成立武工队，既做公安工作又开展敌伪军工作，以及开辟边区和征收田赋、税收。

7月初，盐阜、淮海两行政区合并为苏北行政区，成立苏北临时行政委员会，两地公安局合并，以盐阜区公安局为主，成立苏北行政公署公安局，黄赤波任局长，邵幼和任副局长。

7月，中共溧高县委和县抗日民主政府领导人员调整，溧高县副县长邢浩兼县公安局局长。

淮南抗日根据地发展到2万余平方公里，人口达280万人。并在南京城郊建立上元县。

1946年

4月，中共中央华中分局决定重建中共南京以统一领导之前各系统在南京建立的党组织和党员，同时撤销华中分局城工部南京工作部。

7月22日起，如东县掘港、岔河、桐本、掘东、丰利、苴镇6个区40个乡，先后有13800余名群众在国民党特务和封建势力的蛊惑下冲砸乡人民政府、抢夺枪支、抓杀干部和积极分子。苏皖第九专署公安局和如东县公安局紧密配合，调动公安武装区队和民兵迅速将暴动镇压下去，共逮捕首要分子300余名、杀伤暴徒10名，将被抢枪支全部追回。

8月27日，驻高邮县城焦家巷的苏皖二专署公安局及其看守所遭到国民党军队飞机的轰炸，致数十人死亡，二地委社会部部长林修德被救出。

9月，中共华中分局决定组建苏中区党委和行政公署，同时成立区党委社会部和行政公署公安局，负责领导原华中苏皖边区第一、第二、第九、第十行政区的公安工作。

11月24日，苏中区党委社会部副部长兼苏中区公安局局长周山在高邮后李墩东圩突围战斗中英勇牺牲，年仅29岁。

1947年

11月10日，中共华中工作委员会社会部和华中行政办事处公安处在射阳成立，宋学武任工委社会部部长、公安处处长，统一领导华中第一、第二、第五、第六、第七、第

九、第十地委和两淮市委、两淮盐场特委的公安、情报、策反、保卫工作。

1948 年

5 月 16 日，中共华中工委决定将社会部、联络部（敌工部）、公安处机关合并为公安处，并设定了内设机构和下级公安机关的编制。

8 月 13 日，华中二专署通令各县，解放区市场上发现大量伪造的华中币，急令各县公安、货管部门查禁，稳定市场。

10 月，中共南京市委成立警察运动委员会（简称警运会），由陈良、马文林分任正、副书记。

1949 年

1 月 6 日，高邮、宝应以及淮阴等地发生国民党特务勾结西乾道刀会的“腊八暴动”，杀我干部，烧我公所，抢走粮食，包围氾水镇和城镇，后被我人民公安机关武力镇压，毙伤百余人、生俘 80 余人。

1 月 25 日，解放军解放江都县城后，新成立的扬州市公安局很快命令原国民党行政人员在 3 月 13 日前完成各保户口移交与调查，随后对城区进行了三轮范围由小到大的户口登记、核对及发证工作，同时选举街道代表，建立治安区，明确基层保卫人员，摧毁了人民痛恨的保甲制度。

1 月至 12 月中旬，苏北各地军管会和公安机关对反动党、团骨干和特务人员的自新登记工作基本结束，全苏北应登记者约为 39000 人，已登记者 32079 人，占总数的 82%。

2 月，警运会按照南京市委部署，统一组织埋伏在下关、水上、西郊 3 个警察局的我方力量，秘密成立“水陆联合指挥部”。

3 月 2 日至 5 日，根据华中工委的要求，华中公安处在淮阴召开处务会议，专门研究苏南、苏北公安干部的调配问题。会议经研究决定：以原华中公安处为主体，配山东南下的以及从苏北各地抽调的公安干部共 633 名组成苏南公安班子，随时准备与解放军一道渡江南下，开展工作。

3 月 5 日，中国人民解放军淮海战役总前线委员会组织了“接管南京准备委员会”，拟定了《接管南京计划大纲（草案）》。

4 月 1 日，中共中央华东局集中概括了以往中共各地接管城市的具体经验，拟定接管江南城市的指示。这个指示，对新收复的人口在 5 万人以上的城市或工业区，均应实行一个时期的军事管理制度，成立城市最高权力机关军事管制委员会。

4 月 21 日，中共华东局决定撤销华中工委社会部和华中行政办事处公安局，在泰州成立苏北区委社会部和苏北行政公署公安处，社会部副部长邵幼和兼任公安处长，陈庭槐任副处长，下辖泰州、扬州、盐城、淮阴、南通 5 个专署公安局及南通、扬州 2 个市和 35 个县（市）公安局、27 个分局。

4 月 23 日，警运会地下党员配合中国人民解放军渡江部队解放南京。

4月24日，公安干部在无锡地下党的配合下，进驻无锡县警察局，命令未随敌逃跑的长警人员，待命接管。中国人民解放军无锡市军事管制委员会暨军管会公安部宣告成立。宋学武任部长，刘中任副部长。市军管会公安部辖城中、城东、城南、城西、城北、惠山6个公安分局及16个派出所。4月26日，公安干部已大部抵锡。27日，开始对无锡县警察局和下属机构实行军事接管，至5月中旬告一段落。

南京市委决定成立临时性的“南京市人民警察总队”，安排警运会各支部骨干到各区当区队长，去派出所当分队长。

4月26日，苏南行政公署在无锡成立，下辖镇江、武进（同年11月改名为常州）、苏州、松江四个行政区，共27个县市，人口约1170万人。

镇江专区公安局在新马路10号成立，由沈毅担任局长，管辖1市7县。4月27日，镇江市公安局成立，沈毅兼任市公安局局长，钱永祁为副局长；下设秘书科（人事股、材料股、总务股）、社会科（调查股、社会股、保卫股）、行政科（治安股、户政股、警务股）、司法科（看守所）。8月，专区公安局和市公安局机构和人员正式分开，董必成担任市公安局局长，钱永祁任副局长。

4月27日，苏州宣告解放，成立了中国人民解放军苏州市军事管制委员会公安部，陆政担任公安部部长，苏南行署苏州行政区公安局建立，丁兆甲任局长，周柏林、于云任副局长，内设秘书科、侦察科、治安科（组）、审讯科、人事科、劳改科，11月改为专区公安处。由军管会公安部部长陆政和苏州行政区公安局局长丁兆甲负责接收苏州市政法系统，分头接管城区的原国民党吴县城区5个警察分局、16个分驻所和18个派出所以及消防、水警、清洁、卫生、车巡等5个队。

武进解放。28日常州专署公安局成立，同时成立常州市公安局与常州专署公安局联合办公。5月初，常州公安局开始接管警察局、清洁队、消防救火会，戚墅堰、奔牛警察分局，湖塘分驻所和戚机厂、戚电厂的警察机构，接收旧警察120名，除10多名老弱病残遣散外，其余人员集中受训后遣回原籍。

4月28日，中国人民解放军总部电令：成立南京市军事管制委员会，统管全市军事、民政，任命刘伯承为主任、宋任穷为副主任。军管会下设公安部及财经等接管委员会，任命周兴为公安部部长，赵苍璧、刘秉琳为副部长。

4月30日，苏州市军事管制委员会公安部督察长马陵带领几十名干部和一个手枪队，到长春巷接管国民党吴县警察局本部，警察局局长吴冠欧提前集合局机关的100多名警察列队等待接管，并准备了人员花名册和各类物件清单，当日接收警察587名、枪弹物品及部分档案。

5月1日，华东局批准由刘伯承、宋任穷、张际春、陈修良、陈士榘、周兴等16人组成中共南京市委，刘伯承、宋任穷为正、副书记，任命周兴为保卫部（社会部）部长，负责全市肃特、保卫工作。

5月8日，中共中央华东局发出《关于禁止银元活动办法》，指出银元买卖和在市场的流通“造成物价波动，市场混乱，并破坏人民币信用与购买力，因而使人民蒙受损失，妨碍人民币发行，对我极为不利”，要求新解放城市建立军管会后，要立即禁止以银元为计价单位和买卖货物；人民银行要指定场所收兑金银；对继续利用银元进行违法犯罪活动

的要予以惩戒；要求人民银行采取隐蔽方式派员到银元场所“监视活动”。

5月13日，苏南行政公署公安局在无锡成立。苏南行署公安局内设正、副局长，局长黄赤波，副局长宋学武、李继成。下设秘书、总务、干部、侦察、保卫、治安、司法七个科，有的科下设组、队。

5月15日，中共松江地区工作委员会公安大队抵达松江，成立中国人民解放军华东军区松江市军事管制委员会公安部，同时建立松江行政区公安局及松江市人民政府公安局、松江县人民政府公安局。随后接管松江县警察局，接收国民党警察224人，进行集训，录用134名任职时间短、政治上较为单纯的青年警察，其余遣散；接收武器弹药等相关物资和档案材料；还接收了国民党松江县党部、三青团、参议会、调统室（中统）等敌特档案材料。

南京市军事管制委员会命令成立南京市人民政府公安局，周兴为局长，赵苍璧、刘秉琳为副局长。次日召开成立大会，宣布机构建制，任命领导干部。

5月20日，无锡市公安局正式成立，属市军管会领导，6月1日，归市人民政府领导。局长宋学武、副局长刘中。1950年8月1日，改称无锡市人民政府公安局。

5月25日，中共苏南区委员会发出《关于迅速建立地方武装与肃清残匪》的指示，指出“各地应采取发动群众以政治瓦解和军事清剿相结合的军政兼进、剿抚兼施的方针，对敌人所留的一切武装力量，不管其公开的或是隐蔽的、分散的（散兵属之）或成股的，不管其表面上的伪装如何，原则上都应彻底肃清，决不允许其独立存在或给予任何番号收编”。

6月5日，苏州市公安局成立，陆政任局长，于云任副局长，下设秘书科、侦察科、审教科、保卫科、行政科、人事科、总务科、监管科、外侨管理科和保警大队，管辖5个分局31个派出所。

6月15日，苏南人民警察干部学校开办，它是苏南地区第一所新型人民警察学校，也是我国最早创立的省一级培养公安干警的专业学校之一。

6月下旬，南京市公安局拟定了《南京旧警人员处理办法》，报市府批准后实施。

6月，根据中共华东局的指示，苏南公安部门统一行动，封闭所有银元市场，打击银元贩子和金银买卖，取缔地下钱庄，逮捕和制裁了一大批大投机商。

经中共华东局社会部批准，成立苏南警干学校。

7月12日，上海市公安局捕获军统特务焦建和，供出镇江有军统潜伏站，站长张民戎。根据这一线索，镇江市公安局派侦察科长打入内部，在该市万全楼旅社捕获张民戎，缴获电台4部、短枪10支。

7月13日，中共苏南区委员会、行署、军区遵照华东军区指示精神，作出《关于开展太湖地区肃清残匪、发动群众建设政权工作的决定》（以下简称《决定》），统一部署太湖地区剿匪工作。《决定》要求：“成立太湖地区剿匪委员会，以苏州军分区为主成立太湖剿匪指挥部……下设太湖区行政特派员办事处，直辖西线、南线两个湖边办事处，由苏南区党委、行署、军区及常州、苏州两地委、专署、军分区各派适当干部参加工作。”

7月21日夜，停泊在淮阴县清江区大闸口内的一船户夜宿船主，朦胧中似觉有人在拉其盖在身上的衣物，惊醒后摸船篙乱敲船帮壮胆，并高呼“抓水鬼”，引起其他船户恐慌，日夜互相惊扰，一些不法地主、坏分子乘机兴风作浪，大肆造谣，致使“毛人水怪”谣言迅速波及涟水、灌云、新安、沭阳、泗阳等县，并蔓延到盐城、扬州专区。相关公安机关及时利用报刊、广播、专栏和开会等多种形式揭露造谣者的阴谋，通过侦破案件，逮捕了一批造谣者和伪装“毛人水怪”的坏分子，狠狠打击他们的破坏活动，至 12 月底，谣言基本平息，社会秩序恢复正常。

8 月，苏南行政公署颁布《苏南各城镇公安局娱乐场所管理暂行规则》，规定新开设的或原有的游艺场所、剧院、电影院、书场、清唱茶社及其他以营业为目的的公共娱乐场所均须向当地县（市）公安局申请登记，经批准发给许可证后方准营业，场所内严禁聚众赌博、嫖娼、吸毒贩毒等不法行为。随后，苏南各市公安机关在影剧院内设“临监席”，由当地公安分局派民警入场，维护秩序，打击反革命分子的破坏活动，并关闭了苏南各大中城市的营业性歌舞厅。

9 月 22 日，由沪航驶崇明的鸿生轮在白茅口外被 16 名武装匪特洗劫，7 名解放军战士被杀害，大批物资被抢。10 月 28 日，南通警方在上海一举破获该匪特案，擒获“通海纵队”匪首 19 人，缴获长短枪 10 支、子弹 153 发，后处决 16 人，另三人被判徒刑。

9 月和 12 月，苏南行政公署公安局先后颁布《管理摊贩暂行规则》《铸造业、刻字业、印刷业暂行管理规则》，除了对这几种特种行业要求开展登记、审核、发证等工作外，主要是强化规范经营，明确相关经营活动须呈送公安机关审核，经批准备案后方可实施。镇江市还建立了摊贩管理委员会，通过建立固定的贸易市场，将杂乱无章散处各地的摊贩组织起来，集中管理。

9 月至 1950 年 9 月，苏北 19 个城市 104 个镇完成了户口登记工作，初步建立起户籍管理制度和基层民主组织。

10 月 9 日，苏南行政公署颁布《苏南行政区禁烟禁毒暂行条例》，规定严禁种植、制造、运输、贩卖鸦片，严禁吸食烟毒；命令吸食者应立即向当地政府登记，限于三个月内戒绝。

10 月 26 日，中共苏北区党委社会部发出加强冬防工作的指示，提出“冬防工作最主要的内容是大力开展剿匪肃特工作”。当年全区剿灭土匪 90 余股，捕匪 727 人。

10 月，苏南地区共剿灭 69 个番号的武装匪特 11195 名，缴获了炮、机枪、电台等大量的武器装备。公安部队先后剿灭“苏浙皖边区行动纵队前进指挥所”“国民自救军第一纵队”“国防部青年救国军苏南政工处”“中国青年反共救国军”等武装匪特 34 种，80 股，979 人。

11 月 20 日，苏北人民行政公署发出公告，宣布取缔会道门，各地公安机关明确政策界限，充分发动群众，广泛进行宣传，逮捕罪恶深重的道首，勒令一般道首登记，对宣布脱离组织的道众会众不加追究，有效摧毁了反动会道门的社会基础。

11 月中下旬，在各地创办警校的基础上，苏北公安处在泰州姜家窑成立苏北警察干部学校，年底迁至扬州城内，开始大量培训以户籍警为主的基层公安干部。

12 月，苏南地区实行户警专任制，即派出所设 1 名内勤，将辖区划分若干户口段，无锡、苏州、镇江、常州四市以 250 户至 300 户设 1 名户籍警，镇或较大集镇以 300 户到 400 户设 1 名户籍警，并根据实际工作需要建立了联勤小组。

下半年，苏南行政公署公安局先后颁布《旅店业管理暂行办法》《苏南各城镇旅店营业管理暂行规则》，要求公安机关对旅馆进行全面登记，核发许可证；同时规定：旅店需建立循环簿制度，每日详细登记旅客住宿情况，报送当地公安机关审核。公安机关定期或不定期召开旅馆业主和从业人员会议，并结合日常检查进行政策、法规教育。对违反规则，留住小偷、妓女、吸毒贩毒者的旅馆，用召开行业会议的方式进行处理教育，情节严重者则予以暂缓发证或停业处理。

1950 年

1 月，苏北公安局移驻扬州市旧城九巷。

无锡市公安局宣布一律关闭妓院，逮捕法办了 5 名罪恶大的老鸨。

3 月 26 日，苏北公安局印发《警察服务规则（草案）》，内含警员奖惩暂行条例、户籍警察服务规则、交通长警服务规则、消防人员服务规则、卫生警察服务规则、清道队服务暂行规则，统一规定了各警种及辅助人员的工作职责，并于其后三次修正，使得各项工作有章可循、方便操作、管理有据。

4 月，苏南行政公署公安局改称为江苏省苏南人民行政公署公安局。1950 年 9 月，江苏省苏南人民行政公署公安局又改称苏南人民行政公署公安局，各专区公安局统一改称专区公安处。

苏南行政公署成立直属的太湖区行政办事处公安局，管辖大小港口 264 个，大小船只 6032 条，船（渔）民 5408 户 28938 人。

5 月 24 日，南京市军管会颁布《南京市人民政府公安局外国侨民居留暂行办法》。

6 月，苏州市政府本着“慎重处理”的原则，作出“收容改造娼妓”的决定，由民政、公安、法院、卫生、文教、妇联 6 单位组成妇女生产委员会，建立妇女生产教养院，采取政治学习、组织生产劳动和治疗疾病三结合的方法，对收容的妓女进行教育改造，组织学员开展政治学习，召开诉苦大会，提高阶级觉悟。

夏，苏南行政公署公安处派吴县公安局侦察小分队深入土匪活动频繁地区侦察，一举全歼了嚣张一时的张志祥武装匪特团伙。10 月，公安部门在跨塘召开公审大会，依法判决张志祥等 6 名罪大恶极的匪首死刑。

镇江市封闭妓院，强行取缔娼妓，对没有生活出路的妓女，安排到生产教养院从事劳动生产。自行离开的，派出所将她们列为特种户口，加强监控。

8 月，苏北海防局成立，同时成立苏北江防第一局、苏北江防第二局，分别由南通、泰州专区公安处代管。

9 月 1 日，苏南区党委作出《关于取缔会道门工作的指示（草案）》，要求各地党委与公安机关有计划、有系统地调查会道门。10 月 10 日，苏南公安局提出《关于取缔会道门工作的几个意见》，确定取缔工作的方针和方法步骤。

10 月 18 日至 29 日，苏北区党委召开第二届县以上公安、司法、检察干部会议，决定把沿海、沿江、山区、湖荡作为继续镇压反革命运动的重点，集中力量加强领导，汲取前期“镇反”中发动群众的经验，务求消灭空白点，彻底解决问题。

11月，为落实中央《双十指示》精神，苏南区党委召开公安、司法、检察县以上负责干部联席会议，讨论通过区党委提出的《关于镇压反革命活动的三个月工作计划》（以下简称《计划》）。《计划》要求：加强对现行反革命犯的侦捕工作，逮捕惩办多数群众痛恨的、有血案的恶霸分子；清理在押案犯，加强对重要的反革命分子、反动会道门头子、反动党团骨干和特务分子及国民党尉级以上军官的登记工作。《计划》颁布后，苏南各地、市委分别传达贯彻，成立了保卫委员会，并根据具体情况，制订工作计划，密切配合土地改革与抗美援朝运动，侦捕反革命分子。

苏南行政公署公安局根据中央的文件精神，修改了《苏南各城市公安局户口暂行管理规则》，公布了《苏南行政区城镇居民申报户口暂行规则》《苏南行政居民违反申报户口规则暂行罚则》和《苏南户口调查登记实施办法（草案）》，集中开展户口大登记运动。

1951年

1月20日，南京市成立了反动党团特务人员登记委员会，由江渭清任主任委员，陈养山、龙潜任副主任委员，统一领导内部、社会上登记工作。

2月中旬，苏北区党委抽调公安、法院、检察等部门的40多名干部，分赴南通、泰州、淮阴等地检查“镇反”运动开展情况，指导各地对通过人民群众的控告和专门机关的侦察工作破获和打击各种现行的特务破坏活动，当年即破获重要案件130多起，逮捕现行特务分子640多人，缴获了各种武器和大批反动证件。

2月，经苏南人民行政公署及华东军政委员会公安部批准，苏南人民行政公署公安局将科改为处、各组改为科的建制，设有秘书处，下设秘书、研究、行政科和机要组；侦察处，下设内勤、侦察、审讯、情报、狱政科；保卫处，下设侦察、机保、经保科；治安处，下设治安、户政科；劳改处，下设劳改、生产、管教、财务科，干部科改为人事科。

3月16日，华东军政委员会发出《关于贯彻执行〈中华人民共和国惩治反革命条例〉的决定》，规定了处理反革命案件的原则、方法和量刑标准，镇压反革命有了法律武器。苏南各地以学习、宣传《中华人民共和国惩治反革命条例》为中心，以召开控诉会、公审会、出布告等方式，大张旗鼓地进行“镇反”宣传，深入发动群众检举揭发，掀起了空前规模的、声势浩大的群众性“镇反”高潮。

3月23日，苏南地区严惩一批匪首特务分子。枪毙指引敌机轰炸戚墅堰铁路、工厂的特务分子李海宝，吴江县召开万人大会公审处决10名匪首特务。

3月，在南京市下关、燕子矶分别召开公审大会，处决了罪大恶极的恶霸王化鹏、萧月波。

苏南海防公安局成立，1951年9月改称苏南边防保卫局，同月成立武装处。海防公安局直属行政公署公安局领导，局本部设有侦察、治安、秘书等科，下设有若干分局、派出所及检查站，还配有若干公安武警战士。

5月19日，中共中央主席毛泽东在转发“无锡市委关于组织民主人士参加反革命案件审查委员会情况报告”上作了亲笔批语：“使民主人士与闻镇反工作，要求一些具体形式。关于审查案卷方面，华东各地根据华东局的指示，组织了‘反革命案件审查委员会’。

无锡实行的结果很好，各地都应仿照办理。实行这种办法，民主人士真正得到了学习机会，去掉了怀疑，和我党更加靠拢，我党也就更加主动了。”中共华东局的批语：“无锡市委关于无锡市反革命案件审查委员会情况报告很好，兹特转发给你们参考。”

6月，苏南各地各级成立清理积案委员会，并参照无锡市经验，成立反革命案件审查委员会。清理积案工作中，各地注意发动群众参与，先后召开了506次反革命分子家属会议，进行政策教育与解释；在群众已发动的地区和单位，通过民主协商选举，组织了1247个治安保卫委员会。在清理积案的同时，苏南各地判刑犯有计划地被分批投入劳动改造，至8月底，投入劳改的有7140人，占总数的34%。

太湖区行政办事处公安局撤销，下设的西山、横泾两个派出所划归吴县公安局。同时建立太湖水上公安局，直属苏南行署公安局领导。

8月，苏北公安局增设劳改处，统管全区各种罪犯的劳动改造工作。

苏南行署公安局根据公安部公布的《城市户口管理暂行条例》及华东公安部颁发的《户政工作建设方案》的规定，建立新的户籍登记管理制度，由城镇户口的出生、死亡、迁入、迁出四项变动发展为常住、暂住、出生、死亡、迁入、迁出、变更更正七项；规范了城镇户口登记表册、居民户口簿和迁移证件，初步建立了人口卡片，开展人口统计，加强了户口管理组织建设，基本改变了城市户口管理混乱状况，统一了全区城镇户口迁移政策。

苏南行政公署公安局制定《基层治安保卫委员会组织暂行办法》，就治保会的设置、组织领导、性质与任务作了具体规定。各市、专区又区分不同情况于1951年下半年陆续作了补充规定，并着手组建工作。

1952年

1月23日，中共南京市委作了《关于取缔“一贯道”工作的指示》。

2月3日，南京市军管会颁布《取缔“一贯道”的布告》。

5月，刘少侥接任苏北公安局局长。

7月20日，大丰县和兴化县交界的刘庄、白驹一带发生杀人案件，被害一家6人（二男二女二小孩），苏北行署公安局召集盐城、泰州公安处长和侦察干部勘查现场，研究案情，联合开展工作，终于8月中旬抓获漏网惯匪夫妇，带破水陆抢劫、偷盗、杀人、抢枪、放火案件百余起，先后打击40余人。

7月，苏南人民行政公署公安局经批准调整内部机构，秘书处改称办公室，研究科改称研究室，行政科改称总务科；增设政治处，下设干部、组织、宣传等科；侦察处改称政保处，内勤科改称秘书室，审讯科改称预审科，狱政科改称管教科，撤销情报科，增设帝特科、国特科、侦察队、机保科（由内保处划入）；保卫处改称经济保卫处，原侦察科改称保安科，经保科改称调研科；武装处撤销；治安处增设警政科；劳改处改称监管劳改处，苏南区监狱划归其管辖。各处、室的其他科和苏南警干学校没有变化。

太湖水上公安局撤销，重建太湖区行政办事处公安局，局址仍在东山镇。

8月13日，按照华东公安部的部署，苏北、苏南两地区和南京市公安机关在前几次摸底、打击的基础上统一行动，强制进行毒犯集训，对已捕和集训的毒犯抓紧进行审讯，追查线索，追缴毒品。9月，各地先后召开公判大会，公开镇压了一批罪大恶极的大毒犯，并根据性质、情节及坦白程度分别处理了一批中、小毒犯。至11月底，苏北毒害基本禁绝。

9月30日至11月底，根据中共中央华东局《关于在“三反”“五反”胜利的基础上，再开展一次禁毒运动的指示》，苏南行政公署公安局组织各地统一行动，开展大规模的禁毒运动，重点追缴毒品和结案处理。

11月24日至28日，苏北、苏南召开公安联席会议，确定全省“以水上镇反和取缔反动会道门为镇压反革命工作的重点，同时扫清星星点点的不彻底与不够彻底地区和方面的残余反革命骨干分子，追捕必须追捕的逃亡反革命分子”。这一行动一直持续至1953年，有力地保障了政治安全和社会稳定。

结　语

在中共中央华中局和新四军军部的领导下，江苏人民公安从无到有，发展壮大起来。在不同时期、不同地域承担的任务多种多样，有着不同的工作重点，但其服从、服务于军事斗争和根据地创建、巩固、扩大的中心职责一直没有改变，并且已经演化为公安保卫人员的自觉行动，铸就了江苏人民公安队伍敢于在艰苦的环境中坚持斗争、不怕牺牲，特别讲大局、特别讲政治的革命传统。时至今日，其成功经验对当今人民公安工作仍然具有重要的启示意义。

第一，中国共产党对公安工作的绝对领导是贯穿江苏人民公安史的发展主线，是我们党在长期的革命斗争实践中得出的颠扑不破的真理。无论是抗战时期的锄奸保卫组织，还是解放战争时期的公安机构，甚至江苏全境解放，接管改造旧警察机构后组建的各级公安机关，都是在党的直接领导下开展工作，这是江苏人民公安得以发展和走向胜利的根本原因，也是历史的事实与印证。

第二，始终坚持正确的群众路线贯穿江苏人民公安发展整个历程。公安专门工作与群众路线相结合，表现为锄奸保卫机关在与日伪敌特斗争过程中，既要依法行使职权，充分发挥自身的职能作用，又要广泛组织发动群众，最大限度地取得人民群众的支持和协助。随着各抗日根据地创建与发展，源自抗日军民的人民公安，密切依靠基层群众，维护根据地社会秩序，保卫根据地民主政权，武装抗击日伪顽，都体现出江苏人民公安走群众路线、服务人民群众的特色，并保持始终。

第三，重视法制建设是江苏人民公安开展工作和发展壮大的重要保障。中共中央华中局不仅规定了锄奸保卫工作的性质、任务、工作重点及组织编制、领导体制，而且规定了各级锄奸部门的具体职权和锄奸人员的行为准则与工作程序等，保证了锄奸工作的正确开展，防止出现扩大化、简单化、神秘化的错误。注重公安机关组织建设，建立公安武装警卫队伍；召开法制工作会议，培训各级公安干部；适时颁布法律法规，规范人民公安工作。

第四，人民公安工作在不同地区具有鲜明的地域特点。江苏人民公安最早溯源于抗日战争的烽火年代，诞生于新四军陆续开辟的江苏各抗日根据地。由于当时各地区敌情形势不同，各地党组织和民主政权的建立、发展极不平衡，因此各地锄奸保卫工作的组织和领导形式也各不相同，主要有以下两种：一是建立起巩固的抗日民主政府的地区，如苏中、盐阜、淮海、淮南、淮北等地，一般在行署设保安处，专署设保安分处，县设保安科，区设保安股等；二是尚未建立巩固的抗日民主政权的苏南地区，其锄奸保卫工作主要由当地部队中的锄奸部门负责领导。解放战争时期至江苏建省之前，中共中央决定在江苏境内实行小省制，苏北是基本由解放军控制的老解放区，苏北人民行政公署成立后，苏北抽调整建制人民公安组织支援苏南新解放区，并以留守人员为主体自行重组苏北公安局；苏南人民行政公署成立后，由苏北公安支援人员组织、解放军派遣干部及部分留用的旧警员组建苏南公安局；南京市则有其自身特点，中华人民共和国成立前夕，中共地下南京市委已在国民党警察系统内建立组织并部分控制各级警察局，参与迎接南京解放、接管占领南京等工作，并在中国人民解放军南京市军事管制委员会、中共南京市委、南京市人民政府成立后，由解放军派遣干部、以中共地下党员为主留用旧警员组建南京市公安局。这一时期，在各地各级中国人民解放军军事管制委员会领导下，各地各级公安机关开展了转向城市的工作以及苏南行署对上海市解放后的公安支持工作。这些工作对解放战争胜利及过渡时期的江苏人民公安工作产生了积极作用，也为江苏恢复建省后的人民公安工作的发展打下了良好而扎实的基础。

第五，加强专业队伍建设是工作有力开展的基础。抗战时期，锄奸保卫工作的一条经验就是重视锄奸干部的队伍建设。一方面注重挑选不计较个人得失、不怕牺牲、思想过硬、政治素质高的干部担任锄奸保卫工作；另一方面在强调队伍政治素质的同时，加强对锄奸干部的业务培训，通过开会和举办培训的形式进行侦察、情报、预审、治安行政管理等专业技能的培训。如果没有一支政治忠诚、业务过硬的队伍，要完成战争状态下的锄奸保卫工作是不可能的。

第六，江苏人民公安史的发展历程有着以史为鉴的启示，亦有鼓舞人民公安面向未来的发展动力。源自抗战烽火，源自新四军创建，由于缺乏经验，江苏人民公安从创建之初，不可避免地走过一些弯路，曾犯过“左”倾和右倾的错误，给我们留下一些以史为鉴的启示。江苏人民公安创建发展的光辉历程，对我们加强法治公安建设和公安队伍建设的重大理论和实践探究大有裨益。江苏人民公安队伍的红色基因、优良传统，将会永远激励新时代江苏人民公安在建设中国式现代化道路上不忘初心、开拓前行！